叢書・ウニベルシタス　1017

生そのものの政治学

二十一世紀の生物医学，権力，主体性

ニコラス・ローズ
檜垣立哉 監訳
小倉拓也・佐古仁志・山崎吾郎 訳

法政大学出版局

Nikolas ROSE
THE POLITICS OF LIFE ITSELF

Japanese translation published by arrangement
with Princeton University Press
through The English Agency (Japan) Ltd.

日本語版への序文

ニコラス・ローズ

ミシェル・フーコーが生政治（*biopolitics*）という術語によって何を意味していたのかについての注釈はすでに大量に存在している。その多くは啓発的なものであったが、しかし何人かの注釈者は、私には役にたたないとおもえる方向へ、この術語を拡張していた。私がこの書物でおこなおうとしていることは、ミシェル・フーコーによる、哲学への「フィールドワーク」のアプローチに触発されたものである。それは、われわれの個人的もしくは集団的な存在を管理し規制する実践の前提を形成している人間の内在的な概念をとりだすことである。そうした概念とは、人間とは何か、何であるべきか、何でありうるか、権威とは何か、それはどのようにとりあつかわれ正当化されるべきか、それは何の目的に向けて、そしてどのような倫理的原理との関連においてであるのか、等々をめぐっている。

私がこの書物を著したのは、部分的には、批判的社会科学が生物学の問いをあつかってきた仕方を疑問視し、そしてその向こう側へと赴くためである。多くの社会学者たちの批評は、生物学的な説明が社会生活のなかにはいりこんでくる仕方を説く際、その結果をきわめて否定的にとらえた。そうした批評は、生物学がわれわれの社会のなかで役割を演じるようになる際、つねに運命としての生物学という考えにむすびついてしまうことを論じた。つまり、人間が生物学によって、特定の性格、特定の知性の水準、働きもしくはヒエラルキーのシステムのなかの特定のランクへと運命づけられてしまうという信念である。こうした説明によれば、生物学は明らかに、一種の個人主義によって、そして一種の本質主義や決定論などによって、不適応者たちの排除の実践へとむすびつくというのである。こうした否定的な見解は最近の〔生物学の〕発展にまで拡張されてきており、その際批判者たちは、新たな優生学を診断し、現代の生政治における搾取と除外の新たなかたちの出現を分析するようになっている。

十九世紀と二十世紀前半における政治の生物学化の意義については、いくつかのすぐれた説明がある。それらは重要であり、また啓発的なものでもある。しかし、私がこの書物を著しはじめたのは、批判的な探究によっては、今日生じていることにかんしてえられることはあまり多くないと感じたからである。そうした批判的議論を前時代から再生産し、そしてそれらを現代におきなおすことでは、現在の生活における、権力関係および倫理的な問いの特別な性格は明らかにできないようにおもわれたのだ。それは何年も前には適切な枠組みで考えられたかもしれないが、現在には通用しない。本書を『生そのものの政治学』と名指す理由は二つある。第一にもちろん、これはミシェル・フーコーによる有名な引用を参照したものである。すなわちそれによれば、かつて人間は政治的な生をそなえた生きた生物と考えられてきたが、今や政治は人間の生そのものを位置づけるというのである。生そのものが政治の主題になった。このタイトルはまた、われわれの生政治において今日重要であるのは、生命をつくること、生命を形成すること、生命を最適化することであり、いいかえれば、われわれの現在の生政治とは死政治なのではなく、死の生政治でもなく、もちろん死がそこに含まれているとはいえ、それは本質的に生の政治なのだという議論にもとづいている。私は現代の生物医学は一連の楽観主義的な社会政治的戦略の一部を形成していると主張した。たとえば、ゲノム学や神経生物学の観点からの人間の病理にかんする新たな生物学的理解は、希望とむすびついていると主張したのである。それはたんに科学者のキャリアに役だったり、バイオテクノロジー企業の利益のためだけのものではなく、個人にとって生をよりよくしたり、親族にとってケアをより容易にしたり、社会にとって病をよりお金のかからないものにしたりする介入にとっての希望でもある。こうした一連の楽観主義的な動きに関与しないならば、生命科学は、世界の非常に多くの地域において、個人的なあるいは集団的な想像力を獲得したり、あるいはそうした国民の経済的な未来についての政治的な希望を獲得したりすることはなかったであろう。

　この本の読者の多くは、こうした希望の強調について批判的であっただろうし、それを誤解されたかもしれない。こうした楽観主義やその役割を記述したとしても、それに〔全面的に〕賛同しているわけではない。確かに、現代の生命科学と生物医学の鍵をなす特徴のひとつは、われわれの源泉を理解しそこへと介入する新しい方法にむけた希望や約束と、臨床的な実践の現実とのあいだにあるおおきな隔たりであるのだから。〔この両者の橋渡しをする〕翻訳の命法が、生命科学における現代の資金供給体制と制度的な配置の一部をなしているが、それは成功へのサインではなく、失敗のサインなのである。そうした領域はきわめて競争的であり、研究者であれ、慈善事業者であれ、患者であれ、さまざまな病気を代表する者たちは、「自分たちの」状況が注目を集め、資金をえることができるよう争っている。さまざまな患者のグループが自らの病状を治療したいという希望は、しばしば非現実的であり、そうした希望にとらえられた個人のあらゆる要求へと導かれうる。そしてしばしば、高額で有効性が証明されていない治療を提供する不法な臨床によって、搾取的な国民経済および国際経済をたきつけることになる。裕福な者が臓器を要求する希望は、身体部位の搾取的な取引を駆りたてる。不妊の者や遺伝病のマーカーをもっている者の希望は、卵子や精子の取引を駆りたてる。楽観主義の裏面には、しばしば恐れ、不安、自暴自棄、絶望そして失望がある。さらに、とりわけ魂の苦悩にかんしていえば、生物医学に希望をもつ者たちは、しばしば別の集団から異議を申し立てられる。そうした集団は、そもそも自分たちの病状が生物学的なものであることを否定したり、あるいは生物医学の進展が最も適切な答えだということを疑ったりするのである。また、自分たちの病気についてのローテクで、制度的で、社会的で、政治的で、環境的な原因から注意を逸らさせるような、ハイテク医療の罠の危険性を指摘する者もいる。それゆえ私は次のことを明らかにしなければならない。すなわち、『臨床医学の誕生』序文でのミシェル・フーコーのいくつかの記述をパラフレーズするならば、本書はほかの医学の形式と対立するものとしての生物医学に肩入れして書かれたものではないし、そうした医学の不在をよしとして、生物医学に対抗して書かれたものでもない。それは、今日の生物学的な実存というわれわれの経験の、科学的・技術的・社会的そして政治的な可能性の条件を規定する、歴史的で批判的な試みなのである。

この仕事の、いくつかの批判を喚起したもうひとつの側面は、それが地理的に限定された射程しかもっていないことにある。おおまかにいえば、この書物が基盤とするのは英語圏であり、さらにいえば北ヨーロッパだけである。われわれは、日本の独自性を過大評価すべきではないが、日本における生政治には特殊な系譜があるということを認識する必要もある。日本は、それ自身の人口集団の政治にかんする別の歴史をそなえている。日本は「牧人司祭的な配慮」にかんするまったく異なった伝統をもち、そこでの精神的・医学的な権威と主体の自己統治とのあいだには別の関係性が存在する。十九世紀後期の日本における、身体と魂の近代化のための政治的戦略は、ヨーロッパとアメリカからの輸入に多くを依拠してなされたであろうが、まったく別のかたちをとった。日本およびその地域に特殊な死生観が、生の始まりと終わりをめぐる異なる実践を支えていた。心の疾患にかんするかぎりでは、十九世紀に精神医学がはじまって以来、ヨーロッパ、とりわけドイツと日本とのあいだには多くの思想や実践の交通があった。しかし、診療カテゴリーの本性やその利用において、治療のレパートリーにおいて、やはりおおきな違いがあったのだ。それは、病気を記述する言葉や、その文化的な強調点が異なるのと同様である。日本における生命科学の制度的なかたち、経済のあり方や投資の体制、そして権威、評価、主体化のシステムは、ほかの地域とはおおきく異なっている。もし、この書物のなかで提示される概念が、日本の生政治にかかわる際に有用なものであるのなら、それはたんなる応用をつうじてではなく、グローバルな生経済においてきわめて重要なこの地域のなかで、生命の政治にかんする新たな思考法をうみだしていく創造的な変容や発明をつうじてであることを私は願っている。

最後に、日本の友人および研究者への感謝を付言したい。彼ら／彼女らは大変温かく私を迎えてくれ、なおかつ思考を喚起するような出逢いを与えてくれた。それは日本における私の時間を大変刺激的なものにしてくれたのである。とりわけ本書の翻訳者たちへ賛辞を捧げたい。きわめて仔細な注意を払ってくれたおかげで、このテクストの英語版のいくつかの誤りを発見することができた。彼らは、注意深く私の議論を伝え、まったく異なった語彙をもちいながら、語と文章の共鳴をよくとらえてくれた。東アジアにおける生政治にかんする仕事の集積はいまや重要なものとなり、成長しつづけている。私は、この翻訳が、現在進行中の分析や批判的思考の仕事を刺激し、かきたて、支えることを望んでいる。

監訳者への私信

二〇一三年三月一九日

目次

生そのものの政治学

謝辞

私は本書で提示したさまざまな考えを、数年にわたる多くの人びととの対話や共同研究のなかで進展させてきた。とりわけ、ＢＩＯＳ研究ネットワーク――初めはロンドン大学ゴールドスミス校に設立された――のメンバーたちによる支援と、ゴールドスミス校での同僚たち、特にマリアム・フレイザーとモニカ・グレコに感謝したい。また、二〇〇二年九月にＬＳＥでおこなわれた、ＢＩＯＳ生命力の政治学会議――生命科学の社会的側面にかんして才気あふれる研究者たちを勢ぞろいさせた催し――の開催に尽力してくれたモニカ、イルポ・ヘレンそしてマリアナ・ヴァルヴェルデにも感謝したい。ロンドン・スクール・オブ・エコノミクス（ＬＳＥ）では、私は光栄にも、生命科学、生物医学、バイオテクノロジー、そして社会にかんする研究のためのＢＩＯＳセンターというとても協力的な研究組織で仕事をさせてもらっているし、そのおかげでＢＩＯＳが主催した多くの刺激的なセミナーやシンポジウムに参加することができている。私は、ＢＩＯＳの初期に労力を注いでくれたパット・スパローンと、ＬＳＥでのこの仕事の進展に十分なほどのエネルギーを傾けてくれているサラ・フランクリンとに感謝したい。サラはまた時間を惜しむことなく、いくつもの章の草稿を読み、その中身について詳細に私と議論をし、本や論文を貸してくれ、サラが薦めてくれなければ見落としていたであろう文献を教えてくれた。サラがくれた手がかりをさらに徹底的に追及できていればよかったと思う。

私の考えをつねに刺激してくれているのは、共に仕事をしている研究生やポストドクターたちであり、とりわけカルロス・ノヴァスには感謝したい。ノヴァスは私に、自分が読んでいる非常に多岐にわたる分野の著作や、研究にかんして経験的に必要なことをおさえておくように要求しただけでなく、自分が考えていることを惜しみなく提供してもくれた。より最近の話題に大体ついていけるのは、フィリパ・コニーリウスン、クリス・ハミルトン、アネット・V・B・ジェンセン、カースティン・クライン、リンジー・マゴイ、デイヴィッド・リュービ、アヨ・ウォールバーグ、そしてスコット・ヴレチュコのおかげである。また、数多くの問題をめぐる生涯にわたっての議論にかんして、兄のスティーヴン・ローズにも感謝したい。私の生政治的なものへの関与は、兄の実験室で器具を洗った楽しい経験から、生物学を専攻するためにサセックス大学へと進み、ジョン・メイナード・スミスのもとで遺伝学を学んだときに始まった。長年にわたって、私は本質主義、還元主義、遺伝学、神経科学、そして生物学の政治学についてのさまざまな問題を、スティーヴンと義理の姉であるヒラリー・ローズの両者と議論してきた。また、私たちは多くの点で意見が一致していないけれど、彼らの粘り強く厳しい声はいつもインスピレーションの源であり続けている。私が彼らの領域に不法侵入し、異なる論理に従って分析したことについて、彼らはきっと許してくれるだろうと思っている。そして、大事なことをひとつ言い残したが、数えきれない仕方で私の思考を先鋭化するのを助けてくれたのは、ポール・ラビノウによる友情と猛烈な知的刺激、そして私たちの間でかわされた活発な議論のおかげである。

本書の構想は、サカリ・ハンニネンとアレッサンドロ・ダル・ラゴによって一九九九年六月二四―二六日にジェノヴァのサンタ・マルゲリータで開催された「政治の排除」にかんするセミナーのための原稿に端を発し、「生そのものの政治学」（*Theory, Culture and Society*, 2001, 18（6）: 1-30）として出版された（古いヴァージョンはイタリア語に翻訳され、*Aut Aut*, 2000, 298: 35-62 に掲載された）。さまざまなヴァージョンがまた、バース大学で、ストックホルム大学で、ロンドン大学ゴールドスミス校で、イースト・ロンドン大学で、二〇〇〇年五月にコペンハーゲン大学で、そして二〇〇〇年九月にヘルシンキ大学での「福祉の精神」にかんする会議で発表されている。私を招いてくれた人びと――バリー・バーンズ、ケネス・ハルトクイスト（彼の早すぎる死は大きな悲しみである）、マイク・ラスティン、バリー・リチャーズ、レネ・オットー、レネ・コッホ、そしてイルポ・ヘレン――および私が自分の主張をよりよいものにする助けとなったコメントをしてくれた人びとに感謝する。私はとりわけ、デンマーク人のすべての友人、特に、「健康・人文科学・文化グループ」とウッフェ・ジュール・ジェンセンに感謝したい。ジェンセンの知的で貪欲なインスピレーションは、私の思考にいろいろな仕方で貢献してくれている。上記の論文からなる資料は、本書の第一章と第二章とに織り込まれている。これらの章および序章はまた、二〇〇三年にカリフォルニア大学アーバイン校とカリフォルニア大学バークレー校で発表した「二十一世紀における生の政治学」という論文も利用している。アーバイン校に招待してくれたインダーパル・グレイワルと彼女の同僚たち、バークレー校に招待してくれたローレンス・コーエンとアイファ・オングとに感謝したい。

第三章は、二〇〇三年一二月、第一回ブランケンゼー会議、「現れつつある生のかたち――生命科学の人類学に向けて」で発表された「現れつつある生のかたち」という論文を進展させたものである。私を招待し、発表のなかでその会議の表題を使用することを許可してくれた、ステファン・ベックとミチ・クネヒトのおかげである。

第四章と第五章は、カルロス・ノヴァスと共同で書いた論文にかなりの程度基づいている。私はそれらの論文を、どの側面がまさにノヴァスの仕事に由来するものかを明瞭にし、彼の貢献をはっきりさせるように編集した。しかしこれらの章は、共同して構想し、書いたものであり、カルロスが寛容にもこのような形式で発表することを許可してくれたことに感謝する。第四章は、C・ノヴァスとN・ローズ、「遺伝学的リスクとソーマ的個人の誕生」(*Economy and Society* Special Issue on configurations of risk, 2000, 29 (4): 484-513) に由来する。第五章は、二〇〇一年四月にプラハで、アイファ・オング、スティーヴン・コリア、そしてポール・ラビノウによって計画され、「オイコスとアントロポス――合理性、テクノロジー、インフラストラクチャー」という表題のもとおこなわれたワークショップに準備した論文に由来する。また、その後、N・ローズとC・ノヴァス、「生物学的シチズンシップ」(Aihwa Ong and Stephen Collier, eds., *Global Assemblages: Technology, Politics and Ethics as Anthropological Problems*. Oxford: Blackwell, 2005, pp. 439-463) として出版された。

第六章は、二〇〇三年五月にLSEのBIOSセンターが計画し、ウェルカム財団に支援された国際シンポジウム「ゲノム医学の時代における人種」に由来する。その参加者の多くが私の分析に同意することは期待しないけれども、この二日間の徹底的な討論に多くの国々からやってきてくれ、これらの問題に対するややステレオタイプな応答――合衆国での多くの議論を特徴づける応答――を超えた討論を可能にしてくれた人びとに感謝する。この論文の初期のヴァージョンは、二〇〇四年四月にイェール大学のアフリカ系アメリカン研究学部で発表された。また、私を招待し歓待してくれたこと、そして非常に寛大に私の主張を聞いてくれたことにかんして、ポール・ギルロイとアロンドラ・ネルソンに感謝したい。

第七章は、何年にもわたって多くの形で発表されている。その最初のヴァージョンは、一九九八年に「現在の歴史研究グループ」のために準備され、その後、一九九九年五月にラフバラー大学の社会科学部で発表された。私を招待してくれたマリアム・フレイザーと、議論がさまざまな形をとるなかで見直しの手助けをしてくれた人びとみなに感謝する。

第八章のずっと以前のヴァージョンは、「過失の生物学」（*Theoretical Criminology*, 2000, 4 (1): 5–34）として公表された。仲の良い友人であるパット・オマリーが執筆を勧めてくれたことと、そのジャーナルの編集者と査読者のコメントに感謝する。

私はまた、以下に挙げる他の未発表・既発表の論文も利用している。「生物学的時代における正常と病理」（*Outlines*, 2001, 1: 19–34）（*Outlines* は、英語で出版されている北欧の学際的な社会科学ジャーナルである）。「二十一世紀における生政治――リサーチ・アジェンダのための覚書」（*Distinktion*, 2001, 3: 25–44）と、二〇〇二年五月五日パリ大学ＣＥＳＡＭＥＳ（メンタルヘルス・向精神薬研究センター）での「社会科学、精神医学、生物学」にかんする連続セミナーのために準備した「神経化学的自己の誕生」。二〇〇二年一〇月ウィーンでの「現在の生命倫理学についての政治学、生物医学化、社会的葛藤、そして生命倫理学についての新たな政治学」。「生権力の現在」（ラビノウとの共著）。二〇〇三年九月五―七日ロンドン・スクール・オブ・エコノミクスでの「生命力の政治学――二十一世紀に向かう健康、医学、そして生経済」。二〇〇四年二月にサウザンプトンで開催された英国王立精神科医学会法医学部門年次会議でのオープニング基調講演「生物学的時代にリスクを抱えた個人を統治すること」。二〇〇四年二月にミュンヘンとオックスフォードで、二〇〇四年四月にプリンストンで発表した「意志を統治すること」。

また、本書の形に結実した構想に熱意を抱いてくれたプリンストン大学出版局のメアリー・マレル、審査過程を通して非常に協力的に本書を紹介してくれたフレッド・アペル、そして私に主張を明瞭にするよう批判してくれた匿名の審査員たちにも感謝する。

このような謝辞から明らかであるように（この謝辞は不完全であり、ここで名前を挙げていない人びとにはおわびしたい）、私の仕事は他の多くの人びとの研究に相当に依存しているし、この仕事が可能なのは、私が考えているのと同じように、生についての科学と政治学の近年の進展のなかで、とても意味のある何かが——政治的に、倫理的に——形を成しつつあると考えている学者共同体が持つ豊かさと生産性のおかげである。私は本書で独創的な主張はしていない。しかし、もし私が、ちょっとの間ささやかながらも、他の人びとの手助けとなるいくつかの考え方をなんとかまとめあげることができているならば、本書の目的は達成されたことになる。

ニコラス・ローズ
ロンドン

序章

二十世紀の終わりに、多くの者は以下のような予測をたてた。すなわち、「われわれ」は「バイオテクノロジーの世紀」にはいりこんでおり、それはすばらしいものではあるが数多くの面倒な問題をも生みだすような、新たな医学の可能性の時代であるのだと。[1] ヒトゲノムの解読が、驚くべき、そしておそらくは恐るべき結果とともに、遺伝子操作の時代を開いたと信じる者もいた。ゲノム学（genomics）を、着床前遺伝子診断やクローニングのような生殖テクノロジーの発展とむすびつけることで、性格や能力を自由に設計できるような、遺伝子工学化された人間世界が想像できるというのである。また新世代の精神薬理学によって、気分、感情、欲望、知性をおもうがままに自分で設計することがただちに可能になるだろうと信じる者もいた。さらに死が克服されたり、人間の寿命が無際限にひき延ばされる世界を夢みる者もいた。これらを実現するために必要な生物医学の技術の多くは、すでによく知られている。遺伝子スクリーニング、生殖テクノロジー、臓器移植、有機体の遺伝子組み換え、プロザックを例とした精神医学の新世代の薬等々。それ以外の技術——遺伝子工学、異種移植、小さなチップのうえでコード化されることで個々の遺伝子型にあわせて個人化された医学、試験管内での臓器の製造や再生、あらゆる種類の組織へと分化しうる幹細胞を用いた臓器の製造や再生——も、「実現する日は近い」と考えられている。

こうした展望は、希望と恐怖、期待と不安、称賛と非難とを〔同時に〕ひき起こしてきた。あらゆる種類の疾病や苦痛に対する、新しく効果的な治療への展望におおきな希望を表明する者がいる。だが、とりわけ不妊の治療や研究のプロセスにおいて、人間の胚細胞の創出や利用が問題になる局面では、人間の生命を無限に延長しうるものとしてあつかうのは危険であると主張する者もいる。数多くの政治家、大学、企業、個人投資家は、これらの生物医学の進歩が、価値ある知的財産を生みだし、新たな利益をただちに産出するバイオ経済を推進することを望んでいる。だが同時に、基礎科学が買収されて利益の追求だけに向けられたり、多数者の健康や病気に影響を及ぼすにもかかわらず財源的な魅力にとぼしい医学については軽視されてしまうだろうと考える者がいる。キャリアを前進させ、膨大な収益を生むであろう少数者のための治療の探究が重視されるからである。製薬会社は、以下のようなおきまりの批判にさらされてきた。すなわち、病気を治すみとおしがどれだけあるのかわからないのに、多くの新薬を高値で販売しだし、危険な副作用の可能性についてはほおかむりをしているのだと。株主価値だけを貪欲に求め、新たな市場を開拓するために、脱毛医療や性欲の欠如の問題といった、〔そもそも〕病気ではない事態を医療化しているのだと。多くの国で、遺伝学を含む生物医学の展開の是非は論争の的でありつづけており、遺伝子差別や、過去の優生学の復活について注意が喚起されている。とくに胚選択によって、〔病気の〕遺伝的な条件が回避されうる場面では、そうした議論は切実である。それだけではなく、疾病の遺伝的基礎を探る研究や、薬理反応において個人間の差異を生む遺伝的変異を探求する薬理ゲノム学においても、同様のことがいえるのである。

政治家、管轄機関、神学者、哲学者、その他大勢の者たちが、これらの議論に巻きこまれてきた。政府は、これら〔生物医学〕の発展のいくつか、とりわけ人間の生殖にかんする遺伝子選択の制限をおこなうために法律を制定した。多くの者は、遺伝子選択の可能性があるかぎりけっして避けえない要請——許可されるもの、制限されるもの、禁止されるもの、これらのあいだの「線びき」への要請——に対処するため、さまざまな委員会を組織した。自分たちの愛する者らに希望をもたらしうる研究を可能にするため、規制解除のキャンペーンを張る圧力団体がある。また別の圧力団体は、とりわけ受精卵あるいは受精以前の卵の「命の尊厳」を守るため、規制を厳しくするべきだと主張する。これらの議論を、超越論的な宗教道徳、等しく超越論的な人間的存在論をひきあいにだして解決することを望む者もいる。別の者にとっては、これらの問題は社会的なものであり、すべては結果論のようなものであり、状況的なものにすぎないという。——いったいどのような社会をわれわれは欲しているのだろうか。どのような結果を、これらの発展はひきおこすのだろうか。胚の選択、実験の指導、薬の使用許可、生命の終末についての選択、これらを避けることができない困難な状況で、はたして誰が決定権をもつべきなのか。生命倫理学——そしてその発展領域である「神経倫理学」——の専門家たちは、もっぱらこれらの問題を仲裁するために出現した。われわれは、ポスト・ヒューマンの未来へ向かいつつあると示唆する者もいる。それは、「トランス・ヒューマニスト」たちにとっては、まさに切実な願いとともに、そして他の者にとっては苦悩と驚きをもって想像されている時代のことである。多くの知識人が、この議論にかかわっている。代表的な人物でいえば、フランシス・フクヤマ、レオン・カス、ユルゲン・ハーバーマスは、人間ではない生命体にかんするかぎりはこれらの議論はおこなってもよいが、それが人間の存在に介入する以上、人間本性の侵犯にほかならないと論じ、限度についての規範を構築すべきであると主張した。——彼らにとっては、人間本性そのものの不可侵性にこそ、人間の尊厳、アイデンティティ、そしておそらくはヒューマニズムそのものの運命は依拠しているようにみえるのである。われわれはおおきなリスク、すなわち究極的には人間の魂へのリスクを抱えながら、われわれの「本性＝自然」に手を加えているというのである（Fukuyama 2002, Habermas 2003, Kass 2002, President's Council on Bioethics（U.S.）and Kass 2003）。

この書物で描かれていることは、未来についての一連の思弁でも、現在の状況についての生命倫理学的な省察でもない。そうした思弁や省察は、確かに私が分析しようとするものの一部分をなしてはいる。それら自身――そうした未来像、恐れや希望、評価や判断――は、現れつつある生のかたちが含んでいる要素であるといえるからである。[2] こうしたかたちの生命の政治、こうした「生命力の政治」は、この書物の焦点をなしている。もちろん政治は長い間、統治される者たちの健康な生にかかわってきた。単純化の危険を覚悟でいえば、十八世紀や十九世紀の生命力にかかわる政治とは、健康の――出生率や死亡率の、病気や伝染病の、水や汚水、食糧、墓地の管理の、街や都市に集まった者たちの生命性の――政治であった。二十世紀前半をつうじて、人口集団の健康やその質にかんする関心は、生物学的な要素の遺伝や、さまざまな下位集団間の違いの要因となる生殖の結果を理解することに、とりわけ向けられていた。そこでは非常に多くの国々の政治家たちが、人種の未来の名のもとに人口集団の質を、しばしば強制的に、時には殺人的に管理しようとしたのである。だが、われわれ自身の世紀における生命力の政治は、いくぶんか別の仕方で機能しているようにおもわれる。それは、病気と健康という〔二つの〕極によって限界づけられるものではないし、国民の運命を守るために病理を除去することへと焦点があわされているものでもない。それはむしろ、生きている被造物としての人間の生命の潜在力をコントロールし、管理し、設計し、つくりなおし、調節することの可能性にこそかかわるのである。それこそが、私が示唆する「生そのものの」

政治なのである。(3)

現代におけるこうした「生の政治」のテーマの多くはよく知られたものである。だが他方で、それはかなり斬新なテーマを含んでもいる。それらのテーマのいくつかは、合理性と統治のテクノロジーにおける一般的な変貌、とりわけヨーロッパとオーストラレーシアにおける社会国家の試みとむすびついた、安全性や福祉や健康の提供にかんする変異、あるいは新たなる「先進自由主義的」な統治テクノロジーが出現してきたことに関連する(Barry et al. 1996, Rose 1989, 1996a Rose and Miller 1992)。とりわけこれらの斬新な変化は、国家権力のある種の組織化のしなおしを求めている。二十世紀をつうじて統治の形式的装置に割り振られていた、人間の健康と生殖の管理に対する多くの責任が、別の装置に移行するのである。たとえば、生命倫理委員会のような準‐自律的な取締機関、民間の不妊クリニックや、消費者に直結する遺伝子検査を商業行為としてなすバイオテクノロジー企業のような私企業、会計監査や道徳基準、ベンチマーク、予算編制をなすことによって「間接的な仕方で」強い規制をかける医師会のような専門家集団などに移されているのである。また、合理性と統治のテクノロジーにおけるこれらの変容には、自分を自分で管理すること、すなわち未来に向けて注意深い眼差しで自分の安全を保護することという、個人の責任に次第に重点を移すことも含まれる。これらの移行は、まさに健康の領域においてこそ効果的なのである。その領域では、患者は次第に、調合薬から生殖技術や遺伝子テストにいたるまで、医療サービスと製品について活動的で責任ある消費者になるよう駆りたてられていくのである(Rose 1992, 1999)。市場化、自律化、責任化からなるこうした複合体の形成は、現代の先進自由民主主義社会における生の政治に、きわだった特徴を与えている。

これらの移行に加えて、おそらく現代の生政治の斬新さは、「段階的な変化」、つまりわれわれの生命力や発達、新陳代謝、器官、脳を、われわれがさらに質的に増大させるよう設計できるという経験の知覚から生じてくる。こうした段階的な変化は、規模の変化をひき起こすものである。現在形成されつつある生物医学の知識と技術には、さまざまなものがあるが、それらはひとつの事態を共有している。すなわち、いまやまさに分子レヴェルで人間の生命が理解され、分子レヴェルでその過程が解剖され、分子レヴェルで生命が設計しうるものとなるという事態である。このレヴェルでは、われわれの生命力について、神秘的であったり理解不能であったりするものはもはや何もないようにおもわれる――ありとあらゆるものは原則として理解可能であるようにみえ、それゆえ、自分が希望する人間になったり、希望する子供を作成したりできる、計算された〔生命への〕介入の道が開かれているようにおもわれる。それゆえ、幹細胞から、能力を高める薬にいたる、こうした問題それぞれをめぐって生じている異議申し立ては、それ自身ある程度は、生命の分子的展望が開くであろうチャンスや恐れに動機づけられている。人間が自分を、生物学的な被造物として、生物学的な自己として理解するにつれ、人間の生命的な実存は、統治の焦点、権威や専門性の新たなかたちにおける標的、知ろうとするエネルギーがそれに向けられている領域、バイオエコノミーの活用のため拡大していく領野、倫理を編みだしていく原理、分子生命力的政治における中心的な論点になるのである。

現在の地図作成法

現在を分析することや、それがあらかじめ描くであろう潜在的な未来を分析することは、つねに危険をともなう実践である。現代的な生命力の政治を分析するとき、系譜学や、「現在の歴史」といった、すでにお馴染みの比喩を単純に適用することで、分析が推し進められるとはおもえない。そうした系譜学は、自分自身の偶然性を忘却してしまっている現在を、不安定化させようとするものである。すなわち、自分自身を無時間的なものととらえさせて、信念や実践を産出した問いが時代に拘束されていることを忘却させてしまう、そうした契機を不安定化させようとする。これらの偶然性を思考の俎上にあげるとき、明白で強固な現在にいたる〔従来とは〕異質な経路をたどるとき、歴史の外部にあるようにみえる生の側面を歴史化するとき、現在をつくりあげた思考の役割を示すとき、こうした系譜学は、その現在を形成しなおそうと試みていたのだった。だが今日、そのようなラディカルな動きによって、われわれの現在を不安定化させることはできないだろう。ポピュラーサイエンス、メディア表象、専門家、そして未来学者たちはみな、われわれに固有な歴史の契機を、画期的な変化の最前線、すなわち、過去が与えるいまや色あせつつある安心感と薄暗く識別困難な未来の不安感との境界上にある、きわめて激しい乱流のそれとして描いている。だが、すべてが転変しつつある瞬間としての現在という視点にたつために、ここでは変化と同様に連続性を強調することで、現在についてのもっと簡素な地図作成を試みる必要があるようにおもえる。このような地図作成は、現在を、それが偶然的であると指摘することで不安定化させるものではない。むしろ、未来の開放性を理解することで、未来こそを不安定化させようとするのである。現在に、ただひとつの未来を描きこむことはできない。かくしてここでの地図作成は、部分的には思考そのものをつうじて現在に介入し、われわれが住むことになる未来の何かをかたちづくる能力を強化することを目指すのである。

　こうした現在の地図作成を、つまりさまざまな潜在的未来につうじる、いまだ歩まれたことのない範囲をそなえた道を示す地図作成を開始するためには、自分たちが、単一の歴史の展開のなかで、前例のない契機にたち向かっているわけではないことを確認する必要がある。むしろわれわれは、多様な歴史のただなかで生きているのである。われわれ自身の現在と同様に、われわれの未来も多くの偶然的な経路の交差点として構成されるだろう。そうした偶然的な経路は、絡みあいながら、何か新たなものを作成することになる。このことは、根本的な変化などではないし、「自然＝本質《ネイチャー》以後の」世界への、あるいは「ポストヒューマンの未来」への移行でもないと私にはおもわれる。おそらくそれは、「出来事」を構成することさえないだろう。しかし、あらゆる些細な点において、物事のほとんどはすぐにルーティン化され当たり前のものにされてしまうとはいえ、厳密には同じものではありえないだろう。それゆえこの書物は、現れつつある生のかたちの予備的な地図作成なのであり、それが具体化する潜在的な未来の歴史をスケッチするものなのである。

変　異

現代の生政治の空間は、単一の出来事から形成されてきたわけではない。医学的かつ政治的な認識や実践は、多くの次元におよぶ変化のなかで、相互作用をなしながら、くり返しかたちづくられてきた。以下では、あえて簡略化するが、重要な変異が発生しているとおもわれる経路を五つ指摘しておこう。

(1) 分子化。現代の生物医学の「思考様式」は生を、分子的なレヴェルにおいて、分子的な存在者のあいだで働いている生命力の知解可能なメカニズムとして描いている。そのような生命力のメカニズムは、生命力の自然な秩序がもつみかけ上の規範性によってはもはや拘束されることのない、新たな介入の実践において、特定し、分離し、操作し、動員し、再結合することができるものである。

(2) 最適化。現代の生命のテクノロジーは、たとえ〔ある程度は〕拘束されているとしても、もはや健康と病気の二つの極によって拘束されることはない。これら二極は存続するが、それに加えて多くの介入が、現在のなかにはいりこんでくる。それは、その介入の主体にとって、もっとも良い未来を示すためである。それゆえこれらのテクノロジーは、個人的もしくは集団的な人間の生において、実際に最適状態であるとはどういうことかという、係争中の視点をあらわにする。

(3) 主体化。われわれは、人間とは何か、何をなすべきか、いかなる希望をもちうるのかについての新たな思考の出現にたちあっている。「生物学的シチズンシップ」という斬新な思考が姿をみせつつある。これは人間の権利や義務や希望を、彼らの病気や生そのものとの関連からコード化しなおし、個人とその生物医学的権限との関係を組織化しなおし、そして人間が「ソーマ的〔物質身体的〕個人」として自己に関係する方法をくみたてなおす。これは私が、「ソーマ的倫理」――ここでの倫理とは、道徳原理という意味においてではなく、むしろ特定の生の行為の価値にかかわる倫理である――と名づけるものの出現にむすびついている。そして「ソーマ的倫理」は、身体的な具体的実在こそに中心的位置を認めるのである。

(4) ソーマの専門的知識。こうした展開は、人間の行為を統治する新しい方法を生じさせ、多様な準専門家の台頭をひき起こす。準専門家たちは、専門知識を駆使し、われわれのソーマ的実在の特定の側面を管理するさまざまな権力を行使する。たとえば、患者やその家族のグループと提携した、特定の障害を専門とする遺伝学者や、公的あるいは私的な診療所をもち、熱意ある顧客を獲得した生殖医学の専門家や、インターネットをつうじて世界中にその仕事が知られるようになり、脊髄疾患からアルツハイマー病までのあらゆる病の治癒の希望を一身に集めて多くの患者をひきよせている幹細胞セラピスト等々がそれらの例である。こうしたソーマの専門家たちの周囲に、さまざまな種類の新たな牧人司祭権力の専門家たち――おそらく遺伝カウンセラーはその最良の例である――が群がっている。この専門家たちの役割は、自らの直面する個人的・医学的・倫理的ジレンマをつうじて対策を講じるよう個人や家族にアドバイスし、彼らを導き、治療し、支援することにある。そして、おそらくさらに特筆すべきこととして、これらの活動を評価し判定することができる「生命倫理学」の新たな専門家が登場したことがあげられる。このことによって、法廷から診療所や市場までもが、生物医学の実践をめぐる統治や合法化にくみこまれることになる。

(5) 生命力の経済。生命の価値の探索に動機づけられることによって、真理と資本化とのあいだに、つまりは、治療や適切な治癒への希望に向けられる人間的価値と、株主価値の要求とのあいだに、新しい関係がかたちづくられてきたのである。新しい経済空間――バイオ経済――や、新しいかたちの資本――バイオ資本――が成立してきた。製薬会社のような昔ながらのアクターは、一方では科学との関係において、もう一方では株式市場との関係において、〔そのあり方を〕変貌させられる。新設のバイオ企業や、独立したバイオ企業のような新たなアクターは、しばしば企業の社会的責任を強調し、多様な仕方で、シチズンシップや専門知識のさまざまなかたちと連関しながら繁茂していく。生そのものは、こうした新たな経済関係に順応させられ、そこでは生命力は、明確に区分されるばらばらの対象へと分解されてしまう。個々の対象は、さまざまに異なった目的のため、分離させられ、範囲を定められ、貯蔵され、蓄積され、動員され、交換され、それぞれの価値に適合させられ、時間、種、文脈、企業を超えて売買されていく。この過程のなかで、斬新な地政学的領野が姿を現し、生政治はバイオ経済学と解きがたく絡みあうことになる。

私は、〔これらの事態を〕画期的な宣伝文句で表現すべきではないと考える。重要なことは、これらの変異のいずれもが、過去との根本的な断絶を示しているわけではないことである。つまり、それぞれの事例からみいだされるのは、変化しつつある連続性なのである。そのことを認識しなければならない。だが、現在の観点からみるとさらに考えられるべきは、〔これらの変異の〕境界が交叉しているということである。変容の五つの線の連接によってあるかたちが生みだされ、そこでは何事かが発生しつつある。そしてこの「何か」は、ありうる未来の歴史を描こうとする私のような者にとって重要なのである。われわれが現れつつある生のかたちを生きているというのは、そうした理由による。

＊　＊　＊

第一章では、これら五つの変異をより詳細に分析し、それらのおもな特徴を描きだし、さらにそうした変異の重要性についての自分の意見を明らかにする。第二章では、これらの変異が、生命の概念や統治のかたちの変化にむすびつけられるその仕方に焦点をあてる。そこでは、政治も生命も、以前とはまったく姿を変えてしまうことになる。こうした変異の相互関係性において、新たな生の政治が形成されてきたことが論じられる。第三章では、とりわけ生物学的・遺伝子的な決定論とは異なった事態の出現が何を意味するかに焦点をあて、以下の自分の主張を展開したい。すなわち、生命的なリスクや生命的な感受性に関連する新たな世界が、生命の来るべき未来の名において、生命の現在において、現れつつある生のかたちを発生させているのである。第四章では、遺伝的リスクと遺伝的分別という変化しつつある思想に焦点をあて、ゲノム的知識と専門知が自己の特定の体制とのあいだにもつ連関について記述し、新たなかたちでの遺伝子的責任性の出現を検討していく。第五章では、これらの議論を生物学的シチズンシップにおける変化と関連づけてさらに検討し、生物学的シチズンシップが現在そなえているいくつかのかたちについて説明する。第六章では、人種やエスニシティという考えがゲノム医学に直面してどのように変化しているのかという観点から、私が特定してきた変異の含意を探求する。第七章では、自己とその病理学にかんする新たな神経化学的概念の登場と、それにむすびついた神経科学的自己にまつわる新たなテクノロジーの登場について検討する。第八章では、犯罪のコントロールと犯罪司法システムにとって、分子生物学、神経科学、行動遺伝学、そして精神薬理学は、どのような新たな進展をみせるのかについて考察する。

＊＊＊

これらの章をつうじて展開される議論は、われわれがいま新たな生物学的・遺伝学的決定論が姿を現す現場にたちあっていると指摘する、数多くの社会学の批評家が示すようなペシミズムを共有するものではない。実際にここで論じられているのは、新たな身体倫理の形成にたちあっているということであり、それは義務を課しはするが、希望に満ちてもいるし、また未来へと向けられてもいるが、現在における行動を要請してもいる、そうした身体の倫理なのだということである。一方で、われわれの生命力は、新たな仕方でわれわれ自身に介入することを可能にするが、同時に、まさにわれわれ自身の考え方を変容させる新たなバイオ経済において、今までにない経済的搾取や生命価値の開発に向けられてゆく。他方で、われわれのソーマ〔物質身体〕的で肉体的な神経化学的個体性は、選択、分別、責任、実験、論争、そして生そのものの政治に開かれるようになる。それゆえ私は、手短な後書きで本書を締めくくるのだが、そこで倫理へ向けて転回する。そして、生命倫理学者や神経倫理学者による倫理の考え方と、それとは別の意味の倫理とのあいだに、ひとつの分割線をひく。その別の意味の倫理とは、個々人が、自分たちの生きる道を現代の生物医学の実践をとおして交渉しながら、自分たちの現実的および潜在的な選択、決定、行為をおこなう際の判断に具現化しているものである。ここで提示したいことは、現代の生政治において、すなわち身体とその能力が自己のテクノロジーの中心となる、選択や自己最大化を目標とする時代において、生命医学を統治することが問題であるがゆえに、生命倫理の装置がそなえる優れた点をきわだたせることである。マックス・ヴェーバーは、プロテスタンティズムの倫理と初期資本主義の精神との選択的親和性を発見したが、この親和性は予見や分別や計算や蓄積を合法的なだけではなく潜在的でもある救済の指標へとしたてあげる、そんな生のかたちを生みだした。(Weber 1930)。それと同様に、まさに現代のソーマ的倫理とバイオ資本主義の精神とのあいだにはひとつの選択的親和性がみいだされるのである。すなわち、ソーマ的な倫理は、生命の管理をつうじて利益の探求に向かうような特定の道徳的な徳を承認している。だが同時に、ソーマ的な倫理は、故意に健康を損なっているとみなされる者を、利益の名のもとに、もっとも道徳的に非難されるべき者としてしまう。生政治がバイオ経済と一体になるにつれて、またバイオ経済が倫理的な評価へと開かれるにつれて、倫理政治は、われわれの生き方の中心となる。まさに新しい空間が、二十一世紀における生の政治にとって出現するのである。

註

(1) ここでの「われわれ」という表現で想定されている対象は、第一世界の先進自由主義国家に住む者のことである。これが人類全体を包含するようにみえるときがあるが、それは正当ではない。生物医学的な資源は過小であり、それは世界人口のマジョリティの健康問題だけに分配されている。「国境なき医師団」は、二〇〇四年の報告書において、以下のようにのべている。

一〇年前、世界では健康の研究に三〇〇億ドルが費やされたが、世界の健康問題全体のうちで、九〇パーセントを占める分に対して投じられた費用は一〇パーセント以下であった――これは「一〇／九〇ギャップ」として知られる格差である。今日、グローバルな健康問題研究に対する出費は一〇六〇億ドル弱と三倍以上に増大したが、グローバルに拡がっている疾病の九〇パーセントを治療するための新薬の研究開発に割りあてられた総額は、わずか三億から五億ドル程度上昇しただけの三五億ドルであり、おもに私立財団、政府、寄付基金の負担によって支払われている。したがって、一〇／九〇ギャップは、そのままの状態で推移しているどころか、その〔格差の〕比率は、過去一〇年を超えて、危機的な増加を示している。
(http://www.msf.org/content/page.cfm?articleid=3534F412-8F82-4E5E-B4459FE9B5C666AF　二〇〇五年一月一五日確認)

一三九三種類もの新たな化学物質が、一九七五年から一九九九年までのあいだに市場に投下されたが、そのうち熱帯地方の疾病や結核治療のものはわずか一六種類に過ぎない。中枢神経系疾患かガンのための薬は、放置されている疾病の薬よりも、市場に投入されるチャンスが一三倍も大きいのである（Trouiller et al. 2002)。

(2)　こうした「現れつつある生のかたち」という考え方自体は、もちろん独創的なものではない。第三章であつかうのだが、私はこれを、二〇〇三年にドイツのブランケンゼーでおこなわれた、ステファン・ベックとミチ・クネヒトがオーガナイザーであったシンポジウムのタイトルから借用した。また、マイケル・フィッシャーは、人類学にかんする彼の最近の論集のタイトルとして、これを使用している（Fischer 2003)。自分自身がこの表現をどう規定するかは、第三章で論じる。

(3)　二十世紀終わりに近づくにつれ、サラ・フランクリンと私は、それぞれ独自に「生そのもの」という発想をもって仕事を開始した。――二人とも、ミシェル・フーコーの著作のうちにあるテーマから、この発想を別の仕方で採用したのである。彼女の論文（Franklin 2000）は私の論文（Rose 2001）と同時期に書かれたが、私は自分の論文を仕上げるために、彼女の草稿を利用させてもらった。

第一章　二十一世紀における生政治

「生命《ライフ》が私たちのライフワークです」

——製薬会社、ファイザー社の綱領

どのようにすれば、二十一世紀における生政治の分析にアプローチできるのだろうか。私が提案するのは、〔序章でとりあげた〕五本のライン、すなわち分子化、最適化、主体化、専門知識、生《バイオ》経済に従って、効果的にこの問いをあつかうことによってである。そこでは〔これら五つのラインにおける〕おもな変化を特定することができる。これらはあとの章で、さらに詳細に探求されるだろう。この章では、これらのテーマのそれぞれを紹介し、その重要性を少しばかりのべることにしよう。だがまずはじめは、とにかく医学そのものにこそ言及するべきだろう。

医学――これまでと今

ミシェル・フーコーの『臨床医学の誕生』（一九七三年）は、いまだに、病気と医学が個人の身体のうえで空間化された仕方についての画期的な分析でありつづけている。この書物は、方法論的な教訓を提示してくれる。すなわち、十九世紀のはじめに、医学的な認識の認識論的・存在論的・技術的な配置が、一連の次元に従った相互連関的な変化をつうじて形成されなおされたということである。それらのうちのいくつかは、一見すると医学からやや離れたものであるようにみえる。そこに含まれるのは、法律や支援の実践における変化、医療従事者や医学教育の組織における転換、病院で死亡した者の罹病率や死亡率の新たな種類の統計処理を可能にした病院における記録保持の新しい形式化、病院で死亡した者の病理解剖学や死後解剖、などである。フーコーが図式化した変化は、われわれが健康と病気について保持している観念のおもな次元をいまだに規定している。すなわち、「身体そのもの」は臨床的な眼差しの焦点でありつづけているのである。これは、その病気が空間的・社会的な関連で問題化されとりくまれるとき、たとえば二十一世紀初頭におけるSARSや鳥インフルエンザへの場合でさえそうなのである。危険な性行為やダイエットの実践に注意が向けられるように、病気が態度、習慣、行動の領域に位置づけられるときでさえ、病気になるのは身体そのものである。とはいえ、一九六三年に最初に出版されたフーコーの書物は、臨床医学の「黄金時代」の終焉期に書かれたものである。一九六〇年代は「臨床医学の死」[1]をきわだたせたわけではないが、二十世紀の最後の二五年間に具体化された医学的な組成は、十九世紀初期に生まれた臨床医学とは、すでに相当に異なっている。

これらの医学的な変化のダイナミクスは、少なくとも半世紀にわたる、さまざまな次元に蓄積された変容を受けたものである。多くの者が、この新たな医学の領域を描きだしてきた（e.g. Armstrong 1983, 1995, Arney and Bergen 1984, Clarke et al. 2003, Starr 1982）[2]。医学的な司法権は、事故、病気、疾病を超えて、慢性的な病気と死の管理、生殖についての行政管理、「リスク」の評価と統治、健康な身体の維持と最適化へと広げられた。健康な身体の維持は、栄養学やエクササイズから、医薬品や健康サプリメントの消費をつうじて、自己診断や自己治癒的な実践をくみこみながら、多くの個人や家族の自己管理にとって中心的な事柄になった[3]。だが、まさに医学的な権限の範囲がこのように拡張されるのと同時に、それは数多くの陣営から異議を申したてられた。批評家たちは、われわれは社会問題の医療化を経験しているのであり、医者の治療的権力をめぐる非現実的な主張にもとづいたアグレッシヴな医学帝国主義を目撃しているのであって、そこで医療従事者たちは、厳密には彼らにかかわりのない道徳的で政治的な事柄にはいりこんでいったのだと主張した。また同時に、フェミニズムから障害者の権利擁護にまでおよぶ社会運動は、医者が患者とその生命に対して行使するパターナリスティックな権力に異議を申したてた。さらに、さまざまな仕方で医療ケアをうけている者に「権利を与える」試みがみられた。その試みは、国によって異なったものであるが、「活動的なシチズンシップ」をますます重視するものである。活動的なシチズンシップとは、訴訟と補償を常識的なものとみなす文化の台頭、患者の「消費者」への移行、インターネット上で多様なソースから医療情報を利用する可能性の増大を含んでいる。患者は、医療従事者たちへ要求するため、そして医療従事者の意見を評価したりそれに異議を申したてたりするために、情報にアクセスしうるのである。

「医学」そのものもまた変質してきた[4]。医学は技術化されたものとなり、診断と治療は装置の精緻さに高度に依存することになった。医学は、専門家間でも境界が複雑に細分化されて、断片的なものとなった。

医者たちは、診断の眼差しも、独占的に治療を計画する権限も失った。すなわち、開業医の臨床的な判断は、証拠にもとづく医療（evidence-based medicine）たれという要求によって身動きがとれなくなっているのである。すなわち、診断と〔薬剤の〕処方とはともに、標準化され組織的に枠づけられた手続きの利用に従わざるをえなくなっている。最も先進的で産業化された国々における医療実践は、公的ないし私的な保険の要求、それらの補償の基準、そして一般的にいえば、企業の利益計算のためのたんなる一領域としての健康や病気の治療によって植民地化され編制しなおされている。おそらくはもっと根本的なことに、別の意味では医学は、ひどく資本主義化されることで形成されなおされてきた。基礎的な、あるいは応用的な生物学の研究――バイオテクノロジー企業においてであれ大学においてであれ――は、知的所有権の創出と強固に連関させられ、病気と健康は、企業活動と株主価値の創出のおもな領域になってきているのである。これらの過程で、人間の生命力は、分子レヴェルにおいて、技術革新や経済開発に、そして生経済の高度に競争的なかたちに開かれてきているのである。こうした医学のテクノロジー化と資本主義化は、二十一世紀の生命力の政治学という議論の多い領域に、あるひとつの特定のかたちを与えている。そして、こうした領域はそれ自身、生物医学のなす思考や判断や介入のスタイルがもつ「分子化」の徹底によって構成されなおされているのである。

分子的生政治

あるレヴェルでは、疑いなくほとんどの者――先進的なテクノロジー的生物医学の権限のなかで生きている者でさえ――が、自らの身体をいまだに「モル的な」レヴェルで、つまり四肢、器官、組織、血流、ホルモンなどのスケールで想定してしまっている。[5] これは、映画やテレビのスクリーンにおいて、あるいは健康や美容の製品広告においてみうけられる、眼にみえて触れられる身体のことである。まさにこのモル的身体こそが、ダイエット、エクササイズ、入れ墨や美容整形をつうじてわれわれが働きかけ、完全なものにしようとするものである。そして実際、これこそは臨床医学の焦点であったところの身体――体系的な全体としての身体――なのである。この身体は十九世紀をつうじて形成され、死のあとでは死後解剖によって医師の眼差しにさらされ、解剖図録において可視化され、いくつもの装置をつうじて生命の内部でアクセスされることになった。こうした事態は、臨床的な眼差しを強化させ、生体の器官とシステムを透かしてみることを可能にする聴診器とともに開始された。[6] しかし今日において生物医学は、生を別のレヴェル――分子レヴェル――において可視化させる。臨床的な眼差しはこの分子的な眼差しにとってかわられることはないにしても、それに補完されてきた。こうした分子的な眼差しは、それ自身、生そのものにかんする「分子的な」思考の様式と絡みあってきた。現代の生物医学の研究を一読すれば理解できるように、生はいまや分子レヴェルで理解され、操作されるのである。すなわち、ヌクレオチド塩基のコード配列やその変異、発現や転写を調整する分子メカニズム、タンパク質の機能特性とその分子の地形図との連関、すべてが機械的で生物学的な特性をそなえた、個々の細胞間の諸要素――イオン・チャネル、酵素活性、トランスポーター遺伝子、膜電位――等々の用語でである。

ルドウィク・フレックによる「思考様式」という概念は、ここで生じてきたことを理解するのに有益である（Fleck 1979, Hacking 1992a, Rose 2000a）。そうした思考の様式とは、考えること、みること、実践することをめぐる特有の方法のことである。思考様式とは、その思考方法によってのみ可能となり理解できるようになる言明の仕方に連関している。そこでは言明の要素――語、概念、主張、指示対象、関係――

が、論証や説明としてとらえられる一定の形式の布置に組織されるのである。現象は、どれだけ重要かに従って分類され並べ替えられる。事物は証拠として示され、それぞれに特定の仕方でとり集められ利用される。〔特定の〕主題が選びだされ、もちいられる。モデルとなるシステムが構想され、くみたてられる。機械が発明され、それはあとでグラフやチャートや表といったものさしや記録となるよう、利便化される。これらすべては、実験や治験といった、複雑な実践的編制の内部においてむすびついている。思考の様式とはまた、ある学問分野ないしは下位分野における「思考共同体」のメンバー構成や、それが権力や地位に対してもつ関係を熟知することにかかわる。そしてもちろん、科学の領域における思考の様式も、困難を特定し、議論を問題化し、説明の失敗を突き止める仕方——つまり、誤りを探しだして訂正する批評の様式——を具体化するのである。

思考の様式とは、たんにある説明の形式に、すなわち説明するということとは何かにかかわるだけではなく、説明すべきことがあるとはどういうことかにもかかわっている。すなわち、思考の様式とは、説明する対象自体、つまりある説明が説明しようと試みる一連の問題や争点や現象を形成して確立するものなのである。脳とは、現代の脳科学にとっては、一九五〇年代の脳のことをさすものではない。細胞とは、細胞生物学においては、一九六〇年代にとっての細胞ではない。「遺伝子」とは——もしそれがいまだにそう呼ばれる意味があるならば——ゲノムの配列が決定される以前の「遺伝子」ではない、等々。生命科学において形成されてきた新たな思考の様式は、その対象それぞれを相当程度に変容させてしまっており、その結果、そうした対象は新たな特徴をもって、ほかの対象との新たな関係や区分のもとで、新たな仕方で出現しているのである。

思考の様式とは、たんにひとつの新たな言説のことではない。一九六〇年代以来形成されてきた生についての分子的な知は、以下のような、あらゆる種類の、非常に洗練された実験の技法と連関しているが、その技法は、こうした分子レヴェルで——出来事ののちにではなく、まさに発見の過程そのものにおいて——生に介入する。たとえば、遺伝子を切断しスプライシングする技法、生体システムの外部でDNAの正確な部位のさまざまなコピーをつくるポリメラーゼ連鎖反応、注文に応じてカスタマイズされたDNA配列の作成、特定の遺伝子配列をもった有機体の造成、あるいはそれを除去した有機体の造成等々。実験室は、新たな形式の分子的生を創造するための、一種の工場になってくる。そうすることにおいて、実験室は生そのものを理解する新たな方法を生みだしつつあるのである。

もちろん、患者の診断と治療の多くは、いまだにモル的なままであり、器官的もしくはシステム的な病理学からなされている。しかし生命力の分子化によってもたらされた変異は、それでもなお重要なものである。たとえば、新たな伝染性の病気に遭遇したとき、さしあたってなされるべきは原因物質の分子構造の特定である。したがって二〇〇三年のSARSの大発生では、そこに出現したウイルスについて世界保健機構（WHO）がパンデミック性のものであると警告してから数週間のうちに、その遺伝子が特定された。とはいえ、実行された衛生対策はせいぜいモル的なものであって、ペストの医療以来よく知られている隔離政策や渡航制限、空間の水準での警備にすぎなかったのである。だがより一般的にいって、製薬産業と治療法の研究においては、まさに分子レヴェルでこそ、治療薬が選択され、操作され、試行され、発達させられた。そしてまさに分子的な術語によってこそ、それらの作用の仕方が説明されるのである。薬草療法から精神分析にいたるまで、さまざまな治療実践は、表面上は神秘的にみえる作用についての、新たな分子的な正当性を模索している。製薬産業は、抽出され、開発され、特許をえて、商品化されうる分子的な知を求め、伝統的な治療実践を探究している。いささかゆっくりとしたペースながら、研究計画は拡大し、現在の臨床診断の分子的な基盤を探り、そしてそうした基盤のうえで診断の方法を改めはじめている。その一方で、多くの表現型のうえで明確に区分された病状が、いまや分子レヴェルで——生化学的メカニズムと遺伝子のヴァリエーションのレヴェルで——関連づけられているようにおもわれる。たとえば、身体のなかの弾性的組織が硬化する遺伝性疾患であるＰＸＥ（弾性線維性仮性黄色腫）の遺伝的基礎が第一六染色体において発見されたことは——ＰＸＥによる中型の動脈硬化が、動脈の総体としての加齢を模倣するものであるがゆえに——黄斑変性のみならず、高血圧と心疾患の分子的・遺伝的基礎にもむびついた発見につながるかもしれない[7]。他方で、単極性うつ病のように、いままでひとつのものとして分類されてきた疾患は、下位集団に断片化されはじめている。これは、うつ病と診断された患者たちに、分子的に作成された次世代の抗うつ剤を投与して示した反応のヴァリエーションを、分子的基礎にもとづいて調査した結果に部分的には負うものであり、この抗うつ剤は、さまざまな形式のうつ病に関連すると考えられる神経伝達内部の特定部位を明確化するのではないかと想定されている。

ここでは、可視化の技術が決定的であった（Cartwright 1995a, 1995b）。ある意味では、新たな可視化技術をもちいることによってこそ、生命は、分子的な実体のなかでの一組の知的な生命のメカニズムとして、分子的なレヴェルで思考しうるようになったのである（Rose 2001）。二十世紀前半に発達したＸ線や医療用フィルムに加えて、二十一世紀の初頭までに、そうした内部の有機的身体を可視化する多くのスクリーニング装置が生みだされた。すなわち、マンモグラム、超音波、胎児の映像、さらに脳については脳波、ポジトロン放出断層撮影法（ＰＥＴ）、単光子放射型コンピュータ断層撮影法（ＳＰＥＣＴ）、機能的磁気共鳴画像法（ｆＭＲＩ）などである（Kevles 1997）。このような可視化の技術はデジタルシミュレーションをつうじてますます効果的に働くようになっている。デジタル情報を操作するアルゴリズムを使用することで、より精確に模写したリアルな像を、分子レヴェルで再構築する者もいる――これはfMRIスキャニングの事例である（Beaulieu 2000）。また生命を操作可能な一連の情報、つまりわれわれがたいていはいまだに遺伝子と呼んでいるDNAの配列から可視化する者もいる（Kay 2000では、「遺伝子」を視覚的に表象してきたさまざまな方法について、数多くの実例が提示されている。Keller 2000も参照のこと）。しかし、可視化だけではまだ十分ではなかった。分子ゲノム学は、生命力をこのように分子レヴェルで分解し、解剖し、操作し、増幅し、再生産するあらゆる種類の発明に依拠しているのである。すなわち、おおきな染色体構造を顕微鏡下で可視化するDNA結合色素から、特定の塩基配列においてDNAを切断する制限酵素、DNAの断片を長さに応じて分割するゲル電気泳動、特定の塩基配列に結合した放射能マーカー、正確な分析をおこなうのに十分なDNAを供給するため、大量にコピーしクローンライブラリに集積することが可能なDNAの「クローン」や断片の構築、さらにDNAの短い断片を大量につくりだすためのポリメラーゼ連鎖反応等々がそれである[8]。非常に巧妙なやり方で相互にむすびつけられることによって、これらの技術は「遺伝子」を、分子レヴェルにおける知識と技術に向けて開いたのである[9]。

　生命力がいったんこのレヴェルで解剖されてしまうと、介入はもはや所与の生体秩序の規範性によって拘束されるものではなくなる。おそらく身体が、たびたび困難をともないながらも、〔供給元となる身体という〕起源〔への拘束〕から自由になり、ほかの身体で再活用される移転可能な組織に断片化されるようになったのは、血液と血液製剤からはじまったことであるのは疑いない[10]。〔身体のさまざまな〕器官の収集は、当初は非常に苦労してなされたが、のちに効果的だが議論をひきおこす商品化の対象になった[11]。生殖のための要素――卵子、精子、そしてのちには胚――もまた、特定の身体から分離できるようになり、実験室や診療所、そして他者の身体といった経路をめぐって流通するようになった。しかしいまや、組織、細胞、

DNAの断片は可視化され、分離され、分解され、安定化され、「バイオバンク」に貯蔵され、商品化さ
れ、分子操作によって再設計されつつ実験室と工場のあいだで移送されている。そこでは、DNAがもつ
特性は変質させられている。特定の個体、型、種へのむすびつきは解消し、とり除かれるのである。分子
化のおかげで、組織、タンパク質、分子、薬物を、それら自身がもっている類縁性——病気、器官、個体、
種との類縁性——から自由にすることができ、多くの点でそれらは、局所性を脱することができるような
——場所から場所へ、有機体から有機体へ、病気から病気へ、人から人へと動かすことができるような
——操作可能で移送可能な要素や単位とみなされるようになったのである。遺伝子を、その特性——発光
や耐塩性——に沿って種のあいだで転移させるのであれ、さまざまな病気の治療法に転移させるのであれ、
組織、血漿、腎臓、幹細胞を転移させるのであれ、生命の諸要素は、分子化のおかげで新たな可動性を獲
得し、新たな循環——器官の、個人間の、地理的な、金融の循環——にはいりこむことができる。生命力
の可動化自体は新しいものではなく、その組みあわせも新しいものではない。それは、植物の採集や交配
の非常に長い歴史を考えてみればわかるだろう。だから、分子化は、たんにそれ自体で自足しているわけ
ではない。これから検討するように、生命力の循環をつくりあげるためには、そのほかの多くの要因——
とりわけ標準化、規制、そして倫理さえも——が付け加えられなければならないのである。しかしさしあ
たりの目的にとって重要なのは、いまや「分子的生政治」が、こうした生命の分子的要素が動員され、コ
ントロールされ、特徴を与えられ、以前は存在しなかった過程にむすびついたすべての方法にかかわって
いることである。すなわち、こうした分子のレヴェルにおいて、生そのものが政治に開かれたのである
(Franklin 2000 における議論も参照のこと)。

最適化のテクノロジー

おそらく、ある認識論的な変化が生じているのだといっても過言ではないだろう。十九世紀に成立した「生物学」は、「深さ」の生物学であった。「深さ」の生物学は、基底において、閉鎖的な生体システムの機能を決定する有機体の法則を発見しようと試みるものであった。しかし現代の生物学は、少なくともある部分では、開かれた循環の「フラットな」領域で展開している。たしかにこれは、直観には反するようにみえる――「遺伝子」に言及することは、明らかにわれわれ人間の本性の現実的な基礎を、あらゆる深みのなかでも最も深い現象に帰着させることではないのだろうか。だが、私には、現代のゲノム学における真理言説において、もはや遺伝子は、われわれ〔が何ものであるか〕を決定する隠れた実体としてはとらえられていないようにおもわれる。

たとえば「システム生物学」について考えてみよう。ヒトゲノム計画、プロテオミクスの登場、そして近年開発された先進的な情報科学や計算機のモデルによって生みだされた情報を活用することで、生物学者、技術者、数学者、計算機の専門家たちは共同して、DNA配列やタンパク質のような生物学的システムの基本的な構成要素間の相互作用をモデル化しようと試みている。彼らは、その相互作用の数学的モデルをつくりだし、それによって、有機体もしくは生態系のレヴェルで、システムの構成要素間の連関や相互作用から生じる機能的な特性を特定し、未来がどうなるのかへの予測を導きだしている。システム生物学は、リバース・エンジニアリング〔逆行分析〕化した遺伝子と代謝のデータ、遺伝子制御と代謝作用のコンピュータ・シミュレーションの発展、コンピュータ・シミュレーションの枠内での予測と仮説の作成、動物モデルにおけるシステムの実験等々からえられたデータとの比較を含んでいる。合成生物学は、実際にこのようなモデルから有機体を設計しようとするものであり、注目に値するものではあるが、ここではそのひとつのヴァリアントにすぎないのである。システム生物学が具象化している現代の分子生物学においては、探求とは、基底的な法則を単純化するためになされるのではない。まったく逆なのである。すなわち、未来の生命の状態を予測し、それらの未来を形成しなおすべく生体システムへと介入しうるように、異質な諸要素をくみあわせ、動的で複雑で開かれたシステムをシミュレーションすることを目指しているのである。すでに指摘したように、このフラットな世界のなかで数を増している介入においては、ほとんどすべての生命の要素は、一定の条件がみたされれば、原理的には、細胞、有機体、種とのむすびつきから解除され、自由に循環してほかの要素と結合させうるようになる。したがって、ある認識論的な変化と同時に、おそらくはある存在論的な変化も進行しているのである。

こうした認識論的・存在論的な急進主義とはおそらく無関係であるだろうが、現代の生物医学は、生命力の生物学的再設計にこそエネルギーをそそいでいる。サラ・フランクリンは、こうした生物学者がもつ方向性の特徴をのべるため、クローン羊ドリーの創作者の一人であるイアン・ウィルマットが使用したフレーズをひきあいにだす。すなわち、われわれは「生物学的コントロール」の時代にはいったのであると。「これ〔生物学的コントロール〕が意味しているのは、生物学的なもの「それ自体」が、人間の野望を制限すると仮定することはできないということである。結果として人間は、まったく偶然に左右される状態となってしまった生物学的なものの領域に対して、ある意味でこれまで以上に重大な責任を負わなければならない」(Franklin 2003: 100)。現代の医療テクノロジーは、いったん病気が発症したならば、それをただ治療しようとするだけではなく、身体と心の生体プロセスをコントロールしなければならなくなる。これらが、最適化のテクノロジーなのである。

テクノロジーとは何だろうか。慣習的にいえば、しばしばテクノロジーは、機械的なものか技術的なものとしてとらえられている。すなわち、脳イメージングや、高速スループット・シーケンサーを使用した遺伝子検査のような診断テクノロジー、薬物伝達の新しい方法〔DDS〕といった治療テクノロジー、臓器や関節をとりかえたり、退化した骨を再発生させたりする外科的なテクノロジーといったように。しかし私にとって、テクノロジーとは、これにとどまるものではない。テクノロジーは、社会的・人間的な諸関係の集合体なのであり、そこでは機械的なものや技術的なものはひとつの要素にすぎないのである。「ここでテクノロジーとは、多かれ少なかれ意識的な目的によって統治され、ある実践的な合理性によって構造化されたあらゆる集合体（assembly）のことであり……人間存在についてのなんらかの前提と想定によってプログラムのレヴェルで裏打ちされた知識、道具、人、判断のシステム、建物そして空間のハイブリッドな集合体のことである」（cf Rose 1996b: 26, Brown and Webster 2004）。したがって多くの者が論じてきたように、新たな生殖テクノロジーは、新たな道具や技法をもちいる医者の熟練した技能以上のものを必要とする。それら新たな生殖テクノロジーによって、当事者と専門家は、生殖について特定の思考様式をとるようになる。すなわち、特定の習慣や儀礼的行為、検査の技法と可視化の実践、助言の仕方といったものである（Franklin 1997, Rapp 1999, Strathern 1992）。臓器移植とは、たんに外科技術の勝利なのではない。そこで必要になるのは、時間と空間を超えてドナーとレシピエントとを出会わせることであり、生の終焉についての新たな思考や、身体の所有や治療の権利についての新たな意味を不可欠のものとして生みだす新たな社会関係であり、さらには臓器移植の手続きを可能にする複雑な財政的・制度的な関係なのである（Lock 2002, Scheper-Hughes 2000, 2003a, 2003b）。これらの新しいバイオテクノロジーは、それゆえ、最適化の目標に方向づけられたハイブリッドな集合体として理解されなければならない。

これらはたんに医療テクノロジーや健康のテクノロジーであるだけでなく、生のテクノロジーでもあるのである。これまで生とは、生命のプロセスそのものと一致した、避けえない自然的な働きであるとおもわれてきた。医学に期待することができるすべてとは、異常性を阻止すること、自然な生命規範とそれを支える身体の規範性をとりもどすことであった。だがこれらの規範は、もはや避けえないものとは想定されないし、またこれらの規範性自身が、変化へと開かれているようにみえるのである。情動や認知や意志の、閾値や規範や変動性を構成しなおす効果が精神治療薬にあることがひとたびわかったなら、こうした仕方での変容に開かれていない自己を想像することのほうが難しいことになる。女性の生殖の規範性が、生殖補助医療によって再構成されることがひとたびわかったなら、生殖の本性や限界や、それをとりまく希望や恐怖の空間は、ひきかえせないほどに変化する。ひとたび女性の加齢の規範が、ホルモン補充療法によって再形成され、もしくは年老いた男性のセクシュアリティの規範がバイアグラによってくみたてなおされることがわかったなら、少なくとも裕福な西洋の人びとにとっては、老いていく「正常な」過程は、たんに選択の領域におけるひとつの可能性でしかなくなる。ハンナ・ランデッカーが述べたように、「「バイオテクノロジーは人間であるとはどういうことかを変化させる」という決まり文句には、こうした変化のプロセスを精確に理解するために、以下のような中間プロセスが含まれるべきである。すなわち、「バイオテクノロジーは、生物学的であるとはどういうことかを変えるのである[13]」」と。治療、矯正、エンハンスメントのあいだにひかれた古い線はもはや維持されることがない。これらをひきなおす仕方が、分子的生政治の新たな領域をつくりあげることになる。

それゆえ、これらの新たなテクノロジーは、ダイエットやフィットネスといった養生法におけるように、有機体の損傷や病気を治療しようとしたり、健康を増進しようとしたりするだけではなく、生体プロセスの機能を最大化し、その成果を増大させるために、生命のプロセスそのものを形成しなおすことを可能にすることで——もしくは形成しなおそうと望むことで——、生物学的な有機体であるとはどういうことかを変化させるのである。こうしたテクノロジーのおもな特徴は、その予見的な展望にある。すなわち、これら生のテクノロジーは、生命の現在の作用によって、生命の未来を形成しなおそうとする。とりわけ私の関心をひくのは、二つの次元、すなわち感受性とエンハンスメントという次元である。

感受性とは、人が将来に罹ると予測される病気との関連において、現時点で個人を特定し治療しようと試みることからひき起こされる問題を指している。初期のヒトゲノム計画において、「遺伝子化」という言葉が批評者たちのあいだで流行りだしたとき、ヒトゲノムの配列決定は、唯一の「正常な」配列——複合物もしくは「コンセンサス・ゲノム」——を確立するだろうとしばしば考えられていた。この配列は、健康の唯一の規範となり、それに反するすべての相違は病的な異常性と判断されるだろうと考えられたのである。個々人を、個々のゲノム上の塩基配列にもとづいて、健康か病気かにカテゴライズし、こうした無慈悲な生物学的真理の光に照らして、その生を管理するといった、新たなかたちでの分子的監視を、多くの者が予測してきた（たとえば Flower and Heath 1993 を参照）。しかしヒトゲノムの配列決定は、唯一の「正常な」配列をみいだすことにいたるものではなかった。タンパク質をコード化する配列が、予想よりもはるかに少なかっただけではなく、「遺伝子コード」を形成するA、C、G、Tの連鎖におけるたったひとつの塩基によって個々人が互いに異なってしまうような（たとえばひとつのAがひとつのCに置換されるなど）、無数のゲノムの座位が存在したのである。(14)「遺伝子」として特定されるすべての配列は、いまや一塩基多型もしくはSNPとして示されるものによって現されるようになる。比較的稀な「単一遺伝子異常」もあれば、特定の塩基配列の長大な反復にかかわるもの——ハンチントン病の発症の原因となるCAG反復の増加のような――もあるのだが、心臓病、糖尿病、がんのような数多くの複合疾患にとって、疾患「の原因となる遺伝子」よりは、むしろSNPレヴェルにこそ、疾患感受性を増大させる遺伝的ヴァリエーションの探求が向けられている。幼児や成人、胚、そして未受精卵をも対象とする遺伝子検査を開発し、病気の発症率を高めるとみなされる遺伝的な変異を、SNPのレヴェルで、多くの染色体上の多様な遺伝子座においてひとまとめに特定することが焦点になる。そして、ひとたび特定されれば、胚の選択的着床から遺伝子治療や予防的な薬物治療、さらにはライフスタイルの変化にまでいたる選択肢をともなった治療措置が可能になると期待されているのである。

ある意味では、感受性に対する現代の注目は、長い歴史をもった二つの別の思考の様式――素因とリスク――の延長でしかないともいえる。素因とは、少なくとも十八世紀以来、正しい（もしくは間違った）状況において病気や病理となって発現する、遺伝性の毀損や欠陥のことを指していた。遺伝性の素因という発想は、もちろん社会病理と危険のあらゆる問題の様式が退化という用語で理解されるようになった十九世紀後半に表面化したものである（Chamberlin and Gilman 1985, Pick 1989, Rose 1985）。ある場合には、退化とは、都市に住む人びとに対する都会的生活の悪影響、つまり田舎から都市への移住の結果とみなされた。すなわち、移住者の体質が弱体化し、彼らが生んだ子孫が虚弱になり、こうした子孫がさらに結核から売春や明白な精神異常にまでいたるあらゆる病理によって苦しめられたために、いっそう事態が悪化した結果だというのである。これらのことが、世代から世代へとむすびついて、人口集団の体質をますます悪化させていった。また別の場合には、このプロセスは、見当違いの慈善事業から援助をうけた結果、退化した人びとがさまざまな婚姻をおこなったことでますます悪化し、国の遺伝的資源［national stock］を確実に劣化させたともいわれた。退化という発想は、優生学運動にとりあげられることで、二十世紀前半の生政治の焦点になったのである。

遺伝的な感受性への現代的な懸念はそれゆえ、欠陥は素因として遺伝するのであり――過度の飲酒から事故や加齢など外的な出来事によって明らかになる潜伏したものまで――、注意深く節度のある生活様式を身につけることによって防げるものであるという、比較的古風な信念を再び呼び起こすことになる。それらはまた、リスク評価、リスク予測、リスク管理という、すでに確立したテクノロジーを再び実行する。年齢、性別、人種、家族歴、体重、食習慣、アルコールとタバコの習慣などによって明確にされる、人口集団のさまざまな部門における異常と病気の頻度についての疫学的研究からみいだされる、個人が異常を発現する可能性を評価するリスクの尺度を利用することは、いまや一般的なことである。だが、こうしたリスクカテゴリーへの割りあては、たいてい確率論的で要因論的なものにすぎない。すなわちそれは、病気への明らかな病因論的経路を特定することからなされるわけではないのである。むしろ現代の感受性診断の理想はその分子的精度にあるのであり、それは、正確なゲノムのヴァリエーションを特定することにもとづくものである。その生産物――低活性酵素や欠陥のある輸送体――は、病気への経路自体の一部をなしている。しかし、リスクの思考のように、感受性という発想は、潜在的な未来を現在へともたらし、未来を計算上の主題や治療的介入の対象にしようとするものである。これは、一部の者、あるいはすべての者が、たとえ事実上は健康であっても、実際は無症候的ではあるが病気であるという、あるいは発症前段階の病気であるという感覚を生みだす。生のテクノロジーは、これら眼にみえない病理を明らかにしようとするだけではなく、個人の人生の機会を最適化するために、これらの病理に介入しようとするのである。それゆえ、感受性の時代においては、「リスクを抱えた」者を新たな個人的・集団的主体となし、さらにはもちろん、いまや潜在的に「前－患者（pre-patients）」として理解される者――それはおそらくはすべての者であるのだが――に対する専門家の権力を新たに拡張することで、新たな生の形式が現れつつあるのである。

感受性と同様に、健康増進《エンハンスメント》もまた、未来指向的なものである。人間の身体と精神のほとんどあらゆる能力――体力、耐久力、注意力、知性、そして寿命そのもの――は技術的介入による改良へと潜在的には開かれているようにみえる。もちろん、調べようとおもえば、ほぼいかなる地域や時代においても人間は、祈り、瞑想、食事、呪文、身体的もしくは精神的エクササイズを活用して、自らの身体的な自己を改良しようとし、自らの健康、受胎能力、スポーツの能力、寿命、知覚の鋭敏さやそのほかすべてを増大させようとしてきた。そして、これらすべての地域と時代において、特定の活動、食事、思考などにそなわった生命増強力に対する一般的な信念だけでなく、自前の薬やシステムをもつ身体改良の専門家が実在していた。したがって、新しいのはエンハンスメントへの意志でもエンハンスメントそのものでもない。私には、斬新さや不安の感情が生じてくるのは、部分的には、アデル・クラークと彼女の同僚たちの言葉でいえば、「平準化からカスタマイズ化へ」という移行が生じていることによるとおもわれる（Clarke et al. 2003: 181-82）。かつて専門的な医療的介入は、病理を治療し、望ましい機能からの逸脱を一般に認められる程度に改善し、ライフスタイルの変更をつうじて生政治的な戦略を促進するために遂行された。いまやこれらの介入の受益者は、瑣末でナルシシズム的で非理性的なものにみえる欲望にもとづいて選択をなす消費者なのであり、医療の必然性というよりはむしろ、市場と消費者文化によって形成される医療なのである。また別の部分では、現代のエンハンスメント・テクノロジーについての不安感は、それらがより強力で精確になり、標的を絞って成功したものになっているという信念に起因する――強力であるのは、これらが身体メカニズムの科学的な理解にもとづいているからである（参考になる議論として、Elliott 2003 と

Parens 1998 を参照）。メガネや補聴器から、生理食塩水の点滴や人工肛門、心臓ペースメーカーなどの医療機器の使用にいたる身体能力の補強にみられるように、人工的に増強された身体はもはやサイボーグ――人間と人工物の融合――などではないのである。このような「サイボーグ主義」が現代的な典型例をみいだすのは、着用可能なコンピュータをもちいたトロント大学のスティーブ・マンによる奇妙な実験や[15]、もしくはレディング大学のケヴィン・ワーウィックによる、神経信号をコンピュータをつうじて、車椅子や義肢のような機器と直接的に接続させようとする、埋めこみ型の奇妙な実験においてである[16]。人間存在をより生物学的でないものとするようにおもわれるこうしたロボティクスやコンピュータの使用とは異なって、新たな分子的エンハンスメント・テクノロジーは、身体と機械的設備とをハイブリッド化しようと試みるのではなく、身体を有機体レヴェルで変容させ、生命力を内側から形成しなおそうとする。この過程において人間は、より生物学的でなくなるのではなく、むしろなおいっそう生物学的になるのである[17]。

おそらく批判者たちが不安をあらわにするのは、意志の訓練、長期にわたるトレーニング、苦痛や忍耐力を必要とした以前の自己改善とは異なり、これらの新たなエンハンスメントのテクノロジーが、それほど努力することなく獲得することができるとおもわれ、そう展望されているからだろう。批判者たちは、サラ・フランクリンが「要求に応じた《オン・デマンド》デザイン」と名づけたもの――支払い能力のある者にとっては個人経営の診療所で、あるいはインターネットにおいて数ドルで購入したり、錠剤の形でたやすく消費したりできるような、要求に応じて人間の生命力のほぼあらゆる側面を改善しうるという展望――を恐れているのである。身体を形成しなおすことこそに――たんなる美容整形だけでなく、脚延長術、性転換、ダウン症の子供たちの顔の再形成などに――とりわけ不安を感じる者がいるのだ（Frank 2004 の刺激的な議論を参照）。また、セクシュアリティや生殖への介入――年老いた男性の性的能力を延長するためのバイアグラから、閉経後の女性が子供をもつことを可能にする生殖技術の利用にいたるまで――こそを、とりわけ不安におもう者もいる。そのような進展を考察することで、イアン・ハッキングは、デカルト的二元論に向けられた諸々の批判が再検討されるのではないかと示唆している。[18] 身体の部分――臀部、角膜、心臓、腎臓、さらには顔面移植についても展望がたてられている[19]――を交換する医学の進展ならびに、自分の臓器を医者が設計しなおすのをリアルタイムで、手術室のモニターをつうじて自分ではっきりと観察できる新たな手術技術とによって、心とは区別される、とりかえ可能な身体部品をそなえた、アナログな身体という考え方が強化されるのではないかというのである。われわれは、ハッキングが示唆するように、デカルト主義者になりつつある――われわれの身体は実際のところ、デカルトによってすでに予見されていたようなものなのだ。事実、ハッキングがほのめかしているように、身体は久しく自然の所与であることをやめている。したがって、そのような増強や変容を押しとどめたい、「もう充分だ（enough）」という政治〔的思考〕（McKibben 2003）は、想像のうちにしかない過去へのあこがれの類であって、歴史的に素朴であるのみならず、倫理的にも懐古趣味的なものである。

ハッキングは当初、人間の心的能力を増強するためのアナログ的介入を考え抜く際に、デジタルな心というメタファーを用いていた。しかし、ハッキングも自覚しているように、このメタファーはすでに時代遅れのものである。認知プロセスにかんする、奇妙なほどに抽象化された発想に焦点をおいた、心的プロセスについてのコンピュータ・モデルは、われわれが生きた脳を観察し、詳細に分析しうるようになったことで、もはや必要性を失ってきている。しかし、もしデジタルな心でないならば、それはいったい何であるというのだろうか。われわれの心が解剖され、ばらばらにされ、設計されなおされるほどまでに、あまりにも身体的で、肉体的なものになりすぎているとしたらどうなのだろうか。われわれが、人間の衝動や、それをコントロールする能力にかかわる変異の原因たる神経経路や酵素活性を特定し、工学的に扱いなおせるとしよう――そのときに、自由意志や刑事責任能力という考え方はどうなるのだろうか。[20] われわれが自分の気分、感情、そして欲望を、たんに錠剤を消費するだけで、おもいのままに再形成することができるとしよう――これはプロザックや美容精神薬理学にまつわる神話である。ある者にとってこのことは、人間とはかくあるべきだという感覚の核心を突いている（President's Council on Bioethics 2003）。[21] アルツハイマー病における初期の記憶喪失を和らげることになんとか成功している薬物が、記憶力、知性、集中力などを改善するための多くの薬物への道を開きつつあると考えられているのと同様に、われわれが自身の認知能力を強化《エンハンス》できるとしたら、どうなるのだろうか。HT－0712のような薬（「脳のためのバイアグラ」）[22]の開発を待つことなく、ありとあらゆる栄養補助食品を販売している会社は、そのような結果を期待させる製品をインターネットをつうじて販売している。教育関係者が、試験前に薬を服用することで自分の認知能力を改善することができる方策と知識をもった学生の出現について、倫理問題を心配するように、スポーツの分野の者は、パフォーマンスを人工的に飛躍させるためのエンハンスメント・テクノロジー――薬から潜在的な遺伝子操作にいたるまでのそれ――の使用を心配している。新たな不平等の世界が待ちうけているようでもあり、また新たな下位分野〔の学問領域〕――「神経倫理学」――が誕生しようともしているのである。倫理学がニューロン的になるとき、それが意味するのは主体性のテクノロジーもまたニューロン的になったということだ。すなわち、ある重要な点で、われわれは「神経化学的自己」になったといえるのである。[23] 自分自身についてのこうした新たな感覚をめぐって、そして脳を操作することをつうじて心に介入する新たな能力の明白な進展とともに、新たな生政治学――神経政治学――が姿を現しているのである。

主体化と倫理政治

二十世紀をとおして、ヨーロッパや北米、そしてある程度はそれ以外の場所でも、国家の責任は、十九世紀に広く採用されていたような健康を保証するための集合的な方策――清潔な水、下水、食料の品質など――から、家庭での健康養生法や子供の養育への介入を積極的に奨励するものへと拡大した。富める者も貧しい者も、つねに健康を維持する広範な実践に関与させられてきた一方で、いまや個人の健康、子供の健康、そして家族の健康を維持し増進すること――摂生、個人の衛生、健全な子供用の読み物、病気の特定と治療――こそが、市民に対して権威が植えつけようとする自己管理の形式、すなわち市民自身の希望、恐怖、不安の中心なのである。この時代に西洋の先進産業社会の市民であった人びとは、みずからの自己維持や自己形成の問題として、国家および医学的な権威や慈善事業の権威による実践が広めた健康や衛生についての規範とかかわるようになった（数ある歴史的説明のひとつとして、Valverde 1991 を参照）。

二十世紀後半までに、健康とは、そうした社会において鍵となる倫理的価値のひとつになったのである。非常に多くの医学団体や慈善団体が、健康教育と健康増進のキャンペーンを張り、健康の名のもとに政治的権威への要求をおこなった。それに加えて、実際の、あるいは潜在的な患者やその家族、さらにはその支援者らが、いまや健康の経済、政治、そして倫理において鍵をなすアクターになった。健康教育者から、もっと自分自身の健康に積極的な関心をもつよう奨励され、活動的なシチズンシップという新たな文化をつうじて「活性化されること」によって、多くの人びとが「患者」、つまり医学の専門家に対してたんに受動的な受益者のままでいることを拒絶した。そのような人びとは、自分自身の生命力を最大化し、エンハンスするため、医学、生命科学、薬剤、そして「代替医療」を積極的に選択し、もちいる消費者になった。そうした人びとは、自分の医者から情報を要求し、適切な治療法を予期し、もし失望したならば、不満をのべたり法的手段に訴えることさえありうる存在なのである。健康は、自己や他者に対して、生ける身体の生命力と潜在性とを最大化せよという命法として理解されることで、現代の倫理的体制において鍵をなす要素となったのである。

したがって、医学は長いあいださまざまな主体性を形成する役割を担ってきたのだが、生物医学の主体化の現代的なかたちをそれ以前のものと区別するいくつかの重要な特徴がある。ポール・ラビノウは、この現象を認識した最初の一人であった――彼はゲノム学の時代に姿を現しつつある新たなかたちの集合的同一性を特徴づけるため、「生社会性」という術語を生みだした（Rabinow 1996a）。ラビノウ自身の研究は、遺伝子診断およびリスクや感受性をモニターする新たな技術から生じた、新たなタイプの集団的・個人的アイデンティティと実践とを特定するものであった。そうした集団は、経験を共有するために集まり、「自分たちの」病気に対する研究助成を働きかけ、そして遺伝子の知識によって、自分たちの子供、環境、そして生の形式との関係を変化させている。ラビノウはまた、以下のような道行きを予見していた。つまり、そのような集団が「自身の運命を経験し、共有し、介入し、そして「理解する」ことを支援してくれる重装備の牧人司祭たち」（Rabinow 1996: a 102）に囲まれることで、医学の専門家、診療所、実験室との、そして医学知識との新たな種類の関係を進展させてゆく道行きである。ラビノウの分析は、一九九〇年代前半のフランスにおける、筋ジストロフィーに冒された患者、親族やそのほかの者が――非政府組織として組織化された――「対ミオパチー・フランス協会（ＡＦＭ）」へと動員されるのを観察したことに動機づけられている（Rabinow 1999）。自分たちの病気が無視されているかのような状況に直面させられた一部の患者家族たちは、患者や家族に支援や助言をするというかつての「慈善」モデルに背を向け、治療と治癒の〔自発的な〕追求に向かったのである。彼らは、ＤＮＡ分析のための血液サンプルを提供することで、障害の原因である遺伝子を特定し位置づけることを希望して、ゲノム研究者たちに協力したのである。ヒトゲノムをマッピングするフランスの努力を支援し、ゲノム研究所——ジェネトン研究所——を設立するために、テレビでのキャンペーンをつうじて資金も募った。レイナ・ラップと彼女の同僚たちは、こうした発想を、自分たちがおこなっていた、遺伝病に侵された子供がいる家族の研究や、患者アクティヴィズムの新たな戦略、とりわけ遺伝的な原因追求と治癒とを支援するための政治家へのロビー活動という戦略を採用した家族の研究にもちいたのだった。彼女たちはこれを「遺伝的シチズンシップ」と名づけている(Heath et al. 2004)。

わたしはカルロス・ノヴァスとの共著のなかで、双極性感情障害やハンチントン病といった相当程度に異質な病気について似たような進展があることをみいだし、「生物学的シチズンシップ」という術語をもちいた分析を提案してきた(Rose and Novas 2004)[24]。われわれがこのより広汎な術語を使用したのは、シチズンシップが、人間に特有な生命的特性についての概念によって形成されてきたこと、また西洋においては少なくとも十八世紀以来、医学的実践の目標であったということを強調したかったからである。実際の市民、望ましい市民、不可能な市民の有する数々の特性が、少なくとも部分的には、彼らの生物性、彼らの生命的で有機的な特徴、そしてある民族集団(ethnos)の、人種の、国家の、文化の一員としての彼らの特性という点から理解され、対処されてきたことを知るためには、人種の思考の歴史を一瞥しさえすればよい。ヨーロッパ諸国とその植民地における国家建設の過程において、少なくとも十九世紀半ば以降、シチズンシップについての思考と実践は、市民が自分の健康と生殖との関係においていかなる道を進むべきかという問いを含んでいた。そして、二十世紀前半の生政治にかんしては——優性学的なかたちにおいてであれ、福祉主義的なかたちにおいてであれ――市民の身体、すなわち個々の市民の身体と、国民や国家、もしくは民族《フォルク》の集合的な身体がもっとも重要な価値であったのである。

生政治は、ここでは、避妊手術、安楽死、そして死の収容所で尽きるものではなかった。多くの「シチズンシップ・プロジェクト」が、健康の名のもとに組織化された。第三帝国でのドイツ市民の教育、そして、合衆国、英国、そのほか多くのヨーロッパ諸国における優生学教育のキャンペーンでは、社会的市民の形成にあたって、こうした市民に自分の身体を配慮するよう指導することが必然的にともなっていた。学校給食から歯ブラシの使用、とりわけ女性と母親においては清潔さと家庭生活の習慣について教育すること、食品の清潔さについての国家規制、健康と安全の名のもとでの仕事場への介入、結婚と出産について慎重に考えている者に結婚相手の選択や家族手当について説明すること等々。ここでは市民は、たんに社会的な権利の受動的な受益者であっただけなのではない。むしろ自分自身の身体、そして女性にとっては、自分の配偶者や子孫の身体への配慮も強いられる存在となったのである。国家がその人口集団の集合的な健康を保持し、管理する施策に従事しようとする一方で、それが生殖を設計しようとするのであれ、毒素を除去しようとするのであれ、個々人は自身で、自分自身のために、自分の家族のために、自分自身の子孫の系譜のために、そして国家全体のために、生物学的な分別を働かせなければならないのである。

シチズンシップという生物学的観念は、また、十九世紀前半における避妊の合法化についてのフェミニストのキャンペーンのような、「下からの」企図とも密接な関係がある。より最近では、シチズンシップの要求は、生物学的な損傷を被った人びとが補償を求めておこなう〔インドの〕ボパールでのキャンペーンなどで具現化されるようになった。アドリアーナ・ペトリナは、チェルノブイリの原子炉で生じた破滅的なメルトダウン後のウクライナで姿を現してきたこうした問題の調査をおこなっている（Petryna 2002）。

ペトリナは、この事例をとりあげることで、市民がどのように、補償に対する自分たちの権利を要求し、自分たちが被った生物学的損傷の説明にもとづいて政治的資源の再分配を主張したのかを分析している。生物学的シチズンシップが、ここでは国家という権威への要求によって舞台にのせられたのだが、そのようなシチズンシップは、〔ほかにも〕多くのかたちをとりうる。実際その特徴は、特定の統治体制における、より一般的な様式におけるシチズンシップに由来している。かくして、ラビノウがみいだした生社会性のさまざまなかたちは、私が「先進自由主義的」と呼ぶ統治体制におけるシチズンシップと主体性の、より一般的な実践によって形成されることになる。患者支援団体や、英国・ヨーロッパ・北米で現れた多様な遺伝病支援団体が――一九九〇年に第一八染色体長腕欠損症候群の子供の母親であるジャニーン・コディによって設立された「第一八染色体登録調査協会」のような、単一染色体をめぐって組織化されたものから、遺伝子疾患をもつ無数の個人や、そのような人びとの利害を代表する六〇〇を超える擁護団体、研究機関、医療機関からなる国際的な連合体である遺伝病患者支援団体連合会のような多組織的な連合にいたるまで――先進自由民主主義において姿を現した活動的なシチズンシップの倫理に参画している。(25) ここで描かれる倫理とは、ライフスタイル、潜在能力、健康、そして生の質を最大にすることが、ほとんど義務的になっている倫理である。理由が何であれ、能動的で情報にもとづいた、積極的で分別のある未来への関係を考慮しない人びとを否定的に評価する倫理である。おそらく、多くの現代の生物学的市民が、いまや自身の病気や身体障害の治療にかんする権利を獲得したと感じ、またほかの人びと――政治家、健康の権威、医者たち――が、そのような市民の状態についての説明責任を担わされ、賠償し補償するよう要求されること、これらは不可避的なことになったのだ。実際、こうした積極的で傷ついた市民の集団が、自分たちに特有な「傷の状態」の優先性と正しさについて、相互に争いあうのをみかけるのも稀ではない

(Brown 1995, Rose 1999)。

生物医学は、二十世紀をつうじて、そしてわれわれ自身の世紀にいたって、健康や病気に対する関係を変化させたのみならず、われわれが希望しているようにおもわれる事柄と、われわれが切望する目標とを変容させせてきた。すなわち、生物医学のおかげで、われわれは現にこうである種類の人間になることができたのである。社会理論家たちは近年、自己性の歴史的な変容に焦点をあててきたし、しばしばこれらの変容を、個人化や再帰性の観点から分析している(例えばBeck et al. 1994)。私の焦点は、そうした発想と関係はあるが別種のものである。私は、人間の人格性や心理学における変化については何も主張していない——これにはまったく異なった種類の調査が必要になるだろう。私の分析は、人間とは何であるかではなく、人間が自分自身を何であると考えているかにかかわっている。すなわち、自分自身がそうであるとみなしている種類の人間にかかわっているのである(Rose 1985, 1989, 1996b)。さらに私が示したいのは、われわれが、「ソーマ的」な個人として、すなわち、その個別性が少なくとも部分的にはわれわれの肉体や身体に基礎づけられており、部分的には生物医学の言葉で自分自身を経験し、明瞭に表現し、判断し、働きかける存在として、ますます自分自身にかかわるようになっているということである。マスメディアによる、病気や苦痛の経験の語りをつうじた健康増進にかんする公的言説から、ダイエットやエクササイズについての大衆的言説にいたるまで、われわれは、身体的であると同時に心理学的な概念でもあるフィットネスという名のもとに、身体に働きかけることによる個人の再形成がますます強化されているのをまのあたりにしている。エクササイズ、ダイエット、ビタミン剤、タトゥー、ボディピアス、薬、美容整形、性転換、臓器移植。自己の身体と生命力は、自己をもちいた実験をおこなう特権的な場所になったのである。

こうした倫理学のソーマ化は、心にまで拡張されていく。二十世紀の最初の六〇年ほどは、人間は自分自身を深く内的な心理学的空間を宿しているものとして理解し、そして、こうした信念の視点から自分自身を評価し、自分自身に働きかけるようになった(Rose 1989)。しかし、〔それ以降の〕過去の半世紀のあいだに、その深い〔奥行きの〕空間は平板化され、人間性や病気は身体や脳に直接マッピングされるようになったのであって、そうしたマッピングが、倫理的な仕事の原理的な目標になってしまった。二十世紀にはわれわれは、自分自身を内的空間、すなわち自分のあらゆる欲望の源泉やあらゆる困難の隠れた源を発見できる場所を宿した生き物であると理解することに、自分たちの倫理的実践を基礎づけていた。だが、自分自身に対するこうした関係は、われわれがそこにとらえられている真理にかんする新たなゲームのなかで変容させられつつあるのである。脳と行動についての新たな科学は、われわれ自身がおこなっていることと――われわれはどうやって自分自身を動かしているのか――と、われわれが何者であるのかとのあいだに直接的なつながりを形成している。真理についてのこうしたゲームは、分子レヴェルで、ニューロン、受容体、神経伝達物質のレヴェルで、そしていまや人間のゲノムとしてとらえられているものの特定の位置における塩基対の正確な配列のレヴェルで働いているのである。こうした分子的な現象は、可視化され、気分、欲望、人格、そして病理学の決定要因へと変容させられることで、新たな薬理学的技術の標的になっている。そしてこれらの技術は、たんに対処したり、治癒したりすることを約束するのみならず、われわれが現にそうである種類の、あるいはそうなりたい種類の人格への矯正やエンハンスメントを約束しているのである。[26] ここでもまた、われわれの気分、欲望、認知能力、そして情動との関係において、まさに身体的な術語によってこそ、われわれの真理と運命を想像することができるのである。われわれの身体性は、いまや分子レヴェルにおいて、われわれの判断の標的になるものであり、われわれが自分自身を改善するためにもちいる技術の標的なのである。

したがって、よりよき未来という名のもとで、個々人による選択という行動をつうじて、積極的に自分たちのライフコースを形成する者として、自分自身について考えることを強いられる先進自由民主主義社会において、「生物学」は運命として容易にうけいれられたりするものでも、まったく受動的にうけいれられるわけでもないということがわかる。もちろん、健康と生の理念をめぐって組織される倫理は、ひとが抱きうる、自分自身や自分が世話をする者たちの未来への不安、恐れ、恐怖さえも生みだすものである。しかし、これは絶望や忍耐を生む一方で、しばしば、未来を前にして無知や諦めや希望喪失にまかせておくことが批判されるようなモラル・エコノミーを生みだしもする。少なくとも部分的には、罹病率や死亡率についての恐れや不安が、希望、予期、そして期待のエートスのなかでフレーム化されなおされているのである（Brown 1998, Franklin 1997, Novas 2001）。そしてこの希望についての道徳的体制はまた、より伝統的な意味における経済《エコノミー》体制でもある。というのも、治療や治癒の技術革新に対する希望は、投資という回路を刺激するからである。したがって希望のエートスは――治癒を求める現実的あるいは潜在的な患者、自分の名と経歴を高めてくれるブレークスルーを求める科学者や研究者、自分の患者を治療する助けになる治療法を求める医者やヘルスケアの専門家たち、利益を生みだす商品を求めるバイオテクノロジー企業、雇用を創出し、経済活動や国際競争を刺激するような産業的かつ商業的進展を求める政府といった――非常にさまざまなアクターをむすびつけるものなのである。

この希望の経済は、私が「倫理政治」（ethopolitics）と名づけたものにおける、より広範な移行のひとつの次元であると考える（Rose 1999）。倫理政治という術語で、人間の感情、信念、価値に働きかけることによって――ようするに倫理に働きかけることによって――人間の行為を形成する試みに触れたいのである。われわれの現在の政治学において、とりわけ共同体主義的《コミュニタリアン》なテーマの復活において、人間存在のエートス――感情、道徳的本性、そして個々人や集団や制度の指針となる信念――は、その内部において、自律的な個人の自己統治がよりよい統治の命法と接続される「中間領域」をもたらすことになる。もし「規律」が個人化され、規範化され、そして「生政治」が集団化され、社会化されるならば、「倫理政治」は、人間が自分自身を現在そうであるよりもさらによくするために、自分自身を判断し、自分自身に働きかける自己の技術とつながりあうことになる。倫理政治的な関心は、ライフスタイルから共同体の関心にまで及ぶが、それらはある種の生気論、生そのものと調和する価値――「生の質」、「生存権」あるいは「選択権」、安楽死、遺伝子治療、ヒトのクローン化など――についての論争のまわりで収斂していくのである。こうした生物学的な倫理政治――われわれが自分自身との関係において、そしてわれわれの未来に対する責任において、どのように適切にふるまうのか――がある環境を形成し、その内側で、新たなかたちでの権威が姿を現してくることになる。

生そのものの専門家

ソーマ的な自己の生物医学的統治におけるこうした発展は、まずもって、リベラルな自由を可能にすべく二十世紀をつうじて姿を現した専門家たち――ソーシャル・ワーカー、セラピスト、個人経営者、そしてわれわれがよりよい生活を送るための方法を理解していると主張する多くのほかの人びと――や、政治家などによって動員されているのではない。今日の生政治が依拠しているのは、新たな現象をつくりだすために実験室のなかでおこなわれている非常に綿密な仕事、病歴および家系を遺伝子配列へとむすびつけることを目指している機械装置の大規模な計算能力、製薬会社のマーケティング力、研究倫理の規制的戦略、医薬品ライセンス委員会や生命倫理委員会の権力、そしてもちろん、これらの真理が約束する利益と株主価値である。現代の生権力のさまざまな実践はこうした場でなされており、そこに権威の新たな形式がみいだされるのである。

これらの権威は、部分的には臨床医にあるものであって、すでに指摘したように、その専門知識は病気の診断と治療をはるかに越えた範囲にまでおよんでいる。医者の役割は、長い時間をかけて、病気やその治療をはるかに越えて拡張されてきた。社会調査、都市計画、衛生改革、死体の管理、食糧規制などの中心に医者がいたことを理解するためには、十八世紀に形成された「医療行政」について考えさえすればよい（Foucault 1999, Roberton 1812, Rosen 1958）。さらに、少なくとも十九世紀以来、犯罪司法システムや保険の戦略とテクノロジーにおいて、そして二十世紀になってからは職業生活の組織化と管理において、医者はおもな役割を演じてきた。すなわち、医学は統治技法の発展の中心でありつづけてきたのである。それは、他者を統治する技法だけでなく、自分自身を統治する技法にもおよんでいる。なぜならば、健康と病気が実証的知識にもとづいて、そして有機的生体の生物学からなされる説明や介入にもとづいて分析できるようになったまさにその瞬間に、医者はライフスタイルの専門家の役割を担ったからである（cf. Rose 1994: 69–70）。健康の探求が、先進自由民主主義諸国のほとんどの者にとって、生きる目的《テロス》の中心になるにつれて、人びとは根本的に生物学的な観点から、自己自身および自己の生を経験するようになってきた。そしてあらゆる側面に最善の注意を払いながら、医学的専門知識による処置や判定に、そして／あるいはそれとまったく同じ論理を共有する代替的で補足的な医療補助スタッフの専門知識による処置や判定に拘束されるようになってきた。

しかし、これらに関与しているソーマ的な専門家は、もはやたんに医学的なのではない。生そのものに対する彼らの助言や介入は、より広範囲に拡張されている。看護師や助産師や保健師たちがいる。心理療法士だけでなく、言語療法士、作業療法士、芸術療法士、理学療法士などの多様なセラピストがいる。栄養学者、栄養士、健康促進の専門家、体育療法士、エクサイズとフィットネスの専門家、そして健康の名のもとに生のかたちを生みだす助言をするさまざまなアドバイザーがいる。そして薬物依存やアルコール依存のカウンセラー、セックスのカウンセラー、家族関係や友人関係のカウンセラー、メンタルヘルスのカウンセラー、教育カウンセラー、そしてもちろん遺伝カウンセラー、家族計画のカウンセラー、妊娠のカウンセラー、生殖のカウンセラーなどがいる。ここでもっとも関心をひくのは、新たな種類の「牧人司祭権力」の出現である。それは、マーガレット・ロックが「予見的」な知と名づけたもの――すなわち遺伝カウンセラーによって展開される類の知――という文脈のなかに現れつつある。しかしそれは、予言的で未来志向の情報を含むように拡張していくだろう。そうした情報は、未来の病気や――あるいはそう示唆している者もいるが――衝動性のような望ましくない行動特徴のリスクを脳スキャンで示すような、ニューロンレヴェルでの証拠にもとづく（Lock 2005）。それらのもつ確かさはさまざまなものであるだろう。だが、予見的な知が、ますます多くの「健康への脅威」とのかかわりのなかで出現してくるにつれて、こうした牧人司祭権力の活動領域は、感受性と発症前診断の新たな時代のなかで強化されてくるようにおもわれる。これは、困惑しながら彷徨っている羊の魂を、羊飼いが熟知して導くような類の牧人司祭主義ではない。新たな種類の牧人司祭権力は、カウンセリングをおこなう者の効果と、カウンセリングをうける者の効果とのダイナミックな関係をともなっている。こうした新しいソーマの牧人司祭は、インフォームド・コンセント、自律性、自発的行為、選択、指示によるのではない態度といった倫理的原則を軸に動いている[27]。個人、とりわけ女性に対して、自分や家族や子供の医学的未来に責任をもつことを強いるような生物学的な分別が重視される時代においては、こうした倫理的原則は、規範的で命令的なコミュニケーションや情報を管理するためのマイクロ・テクノロジーへと翻訳されざるをえなくなる。この事態によって、強制と同意の境界線は曖昧になる。こうした倫理的な原則は、カウンセリングを受ける者の主体性を変容させ、彼らに自分たちの苦境について記述するための新たな言語を、そしてそのような苦境に陥る可能性や危機を計算するための新たな基準を与え、さまざまな関係者たちの倫理を絡みあわせる。レイナ・ラップに従って、われわれはみなただちに、ＡＩＤＳアクティヴィストや新たな生殖テクノロジーを経験している女性たちといった「倫理的先駆者」による生命力およびその管理にかんする実践的倫理の展開を追うことになるだろうと指摘したのは、この意味においてである。それはまさに、不確かな医学的未来から現在を管理するという意味で、そして高度なテクノロジー医療や牧人司祭的専門知識に直面して生じる展開なのである（cf. Rapp 1999）。

しかし、ソーマ的専門知識は、生物医学的知識の「応用」のなかで増大するだけではなく、生物学の真理言説そのもののなかでも中心的なものになっている。生命科学を特徴づける新たな分子的思考の様式において、基礎科学と臨床との隔たりはさまざまな種類の媒介によって橋渡しされている。ルドウィク・フレックが示すように、それぞれの思考の様式にはそれ自身の「集団の思考」があり、このことは生物医学における現代の分子的思考にも間違いなくあてはまる（Fleck 1979）。幹細胞の専門家から分子老年学者にいたるまで、神経科学者からクローン技術者にいたるまで、新たなソーマの専門家が出現してきている。そしてそれぞれの領域に、学会、会合、会報、専門用語、スター的存在、神話が生みだされている。またそれぞれの領域を、一群の通俗的な作家やコメンテーター、サイエンス・ライター、ジャーナリストがとり囲み、その裾野を広げている。研究者たち自身からはしばしば否認されるものの、こうした者たちは、専門知識が依存する組織集団――政治家、素人、患者団体、研究評議会、ベンチャーキャピタリストや投資家がその構成員である――の形成の際には、翻訳者的で媒介者的な役割を演じるのである。

これらソーマの専門家は、ある別の専門分野によってもとり囲まれている。生命倫理学である。[28] 生命倫理学は、哲学の下位分野のひとつであったが、いまや勢力を増した専門的知識集団となった。倫理学はかつて、優秀な医者たちの心に刻み込まれ、長きにわたる臨床での訓練と経験によって浸透し、行動規範に支えられ、必要とあれば専門集団そのものによって強化されるものであった。医学研究者にとっては、第二次世界大戦後の五〇年間にナチスの医者たちをめぐって交わされた倫理的議論や、そのほかの医学実験の曝露の結果、研究倫理は一連の原則が確立され、研究倫理委員会によって監督されるものとなった。[29] しかし現在――国の生命倫理委員会やローカルな治験審査委員会から、あらゆる医学的手法の利用、また治療が生物医学研究の一部をなすことへの生命倫理的な認可の証拠である患者の情報提供書および同意書など、ありとあらゆるものにいたるまで――われわれは生物医学の学問的研究および臨床的実践が、倫理的に囲いこまれていることをまのあたりにしている。同様に、バイオテクノロジー部門における商業的なアクター、とりわけ医薬品や患者のための遺伝学的サービスにかかわっている者たちの自己表象が、生命倫理的に形成されなおされていることが観察される。株主価値の探求によって駆動される市場においては、医療用製品や薬品の消費そのものが、ブランドイメージやブランド信仰によって生産されている。そこでは製品に対する信頼が決定的に重要であるのだが、非現実的な希望を煽ったり不信感をもつよう操作されたりという循環が生じてしまっている。そのような市場では、企業は相談役として生命倫理学者を雇用し、ありとあらゆる技法をもちいてみずからを倫理的で責任あるアクターとして表象しようとする。[30] 先進自由主義社会の政治機構や統制機構において、何が生命倫理へのあくなき要求を生みだしているのだろうか。[31]

確かに生命倫理学の拡大を、そして規制戦略のうちでのその蓄積を、先進自由民主主義諸国における遺伝学的テクノロジーやそのほかのバイオテクノロジーによってもたらされた一種の「正統性の危機」に対するひとつの解答であるとみなすこともできる（Salter and Jones 2002, 2005）。さらに、バイオテクノロジー企業が、ＤＮＡ配列、組織、幹細胞、臓器を製品として商品化しようとしていることをみても、倫理学が市場の創出に対して決定的な役割を担っていることは明らかである。適切な倫理的保証、とりわけドナーの「インフォームド・コンセント」についての保証をそなえていない製品が、生資本の循環にはいりこむことは容易ではないだろう。また、研究管理の官僚的手続きにおいてつねに倫理に気を配らなければならないということが、研究者たちを束縛するのではなくむしろ保護するものであるのは明白であるし、また、助成金を獲得したり企画書を通しやすくしたりするためにＥＬＳＩ[32]の考えをとりいれることが、ほとんど不可避にもなっている。これらのことが、おそらく偶然的であるとはいえ、批判的な声を和らげる役割を果たしているのは明らかである。同様に、臨床の現場で生命倫理学者が幅を利かせているような組織内では、医学的権威、病院経営者、臨床医、そしてそのほかの者たちは、異議が唱えられ論争の対象となっている決定――たとえば脳死とみなされる個人の生命維持を終わらせることにかんする決定――がひき起こす結果から保護されるのである。

それゆえわれわれは、生命倫理学がそなえるこの奇妙な説得力を、批判的な検討へと開く必要がある。生命倫理学はどのようなかたちでの専門知識をもとめているのか。生命倫理学は権威を支えるために、どのような専門知識に帰属させられるのか。問題が生命倫理的なものと「なる」のを決定するのは何なのか。生命倫理学は、ハイテク医学における自律性や機密性や権利保護といった高度に個人化された問題について、繰り返し議論している。だが、病気や若年死が世界中で常態的に進行していることが引き起こす問題にはめったにとりくまない（Berlinguer 2004）。なぜ、生殖テクノロジーにおけるインフォームド・コンセントは「生命倫理的」とみなされるべきで、女性の不妊の割合が上昇していることはそうみなされないのか。なぜ、臨終の際の人間の「尊厳」が生命倫理的な問題で、予防可能な原因によって毎年何百万人もの五歳以下の子供たちが大量に「死ぬがままにされている」ことはそうではないのか。病気があって、死があって、医学テクノロジーがあって、専門的な決定の形成があっても、それだけでは、必ずしも生命倫理学の対象になるわけではない。それならば、今日の生そのものの生政治はどうなのだろうか。特定のタイプの社会で形成させられてきた今日の生政治は、生命倫理の権威が必要とされている場面をつくりだすと同時に、そのような倫理的関心がむすびつく問題の範囲を限定してしまっているのである（Rose, 2002）。

生経済――生命力の資本化

生物学と医学を、分子レヴェルで実施するときには、長期間の投資、高価な装置の購入、人材豊かな研究室の維持、臨床治験の繰り返し、規制のハードルをクリアするために求められる措置への財政的なコミットメントが不可欠になる。ようするに、見返りがえられるまでに、何年ものあいだ、大規模な資金の割りあてが必要となるのである。このような投資は、私企業が集めたベンチャーキャピタルへの依存の度合を増しており、そのような私企業もまた、株式市場で資金を集めようとしている。それゆえここでなされるような投資は、資本化の要請に徹頭徹尾従ったものである[33]。これらのバイオテクノロジー企業は、たんに科学的な発見を「利用し」、あるいは「マーケティングする」のみではない。研究室と工場とは、本質的にむすびついているのである――たとえば、製薬産業は神経化学研究にとって、バイオテクノロジー産業はクローン研究にとって、遺伝子テクノロジー企業はヒトゲノムの配列決定にとって、それぞれ中心的でありつづけてきた[34]。したがってわれわれは、生物医学の真実に対して、「経路依存」という観点から検討する必要がある。とりわけ製薬産業の批判者たちの一部は、そのような依存が歪んだものになっていると指摘する。すなわち、バイオテクノロジー企業は、自分たちの商業的関心を充たすために、何が真実であり何が真実ではないのかを自分たちで決定しているというのである。私自身の意見はそれとは少し異なる。生物医学において潜在的な真理を生みだすために資金が必要な場所では、また、そのような資金の割りあてが財政的なみかえりの計算に依存せざるをえない場所では、商業的投資はまさに、生物医学およびそれを支える基礎生物学の方向性そのもの、その組織化、その問題空間、その問題が解決されたときの効果を形成するものそのものなのである。問題なのは、嘘や偽りが製造されマーケティングされていることではない。むしろ真理が生産され構成されることのほうにある。新たな生の政治経済のうちで人間の再形成が生じているのだが、そのような政治経済の特徴や帰結はいまだマッピングできていない。たとえばメド・イミューン社は「バイオテクノロジーの発展に専心し、患者支援に献身する」とのべ、ジェーン・ロジック社は「ここで発見が起こる」と、セレラ・ゲノミクス社は「発見は待ってはくれない」と、デコード・ジェネティックス社は「生命の言語を解読する」と、ジェネンテック社は「生命に奉仕する」と述べている。生政治は生経済学になるのである[35]。

キャサリン・ウォルドビーは、死体からえられる身体と組織が、いかにして生きている者の健康と生命力の保存および増進のために再活用されるのかを特徴づけるため、「生価値（biovalue）」という術語をはじめて提案した（Waldby 2000）。より一般的にいえば、われわれはこの術語によって、生命力そのものが価値の潜在的な源泉となるきわめて多くの仕方を指すことが可能になる。すなわち生価値とは、生の過程における生命力のさまざまな特性からひきだされる価値のことなのである（Novas and Rose 2000, Waldby 2002）。実際のところ、ＯＥＣＤの「二〇三〇年における生経済にかんする主要計画のための提案」のなかで、これといくらか類似した概念がはっきりと提案されている。この報告書は、この分野にもとづいた統治のための政策計画を起草するために、「未来の展望のなかで生経済を「想像するための」シナリオを構築する」ことを目指すものなのである。「生経済」はそこで、「健康を改善し成長と発展を持続可能にするために、生物学的な過程と再生可能な生物資源のなかの潜在的な価値をとらえる」経済活動の一部分として定義されている（Organisation for Economic Co-operation and Development 2004）。サラ・フランクリンが記しているように、エドワード・ヨクセンは一九八一年というかなり以前の時期に、生物学における経済開発の重要性を指摘していた。ヨクセンは、一九二〇年代に形成されはじめた自然を分析するための情報的な表現が、生のテクノロジー的資本化の可能性をもたらしたと指摘する。これは「たんに、新石器時代における発酵と農業の起源へと遡ることができるような、生き物の使用法なのではない。テクノロジーが資本によってコントロールされるにつれて、これは生きる自然を占有化する――文字どおり生を資本化する――ための特殊なあり方となった」（Yoxen 1981: 112. Franklin 2000: 190 に引用）。おそらくわれわれは、ヨクセンが資本のうちにみいだしている数々の動因について問うべきだろう。さらに、私はあとで、生を情報的な隠喩としてあつかうことは、生を資本化に適したものにするためのひとつの方法にほかならないことを論じるつもりである。しかし問題はまだ残っている。ＯＥＣＤの報告が明らかにするように、生経済的な交換の回路は、生物学的プロセスにおける潜在的価値をとらえることをその組織化の原理としている。そのような潜在的価値とは、人間の健康の価値であると同時に、まさに経済成長の価値でもあるのだ。

いま一度、こうした展開の斬新さをあまり強調しすぎないように注意する必要があるだろう。人間はそのはじまりから、自然界に存在する生命の特性を自分たちのためにもちいている。動植物の家畜化がその例である。乳を産出する牛の能力や絹糸を産出する蚕の能力を生価値の創出に利用したとき、人間はそうした生命の特性をテクノロジーへと変換した。すなわち生き物の生命の能力をとらえ、家畜化し、規律訓練し、道具化したのである。[36] それゆえ、生きている存在者――有機体、臓器、細胞、分子――のうちに人間の欲望や切望を具現化し、何らかの余剰――食糧だろうが健康だろうが資本だろうが――をひきだそうとする現代のプロジェクトは、ある意味で、これら初期の時代の出来事に遡ることが可能である。しかし、おおきく変容したこともある。生経済学という術語の出現そのものが、思考と行為のための新たな空間を生みだしているのだ。すでにピーター・ミラーと私が別の場所で論じたように、ある「経済」の統治が可能となるのは、統治されるべき領域を、明確な範囲をそなえ、それを構成する特徴が多かれ少なかれ体系的な仕方で連関する明確な一領野として表象する言説のメカニズムをつうじてのみである（Miller and Rose, 1990）。マッピングされ、管理され、理解されるべきひとつの空間として生経済が出現するためには、生経済が、知識の適応される分野であり、認知可能で理論化可能であり、その経済のうちで、そしてその経済に対して働きかけることで、国民や企業の力を評価したり増強したりするプログラムの領域ないしターゲットになりうる一連の過程および関係として概念化される必要がある。そして生経済は実際に、統治可能な空間として、そして統治される空間として姿を現したのである。

このことは、部分的には、「生資本《バイオキャピタル》」という術語が日常化していることそのものによって例証される。この術語は、生経済の構成における活性剤なのである。二〇〇五年三月には、ヨーロッパ中の製薬会社とバイオテクノロジー企業のためのイベント、バイオキャピタル・ヨーロッパ（BioCapital Europe）の第三回年次大会がアムステルダムで開催された。このイベントは、とりわけプラスウォーターハウスクーパーズ社、バード・アンド・バード社、アーンスト・アンド・ヤング社がスポンサーをつとめ、ベルギーの4AZAバイオサイエンス社からドイツのU3ファルマ社までが参加した(37)。同じ頃オーストラリアでは、クイーンズランド州が、世界的に通用するバイオビジネスを打ちたてるために、一〇〇万オーストラリア・ドルの生資本基金を設立している。二〇〇五年五月には、バイオテクノロジー産業と製薬産業のための主導的なオンライン情報源であるバイオスペースが、『バイオキャピタル』第五版を出版した。この書物では、英米地域で活動するさまざまなバイオ製薬会社が紹介され、そこにはアストラゼネカ社、セルラ社、ジーン・ロジック社、ワイス社が含まれている。生空間にはまた、この地域で活動する研究機関、非営利団体、大学などをチェックすることも可能な双方向式の生資本《バイオキャピタル》・ホットベッド・マップが含まれている(38)。また、「生資本」という言葉は、世界中で実に多くの投資組織やコンサルタント組織の表記にもちいられている。マルクス主義者やポスト・マルクス主義者は「生資本主義」が新たな「生産様式」であることに同意しないかもしれないが、生資本がひとつの考え方および行動の仕方として存在していること、そしてその重要性については、疑いを差し挟むことは不可能である。

　今日、過剰なまでに多くの文書や統計によって、出現しつつある生経済の地図が作製されている。この地図作成によって、この新たな生経済を計算と利用に耐えうるものにしようとする者もいれば、それを規制と統治のさまざまなプログラムへと開こうとする者もいる。こうしたマッピング計画には、健康や病気や医学の統計化の長い伝統と、ヘルスケア・システムのコストの文書化による管理がくみこまれている。バイオテクノロジー関連の増大する数字——部門や国や地域ごとに分割され、上昇であるか低下であるかを示すために何年にもわたってグラフ化された投資率、企業数、投資利益率、市場で展開される製品数――は、思考や議論や分析や診断や協議に馴染みやすい単純なかたちに変換させることで、生経済を構成するのである（Rose 1991）。それらによって思考可能となる世界を一瞥しておこう。まずは、ヘルスケア部門の統計である。二十一世紀の初頭までには、先進工業諸国のＧＤＰに占める健康への支出はきわめておおきなものとなり、その割合は年々増えつつあった。二〇〇二年の合衆国のヘルスケア関連の支出は一・六兆ドルであったが、これは一九七二年の倍であり、前年から九・三パーセントの増加で、六年連続の増大を示していた。レヴィット、スミス、そして彼らの同僚たちは、『健康問題』の読者のために、合衆国における健康への支出の「リバウンド」を分析しながら、ヘルスケアへの支出がいまやＧＤＰの一五パーセント近くを占めており、その原因は、入院期間、医療診断サービス、在宅ヘルスケア、そしてとりわけ薬の処方コストの増加にあるとのべている（Levit et al. 2004）。ここで重要となる領域は、製薬市場である。ＩＭＳヘルス社――「製薬市場について知るためのグローバルな情報源であり、決定を駆動し戦略を形成するための批判的な情報・分析・サービスを提供している……」会社である[39]――の試算によると、二〇〇四年五月までの一二ヶ月間の合衆国における製薬小売市場は、前年から一〇パーセント増加し、一六七九億ドルだった。英国では前年から一一パーセント増加し一四二億ドルと試算され、ラテンアメリカではより高い成長率がみられている[40]。そして製薬は、今日の生経済を形成する真理と健康と資本化との構成的な関係においては、たんなるひとつの要素にすぎないのだ。

　ほぼすべての地理的領域において、生経済を統治するという計画は、政治権力と約束型の資本主義との新たな協力関係によって特徴づけられている[41]。健康《ヘルス》と富《ウェルス》との、一見すると徳を含んだ関係は、政府や私設の財団から投資された研究開発のために、国家の莫大な予算を動かし、営利的なヘルスケアや健康管理産業の商取引を動かし、製薬企業やバイオテクノロジー企業の事業、ベンチャー資本や株主資本の流れのための予算を動かすものである。これはとりわけ、新しい主題――「知識経済」という主題――が、経済統治にかんする政治的理性を支配するにいたった事例でもある。[42] たとえば二〇〇〇年一一月にリスボンでおこなわれたヨーロッパ生物科学会議の演説で、当時のイギリス首相トニー・ブレアは以下のように発言した。「バイオテクノロジーが知識経済におけるつぎの波であり、私はイギリスがヨーロッパにおけるその中心地となることを望んでいる」[43]。彼は、健康や富の追求における国家と科学と商業との徳を含んだ協力関係への期待をのべたが、こうした期待は、ほかの多くの政治的権威にも共有されている。これらはアイスランド、スウェーデンやそのほか多くの国家での――政治的な支援において、もっともよく知られ論争的に描かれたものである。こうした国々では、民間企業に対し、人びとの遺伝子配列を利用して、公的に保存された家系のデータや医療記録とそれらをむすびつけることを認可するという政治的支援がなされたのだが、それは、よく知られている複雑疾患のゲノム基盤を特定してほしいという期待のもとになされたのである。アイスランドのデコード社の事例は、他国の社会科学者たちによって厳しく批判されたものだが、そこではこうした期待が、少なくとも短期間では実現にいたらなかった（Palsson and Rabinow 1999, Rose 2003）[44]。スウェーデンのウマン・ゲノミクス社は、自社を批判的意見のいくつかから守るために、生命倫理という盾をもちいようとしたが、同じくそうしたビジネスモデルが実現可能ではないことも明らかにした（Abbott 1999, Høyer 2002, 2003, Nilsson and Rose 1999, Rosell 1991）。このことは、ほかの多くの国家、とりわけリトアニアやエストニアのようなソヴィエトの支配に由来する「強い国家」の伝統をもつ国々において、いっそう官民の協力を追求させる結果となった。こうした国々では、幅広い医療記録や家系の記録が、比較的安定した人口集団やきわだって数多くみられるいくつかの病状と相まって、企業にとっては、雇用を創出し産業を押しあげ、公的な価値と株主価値とを同時に促進してくれるような都合のよい根拠を示してくれるものにみえた(45)。遺伝子のストックは、今日にいたるまで、期待されたほどの価値を生みだしてはいないのだが、それでも、いまや市場向けの商品になっているのだ。

生経済に注がれた期待が、多くの国で、公的な調査や研究や報告を活性化してきた。こうして二〇〇三年の英国下院通商産業委員会によるバイオテクノロジーについての報告(the U.K. House of Commons Trade and Industry Committee Report on Biotechnology)は、バイオテクノロジー、とりわけ生物医学のバイオテクノロジーを、経済のおもな駆動因と言明したのである。そして二〇〇二年におけるイギリスのバイオテクノロジー産業は六三億ポンドの時価総額をもち、これはヨーロッパのバイオテクノロジーの時価総額全体の四二パーセントを占めていると積算した(製薬関係のバイオテクノロジーがその主要部門である(46))。アーンスト・アンド・ヤング社の報告によると、二〇〇三年に合衆国のバイオテクノロジー部門は三三六億ドルの産業であり、総計一四六六社の企業を有し、そのうち三一八社は公的企業であった(Ernst & Young 2003b)。同様に彼らは以下のように報告した。「オーストラリアでは……上場企業の利益総額は、二〇〇一年に六億六六〇〇万ドルであったのだが、二〇〇二年には九億二〇〇〇万ドルと三八パーセント増大した。企業における雇用者の数は、五二〇一人から六四六四人へと、二四パーセント跳ねあがった」。「日本政府は、国民のバイオテクノロジー労働力が、今日七万人と評価されている数から大幅に増加し、二〇一〇年までに百万人へと急上昇するであろうと予想している」(Ernst & Young 2003a)。これはたんに、貧者の資源を奪いとる略奪的な西洋資本主義の、もうひとつの事例だというわけではない。イギリス政府の二〇〇三年のインドへの使節団の報告書は、当時のインド首相アタル・ビハーリー・ヴァージペーイーの以下の発言を見出しにおいていた。「バイオテクノロジーは、人類の福祉への高度な展望をともなった最先端科学である」。当時インドには、ヘルスケア部門の発展に駆りたてられた、一億五〇〇〇万ドルの合計収益をもつ一六〇社のバイオテクノロジー企業が存在していた。この産業は、二〇一〇年までに四五億ドルに成長し、一〇〇万人かそれ以上の雇用を創出することが期待されていたのである。シンガポールの生物医学工業からの総収益は、二〇〇五年までに七〇億ドルに達すると予測されている。二〇〇三年までに費やされた全般的な研究開発費において世界第三位である中国で、政府は一九九六年から二〇〇二年にかけて、バイオテクノロジー産業を築きあげるためにおよそ一億八〇〇〇万ドルを費やしており、そのあとの三年間には、その三倍の数字の予算が予想されている。ひとりっ子政策にもかかわらず、あるいはひとりっ子政策ゆえに、中国は生殖医療の活動的な部門をもち、体外受精（ＩＶＦ）と着床前遺伝子診断（ＰＧＤ）を普及させている。中国は、幹細胞研究における世界的リーダーであり、自前のラインをもち、またすでに臨床試験に携わってもいる。韓国の幹細胞研究センターは、今後一〇年のあいだに、政府による七五〇〇万ドルの資金提供が保証されている。アジアにおけるこうした開発は、政府による長期の資金提供やインフラへの投資によって下支えされている。そして、各々の国や地域でのバイオテクノロジー部門の開発を支える政治的投資は、少なくともいくらかは、激しい国際競争に遅れをとることへの恐怖に駆りたてられた結果なのである。

二十一世紀の初頭までは、生物医学的バイオテクノロジーの複合体――（治療目的の幹細胞からＤＮＡによる父親鑑定まで、あらゆることに従事する）バイオテクノロジー企業、製薬企業、機械設備や装備や試薬等々の製造――の価値は巨大であった。生経済は「バブル」経済であり、このバブルはすでに弾けはじめていると喜んで指摘する批判者たちもいた（Ho et al. 2003）。しかし、（報告を購入する金銭的余裕のある人びとに向けて）二〇〇五年の状況を報告する市場情報の提供者たちは、こうした展望を支持していない。例として、アーンスト・アンド・ヤング社の、過去の報告書と同じく「境界を越えて」と題された「グローバル・バイオテクノロジー報告二〇〇五」をとりあげてみよう（Ernst & Young 2005）。バイオテクノロジーは、「境界を越えて」移動していると彼らは示唆しているが、というのもそれが「急速に発展し、再編され、再結合しているからである……世界中に広がるバイオテクノロジーやアジアにおける力強い発展とともに……さまざまな挑戦への答えが、地球規模でみいだされている。ある地域での障害が、地球上のほかの地域での強みや能力をレバレッジすることによって克服されるといったように」（Ernst & Young 2005: 1）。とりわけ中国やインドにおける規制や知的所有権体制の改善や、シンガポールにおけるバイオポリスの未来像、そして「マレーシアからミシガンまで、政府はバイオテクノロジーへの野心的な目的をともなう戦略的計画を展開している」といった事実を指し示しながら、報告は以下のように指摘している。開発初期段階の発展のあいだに、「全世界の産業は、二〇〇四年に二一二億ドルへと跳ねあがった」のだが、これは依然として、初期段階の資本を獲得する挑戦に応えるのに十分な額でさえなかった。[47]「全世界のバイオテクノロジー産業の総収益は、二〇〇四年には五四六億円へと一七パーセント成長した」にもかかわらず、そして資本市場において、未公開株式の投資者やほかの投資者から二一二億ドルの資本を集めたにもかかわらず、なお五三億ドルの最終的な損失が生みだされていた。そしてＩＰＯ（新規株式公開）の資金を集めようとする多くの企業は、彼らが求めている評価額をうることはなく、株価の下落を被ったのである。この報告がしばしば指摘しているように、とりわけ数多くの領域における法規と法律の進展から、事態にとっては「困難な」時代になっているのかもしれない。たとえば合衆国における幹細胞研究の倫理をめぐる議論や、「学究的な医療センターや臨床医とバイオテクノロジー／製薬会社とのあいだの研究協定を綿密に調査」し、「潜在的な利益の衝突」を問題にすることが、政策立案者のおもな傾向であると報告されている（Ernst & Young 2005: 35）。だが、ヨーロッパにおいては、資本市場は「いくつかの生命を脅かす激動に耐え、そして近年それらの資源に再び焦点をあわせた」のちに回復しているのであって、とりわけ薬物の安全にかかわる規制の負担についての関心は継続しながらも、バイオテクノロジー産業は「曲がり角を曲がり」、生産物を市場にもたらすことに向かっているのである。アジアのバイオテクノロジー部門は、西洋の企業からの投資が知的所有権保護への危惧によって妨げられ、西洋ではほかの仕方で集められるだろう資本を、バイオテクノロジー産業ではない複合企業が用意するという「困難」に直面しているにもかかわらず、「精力的に成長しつづけて」おり、「二〇〇四年には、この地域におけるバイオテクノロジー企業は、自身の売上高の総収益を三四パーセント近く拡大した」（Ernst & Young 2005: 67）といわれている。生資本の約束の魅力は強力なままなのである。

実際に、さまざまな「困難」があるにもかかわらず、世界中の国や地方の政治家たちは、バイオテクノロジー部門の成長を援助しつづけ、世界的な生経済におけるニッチをみつけだそうとしている。たとえば南アフリカ共和国のケープ・クラスター戦略は、市場機会と政治的意志という「ニッチの駆動因」を、五つのおもだった要因との関係において強調している。すなわち、「生物多様性面での南アフリカ共和国の比類なき豊かさ、局地的な需要をつくりだす、治療がいき届いていない独自の病気の流行（ＨＩＶ、マラリア、肺結核）、孤立した移民と多様なアフリカ人の双方からなる独特の遺伝子をもつ人口集団、優秀な臨床環境（南アフリカは、初めて心臓移植がおこなわれた場所であった）、研究開発（Ｒ＆Ｄ）の低コスト性や第一世界の知的所有権管理、これら五つの要因である」（Ernst & Young 2005: 13）。そうした未来志向のシナリオに二百万ユーロを投じる計画をたてたＯＥＣＤのように、政府は、健康や病気や生の医療的管理において、バイオテクノロジー産業革命の未来の可能性の地図を描く予見と、未来への展望の実践を高らかに掲げたのである。そして、経済のこの部門の発展を促進するために、国際的で国家的で局所的なレヴェルでの研究基金、技術移転、新興企業やスピンオフ企業のためのサポート、研究開発のための税制優遇措置、とり締まりの低いハードル——といった戦略を組織化したのである。

　これら現在の生命力の経済によって描かれた回路は、したがって概念的であり、商業的であり、倫理的であり、そしてまた空間的である。これらの空間は、原子、分子、細胞、有機体に及ぶ空間から、実践の空間（研究所、診療所、カウンセリングルーム、工場）、都市とその経済の空間（上海、ムンバイ、ケープタウン）、国家とその規制の枠組みや経済戦略の空間、そして世界中のどこでもゲノムのデータすべてが即座に入手可能になるのを保証するインターネットのヴァーチャル空間にまで及んでいる。これらの回路は、多様な関係によって動かされている。北米あるいはヨーロッパを拠点とする大手製薬会社は、彼らの実験薬をアフリカ、アジア、東ヨーロッパやラテンアメリカで試験し、その結果は本部に戻され、先進諸国の市場のための有益な新製品製造へ向けられ、株主価値の増大において役割を果たしていく[48]。遺伝的要素をもつと考えられる病気に冒された人びとからなる生社会コミュニティは、しばしば世界中のその共同体の成員に対して、血液や組織を提供し、それらを組織バンクに保存し、生物医学研究のために入手可能にすることを要求する（Corrigan and Tutton 2004, Taussig 2005）。遺伝学者自身、病気をもった家族からゲノム分析のために組織サンプルを集めることを目的として、人びとがどこに住んでいようが、世界中を歩きまわっている[49]。ヨーロッパあるいは合衆国の研究者たちは、しばしばバイオテクノロジー企業に雇われて遠隔地に赴き、「孤立した」人口集団から組織をとりだして、折り返しヨーロッパや合衆国へと輸送する。これはゲノム分析のためであるのだが、潜在的には、特許取得可能な発明をつくりだすかもしれない病気感受性マーカーの特定のためでもある[50]。今日の生命力にかんする開発可能な知識の生産は、このように、複合的で国家横断的な回路をともなっており、この回路は、物質的な人工物、組織、細胞株、試薬、DNA配列、技術、研究者、資金、生産、そしてマーケティングを、動員し関係づけるのである。

生命力の循環それ自体は、新しいものではない――たとえば、種子や植物の「民族植物学的」収集の長年の実践や、あるいは、ショウジョウバエのような、生物学的素材とモデル生物との交換について考えてみればよい。これらは、現代の遺伝学の中心をなした生命力の循環なのである（Balick and Cox 1996, Kohler 1994）。しかし今日では、一種の「脱埋めこみ」がおこなわれており、生命力は、一連の異なったバラバラの対象へと解体されることになった。生命力は、時間を超え、空間を超え、器官や種を超え、多様なコンテクストや企業を超えて、生経済の目的への奉仕において、固定され、凍らされ、堤防を築かれ、貯蔵され、蓄積され、交換され、売買されうるのである。ある人びとにとって、こうした人間の生命力の資本化は、まったく厄介なことである。それは、生命の境界についての問題や、生／非‐生、人間／非‐人間といった二分法への位置づけが議論される厄介な存在者たち――とりわけ胎児や幹細胞――についての問題を提起せずにはいない[51]。今のところ、この問題はあつかわないとしても、多くの人びとは、人体組織市場の発展についておおいに批判的であった。ドロシー・ネルキンは、この市場にかんするはじめての詳細な分析のひとつで、以下のように論じた。すなわち、バイオテクノロジー会社は、生物科学の言語を「需要と供給という商業の言語に浸透」させる仕方で指し示し、身体から、その文化的意味や個人的なむすびつきをとり去り、実用的な対象へと切り詰めることによって、身体を縮減し、脱文脈化するのであると。身体の部位は、鉱物のように掘りだされ、作物のように収穫され、資源のように採掘される。組織は調達される――それは、より一般的には、農地や商品、売春婦のために利用されていた言葉である（Andrews and Nelkin 2001: 5）。しかしながら、こうした批判は、かかる実践がインフォームド・コンセントの徹底によって合法化され、関係する患者あるいは主体の希望や意見と合致させられる範囲に関連するのか、あるいは異議を唱えるべきことは、本来無償でなされるべきであった医療の世界に産業が侵入したことに向けられているのか、また問題は、もろもろの利益が、関係する個人や一般の共同体よりはむしろ民間資本に流れたことにあるのか、あるいは、この異議は人間の生命力という要素の商品化という事実そのものに向けられたのではないかどうか、こうした問題の焦点は明確ではない。[52]

しかしながら明白なのは、道徳の哲学に由来する古典的な区別、すなわち人間でないもの——所有可能で、売買可能で、商品化可能なもの——と人間であるもの——こうした商品化のための素材として適当でないもの——との区別は、もはやこの問題を解決するために必要な働きをなしえないということである。つまり、この区別そのものが、現代の生経済の政治のなかで問題になっている当のものなのである。西洋において強さを増すソーマの倫理——現代的な自己形成に合わせた、自己の健康と身体の管理に重きをおく——と、このようなソーマの倫理を支えるために必要とされる、局地的かつ世界的な経済や技術や生物医学のインフラの不公平や不正とのあいだの緊張関係、これらこそが、現代の生政治の構成要素をなす特徴であるようにおもわれる。[53]

社会批判を超えて——生そのものの政治学

ここまで示してきたように、こうした生物医学の発展については、社会学的議論のほとんどがおおいに批判的であるか、少なくとも深く疑念を表したものであった。私は、それとは別の視点をとりたい。以下のように主張したいのである。すなわち、これらの変化の多くが、批判に開かれたプロセス——バイオ企業による利益や株主価値のあくなき追求、科学者による資金獲得やキャリア向上への探求、多くの医者を治療と予防という日常的な仕事よりも「特効的」な薬剤のほうへと惹きつけること、生と健康こそ唯一の追究に値する目的であるという世俗的道徳の高まり等々――をへて形成されるとき、このプロセスにおいてわれわれは、生物学的シチズンシップや遺伝学的責任性という、革新的な新しい倫理の出現にたちあっているのであると。われわれのソーマ的・身体的・神経化学的個人性は、いまや選択や分別や責任の場所になる。それは、実験や論争に開かれているのである。生は、変わることのない固定された資質として想定されるものではない。生物学性はもはや〔個人に課された〕運命なのではない。生命力は「リバース・エンジニアリング」可能な分子と、原則的に「リエンジニアリング」可能な分子とのあいだでの、精確で記述可能な技術的関係に内在するものとして理解される。さまざまな判断は、正常と病理という明瞭な二分法によって組織されるものではなくなる。一方では、病気への感受性あるいは虚弱さをターゲットとした介入があり、他方では、能力の増進を狙った介入がある。だが、両者を区別する線を維持することはもはや可能ではないのである。

高いリスクや生物学的な矯正不可能性を特定すると、病いに冒された個人、あるいはその可能性がある個人を排除の回路にのせてしまう、数多くの実践があることは確かである。だが、医者や遺伝学者やバイオテクノロジー企業や、多くの「病いに冒された者」やその家族らは、不完全な組織を回復し、復帰させるための生物学的レヴェルでの技術的介入へとつながる、発症前診断を夢みてもいる。今日の生命科学の政治的使命は、ある確信にむすびつけられているのである。それはほとんどの、もしかするとすべての事例において、いまではなくとも将来的には、生物学的にリスクがあるかリスクに晒されている個人は、ひとたびそのような存在として特定されるや、分子レヴェルでの医療的介入によって治療され、あるいは変容させられるだろうという確信である。この体制においては、遺伝子カウンセリングのセッションや、羊水穿刺の実行や、抗うつ剤の処方は、それぞれに異なって構成された人間存在や、人間であることの異なった仕方のもつ、相対的で対比的な生の質についての判断が少なくとも可能であるということにもとづくのである。生物医学の技術が、生き生きとした存在者の構造そのものにまで選択の範囲を拡張したように、いまやさまざまな人間の生の価値を熟考する課題に直面しているのである。こうした決定にかかわる論争や、こうした決定を誰がなすべきか、誰がなしえないのかが、そこではつねに問題になるだろう。このような新しい政治においては、人口集団の質や、遺伝子プールの健康という名のもとで、数々の権威がこうした判断をなそうと要求するわけはないし、あるいはそうした権威が与えられることもない。一方では、牧人司祭権力の新たな形態が、われわれの遺伝子や生物学において、またはそれらをめぐって形成されている。この牧人司祭権力が軸となって、生命力にかかわる職業に就くあらゆる人びと——とりわけ、医者、遺伝子カウンセラー、研究科学者、製薬会社——の日々の判断や、語彙や、技術や行動に対して、生そのものの価値にかんする問いが喚起される。彼らすべては、倫理と倫理政治に巻きこまれていくのである。他方で、生そのものの政治学は、これらの問いをわれわれのおのおのに提起する——自分の固有の生において、自分の家族の生において、そして自分と生物学的アイデンティティを共有する他者とむすびつける新たな連合において。まさに生物学的な生そのものが、決定と選択の領域になったのである。判断にかんするこれらの問いは、いまや不可避的なものとなった。われわれは生命の政治の時代、ソーマの倫理の時代、そして生物学的責任の時代にはいったのである。

註

（1）ダナ・ハラウェイが、かつて「サイボーグ宣言」で示唆したように、一九八〇年代にも九〇年代にも、「臨床医学の死」はみられなかった。「臨床的な方法は、身体と診断を必要とした。われわれはテキストと〔身体の〕表面をまのあたりにしている。われわれの支配は、もはや医学化や正常化によって働くものではない。それらはネットワーキング、コミュニケーションの再設計、ストレス管理によって機能する。正常化は自動化、すなわちまったくの冗長性への道をもたらすのである」(Haraway 1991)。

（2）ここでは、これらすべての発展について十分な説明をすることはできない。だが、*The Lancet* という非常に影響力をもった医学雑誌の編集者であるリチャード・ホートンは、いくつかの主要な問題について、大変に興味をひく展望を描きだしている（Horton 2004）。

（3）ひとつだけ例をあげれば、二〇〇三年のミンテルの報告によれば、血圧計や血糖値検査器のような自己検査の装置の売上高は劇的に増加し、ほぼ六〇パーセントのイギリス人が、少なくともワンセットの医療診断器具を所持している。またこうした器具の売上高は五年間で三二パーセントも増加し、さらに成長がみこまれるとのことである（reported in *The Guardian*, October 29, 2003）。

（4）一九六〇年代から八〇年代にかけて、臨床医の権威を脅かすこうした事例に対して反応する、以下のような数多くの試みがみられた。すなわち、現場の臨床医の立場から医療実践の哲学を展開させようとする試み、臨床的判断の優位を哲学的および概念的に正当化しようとする試みなどである（例えば、Engelhardt and Towers 1979, Feinstein 1967を参照）。私は二〇〇五年一一月に〔ローズが所長を務めていた〕ＢＩＯＳセンターでの“'We really need a whole new philosophy of medical knowledge' – and more”（「『われわれは医学知識のまったく新たな哲学を本当に必要としている』……さらに」）と題されたセミナー発表において、ウッフェ・ジュール・ジェンセンがこの問題をとても明確にしてくれたことに感謝している。彼は、自身の著作（Jensen 1987）も、臨床的な実践の優位を守ろうとする、こうした運動にかかわっていると考えている。

（5）私は「モル的 molar」という用語を、ここではオックスフォード英語辞典（ＯＥＤ）が定義する意味でもちいている。「集まりの、もしくは集まりにかんするものを指す。事物の大きな集まりに対して作用する、あるいはそれにかんするものを指す。しばしば、分子的であること（molecular）と対比される」。

（6）もちろんこれは、ミシェル・フーコーが『臨床医学の誕生』（一九七三年）においてその考古学を辿った「臨床的な眼差し」である。こうした「眼差し」は、二〇〇〇年にロンドンで開催された「身体のスペクタクル展」のカタログに、見事に描きだされている（Kemp and Wallace 2000）。

（7）PXEの概説として、http://www.geneclinics.org/profiles/pxe（二〇〇四年一月一二日確認）を参照。

（8）こうしたテクノロジーのうちのひとつである、ポリメラーゼ連鎖反応の発明を分析したものとして、Rabinow 1996b を参照のこと。

（9）この移行に着目し、さまざまな方法で分析した者もいる。文学研究やカルチュラル・スタディーズの立場から描かれたものや、著名な生物学者の言語や著作における隠喩や比喩の変遷に焦点をあてたものなどがある（例えば Doyle 1997 を参照）。

（10）輸血についての便利な年表として以下を参照のこと。http://www.bloodbook.com/trans-history.html。また Starr 2002 も参照のこと。

（11）この過程の初期段階の分析としては、Scott 1981 を参照のこと。臓器提供における文化的差異のすぐれた分析としては Lock 2002 を参照のこと。また臓器の商品化や臓器取引の批判的分析としては Scheper, Hughes, and Waquant 2002 を参照のこと。

（12）「生体組織経済」にまつわる一般的な問いについては、Waldby and Mitchell 2006 を参照のこと。

（13）彼女のオンライン文書を参照のこと。Hannah Landecker, no date, "Living differently in time: plasticity, temporality and cellular biotechnologies," at http://culturemachine.tees.ac.uk/Articles/landecker.htm（二〇〇五年一二月一日確認）。

（14）これについては、第三章でより詳細に議論する。この文献を勧めてくれた、この草稿のレビュアーの一人に感謝する。

（15）スティーブ・マンの情報としては、http://about.eyetap.org/cyborgs/ を参照のこと（二〇〇四年一月一二日確認）。

（16）ケヴィン・ワーウィックについての情報としては、http://www.kevinwarwick.com/ を参照のこと（二〇〇四年一月一二日確認）。

（17）この決まり文句――「いっそう生物学的になること」――を示唆してくれたブティアイ・アジャナに感謝したい。

「いっそう生物学的になる」というのは、サラ・フランクリンが二〇〇五年一一月二四日にLSEでおこなった就任講義における「より生物学に」という指摘とも共鳴するものである。サイボーグの問題について、この草稿のレビュアーの一人から、サイボーグ主義は有機的なものと非有機的なものとの混合物、つまり人間的なものと人工的なものとの混合物なのではなく、むしろコミュニケーションとコントロールのシステムについてのひとつの考え方ではないかという指摘があった。これは確かにひとつの解釈ではありうる。しかし、サイボーグについてのほかの発想として、イアン・ハッキングは、この言葉が一九六〇年代に二人の多才な人物によって最初にもちいられたことを指摘している。その一人はマンフレッド・クラインズであり、彼はCTスキャン（コンピュータ断層撮影）のテクノロジーを開発する前に、ロックランド州立病院のネイサン・クライン研究所において、コンピュータを利用した生体自己制御にかんする大規模な研究をおこなった（Hacking 1998）。また、この術語の共同発案者であるクラインは、ハッキングによれば、一時期はパパ・ドク・デュヴァリエ〔フランソワ・デュヴァリエのこと。ハイチの政治家・医師であり、独裁政治をおこなった〕の私的な精神医学コンサルタントを務める臨床精神科医であった。彼はまた、精神薬理学の発展において重要な役割を担った（Healy 1997）。クラインとクラインズがのべるようなサイボーグとは、人間が宇宙にいるとき、たえず環境の状態をチェックしてそこに適応しなければならないことから人間を解放するため、NASAの要請をうけて発明されたものである。「課題は、人間存在が、人間として生きられるように補完すること、「この地で進化してきた人間としての本性を変えずに」生きられるようにすることである」（Hacking op. cit.: 209。ハッキングは Gray et al. 1995 の四七頁からクラインズの引用をおこなっている）。サイボーグ主義にかんするさまざまな理解についてのさらなる議論としては、グレイの近著（Gray 2000）を参照のこと。

(18) 二〇〇四年二月にロンドンのキングス・カレッジにおいて、“digital scholarship, digital culture” という連続講演によっておこなわれた、“The Cartesian Vision Fulfilled: Analog Bodies and Digital Minds” という題名のこの講演のプレゼンテーション資料を閲覧させてくれたことについて、ハッキングに厚く感謝したい。認知の本性は集合的で分配されたものだし、われわれ〔ローズとハッキング〕は作者という機能を信用してはいないけれども、彼の議論にかんする誤解があれば、その責任は私にある。

(19) 顔面移植については、ハッキングがこの議論をおこなってまもない二〇〇五年一二月に現実のものとなった。

(20) この点については第八章で論じる。

(21) 第三章を参照のこと。

(22) ティム・タリーが自分の会社であるヘリコン社とおこなった研究は、ショウジョウバエをもちいた研究にもとづいた、記憶を強化《エンハンス》する化合物の開発であり——私はこのことについてこの書物の第三章で議論している——二〇〇二年四月に広く知られることになった。その際、その化合物は脳のためのバイアグラと名づけられたのである。(http://www.forbes.com/global/2002/0204/060_print.html を参照のこと。二〇〇四年一月一二日確認)。

(23) 第七章、また Rose 2004 を参照のこと。

(24) アドリアーナ・ペトリナもこの術語をもちいているが、その意味はもっと限定されたものである (Petryna 2002)。第三章での議論を参照のこと。

(25) 第一八染色体については、http://www.chromosome18.org を参照のこと (二〇〇四年一月一二日確認)。ジェネティック・アライアンス社については、http://geneticalliance.org/ を参照のこと。

(26) 私はこれを「神経化学的自己」の誕生と名づけた。第七章を参照のこと。また以前のヴァージョンについては Rose 2003b, 2004 を参照のこと。

(27) こうした周知の倫理的原理が限定的にしか働かない領域、すなわち犯罪抑制や精神医学の領域については、ここでは触れない (第八章を参照のこと)。

(28) 「生命倫理学」の拡大は、もちろん社会学者、人類学者、歴史家の注意をひいてきたし、この書物のいくつかの箇所で、その役割についても論じられている。しかしここで、このような奇妙な現象について、いくつかの基本情報を提供しておいたほうがよいかもしれない。生命倫理学を古代まで遡るものと考え、生や死や医療にかかわる倫理的な問題についてのあらゆる考察がそこに含まれているととらえる者もいる。だが、ロジャー・クーターは「生命倫理学」という言葉がはじめて活字となって現れたのは、一九七〇年のファン・レンセラー・ポッターによる記事のなかであることを指摘した。またそれとは別に、この言葉はR・サージェント・シュライヴァーとアンドレ・エルカースによって、一九七一年にワシントンD・Cのジョージタウンで設立された、人間の生殖と生命倫理学についての研究のためのジョセフ・アンド・ローズ・ケネディ研究所 (Joseph and Rose Kennedy Institute for the study of Human Reproduction and Bioethics) の名前の一部として採用されてもいる。前者は「生命倫理学を科学と哲学とが結合した新たな学問分野と考え」、他方、「ジョージタウンの哲学者と神学者たちは生命倫理を、応用倫理学の中のひとつの部門とみなした」。一九六〇年代および一九七〇年代における、医学実験をめぐる論争と医学実践や医学研究に対するそのほかの批判は、「「生命倫理学者」に対し、医学とバイオテクノロジーの倫理的限界について提言する権利の付与を促した」(Cooter 2004, c.f. Potter 1970 また、Jonsen 1998 も参照のこと)。

合衆国の外側では、一九九〇年代以前は、確かにこのような考察は倫理学者の領分であるか、あるいはそれ以上に医療法律家の領分であった。たとえば、英国におけるイアン・ケネディによる一九八〇年の一連の「リース講演」の場合がそうである。この講演では、多くの医学的決定を支えている偽りの道徳が批判された。ケネディにとって、合衆国でもちいられている生命倫理学という言葉は、彼が医学と関連した倫理学や法や哲学や社会学や政治学の混合物として好んで理解している事態に比べれば、あまり魅力をもっていないのである(Kennedy 1981: vii)。

クーターは、生命倫理学の資金基盤の批判、その限定された倫理の考え方、またその社会科学的な分析方法の拒絶について考察しながら、以下のように述べている。「生命倫理学は短命に終わるよう運命づけられているようにおもわれる……。多くの者にとっては、生命倫理学には人間の生にかんするありとあらゆることが含まれているが、それゆえに、逆説的にも、生命倫理は破綻するのだ」。しかし彼は以下のように指摘してもいる。「生命倫理学は、二十世紀後期の医学の社会的関係のうちで、一群の緊張と再編成をもたらすものである」(Cooter 2004: 1749)。

(29) 合衆国における医療倫理の「公的な歴史」の概要、またアメリカ医師会の役割については、Baker et al. 1999 を参照のこと。

(30) 生命倫理学者と合衆国の製薬産業およびバイオテクノロジー企業とのかかわりについての批判的分析としては、Elliott 2001 を参照のこと。

(31) こうした問いの多くは、*The Tocqueville Review* 23: 2 (2003) の特別号で議論されている。カール・エリオットは、生命倫理学のジレンマにかんする、もっとも洞察力のあるコメンテーターのひとりであるとおもわれる。Elliott 1999 を参照のこと。

(32) ELSIとは倫理的・法的・社会的諸問題 (Ethical, Legal, Social Implications) のことを指している。ヒトゲノム・プロジェクトは、このような傾向を制度化し、ELSI問題の研究のための資金の一部を確保することで、社会的および政治的な批判を逸らそうとしたのである。欧州倫理委員会が構想するプロジェクト——大規模な生命科学的およびゲノム学的な要素を含む、ヨーロッパ全域にわたる研究への大規模な呼びかけ——もまた、いまではELSI研究のための資金にかかわっている。「ウェルカム・トラスト」には、そのような研究に資金提供するためにつくられた生物医学的倫理学のプログラムがある。

(33) もう一度、以下のことを強調しておく必要がある。すなわち、大学内外での産業企業と科学研究の発展との密接な関係それ自体には、何ら新しいものはないということである。公的資金を受け、商業的要請から切り離され、利益の超越というマートン的規範によってのみ動員される、大学研究施設の隔離された空間のなかで発展するものという科学的知識のイメージなどは、実のところ、二十世紀中頃の五〇年あたりという例外的な時期の、数少ない学問分野にだけあてはまるものにすぎない。もし斬新さがあるとすれば、それは以下で論じられる、生命諸科学の周囲で姿を現しつつある特定の布置にみいだされるのである。

(34) 別の場所で私は、「応用」という言葉で描かれる、実験室から社会へと向かうベクトルをたどりながら科学的学問分野が発展するというイメージは、誤解を招くものだと論じておいた。とりわけ、ミシェル・フーコーの言う「低次の認識論的水準」をそなえた領域ではそれがあてはまる。たとえば、精神科学（psy sciences）は、産業や教室や軍隊や法廷へのその応用の領域の周辺で「規律訓育」されるのである（Rose 1985）。とりわけ、軍隊の優先性と資金調達の影響力は過小評価されるべきではない。たとえば数学のように一見してもっとも理論的な学問分野ですらそうなのである。

(35) サラ・フランクリンとマーガレット・ロック編の論集は、興味深い仕方で生資本という考えの展開をはじめており、新たな生のかたちにかんする特許取得や、順序づけや、マッピングや、マーケティングや、純化や、ブランド化や広告にむすびついた、知とテクノロジーと生との新たなハイブリッド的関連について指摘している（Franklin and Lock 2003b）。これらの研究は、こうした問題に対してあまり民族誌的なアプローチをとっていない私自身の研究にも、おおいに寄与するものである。ここに記しているように、サラ・フランクリン自身はこうしたさまざまな思考をクローン研究において展開しているが、それは現在印刷中のものである。出版に先だってその草稿のいくつかを読ませてくれたことを感謝する（Franklin, forthcoming 2006）。

(36) フランクリンが指摘しているように、マルクスは『資本論』第三巻において、資本が農業における独立した支配力となった過程について説明するときに、牛と羊のブリーディングの資本化について論じている。フランクリンは、羊のドリーのクローン化――それはベンチャーキャピタルの投資によってのみ可能となる、人間の病気を治療するための市場化可能な酵素をもったミルクを生産できる、遺伝子組み換えの「バイオリアクター」羊を生みだすことを目的としていた――は資本のもつ「ストック」というもっとも古い定義を、さまざまな仕方で現代の生資本において資本がとる最新の形式にむすびつけていることを示唆していた。それゆえ人間の希望は、生命力をそなえた生ける存在と、資本化可能な存在者の能力のなかで、文字どおり「具現化される」（embodied）ようになってきている。そしてこのことは、生経済における「ストック」や、「家畜」（livestock）の資本化にかんする多くのほかの例――たとえば幹細胞の資本化――のなかで典型的な事例となりうる（Franklin, forthcoming 2006）。

（37）フォルティス銀行とライフ・サイエンス・パートナーズ社によって組織されたバイオキャピタル・ヨーロッパ（Bio Capital Europe）の会議は、バイオテクノロジー企業が、招待客――バイオテクノロジー市場で最適な投資機会を窺うベンチャー投資家や機関やバイオテクノロジー企業や製薬会社――に自身を売りこむことを可能にした。www.biocapitaleurope.com を参照のこと（二〇〇五年一一月二五日確認）。

（38）http://www.biospace.com/news_story.aspx?StoryID=2003520&full=1 を参照のこと（二〇〇五年一一月二五日確認）。いまや数多くのホットベッド・マップが存在し、それらは http://www.biospace.com/biotechhotbeds.aspx（二〇〇五年一一月二六日確認）で検索できる。サンフランシスコ・ベイエリアのバイオテック・ベイ・マップ（TM）の一九八五年の初版は、スミソニアン研究所アメリカ国立歴史博物館のなかで、常時展示されている。バイオキャピタルは一九九六年に誕生した。

（39）http://www.imshealth.com/ims/portal/front/indexC/0,2605,6025_1825,00.htm を参照のこと（二〇〇五年一一月二一日確認）。

（40）ＩＭＳヘルス社からのデータ。http://open.imshealth.com/download/may2004.pdf を参照のこと。

（41）サラ・フランクリンとマーガレット・ロックは、「約束型の資本主義」という言葉を、チャリス・トンプソンが「（再）生産〔生殖〕のバイオテクノロジー的様態」と名づけた、当時はまだ未完であった著作から採用している（Franklin and Lock 2003a）。Thompson 2005、とりわけその第六章を参照のこと。トンプソンは、現代の資本主義における、「再生産＝生殖の生物医療的様態」と名づけうるものの出現を示唆しているのである。彼女はこれを、再生産の新たな重要性をもつ様式として描写し、また、そこで人間存在は、マルクスが示したように、自らの生産物から疎外されているというよりは、彼らの身体あるいは身体部位からの疎外されているリスクに関連して描きだされている。彼女がのべるには、ここにおいて資本は「本質的に約束されている」というほどには蓄積されていない（p. 258）。トンプソンの分析は示唆にあふれたものであり、ここで喚起される以上の注意が向けられるべきものであるのだが、彼女が選択する議論の要素は、生殖＝再生産技術にかんする彼女固有の視点によるものであり、現代の生経済の大部分を特徴づけるものとはいえないようにおもわれる。投機的なリスクやベンチャーキャピタルが、未来の収益という希望に対する約束手形を発行することに依存しているという発想は、資本主義の発生についてのマルクス主義や、そのほかの研究において長いあいだ中心的な位置を占めてきた。ここで引きあいにだしたのは、二〇〇五年二月にＬＳＥで私がおこなった、「クリフォード・バークレイ記念講演」での議論である。

（42） たとえば、一九九六年にＯＥＣＤが提案した方法を参照のこと。「ＯＥＣＤ経済は、ますます知識と情報に基盤をおくようになっている。知識は、経済動向における情報や技術や学習の役割についての新たな焦点を導くことで、いまや生産性と経済成長の駆動要因と認められている。「知識を基盤とした経済」という言葉は、現代のＯＥＣＤ経済における知識と技術の位置についての、より十全な認識から生じるものである」（Organization for Economic Co-Operation and Development 1996: 3）。

（43） イギリス首相官邸ホームページの、首相演説の項目から参照可能である。http://www.number-10.gov.uk/output/Page1548.asp（二〇〇五年八月一一日確認）。

（44） http://sunsite.berkeley.edu/biotech/iceland/new.html も参照のこと（二〇〇四年一月一二日確認）。二〇〇五年八月二日付のアイスランド、レイキャヴィクからのプレスリリースで、デコード・ジェネティクス社は、自社の経営状態についてほおかむりをきめこんでいるが、にもかかわらず、その二〇〇五年第二・四半期の財政状況をつぎのように報告した。「二〇〇五年第二・四半期の純損失額は一二三〇万米ドルであり、二〇〇四年の第二・四半期から変化しなかった。二〇〇五年の六ヶ月間の純損失額は、三〇三〇万ドルであり、去年の同じ時期の二五三〇万ドルと同程度であった。これは、おもにわが社の薬剤開発プログラムに対する支出が増大したことの結果である。ひと株あたりの純損出額は、今年の第二・四半期のあいだは〇・二五ドルであり、昨年の同じ時期から変化しなかった。二〇〇五年の上半期のひと株あたりの純損出額は〇・五六ドルであり、二〇〇四年の同じ時期の〇・四八ドルと同程度であった。
http://www.decode.com/ を参照のこと（二〇〇五年八月一一日確認）。

（45） エストニアのゲノム・プロジェクトについては、http://www.geenivaramu.ee/index.php?show=main&lang=eng（二

〇〇五年八月二一日確認）参照のこと。

（46）The U.K. House of Commons Trade and Industry Committee Report on Biotechnology, 2003を参照。

（47）もちろん、とりわけ合衆国において、二〇〇一年九月一一日のテロリストの攻撃につづいて生じた「生物兵器に対する防御における機会と挑戦」は軽視されるべきではない。生物兵器に対する防御への合衆国アメリカ保健社会福祉省の支出は、二〇〇一年から二〇〇五年にかけてほぼ一四倍にまで増大し、二〇〇四年のバイオシールド法は、アメリカの病原体対策として、五六億ポンドを割りあてた。

（48）この外部委託《アウトソーシング》は、以下のようなものによって駆りたてられている。すなわち、製品開発のための臨床実験数の大幅な増加や、薬剤開発における速度と経済性をめぐる競争的な圧力や、実験の被験者の募集を阻止する倫理的な、もしくはそのほかの制約や（たとえば合衆国においては、薬剤製品の試験の多くで囚人の利用が禁止されている）、利益のために臨床実験をおこなうことを請け負う商業組織の成長といったものである。これらの問題の多くは、Petryna 2005が深い洞察をもって分析している。この領域におけるいくつかの成長の徴候は、二〇〇一年の、合衆国保健福祉局の監察総監室（Office of the Inspector General）による、臨床実験のグローバル化についての報告書で描かれている。この報告書によると、「治験にもとづく新薬承認申請」をおこなう合衆国食品医薬局（ＦＤＡ）の手続きのもとで、ちょうど四一の海外の臨床研究者が、一九八〇年に薬剤研究をおこなったという。一九九〇年までにその数は二七一に増え、一九九九年までには四四五八に増えた（Department of Health and Human Services Office of Inspector General 2001）。このような実験の輸出から生じる企業への利益についての著作 *Pharmaceutical Executive* を二〇〇二年に書いたボニー・ブレシアは、つぎのように評価した。

> ＩＭＨヘルスによると、二〇〇〇年現在、世界中の研究開発において、およそ七五〇〇の世界規模の臨床プロジェクトがあった。分析家らは、二〇〇三年までにその総数は、一万以上に成長するだろうと考えている。センターウォッチが報告するところによると、ＦＤＡへの新薬の申請ごとに、製薬会社は平均して六八の研究をおこなわねばならず（第一段階から第三段階）、その研究のためには合計四三〇〇人のボランティアを必要としている。翌年中の研究開発計画の予期される増加にともなって、登録を必要とする患者の数は、毎年一五パーセントずつ増えると予期されている……。二〇〇〇年には、全臨床研究中のおよそ八六パーセントでは、時間どおりに要求

される患者数を登録することができなかった。そして、合衆国の臨床研究には、平均して三六六日の遅れが生じたのである。ひとつの臨床研究につき、一日およそ三万七〇〇〇ドルの現金支払いが必要であるため、これらの遅れは〔財政的に〕重大である。これらの損失と、日々の製品販売で失う平均一三〇万ドル——超大型新薬のための損失は一一〇〇万ドルに達する——の費用と、そのつどの被験者の募集との出費の合計は、おおいに考慮すべき事柄になっている（Brescia 2002）。

多くの者は、こうした実践に批判的であった。二〇〇〇年一二月に『ワシントン・ポスト』紙の調査員たちは、「人間《ボディ》ハンターたち」と題された六回の連載記事を発表し、そこで合衆国を本拠とした製薬会社が低開発国でおこなった薬物実験のドキュメントを掲載した。この実験の外部委託を駆動する要因は、以下のものを含んでいる。すなわち、合衆国で患者を募集することの困難さと費用の高さ、薬剤開発における速さへの欲望、逆作用やプラシーボ効果の実験を覆う規制がはっきりと緩いこと、多くの国の医者や権威が〔実験に〕参加する意志があること、これらである。記事が示唆するところでは、こうした試験はうまく規制されておらず、しばしば十分教育されていない患者（被験者を登録するごとにかなりの報酬を受けとることを約束された低賃金の医者たちによって勧誘された者）を参加させている。こうした患者たちは、自分たちが実験の被験者として利用されていることを知らなかったし、適切な医療上のケアが与えられないことも多かった。彼らが記述する事例——すべて一九九〇年代のもの——のうちには、以下のものがある。すなわち、一九九六年の髄膜炎流行のさなかにナイジェリアの子どもたちに対してファイザー社がおこなった、期待の新型抗生物質トロヴァンの試験、同じくファイザー社が、ブルガリアとハンガリーでおこなった、心拍数の副作用にかんするＦＤＡの懸念に応じた統合失調症薬ゼルドックスの試験、マキシム・ファーマシューティカルズがロシアでおこなった肝臓疾患のための薬剤の試験、アヴェンティス社によるアルゼンチンでの、手術後に心臓を治療するために投与される実験的な薬剤カリポリドについての被験者の使用、ロシュ社とノヴァルティス社からの緊急要請を受けて、報酬と厚遇を約束され、スイスの調査会社 Van Tx に動員されたエストニアの臨床実験の被験者たち、ヴァックスゲン社による、バンコクでの薬物中毒者に対するＡＩＤＳワクチンの試験といった事例である。http://www.washingtonpost.com/wp-dyn/world/issues/bodyhunters/ を参照のこと（二〇〇五年八月九日確認）。同様に Kelleher 2004 も参照のこと。トロヴァンの事例を評価することを含めたいくつかの複雑な問題は、この注釈の冒頭で利用したPetrynaの論文で、有用な調査がなされている。Petrynaの論文によって、監察総監室の論文や、上記で引用したBresciaの記事に導びかれた。

(49) キングス・カレッジにおける運動ニューロン疾患（ＭＮＤ）研究については、http://www.mndcentre.org.uk/Research/GeneticFront.html（二〇〇五年八月一一日確認）参照のこと。

(50) 一九九〇年代に、フランスのジェンセット社とアメリカのミレニアム・ファーマシューティカルズ社を含む中国における研究が、とりわけ論争を呼ぶようになった（Sleeboom 2005を参照）。しかしながら、商業組織は、このような収集に依拠したビジネスモデルを発展させてきたのである（たとえば、デトロイトを本拠地とするアスタランド社を参照のこと。この会社は「世界におけるヒト組織の主要な供給者」であり、その「ドナーサイトの世界的ネットワークは、薬学的関心の全領域を反映する、二〇万を超えるヒト組織のサンプルの収集を可能にした」http://www.asterand.com/Services/（二〇〇五年八月一一日確認）。二〇〇〇年の先住民会議の主張によると、オーストラリアのバイオテクノロジー研究開発企業であるオートジェン社は、「生の質を向上させる革新的な製品の開発をつうじて、株主の富を生みだすことを約束し」、そして、新たな治療上のターゲットを特定するための遺伝子発見アプローチを専門的にあつかうことで、糖尿病や、循環器系の疾患や、高血圧や、がんや、潰瘍を治療する薬剤を探すべく、「トンガの遺伝子プールを購入した」。病気を引き起こす遺伝子の探索において、家族の成員の遺伝的血統が形成されるＤＮＡを抽出するために、血液がもちいられたとおもわれる。インタビューにおいて、

コリア教授は、企業が「生命の略奪行為」をおこなっていることを否定し、世界保健機構（ＷＨＯ）の定める倫理的ガイドラインに従っていたとのべた。「トンガ政府は、もしそこから何かが生みだされればロイヤリティーをえるだろうし、より多くの雇用を生み、人びとは研究から生じたあらゆる薬剤を無料で入手可能になるだろう」とのことだ。患者たちは、サンプルが採取される前に、十分なインフォームド・コンセントを必要としただろう。トンガオートジェン社は、今年の暮れか二〇〇一年初頭に、トンガからのＤＮＡサンプル収集を始めるだろう。なぜならば、彼やほかのポリネシア諸国のＤＮＡは、バイオテクノロジー企業にとって高い価値をもっている。なぜならば、彼らは、さまざまな民族的背景からなる家族をもつほかの者よりも、相対的に遺伝的に孤立した集団だからである。「トンガは、彼らの家族集団（family grouping）において、多くの歴史をもっている。ゆえに彼らは、誰が誰と関

係があるかを知っている」とコリア教授は言う。しかし、大部分のポリネシア人と同様に、彼らが西洋の文化や飲食物により多く接するようになるにつれて、トンガ人も、西洋の病気で亡くなるようになってきている。(http://www.ipcb.org/issues/human_genetics/human_populations/tonga/autogen_buys.html)（二〇〇五年八月二三日確認）。

(51) 第二章で、「生命」という考え方の変化について論じておいた。

(52) これらの問題のすべては、ジョン・ムーアと、がんにかかった彼の脾臓から摘出された細胞株という有名な事例に集約されている (John Moore, Plaintiff and Appellant, versus The Regents of The University of California et al., Defendants and Respondents. Supreme Court of California, No. S006987. July 9, 1990 を参照)。アンドリューとネルキンは、許可をえたうえで、新聞のインタビューでのジョン・ムーアのコメントをひきあいにだしている。「医者たちは、私の人間性や遺伝的本質が、彼らの発明であり、彼らの財産であると主張しています。彼らは私のことを、そこから生物学的素材〔material〕がとりだせる鉱山としてみています。私は収穫されたのです」(John Vidal and John Carvel, "Lambs to the gene market," *Guardian*, November 12, 1994: 25, quoted in Andrews and Nelkin 2001: 1)。それでもなお、ここでの問題がどこまで、ムーアの同意や、金銭的報酬の配分や、あるいは細胞を「収穫すること」そのものの問題であるのかはさして明らかではない。同様の不明瞭さは、社会学者や人類学者による、臓器売買についての多くの批判的評価にもみうけられる。

(53) サラ・フランクリンは、いまや、バイオテクノロジー企業自身が、これらの倫理的考察を彼らのビジネスモデルと製品にとりこもうとしている事態を鋭く指摘し、これを「倫理的生資本」と名づけた (Franklin 2003)。本書のあとがきで、生資本の問題を論じなおすことにする。

(54) こうしたサンプル収集を含む倫理的問題、おもにインフォームド・コンセントや利益の共有にかんする問題は、ヒトゲノム多様性計画 (The Human Genome Diversity Project) や、国際ハップマップ・プロジェクト (International Hap Map project) にとって、とりわけ注視されている。この点については第六章で論じる。

第二章　政治と生

政治と生──この二つの言葉が伝えるものは、自明でも、不変でもない。言葉が同じであっても、その意味と機能は、専門家やそうでない者たちの言説のなかで、時間とともにいちじるしく変化してきた。これら二つの術語の歴史は絡みあい、実践もそこで互いにむすびついている。だから、これら二つの術語をより詳細に調べることは、この書物の議論そのものにかかわる。こうした検証は、適切になされるならば、それだけで一冊の本を要求するだろう。欧米に関連する部分だけに焦点をあてるとしても、われわれはおそらくギリシャから記述を開始すべきである。だがここでの焦点は、もっと限定されている。すなわち、現在の生政治において、これらの術語にかんして何が特殊なのかを明らかにすることである。ここでは「生の意味」からはじめるのがもっともよいだろう。

生[1]

ジョルジュ・カンギレムは、「ある種の方法で解釈すれば、現代生物学は、どうやらひとつの生の哲学のようである」(Canguilhem 1994: 319) とのべている。サラ・フランクリンは、彼女の「生そのもの」にかんする啓発的な議論において、生についての近代的な観念の誕生が、生命科学の興隆と密接にむすびついていると指摘している。そのような生にかんする観念は、「進化論的変化という考え、すべての生き物の根底にあるむすびつき、そして、生がそれ自身を再生産する遺伝という生物発生のメカニズムにもとづいている」(Franklin 1995) という。しかし彼女もそう論じているとおり、生は無前提的に存在する現象だと単純にはみなされえない——生についてのわれわれの理解は、「生物学」という言葉が、一八〇二年に新たな生の科学のために最初に提案されて以来、何度も変容してきたのである[2]。つまり、生そのものという観念の誕生とその変容を理解するためには、ジョルジュ・カンギレムが一九六六年の小論「概念と生」で展開した方針に沿った歴史認識論が要求されるのである (Canguilhem 1966, reprinted in Canguilhem 1968, Franklin 2000 を参照)。カンギレムの弟子であるミシェル・フーコーは、同年に出版された著作で、十九世紀に生じた認識論的変異という、フーコー自身のよりラディカルな視点を採用した。そこで彼は、十八世紀に生物学は存在しなかったとのべたのである。「一五〇年間われわれに馴染みのものであった知のパターンは、それ以前の時代には妥当しない。……もし当時生物学が知られていなかったなら、その理由はとても単純なものである。すなわち、生そのものが存在しなかったのである。存在していたのは生き物だけであり、生き物は自然史によって構築された知の格子をとおして見られていた」(Foucault 1970: 127–128、Franklin 1995 でも引用されている[3])。

もちろん、断絶というフーコーの主張は、ある意味ではおおげさなものである。カンギレムは、十八世紀の生気論者について詳細な分析をおこなった。そこにみいだされるのは、「人間と自然」とのあいだの密接な関係の強調、機械論の拒否、あらゆる生ける身体を活気づける生命力や能力についての考え方である。(4) しかしフーコーはここで、彼が「古典主義時代」と呼んだものの自然史がある特定の認識論的構造を例証する仕方に焦点をあわせたのであって、そこでは、知ることは分類することであり、知られるべきものを表や格子のなかに位置づけることであった。ある動物や植物を知ることとは、ひとつの分類学のうちにそれを位置づけることであった。つまりは、観察された特徴にもとづいて、それを固有の属や種に割りあて特定したのである。彼が示唆するかぎりでは、この布置は十八世紀の終わりに変化しはじめる(とりわけ彼はパラスとラマルクの仕事を指している)。この変化は、自然を、有機的なものと無機的なものという二つの領域へと、根本的に分割することでなされたのである。「ヴィック・ダジールは一七八六年につぎのように書いた。「自然には二つの界〔kingdom〕だけがあり、一方は生命を享受し、他方はそれを欠いている」……有機的なものは生きているものとなり、生きているものは生産し、成長し、再生産する。非有機的なものは生きていないものであり、発達も再生産もしない。それは生命の縁に、不活性なものに、不毛なものに──すなわち死に──横たわっている」(Foucault 1970: 232)。そして不可避的に生のなかに宿っているこの死こそが、生に対立し、生が抗うものであり、その生命力を定義するものなのである。ある奥行き──有機的世界に属しうる各々の存在者の内部における生命力の奥行き──が分類表の下に開かれるときはじめて、生物学が、その後一五〇年のあいだ存在することになるかたちにおいて可能になったのである。(5) この生物学、そしてそれとしばしば絡みあった生気論は、奥行きの認識論によって規定された。奥行きの認識論とは、動植物や人間を規定する根底的な有機法則の観点から、それらの観察される特徴と、それらが生を保存し死を避けるようつとめる機能を理解する思考様式のことである。

フーコーの議論は、疑いなく、これらの主張に先だつ医学研究によってある程度形成されていた。フランスで一九六三年に出版された『臨床医学の誕生』は、およそ一七八〇年から一八三〇年の期間におけるフランスの医学的思考と実践の変容についての研究である。ここでフーコーは、表層や分類の医学から、奥行きの医学、器官や機能の医学への移行を突き止めている（Foucault 1973）。彼がたどる論争や変動の向こう側にみてとれるのは、病気の分類に焦点をあてる種の医学が、病気の個人の有機的身体に焦点をあてる医学に道を譲った変遷である。病気は「もはや、可能なら身体のどこにでもはいりこむ病理学的な種なのではない。それは、病気になった身体そのものである」（Foucault 1973: 136）。病床で培われ、解剖学アトラスや病理学的解剖学の経験をつうじて形成された臨床的な眼差しは、患者の内側にある生命力へと向かう、眼にみえる病状の現れや広がりや進行の下にあるものを読まなければならない。それは、さまざまな徴候を生じさせ、それらの理解の鍵ともなる、基礎的な病理を特定するためなのである。

フーコーが主張しているのは、臨床医学全体がビシャの生気論に追随したとか、あるいは生とは死に抵抗する機能の全体であるとするビシャの学説をうけいれたとかいったことではない。F・J・V・ブルセの生理学的医学をめぐっては、多くの論争があった。彼は、「病気は存在論的な「他者」ではなく、変質した機能――つまり、通常のプロセスの過剰あるいは過少――の結果である」と論じたときに、ビシャの遺産を擁護していたのである（Porter 1997: 312）。しかしながらロイ・ポーターは、彼の権威ある西洋医学の歴史書のなかで、つぎのように指摘している。「病理解剖学者が病気と死に拘泥しているのに対し、ブルセの生理学は生の法則に窓を開いた――それは付随的に、オーギュスト・コント（一七九八―一八五七）の実証主義哲学に影響を与えた。そしてコントは、生理学の術語を利用して社会をひとつの有機体として分析したのである」（Porter 1997: 314）。この時代以降に形成された生物学的・医学的な思考形式、そしてそのうえにモデル化された社会的な思考形式は、以下の考え方に枠づけられていた。すなわち、生きる身体の有機的で機能的な統一性、そしてこれらの生体機能を停止に導くかもしれない崩壊という恒常的な脅威。この意味において、死に抗うことは、生命力や病理の理解への鍵であると同時に、生そのものの定義でもある。「一八一六年以来、医師の眼は病気にかかった有機体にたち向かうことができるようになった。近代医学の眼差しの、歴史的で具体的なアプリオリがついに構成されたのである」（Foucault 1973: 192）。

二十世紀の医学が十九世紀からひきついだ身体は、病院内や解剖台上で現れるような臨床的眼差しによって可視化され、そして解剖学アトラスへと記入された。この身体は、生き生きとした生体システム、あるいはシステムのシステムであった――すなわちそれは、ひとつの有機的に統合された全体なのであった。皮膚は、互いに機能的にむすびついた器官、組織、機能、コントロール、フィードバック、反射、リズム、循環等々からなるひとつの「自然な」かたまりを包みこんでいた。この統合された臨床的身体は、身体の外にあるシステム――環境や文化――からつくりあげられている社会的身体のうちに位置づけられた。同様にこの身体は、もろもろの大規模な流れ――空気、水、汚水、細菌、伝染病、家族の影響、道徳的風土といったもの――の観点から概念化された。のちにこの章で論じられる優生学の戦略は、個人の身体と社会的身体とをむすびつけるこのような仕方から、その特性をひきついだ。現代の生物医学的身体は、この優性学的身体とは多くの点で異なっている。最大限明白にいえば、その違いはスケールの違いにあると考えられる。一九三〇年代に生物学は、極微小の領域――10^{-6}cm と 10^{-7}cm のあいだ――にみられる現象の観点から、生を視覚化するようになった（Kay 1993: 5）。つまり、生は分子化されたのである（Chadarevian and Kamminga 1998 に収められた論文を参照のこと)。この分子化は、たんに分子レヴェルでの解釈の枠組みにかかわる問題なのではなかった。また、たんに分子レヴェルでくみたてられた人工物の使用にかかわる問題というだけでもなかった。それは、生命科学の眼差しの、すなわちその制度、過程、器具、操作空間や資本化のかたち、これらの再組織化だったのである。

一九六六年にカンギレムは、一九六四年に発表されたDNAの二重らせん構造をめぐるワトソンとクリックの有名な論文の内容を考察し、以下のように示唆した。すなわち、その数ある革新的な帰結のひとつは、生を再定義したこと、すなわち生を意味として再定義したことであるのだと(Canguilhem 1966)。カンギレムはこう論じる。現代生物学は、機能の調節などの生命現象を研究する際のものさしを変容させ、「古典力学、古典物理学、古典化学の語彙を放棄し……言語学やコミュニケーション理論の語彙をもちいることを選んだ。メッセージ、情報、プログラム、コード、命令、解読といったものが、生命科学の新しい概念である……生命科学はもはや、生の描写には似ていないし……もはや建築学や力学にも似ていない……むしろそれは、文法や意味論、統語論に似ているのである。もしわれわれが生を理解しようとするならば、それらのメッセージは、読まれうる以前に解読されていなければならない」(Canguilhem 1994: 316–17)。一九五〇年代に形成されはじめた情報の認識論は、間違いなく、ゲノム学のほぼ半世紀にとって根本的なものだった。(Kay 2000 での説明を参照のこと)。進化論に由来する生の概念——生はそれ自身を再生産することができ、自然選択に従いうるものである——にむすびつけられることで、生きるものすべての本質的な連続性や共通性を強調することは、間違いなく、四〇余年にわたって、分子生物学分野の多くの思索の枠組みを形成してきた。[6] ヒトゲノム・プロジェクトのための遺伝と発達についての情報モデルの革新的帰結を否定し、発達、細胞生物学、代謝、老化、病気などにかかわるゲノム基を特定する多くの努力を否定するのは愚かなことだろう。そうであれば、情報に基盤をおいたこの新しいゲノム学が、政府や研究に出資する財団、投機的資本家、法人の投資と戦略、薬事産業、株式市場に多大な影響力をもっていることを否定するのも同じく愚かなことだろう。そしておそらく最も重要なことは、われわれが人間であることをコード化している「生の青写真」という遺伝観が、遺伝についての古い考え、そして遺伝子を遺伝の単位とする考えと絡みあって、大衆的な想像力に影響を与えてきたという事実を否定するのは愚かである、ということだろう。しかし二つの展開が、「情報としての生」が新しい生物学的認識論として「有機的統一体としての生」にとってかわるという示唆を、われわれが全面的に承認するのを妨げるかもしれない。

「遺伝子」の盛衰

生命科学におけるさまざまな発展それ自体が、情報は生物学の新たな認識論であるという主張を看過している。よく知られているように、二十世紀をつうじて遺伝子の観念は、遺伝の単位と発達の単位の両方を指し示すことになった。遺伝子は、はじめは仮説的なものであったが、その後、細胞核のなかで現実の位置を与えられ、ついで、らせん構造状のデオキシリボ核酸の部分として特定された。遺伝子は染色されて顕微鏡のもとで観察することができるようになり、それゆえ「染色体」と名づけられた。各々の種に特有の染色体の数と配列があり、また、そこに織りこまれた遺伝子にも、特有の数と配列があると想定されたのである。これらの遺伝子は、ある有機体の発達を決定するとともに、生殖のプロセスをつうじて、正常なものであれ病理的なものであれ、子孫にその特性を伝達する原因となる要素と考えられるようになった。批判者たちは、しばしばこうした議論の一部をなしていた還元主義に対して声高に反論した。彼らは、単純な遺伝子決定論は素朴である、つまり、病気「の要因になる遺伝子」の探求は、表現型を生みだす複雑な発達的・社会的・環境的プロセスを無視していると主張したのである。すなわち、単一遺伝子障害は少数であるということ、そして決定論は、一般的な複合障害の原因を説明することができないし、ましてや、まさにその定義そのものが議論の対象となっているもの——知能や統合失調症——も説明することができないということである。このような批判者のなかには、生物学者、とりわけ発達生物学者や行動生物学者も含まれており、政治的にラディカルな者もいた（Bateson and Martin 1999, Rose 1998b）。しかし、「～の要因となる遺伝子」というパラダイムそのものは、ぬぐい去りがたいものとおもわれたのだった。

二十世紀の最後の四〇年にわたって、この遺伝子の観念は、実際に情報のメタファーのなかで再構成され、最もありふれた仕方では読むことの問題として表現された。たとえば「生という書物を読む」というように。さらにこのイメージは、ヒトゲノム・プロジェクトの基底をなす提言や前提のなかで具体化されてきた（Kay 2000）。ヒト染色体の遺伝子のセットは、人間をつくるためのデジタルな指令のようなものとして語られ、そして、ヒトゲノムは大方一〇万から三〇万の遺伝子を含むと推定された。たとえば、ウォルター・ギルバートの説では、その数は約一〇万に落ち着いている（Gilbert 1993）。ギルバートを含む多くの者が単純な遺伝子決定論に対して警鐘を鳴らし、個々の遺伝子は、病気ごとに含意が異なるさまざまな機能をコード化することができると認識していたのだが、そこにはなお、各々の病気はあるひとつの変異もしくは少数の変異とむすびつけられるものだという前提や、タンパク質、細胞あるいは有機体ではなく、まさに遺伝子が分析の鍵となる単位だという前提が存在したのだった。

しかしこのような、ギルバートが「長期的な努力目標のヴィジョン」と呼んだものは、そうしたヴィジョンのほとんどがそうなのと同じく、短命であることが判明した。ヒトゲノム配列についての最初の二本の論文が、二〇〇一年に出版されたのだが、そのひとつは、国際ヒトゲノム配列決定コンソーシアムからの、もうひとつはセレラ・ジェノミクス社によって設立されたチームからの論文であった。そのとき推定されたタンパク質をコード化する配列の数は、ずっと少ないものであったのである——両チームはそれを、三万から四万のあいだと推定していた（Lander et al. 2001, Venter et al. 2001）。分子生物学者のなかにはすでに、ゲノム学は「原因となる遺伝子」というパラダイムを超えつつあると気づいている者もいた。たとえばシドニー・ブレナー（Brenner 2000）が指摘するように、キイロショウジョウバエのゲノムは一万四二〇〇のコード配列しかもっていないと推定されたが、他方ではるかに単純な線虫であるシー・エレガンスは、約二万のコード配列をもつと考えられたのである（Adams et al. 2000, Anon 1998）。標準的なジェット機がおよそ二〇万もの特有のパーツをもつことを鑑みれば、三万のコード配列——線虫の一・三倍の「遺伝子」、そしてキイロショウジョウバエがもつ数の二倍にすぎない——でさえ、ヒトゲノムが人間をつくるための「デジタルパーツのリスト」ではありえないことは明白であった。確かにヴェンターらによる二〇〇一年の論文は、還元主義的アプローチは複雑系モデルにのっとって放棄されるべきだと論じていた。つまり、「さまざまなネットワークが存在するのは、さまざまなレヴェルやさまざまな結合において、また混乱が生じた際の感受性のさまざま状態においてである」（Venter et al. 2001: 1347）。そして二〇〇四年までに、ヒトゲノムのうち遺伝子を含む部分を再分析することによって、ヴェンターがセレラ社の配列プログラムでもちいていたショットガン配列決定法における重要な欠点が特定され、その結果、タンパク質コード配列の数を二万から二万五千のあいだに絞ることが可能になった（Collins et al. 2004）。現代のゲノム学の思考様式のなかでは、ひとつのコード配列がいくつもの異なるタンパク質の合成に関与しうることや、またひとつのタンパク質がゲノムのさまざまに異なる領域からいくつものコード配列の相互作用をともなうことが認められている。それゆえ焦点は、遺伝子から統御、表現、転写のプロセスへ（トランスプリトミクス）、遺伝子から一塩基多型（SNP）と呼ばれる単一のヌクレオチドのレヴェルにおけるこれらの小さな変異へ、また実のところ、遺伝子からタンパク質形成のための細胞やプロセス（プロテオミクス）へと移行したのである。

獲得形質の遺伝というラマルク主義の教説を論破するなかで、アウグスト・ヴァイスマンは、有機体の一生における体細胞《ソーマ》の変化は生殖細胞の変質の結果ではないと証明した（Weismann 1893 [1982]）。ヴァイスマンが〔体細胞と生殖細胞のあいだに〕たてた壁はいまにいたっても揺るぎないが、ジェイムズ・ワトソンによるゲノム学の「セントラルドグマ」としてのその再定式化——DNAからRNAをとおってタンパク質へといたる一方通行の道筋だけがあるということ——は、もはや通用しない。RNAがある状況では逆転写酵素によってDNAをコード化するだけではなく、展開の途中や細胞の代謝の正常な過程において、体細胞組織からDNA配列へ戻る多様な道筋も存在するのである。さらに、いまや以下のようなことが認められている。すなわち、DNA配列の非常に多くの部分はタンパク質をコード化しないので、以前は「ジャンクDNA」とよばれていたのだが、実際にはこれは細胞の調整機構にとって決定的なものなのである。そしてその大部分は、RNAをコード化するようにみえ、それによって、タンパク質をコード化する特定の配列に「スイッチが入り」、表現されるための条件が形成されるのである。[7] 多様な型のコード化しないRNAの発見——ジョーン・エディの影響力のある評論のタイトルを引用すれば、「コード化しないRNA遺伝子と現代のRNAの世界」の発見——は、以下のことを証明した。すなわち、世代を超えた伝達においても、いかなる特定の有機体の発達においても、DNAを「生の書物」や「さまざまなコードのコード」として考える情報モデルを超える、数多くの事態が関係していることをである（Eddy 2001）[8]。それゆえ後成説に対する新たな関心が生じる。後成説においては、DNAはたんに、分化や発達の過程での遺伝子の活動から表現型の結果を生みだす、遺伝子発現を調整するメカニズムとしてではなく、遺伝可能な形質としても理解される。その形質には、一有機体の生を超えて獲得されるものもある。たとえば、DNAにくっついてその機能を変更するようなタンパク質や化学基に関与するものである。その形質のなかには、ある有機体の生を超えて獲得されるものもある。たとえばそれらは、DNAにむすびついて機能を修正するタンパク質あるいは科学基と関係している[9]。研究者たちは、ためらいながらもますます頻繁に、ただDNA配列だけが有機的存在のマスタープランを構成しているわけではないことをうけいれつつある。塩基配列そのもの以外の要因が、遺伝においてだけでなく、ある有機体の発達と生の内側にも関与しているかもしれないのである。DNA配列がその機能的意義を獲得するのは、RNAを基盤とした調整機構が決定的な役割を演じる、高度に分化した細胞のネットワークの内部においてのみである[10]。そういうわけでわれわれは、二十世紀が終わると同時に「遺伝子の世紀」も終わったというエヴリン・フォックス・ケラーの主張に同意することも可能である（Keller 2000）。遺伝子の思考様式はすでにポストゲノム学へと道を譲っている。ポストゲノム学は、複雑性、相互作用、発達の系列、そして、酵素やタンパク質の合成を導く代謝の経路において、さまざまな地点で前後に相互作用する、制御のカスケードにこそ着眼するものである。そして、この過程において、生命を情報としてとらえる認識論は、その限界に達したようにおもえる。それはもはや、研究者たちがおこなうことを説明できない。というのも彼らは、分子レヴェルで生を構成するような生命の複雑性こそを表象し、そこに介入するからである。

つまり生そのものは、情報用語で再構成されることに抵抗しており、そしてその特性は、言語の論理で要約されまとめられることや、「生の書物」の読みとりに還元されることを拒否するものになったのである。[11] このことは、現代的な生そのもののヴィジョンに対して、情報処理がもつ重要性を否定するものではない。疑いようもなく、小さな単位での諸要素のさまざまな可能なくみあわせによって遺伝子配列を表象する能力、そしてDNAの断片を分析し配列するコンピュータの並外れた処理能力のおかげで、考えられていたよりも一〇年も早く二十世紀の終わりまでにゲノムを配列することが可能になったのだから。ローカルであることを脱し、相互連結する力をもったインターネットのおかげで、世界中のあらゆる研究者は、ワールド・ワイド・ウェブにアクセスし、こうした配列をリアルタイムで利用できるようになった。それらの発展が相まって、分子生物学を変容させたのである。また、まったく単純なコンピュータでさえ、遺伝子配列、転写、タンパク質合成、タンパク質折りたたみといったレヴェルでの出来事をモデル化し、これらを研究者が視覚的に利用できるようになるほど並外れた処理性能をそなえるようになった。こうしてコンピュータ処理は、DNAとRNA配列の、そして、アミノ酸、タンパク質や細胞生物学の分子や分子下の世界を、生物医学の新しい分子的な眼差しに開いたのである。ゲノム学、トランスクリプトミクス、プロテオミクスなどの可能性は、複雑なシステムをモデル化するものであるが、それはコンピュータの処理能力と容量、そしてプログラマー自身の仕事に依存する。システム生物学がなしうることは、情報科学の統合、コンピュータ・シミュレーション、工学技術、そして生体の内と外における実験に依存している。しかし、シリコンチップのなかで生そのものがモデル化され、シミュレーションされ、実験され、理解可能にされるだろうときに、またそれが生きた分子や組織をシリカガラス〔試験管やビーカー〕のなかでの処理とむすびつけることによって議論されうるときに、われわれは、まさにそれゆえに分子生物学はいまや生そのものを情報として理解するのだと誤って考えることもありうるのである。コンピュータの能力がおそらくあらゆる面で決定的であるとはいえ、「合成生物学者」が生を創造しようとするとき、それは彼らが自ら設定するようなシリコンチップのなかでの作業にはならない。解決策がもしみつかるとすれば、創造される存在者自身の生命性においてみいだされなければならない。

生と生でないもののあいだで

このことが、現代における生命科学の認識論が情報論的であると認めることを躊躇させる第二の理由に導いていく。それは、「生」そのものの境界が問題含みであることに関連する。生とは何であり、生き物とは何であり、生き生きとしていることとは何なのか、あるいは何がそうではないのかにかんするわれわれの感覚こそが、現在の政治においてまさに問題となっているのである。多くの存在者は、それらの生命性がまさに問題となるような過渡的な領域にいる。自らを「プロライフ〔反中絶〕派」であると称する組織の焦点は、われわれの注意を、新たな生殖技術において問題になる一連の悩ましい境界的な存在者へと向ける——つまり、精子、非受精卵と受精卵、胚盤胞、子宮の内外であらゆる発達段階にある胎児などである。これらの存在者は、ある者たちには余分なもの、あるいは過剰なものとみなされる。たとえばサラ・フランクリンは、「莫大な数の凍結受精卵が、多くの国で法のもとに保護される地位をもち、公的な法的存在者となった」(Franklin 2004: 74) とのべている。これらに、生殖技術と幹細胞技術が交差する場面で生みだされる、それ以前には存在しなかったさまざまな存在者をつけ加える者もいるかもしれない。すなわち、幹細胞や幹細胞系、胚性幹細胞群などである。そこには、三つの胚葉すべてから獲得される細胞が含まれるが、これは「胚葉体」とよばれている。これらの細胞が、あらゆるタイプの組織への分化や、特定の酵素の発現をひき起こすのである。[12]凍結受精卵のように、これらの幹細胞とその子孫は、公的な議論へと、そして生命性へとはいりこんだ。またそれらの権利や保護、それらを発現させる実践の合法性、またそれらの潜在的な運命は、国によって異なる形で、激しい政治的議論の主題となった（おそらくその違いがもっとも明白に強調されるのは、英国、ドイツ、イスラエル、合衆国の比較によってである）（Gottweis 2002b, Lenoir 2000）。それゆえ、臓器移植の分野で提起された問題を再び考えなおすことができる。そこで人間は、一度、二度、いや三度でも死ぬのである。ここでもまた、生と死のあいだの線びきは地域によってさまざまであり、また、著しい資本主義化にのみならず、政治的・生命倫理的・生命医学的な激しい議論に左右されるのである（Lock 2002, Scheper-Hughes 2000, 2003b）。

こうした存在者や、それらがひき起こす混乱は、遺伝子の、あるいは情報の問題なのではない。問題になっているのは、有機体のレヴェルでの生命力である。このレヴェルで、生そのものの意味と限界そのものが政治的論争の主題となる。おそらく、ここで新しい生気論について語ることもできよう。オックスフォード英語辞典は生気論を、「生の起源や現象が、純粋な化学的・物理学的な力とは明白に異なるもの、すなわち生命原理に由来する、あるいはそれによってつくりだされるとする教義や理論」と定義している（Haigh 1984, Joad 1928, Wheeler 1939）。確かにこの種の自然主義的生気論は、いまではほとんどの者にとって支持できないようにおもわれる。しかしながら、現代の社会理論家たちのなかには、ジル・ドゥルーズを手がかりとし、彼のベルクソン読解に鼓舞されて、新たな種類のポストモダンの唯物論的生気論に賛成する論者もいる（Braidotti 1994, 2002, Burwick and Douglass 1992, Deleuze 1988a, Marks 1998）。ここでは、これらの見解の多くを共有するものの、やや異なった方針を採りたい。つまりここでの狙いは、新しい生の哲学を要求することにはないのである。むしろ、生そのものの政治への参加者たちに支持された、思考と行動の方法に具体化された生の哲学を探究することのほうにある。彼らが、生物の特別な性質について前提している信念とはどのようなものなのだろうか。彼らの実践に現れているのであれ、そこに暗黙に含まれているのであれ、彼らが設ける生と生ならざるものとの区別のかたちはどのようなものなのだろうか。その分割の一方の存在者に対して彼らが承認する義務と、他方に対して承認する義務とのあいだにはどのような違いがあるのだろうか。われわれの現代の生の哲学にかんする政治とは、何なのだろうか。

政治

批判者たちは、つぎのように論じる傾向にある。生物学的性質に訴えていたときと同様に、生物医学における現在の発展、とりわけ遺伝学にかんする発展は、人間についてのひとつの概念を具体化する。この概念が、人間の価値を個別化し、人間の能力におけるヴァリエーションを本質化し、社会現象を個人の行動の集合に還元し、そして生物学的に異常や欠陥があるとおもわれる者たちを差別し、抑制し、排除するのであると。したがって彼らは、新たな決定論——「遺伝子主義」——の危険性を警告してきた。遺伝子主義とは、遺伝子の力にかんする、間違ってはいるが魅力的な神話に基礎をおき、遺伝的根拠についてのあらゆる種類の差別をともなうものである（Dreyfuss and Nelkin 1992, Lippman 1992, Nelkin and Lindee 1995, Nelkin and Tancredi 1989）。ほとんどの者たちが、これは国家の強制するマスタープランの形をとるわけではないと認める一方で、新たに個人化された優生学の出現について、つまり「裏口をとおった」優生学について口にしている。それは、操作された消費者主義と生殖選択の時代において、完璧な子どもを生むことをめぐる、バイオテクノロジー企業の商業的な野心および両親、とりわけ裕福な両親の願望との混合物によっていっそう強化されていく優生学である（Duster 1990, Hubbard and Ward 1999, Rifkin 1998）。このような観点から、生物医学やバイオテクノロジーをもちいて健康、福祉や生の質を向上させる可能性を祝福するレトリックは、人間の健康や生におけるさまざまな機会の集合的・環境的決定要因のヴァリエーションを否定し、これらのヴァリエーションを個人化し、運命化するのだが、それはまたある脅威を覆い隠すことになる。すなわち、コントロールという新たな生物学的実践が、生物的に劣っているとみなされる者たちを差別し、生物学的傾向に欠陥があると――医者や両親、あるいはことによると政治的権力によってさえ――信じられている者たちを、抑圧し、制限し、排除しさえするという脅威である。

こうした可能性は間違いなく存在する。確かに、これから検討するように、新たな生物医学をつうじて開かれる選択行為はいずれも、希望によって形成される確率の領野における価値判断をともなっている。薬物療法の使用ですら、ある種の生はほかの生より優れていること、苦痛や不安障害から解放された生が望ましいということ、そして、臨床試験や医学的経験からの蓋然的な根拠にもとづいた、特定の薬の治癒効果の可能性が存在するということを暗に含んでいる。実際、この文章を書いている二〇〇五年七月のまさにこの日に、フランスのバイオテクノロジー企業インテグラ・ジェン社は、まもなく自閉症を診断する最初の遺伝子検査を開始すると告知した。身体障害、致命的な病、病んだ主体性へといたるかもしれない変異した遺伝子配列をもった子どもを生むことを親たちが避けることができるようにという希望のもと、着床前遺伝子診断がもちいられるときはつねに、さまざまな生のかたちにかんする特異な価値判断が関与している[13]。生そのものについての選択、判断、価値、希望のこの領野が、われわれの新しい生命の政治の領域である。しかし歴史は自らを反復しているわけではない。われわれがある種の生をほかの生に優先して選ぼうとし、病気の子どもよりも病や障害のない子どもを生もうとするそのとき、われわれは新たな優生学の間際にいるのではないし、復活した生物学的決定論の間際にいるのでさえない。

さまざま介入が分子レヴェルでなされる生政治の新たな領野にあって、生物学は、運命というよりは好機なのである。コード化する配列、タンパク質合成、そして酵素反応のカスケードにおいて、ある病気や不妊症、薬の副作用の生物学的な基盤を発見することは、自らを運命に任せることではなく、自らを希望へと開くことである。潜在的に問題のある受精卵を着床させないことは、欠陥のある者や劣った者に死を宣告することではない。それが体現している希望は、生物学的情報が、両親が十全な生を送る子どもを生むためのチャンスを最大化することを可能にするかもしれないのである。生きている者にとって、ある苦痛の生物学的根拠を特定することは、少なくとも原則的には、この条件を分子レヴェルでの介入、変容、修正へと開くことである――つまり条件を「リバース・エンジニアリング」〔逆行分析〕することであり、そうして変則的なものを修正する、あるいは欠けている要素を補うことなのである。粗雑にいえば、生物学は、科学技術的な再形成の夢で充ちたものになったのである。

そして、おそらくより根本的なことであるが、われわれがみてきたとおり、生物学は運命を示すものではない。なぜならば、たとえその擁護者のなかに、実際いまなお単純な決定論者がいるとしても、人間の条件にかんする新たな分子的知識は決定論的ではないからである。ゲノム学、プロテオミクス、トランスクリプトミクスや分子生物学のなかで生みだされる種々の説明は、単純でもなければ、線形でも、直接的な因果連鎖でもない。かなり濫用された言葉でいえば、それらはまさに「複雑」なのである。たとえばコード化する配列とタンパク質のあいだに、さまざまな因果連鎖をたどることはできる。しかし、生体内でタンパク質をつくりだすことに関係する実際の細胞メカニズムは、さまざまな水準で生じる多様な出来事の相互作用に依存しており、そして細胞の環境内の要因による遺伝子発現の調整にかかわっている。また、そのタンパク質の作用様式は、タンパク質がひとたび合成されるや、活性化と終結のむすびつき、カスケード、フィードバック・ループ、調整のメカニズム、後成的プロセス、ほかの経路との相互作用などといったものに関与する。このような細胞メカニズムがもつ複雑性、つまりそれらの時間における作用（したがって方向性、相互作用、フィードバック）と空間における作用（したがって、細胞膜を越えて細胞管で作用するような運動や循環や移行、そして二次的システムの活性化）が保証するのは、ここでの関係が、細胞レヴェルにおいてさえ、確率的で、閉じておらず開いており、したがって蓋然的だということである。細胞の上位レヴェルでは、新たな生物学によって生みだされた知識もまた、決定論的というよりは確率論的なものである。もっとも単純明快な例でさえ、すなわち単一の遺伝子の変異によってひき起こされるとずっと考えられ、実際に第四染色体の短腕に局在化され、CAG反復の伸長によって規定されるハンチトン病においてでさえ、その反復を数えあげるテストをおこなっても、病気に冒された個人あるいはその家族に、彼らがいつ病気になるのか、どの程度の早さで進行するのか、ましてやいつ死ぬのかを提示しはしない。よくある複合疾患の遺伝的基盤は、間違いなく、多くの異なる座における、多数のコード配列の相互作用に関係しており、その相互作用のなかには、保護的なものもあれば、リスクを増大させるものもある。そしてそれらは、発達、生いたち、環境等々によって形成されている。この新たな生命科学――ゲノム学はそのひとつの側面にすぎない――は、それゆえ確実性ではなく不確実性の空間を開くものなのだ。リスク計算は、しばしば不確実性を解決する技術的方法を約束しているようにみえるのだが、これは、医者やその実際のあるいは潜在的な患者が決定をくだすための、明晰なアルゴリズムを提供するわけではない。現代の生政治は、こうして、不確実性と可能性の実践のうちに作動している。われわれは、それを分析するための新しい批判の道具を必要としているのだ。

生政治

『性の歴史』第一巻のなかで、ミシェル・フーコーはつぎのようにのべている。「人間は数千年のあいだ、アリストテレスにとってそうであったもののままだった。すなわち人間は、政治的存在という付加的な能力をもつ、生きた動物であった。近代人とは、政治がその存在を、問われるべき生き物として位置づけているような動物である」(Foucault 1978)[14]。彼がこの議論を展開するのは、「死への権利と生への権力」と題された章においてである。彼の主張によると、長いあいだ、主権権力の特権のひとつは、生と死を決定する権利――事物や時間、身体、究極的には臣民の生を掌握するという支配者の権利――であった。しかし彼がいうには、古典主義時代以来、演繹的推論は、個人や集団の生の力を生みだし、駆りたて、強化し、コントロールし、モニターし、最適化し、組織するように働く一連のメカニズムの一要素にすぎないものとなった。外部との戦争がかつてないほどに残忍となり、体制が自国の人口に大量殺戮を行使するようになった一方で、フーコーはこれらの戦争が、主権の名のもとにおこなわれるものではなく、万人の存在の名のもとにおこなわれるものだとみなしていた。すなわち、「全人口が、生の必要の名のもとに、大規模な殺戮という目的のために動員される……。これほど多くの政府が、これほど多くの死者をもたらしながら、これほど多くの戦争をおこなうことができたのは、生と生存の管理、身体と人種の管理としてなのである」(Foucault 1978: 137)。

フーコーの論によれば、十八世紀以来、少なくともヨーロッパでは、もはや政治権力は、もっぱら生かすか死を与えるかという厳しい選択をとおしてのみ行使されるものではなくなった。政治的権威は、ほかの多くの権威と連携しながら、生命の秩序としての人口や、その生きた主体個々人の幸福の名のもとに生を管理するという任務をひきうけた。こうした管理という新しい任務は、さまざまな特定の問題、たとえば病気や、都市における衛生状態、老年保証、事故といった問題をめぐって現れた。これらの問題を理解し、それに介入するよう苦闘するなかで、政治的権威やそのほかの権威の義務は、この主体個々人の生命プロセスにまで拡張された――それは、人びとを生きさせておくか死なせるかする権力であるのみならず、生を管理しようとし、人びとの個人的で集団的な生を情報と知識に変えようとし、人びとに介入しようとする無数の企てでもあるのだ。このとき以来、政治は人間存在の生命プロセスに、つまり、人口の規模と質、生殖と人間のセクシュアリティ、夫婦関係や親子関係や家族関係、健康と病気、誕生と死といったことにとりくまなければならなくなったのだ。

『性の歴史』の第一巻でフーコーは、いまではよく知られている、生権力あるいは生をおおいつくす権力にかんする二極性の図式を呈示した。生権力の第一の極は、人間身体の解剖政治に焦点をあて、人間身体の力を最大化して、効率的なシステムへ統合しようとするものである。第二の極は、調整的コントロールのひとつである人口の生政治であり、これは種としての身体、生のメカニズムに満ちた身体、つまり、誕生、罹病率、死亡率、寿命などに焦点をあわせている。フーコーが主張するには、十七世紀に現れたこの二極的テクノロジーは、「生をすみずみまでとりこ」もうとしている（Foucault 1978: 139）〔フーコー『知への意志』邦訳一七七頁〕。彼はつぎのように論じた。十九世紀までには、この二つの極は一連の「権力のおおいなるテクノロジー」のなかに結合されており、セクシュアリティはそのうちのひとつにすぎなかった。いまや、新しい種類の政治的闘争が現れた。そこでは、「政治的対象としての生」が、生、個人の身体、健康、あるいは個人の必要を満たすことへの「権利」を要求するという名目で、生に行使されるコントロールに背を向けたのである（Foucault 1978: 145）。規律と調整のあいだの区別――個人の身体を管理しようとする戦略と、人口の集合的身体に焦点をあてた戦略のあいだの区別——は、さまざまな権威が一方から他方へと働きかけるにつれて不明瞭になる。たとえば、そうした権威が、家庭のなかで個人の身体的習慣に衛生観念を植えつけることで人口全体の健康に働きかけるにつれて、また各個人の生を導くことができるように都市空間や環境をつくり変えて各個人の習慣に働きかけるにつれて、不明瞭になるのである。

フーコーは最初に、生の管理へと向かう政治の拡張を、国家の野心と義務の拡張にむすびつけた。しかしもちろん、十八世紀と十九世紀において、このような知的で政治的な戦略は、国家の外部で——慈善家、医療改革者、宗教団体などによって——牽引されたのである。そして彼は、「十九世紀を通じて広がっていったあの巨大で包括的な調整は……国家的なレヴェルのもとにも、医療制度や互助貯蓄や保険のような国家よりも下位のレヴェルにある一連の制度にもみいだされる」(Foucault 2002) ことをはっきりと理解した。実際、生政治の領野は明らかに、社会国家の最盛期においてさえ、国家による単一の調整戦略の実行領野だったのではなかった。生政治は、病気の最小化を名目に都市や空間や社会性を経営管理することから、生と死の行政管理をつうじて人種の質を最大化させようとする企てにいたるまで、あらゆるかたちをとったのである。それは、生命科学、人間科学、臨床科学の台頭と分ちがたくむすびついていた。それは、都市計画から健康サービスにいたるまで、各々の生や全体の生をケアし行政管理するための、さまざまな技法やテクノロジーや専門家や装置を生みだしてきた。それは、さまざまに異議を申したてられてい る真理や、異種混交的でしばしば相反する権威や、個人的かつ集合的な主体化の多様な実践や、思考と行動の競合的な方法や、権威ある行動にとって何がもっとも重要でもっとも妥当な目的であるかという問いにかんする意見の相違などからなる、断片化された領野である。だがそれにもかかわらず、生政治の誕生は、政治的主体としての個人という存在に、一種の「生気論的」性格を与えたのである。

生権力は、概念というよりはひとつの観点《パースペクティヴ》である。つまり生権力は、さまざまな権威が人間存在の生命的側面に介入するためになされる、多かれ少なかれ合理化された試みの全域を視野にいれるものである。そこで生権力は人間を、個人的にも集合的にも、生まれ、成長し、訓練し増大することができる身体をもち、そして病気になって死んでいくものとみなす。種々の人口集団やそれらの特性の管理と、身体やその振る舞いの統治とのあいだの内在的なつながりを考慮して、ここでは「生政治」という言葉を、この観点から浮き彫りになる固有の戦略を指し示すためにもちいたい。ここでいう戦略とは、要求される介入の望ましいレヴェルやかたちを超えて、また望ましく適法で有効であるような知識や権威の体制や介入の実践を超えて、人間の生命力や罹病率や死亡率がどのように問題化されるべきなのかについての論争を巻きこむものである。

優生学

現代の多くの批判的知識人の心に刻みこまれている生物学的政治のイメージは、二十世紀前半の優生学のイメージである。優生学は、よく知られているように、幅広い戦略から成りたっていたのだが、そこにはある共通の前提があった。それは、人口集団の特定の部分の出生率を変えることによって国民の未来の福祉を守ることが、望ましく、妥当で、実際必要でもあるという前提であり、これは優れた者たちには出産を奨励しつつ、下等で、劣った、欠陥のある、病を持った家系だと考えられた他者たちの出産は制限するためのものであった（優生学についての数多くある一般的説明のなかで、最良のものはKevles 1985である）。レネ・コッホが指摘したように、生物医学にかんする数多くの現代的評価のなかでの優生学への言及は、レトリカルな機能を有している[15]。現在と過去とを区別するために優生学を引きあいに出す者たちがいる。たとえば、現在の分子遺伝学者たちは、たいてい以下のように主張する。すなわち、彼らの学問領域は、ほかの医学と同様に、健康の追求をめぐって編成される医学、個人化され、自発的で、情報にもとづいた、倫理的で、かつ予防的な医学を支持しており、優生学を断固として拒絶してきたのであると。過去と現在とを関連づけるために優生学をひきあいにだす者もいる。彼らが示唆することは、現代の生物医学は、過去と現在との違いにもかかわらず、遺伝学を主題としつつ、いまなお人間の生や価値を判断しているが、それは、欠陥としてコード化された差異をとり除くために生物医学が生のさまざまな機会に介入するためなのであると。しかし、われわれが現在の特殊性を、レトリックを超えて明らかにしようとするならば、生政治的戦略としての優生学の性質について正確でなければならない。フランシス・ゴルトンは、一八八三年に次のような定義とともに「優生学」という言葉を生みだした。「優生学とは家系を改良する科学である。それは決して賢明な交配に限定されるものではなく、とりわけ人間の場合には、以下のようなあらゆる影響を含むものである。すなわち、どれほど程度が違っていようとも、より望ましい人種や家系がより望ましくない人種や家系よりもすみやかに広がるためのよりよい機会——優生学的介入がなかった場合よりもよい機会——をもたらそうとする影響を含むものである」(Galton 1883: 25n)。一八六〇年代から九〇年代にかけて展開した彼の著作から明らかなように、ゴルトンの目的は、「有益な」進化的発達をうながすだけではなく、人種の質を低下させる傾向にある発達を妨げるように導く政治行為によって、人類=人間という種の基準が改良されうることを証明する点にあった[16]。

ここで決定的に重要なのは、人口集団の強調である。人口集団は、ある種の特性をもった、異種交配をする統一体と考えられている。ゴルトンが書いているように、「遺伝についての科学は、個人というよりもむしろ同胞愛や広い人口集団に関係しており、それらを単位としてあつかわねばならない」（Galton 1889: 35）。確かにこの点において、ゴルトンは完全にダーウィン主義者であった。フランソワ・ジャコブが書いているように、「ダーウィンの研究した、生物学的態度にかんするもっとも根本的な変容は、個体の組織でなく、とりわけ大規模な人口集団に注意を向けることであった」（Jacob 1974: 174）。ゴルトンとその追随者らにとって、進化論とは、多数者の法則にもとづき、人口集団に働きかけるものである。つまり、退化したもの、あるいは改善されうるものとは、ひとつの全体としての人口集団なのであった。ひとは、さまざまな領域における個人の生殖率を調整することによって、否応なしに人口集団に作用することになるとはいえ、このような個人の生殖への働きかけのねらいは、人口集団そのものの質の改善なのである。そしてここでいう「人口集団」が指し示しているのは、相対的にとり囲まれた人間の集合性であり、それは国民のうえに領土化されたのであった。もちろん人種は国民とかさなりあうものではない。だがこの優生学的議論がまじめにうけとられるならば、外部との競争および内部の統治という両方の観点から、政治の単位としての国民こそが行動を求められることになる。さらに、この種の思考にとって、人口集団はその質に応じて格づけされうる個人を含んでいるのだが、ここでの質とは彼らの進化的な適応度の全体的な総計のことであり、それゆえに身体と精神という二つの特性において表明されるある質は、いわば知性のような、単一の尺度によって指標化されうることになる。ゴルトンにとって、鍵となるのは「エネルギー」であった。「どの優生学の図式においても、奨励すべきもっとも重要な質はエネルギーである。それは……生体行動の基礎であり、顕著に子孫に伝達されうるものである」（Galton 1883: 27）。十九世紀後半において、彼は多くの者とこうした思考様式を共有していた。みなが退化という概念を有していたのだが、退化とは、個人はある種の質をうけついでおり、その質の強さあるいは弱さが、身体と精神の特性、すなわちエネルギーと知性の全領域において現れるという観念にもとづくものである。そして、優生学の議論の中心となったように、もしもっとも弱い質をもつ者たちが、もっとも強い質の者たちよりも早く子どもを生むならば――そして多くの者は、これがその通りだと信じる十分な理由があると感じていた――全体としての人口の質に及ぼすその結果、したがって国家の存続に及ぼす結果は明らかであった[17]。

まさにこの考え方のなかで優生学者たちは、政治家やすべての権力者に対して、身体を政治的に改良するよう駆りたてるとともに、生殖にかんする決定や、現在における個人の能力に作用することによって、身体を経済的・社会的負担や未来の病気や退化から解放させるようにも駆りたてたのである。このようにして優生学という責務が、国家あるいは有力な政治家らの双方において、否定的に、また肯定的に作用するようになった。つまり、否定的には、もっとも質の悪い者たちが過度に生殖することを妨げ、あるいは移民によって外部からよりふさわしくない者たちが流入することで人口の質が薄まるのを妨げるようになり、そして肯定的には、もっとも適切な者たちがひとつの全体としての国家の利益のために生殖することを奨励するようになったのである。はじめに知識人やさまざまな圧力団体によって推進された優生学の発想は、十九世紀の終わりにはすでに、人種として主題化された国民間の闘争という政治の再コード化の文脈のなかで、多くの国で採用された。フーコーが論じるように、国家が、その機能や現在そのものを、いわば人種の完全性や純粋さの保証人とみなさなければならないのはこの点においてであり、また国家が自らを、国家に浸透しその身体に有害な要素を伝えるある人種たちから守らなければならないと考えるのは、この点においてであった。そしてそれゆえに、こうした人種は、政治的根拠と生物学的根拠の双方から駆逐されなければならなかったのである（Foucault 2002)。「人口集団」、「質」、「領土」、「国民」、「人種」――これらは、優生学の言説に溶けこんだ言葉であり、優生学の言説にその特殊な、そして究極的には殺人的な性格を与えた言葉なのであった。

現在の注釈者たちの多くが示唆しているように、人口の生物学的構成をコントロールするという優生学的要請が、今日の生物学的政治を下支えしている。ジョルジョ・アガンベンとジグムント・バウマンの二人にとって、近代性のまさに核心に横たわっているのは、人口浄化という死政治である（Agamben 1998, Bauman 1989）。彼らは、次のことが生政治のエートスそのものに内在していると考えている。すなわち、「政治的集合体」の健康管理が、不可避的に「異物」のコントロールと排除とを要求するということである。ドイツ第三帝国の国民社会主義は、たしかに生の管理と死の管理とのむすびつきを示す典型例である。たとえば、一九三六年の『科学としての優生学と国家の責務』と題された書物で、オットマール・フォン・フェアシュアーは、政治とは「人びとの生にかたちを与えること」を意味すると断言している（von Verschuer, 1936: 8, Agamben 1998: 148 からの引用）。生そのものが、人びとの生命的実在を、政治権力の行使を導く最優先の基準としなければならないのである。このことが要求するのは、国民の血統を改良し、それを脅かしかねない腐敗あるいは虚弱を排除するための、国民的に組織され政治的に管理されたプログラムである。そうした戦略は、体質的に欠陥のある者たちが人種に押しつけている重荷を強調するプロパガンダや教育から、結婚にかんする優性学的な法律制定や、国益のために働く専門家らによる生殖の価値の査定や、欠陥があるか劣っている下位集団の成員の生殖を断種や抹殺によって妨げることにまでおよぶ。ひとたび各人の生が算定可能な価値をもち、ある生がほかの生よりも低い価値をもつやいなや、このような政治は、この判断を人種や国家の名のもとに行使する義務をもつようになるのだ。選択的生殖、断種や隔離といった、あらゆる優性学的計画がそのあとにつづく。

『ホモ・サケル』でジョルジョ・アガンベンは、現在の核心にこの生権力の図式をみいだしている

（Agamben 1998）。彼が論じるには、死——死の脅威、死の恐れ、死のみせしめ、死の計画的な行使——は、その外側で肯定的で生産的な生政治が生じるような、前近代的な否定的なものなのではない。それどころか彼は、死政治——死の政治——が、実際に生政治の第一原理であると主張する。ある領土のうえに、政治的主権者がうちたてられたまさにそのときに、権力はその臣民の生ける身体にむすびつけられた。そのときにのみ、主権者にだけ臣民の死の正統な政治的使用が可能になるからである。現代の基本的な生政治の構造は、主権とのこのむすびつきを保持している。つまりそれは、生そのものがある価値判断に従うという信念に従属しているのである。この判断は自分自身によってなされうるし（自殺）、他者によってなされることもあるのだが（医者、親族）、究極的には主権権力（国家）によって保証されている。したがって、アガンベンが主張するところによれば、各々の、またすべての身体や生を主権がコントロールするという名目で操作される死の政治とは、人口の生にかんする肯定的な生政治の、避けがたいもうひとつの側面なのである。確かに彼は、「強制収容所」こそが「現代の生政治のパラダイム」であると断言する。すなわち、人びとの集合的身体が生政治にとっての主要な資源になるとき、欠陥のある個人を浄化することが、生のケアの本質的な部分となるのである。

アガンベンが指摘するように、死政治の合理性と現代（二十世紀）の地政学の戦略が過去の政治的配置への逆行ではなかったということは正しい。とはいえ、強制収容所が現在の生政治のダイヤグラムであるとか、排除や除去が現在の生政治の隠れた真実あるいは究極的な保証であると示唆する点では、彼は間違っているようにおもわれる。生は、今日ではいままで以上にさまざまな価値判断に従属しているかもしれないが、しかしこうした価値判断は、人口を集合として管理する国家によって形成されるものではない。現在の先進自由主義の政治体制における生政治は、人種の生ける身体とその生命的な構成要素を、その適応度が国家間の競争的な闘争のなかで最大化される資源としてはとらえていない。そして、生や病気や各種の困難が、生命力をめぐる現在の政治経済のなかで無視され、あるいは周縁化されているかもしれないとしても、死ぬがままにしておくことは、殺すことなのではない――いかなる「主権」も、同胞市民の病気や死を意志し、計画することはないのである。われわれはアガンベンとともに、今日、生そのものは価値を超えたところにあると同時にたえざる価値判断に従属しているという主張に同意することができるのだが、とはいえわれわれ自身の時代の困難は、過去の復活にあるのではない。優生学の輪郭を描く四つの言葉――人口集団、質、領土、国民――は、現在の分子生政治を特徴づけるものではないのである。

しかしながら、アガンベンとバウマンは、ある点においては疑いなく正しい。二十世紀をつうじて、予防医学と優生学のあいだにそれほど明白な区別はなかったし、健康の追求と不適格なものの抹殺のあいだにも、同意と強制のあいだにもそれほど明白な区別はなかったのである。国民社会主義のもとですら――フーコーの指摘によれば、それは「発作的な発展だった……全般化された生権力が……社会全体に再び行き渡った絶対的な独裁政治と一致していた」(Foucault 2002: 260)――生権力は、生の政治と死の政治との複雑な混合物なのであった。ロバート・プロクターが示したように、それはたんなる国家権力の行使だけでなく、ほかの多くの権威が展開する生の統治戦略をともなってもいた。ナチスの医者や健康活動家たちは、主権国家の指導のもとに活動したわけではないが、タバコ反対運動をおこない、アスベストとの接触を抑制しようとし、薬物治療やX線の過剰使用を危惧し、石油化学製品や防腐剤を使用しない食品の重要性を強調し、ビタミンと食物繊維を多く含む全粒粉のパンや食品のために運動した。そして彼らの多くは菜食主義者なのであった(Proctor 1999)。

より一般的には、二十世紀初頭に、国家に支援された二つの巨大な生政治的戦略が、ヨーロッパや北米の国民国家を超えて、それらの植民地の多くでかたちをなしつつあった。第一の戦略は、都市計画や下水道システム等をつうじた健康の外的条件の保証に早いうちから衛生的関心をもたせ、主体の習慣に対する個人化された注意を加えることで、人口集団の適応度を最大化するものであった。十九世紀後半に急増した貧困層の習慣への教化的介入をきっかけとして、この「新衛生学者」プログラムは、身体的健康と道徳的健全へと導く力をもつさまざまな習慣を、各個人のうちに教えこもうとした。それは教化された家庭と学校という組織をつうじてなされ、学童の医療検診、保険視察員、診療所等々のような、規律的で保護的な手段と関係づけられた（Donzelot 1979, Rose 1985）。ここで健康は、国民の適応度に対する政治的関心と、自己への配慮のための個人的な技法とが交流する地帯を形成したのである。

優生学は、第二のおおきな生政治的戦略であった。ここは優生学についての議論や組織や実践を仔細に検討する場ではないが、もしわれわれが、政治的合理性としての優生学の特異性や、それが一連の統治の技術とのあいだにもつつながりについてより明らかにしようとするならば、さらに進んだ分析のいくつかは、この問題に関連するといえる。われわれが検討したように、優生学は人口の適応度を最大化しようとしたのだが、それはひとつの場所を特権的にあつかっていた――すなわち、生殖という場所である。優生学のプログラムは、このように、生殖のための特定のカテゴリーにいる個人の願望あるいは能力を調整するために、激励と強制とのくみあわせをもちいた。その特定のカテゴリーに含まれるのは、遺伝病をもつ者たちや、精神錯乱、精神薄弱あるいは身体障害であると判断された者たちである。彼らは、根強く、あるいは習慣的に、手のつけようもなく不道徳で反社会的な存在ととらえられたアルコール中毒者や性犯罪者のような者たちであった。「肯定的な」優性学的手段は、奨励から家族手当にまで拡がっていった。「否定的な」優性学的手段は、中絶にはじまり、隔離や、多かれ少なかれ不本意な不妊手術、「安楽死」にまでおよんだ。優生学は、暗黙のものでも周縁的なものでもなかった。つまりそれは、現代の世界において、政治家や専門家、科学者、諸個人の責任について思考する際の、主流となる次元を規定したのである。優生学の術語をもちいて書かれた科学書や一般書が増加し、多くの国で優生学の組織や団体が設立され、優生学の研究にかんするプログラムがはじめられ、全国的・国際的な大会や会議やシンポジウムが開催され、医者や民生委員やほかの多くの専門家が優生学的な考え方によって教育をうけ、そして優生学の知識にもとづいた方法において実践をおこなうように奨励されたのだった（Anon 1919, Bibby 1939：英語のものにかぎって多少の例をあげるならば、Bishop 1909, Carmalt and Connecticut State Medical Society 1909, Carr-Saunders 1926, Castle 1916, Crookshank 1924, Dampier and Whetham 1909, Darwin 1928, Galton and Eugenics Education Society（Great Britain）1909, Lidbetter 1933, Pearson 1911, 1912, Saleeby 1914 を参照のこと）。

優生学運動に与した者たちと、予防医学や公衆衛生教育に賛成した者たちとのあいだには、多くの議論があった。しかし、これら二つの戦略のあいだの操作上の関係は、より錯綜していた。つまり、優生学という主題は数多くの公衆衛生政策のうちに存在していたし、また多くの者にとって、公衆衛生と予防医学は優生学の考え方と矛盾しないようにおもわれたのだ。人口の質をめぐる合理的な計画立案の必要性への確信が、合衆国での初期の入国管理を下支えしていた（Walker and Dewy 1899, Walker 1924）。生殖に働きかけようとする試みは広く普及し、それは結婚相手の選択についての一般的な助言から、子ども手当や母親のための福祉給付の発展をへて、身体的あるいは道徳的に健康でないと考えられる者たちの隔離や不妊手術にまで及んだ。人口の質を脅かすとみなされた者たち——特に精神病院の住人、「精神薄弱者」や、手のつけようもなく不道徳で反社会的だと根強く考えられた者たち——に対する、押しつけられるか強要された不妊手術という優性学的な政策は、多かれ少なかれ悪意のある人種主義を吹きこまれ、合衆国やヨーロッパを超えて、ラテンアメリカやその先にまで広がっている。[18] 一九二〇年代と三〇年代には、このような不妊手術法が、合衆国の多くの州で、またスイス、デンマーク、フィンランド、ドイツ、ノルウェー、エストニア、アイスランド、メキシコ（ベラクルス州）、キューバ、チェコスロヴァキア、ユーゴスラヴィア、リトアニア、ラトビア、ハンガリー、そしてトルコでも可決された。多数の知識人が、人口の質を蝕む恐れのある、下等な種族のための「死の執行室」という考えを漠然ともっていたが、このような死による解決法は、ナチス政権下のドイツにおいてのみ実行されたのだった。

ドイツで優生学が採用した残酷な形式は、優生学にかんするさまざまな思考と、人種についての別のイメージの融合、すなわちその生が「生に値しない」と考えられた者たちをめぐる安楽死の議論や、人種衛生学や病気への恐怖（とくに、堕落した社会集団、とりわけ東からやってくる集団をつうじて政治体にはいりこむ発疹チフス）についての長年の懸念との融合に由来した。ヒュー・ラッフルズは、ナチスによる擬虫化についての研究で、細菌学、寄生虫学や昆虫学が、いかにドイツ人口の純粋さについての関心と連関していたかを示している。彼によれば、病気の保菌者と考えられた者たちを強制収容所に集めることで国土を守るという最初の動きは、人びと自身を、とりわけユダヤ人を寄生するシラミに変容させることで病気を根絶する戦略に変わっていった。[19] つまり、ドイツ民族（German *Volk*）そのものから「シラミを駆除」すべきということになったのだ。ラッフルズは、ハインリヒ・ヒムラーの一九四三年四月の発言を引用している。「反ユダヤ主義はまさにシラミ駆除と同じです。シラミをとりのぞくことはイデオロギーの問題ではありません。清潔さの問題なのです」。[20]

しかし、このような擬虫化は、優生学の言説全体を特徴づけるものではなかった。ドイツにおいてさえ、清潔さは、より弱い家系をもつ者たちの除去が想定される際のひとつの方法にすぎなかった。もうひとつの共通の主題は、経済的なものであった。ナチス政権下の医療についてのロバート・プロクターの見事な本は、『民族と人種』誌からの図版の事例を含んでいる。ある図が示しているのは、プロイセン政府がさまざまな教育に充てた費用であり、普通教育（一二五ライヒスマルク）、精神遅滞（五三七ライヒスマルク）、教育可能な精神障害（九五〇ライヒスマルク）、視覚障害あるいは聴覚障害の学童（一五〇〇ライヒスマルク）とある。別のポスターは、二人の醜くデフォルメされた人物を肩に担いだ健康なドイツ人労働者のイメージを示しており、次のようなスローガンを提示している。「あなたがたはこの重荷を共有している！　遺伝的に病んでいる一個人は、六〇歳になるまでに、およそ五万ライヒスマルクを支払わせている」（Proctor 1988: 182）。確かに、教育と指導によって公的な態度と個人的な判断を修正することが、優生学の中心をなしていた。そうであれば、ナチスドイツにおいてさえ、少なくとも精神病理学にかんするかぎりでは、不妊手術と安楽死がつねに威圧的な国家装置によっておしつけられたものではなかったことに、われわれは驚いてはならない。たとえば、医学的・科学的文献において優生学が優位であったという文脈のなかで、多くのドイツの医師たちは優生学的根拠にもとづいて自身の決定をくだした。広範囲におよぶプロパガンダ運動や公教育の文脈で、親たちは自分の子どもたちのためにしばしば優性学的な処置を要請した（Burleigh 1994）。

優性学的理由による不妊手術は、多数の民主主義国家で戦後にもつづけられた。[21] 多くの科学者や政策立案者は、国家的に計画され、国家に指導された優性学的実践を、福祉の合理性とまったく矛盾しないとみなしていた。スウェーデンはその典型である。[22] この国では、一九三五年から七五年にわたって、自由主義的で人道主義的な医師によって、国家的に組織された計画のもとで、総計六万二千人にのぼる者たちが

──彼らの多くは、たんに反社会的であるか性的にふしだらであるとみなされただけだった──不妊手術によって生殖を妨げられ、その多くは不本意にあるいは強制的におこなわれた。その最初のターゲットは人種的な純粋さへの関心によるものだったが、このプログラムは戦後にもつづき、そこでおもにターゲットとなった女性たちは、反社会的で性的に活発、そして正しい分別をもたないと想定された者たちであった。それは、反社会的行為の履歴をもつ者たちの家族の規模はコントロールされねばならないという原理にもとづいて、公的に正当化された。これは、パターナリズム的な福祉国家の発展という文脈の内部で、問題とされることなく作動した一種の司牧的な優生学であった。この優生学は、よき羊飼いの責務をモデルとしていた──もちろん羊飼いは、弱った羊や病気の羊が全体としての群れに負担をかけないように、その負担を減らすための非情な決断をする準備がなくてはならないのである（cf. Foucault 2001）。国家の人口集団の質や適応度や健康を改良するという願望をもっていた優生学は、家族手当やフランスの婚前診断のような出生増進政策をも下支えした。またその主要な当事者たちは、「社会悪」と戦うための戦略として、優生学と衛生学のあいだにはいかなる矛盾もないと考えていた（Carol 1995, Drouard 1999）。そして、少なくとも一九五〇年代までのイギリスと合衆国で、優性学的考慮は、遺伝子カウンセリングという新たな職業のなかで、将来の両親に生殖についての助言を生みだした。このような助言は、家族のなかに遺伝的な欠陥や病気の歴史をもち、諸々の含意を正しく理解する道徳的能力を欠いた、したがって自身の生殖をコントロールする道徳的能力を欠いた者たちにとって、とりわけ重要とみなされた(23)。

国家に組織された、あるいは国家に支援された、人口集団の健康を名目とする生殖決定や生殖能力の修正のための戦略は、このように二十世紀をつうじて、予防医学と公衆衛生の名のもとに、多くの自由民主主義社会の医学的・生物学的政策の一部を演じたのである。安楽死や強制的な不妊手術や遺伝子カウンセリングのあいだの道徳的・政治的距離がどれほどおおきくても、現在の生政治の特異性をきわだたせる際に、肯定的な政策を否定的な政策に対置し、自発的な手段を強制的な手段や説得に対置するのでは、明らかに不十分である。二十世紀前半の生政治の特異性はそれとは別のところに、すなわち、人口集団、質、領土、国民、人種のあいだにうちたてられた関係のなかにある。それは、ほかの条件が同じだとすると、健康な個人は不健康な個人より望ましいという考え方以上の何かをともなっていた。健康は、質——個人や人種の質——という言葉で理解され、そして質は、疑似進化論的な方法で、適応度として理解された。優生学の問題空間は、ほかの国民人口集団と競争するとみなされる、総体として考えられた国民人口集団の適応度にむすびついた政治的重要性の観点から形成された。人口集団の適応度は内外からの脅威を免れがたいので、国家の政府にはこれらの脅威から人口集団を保護する義務があり、国家装置によって言明され法律化された政策をつうじて、その適応度を高めるための策を講じる義務があった。

優生学は、二十世紀の最初の四〇年間における生物学の真理言説に基礎をおいたものであるが、それはドイツのみならず、イギリス、フランス、北欧諸国、そして合衆国でも同様であった[24]。しかし、この真理は変容させられてきた。第二次世界大戦直後、多くの知的・政治的な仕事が、個人の遺伝的健康についての関心と総体としての人口集団の質についての関心のあいだのつながりを断つことに費やされた。遺伝学はそれ自身、ひとつのリベラルな学問領域へと変容しなければならなかったのである。遺伝学者たちは自らの過去を反省して、病気の根源の探求という観点で、遺伝学の問題空間をつくり変えた。個人の健康にかんする規範が、人口の質にかんする規範にとって代わった。遺伝学者たちは、幅広い社会的カテゴリーの観点で思考するのをやめることになる。彼らは、病理と正常の紛らわしい外見の下に隠れている、基礎をなす決定因子へ、すなわち遺伝子とその分子レヴェルで機能する様態に入っていこうとした（Paul

1998a, 1998b)。この分子化が現在の生物学の思考様式の中心であり、したがって現在の生物医学の実践ならびに政治の中心をなしている。

加えて、われわれの現在の政治的合理性はもはや、全体の命運の名のもとにそれぞれの生を預かっているという夢想では鼓舞されていない（Rose 1999 を参照のこと）。社会の全部門の業務を決定づけ、調整し、管理するような全能の社会国家という理想は、その評判を落としてしまっていた。たとえ異種混淆的なものであっても、ひとつの国土や国内の政治的統治の権利と範囲を同じくするような、ひとつの国民文化、ひとつの国民人口、ひとつのナショナル・アイデンティティを兼ね備えた単一の領域としての「社会」が存在するという考えは消滅しつつある。「国民文化」という発想は「複数の文化」という発想に道を譲り、ナショナル・アイデンティティはアイデンティティ政治《ポリティクス》の複雑な連関に、「共同体」は複数の共同体にとって代わられた。この新たな布置において、政治の意味や、健康と病気にかんする重要点が変化したのである。

もちろん、予防医学や健康促進や健康教育にかんするプログラムの作成者たちは、彼らの目的として「国民の健康」を採用している。しかしながら今日、人口の健康に対する政治的関心の理論的根拠はもはや、国家間の闘争のための有機的な全体としての人口不適合の結果という枠組みでは考えられていない。代わりにそれは、経済学の用語で提起されている。たとえば、不健康による損失は、労働から失われた日数あるいは増大する保険料負担という観点から、あるいは健康の不平等を縮小する義務という道徳的な観点から説明されている。国家間の比較は疑いようもなくいまだ重要であるとはいえ、それがもつ現代の政治的機能は、地政学的競合のなかである政策の潜在的脆弱性に印しをつけることではもはやない。むしろそれらは、国家が健康管理のために制定した、成功した諸政策がどの程度まで及んでいるか公的な指標として役だつのである。ここでは国家的な健康の指標は、ひとつの全体としての人口の適応度を示すわけではない。つまりそうした指標は、個々の市民や家族の健康状態の総計としての機能を果たしているのである。さらに、健康増進において、人びとに対する国家の理想的な関係は、もはや「社会」国家で熱望されたようなものではない。現代の国家は、その臣民の身体性を、同じような利害関心をめぐって競合するほかの国家の政治体との関係のなかで、総体として機能するひとつの政治体へと「国民化」することはない。もはや国家は、健康に対する社会のニーズを解決することを期待されていない。個々の生がその構成要素にすぎないような種の生命力――国家、人口、人種――が、個々の生への強制的な介入の理論的根拠や合法化をなすことはめったになくなっている。ほかの多くの領域と同様に、この領域においてもいまや、国家のイメージは可能にする国家、促進する国家、活気づけるものとしての国家なのである。

一方では、国家は全般的な健康状態を守る責任をもちつづけており、国家がそうした責任を獲得したのは十八世紀か十九世紀のことであった（その正確なタイミングは、国家の状況によって異なる）。たとえば、国家は食料品の販売を統制し、純水や下水処理を組織し、ときには飲食物に健康を促進する成分――ビタミン、水へのフッ化物等――を加えるよう指示することもある。他方、このような健康を促進する住環境のなかで、国家は自らをいくつかの責任から解放しようともしている。それは、国家が二十世紀のあいだに獲得した、個人を病気や事故の結果から守るという責任である。かくしてわれわれが目にすることになったのは、二十世紀に発展した健康促進戦略の強化や一般化と対《つい》をなす、民間の健康保険産業の興隆であり、これは個人と家族が有する自らの健康を監視し管理する義務を高めるものであった。いまやすべての市民が、健康を推し進める際に互いに積極的なパートナーになり、自分たちの幸福を守る責任をひきうけなければならない。組織や共同体もまた、その従業員や成員の健康と幸福を守ることにおいて、積極的な役割を果たすようにうながされる。この新たな「健康への意志」は、製薬会社から食品の小売業者にいたるまでの諸企業によって、ますます資本主義化されている。そしてあらゆる種類の圧力団体、運動組織や自助グループが、健康への意志とその欠乏の経験のあいだで、欲望や不安や失望や不快感の空間を占めるようになった。力とイメージのこの複雑なネットワークのなかで、個々人の健康にかんする切望や行為は、自分たちがみずからの自由を理解し行使するさまざまな仕方を形成することをつうじて、「ある距離をおいて」統治されている。今日の生政治はもはや、人口集団と質と領土と国家によって規定される問題空間では作動していない。個人が人口集団にとって代わり、問題となる質はもはや進化論的な適応度ではなくクオリティ・オブ・ライフとなり、社会という政治的領土は家族や共同体といった家庭化された空間に道を譲り、そして責任はいまや、国際競争の場で国民を統治する者たちにではなく、むしろ家族やその成員に対して責任がある者たちに降りかかるのである。いまやわれわれは発展の進行を祝うべきだ、といいたいのではない。そうではなく、この新たな政治、すなわちわれわれが自由として知るようになった何かを有するこの新たな政治のうちにこそ、新たな生物医学のコストや、その生物医学がわれわれに開く選択肢がみいだされるべきなのである。

人口

生の欠乏、終結、あるいは予防についての考慮は、現在の生政治から欠落してはいない。避妊、妊娠中絶、着床前遺伝子診断、死ぬ権利にかんする議論等々について考えてみさえすればよい。そして、生のさまざまなかたちとむすびついているさまざまな価値は、もしわれわれが、二十一世紀に足を踏み入れる際に存在した罹病率と死亡率の巨大な地理的相違を考慮してみれば、よりいっそう明らかになる。二十世紀末に、低開発国では毎年一二二〇万人の子ども——ノルウェーとスウェーデンの人口の総計に等しい——が死亡したのだが、その原因の多くは、子ども一人当たり数セント（米ドル）で防げたはずのものであった。マラウイ人の平均寿命は三九歳であり、先進諸国の平均寿命はこの二倍の七八歳であった。これは、グローバルで大規模な、「死ぬに任せること」である。しかし、それは強制収容所の生政治的合理性に従って作動してはいない。つまりそれは、国家の政治的目的の名のもとに人口の質をひとつの全体として調整しようとする、いかなる政治的合理性にももとづいていないのである。おそらく、人口が明白な政治の対象になった二つの比較的最近の実例をみれば、われわれの現在の特異性がより明らかになるだろう。

成長の限界——「人口爆発」

まずは、「成長の限界」と題されたローマ・クラブの一九七二年のレポート（Meadows 1972）に例示されている、一九七〇年代に形成された人口制限の政治を検討しよう。分析のために、システム・ダイナミクスからえられたモデルをもちいながら、このレポートはつぎのような結論を提示した。「もしも、世界の人口、産業化、汚染、食糧生産、資源の枯渇のなかで現在の成長傾向が変わらずつづくのであれば、この惑星はつぎの百年のうちにいずれ成長の限界に達するだろう。もっとも起こりうる結果は、突然でコントロール不可能な、人口減少と産業力の低下である」。この問題を回避するために彼らが提示した処方箋の基本原則は産児制限であり、とりわけ一家族で三人以上の子どもをもつ国々で家族の規模を二児に制限することによって人口を安定させることであった。しかし、この方針とて成功する保証はなかった。「最後に、緊急性を注意して締めくくろう……われわれは、世界の人口‐資本システムを自然に遅延させることの重要性を繰り返し強調してきた。このような遅延が意味するのは、たとえば、メキシコの出生率が二〇〇〇年までに現在の値から正確に再設定された値へと徐々に低下したとしても、この国の人口は五千万人から一億三千万人にまで増加するだろう、ということである……人類が人口の成長をコントロールするチャンスを失う前に、どれほど長くその成長の計画的コントロールの開始をひき延ばしうるかについて、われわれは確信をもって何かをのべることはできない」(Meadows 1972: 182-3)。

これらの差し迫った警告は、人口増加が経済的な豊かさに与える影響や、政府——とりわけ低開発国の政府——が、近代化の必須条件として、とりわけ貧民層の生殖を抑える政策を導入する必要があることに関係した多くの同様の警告と共鳴する。これらの警告は、権威主義的なもの——インドにおける不妊手術キャンペーンがもっともよく知られている——にはじまり、しだいにインフォームド・コンセントの原則を採用するようになっており、そしてメキシコでは婉曲的に「自発的な避妊手術」と名づけられるものにまで変化した。これらは、人口統計データや、人口の成長を経済的パフォーマンスにむすびつけるアルゴリズムにもとづくものであった。そうしたデータやアルゴリズムは、地理学者や数学者によって発展させられ、開発事業者やそのほかの者たちのための教育計画作成者に植えつけられ、多くの民間の圧力団体や政策諮問機関によってさかんに推進され、米国国際開発庁(USAID)「グローバル・プログラム局」の「人口部署」のような開発機関の政策にくみいれられた。「人口時限爆弾」は、西洋において世論の常識の一部をなすようになり、また先進工業社会による貧困国への援助は、おもに、これによって自分たちの人口を制限することができ、したがって自分たちの人口増加がもたらした危険を制限することができるということから正当化されたのである。

ロビーら(Robey et al. 1992)の報告によると、一九九〇年代初めまで、女性の自発的な不妊手術が、世界中でもっとも普及した避妊方法であった。一九八四年に不妊手術を受けた女性は九五〇〇万人であったが、一九九〇年代初めには一億三八〇〇万人以上の生殖可能年齢の既婚女性がそれをもちいた。大多数の批判者にとって、このようなキャンペーンは、それが展開したインフォームド・コンセントや選択の必要性といったレトリックにもかかわらず、問題含みか望ましくないとみなされる人口の特定の区分にこそ向けられていた。それは結局、グローバルな優生学のひとつのかたちであった。[25] しかしこのことは、誤解を招くものと考えられる。もしわれわれが、「優生学」という言葉を、人口の生殖や不健康や死に対するあらゆる介入に適用するのであれば、それは避妊から妊娠中絶をへて公衆衛生にいたるまでのすべてのものを含んでしまい、それらの使用は単なる一般的な批判のレトリックの一部になってしまう。経済的な理由で人口の規模を制限することは、どれほど非難に値する方法がもちいられていようとも、国民国家間の生物学的闘争のために、人種的な適応度を最大化しようとすることと同じではないのだ。

人種の質――中国の人口を管理する

とはいえ、明らかに優生学的な政策を示す最近の事例もある。そのうちで一番はっきりしているのは、少なくとも今世紀初頭までの中国の事例かもしれない（ここではDikötter 1998に依拠している）。十九世紀末や二十世紀初頭の、中国における遺伝や退化や人口や人種についての生政治的な思考が、ヨーロッパのそれと根本的に異なっていたと想定するのは誤りだろう。優生学の思想は、一九二〇年代の中華民国の多くの専門家集団に広く保持されていた。とはいえ、ディケーターによると、おそらく日本の侵略とその影響のせいで、それらが意味のある規模で制度化されることはまったくなかった。一九四九年の共産党の勝利のあと、優生学はその階級的偏見ゆえに非難された。しかしながら産児制限という発想は非難されず、実際それは、一九五六年から五七年にかけて毛沢東自身によって宣言され、一九六〇年代には、社会計画や経済計画にかんする社会主義的事業における不可欠の部分と見なされた（Greenhalgh 2005）。だが人口制御目標が中国の中心的な計画立案者たちによって設定されたのは一九七〇年代になってからであり、人口政策の研究に特化した多数の大学研究所が設立されたのは、一九七〇年代の終わりからであった。スーザン・グリーンハルが示したように、このことは、幅広い情報源から人口統計を集めることをつうじて中国の人口を認識可能で計算可能にする、一貫したプロジェクトの部分をなすものであった（Greenhalgh 1986, 2003, 2005）。人口は、一方ではそれらの「異常性」と「後進性」という観点から、他方ではそれが中国の近代化にもたらす結果という観点から問題化された。そして、中国の人口規模それ自体が近代化を脅かすものであるという見方が、人口計画プログラムを、すなわち目標の設定や主要な産児制限戦略や、もっとも有名なものとしての「一人っ子政策」を支えたのである。このことは、広範囲におよぶ不妊手術だけではなく、生殖への意志を制限するように主観性を変えてゆく狙いをもった、法律とプロパガンダをともなうものであった。

近代化は、中国の人口規模だけでなく、その質のコントロールをも要求した。(26) 一人っ子政策にかかわる医療専門家や人口の専門家の重要性が増すにつれて、生殖アドバイスの目標のひとつは、出産の「質」を高めることに向かっていった。ディケーターが述べるように、「産児制限、性教育、幼児の健康ケアや出生前スクリーニング技術を含むさまざまな種類の問題は、優生学の枠組みに関連しているが、この枠組みは、個人的選択を否定するという点で突出している……優生学は、生殖や人口統計への一連の関心に包括的な理論的根拠を与えており、こうした関心は、個々人の可能な欲望や選択を超えた、「国家」、「経済」、あるいは「未来の世代」といった利害をともにする集団のニーズを最優先にする政策によって強いられている」(Dikötter 1998: 123)。こうした思考様式は、妊娠中の女性に助言するための健康マニュアルに具現化しており、そのなかでは、食事から、一定以上の年齢の女性における先天性欠損のリスク、早婚の法的規制、婚前健康診断、子孫に影響を及ぼすかもしれない将来のパートナーの隠れた欠陥を発見するための遺伝子カウンセリングにいたるまでの幅広い問題や、それ以外の多くのことがあつかわれた。ここには、「知恵遅れ」の者を除去することや、有害な遺伝子間の遭遇の可能性を増大させると考えられる近親交配の危険性に多大な関心がそそがれた。

一九五〇年と八〇年の中華人民共和国の婚姻法は、生殖に不適当な者たちのカテゴリーを明確に規定した。とりわけ、両親が遺伝病の病歴をもつ者たち、あるいは両親が「精神疾患」の病歴をもつ者たちがそれであった。この関心の焦点は、重大な先天性欠損をもつ者たち――彼らの生はしばしば生きる価値のないものとして描かれた――の誕生を合法的に防ぐことにあったのだが、それを超えて口唇裂のようなより軽い病気にまでそのような関心が広がっていたことを証明するいくつかの証拠がある。一九八〇年代には、身体障害者を社会に同化しようとする動きもあったし、法的に平等な権利を打ちたてて差別を禁止した一九九〇年の身体障害者援護法の可決もあったが、にもかかわらず、こうした身体障害をもって生まれた新生児は、そもそもその生を予め中絶しておくべきだったという考えをいまだにもっている医者もいる(27)。二十世紀前半のヨーロッパの優生学と共通のテーマを繰り返しつつ、主導的な医学の専門家らは、人民共和国のなかで遺伝子に欠陥がある者たちの数を計算し、それらが国民に対して与える損害をみつもった。たとえば『人口と優生学』誌がとりわけ関心を向けたのは生殖行動の差異の結果であり、最も知能に恵まれていない社会の成員は、最も高い成員たちよりも早く子どもを生むのであった。また、国家の成功と人種の繁栄をよりよきものにするための優生学教育を目的とした、国の主催による優生学と健康にかんする多くの展覧会が開かれた。

一九八〇年代をつうじて、人口の質を研究するために多数の大学研究所が設立され、また、国民レヴェルで優生学を指導する責任をともなって、中国先天性欠陥モニタリング・センターが成都に設立された(Dikötter 1998: 168)。そこではスキャン技術や、胎児の先天性欠損の診断や、妊娠中絶技術にかんする研究がなされた。精神障害との関係においていくつかの地方条例が可決され、それらは精神薄弱者たちに前もって不妊手術をしないかぎり結婚することを禁止し、すべての精神薄弱の妊婦に堕胎を要求した。これらの条例を、統合失調症や躁うつ病のような慢性の精神障害をもつ将来の結婚相手すべての不妊手術にまで拡張した地域もあった。拒否した者は、罰金を科され、当局に報告されることになっていた(Dikötter 1998: 173)。これらの条例が正式なものとなったのは、一九九四年の母子保健法においてである。この法律は、国際的な懸念をよびおこす四つの条項(一〇条、一六条、一八条、二〇条)を含んでいた。つまりこれらは、結婚を考えているすべてのカップルに婚前遺伝子検査を受診することを要求し、内科医には育児に適さないと考えられる遺伝病の病歴のある結婚を自重するようカップルに助言することを要求し、そうしたカップルには、双方が長期間にわたる避妊処置をうけるか不妊手術をすることに同意した場合にかぎり結婚が許可される、ということを含んでいたのである。さらにこれらの条項は、胎児に遺伝病があると考えられる場合には中絶を勧めるよう、内科医に求めているようにみえた(Dikötter 1998: 174)[28]。

これらの処置がどれほど実質的に実行されていたのかを知るのはむずかしい。当時中国の主導的な哲学者や生命倫理学者のなかには、そうした処置に対する反対意見をのべた者もいた[29]。同様に、中国の人口集団の多くが、身体障害をもつ新生児に対する医学的治療の中止を支持しはしなかったということを示す証拠もある。しかしながら、このような政治的合理性が優生学的な要素をもっているのは明らかなことだった。[30] 実際、中国の人口集団の政治がもつ優性学的性格は明白なものであり、二〇〇二年と〇三年の婚姻法にかんする議論と改革――結婚に先だつ強制的な医学的検査を廃止し、新たな国家人口計画生育委員会(State Family Planning and Population Commission)を設立した改革――のなかで、明示的な拒否が求められたほどだった。[31] 中国ヒトゲノムELSI委員会(Chinese Human Genome Ethical, Legal and Social Implications Committee)にかかわった中国の主導的な遺伝学者たちも、これらの政策がもつ優性学的性格を認めて、それを拒絶した。彼らは二〇〇〇年に、今後ヒトゲノム学にかかわる研究は、優生学に奉仕するのではなく、病気の予防と治療に焦点をあてなければならないと宣言する声明を発表した。[32] そして二十一世紀の最初の十年間に、少なくとも原則としては、欧米モデルのインフォームド・コンセントが、中国でのすべての医学的研究や治療を統治する公的基準となった。とはいえ場合によっては、同意する裁量権を与えられていたのは、依然として個人よりも家族であったのだが。

柔軟な優生学?

これらの対照的な事例は、先進自由民主主義諸国における生の政治と、さまざまな合理性に従って統治される領土内の人口政治との差異を強調するのに役だつものである。それにもかかわらず、現代の生殖技術に対する多くの批判者の議論は、そのような政治を記述する際、いまだに「優生学」という言葉の批判的な応用――リベラルな優生学、個人化された優生学、柔軟な優生学といった言葉――に依拠している。たとえばカレン=スー・タウシッグとデボラ・ヒースとレイナ・ラップは、つぎのように示唆している。「われわれは、今日の合衆国における優性学的な考え方の執拗さを眼にしている。そこでは、広範な社会集団にわたる多くの者たちが、ゲノムのことを、人間の未来が決定されるに違いない場所、あるいは決定されうる場所だと考えている……たえず増大するばかりの行為者と実践が、遺伝学的に定義される世界へと徴集され、そこで還元主義的な決定論が不気味にのしかかっている」。多くの者たちはこうした見解をうけいれている。だがこうした決定論に反対する者や、あるいはこれを「選択肢を増やす介入――分子的なあるいは別の仕方の――であると展開する者たちもいるだろう」(Taussig et al. 2003: 62)。優生学は、より洗練されていない仕方でこれと類似した議論をなしてきた多くのほかの者たちと同様、遺伝学を参照する際の組みあわせにかかわってきた。すなわち、どのようなタイプの身体が望ましいかについての判断と、それを向上させるべく、いまや柔軟なこの身体に働きかけるために設計された――個人主義と選択という文化のフィルターをとおした――行為のかたちに関係しているのである。この著者らの議論が依拠しているのは、親や、臨床医や、研究者や、カウンセラーや、接合型表皮水疱症から軟骨形成不全症にわたる病状に冒されている者たちが、自らの直面するジレンマに折りあいをつける複雑な仕方についての経験的な証拠《エビデンス》である。しかし、ここにはナチスによる擬虫化に類似した点は何もないし、こうした病状に生まれつき苦しむ者たちがほかの者たちより生きる価値がないといった考え方もまったくみられない。とはいえ多くの親は、自分の子どもが、痛みによって毀損された人生や、病気によって短くなった人生を生きることに困惑するものだが。こうした実践の行為者たちのうち、いかなる者の行為や判断も、国民が人口集団のうちの「病気に罹っている家系」の存在によって何らかの仕方で地政学的に弱体化させられるといった議論にもとづくことはまずない。すると、ここでわれわれが担っているものは優生学ではなく、選択の義務や、自己実現への欲望や、子どもに最良の生を願う親の願望が強く要請するような、さまざまなかたちでの自己統治によって形成されているものである。その論理とコストは、それ独自の分析に値するものなのだ。

生物学と生物医学についての思考様式が、西洋の先進自由主義的な政治形態において、他者と自己自身を統治する方法を特徴づけているが、これらの思考様式は、もはや人種の質や適者生存にかかわるものではない。たとえば、社会的に資金を提供されるか補償金を支払われたヘルスケアの、補償の正当性をめぐる困難で痛みにみちた議論などの無数の例が示すように、優生学の経験は、個人や集団の生の政治に消えることのないしるしを残し、自律や同意や個人の権利などといった印しのもとでは機能しない生命の力に対する、国家によるあらゆる形態の管理に疑いを投げかけるのである。実際、ここ半世紀にわたって、少なくとも欧米においては、個人や集団の病理、機能不全、欠陥、ただ生きているだけの身体が生価値の重要な源泉となっており、そして生価値の循環における国家と企業との競争は、かつて優生学の合理性を支えた、優越性をめぐる国民間の闘争とはまったく別のかたちをとっているのである。このような理由から、ここでは、現代の生政治のエコノミーを、道徳の論理ではなく生命力の論理に従って機能するように概念化すべきだと考えている。今日、確かに生権力は排除の回路をそなえているが、死ぬがままにすることは殺すことなのではない。死が政治を覆いつくし、政治につきまとってはいるが、これは死の政治でも、病と健康の政治でもない。これはあくまでも生の統治の問題なのである。

リスク

二十世紀前半における個人と集団とのむすびつき——新衛生学的であると同時に優生学的な——が、その特徴として「現代的な」かたちをとったと示唆する点で、おそらくアガンベンとバウマンは正当である。

もしそうであるならば、私は以下のように論じるだろう。すなわち、個人の生物学的生と集団の幸福との現在の関係は、ここで「先進自由主義」と呼ばれる政治的合理性のうちで、いくらか別の仕方でたてられるのだと（Rose 1996a）。それはもはや、人口や国民や人種の全体的な健康を名目に、欠陥のある性質をもつ個々人を分類したり、同定したり、除去あるいは抑制したりすることを問題としないし、また、より望ましい生物学的特徴をもつ者たちの生殖を促進しようともしない。むしろそれは、リスクが高いと考えられる個々人や集団や地域を同定したり、治療したり、管理したり、運営したりしようとする多様な戦略なのである。正常と病理の二分法は、より初期の生政治的分析の中心であったが、いまではこのようなリスク統治の戦略のうちで組織化されている。こうした戦略は、多くのレヴェルで組織化されており、たとえば、ある人口を横断するさまざまなレヴェルのリスクを総体的に縮減しようとする、保険数理的あるいは疫学的な戦略がある。また、リスクの高い集団を管理するための戦略がある。そして、リスクをもった個人の特定や、彼らに対する予防的な介入にもとづいた戦略があるのである。

リスクはここで、一群の思考と行動の仕方を指し示している。それは、現在における蓋然的な未来にかんする計算や、それにひきつづく、潜在的な未来をコントロールするための現在への介入にかかわるものである（リスク思考の高まりについては、Hacking 1990 を参照）[33]。死亡率と罹病率は、計算可能で予測可能なものとしての未来という考え方を、そして、そのいくつかは管理可能で特定可能な要素に依存するものとしての未来という思考を展開するための、主要な拠点であった。十九世紀における健康の政治は、人口についての数的な情報の収集と集計によって、そして頻度と確率という観点からみたその分析によって支えられていた。これが、死亡率と罹病率の総計を規定し、管理し、縮減しようとするような、さまざまな衛生戦略の理論的根拠だったのである。そしてそうした戦略は、ある地理学的領域、居住地、またはライフコースのうちで、上昇した死亡率あるいは罹病率のレヴェルと、統計学的に関連づけられたさまざまなファクターを変更することによって遂行された。かくしてイギリスでは、エドウィン・チャドウィックが、下水システムの改善についての議論のなかで統計学的で蓋然的な論法をもちい、ウィリアム・ファーが、コレラの蔓延にかんして水道設備を非難するために、罹病率と死亡率の地理学的分布の証拠を集めたのだった（Osborne 1996）。二十世紀前半には、ある人口内での病気や事故やそのほかの災難の規則性と予測可能性にかかわるこのような発想が、社会というまさにその概念の誕生にとって中心的な役割を担い、また、さまざまな国のなかで、保険の対象となる国民人口の全体にわたる、生きている者の活動がもたらすリスクの拡大に対処するための社会保険戦略の出現にとって中心的な役割を担った（Ewald 1986, 1991）。二十世紀後半にわたって、健康リスクの最小化にかんする生政治的関心――環境汚染のコントロール、事故の縮減、身体の健康の維持、子どもの養育――は、健康の組織化や社会サービスにとってだけでなく、都市計画、建物の設計、教育実践、組織の経営管理、食料のマーケティング、自動車の設計などについての専門家による決定にとっても本質的なものとなったのである。すなわち、一五〇〇年以上にわたって、リスク思考は生政治にとって中心的なものだったのである。

生政治的なリスク管理にかんする集合的な基準の要求は、減少するどころか増殖し、グローバル化している。[34] そして、ある人口集団全体にわたる不都合な出来事の確率を減少させることを目指すさまざまな戦略――そのターゲットは、リスクのあるまたはリスクにさらされている個々人ではなく、リスクのある実践や場所である――は、ほかの多くの種類の好ましくない出来事、とりわけ犯罪のコントロールにまで広がっている（Feeley and Simon 1992, 1994）。しかしながら、もう一度十九世紀から出発してみるならば、ある種のリスク思考の観点から、もうひとつの一連の戦略が作動していたことがわかる。このような戦略が発見しようとしたファクターは、リスクの高い集団を特定することを可能にし、それゆえに権威がそのような集団に属する者たちに対して予防的な仕方で介入することを可能にするファクターだった。リスクのプールの境界を画定するためにリスク・プロファイリングをもちいることにはきわめて長い歴史があり、それはまさに保険産業の起源にまでさかのぼる。リスク・プロファイリングは、人口全般に対して「保険数理的に」あるいは保険の観点から働きかけるというよりむしろ、特定の不健康や生殖問題や、そのほかの病理のリスクがより高いことと関連したファクターを特定するための蓋然的で疫学的な知をもちいており、そうしてこれらのファクターからなるアルゴリズムをもちいることで、個々人をリスクのプールへと割りあてる。健康の領域では、リスク・プロファイリングが二十世紀半ばから発展するにつれて、リスクのプロファイルや尺度や指標は、平均よりも大幅にリスクの高い集団に属する者たちを特定し、彼らに予防的に介入するためにもちいられたのである。

ほとんどの読者にとって、個人をリスク集団へと割りあてるこのような手続きは、個人的によく知られたものだろう。そうした手続きは、病気や病理についての家族の病歴という観点からは、血統に依拠したものであり、そして／あるいは、ある病状と統計学的に連関したファクターの組みあわせという観点からは、ファクターに依拠したものである。高血圧の男性は、年齢、体重、家族の病歴、喫煙などによってリスク・プロファイリングされ、疫学的および臨床的な研究にもとづく尺度をもちいてリスク集団に割りあてられる。そして、リスクが高い場合には、彼らはふるまいや食事やライフスタイルを変えるように助言されるかもしれないし、そのような障害が発生するリスクを縮減するよう意図された投薬計画を前もって課されるかもしれない。妊婦は、医者や助産師によってリスク・プロファイリングされ、もし流産や早産やそれと関連する問題のリスクが高い集団に割りあてられれば、助産師や産婦人科医による監視の強化に従うことになる（Weir 1996）。遺伝学にもとづいた、最も早い時期の生殖にかんする助言も、疫学的なファクター、家族の病歴、確率に依拠したリスクの高い成員の特定という観点からなされたのである。すでに論じたような、十九世紀初頭の「精神薄弱者」や精神病患者や性犯罪者の不妊手術についての優生学的な計画も同様であった。加えて、二十世紀初頭以来多くの国において、多数の個人や組織が生殖について助言をなしはじめたのだが、その際、将来夫婦となるパートナーあるいは親になるであろうパートナーのうち、家族が「遺伝性のもの」と考えられる特定のタイプの病気や身体障害の病歴をもつ者に焦点があてられるようになった。彼らは、自分の子どもたちがその病気を保有するリスクと確率にかんする助言をうけ、そして結婚しないよう、あるいは子どもをつくらないよう助言され、司法的には中絶がほかのさまざまな理由で違法である場合でさえ、堕胎を勧められたのである。二十世紀前半の遺伝学的助言は、明らかにひとつの優生学的な道具なのであった（Kevles 1985）。第二次世界大戦後の数年間、多くの国でかなりの数の遺伝診療科が設立されたが、それらの主要な目的は、先天性欠損を予防し、カップルが「非優生学的な」決定よりも「優生学的な」決定をするよう手助けすることにあった（Fine 1993: 103）。そして、たとえば二十世紀の最後の一〇年間において、特定の遺伝子異常と関連づけられるタンパク質のレヴェルの上昇について知るため母体血清のサンプルをテストする出産前スクリーニングが、年齢や家族の病歴のためにリスクの高い集団に位置づけられる妊婦にいきわたるようになり、それは堕胎という選択肢を示すものになったのだった（Rapp 1999）。二十一世紀の最初の一〇年間では、主要な染色体欠陥や単一遺伝子の遺伝子障害を調べるための胎児のスクリーニングが、着床前遺伝子診断において日常的におこなわれている。遺伝学的基盤がより複雑で不確かな障害、たとえば成人において特定のタイプの乳癌が発達する機会を増大させる一塩基多型レヴェルの変異についてはまだ議論の余地がある。だがここでもまた、批判者たちの主張は、これは「新たな優生学」に等しいというものである。しかしすでに論じたように、ここではつぎのように考えたい。もし「優生学的」という言葉がすべての目的となり、分析にとって意味のないレトリカルな装置になるのであれば、この言葉は、それが本来の意味で使われていた生政治的戦略のためだけにとっておくべきではないかと。われわれの現在の生政治も、それに劣らず問題含みで、さまざまな生のかたちがもつさまざまな価値や、苦しみの本質や、未来に対するわれわれの個人的および集団的な義務についての判断が権力ともつ関係性と絡みあっている。しかし、それはそれ自体分析に値するものである。

新たな司牧

自分たちに遺伝子的欠陥があると信じている責任ある市民はみな、未来世代へのその伝達のリスクを縮減しようとすべきだ、と論じる医者や遺伝学者も少数ではあるが存在する（Glass 1971, Robertson 1993）。そのような発言をうけて、遺伝子カウンセリングというまさにその発想のなかに、暗黙裡の優生学をみいだす批判者もいる[35]。しかし、このようなコントロールの現代的な論理構成については、より厳密である必要があるとおもわれる[36]。生物医学の文脈における意思決定は、「司牧的」と呼ばれる一連の権力関係のなかでなされる。先に私はスウェーデンの優生学を司牧的なものと呼んだが、それはフーコーが展開したのと近い意味――全体としての「群れ」の幸福にかかわる、集団化ないし個人化する権力のかたち――においてなのである。しかし、たとえわれわれが司牧権力という言葉によって、法律の条項や国家の資金による研究組織や新たな生物医学の医学的・倫理的側面を探究する国の委員会からなる全複合体を意味するとしても、この現代の司牧権力は、「国家」によって組織化されたり、執行されたりするものなのではない。

この権力は、議論の対象となっている複数の領域で生じており、倫理委員会と専門家協会が発表するコード、研究者が生みだす経験的な発見物、雇用者や保険業者が示す態度や基準、心理学者やバイオテクノロジー企業が展開するテスト、自助組織が提供する助言、さらに宗教組織や社会学的批評家が与える批判的なパースペクティヴさえもが、この領域を横断しているのである。

決定的なことだが、この司牧権力は全体としての群れとはかかわらない。このような仕事に携わってきた専門家たちが、少なくとも過去三〇年間にわたって拒絶してきたのは、つぎのような見方であった。すなわち、遺伝的にうけついでいる病気あるいは身体障害を子孫へと伝えるリスクがある者たちの生殖能力を制限しようとする、あるいは制限すべきであるという考え方。個人の生物学的特徴が未来の人口の質にもたらす貢献への関心。あるいは身体障害をもつ子どもたちのケアが国民にもたらす代償への関心や、それをもつべきだという指摘などである[37]。しかしこの司牧主義は、さまよえる羊一匹一匹の魂を熟知し支配する、司祭のような羊飼いを必要とするものではない。このようなかたちでの司牧権力は、関係的なものとして描くのがもっともよいかもしれない。それは、導く者——さまざまなテストや医学的手続きの門番として機能する遺伝学者やそれに関係した生殖の専門家——の情動および倫理と、導かれる者——生殖についての決定を自分たちでなし、また責任と義務のネットワークを自分たちでつくりあげている、現実的あるいは潜在的な親——の情動および倫理との関係をとおして働くのである。

これらソーマの新たな司牧たちは、インフォームド・コンセント、自律性、自発的行為、選択、非指示性といった倫理的原則を信奉している[38]。しかし、この司牧権力の実践のなかで、こうした倫理的原則は、コミュニケーションと情報管理のための幅広いミクロテクノロジーへと翻訳されなければならない。これらの原則は、強制と同意の境界線を曖昧にしてしまう。これらは、自分自身のある側面を思考と言語に表現する新たな方法――すなわち判断に対して、自分自身に、そして自分自身の行為に責任をもたせる新たな方法――をつたえる言説の技法をつうじて、同意しうる、あるいは同意を拒否しうる主体性を変形させるのである。そしてまた、さまざまな出会いの目的《テロス》を特殊な仕方でつくり変えるのだが、たとえばそれは、メンタル・ヘルスという心理学的概念の観点から、あるいは、最近になって出現した、現在いたるところにみうけられる「クオリティ・オブ・ライフ」という発想の観点からなされる――このいずれの観点も、いまや評価尺度の数字のうちで定義され、そしてその数字によって測定されるのである。にもかかわらず、この司牧権力は、キリスト教的な司牧の権威とは異なっている。キリスト教的な司牧の権威においては権力のベクトルは一方向に流れており、羊が羊飼いの意志に従うこと、自省〔自己検診〕や自制〔自己支配〕という仕方でその絶対的な意思を内面化することを求める。これらカウンセリングにおける出会いは、その出会いに関与している当事者全員のあいだの互いに触発する連関をひき起こし、そしてその場にいない当事者間――遠い親戚、不在の兄弟姉妹、潜在的な子孫――の多様な「潜在的」連関を実際に生みだす。こうした連関においては、あらゆる主体の自分自身との関係、あるいは主体相互の関係が問題になっており、そうした関係には専門家自身も含まれる。コンサルティングは、倫理性を強化するものとして作用する。それは恥と罪の情動を動員し、自己の自由と他者への義務を要求し算定し限界づけようとする情動を動員するのである。それは、カウンセラーのうちで、ケアの倫理と指導の倫理のあいだの葛藤を活性化する。そこではカウンセラーが、カウンセリングの対象となる者たちがもっている不安や重大な決定不可能性を、自分自身に折りこむことになるのだが、それはけっしてとるにたらないことではないのである。

たしかに、非指示的な遺伝子カウンセリングという明白なアジェンダがいかなるものであろうとも、証拠の示すところでは、私が以下で議論するような種々の予見的遺伝子テストが利用可能になる以前に、自分たちがリスク集団の成員であるか否かについてカウンセリングを受けた者たちは、あまり子どもを持とうとしなかった（Carter et al. 1971）。しかし、集団リスクという、現代の生政治の危険は、過去の反復ではない。こうした危険は、人口の管理というおおがかりな政治よりも、平凡であると同時に、それに劣らず危機にみちた政治なのである。たとえばつぎのような技術的な問題がある。まず、リスク・プロファイルを計算するためにもちいられているファクター――個々人をリスク集団に分配するためのファクター――の妥当性と適切さという問題。また、そうしたファクターを国民や文化のレヴェルでのほかのリスク集団へと一般化できるかという問題。そして評価の尺度が導入された後に、どのような変化が生じたのかという問題。個人の処置を決定するために蓋然的推論を適用するというまさにその計画にくみこまれている、偽陽性と偽陰性にかかわる問題。これらの問題は、「リスクを有した」精神病患者の強制的な治療や監禁に関係する意思決定を実行するなかで悪評高いものとなったし、また同様に、乳がんの家族歴があり、予防的な乳房切除手術を検討するかもしれない女性に対する助言から帰結する事態によってもまた悪評高いものとなった。さらに、一度リスク集団に陥ったことが知れると、個人は――他者や自分自身によって――あたかも彼らが現在か未来において、確実にそして最も厳しい仕方で病に冒されるかのようにあつかわれうるという事実から生じる問題もある。

これらの問題は、保険と雇用の差別と関連して、よく議論されてきた（Gostin 1991, Hubbard and Ward 1999, Nelkin and Tancredi 1989）。リスク評価が予防的介入とむすびつくときにも、同様にこうした問題が生じる。われわれは、以下のような場面でこの例をみることができる。すなわち、がんや心臓病のリスクが高い集団に配分された個人は、もし彼らが自分たちの生に「責任をもつ」ならば、たとえ健康であったとしても、医療機関の影響力のもとで自分たちの生を管理すべきだということになる。われわれはそれを、行動にかんするリスクの領域でもみることができる。たとえば、暴力的で攻撃的な、あるいは人に害をなすような行動リスクのある、スラム街の若者の生に対する予防的スクリーニングと介入のプログラムという領域においてである。こうしたプログラムは、「問題を起こしそうな連中」の生への予防的介入を正当化しようとするものなので、このプログラムそれ自体が、道徳的キャリアのなかで悪いレッテルを貼られる第一歩であるかもしれない（Rose 2000a）。加えて、数値への信頼がほかのかたちの信頼にとって代わるとき——つまり、行動に応じた決定が「客観的な」計算装置のなかの「ブラックボックス化した」判断から自動的に生じるようにみえるとき——、専門家とクライアントの関係に発生する倫理的問題がある。そこでは、判断の主体は議論や異議申したてをすることもできないのである（cf. Porter 1995, Rose 1998）。そして、「リスク社会」についての無数の報告が指摘するように、リスクの記録やデータベースは、監視にもとづくコントロール戦略を拡大し洗練させる可能性がある（Lyon 1994）。それにもかかわらず、リスク管理の政治が人口の質の政治ではないのは、とりわけそれが、生命力そのものやその政治的帰結にかんする、思考の異なるスタイルによって機能しているからである。すなわち生政治の多様性は、たんにさまざまに異なる政治的合理性によってのみ特徴づけられるのではない。このような合理性のそれぞれが、それらの対象である個人的・集合的な人間の生命力や、その政治的帰結についての思考の特有の方法——いいかえれば、生についての思考の方法——と密接にむすびついているのである。

生命的規範と社会的規範

『正常と病理』でジョルジュ・カンギレムは、生命的規範と社会的規範のあいだには、根本的な存在論的・認識論的差異が存在すると論じていた（Canguilhem 1978）。彼によれば、生の規範性は、生そのものの、すなわち生き物としての有機体の規範性、その環境への適応性という規範性から生じたし、またそれらを表してきた。他方、社会的規範が表明してきたのは、たんに社会の特定の人工的秩序への適応や、規範性や、従順さや、生産性や、調和等々のための必要条件だけであった。新たな生の政治は、またもや社会的規範を生命的規範ととり違えるものだとのべる者たちもいる。たとえば精神医学の分子政治は、人格や感情を操り変容させることができるという主張とともに、社会的なものを生命的なものにくみいれたし、また生命力そのものの主要な特徴――たとえば悲しみ――を、生命的規範ではなく、健康にかんする社会的規範の名において、矯正に開かれた錯誤として把握していたからだ。しかし、少なくとも人間の生にかんするかぎりでは、社会的なものと生命的なものが、それほどはっきり区別できたことはけっしてなかった。正常な人間とは何かをめぐる考え方それ自体が、歴史的に特殊な制度や技術の発展によって、とりわけ生政治そのものによって可能になったのである。こうして、人間の能力と寿命の新たな規範が、都市の浄化と衛生化のなかで十九世紀に生まれた。回復と治療の新たな規範が、病院のなかで生まれた。運命と生と健康のあいだの関係を提起する新しい方法が、病気の分布とその社会的相関関係という疫学的知識の発展のなかで生まれた。われわれの現代の生命の規範は、以前の世代の規範以上でも以下でもなく、それらの条件によって形成されている。一方でわれわれの人格そのものは、われわれの身体性の可能性と限界についての現状の理解という観点から、ますます他者によって、そしてわれわれ自身によって規定されることになる。他方、われわれのソーマ的な個人性は、選択と分別と責任とに開かれ、また実験や論争へと開かれてきた。それゆえに、これこそが、現れつつある生のかたちというわれわれの現在の生政治を規定する問題空間なのである。

註

（1）私はサラ・フランクリンに、この問題の議論や多くの有用な洞察と参照文献情報を負っている。ここでの議論の多くは、Franklin 2000 における彼女の議論に従い、それを発展させたものである。

（2）同年に、フランスのジャン・バティスト・ラマルク、ドイツのゴットフリート・ラインホルト・トレフィラヌスとローレンツ・オーケンによって提唱された。

（3）このカンギレムの論文は、一九六六年二月にブリュッセルのサン＝ルイ大学に設置された哲学・宗教学高等学院（Ecole des sciences philosophiques et religieuses）でなされた二つの講義にもとづいている。

（4）Canguilhem 1994 における、「知と生命」と題された節での引用を参照のこと。

（5）エヴリン・フォックス・ケラーは正しくもつぎのように論じている。すなわち、特定の科学的学問としての生物学の創設にとって中心的であった、「生きているもの」と「生きていないもの」とのあいだの区別は、つぎのような知的空間を設立したのである。つまり、「そこから「生」というカテゴリーが所与のものとして、それ自身「自然」なものと称されるひとつの自然現象の領域としてみなされうるような、そうした知的空間である。それゆえこの知的空間では、生は、そのカテゴリーの限界が問われることのないまま探求されるようになったのだ」（Keller 2002: 15-16）。しかしながら、彼女はつぎのように示唆している。「生とは何か」という問いは、二十世紀の最初の数十年間に、ますます緊急性をともなって提起されるようになった。これは「いかにして生ははじまったか」というような問題に刺激されたものである。その結果、生物学は生の定義の増殖——代謝、運動、環境に対する反応性、複雑性、自己組織化、負のエントロピー——へと導かれ、そして、生きていないものからの生の創発を理解し、再現しようとさえする特定の関心へと導かれたのである。

（6）この生の観念についての強力な説明にかんしては、Jacob 1974 を参照。ただしそこで生の観念は、変異の可能性および競争の存在をともなった、遺伝的プログラムにむすびついた生殖能力として説明されている。
もちろん一九六〇年代から九〇年代の生物諸科学のなかで、これらの問題についても多くの論争があった。すなわち、「生」の定義、境界、特徴、つまりはそれが単一的か多様的かという論争などである。ここでは、これらの論争についてはあつかわない。それについては、フォックス・ケラー（2002）が深い洞察をもって開始した仕事を参照のこと。この仕事をひきうけるためには、以下の二つの事柄を区別することも必要になるだろう。ひとつは、生物学の哲学者と生物学者がそれぞれの領域で考えている「生とは何か」という問題についての明示的な考察であり、もうひとつは、研究に従事する生物医学者や生物学研究者を導く暗黙の前提である。後者は、前者のような問題にそれほど関係しないのかもしれない（実践的な社会科学者が、「社会とは何か」というようなおおきな問いについては、ほとんど頭を悩ませないのと同様に）。

（7）このような「ジャンクＤＮＡ」とよばれるもの――いわゆる、アミノ酸をコード化するトリプレットを構成しない塩基配列――が、ヒトゲノムの約九七パーセントを構成している。ある者たちは、このＤＮＡに防御機能――こうしたコード化しないＤＮＡの高い割合が、複製の際最もランダムな変異すらコード配列に生じないことの統計上の保証をもたらすという意味で――を付与したのだが、なかには、このコード化しないＤＮＡのいくつかが、形態発生や調整において一定の役割を演じることを疑いつづける者もいた。配列技術における発展が示してきたのは、このコード化しないＤＮＡの大部分が、進化的に保存されるということである。そしてこうした進展は、コード化しないＤＮＡが何らかの機能をもつに違いないという見解を支持してきた。なぜならば、大部分の冗長なＤＮＡは、自然選択されてきたからである。いまや多くの者が、これらのコード化しないＤＮＡのうちのいくつかが、決定的な調整機能をもつＲＮＡをコード化すると信じている（Gibbs 2003）。

事実、タンパク質をコード化はしないがスイッチとして働き、遺伝子発現を活性化あるいは非活性化させる調整遺伝子の存在が、フランソワ・ジャコブとジャック・モノーによって、バクテリアにおいて証明された。彼らは一九六五年にアンドレ・ルヴォフとともに、酵素とウイルス合成の遺伝子によるコントロールを発見したことで、ノーベル医学・生理学賞を受賞したのである（Jacob and Monod 1961）。

四〇年後、ジョン・マティックのグループは、以下のように指摘した。これらのタンパク質ではないものをコード化する配列の多くは、遺伝子の内部で生じ（イントロン）、遺伝子のあいだで生じる（遺伝子間の配列）のであるが、そのかなりの割合（約四五パーセント）が、実際にはタンパク質ではないものをコード化するＲＮＡとして発現する。以上からマティックらはつぎのようにのべている。

……以下のような仮説をつくりあげていた。それは、複雑な有機体の大部分のゲノムは発達の調整に充てられており、この情報の大部分はコード化しないRNAによって処理されているという仮説である。論理および獲得された証拠の双方から示唆されるのは、これらのRNAが高度に並列化されたデジタル・ネットワークを形成するということである。このネットワークが、複雑な何組もの遺伝子発現を統合し、そして、多細胞生物のオートポイエーシス的な発達のために不可欠な、プログラムされた反応をコントロールするのである。もしこれが正しければ、複雑な有機体のゲノム情報の内容とプログラミングというわれわれの最新の着想は、生物学をはるかに越えた含意とともに、根本的に再評価されるべきであろう。

(http://jsm-research.imb.uq.edu.au/jsmgroup 二〇〇五年八月一一日確認)。同様にMattick 2004も参照(Mattick の仕事はDenis 2002でとりあげられている)。

大衆的なメディアでは、このようなジャンクDNAにかんするとらえかたの変遷は、しばしばサイモンズ・ハプロミクス社の創設者であるマルコム・J・シモンズの業績と関連づけて語られる。彼がこのジャンクDNAにかかわるさまざまな特許を取得しようとしていたというのがおもな理由である。彼のウェブサイトでは、以下のように記述されている。

サイモンズ・ハプロミクス社の創設者であるマルコム・J・シモンズ博士は、コード化しないDNAの診断と遺伝子発見にかんする幅広い特許の発案者である。シモンズ博士は、「ジャンク」な、コード化しないDNAは「ジャンク」ではありえないという考え方の先駆者であった。というのも、このDNA配列の差異は、同じタイプのコード化する遺伝子をもつ人間たちのあいだでも、整序され、保存されているからである。これらの整序された配列パターンは、隣接する遺伝子や離れた遺伝子を含む、染色体のかなりの部分にみうけられる。一六年前のシモンズ博士のヴィジョンは、DNA診断を支える数々の特許につながり、これらの特許にもとづいて、各々の患者のゲノム全体にわたる遺伝子が発見されたのである。コード化しないDNAにおける配列のヴァリアントを含むこの遺伝子マッピング法は、国立衛生研究所が支援しているハプロタイプ・マッピング(HapMap)にかんする国際共同事業体が利用している。シモンズ博士が二〇〇一年に気づいたのは、ヒトゲノム配列の解明は、改良された遺伝子発見戦略を可能にするということである。とりわけそれは、二三対の染色体上にあり、ゲノムを構成している多くの遺伝子と関係すると想定される一般的な病気に適用されるのである。これら二三対は、四六個の単一染色体、ハプロムから成立している。遺伝子発見のためのハプロミクス解決法は、ゲノム学の究極の要素に関与している。すなわち、単細胞、単一染色体、そしてそれらのなかに含まれている単一遺伝子である。二〇〇三年の特許出願は、単一の胎児細胞の再生にかかわり、多–遺伝子 multi-gene の発見のためのハプロミクス戦略を記述しているのだが、これは、遺伝子研究や遺伝子発見における、ハプロミクスの時代のはじまりを画している。(http://www.haplomics.com 二〇〇五年八月一一日確認)。

(8) マーガレット・ロックは、これらの問題についての興味深い議論を提供した(Lock 2005)。

(9) 後成説についてのこれらさまざまな意味づけは、後成説は前成説の教義に反するという古典的論争と関係してはいるが、まったく別のものである。マーガレット・ロックが指摘するように、後成説の発想は、現在の議論において多くの方法で解釈されている(Lock 2005)。そのよい入門書のひとつとして、Speybroeck et al. 2002 を参照のこと。

(10) しかしながら、つぎのように指摘するのが適切である。つまり、クレイグ・ヴェンターによって集められたチームをなすような「合成生物学者」は、二〇〇五年においてもなお、タンパク質をコード化する人工的につくられたDNA配列という最小のセットから、生きている有機体を創造することを目指していた。合成細胞がまだ作成されていなかったにもかかわらず、彼らはバクテリオファージのため、まるまるひとつの合成染色体を創造することに成功したと主張していたのである(Smith et al. 2003)。

だが実際は、最初にこれに成功したのは彼らではない。最初の合成ウイルスは、二〇〇二年に、エッカート・ヴィンマー博士が率いるニューヨーク州立大学ストーニー・ブルック校のチームによって作成された。彼らはインターネットから遺伝子配列をダウンロードし、通信販売で入手したオリゴヌクレオチドをもちいてそれをくみたてることで、活性化したポリオウイルスを作成したのだが、これは「自然の」ウイルスとまったく同じであるようにみえた。このことは、おもに合衆国において、類似の方法をもちいるグループからのバイオテロ攻撃の危険にかんして不安を与えるものであった(Cello et al. 2002)。http://news.bbc.co.uk/2/hi/science/nature/2122619.stm(二〇〇四年一二月一日確認)における議論を参照。

ヴェンターの野心は、人工的な有機体を作りだし、バイオテロから合衆国を守ることから、外国の石油への依存を減少させることまで、ありとあらゆることにそれを活用することにあった。これについては、彼の会社、シンセティック・ゲノミクス社のウェブサイトを参照のこと。(http://www.syntheticgenomics.com/about.htm〔二〇〇五年八月一一日〕)〔二〇一二年六月三日現在はhttp://www.syntheticgenomics.com/about/で閲覧可能〕。とはいえ、たとえヴェンターが単細胞の有機体の合成に成功したとしても、それがより複雑なかたちの生を形成しようとするならば、彼のプログラムは失速するだろう。マティックが明らかにしているように、セントラル・ドグマの普遍性についてのジャック・モノーの信念に反して、またバクテリアにあてはまることはゾウにもまたあてはまるという言明に反して、ウイルスや原核生物(核を欠いた単純な単細胞の有機体)にあてはまることは、真核生物(核を含む細胞を有する多細胞有機体)に分類される生きた有機体にはあてはまるわけではないのだ――現在研究者たちが、コード化しないRNAコード化の世界や後成説の決定的な役割を強調するのは、真核生物においてなのである(Mattick 2004)。

(11) ステファン・ヘルムライクは、人工生命あるいは「A-life」を創造する試みのなかで数多くもちいられた、こうした情報論的メタファーの一ヴァージョンに現れている前提を、批判的に分析してきた(Helmreich 2000)。誤解を避けるためつけ加えると、生は「抵抗する」とここではのべたが、それは生命の、言葉では表現しきれない溢れでる本質といったものを意味するわけではない。それはむしろ、生物学がほかのあらゆる実験科学のように、思考のなかで考えだしたことを現実において形成することに失敗しうる可能性をさしている。現実が思考に対して「ノー」という力をもつことは、いささか時代遅れとはいえ、科学が現象技術的契機をもつというガストン・バシュラールの観念の理解に由来する(Bachelard 1984 参照)。同様に、われわれが科学の名を与えるこれらの実践において、実験的契機を認識することが重要だというイアン・ハッキングの強調も参照のこと(Hacking 1983)。

(12) 胚葉体については、サラ・フランクリンが"Life Itself: Global Nature and the Genetic Imaginary"という題の論文で議論している。この論文は、二〇〇四年一〇月二二日にロンドン大学バークベック校で開かれたシンポジウム"Life itself: Critical reflections on biopower"で発表された。

(13) 『ル・モンド』紙(July 20. 2005. p. 24)で報じられたように、この検査では、自閉症と関連づけられた脳の特定部位の細胞において、プロテインキナーゼCベータ1の合成に作用する、第一六染色体上の配列を特定することができると主張されている。

（14）ポール・ラビノウと共著の論文において、生権力と生政治というフーコーの概念について、より詳細に議論しておいた（Rabinow and Rose forthcoming 2006）。

（15）学会予稿集 Koch 2000 を参照のこと。たとえば、こうしたレトリカルな装置の研究として、*Science in Context* 1998, 11: part（3/4）の特別号に集められた論文を参照のこと。
同様に、この関係についてのコッホの後の分析も参照のこと。そこで彼女は、スカンジナビアでの事例を調査している。彼女は、優性学的な法律が、公衆の大部分に支持され、最先端の科学者による遺伝子研究に下支えされて、民主的に選ばれた議会で可決されたことを示している。そしてこの法律化は、扇動的な人種主義をその第一の特徴とするのではなく、むしろ福祉のコストを削減するために重要なもの、スカンジナビアの福祉国家を建設するためにまさに不可欠なものとしておおむね認められていたことを示している。この原理にもとづいて、現在では優生学についての無知な告発は無益であること、そして、二十世紀前半の生政治戦略における優生学の知識の用途と、今日具体化しているそれとのあいだで、類似と相違の両方を規定することができると論じている（Koch 2004）。

（16）私はここで、Rose 1985: chapter 3 であつかったゴルトンの議論と、それが典型的に示している思考様式を直接引用している。

（17）退化についてのイギリスの議論は、Rose, 1985, op. cit で詳細に論じておいた。一八四〇年から二十世紀の最初の一〇年にかけての、退化にかんするヨーロッパでの議論の有用な概観として、Pick 1989 を参照のこと。

（18）合衆国については、Dowbiggin 1997、Kelves 1985、Kühl 1994、Larson 1995 を参照のこと。フランスについては、Carol 1995 や Drouard 1999。ドイツについては、Burleigh 1994、Proctor 1988 を参照のこと。

（19）ここではヒュー・ラッフルズの出版されていない論文 "J is for Jews" を参照している。これは、彼の近刊 *Illustrated Insectopedia* の一節である。同じく Weindling 1999 も参照のこと。

（20）この引用は、ウクライナのハルコフで一九四三年四月二四日におこなわれた、SS将校に向けての演説からのものである。合衆国枢軸国犯罪告発評議顧問局（United States Office of Chief of Counsel for the Prosecution of Axis Criminality）発行の *Nazi Conspiracy and Aggression*, vol. 4. Washington, D.C.: United States Government Printing Office, 1946, 572-578 に掲載されている。

（21）人類改良財団（The Human Betterment Foundation）の報告によると、一九五〇年一月一日までに五万七〇七人のアメリカ人が不妊手術を受け、不妊手術のペースは戦争初期に沈静化したのちに、一九四四年以来増加している（Dickson and Gamble 1950を参照）。レイリーは合衆国での優生学的不妊手術の諸々の事例について報告している。一九六〇年代以降、比較的短い期間ではあるが一九七〇年代にいたるまでのものである。それは、選択的不妊手術をおこなうことを奨励していた外科医の数の増加、そして低所得者層の女性、育児放棄その他で告発された女性に対するこうした不妊手術の使用とむすびついている（Reilly 1991）。つい最近の一九七五年に、ウェストヴァージニア州は不妊手術法を制定した。とはいえ、一九八〇年代後半に効力をもったこのような法の多くと同様に、精神病であると考えられる者たちよりむしろ、精神薄弱あるいは「発達障害」の者たちに適用されている。

（22） このプログラムについてのマイヤ・ランシスによる研究は、一九九七年八月のスウェーデンの主要紙 *Dagens Nyheter* の記事で発表され、英字新聞で広く報道された。『ガーディアン』誌一九九九年六月三日を参照のこと。同様に、Broberg and Roll-Hansen 1996も参照のこと。

北欧諸国での戦後の優生学的プログラムの詳細については、Broberg and Roll-Hansen 1996を参照のこと。

（23） シェルドン・リードは通常、一九四七年の「遺伝子カウンセリング」という用語の発明の功績を帰せられているが、彼はReed 1974のなかで、優生学の思考における関係の変化について論議している。遺伝子カウンセリングをめぐる最近の概説的な歴史にかんする研究は複数あるが、Fine 1993、Kenen 1984を参照のこと。

（24） ラドメラーは、一九一六年の『ジェネティクス』誌の最初の編集委員のメンバーの誰もが、優生学運動の初期の何らかの時期に、それに参加するかそれを支持していたと指摘している（Ludmerer 1972: 34）。

（25） そこでは、キナクリン法をもちいた化学的不妊手術にとりわけ関心が向けられた。この方法は、一九八四年にジェイミー・ジッパー博士によって開発され、後に禁止された国もあるとはいえ、以下の国々を含む一九ヶ国に広まった。すなわち、バングラデシュ、チリ、中国、コロンビア、コスタリカ、クロアチア、エジプト、インド、インドネシア、イラン、モロッコ、パキスタン、フィリピン、ベネズエラ、合衆国、マレーシア、そしてルーマニアである。例として、http://www.hsph.harvard.edu/Organizations/healthnet/contra/topic05.html#2を参照のこと（二〇〇四年一月一二日確認）。

（26） 例として、Lee 1990やWang and Hull 1991を参照のこと。

（27） ストーンは、中国の生命倫理学の優性学的基盤に焦点をおく西洋の批判は、中国の状況の複雑さをとらえ損なっていると主張している（Stone 1996）。

(28) これらの問題は、西洋の科学雑誌で広く批判的に報告されている。たとえば、Coghlan 1998 and Dickson 1998。

(29) とりわけ、中国社会科学院哲学研究所の教授である邱仁宗は、一九八〇年代以後、個人やその家族が不妊手術や妊娠中絶を拒否する権利の支持を表明し、これらの権利を「知恵遅れ」と規定される者たちにまで明白に拡張した。すなわち彼は、人びとがありとあらゆるカテゴリーを「不適当」あるいは「欠陥がある」として退けてしまうような基準を疑問視し、また、精神や身体に障害をもつ者たちについて記述する際に医療専門家がもちいるステレオタイプ的な言葉づかいを告発したのである」（Dikötter 1998: 172–73）。邱は、二十世紀末の中国での優生学の明白な拒絶において、そして個人の自律と権利という原則に基礎をおく欧米型生命倫理学への信奉において、重要な人物であった。

(30) ストーンは、以下のような事実を指摘することで、この解釈を疑問視した。彼によると、中国における、障害をもった者たちの産児制限を含めた、人口の健康を最大化する必要性の重視は、出生前後のケアを向上させ、障害の環境的・食物的原因を調査してそれを正すよう働きかけることや、身障者の権利と利益の機会均等と保護のための法律制定を含め、身体障害者を社会に統合するよう働きかけることと平行して進行していたというのである。

(31) これらの展開にかんする英語文献はきわめてわずかであり、たとえば『人民日報』紙における報道など、大部分は新聞報道に限定されていた（http://english.peopledaily.com.cn を参照）。中国での関心はとりわけ、男性と女性の出生の不均衡に鑑みた生選択の問題であった。二〇〇〇年におこなわれた第五回国勢調査によると、男女比の平均はおよそ一一七対一〇〇であり、広東省と海南省では一三〇対一〇〇までになった。これが問題と考えられるのは、男児と女児の差別的な評価がこの数字に具体化されている理由でというよりも、こうした子どもたちが成長して結婚相手を探すときの、予測される「結婚市場」への影響力の理由による。

(32) 二〇〇二年一二月六日付の『人民日報』で報告されている。http://english.peopledaily.com.cn で入手可能。

(33) リスクの問題にとりくむこうした方法について詳述している最近の論集としては、Baker and Simon 2002 を参照のこと。Rose 1998 では、精神医学との関係において、Rose 2000b では犯罪抑制との関係において、私自身の試みをより詳細に展開している。

(34) しかしながら、エヴァルドが主張していたように、リスク分散の原則と、過失に眼をつむることとのあいだには重大な差異があり、この差異が、二十世紀の社会保険や健康政策における予防と補償を特徴づけ、そして「予防原則」

を下支えする現在のリスク思考のようなものを特徴づけたのである――ここでは、リスクの完全な排除への要求は、誰かに何か不都合な出来事の責任を負担させる企てに付随しており、またここにおいて、あらゆる新しい発展の帰結のもつほとんど予測できない不確実性は、それにもかかわらず、完全な安全性の保証の要求とむすびついているのである（Ewald 2001）。

（35） 優性学的な考慮が、米国のいくつかの都市での、生活保護をうけている女性の不妊手術の、一見したところ自発的な実行を同様に下支えしていると論じた者たちもいる（Horsburgh 1996）。

（36） 二十世紀の最後の数十年をつうじて、集団をもとにしたリスク管理のかたちが、ほかの分野に、とりわけ行為の病理学に関連する分野に広がっている。たとえば児童虐待を犯したと疑われる家族や（Castel 1991, Parton 1991）、ある種の性犯罪や暴行罪で有罪判決をうけた者たちのリスク・プロファイリング（Pratt 2000）、また精神病患者にかんする分野などがそうである（Rose 1998）。どの事例においても、人口統計学、経歴、ライフスタイルやほかの要素のくみあわせが、「リスクが高い」と想定される者たちを特定するためにもちいられている。すると彼らは、こうしてリスク名簿に載せられ、あらゆるさまざまな権威による監視と報告に従うことになる。そして彼らはまた、自分たちの子どもにケアをうけさせたり、彼らを予防拘禁させたりするといった、ほかの拘束手段にもしたがうかもしれないのである。

（37） ある最近の、実際に予見的な遺伝子検査についての議論が、これをよく説明している。一九八七年に、テキサス大学の衛生法の教授であるマージェリー・W・ショーは、以下のように指摘した。つまり、ハンチントン病のための予見的な遺伝子検査が意味しているのは、それにつづく二世代のうちに「われわれの種からハンチントン病の遺伝子を根絶しはじめることが可能」となること、そして「ことによると、または疑いなくその遺伝子をもっている者たちが、その伝達を防ぐために積極的な処置をとることが必要である」ということである（Shaw 1987 : 243）。

彼女の議論は、臨床前検査プログラムの推進関係者らから、ただちに猛烈な拒絶をもたらした。「誰もがハンチントン病の遺伝子頻度の減少を歓迎するだろうが、この優性学的議論は実用的でないうえに、カナダとイギリスにおける臨床前検査プログラムの第一の目的なのではない……ハンチントン病の前臨床的発見の主要な目的は、リスクがある人のクオリティ・オブ・ライフを向上させることである」（Hayden et al. 1987 : 752）。私はこれらの議論について、ハンチントン病のための遺伝子診断やカウンセリングの歴史にかんする、カルロス・ノヴァスによる研究を参照した

(Novas 2003)。

(38) 犯罪抑制と精神医学の領域にかんしては保留しておきたい。そうした領域では、これらの名高い倫理的原則は限定的なものでしかない。

第三章　現れつつある生のかたち？

多くの社会理論家、生命倫理学者、哲学者たちは、生物医学の知識が自然と人工の区別をぬぐい去り、そのことで人間の本性、自由意思、人間の尊厳、そして重大な道徳的価値に根本的な問いが投げかけられるのではないかと気をもんでいる。[1] たとえば、レオン・カスと彼の同僚たちは、『治療を超えて――バイオテクノロジーと幸福の追求』と題された二〇〇三年一〇月の大統領生命倫理評議会報告書（President's Council on Bioethics [U.S.] and Kass 2003）において四つの領域を特定し、医療のバイオテクノロジーが、いまや「治療を超えて」生命の増強や改造といった目的の追求にひたすら邁進していることを示した。すなわち、(a) よりよい子供――出生前診断、胎児の選別、胚細胞の遺伝子工学、とりわけＡＤＨＤ（注意欠陥多動性障害）関連での薬物をもちいた行動の制御、(b) スポーツ分野での優れた能力、(c) 歳をとらない身体――健康的な人間の寿命を延ばすために生みだされたあらゆる種類の技術、そして、(d) 幸福な魂――記憶の変更、とりわけＳＳＲＩ（選択的セロトニン再とりこみ阻害薬）系統の薬剤による気分の高揚、がそれらである。カス――「嫌悪感という知恵」（Kass 1997）に基づいた道徳の提唱者――や彼の同僚たち（そこには、こうした発展を憂慮する別のテクストの著者であるフランシス・フクヤマも含まれる（Fukuyama 2002））が、こうした世俗的な目的や人間の欲望を助長するバイオテクノロジーの使用に制限をかけようと模索しているのは、驚くべきことではない。

同様な関心は、『人間の本性の未来』（Habermas 2003）におけるユルゲン・ハーバーマスにもみうけられる。ドイツからこうした問題に意見を表明している多くの者と同じように、彼がとりわけ心配しているのは、遺伝学、とくに生殖にかかわる遺伝学の進歩についてである。ハーバーマスは、治療を目的とした新たな生殖医療技術は――たとえば、あらかじめ病気であることが予測される胎児を選択的に排除するといった目的での利用は――道徳的に正当化されうるとしぶしぶながら認めてはいる。しかし彼は、着床前遺伝子診断による人間の遺伝子の操作や、そうした徴候をもった技術は、〔自然な〕成長と〔人為的な生の〕制作、あるいは機会と選択のあいだの根本的な道徳的区別をすっかり変えてしまうだろうととらえている。そうすると、生まれてくる子供の「前人間的な生」を手段として利用してしまうことになり、自らを生の完全な当事者と考える余地が失われることで、遺伝子改造された人間の倫理的な自由が抑制されてしまう。これはまた、ハーバーマスが「種の倫理」と呼ぶような、人間を種としてつなぎとめる倫理的自己理解をも切り崩すものである。つまり、人間は他のすべての存在を、単一の共同体に属する道徳的に平等な成員とみなす必要があり、そこではそれぞれが同等に尊重されなければならないというのが彼の述べる「種の倫理」である。われわれにできるのは、「ひとりひとりが自らの生を倫理的なものにする責任を担っている」という想定のもとで、種の道徳的世界のなかで自分の役割を果たすことだけだというのである――こうした想定は、着床前遺伝子診断のような技術の介入によって解体されてしまうのだが、ハーバーマスにとっては、それは未来の人間の生と「相容れない決断」をともなってしまい、個々人の生やわれわれの生のかたちの道徳的な構成にとって、きわめて有害な帰結をもたらすものだというのである（Habermas 2003: 92, 81）。

哲学者や社会理論家によるこうした問題意識が、現代生物医学の現状調査に基づいたものであることはめったにない。それに、彼らは、どのようにして個々人——医者、看護士、患者、将来の親たち、新たな生殖技術によって誕生した子供たち、そして精神治療薬の消費者たち——が、それぞれの日常生活のなかで、こうした問題、選択、ジレンマを実際に理解し、経験し、あるいは倫理的に評価しているかということについて、経験的な根拠を顧みることがない。彼らのジレンマは、「まさしく曲がり角にある」遺伝子医療、生殖技術、脳科学、精神薬理学のスリルにみちた進展について、ポピュラー・サイエンスが流布する予言や発想に多くを負っているのである（McKibben 2003, Silver 1998, Stock 2003）。社会理論家や生命倫理学者、哲学者は、関係する個人、宗教団体、生命倫理学者、国家政府、あるいは国際協定が、こうした進展を規制し、操作された未来において待ち構えている人間性への潜在的な危機を緩和したり避けたりすることが果たしてできるだろうかと、自問するばかりである。

過去五〇年の間に、医療の世界でおおきな技術的変化があったことは疑いがないし、これからさらにおおきな変化が起こることも間違いないだろう。しかしながら、豊かな西洋諸国における平均寿命や健康の高まりは、高度に技術化された医療的介入に多くを負っているわけではないことを覚えておかなければならない。同様に、今日そしてこれから先も、多くの人間が苦しむであろう病気は、それほど先進的な技術的解決を必要としているというわけではなく——ただ、きれいな水や十分な食料、生活するための最低限の収入、適度に有能な政治家や官僚がいればどうにかなるものである——それらが生物医学の進歩によって著しく改善するようにもおもわれないのである。したがって、われわれは、未来を約束するこうした生物医学の文化を額面通りにうけとることはできない。逆に、根本的な変化についてのこうした予測——差し迫ってはいるが、いつもどこかしら不十分におもわれる——が、現在どのように機能しているかを用心深く考える必要がある。現代のバイオサイエンスとバイオテクノロジーは、おそらくほかの技術とよく似たパターンに従って、目と鼻の先にある画期的な変化への期待を糧に成長を遂げている。つまり、こうした主張は公共性を生み、株価をつりあげ、資金提供機関を動かし、職業性を高め、おそらくはこうした分野で働く者の動機と使命感を生じさせている（Brown 2003）。生にかんする多くの現象——生殖から感情まで——が、今日ではメカニズムとして理解可能であるようにおもわれるのは確かにそのとおりなのだが、われわれは、それらを自由自在に設計しなおせるという地点からはほど遠い場所にいる。もっとも、われわれが抱える現在の限界がたんに技術的なものにすぎず、いずれ克服されるかのようにみえることもしばしばある。それゆえ、何人かの社会科学者が発している警告には耳を傾けるべきだろう。つまり、われわれが医学の治療能力の画期的変化をまのあたりにしているという証拠は、今のところほとんどないということだ。ポール・ナイチンゲールとポール・マーティンが論じたように、「実験室由来の生物学的な知識を、役にたつ臨床的実践にむすびつけるのは至難の技である」（Nightingale and Martin 2004: 567）。つまり、基本的な生物学的知識の進歩が新たな医療技術を生みだすまでには、多くの障害を乗り越えなければならないのである。おそらく、それらがさらに臨床にまでむすびつくときには、現在売りだされたばかりの多くの医療の可能性は通常のものとなり、もはや異論はさしはさまれないだろう。たとえば、体外受精の今日のあり方は、一九七八年六月にルイーズ・ブラウンが生まれるまでに繰り広げられた「試験管ベビー」をめぐる熱狂的な議論とはほど遠いものだ。とはいえ、期待そのものは、生物医学やその技術が実現する現代の領域を形成するためのきわめて中心的な要素になっている。ほかの論者がすでに指摘しているように、こうした未来志向とは、現代の技術的諸実践のおもな特徴であり、さらには、そうした諸実践によって担われ、下支えされている想像力でもあるのである（Brown et al. 2000）。

ある意味では、バシュラールがのべているように、潜在的な特性への想像力というのは、われわれが科学と呼ぶあらゆる実践に固有のものである。つまり、科学は現象の学ではなく、現象・技術学なのである。それは、思考があらかじめおもいうかべたものを、技術的な方法で現実にひき起こそうとするものである。現象とは「器具によって選択され、ろ過され、純化され、形成されなければならない。おそらく、そもそも現象を生みだすのは、実際には器具なのである。そして、器具とは物質化された理論にほかならない」（Bachelard 1984: 13）。バシュラールが〔この文章を〕執筆をした一九三〇年代に懸念していたのは、その時代の科学認識論が、科学者を所与という罠へと向かわせてしまうことにあった。所与という罠は、科学的な想像力にとって障害となる。しかし今日では、科学的想像力が衰退している恐れはほとんどない。こうした想像力は、以下のような商業界やマスコミの過剰宣伝によって生みだされている。すなわち、画期的な進歩や、潜在的な未来とわれわれがその未来で直面するかもしれないジレンマについてのおとぎ話、どうしたところで未来にかかわるような技術のリスク評価、そして公的もしくは国家の機関の内外で、「予測」「展望」「シナリオ設計」をする新たな専門家の仕事、これらである。もし現代の科学を推し進める、希望、研究助成、投資戦略といったものを現時点でつくりだしたいのであれば、こうした未来のイメージは必須である。カルチュラル・スタディーズに従事するものたちは、たしかにこうした注意喚起や警告を同時に伝達するイメージを生みだすのに一役買っている。しかし、社会理論家と生命倫理学者もまた、われわれをまったく異なる人間性の形式へと一気に向かわせるような、道徳的危機や危険な坂道《スリッパリー・スロープ》にみちた未来の風景をおもわせる役割を担っている。

生物医学の力にかんするこうした期待、約束、希望、恐れは、おそらくは誇張されたものである。しかしながら、これらは何か重要なことを指し示してもいる。今日では、少なくともわれわれは、世俗的な欲望や願望を求めて、身体と心の能力の多くを微細に操作しようと熟慮したり、ときにはそれを実現したりすることができる。ハラウェイのサイボーグ宣言（Haraway 1991a）に倣って、われわれはある意味では「ポスト・ヒューマン」――とりわけ、人工器官によって身体能力を活性化させたり増大させたりする可能性をつうじて――になりつつあると主張する者もいる（Hayles 1999）[2]。しかし、われわれは、そもそも、たんに「ヒューマン」であっただけなのだろうか――われわれの能力はたんに自然であっただけなのだろうか。私はこの点に疑いをもっている。つまり、人間がかつて「自然」であったためしなどなく、少なくとも言語の発明以来、われわれはつねに、知性、物質、人間の技術によって、自らの能力を拡張してきたのではないか。実際、われわれが自然だと考えている能力は、人間の本性に由来するのではなく、人間、人工物、物のつながりの配分によって生じているのである（この点について、Rose 1996b のとりわけ第八章で広く論じた）。さらに、第一章でとりあげたように、今日の人間的なあり方が、われわれを非生物学的にするはずはなく、反対に、人間の生とバイオテクノロジーのあいだに築きあげられた避けがたいむすびつきのなかで、われわれはこれまで以上に生物学的な存在となっている。それゆえ私は、われわれがポスト・ヒューマンになりつつあるというのではなく、どの程度までわれわれは「現れつつある生のかたち」を生きているのかと問いたいのである。生のかたち〔生活形式〕という概念は長く受け継がれてきたものであり、おそらくもっとも顕著には、ルートヴィヒ・ヴィトゲンシュタインの『哲学探究』（Wittgenstein 1958）にみうけられるものである。しかし、私が現在の文脈でこの概念をもちいるときに直接的な示唆をうけたのは、こうしたテーマをめぐる会議のタイトルにこの用語を使ったステファン・ベックとミチ・クネヒトである。(3) 生のかたちというアイデアは、ある特定の規則や前提に従って人間存在を考えたり定めたりする方法をあらわすのにもちいることができるものである。しかし、生のかたちというアイデアは、たんに生き方についてだけでなく、生命体（life form）、すなわち、そうした生き方をする存在者や、それらの特徴にも注意を向けるものである。さらに、現れつつあるとは、現在が、それに先行する事柄から根本的には異なってはいなくとも、それにもかかわらず、何か新しいものが形成されるプロセスの、ひとつの契機にはなりうるという意味である。何か斬新なものとは、多様な偶発的経路が交錯した結果として現れるのであり、けっして個々の進歩の帰結なのではない。何か斬新なものとは、一連の実践――医療、法律、経済、政治、倫理――において、考え方や行為の仕方がむすびつくことから生じるのであり、それらのうちのいずれかによって直接措定されるものなのではない。それは、特徴を特定できるものかもしれないが、その生産力を予期することはできない。われわれはどの程度「現れつつある生のかたち」を生きているのだろうか。

われわれは、グローバリゼーションにかんするおなじみのテーマ、情報技術の興隆やセキュリティへの関心の高まりなどと連関させて、こうした問いをたてることができるかもしれない。しかし、ここでは医療に焦点を絞ることにしよう。従来、医療の役割は人間の能力の改造にではなく、失われた規範性の回復にあるとされていた。身体には自然の規範があり、病気はそうした規範の喪失であった。そして医療的介入はなんらかの手段でそうした規範を元に戻したり再現させたりするものなのであった。治癒され、少なくとも治療をうけた身体と心をもち、正常といえる仕方で自然な生を実現できるかもしれないということが、個々人にとっての希望だったのである。しかし、こうした規範は、もはやそれほど常識的とはおもわれない。またこうした規範性は、原則として意識への操作の影響をうけやすいものである。そして、生物医学の手法によって生みだされた新たな規範はすでに現実のものとなっている。新たな生殖技術は、出産年齢、不妊、セクシュアリティといった自然の限界を克服している。子宮内の遺伝子検査によって、特定の遺伝的な病気や障害は選別できるようになっている。希望どおりの性別の子供を授かる機会を増やすために、精子の選別がなされることもある。着床前遺伝子診断をもちいる胚選別によって、親たちや医者は、骨髄や他の臓器の移植が必要な兄弟姉妹のために、組織適合的な子供を選んで産むことができるようになる。ホルモン補充療法や加齢による性的機能不全の治療は、性生活や生殖活動を拡張しうる。多くの者が指摘するほどには効果的なわけ予測可能なわけでもないが、向精神薬は、気分や感情、認識力、決断力を、いくらかは変えることができるものになっている。かつては有機的な生そのものの法則に書きこまれていると考えられていた規範性のいくつかは、少なくとも豊かな西洋諸国では、すでに選択の問題となっており、その選択が強いるあらゆる要求を抱えこんでいる。個々人にとっては、身体化された自己を新たな方法で改変できると考えられるようになり、それゆえに、彼ら自身の生物学的・ソーマ的存在を、責任をもって自己管理するという、さらなる義務が課されるようになったのである。

しかし、われわれは新たな時代の変化について診断を下す前に、たちどまって考えるべきだろう。医療の領域は病気の特定や正常性の回復といった領域をはるかに越えでてしまった。実際、レオン・カスと彼の同僚たちは、この二世紀の間に「医者の商売の一部になった」人間的生の一連の姿を列挙している。すなわち、「出産、不妊、性的な道徳習慣と実践、犯罪行動の様相、アルコール依存、異常行動、不安、ストレス、認知症、老い、死、苦悩、悲嘆」である（President's Council on Bioethics [U.S.] and Kass 2003: 303）。病気を治療するよりも生を操作するために技術を利用することには、原則としてなんら新しいことはない——われわれは、多くの文化が、気分を変えるといったことはもちろん、出生率を上げたり、男の子が生まれる可能性を高めたり、健康と体力を維持したりするために昔から用いてきた万能薬、妙薬、そして戦略をもっていたことを知っているのである。しかし他方で、何かが起きているようにも思われる。私が生政治という言葉をもちいるのは、フーコーが一九七〇年代に「十八世紀における健康政策」(Foucault 1999)という論文で分析した布置に、われわれの現在を対比させる意図があるからである。[4] フーコーは、生権力や生政治といった概念の経験的な基礎を準備したこの分析のなかで、十八世紀のヨーロッパでは多くの権威者たちが、社会体のさまざまな場所で発生する病気の問題に悩まされ、健康の名のもとに、都市、病院、家族といった領域で、そうした問題に介入する戦略を開発していった経緯を示した。健康の政治を要求する問題の空間は、十九世紀に整備されはじめ、二十世紀には、病気の管理、個人と人口集団の健康、そして彼らの性的活動や生殖活動を健全に繁栄させるための、あらゆる種類の複雑でハイブリッドな社会技術がつくりあげられていった。しかし前章で論じたように、わたしたちの現代の生政治の領域は、健康と病気、いわんやセクシュアリティや生殖といった要因によって規定されているわけではない。それは、生そのものの最適化にかかわる問題空間なのである。

私はこの「最適化」を、二つのつながりあった問題——「感受性」と「エンハンスメント」——との関連のなかで探究してみたい。そのそれぞれにおいて、生物医学の知識は、未来の生命力を最適化することを念頭におきながら、今日の人間存在に介入している。感受性は、無数の生物医学のプロジェクトの指標となり、病気の予防や将来的に現れるかもしれない病理の名のもとに、症状もないまま安易に人びとを特定したり治療したりしようとする。エンハンスメントは、人間の身体と魂のほとんどすべての能力——強さ、忍耐、長寿、注意、知性——を最適化するかもしくは改良し、それらを巧みに操れるようにする。そしてそれらの管理が、裁判所から診療所や市場にいたるまで、生物医学の権限のもとにおかれるようになるのである。

新たな時代？

もし現代の生政治に新しさがあるとしても、それは何か単一の出来事の結果としてもたらされたものではないことを、これまで論じてきた。そして、生についての現代の生政治の鍵のひとつは、生が直面し影響をうけている新たな分子的規模にあるということも論じてきた。[5] この分子への眼差しは、生のリバースエンジニアリング〔逆行分析〕の可能性をもたらし、生を理解可能な一連のプロセスに変形させうるものである。そしてこのプロセスとしての生は、好ましくない異常性を除去したり、望ましい結果を増進させたりするような分子的介入によってモデル化され、試験管のなかで構成されなおされ、操作され、設定されなおされる。原理的には、すべての生きた有機体の要素――生命のすべての要素――は切り離すことができ、その特性を特定したり、動員したり、操作したり、ほかのあらゆるものと結合しなおさせたりできるだろう。そして、こうした展開によって、身体の健康におおきな倫理的価値を認める自己の体制に特別の重要性が与えられ、そこでは個人的あるいは集合的な主体化の形式が、しばしばソーマ的なもののまわりに結集するということを論じてきたのである。[6]

ハンス＝ヨルク・ラインベルガーは、同じような事態の進展を考察しながら、われわれは、有機体とそのプロセスを表象することに関心を抱いた時代――発見の時代――から、技術の時代、つまり介入を関心とする時代に移行したのだと主張している。そこでの目的は、生命を書き換え、変形させることなのである（Rheinberger 2000）。私は、こうした変化が、自然と文化のあいだにある、なんらかの原初的もしくは存在論的な区別を乗り越えたとするラインベルガーの見解を共有しはしない。しかし、彼が論じたように、生命の秩序に対する現在のとりくみの中心にある論理とは、知ることではなく、技術的な介入によってそれを変形させることだということは強く主張しておきたい。生命についての知は、そもそものはじめから——あるいは、可能ならばそれ以前から——、生命が自らを向上させるために自らに働きかける作用のうちにあるのである。われわれが何者であり、どのような生命体であり、どのような生のかたちを生きているのかについての理解こそが、ビオスをゾーエーに折り畳んだのである。このことで私がのべたいのは、良き生——ビオス——についての問いは、本質的にわれわれの動物的生——ゾーエー——の生体プロセスの問題にもなったということである。ビオスの形式が論争の主題を構成するようになって以来、生そのものが——ただ良き生を可能にする健康とか、われわれの生き方の倫理に尊さや教訓を与えてくれる病気の経験といったものだけでなく——、現在ではわれわれの政治の中心的論点となっているのである。

新しさを主張することは、しばしば過去の先例や歴史的連続性と衝突しうるが、ここでも例外ではない。実際私は、何か新しいことが生じているという自分の主張をじっくり考えるうえで、優れた医学史家のチャールズ・ローゼンバーグが私の仕事を批評してくれたことに励まされてきた[7]。彼のコメントは概して肯定的なものであったが、「新たなものがもつ新しさに歴史家はいつも警戒するものだ」という理由から、ある種のためらいを表明していた。「病気とは何か」という最近の論文（もう一人の偉大な医学史家オウセイ・テムキンのための追悼論文）において、ローゼンバーグ自身が、現代の病気の境界についての論争には長い歴史があると論じている（Rosenberg 2003）。権威のあいだではつねに争いが生じている。定義、診断、治療する権利は誰が保持しているのか。病気の境界線はどこにあるのか——頭痛、不眠症、背痛、過敏性腸症候群、そして病気に似たもの、病気の徴候、あるいは生の避けがたい状態は病気なのか。そして誰が決定を下すべきなのか――医者なのか医療管理者なのか、患者自身なのか。いつなら治療を受けるにふさわしい状態で、いつがそうでないのか。個人に責任がある場合と、そうでない場合――臓器が悪い、運が悪い、遺伝のせいである――の境界はどこにあるのか。こうした境界をめぐる争いは目新しいものではなく、医療に特有の問題なのだ。そしてローゼンバーグが「技術浸透」と呼ぶ現象にも、長い歴史がある。つまり、診断ツールによって、それまで見えなかったが、いまや病理学的な証拠とみなされている徴候がひきだされる――ローゼンバーグが「原疾患」と呼んだものを生みだすことである。こうした問いは、歴史的には、その発症がはるかに感情的あるいは行動的になる症状――うつ、強迫的な衝動など――において、いっそう顕著になってきた。

かくして歴史家の警告に従うならば、こうした境界の不明瞭性は、現れつつある生のかたちに固有の問題ではないことになる。だが、それにもかかわらず、私は何かが生じていると考えている。それが何なのかを理解するために、いくつか例をあげてみよう。

感受性

すでに言及した正常と病理にかんする試論のなかで、カンギレムは医学における規範の概念が、生そのものの規範性に由来すると論じている。すなわち、「生物学的な正常性を統計的な事実ではなく価値概念にするのは、生そのものであり、医学的判断ではない」(Canguilhem 1978: 73)。これは、生命の規範と社会の規範についての彼の区別――私はこれを疑問視してきた――の根拠になっているだけではない。カンギレムにとっては生そのものが規範的なのだから、医者もまたその側に位置づけられる。そして医者は、規範を再構築したり維持したりするために「否定的な価値をもつすべてのものに対して防御し、それと戦う試み」に従事する者とされる。つまり、健康とは、正常性ではなく規範性――有機体が変化しつつある環境に適応する能力――の問題だというのである。たとえ病理にはそれ自身の規範があるとしても、病気は、この健康の規範性に制限をかけるのである。医学は、たとえ治療学によって達成される規範が以前のそれと異なるものであったとしても、この規範性の回復を追求するものなのである。

現代のゲノム医学にみられる感受性という考えは、こうした論理から逃れているようにおもわれる。それは、正常と病理のあいだで、第三項として作動するのである(Novas and Rose 2000)。生命の規範性〔を考える〕だけでは、明らかな病気が発生するまでの、徴候のない病気の前段階が無視されてしまうことになる。しかしながら、ゲノム医学は、こうした無関心を逆転させ、未来に待ち構える困難の隠れた種を、診断や治療をする際に、その希望の中心にするのである。とはいえ実際には、隠れた感受性という考え方は、それほど目新しいものではない。「感受性」という術語が、病気になりうる人物、あるいは病気への防御を欠いている人物を指す名詞として使われたのは、二十世紀初頭になってからである。OED〔オックスフォード英語辞典〕には、十七世紀に遡ると、非常に近い術語として「素因」(predisposition)があると記されているが、これは病気にかかりやすくなる体の状態として定義されるものである。しかしながら、ルネ・ルリッシュに手がかりをえたカンギレムの別のフレーズがここでは有用であるだろう。「ルリッシュによれば、健康とは、器官の沈黙を生きることである」。逆に、「病気とは、いつもの生活や仕事のなかで人をいらつかせるものであり、とりわけ人を苦しめるもののことである」(Canguilhem 1978: 46)[(8)]。こうした観点からいえば、病気とは苦悩の状態――人間の問題――ということになる。それゆえカンギレムにとっては、「この[正常と病理の間の]変化を判断するのは、個人である。なぜなら、苦しんでいるのは本人なのだから」(Canguilhem 1978: 106)。しかしそれでは、病気の前段階――不整脈にしろ、遺伝子配列のひとつの塩基がほかの塩基と置換されているにしろ――についてはどうなのか。もしその欠損が症状を示さずに潜伏しており、本人が気づいていないなら、その人は病気にかかっているのだろうか。おそらく、こうした定義にかかわる問い、あるいは存在論的な問いは、問い方を間違えている。むしろ、以下のように問うのがよいだろう。感受性が医療の注意をひくといったことが、どのようにして起こるのだろうか。カンギレムのヒューマニズムとは逆に、どのようにして医者と遺伝子カウンセラー、そして現在であればゲノム学の研究者とバイオバンクの人間が、現実的には元気にみえる個人の権利に抗して、潜在的な病気あるいは原疾病の状態を定義して診断し、そのことで人びとを「患者の前段階」とみなす権利を獲得してきたのだろうか。

もちろん、素因の言説は、すでに有機体としての個人――素因をもつ人――に宿る病気の傾向をあつかっていた。十九世紀以来、素因は家系に位置づけられ、ある世代からつぎの世代へと、体質としてうけつがれるものであった。ある体質をうけつぐと、もしそれが弱体化したり何かしら毀損されたりするものであったりすれば、結核、腺病、梅毒といった多くの病気のうちのどれかだけでなく、神経障害、てんかん、もしくは狂気になりやすいとか、あるいは酒飲み、ギャンブル、そしてあらゆる形式の身体的・道徳的悪に陥りやすくなるというのである。人の体質は、子宮の中にいるときから、母親の悪癖や妊娠中に起きた出来事のせいで影響をうけるかもしれない。またそれは、堕落した習慣のせいで、生涯をつうじてより一層弱体化したり、子孫にはさらに悪い状態で伝わったりするかもしれない。そして、弱体化した体質が特定の刺激にさらされると、明らかな病理が生じるかもしれない。かくして、刺激が強すぎれば、躁病が現れたり、マスターベーションのような不適切な習慣が衰弱や身体的な不調をひき起こしたりするかもしれない。

体質、素因、そして病理を生みだす刺激の布置は、遺伝的形質と環境のあいだの緩やかな区別を保ちながら編成されなおされるが、根本的に変化するわけではない。二十世紀にはいってからでさえ、うけつがれたり、毀損されたり、あるいは欠損があったりする体質に潜む病気が、悪癖や悪習のせいで、早期に、あるいはより深刻なかたちで活性化されるという感覚は残っている。そして、まったく逆に、高潔で道徳的な生活をおくることで、病気の発現を抑制もしくは防ぐことさえできるということが広くいわれてきた。特定の病気になる素因がうけつがれるという考えは古くからあるもので、特定の原因が人を病理になりやすくさせるのだといわれてきたのである。そして、うけつがれた体質の発現の機会を最小化するには、節度ある習慣、食事、モラル、生のかたちをもつべきだという考えもまた、古くからある。

感受性という考え方を、現れつつある生のかたちの主要な特徴に含めさせるものは何であろうか。この考え方が、それだけでは認識論的な変化といえないのは確かである。それにもかかわらず、スケールの変化、技術的性能の変化、そして専門的な知見のさまざまな願望における変化がくみあわさることで変異は生じるのである。ゲノム学的な精度でとらえられる感受性という考え方、遺伝子スクリーニングの技術、予防医学的な介入への期待といったもののくみあわせが、潜在的で望ましくない未来を現在にもちこみ、それを計算可能にするために、生物医学の専門知識の量を飛躍的に増大させているようにおもわれる。さらに、未来の計算をおこなったというまさにその事実によって、現在感受性の高い個人は、別のより望ましい――より病気の少ない――未来に向かうために、医学的介入を招きいれたり要求したりさえするのである。

周知の通り、ここで生じた最初の動きは、認識論的なものであった。それは、特定の集団に属する者が、ある種の病気に罹る確率の計算に基づいてリスクの尺度をもちいることに顕著にみうけられる。そうした集団は、喫煙のようなライフスタイルの要因に加えて、家系や人口統計――人種、年齢、体重――によって産出されたものである。このようにリスクに依拠して個々人を特定したり治療したりする機会が増えており、現在では、次第に洗練されていく検査や、スクリーニング、イメージ化技術が、そうした機会を下支えしている。[9] そしてスクリーニングとリスク・プロファイリングが介入にむすびつく――たとえば、脂質低下薬の処方や心臓発作や脳卒中のリスクを軽減するための降圧剤の処方といったものの介入である。ローゼンバーグが示唆しているように、こうした徴候のない健康状態は「医原化される――つまり観念や実践、医療従事者によって……生みだされる」のである（Rosenberg 2003: 503）。こうした健康状態は、とりわけ罹病率や死亡率にかんする大規模で長期的な調査といった一連の進展によって知られるようになる。二十世紀最後の数十年間には、ときに患者会が実施する病気を認知させるキャンペーンとも連動しながら、治療に値する疾患に注意を向けさせるように個々の医者や専門家の活動を改めさせることで、このような状況がさらに促された。こうした原疾病は、製薬産業にとっては、ことのほか実りある開発の対象となった。たとえば、二種類の脂質低下剤――リピトール（アトルバスタチン）とゾコール（シンバスタチン）――が二〇〇三年に合衆国で売り上げのトップとなり、そのそれぞれは六三億ドル、五一億ドルにのぼっている。[10]〔ここでは〕高脂肪、高血圧、あるいはそれに類する指標がそれ自体として病気を意味するわけではないことに注意しなければならない。この場面で医者や薬物によってあつかわれているのは、病気ではなく、ほとんど無限に拡張してひき伸ばしができるようなリスクの帝国である。公衆衛生医学は、長いこと病気の予防と健康増進の戦略にかかわってきたが、二十一世紀になると、こうした個人化され薬剤化された実践、あるいはリスクへの「対処」という名目で、早い段階から長期間にわたって身体的なプロセスに介入することが、生の政治のおもな特徴となったのだ。

しかし、ゲノム学の時代に感受性が約束するのは、リスク評価やリスク管理以上のものである――つまりそれは、年齢、体重、食事といった、病気のプロセスとのむすびつきが知られていないか、もしくはほとんど関係がないような要因同士の相関関係に基づく介入以上のものなのである。感受性とは、個人の身体そのものの水準で定義されうる何ものか――あらかじめ特定の病気や障害が進行しやすい個人のゲノムにそなわったDNA配列内のヴァリエーション――であるといわれている。ヒトゲノム計画の初期の唱道者であり、重要な役割を果たしたリロイ・フッドが二〇〇〇年に共同設立したシステム生物学協会のホームページ――「革命的な科学、生命の増強」――に二〇〇四年にアクセスしたところ、そこには約束型文化とでもいうようなものが姿を現しはじめていた。(11)「システム生物学協会の使命は二つある。つまり、システム・アプローチをつうじた生物学の革命、そして予言的で予防的でかつ個人化された医学である」というのだ。そこにはこう記されている。

ヒトゲノム計画は、現代の生物学と医学において、二つのパラダイム・チェンジ――システム生物学、そして予言的で予防的でかつ個人化された医学――の触媒となった。ヒトゲノム計画によって、(一卵性双生児を除く)われわれのひとりひとりを互いに異なる存在にしている広範なヒトゲノムの多型にアクセスできるようになった。平均すると、あなたと私のDNAは、一〇〇〇文字につき一文字が異なっている。つまり、平均するとわれわれはおよそ六〇〇万のDNAのヴァリエーションの分だけ、互いに異なっているのである。こうしたヴァリエーションの大部分は、われわれの外見や行動にはまったく影響がない。しかし、そのうちのいくつかによって、われわれは背が高かったり低かったり、痩せていたり太っていたりする。さらにそのうちのいくつかによって、がん、心臓病、神経疾患、あるいは代謝障害といった病気になりやすくなっている。一〇年から一五年の間には、数千とは言わないまでも、数百の病気の素因が特定されていることだろう。少量の血液から採取された遺伝子をもちいて、関連するDNA配列を分析することが可能になるだろうし、一個人の将来の健康を確率論的に予言するためにそれらを使用することができるようになるだろう。これは予言的な医学なのである。治療や予防ができないのに予言をするというのは医学にとってうけいれがたいことであり、われわれは、この先一五年から二五年かけて、システム・アプローチをもちいて、欠陥のある遺伝子をその生物学的システムのコンテクストにおき、その制約をどのように回避できるかについて学んでいく予定である。これが予防医学である。予防医学には、薬物、ES細胞治療、人工タンパク質、遺伝学的に改変された細胞など、多くの手段があるだろう。われわれひとりひとりにはDNAのヴァリエーション六〇〇万分の違いがあるので、それぞれにおいて遅発性疾患のくみあわせは異なるであろうと考えられる。したがって、医師はわれわれひとりひとりを、固有の素因をもった個人として治療しなければならないだろう。これが個人化された医学である。

ゲノムを構成する三〇億の塩基対のうち九九・九%は、ランダムに抽出したどの二人にも共通しているが、残りの〇・一%の違いは、塩基対のレヴェル〔単一ヌクレオチド多型［SNP］〕で無数の差異――通常の推計では二〇〇万から一〇〇〇万であるが、より大きな数の推計もある――を生みだすことになる。現在の研究は、こうしたSNP――あるいはハプロタイプやHAPとして知られるSNP――の共通遺伝クラスタ〔の解明〕に集中的にとりくむことで、病気への感受性や特定の治療への順応性にかんして、個々人のあいだでの医学的に顕著な差異をみいだそうとしている。ゲノムレヴェルでヴァリエーションを特定しようとするこうした現代のプログラムがもつ展望によって、医療者は、リスク指標の疫学的特性評価をしたり、異なる治療法を試行錯誤しながら適用したりするなどの仕方を乗り越えることができる。それは、感受性の増大や薬剤効果のばらつきに関与する、特定の遺伝子座にある一連の塩基対を正確に特定するためなのであり、そのことで個人の診断や「テーラー化した治療」が可能になる。そしてこのとき、リスク評価のはじめの形式とは異なり、問題となる配列の変異は、少なくとも原理的には、病気を進行させるメカニズムにくみこまれることになる。

システム生物学協会は、予測や予防のために病気の感受性につながるSNPやHAPを発見しようとしているさまざまなプロジェクトのうちのひとつにすぎない。ゲノム・バンキング・プロジェクト――アイスランドのデコード社やスウェーデンのウマン・ゲノミックス社からUKバイオバンクやセレラ・ダイアグノスティックス社にいたるまで――において、希望、研究、資本にかかわる公的および私的な投資がなされたのは、こうしたプロジェクトがもつ有望性ゆえである。それぞれのプロジェクトでは、病気のあるリネージとそうでないリネージの個々人から組織が採取され、DNAが配列決定され、特定のSNPパターンと、病気の発症しやすさ、とりわけ、よくみられる複合疾患とのあいだの相関関係を探しだす企てがなされている。私が述べたように、ひとたびこうした相関関係が発見されると、いわば遡及的に、相関したSNPのパターンが遺伝子検査にあらかじめとりいれられるようになり、発症前診断や予防的介入ができるようになると信じられている。発症前の検査――アルツハイマー病から歯周病まで――は、すでに成長産業となっており、SNPレヴェルでの遺伝的ヴァリエーションを特定するための処理能力の高いプラットフォームとして遺伝子チップがもちいられている。よくみられる複合疾患に移行すると、以前の思考スタイルである「～のための遺伝子」というモデルは必然的にほとんど意味を失うことになる。というのは、いくつかの異なる遺伝子座におけるSNPヴァリエーションと、それが特定の環境や経歴において発現する能力との間の複数の相互作用こそが重要になるからである。もし上記の試みに成功するならば、診断テストが日常的におこなえるようになる。もし医者が治療をおこなうときの診察のコンテクストにただちに適用できなかったとしても、関連する研究機関は間違いなくこれを利用して、それまで考えもしなかった規模で発症前診断と予防的介入をおこなうようになる。

こうした期待に充ちたあらゆる試みに共通することであるが、よくみられる複合疾患との関連では、とりわけこの「もし」がおおきな意味をもっている。にもかかわらず、こうした会社が発表する一連の声明では、飛躍的前進がただちに実現されるかのようにほのめかされている。「セレラ・ダイアグノスティックス社、心臓発作のリスクを増大させる新たな遺伝マーカーを特定」と題された二〇〇四年六月三日の報道発表をとりあげてみよう[12]。そこにはこう記されている。

セレラ・ダイアグノスティックス社の科学者は、トロントでおこなわれた国際血管生物学会において、二つの遺伝子の遺伝的ヴァリエーションが、心筋梗塞（ＭＩ）や心臓発作のリスク増大に関係しているというデータを発表した。アプライド・バイオシステムズ・グループ（ＮＹＳＥ：ＡＢＩ）とアプレラ・コーポレーションのセレラ・ゲノミクス・グループの共同事業であるセレラ・ダイアグノスティックス社は、クリーヴランド・クリニック財団とカリフォルニア大学サンフランシスコ校……からの研究者と共同で研究をおこなった。発表された二つの遺伝マーカー、あるいは単一ヌクレオチド多型（ＳＮＰ）には、ＭＩのリスクを二倍にするアクアポリン一〇遺伝子（ＡＱＰ10）のＳＮＰが含まれている。第二のＳＮＰは、機能の知られていないＫＩＡＡ1462遺伝子にみうけられる。それぞれのＳＮＰｓは、喫煙、高血圧、高コレステロール値……といった従来から知られてきたリスク要因に匹敵するほどのＭＩのリスクとなる。これらの遺伝マーカーは、九〇〇〇以上の機能的ＳＮＰｓの共同研究をつうじて特定された。セレラ・ダイアグノスティックス社は、一四〇〇人以上のＤＮＡのサンプルを調べて、ＭＩの経歴をもつ者と慢性心疾患の経歴のない者の遺伝的ヴァリエーションのパターンを比較した。この結果は、一〇〇〇人以上の個別のサンプル採集でも再現された。

セレラ・ダイアグノスティックス社の代表取締役であるキャシー・オルドニェスは、この報道発表を引用しながら以下のように述べている。

われわれの共同研究は、心疾患の基礎生物学の理解を押し広げ、診断と治療の価値を新たに創る機会を生みだしている。標的を絞った医療の期待に沿って、われわれはこうしたすばらしい発見を臨床実践に活かさなければならない。われわれはクエスト・ダイアグノスティックス社（ＮＹＳＥ：ＤＧＸ）やほかの協力者とともに、ＭＩに関連するもっとも有益なマーカーの配列を特定しようととりくんでいる。セレラ・ゲノミクス社の科学者と協力して、こうしたマーカーの治療応用の将来性についても検討している。

しかし、われわれは、報道発表の最後の部分にも注意すべきだろう。この箇所は、全体を引用する価値がある。

この報道発表の声明のいくつかは、展望段階のものである。とりわけ「信念」、「計画」、「〜するべきだ」といった展望段階の用語をもちいていることから、それがうかがえるだろう。こうした展望段階の声明は、今日のアプレラ・コーポレーションへの期待に基づくものである。一九九五年の私的証券訴訟改革法は、こうした展望段階の声明に対する「免責」を規定している。免責条項を遵守するために、アプレラは、予測された成果や、こうした展望段階の声明に含まれる期待とはおおきく異なる結果や経験をもたらすさまざまな要因があることもつけ加えている。こうした要因には以下のものが含まれるが、これに限定されるわけではない。（一）セレラ・ダイアグノスティックス社がおこなっている疾病共同研究から、セレラ・ダイアグノスティックス社とセレラ・ゲノミクス社が、商品、治療法、診断上の価値を生みだすことができるかどうかは確実ではない。（二）アプレラの文書には、場合により、証券取引審議会によってそのほかの要因が書き加えられることがある。この報道発表のすべての情報は発表時点のものであり、アプレラは、法が要求しないかぎり、展望段階の声明を含むこの情報を改訂するいかなる責務も負わない。

マーティン・D・チットウッドとニコール・T・ブラウニングによると、一九九五年の私的証券訴訟改革法が議会で可決されたのは、「メリットのない」証券代表訴訟を阻止するための手続保障をすることを意図したからである。[13] チットウッドとハーレーは以下のように伝えている。

PSLRA〔私的証券訴訟改革法〕を支持したのは、おもにベンチャー投資家、企業の利害関係者、会計事務所であり、彼らがいうには、こうした連邦証券法の改訂は「メリットのない」私的訴訟をなくして、公的企業の取締役や役員が株主訴訟を恐れずに自らの企業の財政的な展望の声明を発表できるようにするために必要だったということだ。しかしながら、多くの消費者保護団体を含むPSLRAへの反対者が主張したのは、法律制定を働きかけている者は、メリットのある訴訟から自分の身を守りたいだけだということだった。

クリントン大統領は、「正当な申したてをする投資家に対して裁判所の門戸を閉ざすようなものだ」と、賢明にもこの法律に反対しようと努めた。こうした懸念があったにもかかわらず、議会はクリントン大統領の反対を押しきり、法律は一九九五年一二月二二日に施行された。この法律の免責条項によって、被告になっていた企業や個人は、もし「その声明が、展望段階の声明とはおおきく異なる、実際の結果をひき起こしうる重要な要因を特定する有意味な注意文言をともなっている」[14]ならば、「展望段階」の声明をしたことによる法的責任を逃れることができる。つまり、約束型文化は、不可避的にひき起こされて襲い掛かってくるリスクから身を守るために、不確実性やリスクを含んだ未来学を自らの活動にとりこんでいるのである。

法的な免責をうまく利用しているということはほとんどないが、すぐに実現するであろう個人化という同様の約束も、薬理ゲノム学として知られる領域でなされている（たとえばRose 2002a, 2002b, 2004を参照のこと）。ここでは、治験と研究は、多くの病気／薬物のくみあわせ、DNAサンプルの収集と配列決定、ゲノム情報と相関的な薬物の効能に対してなされている。これまで長らく、薬物の効能は個人によって異なるといわれてきた——薬物は一個人のある病状に対して効果を発揮し、別の場合には効果をもたず、むしろ服用すると悪い効果を示すこともあるが、病気はすべて「同じ」だと考えられてきたのである。これは通常、薬物動態学の一種——問題となる薬物の代謝に関与する酵素系——の問題であるとされてきたが、病気は、病気メカニズムそれ自体にみられる個々人の差にも関係している。つまり、薬物の効能、無効能、あるいは薬害と関連のある特定のSNPやHAPを特定すること、そして特定の患者の病気を診断してもらいながら、どの薬物がもっとも適しているのかを医者に決めてもらったり頼んだりもできるような遺伝子検査を推進すること、これらが目的なのである。製薬産業は「大型新薬」から手をひいて「小型新薬」に移行するだろうと予測する者もいれば、以前には単一の病気の変種と考えられた病状が、薬物そのものによって「細分化され」、分子レヴェルでは異なる状態にあるものとして分類されなおされるだろうと予測する者もいる。こうしたテーラー化された医療に託された希望とは、遺伝子検査に基づいて薬物の処方を個人化することによって、薬物の効能が高まるだろうというものだ――不快な副作用のせいで患者が服用をやめてしまわないようにすることで、投薬計画を最大限に「遵守」させ、患者が特定のゲノム学の知見に照らして効能のない薬物を処方されないようにすることで無駄を最小化し、入院や死亡の上位六つの原因に入ると推計されることもある薬害によって健康を損なうコストを個人的にも公的にも減少させるのである。

ＳＦ作家や著名なジャーナリストはすでに、遺伝学的な個人化の「明日の世界」を想像している。人の運命が誕生の瞬間に、子宮内で、あるいは着床前遺伝子診断によって、遺伝子チップから読みとることのできる世界である。[15] 産業アナリストは、遺伝子チップから薬物にいたるまで、分子診断学の市場が急速に成長するだろうと予測している。分子診断学の担い手たちが活躍する場はおおきく成長している。たとえば、早くも二〇〇二年には、合衆国の製薬市場にかんするフロスト＆サリバンの報告書で、六七の主要な市場の担い手が確認された。[16] しかし、われわれは多少の注意を喚起する必要がある。第一に、もちろん大部分のこうしたプロジェクトは、いまだ臨床的に重要な知見を生みだしてはいない。非常に多くの薬理ゲノム学研究がかかわって、過度に有望な予測を提示しているにもかかわらず、薬物の効用についての診断検査は今のところほとんど市場に出回っていないし、そうした診断検査が必要かどうかも不確かである(Hedgecoe 2005)。いずれにせよ、個人化やテーラー化という表現には語弊がある。というのも、こうした検査のうちもっとも有力なものでさえ、反応の確率に基づいて、個人をあるグループに割り振るくらいのことしかできそうもないからである――臨床医に知らされる情報というのは、たとえば、ある患者の九〇％は薬物がよく効く可能性があるとか、薬物が効く可能性は一〇％にもみたないだろうといったことでしかない。これは、医者が薬物の第一候補を選択する助けにはなるかもしれないが、だからといって、こうした確率データのせいで、効果的な治療の可能性をもたらすかもしれない別の薬物を患者が摂取しなくなってしまうということはありそうもない。あるいは、こうした情報以外の多くの別の要因によって処方の仕方をきめている医者が、その態度を変更するということもありそうにない (Nuffield Council on Bioethics 2003)。

病気の感受性にかんしては、われわれはすでに単一の遺伝子疾患のために設置される全国的なスクリーニングのプログラムについて検討してきた。たとえば、イングランドで公表された小さな進展として、「NHS〔国民保健サービス〕」による鎌状赤血球症やサラセミアのスクリーニング・プログラム」が二〇〇一年に開始されている。これは「異常ヘモグロビン症とサラセミアのスクリーニング・プログラムを含めた、女性と子供のための効果的で適切な全国規模の出生前もしくは新生児のスクリーニング・プログラムを二〇〇四年までに」実行することを目指すものであった。これはサラセミアと鎌状赤血球に対する出生前のスクリーニングをともなっており、「疾患をもつ胎児を抱えるリスクのあるカップルを妊娠初期にみきわめて、情報に基づく出産の選択を可能にする。そこには、中絶しないという選択肢とともに、出生前診断や、疾患をもつ胎児を中絶するという選択も含める」といった狙いがある。「新生児血斑スクリーニング・プログラムの一環として」すべての新生児をスクリーニングするというプログラムもみうけられる。もちろん、鎌状赤血球とサラセミアはメンデルの遺伝パターンを示す単一の遺伝子疾患であるため、遺伝子検査では比較的疑問の余地が少ない結果が出る。ここでは、遺伝子スクリーニングは、たんに遺伝子カウンセリングの一種の延長と考えられているが、それは深刻な遺伝病をもつ家系に属すると信じている先見の明のある親たちが長らくもちいてきた方法でもある。しかしながらこれは、潜在的には、生殖について考えるすべての人間に遺伝子リスクを計算することを要求し、選択を義務づけるものである。

比較的まれな単一遺伝子疾患の感受性にかんする、ほかの広く公表された遺伝子検査の多くが、現在では市場や臨床の現場にもちこまれている[19]。しかし、主要な商業バイオバンク企業――たとえば、アイスランドのデコード社、スウェーデンのウマン・ゲノミクス社、そしてもちろん合衆国のセレラ・ダイアグノスティックス社――の最初の一〇年間の業務は、資本投資した者、期待をかけた者のいずれにとっても期待外れに終わり、よくみられる複合疾患にかんする感受性のゲノム学的根拠となるような臨床的に有益なマーカーを探しだす試みとしては、概していえば失敗であった。研究者やバイオテクノロジー企業のかぎりない楽観主義をよそに、よくみられる複合疾患のゲノム学は依然としてとらえどころのないものにとどまっている。よくみられる複合疾患は、明らかに複数の感受性遺伝子座と防御遺伝子座の相互作用をともなっており、関心はゲノムの配列から遺伝子の発現へ、またDNAから細胞や遺伝子の働きを調整する複雑で多様な後成的メカニズムへと移り変わっている。さらに、単一の病気に対する感受性が同一の遺伝子座に特定される場合ですら、感受性のゲノム診断と分子レヴェルの治療が対応することの必然性があるわけではないのである。ハンチントン病の遺伝子は、一九八三年には第四染色体の短腕上にあることがつきとめられ、その配列が決定されたのはおよそ一〇年後のことである。しかし、いずれ病気にかかるだろうという非常に高い可能性を示す遺伝子検査を個人でうけることができるというのに、その治療法はまだ手にはいっていない――それゆえ、権限がある場合でも、ハンチントン病の状態を知ることを選んだのは、潜在的な被験者の半分にも満たなかった。そして、ハンチントン病のように単一遺伝子の状態を検査して陽性の結果がでた場合でも、現実には、未来を予言する科学者によって特定の運命が遺伝子に書きこまれたり、読みとられたりするような定性的な変化があるわけではない。実際、こうした検査によって生みだされるのは確実性ではなく、可能性や不確実性なのである。ハンチントン病のような単一遺伝子による不可避的な致死的疾患という極端な場合ですら、第四染色体の短腕上の4p 16.3で複製される大量のCAGを保持していることを告げる遺伝子診断によって、その人がいつ病気を発症し、どれくらい急速に進行し、どの程度の深刻さをもつのかを予測しうるわけではない——実際には、こうした診断をうけたのちに高齢まで生きる者もいれば、別の症状で亡くなる者もいるかもしれない。[20] ひいては、遺伝子検査の予測力がさらに低い最新の事例——たとえば、遅発性アルツハイマー病に関与する19q 13.2にあるAPOE e4対抗遺伝子、あるいは早期型の乳がんに関連する17q 21にあるBRCA1と13q 12.3にあるBRCA2のヴァリアント——については、なおさら予測は難しい。こうした事例やほかの大半の事例において、ゲノム診断がもたらす可能性はきわめて小さなものであり、特定の限定的な症状の型にしか関与するものではない。

つまり、発症前のゲノム診断が生みだすおもな情報というのは、予測力の点では家系図から導かれる可能性と質的に大差ないのである。しかしながら、臨床的な実践ではなく、むしろ現れつつある生のかたちという点からみれば、何かが起きている。というのも、仮に治療面で何ら革新的な進歩がみられなかったとしても、ひとたび感受性にかんして診断がなされると、症状は現れていないが発症の可能性がある個人は、医療の世界——検査の世界、薬物の世界、原初的な病気に苦しむ「前‐患者(pre-patient)」として自らを説明したり自己定義させられたりする世界——に一生涯にわたって包摂されてしまうからである。[21]

そしておそらくは、近い将来に彼らは、自己への新たな倫理的関係を生じさせる監視の新たなかたちに自ら従属することになるだろう。

ユビモン・プロジェクトを例にとって考えてみよう。これは、二〇〇四年にロンドンのインペリアル・カレッジを拠点におこなわれた「コミュニティにおける健康管理のためのユビキタス・コンピューティング（Ubiquitous Computing for Healthcare in the Community）」の一部をなすものである。[22] Ubimon――装着可能で埋めこみ可能な検出器のための遍在的《ユビキタス》な監視環境（Ubiquitous Monitoring Environment for Wearable and Implantable Sensor）――は、ナノテクノロジーを利用して小型の検出器を開発することを目的としている。それは、たとえば不整脈やアテローム性動脈硬化症の初期症状である脂肪線条病変といった、疾患の早期の徴候を検出するために、身体に埋めこまれることになるだろう。そして、無線コミュニケーション技術をもちいて、このデータを患者のPDAや中央監視局に送信するのである。期待されていたのは、第一には、これによって信頼性のある基準値情報を個人端末で収集できるようになり、ひとたびこの基準値を超えると、異常を検出してかかりつけの医者に相談するよう患者に警告がだされたり、もしくはすでに症状が現れている段階であれば、患者の身体に埋めこまれた貯蔵容器をつうじて自動的に薬物治療が開始されたりすることである。こうしたユビキタスな健康管理は、その目的が単純であるため、病気を回避して寿命を延ばすためにこれを望まない者など、もちろんいないだろう。[23]

これは、無責任でいることがリスクになるような世界である。たとえば、ジノがおこなった困難な選択についての、カロンとラベアリソアの研究にそれが記されている（Callon and Rabeharisoa 2004）。ジノは、レユニオン島の多くの住人と同じように、肢帯筋ジストロフィーを患っているが、その病気によって自分自身を主体化することを拒んでいる――彼の兄弟であるレオンは患者会の中心メンバーとなり、研究費や行政の承認をうるためにロビー活動をおこなっているのだが、かたやジノは、むしろワインを飲んだり地元のバーでマルセイユの試合観戦をしたりするのを好むのだ。彼の強情さは、手の施しようがないようにみえる。彼は、親類や友人、そのほか責任をもって行動せよと助言する多くの者たちから、あれこれと説得されるのだが、それのみならず、社会学者と対峙するときには、自分の行動を正当化するのを拒否しもする。この現れつつある生のかたちにおいては、感受性のある個人は、責任をもって自己管理をし、自分の選択について人と議論をしたり正当化したり、リスクと恩恵の複雑な計算をしたり、起こりそうな未来を展望しながら、いままさに行動を起こしたりする義務があるというわけなのだ。「器官の沈黙」を生きることを選んだ者たちにとっては、どういった道徳的判断が下されることになるのだろうか。ハンチントン病の家系の一員、初期のアルツハイマー病、あるいは乳がんの者がいまを生きる生のさまざまなかたちは、現在ではわれわれひとりひとりの問題になっているのだろうか。医者に相談するとき、われわれは、新たに権限をもつようになった者と関係を築くことで、自分自身の生命倫理学者にならなければならないのだろうか。われわれひとりひとりが、自分の選択を熟慮するとき、ＱＡＬＹｓ（クオーリーズ）——合理的な治療の選択を決定するために健康経済学者や医療機関の経営者が好んでもちいる、生活の質を調整した生存年（Quality Adjusted Life Years）——を計算したり、さまざまな発症前治療の影響を評価したり、生のさまざまな形式の費用便益を独自に査定したりしながら、自分自身の健康経済学者にならなければならないのだろうか。

それゆえここでは、感受性という領域において、新たな主体化の形式、つまりフーコーの用語をもちいるならば、ソーマが「倫理的な実体」となり、健康な生活を長くつづけることを最終目的とするような、新たな自己のテクノロジーが現れる様子がみてとれるのである。また、カロンのグループによる肢帯筋ジストロフィー研究にみられるように、こうしたソーマ的なアイデンティティをめぐって新たな生社会コミュニティ――両親や家族が資金を調達し、研究者に資金提供をおこない、政治家へのロビー活動を展開し、個別の疾患に配慮するよう権利要求することで、生物学的シチズンシップを規定するコミュニティ――が形成されていく様子をみてとることもできる。知識と選択という義務を負うことは、十分に煩わしい問題なのである。しかし、主体化は別のかたちをとることもできる。自発的とはほど遠い多くの状況でなされてしまう感受性の検査というものを想像することができるからである。多くの者たちは、保険に含まれる感受性検査、あるいは少なくともその検査結果を伝えるべきだとする保険会社の要請を恐れている。ようするに、現時点では、現実よりも恐怖心のほうが上回っているようにみえるのである。しかし、先に触れた、米軍のある部隊に従軍しているアフリカ系アメリカ人の鎌状赤血球形質を検査する事例のように、化学的あるいは環境中の危険要因にさらされている潜在的な従業員への検査をもくろむこともできるだろう。行動制御が不能となるセロトニン系の感受性検査を――たとえば、秩序を乱す生徒や、攻撃的もしくは衝動的な犯罪で有罪判決をうけた人間に対して――提案する者もいる。神経科学や精神薬理学の分野では、治療と称する対応が、すでに精神治療薬の予防行政というかたちで喫緊の問題になっている。こうした状況では、ほかの診断検査や予防検査もすでにもちいられており、合理的な規制をする際には予防的介入が主要原理となっており、研究者や私的な活動家、そして予測されるリスクに対して責任がある専門家のいずれにとっても、分子診断への期待が影響力をもつようになる。つまり、その帰結から人びとを守るという名目で、「感受性をとおした統治」の新たな潜勢力が現れつつあるのだ。

エンハンスメント

第二のテーマ——エンハンスメント——をあつかって、カスや同僚の生命倫理学者たちが提示した「バイオテクノロジーと幸福の追求」にたち戻ることにしよう。彼らの研究は、「人間本性」という観念の許容限界を設定する基盤になるだろうか。フランシス・フクヤマは、『ポスト・ヒューマンの未来』という著書のなかでこうした問題にとりくみ、以下の確信をのべていた。「われわれ人類に特有なあらゆる感情的反応によってこそ……他の人類と潜在的なつながりをえるための安全港が築かれる」。われわれが「共通の人間性」を設定するうえで、そうした感情的な反応が必要であるというのである（Fukuyama 2002）。一方、カスや彼の同僚たちが作成した報告書は、こうしたアイデアを具体化したものなのだが、それは人間を次のような生物として考える少々独特な理念に基づいている。すなわち、人間とは「明確な限界設定こそがその——われわれの——熱烈な愛情の源であり、弱さこそがその——われわれの——熱烈な愛情の源であり、そして人間として繁栄し理想を実現するためには、生得的な能力こそが、もしそれを無駄にしたり破壊したりしないのであれば、必要となる」生き物なのであると（President's Council on Bioethics [U.S.] and Kass 2003）。

カスと同僚たちが関心を抱いている展開の内容がどんなものであれ、このような反省のスタイル——われわれは人間存在であり、おもいあがった危険な存在である——が、現れつつある生のかたちの重要な特徴であるようにみえる。それは、本やメディアの論争、映画、倫理委員会の審議などにみうけられるものである。しかし、これを不確実な現代における「再帰的な個人主義」を特徴づける一例であると診断してしまう前に、少したちどまって考える必要がある。

人間は自らの本質的な限界を認識したときにこそ最良の存在になると考え、自らの住まう堕落した世界が不可避的に有限であることをうけいれる者たちと、そのような本質的な限界を打ち破り、克服し、操作し、免れることこそが、もっとも人間的な生のかたちなのだと主張する者たちとのあいだで、哲学者、道徳家、そして小説家は、長いあいだ論争を繰り広げてきた。一九二四年に出版された『魔の山』に登場する「病気と健康の大論争」はその最適の例であるようにおもわれる（Mann 1960）。[24]人文主義者でありフリーメイソンであるロドヴィコ・セテムブリーニにとって、近代医学の勝利とは、理性と人道主義の勝利であり、病気に対する健康、悪行に対する美徳という信条の勝利であり、正常な人間による社会的道徳の勝利である。イエズス会員にして革命家であるレオ・ナフタにとって、こういった正常な人間の倫理や理性の勝利とは、陳腐で下品なものである。人間の霊性や自由は、健康な身体を崇めることにではなく、身体的な苦痛に肯定的な価値を与える倫理にこそ求められるというのである。「「健康」になりたい、「自然に帰りたい」と望む者たちがいるが、真実はといえば、彼が「自然」であったことなどないのだ」。ナフタにとっては、自然、再生の実験、調理されていない食料、外気療法、日光浴などの提唱者がわめき散らすあらゆるプロパガンダは、実際には、非人間化、「病気になればなるほど、より人間らしくなる」（Mann 1960: 466）という意味での人間の動物化を意味していた。

かくして、生の人間的なかたちがもつ本質的な限界についての価値論争は、少なくとも十九世紀のヨーロッパ思想、おそらくは啓蒙主義そのもののエートスの一側面にまでさかのぼるような、近代的な生のかたちに固有の特徴であるとおもわれる。もちろん、医療史家にとってみれば、カスと彼の同僚たちが列挙した「所与の人間性」という特性は、何ら所与でも自然でもないということになる。つまり、現在のわれわれの寿命、生殖の一時性、自らを現世的な生の潜勢力を実現する個人的で特権的なアクターとみなす感覚、あるいはそのほかのいかなるものについても、本質的なものなど存在しないのである。しかし、歴史相対主義者たちもまた、黙っていたほうがよいだろう。というのも、そうした経験的・歴史的観察は、議論に割ってはいるには根本的に不十分であるからだ。おそらく、ここにあげたような定式を、それ自体、倫理的テクノロジーの一要因として分析したほうがより生産的であろう。いかにして、そしてどのような方法で、生命倫理学はわれわれの生を統治するモードにとって——他者の統治と自己の統治のあいだのつながりにとって——なくてはならないものになったのか。

ほかの場所で、われわれは倫理政治（ethopolitical）の時代を生きているとのべたことがある（Rose 1996a）。そこでは、犯罪対策や政治的無気力といった多様な問題が、倫理の観点から問題化されている。倫理政治はここで、もはや正義や富、公平性といった言葉ではなく、さまざまな生のかたち、生の様式、生き方にかかわるものである。これらをどうやって判断し、統治すべきかが問題となる。地球温暖化であろうが生殖技術であろうが、科学の発展をめぐる価値論争におけるほど、この政治の倫理化が顕著に現れる場所はない。こうした文脈においてこそ、どのようにして生命倫理学が、道徳的不確実性やコンセンサスの欠如といった状況のもとで、生命科学にかかわる政治的意思決定の要請にとって不可欠な補完物になったのかを理解する必要があるようにおもわれる。こうした文脈では、政治的意思決定の要請は、経済的な要請や願望、臨床的な要求と野心、治療に対する市民の要求と健康への権利とともに思考されている（Gottweis 2002a, Rose 2002）。医療倫理とは、かつては医療者——医者や看護士——の人格に刻みこまれているものであり、古典的な行動規範、権利の曖昧さ、責任の対立が一体となり、英知、専門性、判断が混在したものであった。しかし今日では、医療者の人格が倫理を担保することだけでは不十分である。それは、法的で政治的な主体を規制する政治技術の水準において、不十分なのである。また、医者や遺伝子カウンセラーと、生きた人間との臨床の場面での出会いのうちにみてとられる牧人司祭型の技術という水準でも、不十分なのである。臨床の医学は――生命倫理学だけでなく、「証拠《エビデンス》に基づく医療」、「患者の選択」という要求、法の庇護や健康管理団体の監査によって――ほとんど完全に囲いこまれているようにもわれる。われわれは、いまだこうした再配置の費用便益を判断できずにいる(25)。

しかし、ここではカスと彼の同僚たちが関心を示している最適化という側面に、直接触れることにしよう。彼らの命題は、われわれは新たな時代の最先端を生きており、そこではもはや病んだ身体や魂を有機的な生命の規範にさし戻す作業では満足できなくなっているというものである。この新たな時代においては、われわれは多かれ少なかれ自らの意志によって、身体と魂の機能のおもな側面を変容させることができる。何人かの生命倫理学者、そしてハーバーマスのような社会哲学者にとっては、ゲノムはわれわれ人間の本性が収納された、責任をもって口出ししなければならない場面となっているのである。しかし、かのアメリカの生命倫理学者たちをもっとも動揺させるのは、魂それ自体が操作されるということであるだろう。これこそが、現在「神経倫理学」と呼ばれて広く認められている関心領域なのである。カスと彼の同僚たちは、以下のように書いている。

外的世界を支配するために現代科学がわれわれの手に与えてくれたすさまじい力によって、われわれはますます内的経験をコントロールできるようになり……薬物によって満足や幸福といった主観的経験を生みだせるようになり、通常であれば必要となる財や能力が欠けていても、それが可能になるのである。ある場合には……新たな薬物は、人が世界をとり戻すのを助け、自分の人生の責任をとることができるようにしてくれる。しかしながら、それ以外の多くの場合には、発展しつつある心的生活を薬理学的に管理する力は、われわれを世界からだけでなく、そのなかでよく生きるために必要な情緒や情熱、精神や性格の質からもひき離し、幸福を脅かし……実際のとりくみとは何のかかわりもない、より冷静な気分やよりおおいなる喜び、自己満足を生みだして、情緒や情熱、節操を蝕む恐れがでてくる。精神変更剤の一般的で気楽な使用の増大についてとりわけ懸念すべきなのは、その薬物が、ほかの人間的な善を犠牲にしてまで幸福にこだわるように仕向けるのではなく、われわれを誘惑して、薄っぺらで人為的な幸福に甘んじるようそそのかすのではないかということである（President's Council on Bioethics [U.S.] and Kass 2003: 266-7）。

薄っぺらであるかどうかはともかく、自己へのさしたる働きかけもなく、薬物の摂取によって幸福がえられるといったこの記述は、誤解を招くものだ[26]。それゆえ、それがひき起こす倫理的なジレンマもまた、誤った印象を与えてしまう。たとえば、しばしばこうした「美容精神薬理学」の典型、あるいはその前身と考えられている、新世代の抗うつ剤について考えてみよう。この言葉の発案者として知られ、カスと彼の同僚たち、また脳神経倫理にかんするほかの多くの論者に影響を与えたとおもわれるピーター・クレイマーの仕事を注意深く追ってみると、彼が実際には、薬物だけで自由自在に心的プロセスを一新できるなどという見方をとっていないことがわかる。『プロザックに耳を傾ける』のなかでとりあげられた事例では、患者の不幸は、伝記的な経験、自己語りと意味システム、そして脳内の神経回路の長期的な形成、これらの相互作用がもたらす複雑な帰結であるとされている。さらには、薬物の効果が人によって異なることも認めている――「調子がよすぎる」と感じるものもいれば、相変わらずであったり、動揺や不安に襲われたりする人もいる（Kramer 1994）[27]。エリザベス・ウィルソンがクレイマーの著書を分析しつつ論じるように、「『プロザックに耳を傾ける』のどこをみても、神経学は――薬物の助けがあろうがなかろうが――

人間の心理を一義的に決定するものとして描かれてはいない」(Wilson 2004b: 27)。向精神薬物の服用効果にかんする彼のもっとも楽観的な評価でさえ、個々人の経験を変化させるのは、ただ薬物を摂取したことの結果であるとは論じていない。それは、クレイマー自身の治療との出会いや、ライフヒストリーの語りなおし、新たな社会状況とのかかわりなどの結果〔が複合されたもの〕なのである。

「注意欠陥多動性障害」の治療薬は、こうした議論の例外にみえるかもしれない。メチルフェニデート(リタリン)やデクスアンフェタミン(アデロール)が幼い子供の行動に与える影響は、短時間のうちにはっきりと現れる。しかしながら、精神刺激性薬物によってひき起こされる、注意、認知課題、ワーキングメモリへの効果は、多くの場合誇張されていると指摘しておくことは重要である。(28) 注意欠陥多動性障害と診断された子供たちは、綿密に計画をたてて標準化された課題で検査をすると、メチルフェニデートの効果がみられる(Elliott et al. 1997)。しかし、メチルフェニデートの有効性は広範囲に及ぶわけではない。それどころか、その有効性は、どうやら認知パフォーマンスや認知課題の新しさについての基準尺度から影響をうけているようである(Mehta et al. 2000)。限定的な認知領域において、何らかの機能の向上がみられる一方で、そうした狭義で一時的な認知機能制御の向上が人間の魂の設計のしなおしを意味することはほとんどない。さらに、イリナ・シンが「リタリンを使う少年たち」についての詳細かつ入念な経験的研究のなかで明らかにしたように、親たちは、カスと彼の同僚たちが論じたような「実際のとりくみとは何のかかわりもない、より冷静な気分やよりおおいなる喜び、自己満足」が子供たちに生じているとは感じていない(Singh 2002, 2003, 2004)。問題となっているのは、まったく別のことであるようにおもわれる。すなわち、親たちは、自分の息子たちに偽りの改変された自己を授けようとしているのではなく、子供が薬物を飲んだときにこそ、彼の本当の自己が現れると期待し、またそう感じてもいるのである。(29)

通俗的な盛りあがりを別にすれば、自らをエンハンスメントするために精神治療薬を使うように人びとに提案しうるような人類学的・社会学的な裏づけは存在しないようにおもわれる。ＳＳＲＩの抗うつ剤を用いて、疑似伝記的あるいは半虚構的に経験を説明するということでさえ、それらの抗うつ剤が人格を変容させたり幸福を生みだしたりするために使用され、またそのようなものとして経験されることを意味するわけではない。[30] おきまりの表現を使うならば、こうした薬物を投与したり服用したりする者とは、せいぜい、深刻な苦難をなんとかしてありふれた不幸に変えようと努力しているだけである。たとえば、リビドーの減退やその他の情動の抑制といった望ましくない副作用は、これらの薬物を服用するものが覚悟すべき代償となるだろう。[31] 実際、以前の「マザーズ・リトル・ヘルパー」〔ローリング・ストーンズの楽曲名〕の世代と同様――彼らは、こうした薬物から連想されるのは不安の蓄積、自殺願望、ひきこもりであると証言している――、苦痛をともなわない幸福感という魅惑的で危険な可能性が小さな錠剤に含まれているといわれても、真剣にうけ止めるのは難しいだろう。生物医学の文献を一瞥するだけでも、実際にはＳＳＲＩが気分や人格を自在には操れないことを理解するには十分である――これらの薬物には、アルコールやマリファナといった「愚かな」ドラッグほどの効果もなく、それほど頼りにもならない。もちろん、たとえば「レイヴ・パーティ」のようなかぎられた集まりで、特定の目的のために、世界中の若者によって知覚や能力を変えるのに使用されているＭＤＭＡ（エクスタシー）のような薬物でさえ、薬物それ自体にはそうした特性は含まれていない。単純な例として、アルコールについて考えてみよう。同じ量のアルコールを摂取したとしても、自宅で独り憂鬱な夜に飲むのか、四〇歳の誕生祝いパーティで飲むのか、サッカーの競技場で飲むのか、それとも心理学実験の管理された環境で飲むのかによって、まったく異なった行動、感情、そして認知上の結果が現れる。[32] 社会学者が長きにわたって明らかにしてきたように、こうした

「効果」は単純に薬物に含まれているわけではけっしてない。効果は複雑な状況に埋めこまれており、その効果によってひき起こされる情動には、あらゆる社会的で文脈的な裏づけが必要なのである[33]。

薬理学的倫理の目的、つまり薬物を摂取するときに人が自らに課している作業に暗黙のうちに含まれている目的、狙い、対象について考えてみれば、薬物そのものが自己の操作などという薄っぺらい体制を新たに生みだすといった発想は、しだいに消えてなくなるだろう。うつ、不安、パニック障害といった症状を治療する新世代の「スマートな」薬物を市場に売りだそうとする者は、こうした薬物に倫理をくみこもうとすることにむしろ慎重である。彼らの打つ宣伝をみればわかることだが、彼らは、ひとりひとりが自己や魂を自在に再び生みだせるとは約束していない。薬物が、そしておそらくはカスと彼の同僚たちが関心を寄せている競技スポーツの分野を除くほとんどすべての生物医学の技術が示しているのは、この場合、ある種の超存在（super-being）を生みだすことではないのである。それどころか逆に、こうした技術は、実際にはむしろ、親しみのある自己の体制において作動するのである。人びとは、失ってしまったと感じる健康状態を再びとり戻すことを期待して、こうした薬物を処方してもらったり活用したりする。二〇〇四年八月に、グラクソ・スミスクライン社のパキシル宣伝サイトで、訪問者を笑顔で迎えていた若い女性は、「ハロー・ミー」というバッジを身に着けていた。放出制御パキシルとは、社会不安障害、うつ、パニック障害の治療薬である[34]。前世代の心理学的・精神力学的治療において蔓延していた真正性の倫理がここでも働いている（Rose 1989）。自己実現を強調したり、ひとりひとりが自分の人生の主役になるべきだと強調する自己の体制においては、こうした薬物は、ほかの治療法の代わりではなく、補完物としてしばしばもちいられ、新たな自己というよりは、むしろ本当の自分をとり戻したり、真の自己を実現したりすることを約束してくれる。カール・エリオットが指摘したように、「生の重要性は、自己実現と深く関係するようになり」、そこでは、自己実現と真正性のあいだに、たとえば「技術が著しくアイデンティティを改変してしまうにもかかわらず、人はエンハンスメントの技術を、より真正な自己を実現するための方法とみなしている」といった複雑な関係があるのである（Elliott 2003: xx–xxi）。デザイナー・ドラッグにかんする文化的な熱狂は、デザイナー・ベビーの場合と同様、考察に値するだろう。文化的表象としては「デザイナー・ムード」なのかもしれないが、患者に売られているのは、コントロールという夢なのである。自らの気分をコントロールし、病気の徴候である不安に対処し、もう一度自分らしさを感じて、生活をとり戻すこと。これが、製薬会社と薬物を処方する医師と精神治療薬の消費者たちをむすびつける、希望の語りなのである。

これは、意志がなくとも幸福が手にはいってしまうような倫理ではないかと憂慮されるが、にもかかわらず、実際には、自分の人生をとり戻すことが、錠剤を服用するという単純な問題として考えられることはめったにない。たとえば、うつにかんするウェブサイトを眺めてみればわかるように、自己をとり戻すには労力が必要とされる。本人が主体的に、気分、思考、感情の減退や高揚を自己分析しなければならない。そして、新たな自己反省、自己評価、洞察の方法を学ばなければならない。こうした自己精査の形式は、しばしば、さまざまな状況における感情、気分、行動、思考の変化を細かく図式化しながら描かれる達成項目や日記の習慣といったかたちで現れる[35]。本人は、たとえば考え方そのものを改めることを要求する認知療法のような別のかたちの治療法にもとりくむよう頻繁に勧められる。ほかの場合と同様に、ここでもわれわれは、本当の自分になるべく自分に働きかけるよう余儀なくされている。逆説的にも、これはまさに、本当のアイデンティティにかかわる、われわれを真に人間らしくするための倫理なのであり、生命倫理学者にとって試金石となる問題なのである。したがって、「美容精神薬理学」というフレーズをもちいるのは誤解のもとである。美容整形は、ときに——つねにというわけではないが——外見を変容させる期待を抱かせるものだが、ここでは、「魂の統治」のもっとも現代的な実践と同様、誰も彼らの願望を人工的な自己の製作であるとは考えないからである。合法であったり非合法であったりする薬物が、これまで長らく「気晴らし」を謳い文句にしてきたのは間違いないが、新たな精神治療薬をもちいる新たな世代は、PGDが「デザイナー・ベビー」を謳い文句にしていないのと同様に、デザイナー・ムードを謳い文句にはしていないのである。

そこで中心となるものが、気分や感情ではなく、認知であったとしたら問題は違っていただろうか[36]。近年の関心は、SSRIから「認知のエンハンスメント」へと移行してきた。議論の焦点となっている多くの事例からは、心的機能をエンハンスメントするための広範囲にわたる薬物の使用を、われわれがすでに理解しはじめていることがうかがえる。おもな事例には以下のものがある。ADHDと診断されたことのない学生のあいだでのリタリンの蔓延[37]、集中力と精神力を高めるために睡眠障害の治療薬として開発されたセファロン社のプロビジル（モダフィニル）の服用[38]、そして、最初は「軽度の認知機能障害や初期アルツハイマー病」といった年齢にともなう物忘れを治すために開発された薬物が「適用外で」使用される可能性である[39]。『ニューロ・インベストメント』を出版したハリー・トレイシーは、二〇〇四年に、認知をエンハンスメントする少なくとも四〇の潜在的な因子が、当時臨床開発中であったと推定したことで、広く引用されている[40]。

たとえば、ティム・タリーがヘリコン社とおこなった、記憶をエンハンスメントする化合物の開発をとりあげてみよう。それは、長期記憶に関係のある神経伝達を調整しているとみられるCREBというプロテインを標的とする（ショウジョウバエをもちいた研究に基づいている）ものである。この研究は、二〇

○二年四月に非常におおきな評判となり、脳のためのバイアグラという異名をとった。[41] CREBとは、CAMP応答配列結合タンパクのことである。これは、ハエと人間を含む全哺乳類の長期記憶の形成を可能にするシグナル経路を調整している遺伝子機能の細胞調節と考えられている。その後のヘリコン社による機能遺伝子研究は、異なる類似した記憶経路を調節するさらに多くの遺伝子を特定した。ヘリコン社は、記憶障害にもちいられる薬物を開発する基礎としてこの研究を利用している。彼らは、自分たちの特定した遺伝子こそが、記憶力を強化したり弱めたりする薬物の製造にとってのゴールだと主張している。

この研究におけるヘリコン社の競争相手は、一九九八年にエリック・カンデルによって設立されたメモリー・ファーマシューティカルズ社というバイオ医薬品企業である。エリック・カンデルは、コロンビア大学の神経生物学の教授、ハワード・ヒューズ医療研究所の上席研究員であり、二〇〇〇年には、彼の学習と記憶の分野における先駆的な業績に対してノーベル生理学・医学賞が授与された。彼は、コロンビア大学医学部の神経生物学・行動学センターの創設者でもある。メモリー・ファーマシューティカルズ社は、アルツハイマー病、抑うつ、統合失調症、血管性認知症、軽度の認知機能障害、年齢による記憶障害といった中枢神経系の衰弱に対処するための革新的な薬物の開発に集中的にとりくんでいる。『フォーブス』誌の二〇〇二年の記事[42]には、その熱狂ぶりと期待ぶりが記されている。

一九九八年に、カンデルのチームは、老化したマウスに効能を弱めた抗うつ剤ロリプラムを投与した。この物質はホスホジエステラーゼ4と呼ばれる酵素を遮断することで、環状AMP（環状アデノシン一リン酸）の機能停止を阻止するものである。薬物が、老化して劣化した脳細胞を強化してくれることが、そこで望まれていることであった。一九八〇年代後半に開発されたロリプラムは、うまく作用せず、むかつきや嘔吐をひき起こすため、けっして希望は叶わなかった。しかし、ロリプラムを投与した老化マウスは、迷路をどんどん進みはじめた。……カンデルは、友人でハーバードのノーベル賞受賞者であり、バイオジェン社を設立したウォルター・ギルバートと、このすばらしい結果を共有した。ギルバートは、オックスフォード・バイオサイエンス・パートナーズ社のジョナサン・フレミングというベンチャー資本家に連絡をとり、彼から、メモリー・ファーマシューティカルズ社の設立のため三八〇〇万ドルの援助をうけた。当時、バイエル社における認知症研究の主任であったアクセル・ウンターベックは、代表取締役の契約に署名をした。現在ではメモリー・ファーマシューティカルズ社の研究所長を務めているウンターベックは「私は愕然とした。こんなデータはみたことがなかった」とのべている。……現在カンデルは、脳の記憶中枢をターゲットにしつつも嘔吐作用をつかさどる部位を避けるような、ロリプラムに似た薬物を考案している。ホスホジエステラーゼ4の二〇種類のヴァリアントのなかに、異なる作用をもつものがあることがわかったのだ。メモリー・ファーマシューティカルズ社の研究者は、それぞれのヴァリアントがみつかった脳内の部位を慎重にマッピングした。海馬だけにあるヴァリアントを避けるような、実験的な試薬をみいだそうとしているのである。動物実験では、この化合物は、ひどい副作用もなくロリプラムと同様の効果を示した。人間に対する最初の臨床試験はおよそ一八か月先で、アルツハイマー病の患者が対象となる可能性が高い。ウンターベックは「もし安全性が確認できれば、市場規模は計り知れないものとなるだろう」とのべている。

倫理学者のなかには、カスやフクヤマに倣って、こうした「薬物使用」の蔓延がひき起こしうる影響に関心をもつものもいる（Butcher 2003）。栄養剤を販売している営利企業ライフ・エンハンスメント・プロダクツ社のウェブページには、そうした反発に対応する広報担当者として、ハーバード大学認知教育学教授であるハワード・ガードナーの言葉を掲載している。「われわれが気づくころには、もう手遅れになっているでしょう」とガードナーはのべる。「こうした変化は止められそうもないけれども、人口集団の正規分布上に位置づけられるような個々人の認知能力をエンハンスメントすることに反対する者は、堂々と意見をのべるべきです。わたしたちは少しでも状況を変えることができるかもしれないのですから」。しかし、ライフ・エンハンスメント・プロダクツ社の側にとってみれば、個人の能力を高めることは自由の問題である。すなわち、「まったく逆の倫理的立場にある者も、堂々と意見をのべましょう。より賢くなることを選択したり、どんな手段も必要なのだと考えたりする自由を手にいれましょう。あなたが関心をもっているということは、ずっと以前に認知能力を増進させたいという結論にいたっていたということなのだと誇りをもちましょう。堂々とほかの人にも教えてあげましょう。「薬物使用」などという論調に惑わされてはいけません。「スマート化」こそが進むべき道なのです(43)」。

認知能力のエンハンスメントは、現在では神経倫理学のもっとも基本的な関心の一つとなっている(Caplan and Farah forthcoming, Farah 2002, Wolpe 2003)。ポール・ウォルプは、人間はこれまで長きにわたって自らの認知機能を高めるさまざまな手段を利用してきたと指摘している。「われわれは子供を学校に送り、詩を暗記し、教育プログラムを発展させ、治療をし、語彙力を豊かにし、小説を読み……、はたまた試験の前にはよく眠るよう努め、魚のような「脳に効く食べ物」を食べたりする……、こうした行為はすべて、多かれ少なかれ環境や精神状態を整えたり、理想的な神経学的能力を促進したり後押ししたりする機能を高める行為なのである」(Wolpe 2002: 391)。ウォルプにとっては、脳の神経化学的、構造的、あるいは電気的成分への直接的な関与こそが、現代のエンハンスメント技術をきわだたせ、新たな倫理学的課題を提起するものである。しかし、ウォルプと同僚たちは、公平性にかんする懸念をもつ者から提示される課題には納得していない。というのも、「十分な栄養状態から質の高い学校まで、社会経済的な地位の格差に関与しているほかのエンハンスメントの形式と比べれば、神経認知学的なエンハンスメントを公平に分配するほうがずっとたやすい」（Farah et al. 2004: 423）ことだからだ。実際、倫理問題が解決するのを待つまでもなく、栄養補助食品、ほかの食料、添加物、ビタミン、認知機能を高める技術は、その効能にはおおいに疑問があるにしても、すでに莫大な市場を形成していると彼らは指摘している。

ウォルプが指摘するように、こうした開発中の神経学的技術が重要なのは、何かができそうだからとか、できそうもないからではなく、われわれがなれるとおもっている自己に直接関与するように迫るものだからである（Wolpe 2002: 394）。しかし、カンギレムによってなされた社会の規範と生命の規範の区別に関連づけて論じたように、人間の身体と魂が本質的な生命秩序をもつという前提で治療とエンハンスメントとのあいだにどんな区別をしてみても、生命倫理学者にとってはおおいに価値があるのかもしれないが、それは必ず失敗することになる。こうした技術を適切に制限する問題は、人間の本性や人間の尊厳、あるいは人為性の拒絶に訴えかけても解決しないだろう。しかしそれは、こうした思考スタイルの重要性を打ち消すものではない。というのも、そこでは、われわれが何者であり、何を恐れ、何を希望するのか――合法的に望みうることが何であり、合法的に否定されるのはどんな欲望なのか――という問いが提起されているからである。ここでは、ほかの場合と同様に、生そのもの、現れつつある生のかたちにかんする開かれた可能性、そして自分自身の生物学へのますます避けがたい責任から生じるジレンマについての論争は、科学、技術、商業、消費のこみいった相互作用のなかでのみ解明されるだろう。それが、現代の生命力の政治の領域なのである。

現れつつある生のかたちをマッピングする

ここでは、現れつつある生のかたちのたったひとつの次元、つまり最適化だけに焦点をあてたが、私は、知識、権威、技術、主体性の新たな布置が――たしかに暫定的にではあるが――現れつつあることを示したかったのである。これら多くの希望は失望に終わるだろうし、恐怖は根拠のないものだとわかるだろう。そして熱狂は、別の領域――おそらくはナノテクノロジー――に移行するだろう。期待の重荷から解放されて、約束という負担が軽減されれば、かぎられた病状やかぎられた薬物反応のための感受性検査は、明らかにルーティン化して規範的な医療実践にくみこまれるだろう。こうした状況をとりまくおおげさな生命倫理学の言説から解放されれば、正常化とエンハンスメントの区別は誤ったものだとわかるようになるだろう。そうすれば、そうした区別は、どういった介入が、誰にとって、どんな代償、効能、予防措置とともに手に入るのかという、より穏当でプラグマティックな問いにとって代わられるだろう。

それにもかかわらず、感受性とエンハンスメントにかんする論争は、幅広い重要性をもっているようにおもわれる。医学は、長らくわれわれ自身を哲学的・倫理学的に理解することの中心に位置しつづけている。それゆえ医学が変化すれば、その理解も変化し、われわれ自身についての新たな存在論が生みだされることになる。こうした新たな生のかたち、われわれがどんな人間であり、あることができ、またあるべきなのかということについての新たな観念は、市場や株主利益の追求にかかわる要請、身体への新たな想像力とそれを生みだすプロセス、論文、賞、知的財産のための生物医学研究者の動機、そして新たな経済的機会に向けた政府の期待が何重にも交差した地点で出現している。しかし、合衆国や、それほどではないにしても英語圏の国々、ヨーロッパ、日本では、こうした傾向は、自分たちのソーマ的自己と家族のソーマ的自己を最大化するという名目で、医療資源に対して消費者の権利を主張する金銭的・文化的手段をもつ者の要求が際限なく増すことで、活気づいている。専門知識と主体性のあいだに多様な相互作用が生まれ、そして真正性、自己実現、自由の名のもとに、計算された介入によって自らを改造し改変することを禁止したり、あるいはそうした欲望を管理したりすることが、先進自由民主主義の体制における「自己の統治」の中心的課題となったのである（Rose 1989）。おそらく新しいのは、ソーマ、肉体、臓器、組織、細胞、遺伝子配列、ひとりひとりの分子的身体性、人間の集合的な理解と操作こそが中心にあるということだ。

いまとなってはずいぶん前のことになるが、フェミニストが「私たちの体は私たち自身のものだ」と主張したとき、そこではまったく異なる政治のかたちが想定されていた。つまり、身体は自然な対象、疎外された状況から救いださなければならないもの、専門家の支配からとり戻さなければならないもの、自身のために知り、管理できる、あるいはそうすべきものであった（Boston Women's Health Book Collective et al. 1978）。今日われわれの身体は、一九六〇年代や七〇年代になされた医学の権威への批判では想定できなかった仕方で、多くの関連した、しかし互いに異なるプロジェクトの基礎になっている。[44] われわれの一生や、あらゆるものの移り変わりのなかで、われわれのソーマ的実存を、意識または計算によって管理し、維持し、改造し、操作することは、尽きることなく語られる対話の主題となり、知、権力、価値の複合体をまとめあげる特徴となり、そして新たな存在論の隠れた潜在的基礎となったのである。その意味で、われわれの身体はわれわれ自身のものとなり、この現れつつある生のかたちにおいて、われわれの期待、希望、個人的で集合的なアイデンティティ、そして生物学的な責任の中心になったのである。

註

（1）本章は、第一回ブランケンゼー会議で発表した原稿「現れつつある生のかたち——生命科学の人類学に向けて」（二〇〇三年一二月一一日—一三日）に加筆をなしたものである。会議はベルリンのブランケン城でおこなわれ、ステファン・ベックとミチ・クネヒトによって組織された。このバージョンでは、その会議と、マッギル大学の社会科学・医学部、カールトン大学の社会学・人類学部でおこなった発表の際に、筆者に対してなされたコメントとに多くを負っている。

（2）こうした主張をするウェブサイトは、何十、何百とあり、「トランス・ヒューマニスト」たちの間で信仰箇条もしくは熱狂的な欲望の対象となっている。たとえば以下のサイトを参照のこと。http://transhumanism.org/index.php/WTA/（二〇〇四年六月二六日確認）

（3）上記註（1）を参照のこと。ステファン・ベックによれば、このフレーズは、マイケル・フィッシャーが二〇〇三年の論集のタイトルでもちいたものからとられている（Fischer 2003）。こうした問題を検討した論文は“Emergent Forms of Life: Anthropologies of Late or Post-Modernities”と題されており、そのなかでフィッシャーは、このフレーズは「民族誌的なデータ、社会理論の発見法、倫理にかんする哲学的スタンス」（Fischer 2003: 37）のことであると示唆している。彼は、生の多くの領域の実践家たちが感じているのは、伝統的な考え方やふるまい方はもはやうまくいかないということ、「生はわれわれが訓練をうけた教育を超えている」ということ、われわれは「歴史的地平の出現、支配、凋落」が複雑に絡まりあった社会を生きているということ、われわれの生のかたちは必然的に「つねにそのうちに倫理的ジレンマを抱えた行為の社会性」（Fischer 2003: 37）をともなうということを主張している。私は、こうした分析の包括的な形式に納得しているわけではないし——それは科学の編制の変化から、コンピュータを介した知覚の登場を経て、内戦や民族紛争にまで及ぶ現象を含んでいるとおもわれる——、またわれわれが社会的・倫理的に以前とは根本的に異なる時代を生きているという意見にも納得してはいない。しかし、フィッシャーが生命科学とバイオテクノロジーの変化を意味のあるものとみなしていることにはまったく同意する。そして、今日現れつつある「変化しつつある主体性、社会組織、生産様式、そしてシンボル形式のあいだのむすびつきを探しだす」（Fischer 2003: 57）ためには、民族誌が重要な研究リソースになるという確信には共感している。より控えめにいっても、民族誌的な事実に基づき、歴史的に根拠のある経験主義を採用することで、私たちは、そうしたむすびつきや変化のなんらかの特性、そしてそれらが体現する連続性と斬新性の混淆状態を図示し、位置づけることができるかもしれない。

（4）本章が依拠している論文は、この対比を強調するため「二十一世紀における生政治」と名づけたのだった。

（5）第一章を参照のこと。

（6）第四章を参照のこと。

（7）二〇〇三年の私信のこと。チャールズ・ローゼンバーグの有益なコメントに感謝する。現れつつある生のかたちというテーマをあつかった最近のセミナーでの議論で、もう一人の優れた科学史家であるジョン・ピックストーンは、私が性急に「新しい」と判断しているという同様の論点を指摘してくれた。

（8）引用の最初の部分は、一九三六年に出版された *Encyclopédie Française* 第六巻のルリッシュの論考に由来するとおもわれる。後の部分は、ルリッシュの *Physiologie et pathologie du tissue osseux* (Paris: Mason), 1939 からの引用である。

（9）リンゼイ・プライアーとその同僚たちは、医者と患者に対してリスクを「みえる」ようにする可視化技術の役割について検証した（Prior et al. 2002）。

（10）http://www.rxlist.com/top200_sales_2003.htm（二〇〇四年六月二六日確認）からのデータ。

（11）すべての引用は http://www.systembiology.org/（二〇〇四年六月二六日確認）からおこなった。

（12）http://www.celeradiagnostics.com/cdx/pr_1086215171（二〇〇四年六月二六日確認）

（13）チットウッド&ハーレーは、合衆国でもっとも多くの集団訴訟を扱う主要な法律事務所の一つであり、彼らは以下のサイトでこうした有益な説明をしている。http://classlaw.com/CM/Articles/articles6.asp（二〇〇四年六月二六日確認）

（14）チットウッド&ハーレーの前掲サイトからの引用。

（15）たとえば、デイヴィット・ユーイング・ダンカンによる『ワイアード』誌の記事「運命としてのＤＮＡ」を参照のこと。彼は、二〇〇二年後半にシーケノム社がサンディエゴでおこなった遺伝病マーカーにかんする一連の遺伝子検査をとりあげ、以下のような見出しをつけている。「ＤＮＡは生命の本である。また死の本でもある。将来的には、私たちは隅から隅まで解読されるだろう。ここでは、世界初の完全な遺伝子解析がどのようなものかがわかる」。http://www.wired.com/wired/archive/10.11/DNA_pr.htmlasp（二〇〇四年五月一五日確認）

（16）　この報告書が四四五〇米ドルで売られていたことを記しておく。特定できた参画企業は以下の通りである。Acadia Pharmaceuticals; Affymetrix, Inc.; Amgen; AP Biotech; Applera Corp.; Arius Research; ArQule; AstraZeneca; Aventis（USA）; Base4, Inc.; Bayer（USA）; BioMérieux; Bio Technology General Corp.; Boehringer Ingelheim（USA）; Bristol-Myers Squibb Co.; Clontech Laboratories, Inc.; CuraGen Corp.; Élan（USA）; Eli Lilly and Co.; EM Industries（USA）; ExonHit Therapeutics; Ferring Pharmaceuticals Inc.（USA）; Genaissance Pharmaceuticals, Inc.; Genentech, Inc.; Genta; GlaxoSmithKline; Hoffmann-La Roche; Hybrigenics; Incyte Pharmaceuticals; InterMune Pharmaceuticals; Invitrogen Corp.; Lorus Therapeutics, Inc.; Matrix Pharmaceuticals, Inc.; MDS Ocata, Inc.; Medicis; Merck; Microarray Centre; Molecular Templates; Nabi; Nova Biomedical; Novartis（USA）; OmniViz, Inc.; Ontario Cancer Institute; Orchid BioSciences, Inc.; Orphan Australia Pty Ltd.; Orphan Europe SARL; Orphan Medical, Inc.; Orphan Pharmaceuticals; Orphan Pharma International; Packard Instrument Co.; Pierre Fabre SA; Pfizer Pharmaceuticals Group; PPGx, Inc.; Qiagen Genomics; Sanofi-Synthélabo（USA）; Sequenom, Inc; Shire Pharmaceuticals Group（USA）; Sigma-Tau Pharmaceuticals, Inc.（USA）; SignalGene, Inc.; Swedish Orphan; Teva Pharmaceuticals（USA）; Therapeutic Goods Administration; Third Wave Technologies; TM BioScience Corp.; Visible Genetics, Inc.; YM Biosciences, Inc.（Frost & Sullivan 2001）.

（17）　プログラムの詳細は http://www.kcl-phs.org.uk/haemscreening/default.htm を参照のこと（二〇〇五年一二月一日確認）

（18）　αおよびβサラセミアは、ヘモグロビンα蛋白鎖（第一六染色体のＨＢＡ）、もしくはβ蛋白鎖（第一一染色体のＨＢＢ）の遺伝子コードの変異から生じるものである。αサラセミア・メジャー――変異の二つのコピーから生じる――は、出生時の致命的な要因となるものである。βサラセミア・メジャーは、継続的な輸血が必要な状態を生みだしてしまう。変異体のコピーの一方だけをもっている者はそれほど深刻ではないが、機能障害の症候であることに変わりはない。鎌状赤血球貧血は、常染色体劣性の遺伝子疾患であり、ヘモグロビンＳと呼ばれる異常ヘモグロビンβ鎖を生成する配列の変異が原因でひき起こされる。

（19）　高いリスクをもつ家族において乳がんや卵巣がんの発症にかかわるとされてきたＢＲＣＡ１とＢＲＣＡ２配列のヴァリアントにかんして、ミリアド・ジェネティックス社が特許をもつ検査が多く公表されている。しかし、乳がんと卵巣がんのほとんどのケースはＢＲＣＡ１やＢＲＣＡ２遺伝子のヴァリアントとは関係がなく、遺伝子検査は通常のスクリーニングとしては推奨されてこなかった。この問題にかんするアメリカ病気管理予防センターの最新の報告書である *Genomics and Population Health* 2005 が以下のように記しているのが、その典型的な事例である。「ＢＲＣＡ１とＢＲＣＡ２検査の結果は、家系というコンテクストを踏まえなければ解釈できない。発症した者は通常、第一に、当人の家族のなかでＢＲＣＡ１かＢＲＣＡ２のヴァリアントが特定できるかどうかについて、検査で明らかにしなければならない。変異が同定された場合にかぎって、発症していない家族にもがんのリスクがあると知らせることになる。乳がんや卵巣がんの家系の女性全員からＢＲＣＡ１、ＢＲＣＡ２の変異いずれもが発見されたということはない。また、ＢＲＣＡ１かＢＲＣＡ２の変異をもつ女性すべてが乳がんや卵巣がんを発症するというわけでもない……ほとんどの乳がん、卵巣がんは、家族がこれらのがんになったことのない女性、あるいは親族がどちらか一方の変異をもつ女性において発症している。ＢＲＣＡ１とＢＲＣＡ２の変異は、およそ一／四〇〇の女性がもっており、せいぜい乳がんと卵巣がんの五％から一〇％のケースに相当するにすぎない。おそらく、乳がんにかんしては、いまだ特定されていない別の遺伝子があると思われる」（Center for Disease Control and Prevention Office of Genomics and Disease Prevention 2005. chapter 4）。この報告書は、ミリアド社がこの検査を売りにだそうと消費者向けに販売キャンペーンをしていることに対して批判的である。

(20)　ハンチントン病の遺伝子は、一九八三年に染色体 4p 16.3 上にマッピングされたが、一九九三年まで配列決定されなかった。最終的に特定されると、この遺伝子（ＩＴ15）は、5'- 末端コード配列にＣＡＧ反復を含んでいることがわかった。このＣＡＧ反復は、発症しているかいないかにかかわらず、ハンチントン病患者において伸長している。そしてこのＣＡＧ反復伸長は、ほとんどすべてのハンチントン病患者にみられるものである。通常のハンチントン病遺伝子では、ＣＡＧ反復は一〇―二九の幅である。正常な個人で、ハンチントン病の中間遺伝子のＣＡＧ反復が三〇―三五あるのは一％未満である。ハンチントン病の患者は、典型的に、少なくとも三六反復かそれ以上のハンチントン病遺伝子のＣＡＧ反復をもっている。発症している個人で、三六ＣＡＧ反復以下ということはまずありえない。しかし、三六―三九の反復をもつ個人のなかにも、高齢で通常の臨床基準では発症していないと診断されるケースも稀に存在する。例外として、九五歳の患者に三九反復が見られたケースが報告されている。Rubinsztein et al. 1996 を参照のこと。

（21）遺伝子検査によって「リスクがある」とされた個人がその後どうなったかについて入手できる経験的証拠は、あいまいで、相反することもある。こうした情報は、遺伝学、遺伝、「家族のなかで広まっている」病気についての個々人の知識や信念に照らして解釈されており、その重要性は文化的に特有な「リスク配分」に依存するというのが大方の主張である（Cox and McKellin 1999, Santos and Bizzo 2005）（Robertson 2000, Sanders et al. 2003, Van Dijk et al. 2004）。

スコット、プライアー、そしてその同僚たちがおこなった最近の研究によれば、がんの遺伝子サービスの利用者は、自分たちがリスクを抱えていて、健康と病気の狭間にいるとみなしていると語っており、継続的に健康状態を観察してくれるような医学的監視システムの助けを求めていることがわかった。彼らによれば、こうした監視システムが実際に求められているのだ。それは、専門家によって、がんに関連する変異をうけついでいるがリスクは低いとみなされた多くの人たちが、それ以降懸命に、不利な結果である中程度のもしくは高いリスクに再び分類されたがっているからである（Scott et al. 2005）。

（22）http://www.ubimon.org/ を参照のこと（二〇〇五年一一月二五日確認）。

（23）装着可能で埋めこみ可能な検出器ネットワークについての第一回国際ワークショップは、二〇〇四年四月にインペリアル・カレッジ・ロンドンで開催された。

（24）以下のパラグラフは Rose1994 に由来する。

（25）第一章ではこうした問題についてもう少し詳細に論じた。

（26）この点でこうした批評家たちは、一九六〇年代の「自己中心世代（Me Generation）」が心理療法を「ナルシスト的」に利用したという批判にみられるような、前世代の関心を共有している。たとえば、フィリップ・リーフやクリストファー・ラッシュといった批評家は、同様に幸福追求の倫理的含意に関心をもっていた。彼らは、そうした幸福追求が、心理療法の興隆によって特徴づけられると考えていた。カスと彼の同僚たちと同様、彼らは、心理療法の倫理的含意と、当時北米、ヨーロッパ、オーストラリアで現れつつあった生のかたちとのむすびつきを誤解していた。Rose 1989 の議論を参照のこと。

（27）実際、気分を整えるうえで、ＳＳＲＩは三環系の古い精神治療薬ほどの効果しかないという証言がある（Faravelli et al. 2003）。

（28）この議論は、リタリンの証言についてとくに研究をおこなってきたイリナ・シンとの共編著からとってきている（Rose and Singh 2006）。

（29）子供たちは「そのままの自分でいる」機会を与えられるべきだとして、多くの親が週末には薬物を投与すべきでないと感じていることを示しながら、シンはここで、自己であることのジレンマにかんする非常に明晰な理解を与えている。真正性を強調する自己という体制――おそらくとりわけここでは――においてさえ、私たちは、自分自身や他者の自我の現実にかんする多くの異なる、矛盾すらする考えにとりつかれているのかもしれない。この点については Rose 1996b を参照のこと。

（30）エリザベス・ワーツェルのベストセラー以降、今日ではあちこちにあふれている（Wurtzel 1995）。たとえば、Solomon 2001, Styron1990, Wolpert 1999 を参照のこと。

（31）ＳＳＲＩの抗うつ剤を服用した人たちの期待や経験にかんするこのほかの証言として、インターネット上のメーリング・リストでの多くの報告や、（Karp 1996）に収録された報告を参照のこと。

（32）註（26）を参照のこと。

（33）もちろんこれは、ハワード・ベッカーの古典的エッセイ“On Becoming a Marijuana user”の主要な論点であった（Becker 1963）。

（34）http://www.paxilcr.com/index.jsp を参照のこと（二〇〇四年八月二〇日確認）。

（35）エミリー・マーティンが多くの論文のなかでこれらを見事に分析しており、まとめて出版される予定である（Martin forthcoming）。

（36）非常に多くの神経科学者たちが、いまだにこうした区別に基づいて研究をしているのは、私にとっては驚きである。あまりにもそうした傾向が強いため、アントニオ・ダマシオは感情と理性、感覚と思考をむすびつけたことで一種の有名人になっている。例えば Damasio 1994, 1999, and 2003 を参照のこと。

（37）この点にかんする議論でもっともよく知られているのは、ローレンス・ディラーの *Running on Ritalin*（Diller 1998）である。彼のウェブサイトも参照のこと。http://www.docdiller.com/

（38）ＣＢＳニュース記事のタイトルは「願いが叶う?　新薬が脳を目覚めさせる」である。http://www.cbsnews.com/stories/2002/01/14/eveningnews/main324299.shtml（二〇〇四年八月二〇日確認）。モダフィニルの売り上げは、二〇〇三年に二九億オーストラリア・ドルと推計されており、『エコノミスト』誌は、二〇〇四年にはおそらく三〇％上昇するだろうと予測している。

（39）「軽度の認知機能障害」は合衆国で急速に診断例が増えており、アルツハイマー病が発症する前の指標だと論じる者たちがいる。

（40）たとえば、"Supercharging the Brain," *The Economist, September* 16, 2004.

（41）ヘリコン社については以下を参照のこと。http://www.helicontherapeutics.com/Scientific/Helicon_creb.htm（二〇〇四年六月二六日確認）

（42）http://www.forbes.com/global/2002/0204/060_print.html を参照のこと（二〇〇四年六月二六日確認）。

（43）彼らのウェブサイト上にあるウィル・ブロックの記事を参照のこと。"Academic Doping: The Wave of the Future: Drugs to Improve the Learning Process," http://www.life-enhancement.com/LE/article_template.asp?ID=872（二〇〇四年六月二六日確認）

（44）ここでは精神にかかわる諸々の能力のエンハンスメントという問題に焦点をあてたが、類似した問題は身体の外科的な改変との関係においても生じている。Frank 2004 を参照のこと。

第四章　遺伝学的リスク

近年の生命科学と生物医学の発展がもたらした帰結のなかに、「個性」〔の理解〕にかんする変化がある。[1]これは、人間のアイデンティティや主体性についての一般的、専門的、そして科学的な思考方法の変更だけではなく、さまざまな実践に埋めこまれ、かつそれらを支えている、人間にかんする前提そのものの変化であるといえる。この章では、そうした変化のひとつ、すなわち「遺伝学的リスクにさらされた」人間に焦点をあてることにする。こうした人間は、少なくとも三つの流れの交差点においてみいだされる。その流れの第一とは、多くの望ましくない状況――身体の病気や行動の病理――には遺伝的な根拠があるという確信が高まっていることである。これはフェニルケトン尿症やハンチントン病といった特定の病状の「遺伝的変異」というかたちをとることもあれば、または多くの遺伝子やそれらの相互作用によって小さな変異をひき起こし、乳がんのような特定の病気に陥る可能性を高めたりする遺伝子の構造であることもある。その流れの第二とは、多くの病状の発生と関連づけられた遺伝子配列や遺伝子マーカーの特性を、分子レヴェルで明らかにすることができ、その可能性は今後高まるだろうと研究者が主張していることである。これはとりわけ、血液や組織サンプルのDNA解析と家系や個人の病歴を統合した巨大なデータベースによって生みだされる、臨床的な情報の確実性からみいだされるものである。[2] その流れの第三とは、診断検査をはじめる以前の特定の病状の進行と関連した遺伝子プロファイルと、特定の個人とを同一視しうると、医者がしだいに考えるようになっていることである。この同一視は正確であり、遺伝子スクリーニングによって遺伝子のヴァリアントや多型性を特定することが可能である。そうしたスクリーニングは、病気に冒された頻度と関連づけられた遺伝子マーカーの特定にもとづいている。またその特定は、家系や病状と関連した要因を特定することをつうじてなされることが多い。このような進展は、ほかの特徴とともに、先進自由民主主義〔社会〕における個性の現代的なかたちとなり、個人が統治される仕方や、個々人が自らを統治する仕方に影響を与えている。

そうした社会では、遺伝子を軸に多くの病気や病理を編成しなおしたとしても、運命論が幅をきかせるわけではない。むしろ逆に、まさに眼にみえるようになってきた潜在的な未来との関係において、現在の行為への義務が生じるのである。ここで、遺伝学の言説と実践は、そうしたリスクとむすびつくことになる。遺伝にかんする知識は、リスク思考のさまざまなかたちと長らく関連づけられてきたが、さらに予測的な遺伝子検査の利用が可能となったことで、個人の新たなカテゴリーを生みだしたり、遺伝学的リスクを新たな計算可能性と合致させたりして、遺伝学リスクに、新たな質的側面がもたらされているのである。こうした新たな知識の結果として、しだいに、症候が現れる前に特定の病気の遺伝学的リスクを抱えた個人を特定することが可能になってきた。多くの者が恐れているのは、こうした「遺伝学的なリスクを抱えた個人」は、自らを、まるで本質や運命が永久にこの遺伝的欠損によって「しるしづけられている」かのようにみなすかもしれないということであり、また雇用主や保険会社から、将来の配偶者や遺伝カウンセラーにいたる他者からも、そのようにあつかわれるかもしれないということである。実際には、遺伝子の「浸透度」は不明であるかもしれず、多くの場合にはある集団のうち数パーセントが疾患を発症するというだけである。しかもどんな病気であっても発症の時期やその深刻さまでは予知することはできない。ヨーロッパと北米の多くの国々では、こうした者が、社会的なスティグマに苦しめられたり、特定の機会、サービス、手当から排除されたりしないかが議論されてきた。また、遺伝子検査にもとづいて病気の傾向があると診断された者が、正常で健康であるようにみえるにもかかわらず、予防の名のもとに、自ら進んでもしくは仕方なしに、医学や精神医学、あるいは法律の専門家の管理のもとにおかれたり、さまざまな形式の監視や治療の対象となったりすることもあるだろう(3)。

新たな遺伝学はまた、現代のアイデンティティの実践とも関係している。先進自由民主主義〔社会〕——この章ではとくに地理学的・政治学的な地域性に焦点をあてる——では、遺伝学は、政治学や倫理学の分野においてきわだった特徴をみせている。これらの地域では、個人はますます、生活戦略をたてたり、生存機会を最大化しようとしたり、生活の質を高めるために行動を起こしたり行動を控えたり、あるいは自分自身とも他人とも慎重にかかわるように義務づけられる。生が戦略的な企てとなるにつれて、「健康と病気のカテゴリーは、選択や意志の能力をそなえた主体性を自ら生みだし行使するための手段となる」(Greco 1993) のである。過去三〇年間にわたって、説明や判断にもちいられる生物医学的な言葉の多く(高血圧、不整脈、血中コレステロールの上昇など) が、科学の難解な言説から、市民による素人の専門知識へと移行した。現在では、自己記述や自己判断といった言葉づかいに含まれる、遺伝や遺伝子にかんする古い発想は、遺伝学の新たな考え方によって補われており、遺伝学の知識が身体的実在の中心に刻みこまれるようになっている (Kenen 1994)。古い語彙と同様に、遺伝学の言葉づかいは、他者もしくは

「経験」を超えた何者かに対して、人間の個体性についての視覚的な観点を与えることになる。それは、新たな方法で理解されるだけでなく、実際に新たな方法で組織化されなおされ、われわれが誰であるのか、何をしなければならないのか、何を望みうるのかにかんして、遺伝学の水準にみあった新たな価値を示すのである。イアン・ハッキングが提示した相互作用する種類（Hacking 1986, 1995）のように、これは遺伝学的なリスクを抱えた個人の自己記述や可能な行為のかたちを形成しなおすものである。それゆえに、新思考の遺伝学的なスタイルは、生の戦略に遺伝子着色法〔のような具体的な成果〕を与えるだけではなく、新たな倫理学的責任をつくりだしもするのである。病気や病理を遺伝学の問題として考えるとき、それはもはや個人の問題ではなくなっている。それは家族の問題に、つまり、家族の歴史と家族が抱える未来の可能性の問題になったのである。こうして、遺伝学的な思考は「遺伝学的責任」をひき起こす。すなわちそれは、結婚、出産、キャリア、生計との関連において、慎重さと義務を形成しなおすのである。

遺伝学的なリスクを抱えた個人の登場は、生の分子的想像力の拡張とかかわりをもっている（Chadarevian and Kamminga 1998, Kay 1993）。もちろん遺伝学者は、いまでも家系の情報を収集してはいる。しかししだいに、遺伝学の研究者にとってこの莫大なデータは、染色体の正確な位置や、問題となる突然変異遺伝子の配列を特定するためのＤＮＡ配列決定の基礎となって、高度に個別化された診断技術の開発を可能にする連鎖地図を作成するための手がかりにすぎなくなった(4)。こうした分子的思考スタイルでは、病気はますます特定の染色体の個々の位置におけるＤＮＡ塩基対の配列という観点から可視化される。たとえば、前頭側頭認知症やパーキンソン病がひき起こすある疾患は、ＦＴＤＰ－17として知られている。というのも、これは第一七染色体の特定の部位にみられるいくつかの変異と関係があるからである。ある種の乳がんの感受性の高まりは、第一三染色体のＢＲＣＡ1とＢＲＣＡ2として知られる変異にむすびつけられている。研究者は、躁うつ病のような精神疾患や、新奇探索傾向のような性格の一種についてすら、特定のタンパク質の合成や非合成、あるいは特定の神経伝達物質や神経受容体の特徴と関係づけようとしてきたのである。かつては第一一染色体がその有力候補とされていた[5]。身体が、分子的な眼差しの対象となるにつれて、病気への感受性は分子化され、遺伝学的リスクは分子の問題となるのである。

この章では、まずは個性と現代の遺伝的変異について、もう少し詳細にのべてみよう。ついで、遺伝の様相をおびた個性や欠点、性向を特定することは、それ自体新たなことではないので、とりわけ遺伝学的リスクの観念や実践についての歴史を簡潔に描くことにしたい。ついでさらに、二種類の実践について考えることにする。第一に、教育、雇用、保険における遺伝的差別にかんする近年の議論を検証することで、こうした状況が、まったく新しいものではないが、主体化の独特な実践の誕生をしるしづけていることを論じたい。こうした主体化の実践は、ほかの状況で活動する他者とともに、あるいは他者と関連しながら姿を現すのである。しかしながらここで示したいのは、これはたんなる遺伝子本質主義の誕生や再生としてはとらえられないということである。とりわけそれは、行為、責任、自己実現の倫理を強調するような、広くいきわたった主体化の体制に反するものではない。むしろ実際にはそれらと連携しているのである。第二に、ハンチントン病のリスクを抱えた者たちが、自分たちが直面するジレンマについてどう討議するのかを研究したカルロス・ノヴァスの仕事を検討することで、遺伝学的リスクによってひき起こされる主体化のかたちが、新たな倫理の問題化や新たな倫理的関係性と、どのような仕方で密接にむすびつけられているかを検討する（Novas 2003）[6]。ノヴァスと同様にここでは、こうした新たな主体化のかたちは、運命に甘んじたり、生物学的な宿命や生物医学の専門的知見をただうけいれたりするものではなく、むしろ生物学的・社会的存在を管理する複雑な倫理的技術の出現とむすびついているという点を論じたい。そして、ノヴァスの議論をひきうけながら、こうした状況は生の戦略の一時的な領域内に位置づけられているのだとのべたい。そこでは個々人は、遺伝的な性質がもたらすかもしれない未来にかんする信念にもとづいて、現在を考えようとしているのである。こうした新たな主体化の様相は、個人間の複雑な領域において、選択について計算すべきであるという義務を生みだす。それは、自分自身との関係だけでなく、他者との関係から生みだされるものである。そこでは過去と現在にはかぎらない現実のまたは潜在的な親族関係が含まれるし、さらに遺伝学の専門家と生物医学の研究者も含まれるのである。

ソーマ的な個人性

われわれは、人間的主体を、たんなる遺伝的補完物の表現型へと必然的に還元してしまう、アイデンティティの全面的な遺伝学化を目撃していると多くの論者が指摘してきた（Dreyfuss and Nelkin 1992, Lippman 1991, 1992）。こうした論者たちは、遺伝子が、それら自体で相互作用したり、社会、歴史、心理、環境の要因と相互作用したりすることで、さまざまな種類の病気に関与するということは理解している。しかしその一方で、「遺伝学化」は、遺伝子が疾患の「原因となる」と言い張る決定論だと批判しもするのである。健康と病気にかんするこうした遺伝学的な語りは、さまざまな問題が社会のなかで定義され、考察され、対処される道筋に方向性をあたえる。彼らによれば、こうして遺伝子地図の製作者たちのプロジェクトに資金や支援を与えることが正当化され、それによって、いっそう多くの健康と病気の問題が遺伝子疾患として定義されるのである。遺伝学化は個人化の戦略だとみなされ、それは希少な資源を社会的な解決にではなく、社会問題へと向けなおすとされる。それは、自由意志、意図、責任の観念ばかりでなく、機会の平等といった原理を脅かすようになる。「遺伝学のラベルを貼られた個人は、彼（女）が病気になったコンテクストから切り離されてしまう……社会ではなく、個人が変わらなければならないとされるのだ。つまり、社会問題は、不当にも個人の病理の問題となるのである」（Lippman 1992: 1472-73）。それゆえ、診断、検査、治療に遺伝学の知識を応用することは――故意であろうがなかろうが――、反動的でスティグマを与えるような政治戦略へとむすびつけられるのだ。

こうした主張は、少なからず重要な問題を提起してはいる。しかし、全体としてみれば、誤解を招くものだと私にはおもわれる。(7)

遺伝学化の主張において、遺伝学的アイデンティティを個人や集団に帰することは、彼らを対象化し、人間の主体性の本質的な部分を否定する意味が含まれているとみなされる。しかし、人間の個人性を実証的な知の対象にすることは、支配という意味での「服従」ではないし、自由の抑圧でもない――ここで問われているのは、主体の創造なのである。臨床医学が誕生したときのように、今日でも病気の人間は、自らの肉体と生命力によって病気に耐えなければならない――病気になるのは、身体そのものなのである。しかし、病気のソーマ化は、実際には、患者にずっと受動的でいることを求めるわけではない。それどころか臨床医学は、二十世紀後半をつうじて、しだいに患者を「活動的な」主体――治療のゲームにおいて一翼を担うべき存在――とみなすにいたった（Armstrong 1984, Arney and Bergen 1984）。病気が身体に刻みこまれていることを否定するわけではないが、現代の医療実践は、病気そのものを特定可能にするために、診断プロセスのなかで患者に自分の意見をいわせ、治療の一協力者として治療実践に参加することを求め、健康へのリスクにかんする情報を考慮して、病気になる前から用心して日々をすごすようにも勧めてきたのである。現代の遺伝医療において、遺伝学的なリスクを抱えた人間が生みだされていることについても、同様のことがいえる。患者は熟練した能力を身に着け、用心深く、積極的でなければならず、医者の協力者や専門家そのもののようになり、回復に向かうための責務の一端を担わなければならないのである。遺伝学的リスクの考え方が広まるにつれ、個々人が自ら遺伝子検査を望むようになり、営利団体がそうした要請に応じて、インターネットで消費者に向けて直接、安価に素因検査を提供するようになったのも無理からぬことである。こうして、たとえば二〇〇五年のはじめまでには、サンフランシスコに拠点をもつＤＮＡダイレクト社は、α１－アンチトリプシン欠損症、乳がん（ミリアド・ジェネティクス社が開発し特許をもつ方法による）、卵巣がん、嚢胞性線維症、血色素症、不妊症、そして反復流産と先天性血栓性素因の遺伝子素因検査を患者に提供するようになった[8]。「われわれの検査とサービスはあなた自身、そしてあなたの家族や医療チームを勇気づけます」とウェブサイトには書かれている。そして次のような利用者の喜びの声が掲載されている。「自宅で自分で検査できるようになってよかったです。治療の手助けをみつけることで、過去を知ることができます……きっとそれは、私の将来の健康にも役だつことでしょう」。

遺伝学的リスクを抱えた患者とその家族は、それゆえ、治療実践において消極的な存在なのではない。ポール・ラビノウ（Rabinow 1999）、ボロロナ・ラベアリソアとミシェル・カロン（Callon and Rabeharisoa 2004, 1998a, 1998b）、そしてデボラ・ヒース、レイナ・ラップ、カレン＝スー・タウシッグ（Heath et al. 2004）らがおこなってきた研究はいずれも、こうした人びと――病気に罹った患者自身、「無症状的な疾患」を抱えた人びと、そしてその家族――がしだいに、自らの健康にかかわる実践を管理したいとおもうようになり、生の戦略のために複数の専門家や非専門家の助けを求めるようになり、医療者がこうしたプロセスの指導者ではなく奉仕者としてふるまうことを期待するようになることを明らかにしている[9]。遺伝病と診断されたこうした者は、科学者が約束を果たして遺伝病の原因や治療法や対処法を発見できるように、投資をなすのである。医療は、遺伝医療も含め、病気のメカニズムをまったくソーマ的なものと理解しているのだが、それは現代的な自己を生みだすおもな場所になっている。つまり、自由であるが責任を負い、先進的に行動するが慎重でもあり、未来をみすえながら自分や家族の健康を維持したり増大させたりしようと考え選択をなすことで、計画的に生を操作しているのである。

批評家たちはまた、新たな遺伝医療が、個人の孤立化に焦点をあてるようになると指摘しがちである。しかしこのことには賛成できない。こうした実践において個々人は、関係性や義務のネットワークのなかに位置づけられることによって自らを主体化するからである。詳細はのちに触れることになるが、たとえば遺伝子カウンセリングについて考えてみよう。遺伝子カウンセリングの相談にかんする研究において、アームストロングとその同僚たちは、カウンセリングをうけた個人が、彼らの社会的・家族的関係を遺伝学の語彙で説明するようになるのとともに、関係性のシステムに自らを位置づける――記憶をたどりながら、リネージの関係性を病気の関係性のうえにかさねる――ことで、どのように遺伝学的なアイデンティティが確立されるのかを明らかにしている（Armstrong et al. 1998, Konrad 2005）。こうして、病気や健康状態は「家族の」問題になるのである。患者の問題は、前世代の家族構成員の問題にまでさかのぼるかもしれない。ひとりの人間への診断が、当人だけでなくその親族にとってもさまざまな意味をもつことになる。家族の抱く親族の考え方と「本質的な」関係性とのあいだのつながりやその欠如が、ＤＮＡによって跡づけられることで、新たな問題が提起される――養子にされた子供、提供された精子によって生まれた子供、そしてもちろん、父親と生物学的な意味での父子関係にない子供にとっては、この点がとりわけ問題になる。それゆえ、遺伝学的なアイデンティティは、相互義務の負担やケアへの献身、あらゆる倫理的ジレンマをともないつつ、家族の紐帯や家族の記憶の網の目のうえにかさねられた遺伝学的むすびつきのなかで姿を現し、確立されることになる。こうした遺伝学的ネットワークの一部となるなかで、遺伝学的リスクを抱えた主体は、現在の家族——恋人、将来のあるいは現在の配偶者、子供、孫など——との関係を、リスクや遺伝の問題という観点からとらえなおすかもしれない。彼らは、こうした観点から、自らの生のかたち——ライフスタイル、食習慣、娯楽、アルコール、喫煙——をつくりかえ、他人との付きあい方をも変更することになる。彼らはまた、同じようにリスクを抱える者によってつくられた新たなアソシエーション——「社会」のではなく「コミュニティ」の——や組織やグループに参加している。たとえば、特定の病院や診療所にかよう患者たち、新しい治療法の被験者たち、ラジオ、テレビ、映画のドキュメンタリーやドラマに登場するような患者たちのそれに参加しているのである。

新たな生命科学や生物医学が提示する生のテクノロジーとの関連でみいだされる個性の変化とは、複合的なものである。それは遺伝学によってすべてが尽くされるようなものではない。たとえば、新たな生殖技術は、これまで共通性をもっていたカテゴリー——生みの親、心理学上の母親、家族のなかの父親、精子提供者、卵子提供者など——〔の概念〕を解体して、その結果としてアイデンティティ形成のレトリックや実践において根本的なものであった親族関係を変化させている（Franklin 1997, Strathern 1992, 1999）。精神薬理学の進歩は、個人を理解する方法を変えてしまった。なぜならば、個性をつくりあげるとおもわれていた特性——たとえば人格や気分——は、現在では、プロザックのような特別につくりだされた薬物の使用によって変化させられることがわかったからである（Elliott 2003, 1999, Fraser 2001, Kramer 1994, Rose 2003, Slater 1999）。新たな人間像は、人格、情動、認知などの特性を脳の特定の領野に局在化させる脳画像のテクノロジーと強くむすびついている。それは画像テクノロジーが洗練されるにつれて、より顕著になってきている（Beaulieu 2000, Dumit 2003）。遺伝学の語彙――遺伝学的な推論、説明、予測、そして個人、家族、グループの治療――によって描かれる主体化の実践は、人間の個性にかんする数々の考え方や行動の仕方が「身体」の用語――身体改変の技術から、社会理論、フェミニスト理論、哲学における身体主義の興隆にまで広がる多くの実践や思考様式にみうけられる個性の一般的な「ソーマ化」された用語――で説明されるときに、その明確な姿を現すのである。

いずれにしても、アイデンティティの遺伝学化は、アイデンティティ実践のより複雑な領域に位置づけられなければならない。先進自由民主主義〔社会〕には、さまざまなアイデンティティ実践やアイデンティティ要求――ナショナリティ、文化、セクシュアリティ、宗教、食餌選択、ライフスタイル選好など――がみうけられる。アイデンティティにかんするこうした帰属意識や要求のうち、生物学や生物医学とかかわりがあるのは、ほんの一部にすぎない。実際、遺伝学が中心的な働きを示しているものを含めても、生物医学にみられるアイデンティティ実践やアイデンティティ要求は、複雑で無数に存在するほかのアイデンティティ実践やアイデンティティ要求のなかのひとつにすぎないのである。患者たちは、自らのアイデンティティの一部を生物学の用語で書き換えることもあるし、そうした書き換えに対して強く異議を唱えることもある。アイデンティティは多様であり、複合的である。つまり、ある実践においてはゲイであるとみなされ、別の実践においてはムスリムであるとみなされ、また別の場合には鎌状赤血球症とみなされるといったように。規制や慣行が個性についての生物学的概念によって語られる場合でさえ、遺伝学的アイデンティティが支配的になることはほとんどない。あとでのべるように、保険にかんしては、遺伝的な情報が考慮されるだけでなく、個性にかんするほかの非遺伝的側面――治療歴、喫煙などの習慣、生活様式の選択にかかわるリスクなど――も考慮にいれられる。現在の法廷では、裁判をうける判断能力や責任といった、個性にかかわる側面を決定する手続きにおいて、脳のスキャンデータを含んださまざまな生物学的証拠がくみこまれている。とはいえ、法における責任や意図は遺伝学的な根拠にもとづいてあらためて概念化されるべきだという主張に対しては、裁判所は強く抵抗してきた（Rose 2000b）。[10] アイデンティティについての生物学的・生物医学的・遺伝学的な考え方は、確かにほかのアイデンティティの要求と絡みあい、相互作用し、一体化し、そして異議申したてをなすことになるだろう。ただし、遺伝子的アイデンティティがすべてにとって代わるとはおもわれないのである。

遺伝学的リスク小史[11]

遺伝の考え方には長い歴史があるが、二十世紀には、遺伝子の構成によって個人を定義するさまざまな実践が出現した。ここでは、カルロス・ノヴァス（Novas 2003）の研究に依拠しながら、こうした実践のひとつである遺伝子カウンセリングに焦点をあててみたい。遺伝子カウンセリングでは、個々人は、自分の振る舞いに影響を及ぼすという明確な目的のもとで、自らの遺伝子の構成について熟考するように専門家から指導をうける。ノヴァスは、遺伝子カウンセリングの被験者がどのように理解され、またカウンセラーが生みだそうとする考え方や行動様式の種類がどのように変化してきたかについての歴史的な多様性を描いてきた。そこで提示されるのは、こうした考え方や、それにかかわる実践をつうじて、遺伝学的リスクを抱えているとされる人間の独自性が、一九七〇年代初頭から現在にかけてしだいに明らかになってきたということである。

遺伝子カウンセリングは、ソーマのレヴェルで働いている遺伝学の客観化する知識と、人間的な振る舞いに働きかける人間科学の主観化する知識とをむすびつける。ノヴァスは、遺伝子カウンセリングの実践が自分の遺伝子の構成について考えるよう個人、カップル、家族を駆りたて、こうした知識にもとづいて行為の調整をさせる方法を「遺伝学的な自己のテクノロジー」とよんでいる（Novas 2003）。彼によれば、このテクノロジーは、知の形式、専門知識、診断技術のくみあわせをともなった、異質なものの集まりとして想定されるという。知識とは、そうしたテクノロジーや、自己統治の実践にとって不可欠な構成要素である。そしてこの知識自体は、メンデルの遺伝学からロジャーズの心理療法にまで及ぶさまざまな種類のものを含み、通常は専門医の要求に即して与えられるものである。だがノヴァスが示しているのは、遺伝学的な助言をなすことは、遺伝子の状態を可視化したり、診断したり、理解するために、家系図、臨床的所見、リスクと蓋然性の分析、血清学の分析、振戦計、脳波計、出生前診断、予防的遺伝子検査（連鎖解析であれ変異解析であれ）を活用したりするという、高度にテクノロジー的なプロセスにもむすびついているということである。さまざまな専門家が遺伝子カウンセリングをおこなってきた。そこには、内科医、小児科医、遺伝学者、神経学者、精神科医、心理療法家等々が加わった。そして、専門的な知識のしかるべきかたちや、それをもちいるうえで必要な訓練のあり方をめぐって、多くの論争がなされてきた。遺伝学的自己のテクノロジーは、彼らが採用する主体性の規範によっておおきく異なっていく。

遺伝子カウンセリングは、より一般的な生政治の関係性のなかに位置づけられる必要がある。ノヴァスの議論をひきつぎながら、三つの時期を設定し、それぞれ遺伝学的な助言を与えることの目的、問題化、規範化の方向性、そして実践が異なっていることを示したい。それによって、生政治との関係におけるおよその時代区分を設けられうるだろう。[12] 第一の時期は、一九三〇年代から四〇年代にわたる「優生学」の時代である。二十世紀前半のヨーロッパ、北米、そしていたるところに広まった優生学的な思考形式は、優生学の考え方に照らして個人の生殖行為を「自発的に」決断させる試みを生みだした。一九三〇年代には、遺伝子カウンセリングは、公教育や、映像、プロパガンダの利用にかんする優生学的戦略と一緒になっておこなわれた。こうして一九三〇年代初頭から四〇年代後半にかけての遺伝子カウンセリングは、人口全体のなかでの人的資源の質を高めるために、個人の生殖判断を方向づけ、また遺伝病や遺伝的欠損をもつ者たちの生殖行為を制限することで、幅広くおこなわれたのである。優生学の時代における遺伝子診断は、遺伝子の質のよしあしを判断し、遺伝子欠損の重症度を評価することを要求した。知的で体格のよいカップルは、多くの子供を産むよう奨励されたが、その一方で、そうでないカップルには、子供の数や家族の数を制限するようながされた。遺伝病をもつ者のなかには、自ら生殖行為をコントロールするような道徳的な資質を有するとみなされる者もいたが、その大半は、自らが向きあっている遺伝学的リスクをきちんと理解していないか、そうでなければ病気のせいで判断ができなくなっているとされ、知らないうちに産むべきでない子供を産んでしまう人間として否定的にあつかわれたのである。

一九五〇年代から七〇年代初頭にかけては、ノヴァスが論じているように、遺伝子カウンセラーたちはナチス体制とむすびついた否定的な優生学と関係を断とうとする。彼らは、民主的な社会での遺伝病の予防は、自主的な措置をつうじてなされるものだと主張する (Dice 1952)。その目的はほとんどの場合、出生異常の阻止によって、公衆衛生の最適化をはかることにあった (Fine 1993)。予防医学にもとづいたこの「間接的な指示による」アプローチを勧めようとした人びとは、両親は健康な子供を欲しがるものだと信じていた。それゆえ、不健康な子供をもつリスクを有する人びとは、遺伝子カウンセラーによってひとたび適切な知識さえ授けられれば、「責任をもって」その知識を活用し、生殖にかんして分別のある判断をするだろう――つまり、子どもをつくらないか、家族の数を制限するか、養子をとるだろう――と信じていたのである（Dice 1952, Herndon 1955）。

この時期に遺伝子カウンセリングは、遺伝学的リスクの情報によってもたらされる不安、恐怖、内面的な緊張を緩和するための導きとして再定義されるようになったとノヴァスは論じている（Falek and Glanville 1962; Kallmann 1956, 1961; Roberts 1961）。さらに、遺伝子カウンセリングそれ自体は、遺伝学的リスクの情報を有効にとりいれるために、心理学を利用しなければならなかった。というのも、遺伝学的リスクに直面した個々人は、抑圧や合理化、投影といった病的な防衛機制によって、遺伝学的な現実を麻痺させるという、子供じみた行動パターンに訴える恐れがあったからである。遺伝子カウンセリングはこうして、計画的な家族という価値観をもつようになった専門医に責任の感覚を浸透させる、一種の短期心理療法と考えられるようになったのである（Kallmann 1962: 253）。

ノヴァスによれば、一九七〇年代には、新たなかたちでの「社会心理学的カウンセリング」が支配的となり、これがいまにいたるまで主要なモデルでありつづけている。このモデルでは、遺伝学的リスクの特定が、生の機会を最大化し生活の質を高めるという関心にむすびつけられるようになった。こうした関心を充たすために、遺伝子カウンセリングは、もはや遺伝病の予防だけを考慮するのではなく、遺伝学的リスクのコミュニケーションにかかわらざるをえなくなっている（Kenen 1984）。この時代には、遺伝的病理をもつ（あるいは潜在的にもっている）と考えられる胎児の中絶が可能になった。遺伝学の知識や、出生前診断、着床前診断など、さまざまなテクノロジーにおおきな展開がもたらされたからである。こうして、現在遺伝子カウンセリングを受けている人びとは、生物医学の進展が眼の前に提示したさまざまな新しい選択肢と向きあうことになった。彼らは、自分の人生や、自分の実際のあるいは潜在的な子孫の生活にかんして、複雑な決断をしなければならなくなったのである。そして、しだいに彼らは、自分の未来のために、十分に情報をえたうえで責任ある選択をする自律的な個人と呼ばれるようになった。

発症前の素因にかかわる遺伝子検査がより広く利用可能となるにつれて、ある別の関心がしだいに高まりつつあるとノヴァスは指摘している。すなわち、遺伝子検査をうけた結果、うつ病や自殺に追いこまれてしまうといったような、有害な心理的問題がひき起こされるリスクをもった者をも特定しなければならないというのだ。心理測定検査は、そうした局面で利用できる方法のひとつであり、遺伝子検査をうけた者は、配偶者、友人、家族あるいは支援団体への参加を頼りにするべきだといった対処方法も同時に語られることになる（Bloch et al. 1993: 370, Decruyenaere et al. 1996, 1999）。もっと最近では、社会心理学的な遺伝子カウンセリングが、ライフスタイルのみなおし（Biesecker and Marteau 1999）や、とりわけ依頼者の自主性や自律性の促進（Elwyn et al. 2000）に焦点をあてるようになってきた。意志決定の共有のような技法をもちいて、依頼者は、自らに関係する情報に触れ、たとえば同じように一般的な遺伝学的リスクを抱えているかもしれない親族に遺伝子情報を知らせる決断をするといったあらゆる決定に対して、その責任の一端を負うことになるのである。そして、「彼らに、生活設計、情報にもとづいた出産の決断、そして医学的介入が有効な合併症の初期徴候を監視する機会を与える……遺伝子カウンセリングの面会は、専門家から一般市民に情報が受動的に伝わるものではなく、生じていること理解されるべきことを決める際、カウンセラーとカウンセリングをうける者がともに役割を果たすような、ダイナミックで継続的なプロセスでなければならない」（Hallowell and Richards 1997）のであって、こうした情報開示は不可欠だとみなされるようになる。彼らは、積極的な立案者であり意志決定者でなければならず、遺伝的過去、遺伝的現在、遺伝的未来を考慮してアイデンティティを構成しなおさなければならないのである（Ogden 1995）。遺伝子カウンセリングは、したがってさらに、出産について、専門的な知識や技法を踏まえて、情報にもとづいた選択をするよううながすような、女性への介入ともむすびついている。一方でこれは、遺伝学的リスクを抱えているとされる者の行動を改めさせようとするときに、心理学がおもな役割を演じるような、新たなコントロール戦略の可能性をひらくものでもある。しかし、それぞれの個人の生が、計画された一種のプロジェクトであると考えられるようになったコンテクストでは、こうしたアイデンティティの再構成は倫理的領域をも再構成するものとなる。そこでは、遺伝学的リスクのある個人は、自らの生を自分自身で統治しなければならないのである。

遺伝的差別

二〇〇〇年二月八日に、全米科学振興協会の会議の席で、当時の合衆国大統領ビル・クリントンが、いかなる連邦機関も、雇用や昇進にかんするすべての措置について、遺伝子情報を利用してはならないという大統領命令に署名をした（White House 2000）。同じ日にクリントン大統領は、一九九九年に提出された健康保険と雇用にかんする遺伝子差別禁止法を承認し、保護の対象を、健康保険を契約する民間セクターや個人にまで拡張している。一九九六年の調査では、家族の遺伝病が原因で、二五％の回答者およびその家族が生命保険を断られ、二二％が健康保険を断られ、一三％が仕事を拒否されて職を失っていたことが明らかになった。質問をうけた者の多くは、遺伝子差別の懸念があるために、遺伝子検査の受診を拒否し、あるいは、遺伝情報を保険会社や雇用主に知らせていなかった（Lapham et al. 1996）。そのほかの調査では、雇用主がいずれ未来の雇用者に遺伝子検査を受診するように求めるだろうし、もし雇用主が結果を知ることができるならば、多くの者はこうした状況での検査を受診したくないと考えていることが明らかになった。クリントン大統領は、彼が一九九七年以来表明してきた見解を再び主張している。つまり、病気の遺伝的な治療法をみいだそうとする努力が、患者の保護を突きくずすものであってはならない、ということである。

遺伝子の知識が差別的にもちいられる可能性は、長年にわたって懸念されてきた。一九九二年にポール・ビリングスとその同僚たちは、遺伝的差別を「「正常な」遺伝子型との差異があるか、もしくはその疑いがあるという理由だけで、個人またはその家族の一員が差別されること」(Billings et al. 1992) と定義し、こうした差別が、健康保険や生命保険産業をはじめ、いたるところでみうけられるとした。彼らは、スティグマ化が増長される可能性や、遺伝子診断をうけたものの症状が現れていない者たちへのサービスや権利が拒絶される可能性について警告を発している。そして、「遺伝的差別 (「症状はないが病気だ」)にもとづく新たな社会的下流層」(Billings et al. 1992: 476) が生みだされる危険性があると指摘したのである。それ以来、数多くの研究が、実際に遺伝的差別がおこなわれている証拠があると論じてきた。つまりそれは、現時点で健康状態にある個々人に対する差別である。そうした差別が遺伝子型だけを根拠にし、たとえば特有の欠損となる変異をもっているが病気としては現れていない場合では、誤解にもとづいていることもありうる。遺伝子検査の興隆は、「あらかじめ存在する疾患の条件」を規定していたこれまでの境界線を不明瞭なものにしたと論じられもする。つまり、検出可能な変異や、特定の環境で特定の症状になりやすい変異をもつ個人は、仮に当人がそのことに気づいていなくとも、「あらかじめ存在する疾患の条件」をもつと想定されることになる。ある調査によれば、遺伝的差別の懸念は、特定の疾患をもつ家系の人たちのあいだでも広く蔓延しており、医療者によって検査情報を公開されてしまうのではないかという不安から遺伝子検査をうける気になれなくなったり、場合によっては、保険会社や雇用主などに対して、医療歴のうちで関係する部分を改ざんしたり伝達しないようになるケースもあるという。[13] そして多くの研究は、こうした問題をあつかうには、現在の差別禁止規定では不十分であると論じている。

一九九〇年代には、合衆国の多くの州で、保険会社が健康保険の価格、発行、設定に遺伝子情報を利用することを禁じる法律が制定された（Hall 2000）。だが、二〇〇〇年に公表された調査では、こうした法律がさほどの効果をもたらしてはいないという結論がだされている。というのも、実際こうした法律の成立前後いずれにおいても、また問題視されている州に法律があってもなくても、発症前遺伝子検査の結果を求めたり利用したりした証拠がある健康保険の事例はほとんどないからである。おそらく、ホールがのべるように、こうしたタイプの組織化の実践については、法律よりも産業界の規範のほうがより重要なのである。そして強調すべきは、おそらくこうした差別の懸念は、実際の差別以上に現実的な力をもつということである。それゆえ、証拠がないにもかかわらず、雇用者―従業員の関係にかんする米下院教育労働小委員会は、二〇〇四年七月に再びこの問題をとりあげた。「ローレンス・ローダー……は米商工会議所を代表して、小委員会に規制が不要であることを告げた。「雇用者による遺伝情報の収集と悪用は、大部分がいまだサイエンス・フィクションの世界にかぎられた話である」……たとえ差別が起こった場合でも、米国障害者法や医療保険の相互運用性と説明責任にかんする法令のように既存の法律があれば「遺伝情報の悪用に対処するのには十分である」」。しかしながら、二〇〇三年一〇月に、九五対〇の投票で遺伝的差別にかんする法案を上院で通過させた人物のひとりであるジャド・グレッグ上院議員は、下院においてこの法案が通過するように議長として働きかけたのである。委員会は「幅広い人権、雇用、保険の専門家に聞いたところ、その圧倒的多数が、現在の法律には、遺伝子情報にかんして問題があることを認めている」と声明文には記されている。[14]

こうした論争は、多くの国でつづけられた。フランス、ノルウェー、オーストラリア、デンマーク、オランダ、オーストリアでは、遺伝子検査によってえられた情報を医療や科学の目的以外で利用することを厳しく制限するか、もしくは完全に禁止する法案が制定され、二〇〇四年の終わりには、ドイツでもこうした法案が審議された。[15] 二〇〇四年に、遺伝子による差別を禁止する法律の制定を支援する団体であり、アフィメトリクス（この組織が特許を持つＤＮＡチップは、まさにこうした検査を可能にする技術である）が一部を出資している米遺伝子公正連合は、差別が生じたと主張される事例の詳細を記した冊子を発行した――たとえば、医療専門家が発病することはないと助言しているにもかかわらず、α１‐アンチトリプシン欠乏症「に対応する遺伝子」をもつために、子供たちが健康保険への加入を拒否されるといったケースがそれにあたる。[16] こうした関心から、二〇〇五年二月に米国上院は、九八対〇の投票で、遺伝子情報差別禁止二〇〇五年法という別の法案を通過させたのである。これは、健康と雇用にかんする既存の一連の法律を改正して、雇用者、健康保険、労働組合のいずれによる差別も法的に禁止し、医療のプライバシーや守秘義務の規則を、遺伝子情報の保護にまでひき延ばすものである。[17] 遺伝的差別のあるなしにかかわらず、教育評価や従業員の採用、保険数理計算の実践に遺伝学の論争を導入することは、それ自体として意味のあることである。こうした論争は、個性についての遺伝学的な概念を広め、「遺伝学的責任」を生みだし、分子的な語彙によって倫理的なジレンマを部分的に形成しなおすための媒介となる。

教育とは、こうした新たな考え方が現れるもうひとつのおもな場面である。学習困難者の医学的診断や生物学的な用語をもちいた失敗の説明には、長い歴史がある。学校教育は、子供たちを専門家の視線や評価にさらしていく。つまり、学校の体制や、そこでの素行や振る舞いの規則が設定されることによって、そうした規則に従うことができなかったり、従う気がなかったりする子供たちは、長い間区別して特徴づけられ、「彼らの関心を最優先にする」よう対処されてきた。ここではとりわけ、微細脳機能障害、多動症、注意欠陥障害、注意欠陥多動性障害の診断などを例としてあげることができる。この数十年の間、こうした場面に医学や精神医学がはいりこみ、とくに合衆国では、対処法として精神刺激薬やメチルフェニデート（リタリン）、デキストロアンフェタミン（アデロール）が幅広くもちいられてきた。より最近では、うつ病や心的外傷性ショック障害、子供の行為障害にかんしても、抗うつ剤、特にプロザック、ゾロフト、パキシルのような選択的セロトニン再とりこみ阻害薬を子供に処方する診断が幅広くなされていることがわかっている。[18] 新たな遺伝学の分子的な考え方は、こうした事態への予防的検査を可能にし、つまりは遺伝子スクリーニング、発症前の治療的介入への可能性を開いたのである。

もちろん、スクリーニングと予防的介入の戦略は、未成年者の非行や犯罪とのかかわりで、これまでも提唱されてきた。予防的介入をともなうような行為障害のための遺伝子スクリーニングがはじめて提唱されたのは一九六〇年代である。このときに主張されたのは、XYY症候群——Y染色体をひとつ多くもつ状態——は、未熟で攻撃性をコントロールできず、それゆえ暴力的な犯罪を起こしやすいというものであったが、のちに誤りであることが証明された。[19] 最近の事例では、生徒へのスクリーニングは、将来の精神病の発症にかかわる遺伝子を検知するためにではなく、むしろ教室で起きる問題に直接むすびつくといわれる遺伝子を検知するためになされている。一九八七年には、識字障害の経歴がある家族の成員に特有の遺伝子が第一五染色体にあるとされ、識字障害にならないための予防検査や発症前の治療の期待が高まっているという報告が一般科学雑誌に掲載された（Vellutino 1987, Hubbard and Ward 1999 からの引用）。一九九五年には、『発達性脳機能障害』誌に掲載された論文のなかで、おもな染色体異常（XもしくはY染色体の重複、脆弱X症候群）の子供に遺伝子カウンセリングやそのほかの医療的介入をうけさせる目的で、スクリーニングが試験的におこなわれているという報告がなされている（Callahan et al. 1995, Staley et al. 1995）。近年の研究では、繰り返し検証する必要を認めながらも、子供の時期の多動性注意欠陥は遺伝性が高く、ドーパミンの輸送体と受容体のシステム（DAT1そしてDRD－4）の様態をコード化する特定の遺伝子が重要であると論じられている（Plomin and Mcguffin 2003, Thapar et al. 1999）。

ドロシー・ネルキンとローレンス・タンクレディは、こうした主張は、長い期間をかけて学校の標準的な検査体制の一部となり、遺伝学と生物学を根拠とした検査を利用する方向に進んで、教師や親はそうした検査を、予言的な意義をもつ客観的な評価とみなすようになるだろうと指摘している（Nelkin and Tancredi 1989）。これは、遺伝学的な個人化の二つの側面を説明するものである。一方では、こうした検査に熱狂する者は、子供たちに特別な注意を払い、テーラー化された学習体制を提供するために検査が必要だと訴えている。だが他方、こうした検査は、特定の学校での子供のうけいれ差別にもつながっている。学校を卒業したあとで、大学や雇用先の組織に、ほかの情報とともに検査結果が送られる可能性もある。それゆえこうした検査は、アイデンティティを分子レヴェルで長期的に侵害したり、人の一生を治療者の眼差しのもとに追いやったりする可能性をもつ。しかしながら、直接的な結果がどのようなものであれ、こうした学校での実践は、子供たちの注目を集めることになる。それは一般化され、同時に個人化された注意を喚起し、行為とその決定要因にかんする新たな分子的想像力が流布するうえで重要な役割を果たすのである。

こうした新たな思考のかたちがさらに明確に現れる場面は、職場である。これは、ほとんどの健康保険が、私的な制度か職場の集団的な制度によってまかなわれている合衆国に特有の問題である（初期の優れたレヴューとして Gostin 1991 を参照。カナダとの比較研究として Lemmens and Poupak 1998 を参照）。

個人保険は、リスク要因――年齢、治療歴、職業、喫煙のような健康とかかわりのある習慣など――にもとづいて、個人が費用を負担するものであるために、遺伝学的リスクにかんする個人情報はおおきな意味をもつ。団体保険は、産業類型や年齢、ジェンダー特性、優先的支払請求権の有無といった集団のリスク特性にもとづいて費用を負担する。雇用者は、労働者の採用、訓練、保持により多くを投資し、保険料や、従業員の事故、けが、病気にまつわる経費の増大に直面しているので、彼らはますます、従業員の将来的な病気や障害のリスクをもっとも適切に排除するような雇用実践を採用しようとしている。議論の争点は、「問題を起こしそうな」個人や、身体的疾患や精神病をとくに発病しやすく、効率的に働けなくなってしまう個人、あるいは特定の労働環境にたえられない個人を特定するうえで、それ以前の古い技術――個人の治療歴を知ることや、心理テスト検査の使用、家系の考慮など――と、遺伝子スクリーニングを同様にあつかうことが妥当であるかどうかという点にある。

英国では状況は異なっている。なぜならば、健康保険は国家の制度をつうじて国民健康保険としてまかなわれており、治療歴やリスクカテゴリーとは無関係なレヴェルで定められた国民全体への強制課税によって資金調達がなされているからである。合衆国の私的あるいは集団的加入システムとは異なり、皆保険システムでは、不可避的に、人口集団のなかの遺伝病の総数、すなわち、遺伝子検査を直接うけそうにない人びとに対処しなければならない（Low et al. 1998, O'Neill 1998）。しかしながら、こうした差異は部分的なものにすぎない。それは、英国民がますます個人保険を選ぶようになったからとか、雇用をつうじてこうした制度に加入するからとか、雇用契約の前に医療スクリーニングをうけなければならないからという理由だけによるのではない。旅行保険のような、そのほかの任意保険に個人的に加入するときには、関係する医療情報を知らせるよう求められてもいる。それに、合衆国と同様、英国においても生命保険は個人負担であり、その生命保険がなければ、英国では住宅ローンをくむことができないのである。

保険に個人で加入する場合には、保険会社は、第一に申請者を正確にリスク集団に割りあてるために、そして第二に、間違った不用意な選択を恐れるがゆえに、正確で十分な情報の開示を求める。つまり、申請者は、リスクの低い人たち向けの有利なプレミアムをうけとろうとするあまり、高いリスクを抱えているという情報——たとえば喫煙——を意図的に隠蔽することがある。それゆえ保険会社は、たとえば、自分たちの知らない遺伝子の知識をもっている人たちが、遺伝子検査の結果を隠して通常の価格で生命保険を購入しようとする可能性を恐れている。そうした者は、自分の余命が長くないことを知っており、それゆえ短期の給付金額を高く設定し、長期的にみればほかの受給者の保険料をつりあげることになる——あるいは、高リスクの人間を選別する効果的な方法をもっているためにより安い料金を設定できる会社へと人を誘導してしまう。こうした変化がもたらす状況は、いくつかの遺伝子にかんしてあまりよくない検査結果をうけとった人たちが保険に加入しない決断をすることによって、いっそう悪化するかもしれないと、保険会社は懸念している。こうした人たちの保険料は、保険金の請求をする必要のある人たちのための財源——知らず知らずのうちの支援金——になっているのだから。

歴史的には、保険会社と加入者は互いに遺伝情報について何も知らないという前提で、話を進めてきた。しかしながら、米国の保険会社では、おおまかにいえば、遺伝子情報とそのほかの健康にかかわるリスク情報のあいだには重要な違いはないとして、医療における遺伝子情報とそのほかの情報を区別することは擁護できないと主張されている（Pokorski 1997）。ポコルスキは、米国有数の再保険会社の重役であるが、彼は自分の見解を支持する多くの根拠を提示している。教科書では、ほとんどすべての病状には遺伝学的根拠があるということが繰り返し示されている。全米ヒトゲノム研究センターは、「政策的な目的のために、遺伝病とそのほかの病気、そして遺伝子情報とそれ以外の情報を区別することが、ますます難しくなっている」(National Center for Human Genome Research 1993) と認めており、『ランセット』誌のある編集者は、「医療検査と遺伝子検査を別物であると考えることはまもなく不可能になるだろう」と論じている (Lancet [Anon] 1996)。実際、技術を提供する会社が何百もの遺伝的欠陥を選別する安価なバイオチップを開発するようになるにつれ、ドロップ・イン・ショップやドロップ・イン・センター (相談のために気軽にたち寄ることのできる公共施設) は、個人が遺伝子検査や一般的な遺伝病にかんする情報をえられる場所とみなされるようになり、「飛び入り検査」、通信販売キット、自宅検査キット等を提供しはじめる。遺伝子情報が、高血圧や高コレステロール値、不整脈、肥満指数の上昇といったほかの保険にかかわるリスク要因と同じようなものとして、幅広く知られるようになるのである。

こうした展開を踏まえると、英国保険協会の考え方はわかりやすいものとなる。一九九七年一二月に公表された倫理要綱のなかで、英国保険業協会は、遺伝子情報を保険にかかわるほかの医療情報と区別することは、概念上不当であるだけでなく、事実上不可能であるとのべている (Association of British Insurers 1997)。しかし、同じ日に、イギリス政府によって設立されたヒトゲノム研究諮問委員会はまったく逆の勧告をする報告書を発表した。すなわち、生命保険の加入者に対して、すべての遺伝子検査の結果を保険会社に開示しなければならないと要求する前に、特定の保険商品にかかわる特定の検査の使用を支持するような、信頼にたる保険数理上の根拠が、科学的に妥当で公的に利用できるようになるまで、少なくとも二年のモラトリアムを設けることを提案したのである (Human Genetics Advisory Committee 1997)。予測的とされる遺伝子情報の開示を保険会社が要求することへの批判として、こうした情報が、たいていその正確な意味を理解していない者たちによって利用されるという議論がある。つまり、遺伝学的な予測などめったに当たらないし、それゆえ特定の個人をリスク集団に正確に割りあてることなどほぼできない。たいていの遺伝病は、発症年齢やその深刻さについて、たいへんに不確実なものである。それに、遺伝子と環境、遺伝子と生活様式のあいだの相互作用はほとんどわかっていない（e.g., O'Neill 1998）。新聞は「遺伝子下流層」が生みだされる危険があるという注意を喚起した（Daily Telegraph 2000）。二〇〇五年三月に、英政府と英保険協会は、保険会社が自主的にモラトリアム期間を延長し、二〇〇六年から二〇一一年までの五年間は、予測的な遺伝子検査の結果を使用しないとする内容を含んだ協定に合意した[20]。この協定にはまた、以下のような企業との合意内容が正式に記されている。すなわち、調査研究の一環としてうけた遺伝子検査の結果は開示請求できないこと、保険会社は予測的な遺伝子検査をうけるための保険を探している者たちに圧力をかけてはならないこと、そして他人の検査結果を知らせるよう個人に尋ねてはならないということである。この協定は、政府が報道発表で明らかにしたとおり、差別が現に起きているから作成されたのではなく、遺伝子検査をうける人たちに安心してもらうためにつくられたのである[21]。

合衆国では、医療機関は、差別的な利用をするかもしれない保険会社や雇用主に対して遺伝子情報を開示する義務はないという議論もなされてきた。遺伝子カウンセラーは、どうしたら起こりうる保険の問題を最小化できるか、顧客の相談に乗るよう通知をうけている。遺伝子検査は、被験者の身元を特定する可能性を制限する匿名性のもとになされているとのべる者もいる。また、遺伝子検査をうける前に、必要な生命保険と医療保険にはすべて加入するようにと助言する者もいる。人びとは、大会社のひとつの保険に加入するよりも、それほど注意深く調査されていない小さな生命保険に数多く加入するように助言されているのである。そして、医者は二種類の記録を補完するようにうながされている。ひとつは健康管理に使う完全版で、もうひとつは保険会社に受理してもらえるよう、不都合な結果を除外した記録である（これらの事例は、すべて Pokorski 1997 からの引用）。

こうした論争は、少なくとも短期的には、異なる司法管轄において違った解決をみることになるだろう。遺伝子情報は重要である。というのもひとつには、保険がリスクの分散に向かうという、より一般的な変化が生じているからである（Ericson et al. 2000 の優れた議論を参照のこと）。保険はリスクを社会化する役割を果たすのだが、今日の風潮では、リスクを「抱えないように」したり、人びとを厳密に定義されたリスクカテゴリーのなかに位置づけたりするために、人口集団にかんする知識や個々人の情報が利用されるようになってきている。こうして厳密に定義されたリスク集団は、保険の費用やそこからえられる利益を確定してリスクを抱える者の排除を促すだけでなく、商業的になりたつリスク集団には該当させられない者を排除することにもつながる。この戦略は、二重の義務という観点から正当化されている。すなわち、分別のない顧客が招きよせるリスクの代償として、良識的な顧客の負担を増やさないようにしながら、なおかつ、知りえたすべての関連情報をリスク計算にくみこむことで、株主の収益を守ったり、最大化させたりするというものである。しかし、結果はモラルハザード（望ましいあるいは満額の保険料を手にいれるために、自分の経歴を偽ること）を助長したばかりでなく、リスクが高すぎるとみなされた者を特別なニッチ市場の保険会社へと向かわせることになった。そして、通常そうした特殊な市場では、保険料が高いだけでなく、補償の範囲も限定されている。この理屈からは、遺伝子リスクが選別や排除の主要な要因となっていることが明らかにうかがえる。こうした実践は間違いなく、先進自由主義的な実践のなかで、政府が個人の責任や慎重さを重視するのと同じ方向を示している。しかし、高いリスクが遺伝の問題である場合には、古い諺がいまでもうまくあてはまる。つまり、成功したければ慎重に親を選べ（if you want to be successful, choose your parents carefully）ということである。断片化したリスク集団という体制のもとでは、任意保険が（神のご加護がなければ）われわれ誰もが直面する気まぐれな運命や予期せぬ出来事を緩和するということは、もはや偶然的なことだとはみなされない。何世代にもさかのぼって遺伝に配慮することができなければ、当人およびその家族は、自らの遺伝学的リスクを管理する個人的な責任を問われたときに、ほとんど選択肢が残されないことになる。裕福な者や、事情につうじている者にとってみれば、こうした状況は、安全を確保するために独自の評価基準を採用したリスク集団をますます発展させるかもしれない。しかし、とりわけ合衆国では、四〇〇〇万人以上の人びとがまったく健康保険に加入しておらず、こうした選択肢から排除された人たちはみすてられて、「簡略化する」国家が施す残りものの対策に頼る以外になくなるだろうと想定されている[22]。

保険業務に遺伝学的な理性が実際に浸透してくるのは、明らかにこうした論争に左右されてのことである。ある遺伝学的な主張の真理性は、やがて反駁されることになるだろう。還元主義的な遺伝学の議論は、すべての政党から拒否された。何らかの権威の求めに応じて強制的に遺伝子検査をうける機会は、法的措置によって制限されるだろう。コスト要因によって、予測的なスクリーニングを一般におこなうことは制限されるかもしれない。しかし、こうした実際の結果とは関係なしに、保険をめぐる論争は、遺伝学的理性が拡張し、個性の概念に影響を与えるようになる際に主要な役割を果たしている。身体が保険の計算にとりこまれていくあり方をめぐるこうした葛藤のなかで、個人の運命、つまり個性そのものが遺伝学的な次元を獲得したのである。そして、おそらくここで主要な革新の場となっているのは、保険会社の計算法でもなければ、プライバシーと権利の執拗な擁護者たちでもなく、むしろ遺伝学的リスクと保険業務の対象であるアクター自身の生のかたちであるというべきだろう。ソーマ的個人は、自らがたんに遺伝学的アイデンティティの発現にすぎない存在だとは考えない。たとえ遺伝学的リスクにさらされていようとも、こうした個人は、自らを権利の創造者であり、ソーマ的個性によって義務と同時に資格を与えられた法的な主体であるととらえるのである。これまでみてきたように、主張される権利のなかには、個人の遺伝子の状態や遺伝学的リスクのレヴェルやパターンを知る権利が含まれている。そしてさらに、遺伝子の状態がくみこまれたソーマ的個人はまた、自己実現、責任、選択、慎重さ――つまり、個々人の身体的な真理にかかわる知識にもとづいて効力を発揮する倫理――の主体でもある。それぞれの個々人は、たとえば家族への義務、死亡もしくは致命的な疾患にそなえて保険加入の準備をする必要性、遺伝子の状態についての知識を考慮して日々の生活を送りたいという願いについて、自分の将来を予測するために遺伝子検査をうけ、その結果にもとづいて慎重に行動を選択するという問題に直面する。つまり、遺伝学的アイデンティティは「遺伝学的責任」をともなうのである。

遺伝学的責任

分子遺伝学と関連した生命科学の進歩やヒトゲノムのマッピングは、ソーマ的個人としての人間の行動について考え、それに対応するための新たな可能性をつくりだしている。遺伝学の術語とリスクのそれとが合流することで、豊富な語彙が生みだされ、このことによってわれわれのアイデンティティ、健康の概念、他者との関係が理解しやすいものとなった。倫理的な自己の問題化にかんして独特な問題領域が切り開かれたのである。[23] 遺伝子リスクの言語はしだいに、それによってどのように生活を送り、子供をもち、結婚し、あるいはキャリアを積むべきかを決断するための認識の網の目をもたらすようになる。遺伝学的なリスクをもつ者が現れたことで、遺伝子そのものが「倫理的実体」として構築されるようになった

(Foucault 1985: 26)。それは、自己とのかかわり(遺伝学的アイデンティティ、生殖、健康)、そして他者とのかかわり(兄弟、親族、結婚、子供)において作動するものである。そして、遺伝学によってかたどられたこうした倫理の働きは、現代の先進自由民主主義〔社会〕において、自律性、自己実現、慎重さ、責任、選択といった観点から枠づけされたプロジェクトとして生を理解するという、自己へのかかわりのより全般的なスタイルとかさなりあい、むすびついていく。

カルロス・ノヴァスは、ハンチントン病にかんするインターネットのフォーラムやチャット・ルームの研究をつうじて、こうした新たな個性の形式のいくつかの側面に光をあてた(Novas 2003)[24]。こうしたサイトはインターネット上にあり、そこではリスクを抱えた者とそのほかの者とが、リスク遺伝子や遺伝病にかんする話題について、それぞれの考え方や対応策を論じている。もちろん、こうした議論は「代表的な」ものではない——こうした活動にかかわりをもつ遺伝学的リスクの保持者はごく少数にかぎられており、おそらく若くて、裕福で、高学歴な層に偏っているとおもわれる。しかし、彼らは明らかに、生物医学的主体性の新たな倫理の形成を体現する者である。こうした倫理のかたちは、医療と生活についての新たな科学の周辺に組織される多くの新しい動きのなかから姿を現しつつあるのである。それはひとつの生のかたちであり、そこで現実的あるいは潜在的な患者——つまりわれわれのすべて——は、「自らの健康、幸福、自由に強い関心をもつ」ようになる(Rabinow 1994: 63)。こうしたインターネットのフォーラムやチャットルームでの投稿、閲覧、メッセージへの返信という実践は、かつての告白や日記と同様に、特定の規則や規範、価値、権威のかたちに従って、当人の経験や思考を開示するものである。ノヴァスはこれこそが新たな自己のテクノロジーとみなしうるとのべている。こうした開示の実践をつうじて、個々人は、語る言葉を開発し、自らの遺伝学的アイデンティティについて反省をめぐらし、遺伝病にうまく対処する責任があると考えるようになる。ハンチントン病では、子供をもつかどうか、結婚するかどうか、そしてこの先神経病で弱っていく可能性が高いことを家族に知らせるかどうかを決断することが生の中心になる。ヴァーチャルな共同体に親近感をもつ人たちのあいだでは、こうした問題をめぐる相互開示的で非公式の実践があることは重要なことである。なぜなら、彼らは新たな権威のかたちをつくりあげようとしているからだ。その権威は、訓練や地位、特別な技術をそなえているかどうかではなく、経験に依拠したものである。そして、かつての権威のかたちと同様に、経験的な権威、他者の経験的権威は、自己のうちに「折りかさなる」ことになる（Barry et al. 1996, Diprose 1998, Rose 1996b）。この過程で、医者や遺伝学の専門家のような古い権威のかたちとの関係が変化する。こうした、小さいが重要な変化は、しだいに新たな生活戦略がたてられ、発展させられる方法を生みだすようになる。自らが保持するリスク遺伝子を考慮して自己を統治することは、広い範囲での権威との関係のなかで健康な体作りに励んだり、他者との人間関係の管理をしたりするという、アイデンティティ・プロジェクトと密接にむすびついている。

ノヴァスは、こうした自己のテクノロジーの四つの主要な特徴をあげている。一つ目は、遺伝学の術語で親族関係を描く「分子遺伝学的アイデンティティ」、つまり祖父母のような離れた世代や、おじ、おば、いとこのような親族関係を含み、遺伝学の知識や特定の遺伝病が遺伝する仕方を利用した、遺伝子医療の伝記的な語りのかたちである。これは、変異を所持しているか否かにかかわらず、本人もしくは他者からの働きかけによってハンチントン病の遺伝学的リスクを抱える個人を形成し、そして家族をも巻きこんでいく。多くの議論が、予測的な遺伝子検査をうける決断に焦点をあてているが、そこでは、本人の遺伝的由来との関係で潜在的に生を変える決定は、自分自身で、もしくは大事な者のためにくだされると論じられる。こうした検査――すべての予測的遺伝子検査――は、リスクを抱えた人間として自分自身を理解し、記述し、経験するうえでの新たな方法を導入する。自己同一性の主要な特徴は、第四染色体の短腕の特定の場所にある一連の塩基対の観点から定義されるようになる。この染色体の特定の場所にあるCAG反復の数は、ハンチントン病が発症する徴候を示しているからというだけでなく、発病年齢や症状の深刻さをも示しているかもしれないからである。そして一度検査をうけてしまうと、この遺伝学的知識は、生殖にかんする倫理的判断を形成するうえで重要なものとなり、他者への配慮という観点からとらえられるリプロダクティブ・ヘルスの新たな規範をとりこむことになる。予測的な検査がうけられるようになったことで、個人の新たなカテゴリーが生まれるのである。つまり、リスクを抱えているのに検査をうけない者、ハンチントン病の者、ハンチントン病でない者。そして意義深いことだが、ハンチントン病の仲介者となる者〔などがそのカテゴリー〕である。ハンチントン病の優性劣性を検査することは、こうして新たな遺伝学的アイデンティティを形成する。検査をうけた個人は、もはや「リスクがある」のではなく、「リスクがない」か「ハンチントン病を進行させる人間である」かのいずれかに分類される。しかし予測的な検査は、CAG反復の数が正常と病理のあいだの境界領域のものであれば、結果を予測できなくなることもある。こうした場合、分子遺伝学的な自己の同一性は、宙づりにされてしまうのである。だが、リスクの状態がどの程度のものであれ、ハンチントン病のリスクを抱えた者は、ますます自らを分子遺伝学的存在であるととらえることができるようになっているし、おそらくそれは必要なことでもある。

ノヴァスが指摘した第二の特徴は、倫理的問題化の領域の構成にかかわっている。彼によれば、ハンチントン病のインターネットのフォーラムにおいてもっとも議論された倫理的問題とは、遺伝学的リスクがあるか、もしくは発症前なのかといったことを知ったうえで、子供をもつべきかどうかの決断にかんするものであった。これは、ハンチントン病が父方経由で遺伝することが懸念されているため、たいへんに複

236

雑な分子遺伝学的知識が出産の判断に浸透しはじめているひとつの事例である。疫学調査が示すところによれば、ハンチントン病のリスクをもつ父親は、彼の子孫に対して、より深刻で早期に発病するハンチントン病の遺伝子を伝達してしまう可能性がある。このため、こうした男性にとっては、あるいは実際のまたは潜在的なパートナーにとっても、ハンチントン病の早期で深刻な疾患をうけつがせてしまう小さなリスクを考慮にいれなければならず、子供をもつという決断はさらに複雑なものになる。ひとたび出産の決断が分子レヴェルのリスクについての知識によって構造化されると、個々人は現在の倫理的関心領域のなかで、遺伝学的な未来——遺伝病という観点からみた潜在的な子孫の生活の質——を考慮せざるをえなくなる。それに加えて、コミュニケーションの新たな問題空間も発生する。リスクを抱えた者は、予測的な遺伝子検査をうける決断をしたことを、同じリスクを持つ兄弟姉妹や子供たちにいつ伝えるべきなのだろうか。深刻な神経学的疾患をひきついでいる可能性に向きあっていることを、子供たちや家族にいつ伝えるべきなのだろうか。信憑性を重視する現代において、真実を語ることの規範は、ますます家族関係に浸透してきている。ならば、潜在的に人生を変えうるような情報を前にして、われわれはどうやってコミュニケーションをとればよいのだろうか。自律と選択が優先され、遺伝子情報にはひとりの人間の生活を変える潜在的な力があると考えられるこの論脈では、遺伝学的リスクの開示は、権利の言葉によって提示される。すなわち、親族や子供が知る権利であり、彼らが選択をする権利や、逆にそうした知識をえることで自分の生活や他者——友人、雇用主、教師、保険会社——からのあつかわれ方に悪い影響があることを知らないでいる権利、または知らされない権利等である。

第三の特徴を、ノヴァスは専門家との新たな関係性としている。少なくとも、こうしたウェブ上の議論に参加している者にとって、遺伝学的で積極的な自己のかたちは、力の関係をおおきく編制しなおしながら、専門家との新たな関係をうみだしている。自律と責任の義務とは、ここで個々人が、遺伝医学の知識や治療をうける患者になるだけでは満足しないということを意味している。責任ある自律的な遺伝学的自己は、ハンチントン病へのとりくみのなかで、健康状態を最適化し、生活の質をあげるために、病気にかんしてできるだけ多くの知識を手にいれ、自分にあてはめる素人専門家になる。こうした素人専門家は、最先端の遺伝学の知識を互いに教えあうためだけでなく、薬の副作用、ハンチントン病によって食べ物を飲みこめなくなった人が栄養チューブをもちいるかどうか、舞踏病性の運動によってひき起こされる筋肉の痛みの緩和法といった、日常的なケア実践のためにもインターネットのフォーラムを利用している。それゆえ、素人専門家はまた「経験的に知っている専門家」でもあり、自ら知識を生みだし根拠を与えている者でもある。ウェブの共同体は、疾患についてだけでなく、その疾患とともに生きる生のかたちについても、知識を媒介、組織、収集、編集する役割をもつようになる。専門家とのかかわりは、しばしば「遠隔地から」実施される。この距離は、ひとつにはインターネットを情報源として利用することによって生みだされている。しかし、より重要なのは、専門家がもはや真理を語る唯一の権威とはみなされないということにある。遺伝子カウンセリングのセッションは、自分の生活について選択をするうえでの一つの情報源にすぎなくなり、人びとはしだいに、積極的な開示や介入を要求される複数のサイトに散らばった情報とかかわりをもつようになる。ソーマ的個人は、幅広く市場の知識商品を理解したうえで、消費者としてこうした知識とかかわりをもち、彼らの選択肢がたえず広がることを求めていく。こうして、遺伝学者や臨床の研究者には、病気で苦しむ人たちの役にたつ新しい知のかたちを生みだすという、新たな義務が発生する。リスクを抱えたソーマ的個人は、それゆえ、科学の営みを方向づける積極的な存在となり、生物医学の研究を支える政治的陳情活動に希望をみいだしたり、治療法の発見に向けて資産の一部を寄付したり、研究を支援するための基金を設立したり、遺伝学的な分析のために組織や血液を提供したり、あるいはハンチントン病の潜在的な治療のために臨床実験に参加しようとするのである（Heath et al. 2004, Rabeharisoa and Callon 1998a, Rabinow 1999）。

ノヴァスが指摘する四つ目の特徴は、「生活戦略」と彼が呼ぶかたち――何らかの将来的な目標との関係において現在の生活を考えたり、行動したりする方法――にかかわる。生活戦略は、たびたび紛糾する多くの倫理問題が交錯している自らの生の状況をどう処理するかという問いとして、複雑な倫理的領域のなかで生みだされるものである。おもいどおりになるのは、かぎられた生のかたちだけである。すなわち、われわれが自己をかたちづくり、生活をくみたてる実践や技術は、支配的な文化実践によってふちどられており、歴史的に固有なものなのである。ノヴァスが研究をおこなったインターネットのフォーラムでは、生は時間軸に沿って、つまり何か目標を達成しようとする局面に応じて、もしくはこの地球上で残された時間のなかで達成すべき課題、目的、目標に応じて理解されているようにおもわれる。これらは、遺伝子カウンセラー、心理学者、支援団体、インターネットの討議グループ、人生相談のコラム、テレビ番組、そして友人や家族との会話から集められたさまざまな要素を包含する言語によって理解されている。生活戦略は、遺伝学的リスクを統治するために導入されたのである――それは、予測的な遺伝子検査や遺伝カウンセリングを受けること、インターネットのフォーラムにおいて、あるいは家族や親族に対して自己を開示すること、そのほかの義務（家族や職場、信仰に対する義務）と一体となった家族計画の方法のことであり、それらは生涯にわたって組織され、未来のために遺伝学的リスクを考慮しながら現在の生を統治しようとする欲望や義務によって形成されているのである。

遺伝学的個性——新たな存在論？

生物学的決定論、遺伝子還元主義、遺伝学主義への批判は、遺伝学的リスクの観念や実践の高まりと関連することで、個性の形式の変化を過剰に単純化したと論じてきた。現代の遺伝子医療が、遺伝学的リスクを抱えた人間を、支配的な医療専門家のたんなる治療対象にすぎない従順な身体－機械に還元してしまったという根拠などほとんどない。たとえ生物医学がこうした視点から遺伝学的主体性を形成したとしても、現代の先進自由民主主義社会でみいだされる遺伝学的主体は、まったく別のかたちをとっている。遺伝学的な思考の形式は、プロジェクトとして自身を生きる義務と密接に関連しており、遺伝学的リスクと向きあいながらどのように生き、目的を設定し、将来計画をたてるかということについて、さまざまな倫理的困難を生みだしている。個性についての遺伝学の中心的な舞台は、自律的で慎重であり、責任をもち、自己実現を果たす存在として主体を構築するほかのあらゆる場面と一緒にくみたてられる。生物医学の専門家がもつ力それ自体は、少なくとも何らかのかたちで、このくみたてのなかに配置されなおされ、生殖にかんする生のかたちや決断を調停する主要な言説というよりは、むしろ生活設計に役だつ資源となる。それは、とりわけリスクを抱えた者たちのヴァーチャル・コミュニティ、家族、協力者たちが形成する、これまでとは異なった専門性が絡みあったものとして位置づけられる。ノヴァスが分析したハンチントン病のインターネット・フォーラムのコミュニティは、ソーマ的個人によるヴァーチャル・コミュニティの高まりを示す一つの典型例である。それは病気がちで、リスクがあり、改善あるいは対処できる彼らの肉体をめぐる生のかたちのおもな舞台となっている。

より根本的には、生物学的・遺伝学的決定論の観点から提起される批判では、生そのものの概念に生じている重要な変化を理解することはできないのである。(25) 彼らが批判している遺伝学の説明形式は、深層の存在論である。こうした批判者は、生物学者が遺伝子コードを奥深くにある真理として解釈していると考えている。つまり、病気や健康の原因にはなるが、肉体の表層、行動、性格などにはめったにあらわれないものとしてである。深層と表層という観点からなされる説明の構造は、明らかに多くの近代的思考を特徴づけている――たとえば、市場のみえざる手や剰余価値を搾取する生産様式の因果的な力について議論する政治経済学、あるいは、精神分析やあらゆる動態心理学と関係する人間的主体の深層の存在論等。こうした説明形式が生物学的な思考において、とりわけやや大衆的なかたち（たとえばリチャード・ドーキンスや社会生物学の書籍）で普及していることを否定するつもりはない。生物学者がおもいがけずなしてしまう哲学は、この意味では疑いもなく「近代的」である。彼らは、自らの実践について思考し、それを他人に説明することで、深層の存在論的実在を概念に帰し、それを観察可能な影響範囲を生みだしたり決定したりする隠れた真実として描くからである。しかし、バシュラール以降の科学哲学の伝統が教えているように、科学者がおもいがけずなしてしまう哲学と、科学的営みにおいて働いている認識論や存在論をとり違えるべきではない。この意味で、大衆的で疑似哲学的な説明であるとはいえ、現代の遺伝学は「フラット化した」世界、すなわち世界の深層というよりは表層において作動しはじめている。ポスト・ゲノム学の説明図式が展開するなかで、遺伝子のコードはもはや原因や決定因となる深層の構造とは考えられず、むしろ複雑に分岐した、階層構造をもたないネットワークや親子関係、つながりの一連の中継地点ととらえられるだけなのである（Deleuze 1988b）。

遺伝子の形而上学が使い物にならなくなったと主張するつもりはない。しかし、そうした存在論は確固としたものではなく、この先の一〇年を通じて、その課題や代案が積みかさねられるだろう。つまりわれわれは、遺伝学と遺伝学的リスクが個性のかたちにかかわる方法を、ポスト存在論的な生の出現として、すなわち、深層や決定論ではなく、表層的で連合的な生命力との関係において分析する必要があるだろう。

註

（1）これは、カルロス・ノヴァスとの共著で公刊された以下の論文の改訂版である。C. Novas and N. Rose（2000）Genetic risk and the birth of the somatic individual, *Economy and Society*, 2000, 29（4）: 484-513. カルロス・ノヴァスに、改訂版の出版を許可してくれたことを感謝する。私は、とりわけ遺伝子カウンセリングの歴史とハンチントン病のインターネットのフォーラムにおける倫理および生活戦略の分析にかんして、彼が集めた経験的なデータを正確に参照し、検討しなおした。しかしながら、この論文は共同で書かれ、概念や議論は彼との協力のもとでつくりあげられたことを強調しておきたい。

（2）本書第三章の議論を参照。バイオバンクやＤＮＡデータベースは社会科学研究で幅広く主題とされてきた。ほとんどの場合、こうしたバンクを設立する許可を民間企業にだしてよいかどうかをめぐる政治的な論争、あるいはインフォームド・コンセントやこうしたバンクの倫理的規制といった倫理問題に焦点があてられている。たとえば、Høyer 2003, Palsson and Rabinow 1999, そして Rose 2003 を参照のこと。

（3）遺伝子診断検査が、肺がんや心臓病のような疾患の感受性にもちいられるようになったとき、問題の遺伝子配列をもたない者たちが、自由に食べたり飲んだり喫煙していても幸せな老年期を迎えられるかもしれない（！）という可能性については、もちろんあまり注目が集まらない。

（4）ハンチントン病の高い発症率があるベネズエラの共同体での遺伝子の関連性について研究したナンシー・ウェクスラーは、第四染色体の短腕上にその遺伝的な基礎を発見したが、それはおそらくこうした遺伝子ハンティングをおこなった最初の例であろう（Wexler 1996）。そのとき以来、検査する公的な資金援助をうけたものや商業的な目的のものなど多くのプロジェクトにおいて、遺伝子の感受性の特定、スクリーニング、検査がなされた。そのうちのいくつかについては第三章で論じた。

（5）　新規探索傾向は、第一一染色体の短腕上にあるD4DRの変異と関連づけられている（Ebstein et al. 1996）。ただしこれは、のちの多くの研究において、その再現性が疑われている。双極性気分障害は旧派アーミッシュの人びとの第一一染色体にある遺伝子マーカーに関連づけられていた（Kidd et al. 1987）が、のちの研究において、この相関関係が再現されることはなく、間違いであることが判明した。現在では、セロトニン輸送体遺伝子がある第一七染色体に注目が移っている。たとえばCaspi et al. 2002を参照のこと。

（6）　ハンチントン病は進行性の神経機能低下を特徴とする遅発性の遺伝病であるため、舞踏病性の運動、気分の動揺、うつをひきおこし、一時的な緩和措置しか施すことができない。家族のなかで広まることが知られており、一九八三年にはおよそのマッピングがなされた。その遺伝子そのものと関連する変異体は一九九三年に特定されており、直接的な変異DNA検査によって病気が進行するかどうかを実際に予測できるようになっている。また、発症する年齢や深刻さについても何らかの兆しを知ることができる。

（7）　「遺伝学化」という用語が議論の邪魔をするという点に批判的なものもいる。Hedgecoe 1999を参照のこと。

（8）　http://www.dnadirect.com/（二〇〇五年八月二〇日確認）

（9）　さらなる事例については、ジェネティック・アライアンスのウェブサイトを参照のこと。「消費者と専門家のダイナミックな連携をうながして、遺伝病とともに生きる子供たち、大人たち、家族らの関心を高める。この二一年間、われわれは支援団体、消費者、医療従事者をまとめあげて、質の高い遺伝子サービスをうけられるようにするための協調的な解決法を生みだしてきた。われわれの組織は一九八六年に設立され、現在では二八七の支援団体、二一四の消費者と専門家を数え、自助と支援団体の熱心な活動によって推進されている」。http://www.geneticalliance.org/allianceinfo.html（二〇〇四年七月二二日確認）

（10）　第八章の議論を参照のこと。

（11）　元の論文ではこの節はカルロス・ノヴァスが執筆し、本章でもこの節は彼の研究にもとづいている（Novas 2003）。

（12）　ここでは合衆国と英国の歴史に焦点をあてている。ほかのヨーロッパの国々の歴史や、ヨーロッパ諸国間の歴史や、そしてたとえばアジアの国々の歴史には類似点と相違がある。ヨーロッパ諸国の比較として、ミアンナ・メスクスは、フィンランドの歴史に類似点があることを描き、およそ一〇年後に同様の状況が生じていることを明らかにした（Meskus 2003）。

(13) 実際、こうした関心は普遍的とはいいがたく、遺伝子検査に対する不安の広がりと焦点には、国によって非常におおきな違いがあることがわかっている。たとえば、ユウバイオス倫理研究会の中心人物であるダリル・メイサーがおこなった調査を参照。そのほとんどは以下のサイトで入手できる。http://www.csu.edu.au/learning/eubios/Papers.html(二〇〇四年八月二三日確認)

(14) ロイター社の健康情報にかんする報告書からの引用(二〇〇四年七月二二日)。

(15) 二〇〇五年一一月に、*New Scientist* 誌はオーストラリアのキャンペーン組織である遺伝子差別にかんするプロジェクトがおこなった調査の結果を公表した。それによると、深刻な病気のために予測的な遺伝子検査をうけた一〇〇〇人以上のうち、七・三%の人が、明らかに誤った治療によって苦しんでいる。いずれのケースにおいても、公に訴えるということは起きていない。しかしながら、調査者は、こうした訴えが起きている証拠をみつけたと主張している。たとえば、検査の結果BRCA1の変異が陽性であるとわかり、乳がんを発症する高いリスクを抱えたある女性は、生命保険の対象から外されたと訴えている(*New Scientist*, November 5, 2005 http://www.newscientist.com)。長年にわたって遺伝子差別に対する批判があるということは、多くの国で規制や合意がなされているにもかかわらず、そうしたふるまいが保険会社や雇用主の間に蔓延しているということをよく示している。

(16) 二〇〇五年三月二一日の AMNews オピニオン・コラムで報告されている。http://www.ama-assn.org/amednews(二〇〇五年三月一七日確認)。遺伝子公正連合については以下を参照 http://www.geneticfairness.org/。この連合の設立者の一人ナンシー・ビューロウは、一九九三年にα1-アンチトリプシン欠乏症と診断されて以来、遺伝病患者の権利を擁護する弁護士となった(この問題にかんする彼女の議論については以下を参照 http://www.ramazziniusa.org/geneticdiscrim.htm 二〇〇五年八月二三日確認)。シャロン・テリーはジェネティック・アライアンスの社長兼最高経営責任者であり、弾性線維性偽性黄色腫にかんする市井の弁護士グループPXEインターナショナルの取締役である。第五章で論じるような、さらに詳しい聞きとりをおこなったのは、彼女らの執行委員会の議長である。

(17) http://www.genome.gov/11510230(二〇〇五年八月二三日確認)

(18) 精神疾患の診断や、子供たちの間での精神治療薬の使用がいずれも増えているという公的な根拠として、World Health Organization 2004 を参照のこと。産業界からみた、子供たちの精神治療薬の潜在的な市場については、Business Communications Company 2005 を参照のこと。第七章でこの点を詳細に論じている。

二〇〇三年後半には、こうした処方にかんしてにわかに注目が集まった。というのも、製薬会社が重要な情報を公表しなかったことに加え、自殺願望や自殺未遂といった悪影響があることが主張されたからである。米国と英国のいずれにおいても、医者は子供たちにこうした薬を大量に処方してはならないという警告がだされた。この点については第七章でさらに論じる。

(19) XYYパラダイムの盛衰、また犯罪管理戦略のための生物学の発展が果たす役割については、第八章を参照のこと。

(20) モラトリアム期間は、一九九九年に設立された遺伝学・保険委員会(GAIC)によって監視されている。この機関はまた、遺伝子検査とその保険事業への応用を評価し、利用の許可をだす責任を負っている。二〇〇五年までに、GAICはたった一件しか予測的な遺伝子検査を承認していない。その一件はハンチントン病にかんするものであり、五〇万ポンド以上の生命保険の契約に際して、保険料を決めるためにもちいられる。

(21) 厚生大臣ジョン・リードは「予測的な遺伝子検査をうけることは、命を救うことである。それゆえ、保険会社が加入者に対して抱く懸念が原因で、こうした検査をうけられない人がいてはならない」と述べた。http://www.dh.gov.uk/PublicationsAndStatistics/PressReleases/PressReleasesNotices/fs/en?CONTENT_ID=4106051&chk=2CNwmM(二〇〇五年八月二三日確認)

(22) 実際、この論争はパラドックスのような影響をもたらしている。全般的な遺伝子差別が起こっているというにはほど遠いと主張するものもいる。だがこのことは、すべての個人から徴収された税金をもとに国家がおこなう強制的な健康管理計画や、集団にもとづく計画の優位性を明らかに示している。アルツハイマー病やパーキンソン病を発症する可能性が高い人びとをあらかじめ予測することができ、命令や購入費用によって高いリスクを抱える人びとを保険の対象から除外する圧力は強まっており、リスクの高い人たちを補助するどころか、リスクが低いもしくはまったくない個人が民間保険システムを解約しはじめている。それゆえ、国の全人口のリスクを把握しようという政策は、将来どうなるかについての知識はないけれども補償してもらいたいと望んでいる人びとにとって魅力的にみえはじめている。それは、民間セクターから補償できないとみなされた人びととの要望によって、公共のセーフティ・ネットが押し潰されてしまうことを恐れて補償の範囲をもっと広くしようとする政府、保険会社自身にとっても、魅力的なのである。完全な予測情報を手にいれなければ個人のリスク分類ができないからである。

(23) アーヴィング・ゴフマンは、幼少期に「台無しにされたアイデンティティ」にどう対処するかにかんして、古典的な分析をしている。現在の事例と比較してみることは有益であろう（Goffman 1968）。

（24）　この節のデータと分析は、ノヴァスがハンチントン病のインターネットのフォーラムについておこなった研究から生まれたものであり、マサチューセッツ総合病院のインターネットのフォーラムからダウンロードできる。この研究は、一九九五年五月六日から一九九七年一月二七日までの二年間を対象としている。

（25）　この「フラット化」にかんする発想にとっては、スコット・ラッシュによる「生の技術的なかたち」と題された講演が示唆的であった。ロンドン大学ゴールドスミス・カレッジ社会学部長就任演説でもあるこの講演は、二〇〇〇年二月二二日におこなわれた。

第五章　生物学的市民《シチズン》

　生物医学、バイオテクノロジー、ゲノム科学の時代において、新しい種類のシチズンシップが姿を現しつつある(1)。それは、「生物学的シチズンシップ(2)」と呼ばれるものへの移行を示している。マーシャルの古典的な論文（Marshall 1950）以来、十八世紀以降のヨーロッパ、北米、オーストラリアでは、ある種のシチズンシップの展開を考察するのが習慣になっている。たとえば、十八世紀に認められた市民権は、十九世紀における政治的シチズンシップの拡大と二十世紀における社会的シチズンシップの拡大を不可避的にもたらした等の考察がなされている(3)。こうした見方は、シチズンシップの政治的・哲学的な考察と手を切り、シチズンシップを「シチズンシップ計画」という政治史のうちに位置づけるかぎりにおいては意味がある。シチズンシップ計画という言葉が意味しているのは、権威が（何らかの）個人を潜在的な市民として考える仕方、そして権威がそうした文脈において個人に働きかける仕方のことである。それはたとえば、ある都市ないし地域の政治に参加する権利を与えられる人びとを定義すること、ひとつの国土に単一の法的システムを課すこと、市民に単一の国語を話すよう義務づけること、共通の義務教育についての国民的システムを設定すること、一定の考え方、感じ方、行動の仕方を促進するよう期待し、建築物や公共空間を設計して計画すること、リスクの共有において国民主体をまとめあげるための社会保険システムを開発すること、これらのことを指している。市民をつくりあげるためのこうした計画は、ナショナルな国家という発想と、そのような国家を形成する実践的テクノロジーの両方にとって中心的なテーマであった。シチズンシップとは根本的に国民的《ナショナル》なものだったのである。

〔だが〕多くの出来事や力が、シチズンシップのこのようなナショナルなかたちを問いに付している。「多文化主義」にかんする錯綜した論争が示すように、国民《ネーション》をひとつの文化的ないし宗教的なまとまりとして考えることはもはやできず、また、シチズンシップを単一のナショナル・アイデンティティへの希望に安易にむすびつけることもできない。「グローバリゼーション」にかんする論争が示しているように、単一の領土にしばられた国民経済という考えは疑念に付されている。経済的・政治的な移民にかんする論争が示しているように、市民を出生地、リネージ、あるいは人種といった観点から境界づける国家の能力はやはり問題視されている。〔しかし〕こうした課題にかんする議論が、生物学、バイオサイエンス、あるいは生物医学の問題に関連づけられることはほとんどない。とはいえ、これらの領域における展開は、現行のナショナルなシチズンシップという考え方を問題視し、ほかのあらゆる展開と、注目すべき仕方で交差してもいるのである。実のところ、私は以下のように、より幅広い主張をおこないたい。すなわち、生物学を前提とすることは、明示的にであれ暗黙のうちにであれ、多くのシチズンシップ計画の基礎となり、市民とは何かについての考え方をかたちづくり、実際の市民、潜在的な市民、厄介な市民、市民になりえない者たち、これらのあいだの区別を支えてきたのであると。

もちろん、生物学的な信念が十九世紀と二十世紀の政治や歴史にとってもつ重要性については、数多くの議論があった。しかし、政治の生物学化がシチズンシップという観点から探究されることはほとんどなかった。それでも、人種や〔生物的な〕退化や優生学といった思考の歴史、女性や母性や家族にまつわる思考や政策の歴史、そして人口統計学と人口調査の歴史は、いかに数多くのシチズンシップ計画が、生物学的な観点――人種、血筋、家系、知能など――によって枠づけられていたのかを示している。シチズンシップ計画は、市民とは何かについての考え方を人間――個人としての、男性や女性としての、家族やリネージとしての、コミュニティとしての、人口や人種としての、そして種としての人間――の生物学的存在にかんする信念にむすびつけてきた。こうしたあらゆるシチズンシップ計画を包括すべく、ここでは「生物学的シチズンシップ」という言葉をもちいたい。生物学的シチズンシップは、ほかのシチズンシップの次元と同様に、ナショナル、ローカル、トランスナショナルな次元に沿って変容し、それ自身で再領土化しつつあるのである。

　これらの問題を議論すると、必ずや、人種化されたネーションの政治学、優生学、人種衛生学の亡霊が再びその姿を現すことになる。人間についてのこうした生物学的な理解は、明らかに、シチズンシップという概念に、そして個人および国民国家のレヴェルにおいて市民をつくりあげる計画にむすびつけられていた。それにもかかわらず、現代の生物学的シチズンシップは、ここでのおもな論点である「西洋」の先進自由民主主義〔社会〕においては、このように人種化され国民化された《ナショナライズド》かたちをとってはいない[4]。ここで論じられている生物学的シチズンシップのかたちは、それとは別のかたちで領土化されている。生物探査やバイオパイラシーについての分析が示しているように、この新たな生物学的時代においては、すべての者が平等なシチズンシップをそなえているわけではない。それにもかかわらず今日では、生物学と、人間の価値と、人間の欠陥とのむすびつきは、優生学の時代とはおおきく異なっている[5]。人間の価値に対して生物学が果たす役割をめぐるさまざまな思考が、選択的妊娠中絶、着床前遺伝子診断、胚選択の実践に関係している。市民《シチズン》の生物学的責任にかんするさまざまな思考が、現代の健康の規範や健康教育の実践において具現化している。アイデンティティの実践において身体性の重要性が高まるなかで、そして表面的なもの（美容整形）から分子的なもの（遺伝子療法）にまでわたるさまざまなレヴェルで身体に介入する新たなテクノロジーにおいて、いくつものシチズンシップの実践をみることができる。シチズンシップの要求と保護を基礎づけるものとしての人間の「剝きだしの生」が保持している重要性の別の意味が、人権についての現代のトランスナショナルな実践に密接にむすびつけられているのである。また、確かに多くの国家が再び人口集団の遺伝的ストックを、管理されるべきひとつの源泉としてあつかっているのだが、それらの努力はかつてのように、人種的な純粋性の探求によって駆動されているわけではない。そうではなく、それらの努力は市民集団の遺伝子がもっている特定の特徴が、知的財産権の産出やバイオテクノロジーのイノベーションや生価値の創造のための、ひとつの有効な源泉を潜在的にもたらすかもしれないという希望にもとづいているのである。(6)

しかしながら、生物学的シチズンシップについての分析は、上から押しつけられる「市民をつくりあげる」ための戦略に焦点をあてるだけでは巧くいかない。シチズンシップをめぐる言葉や熱望は、個人が自分自身を理解する仕方、自分自身に関係する仕方、そして他人に関係する仕方をかたちづくってきた。十九世紀と二十世紀における生物学的シチズンシップの計画は、少なくとも部分的には、生物学的な視点から自分たちの国民意識や忠誠心や特殊性を理解する市民を生みだした。彼らは、少なくとも部分的には生物学的に自分たちを同胞の市民とむすびつけ、そうでない者、すなわち非市民から〔自らを〕区別した。これら生物学的意味における同化や帰属意識が、いくつかの種類の倫理的要求を可能にした。たとえば、自分自身についての要求、自分の親族やコミュニティや社会についての要求、権力を行使する者たちについての要求等がそれにあたる。

アドリアーナ・ペトリナが、チェルノブイリ後のウクライナにかんする著作（Petryna 2002）のなかできわめてはっきりと展開しているのは、このような意味での生物学的シチズンシップである。新たに独立したウクライナ政府は、統治する権利を、ウクライナ市民が民主的に表明した意志によって基礎づけた。そして、チェルノブイリ原子炉における核爆発の放射線の影響に曝された市民たち、あるいは曝されたと主張している者たちは、彼らの傷ついた生物学的身体の名において、政府から健康サービスや社会支援を要求する権利を自分たちがもっていると信じたのである。この文脈において、彼女は、「まさにシチズンシップという思考が、いまや生き延びることにかんする新たに加えられた重荷を担っており……多くのひどく虚弱化した人びとが、まさに生の構成要素をもちいて自分たちの経済的・社会的な包摂の条件について交渉することを学んできた」（Petryna 2002: 5）と論じている。生物学的シチズンシップは、このように、特定の保護への要求を、すなわち特定の政策や措置を実行したり中止したりする要求を具現化することができる。あるいはこの場合には、特別なリソースへの――ここでは「生物学的な被害を認め、それを補償するための医学的・科学的・法的な基準にもとづいた社会福祉のひとつのかたちへの」（Petryna 2002: 4）――アクセスを具現化することができるのである。生は新たな潜在的価値を獲得し、規制と補償の実践の全範囲において交渉の対象となる。これが唯一の状況というわけではない。われわれはこれと類似した事態を、ボパールの犠牲者への賠償を求める活動（Kumar 2004）にみることができる。また、『エリン・ブロコビッチ』や『シビル・アクション』といった映画での、半ばフィクションめいた報告のなかで描かれているような、生物医学的な損害への補償を求めて闘うアメリカにおけるきわめて多くの例にもみることができる。もちろん場面が異なれば、政治的・法的・倫理的な枠組みもおおきく異なってくる。しかし、いずれの場合においても、生物学的な損害を被ってきた人びとは、彼らが市民としてもつ「生命の」権利から、政治的権威や企業体への要求をおこないつつある。

生物学的シチズンシップは、個別化させるものでもあり、集団化させるものでもある。個人が自分自身のソーマ的な個性についての知という視点から自分自身との関係を形成するかぎりにおいて、シチズンシップは個別化される。それゆえ生物学的なイメージ、説明、価値、判断は、自分自身のライフ・コースを選択行為によって積極的に形成する、分別はあるが意欲的な個人という、現代のより一般的な「自己の体制」において、ほかの自己記述の言葉や自己判断の基準とむすびついているのである（Novas and Rose 2000）。自己の責任はいまや「身体的な」責任と「遺伝子的な」責任の両方を含んでいる。ひとは長いあいだ身体の健康と病気に責任を負ってきたが、いまや「ソーマ的個人」は自分たち自身のゲノムの含意を知り、管理しなければならないのである。こうした、自分自身の未来についての知の光で自らの現在を管理する自己の責任を「遺伝子的な分別」と呼ぶことができる。それは、倫理的選択と生物学的感受性にかんする、よい主体と悪い主体との新たな区別を導入する分別ある規範なのである（分別については、O'Malley 1996 を参照）。

さらに生物学的シチズンシップには、集団化させる契機もある。ポール・ラビノウは、あるソーマ的ないし遺伝子的な地位を共有する普通の人びとのまわりに組織される集団化のかたちを特徴づけるために、「生社会性」の概念を提唱し、身体の脆弱性、ソーマ的な苦しみ、遺伝子のリスクや感受性といった、増えつづけるカテゴリーの周囲に集められつつある新たな倫理的テクノロジーに着目してきた（Rabinow 1996a）。生社会的な集団形成——共有されたアイデンティティにかんする生物学的思考の周囲に形成される集団性――には長い歴史があり、たんなる「患者」という地位を拒絶する人びとによる医学的なアクティヴィズムは、生物医学やゲノム科学の最近の発展にはるかに先行するものである。そうした比較的早期のアクティヴィストの集団形成は、医学の専門家の権力や要求と鋭く対立してきた。容赦なく反医学的なままでいる者もいるし、既成の医学的知に明示的には対立せずに、それと相補的なままにとどまろうとする者もいる。それにもかかわらず、特定の生物医学的な分類の周囲に組織化される集団性はますます重要になりつつある。ここでのシチズンシップのかたちは、病状についてのきわめて専門化された科学的で医学的な知を含んでいる。これは「情報のバイオシチズンシップ」と呼ぶことができるかもしれない。シチズンシップのかたちは、よりよき治療のための活動、スティグマを消すための活動、サービスへのアクセスを獲得するための活動など、アクティヴィズムの通常のかたちを含んでいる。これは「権利のバイオシチズンシップ」と呼ぶことができるかもしれない。しかし、シチズンシップのかたちには、電子メールリストやウェブサイトによって電子的にむすびついたコミュニティへのくみこみによってシチズンシップをつくるという、新たな方法も含まれている。これは「デジタル・バイオシチズンシップ」と呼ぶことができるかもしれない。

現代の生物学的シチズンシップは、個別化させる契機と集団化させる契機の両方において、希望という領域のうちで機能している。希望は、現代のソーマ的倫理において、根本的ではあるが曖昧な役割を演じている。(7) サラ・フランクリンは、生殖補助医療にかんする研究の文脈において、「希望のテクノロジー」という観念を導入した。そのようなテクノロジーでは、専門家の切望、商業的な野望、個人的な欲望が、生社会的な目的《テロス》をめぐって絡まりあい、形成されなおされている（Franklin 1997）。希望を維持することは、生殖テクノロジーだけではなく、より一般的に、がんやそのほかの生命を脅かす病気をもった患者を看護ケアする治療上の手法としても決定的な要素になってきている。だがまた、患者を欺かずに、彼らの病状が実のところどうなのかについて、そして回復率と死亡率について十分な情報を与えるという現代に特有な義務によって、希望を維持することが脅かされてもいると論じる者もいる（Hickey 1986, Hinds 1984, Hinds and Martin 1988, Mikluscak-Copper and Miller 1991, Peräkyla 1991, Ruddick 1999）。メアリー＝ジョー・デルヴェッキオ・グッドとバイロン・グッド、そして彼らの共著者たちが一九九〇年に指摘したのは、こうしたジレンマであった。彼らは、アメリカにおけるがんの治療現場で、医者がどのようにして、治癒や緩和の可能性に対する患者の希望をひとつの治療ツールとして徐々に浸透させ維持させうるのかを論じたが、それだけでなく、生物医学的な治療法がもつ緩やかな効き目へのコミットメントをつうじて、医者自身がどのように希望を維持しうるのかをも論じていた（Good et al. 1990）。彼らは、患者―医者関係や、患者への情報開示の規範に焦点をあて、それが「希望の政治経済」の一部をなしていると指摘したのである。というのも、希望とは、それら治療実践の要素を、「研究治療機関」の財源や、「……特定の抗がん治療を利用可能にし、それを宣伝するさまざまなパターン、［そして］患者やその家族による治療と治癒の模索」（Good et al. 1990: 60）へとむすびつけるものだからである。ニック・ブラウンは、「異種間移植」をめぐる希望についての研究において、意義深いことに、現在もちいられている術語の意味論的な複雑さについて指摘しながら、これと類似した状況を論じている。それによると、未来を支配しようとする原動力に充ち、いまだに進歩へのアンビヴァレントな信念にしがみついている世界においては、希望とは、われわれが欲望をもって期待するか、期待をもって欲望する物事が想像される地平そのものをみいださせてくれるものなのである（Brown 1998）。ブラウンが指摘するように、希望はたんに一連の信念なのではなく、さまざまな情動がはいりこんだものである。多くの者が、病気やその不安のせいで、未来に直面して絶望的になったり自暴自棄になったり恐怖を感じたりしているが、希望にはいりこんださまざまな情動は、このような者の行動を構造化する。苦しんでいる者たちが抱く不安と希望の深く感情的な表象、そして新たな医学的テクノロジーが彼らを苦しみから連れだすであろうという期待は、患者やその病気についての多くの通俗的な表象を構造化している。そしてまた、医療慈善団体や支援団体などは、そのような希望をつなげるための基金を募ろうとして、こうした希望をしばしば強調するのである（Brown 1998, とくに第四章）。

カルロス・ノヴァスは、現代の生物医学の周囲で形成されてきた希望の政治経済の意味を、われわれが考えている以上に拡張し深化させてきた（Novas 2001）。彼は、こうした経済が、さまざまなアクターの希望をむすびつけながら、どのようにして成立してきたのかを示している。たとえば以下のような例があげられている。効果的な治療への患者とその家族の希望。医療従事者が希望をひとつの治療ツールとしてもちいること。脳卒中、心臓病、がんといったよくある疾患の影響を最小にするか軽減する健康サービスを運営する者たちの希望。遺伝的な病気をもつ家系に生まれながら、現在はまだ発症していない者たちが子供をもつことへの希望。歳をとってからパーキンソン病やアルツハイマー病にならないというすべての者にとっての希望。利益の増大や株主価値を生みだす治療への、製薬産業やバイオテクノロジー企業の希望。出世や名声を求める科学者や研究者の希望。このように、数多くの新たな専門家や、新たな専門知識のかたちが、これらの希望を、そして希望に強力な原動力を与える不安や心配や失望を産出し、調節し、道具化し、管理することにかかわってきたのである。

生物学的シチズンシップは、デボラ・ヒース、レイナ・ラップ、カレン＝スー・タウシッグが「遺伝学的シチズンシップ」と呼んできたものの、より一般的なヴァージョンでもある。「遺伝学的シチズンシップ」とは、人びとのあいだのさまざまな差異、とりわけ健康にかんする差異を、遺伝子の影響という視点から理解しようとする仕方なのである。彼らが論じるには、遺伝学の発展は、個人や権威が遺伝子的な基準[9]に従いながら生殖を管理しようとする新たな方法を生みだすだけでなく、「国家と社会との、そして公的関心と私的関心との境界を曖昧にしながら、民主的な参加の新たなかたち」（Heath et al. 2004: 152）を探るものである。このことは、個人のアイデンティティ、集団化のかたち、承認への要求、知へのアクセス、専門知識の要求などにかんする幅広い闘争において表明されている。それは、些細な身体的経験と、その倫理的な含意についての公の議論を生みだす新たな空間をつくりだしている。それはまた、新たな論争の対象、とりわけ、公共団体、私企業、医療機関や保険業者、そして個々人の、それぞれの権力と責任にかんする論争の対象を生みだしている。さらにそれは、政治的議論のための新しい場、民主主義に対する新たな問い、アクティヴィズムの新たなスタイルをつくりだしている。ヒースとラップとタウシッグは、「「遺伝学的シチズンシップ」こそが、権利や承認や責任についての議論を、遺伝的なアイデンティティ、人それぞれで異なっている身体化、そしてケアの倫理にかんする深く根本的な関心へとむすびつける」（Heath et al. 2004: 57）と論じている。そしてヒースらは、すでに病気に罹《かか》っている人びとだけでなく、われわれの誰もが潜在的には感受性をめぐる遺伝子スクリーニングの主体であるような状況においては、こうした運動や論争が、すべての者に対して何らかのかたちで未来の遺伝学的シチズンシップを示すかもしれないと指摘するのである（Heath et al. 2004: 166）。

　遺伝子という視点からシチズンシップを組織化することは間違いなく重要であり、遺伝子教育を当事者以外に広めるプログラム、すなわち親や児童や市民に遺伝子リテラシーを教育するプログラムを認定することは、すでに可能になっている（たとえばJennings 2003を参照）[10]。しかし私がおもうに、遺伝学は、現代の生物学的シチズンシップにとって、ただひとつの次元をもたらすものである。すなわち遺伝学とは、各人および全員の生物学的な構成が、政治的な論争、承認と排除、そして権利の要求と義務の賦課をめぐる問題となる際に、その問題化の仕方にひとつの軸を与えているのである。国によって、また病気や欠陥や障害のタイプによって、生物学的シチズンシップはさまざまなかたちをとってきた。そのかたちは数多くの要素によって、とりわけ、彼らの生物学的歴史と統治のあり方、アクティヴィズムの伝統、そして人びとおよびその権利や義務にかんする前提によって形成されている。この章ではこれから、それらの問題を、いくつかの経験的な事例との関係から探究していこうと考えている。ここでの目的は、記述的で診断的なものである――それは、生物学的シチズンシップの新たな領土の地図を描きだし、そして、その分析のためのいくつかの概念的ツールを開発しはじめるためである。

国民をつくりあげる

ポール・ギルロイは、遺伝子指向の「人種」構築が、「十八世紀、十九世紀につくりだされた人種についてのより古いヴァージョンの思考」とはまったく異なっていると示唆している（Gilroy 2000: 15）。人間と自然との関係が遺伝学によって変容させられるにつれて、人種的差異の意味も変化していく。ギルロイは、このことが人種学の汚れた論理に挑戦する可能性を与えると信じている。彼の評価は楽観的かもしれないが、それは、生物学にかんするいくつかの前提が、十八世紀以来の国民、人民、人種、人口、領土にかんする思考を、どのようにしてひとつにむすびつけたのかを教えてくれる。ヨーロッパ国民の個別的およぴ集団的主体について考えることは、血、家系、観相学、そして遺伝的な道徳能力といった視点から考えることであった。ヨーロッパ人に植民地支配された人びともまた、このような視点から考えられた。ようするにシチズンシップは、十九世紀初期以来「生物学」と呼ばれることになるものにもとづいていたのである。国民は、多かれ少なかれシチズンシップに値するか、あるいはシチズンシップをもつことが可能であるかについて、国民のあいだで区別された。人民は、支配することができる者であるか、あるいは支配されるしかない者であるかについて、人民のあいだで区別された。こうした区別は、個人と集団の両方のソーマに刻みこまれ、リネージをとおして伝えられる、明示的ないし暗黙のうちでの生物学的分類法のうえに築かれていたのである。

人民、人種、国民、歴史、魂は、血によってむすびつけられ、ヒエラルキーへと、そして出自のパターンへと分類されながら位置づけられたのであるが、ここではそのさまざまな仕方については検討しない。それらは、ロックやミルといった十八世紀の自由主義の哲学者たちからはじまり、十八・十九世紀の人種学を通過して、十九世紀後半における人種の衰退や退化にかんする政治的な議論および、帝国の拮抗において国民国家の運命を左右する人口のおおきさと適応度の帰結についての関心へと、辿りうるものである。血、人種、国民の特性や性質という思考は、二十世紀前半の優生学の議論において、切り離し難く絡まりあったままであったし、そのことが北米、北欧諸国、オーストラレーシア、南米、そしてほかの地域の政治的な想像力を形成してきた。そうした考えは、国家の人口の生物学的構成を保つために、さまざまな戦略へと変換された。ある者たちは、下等人種が移民してくることによる脅威など、外の脅威に焦点をあてた。欠陥のある、狂った、病気の、犯罪的な個人や、その親族による危険など、内からの脅威に焦点をあてる者もいた。ナショナル・アイデンティティや国民の統一を生物学的に基礎づけるという思考は、出自という視点からなされる、国民としての身分やシチズンシップについてのさまざまな法的定義を支えている。ドイツでは、このような観点によって枠づけられた一九一三年の国籍法が、シチズンシップを出自という観点から定義したのだが、それはナチス体験を生き延び、一九九九年まで効力をもった[11]。一九二〇年代、中国のシチズンシップは、「黄色い人種」という単一の血統のもとで構築されていた（Dikötter 1998）[12]。同時代のメキシコにおいて、メキシコ人種にその定義となるような特性を与えたのは、混血であった（Stephan 1991）。いずれの場合においても、国民はたんに政治的な存在者であるだけでなく、生物学的な存在者でもあった。生物学的な存在者としての国民という思考が強化されえたのは、それを構成する人びとの個別的で集団的な生物学的身体に注目することによってである。

二十世紀におけるこうした生物学的シチズンシップの計画においては、その目的を、強制を含む戦略によって達成するしかないと考える者と、自由の名のもとに強制に反対する者との、明確な差異があった。しかしこの区別は、生殖のコントロールという戦略と、健康教育や公衆衛生という戦略との、単純な分割のもとに位置してはいなかった。個人を教育し、自分の生殖にかんする決断がもつ遺伝学的な含意に対して個人的な責任を負わせる必要性を強調することは、新しいことではない。たとえば、市民の遺伝子教育は優生学の時代には恒常的なテーマであったし、初期の優生学者たちは、個人とその家族が健康な生殖を増進するという観点から、自分たち自身について、自分たちの結婚相手について、そして優生学的な視点における自分たちの過去と未来のリネージについて熟考するよう促すための、ありとあらゆる事柄を展開した。教育によって遺伝子的市民は、自分自身の遺伝的特質に対して責任を負うようになったのである。少しあとで、この問題にたち戻ることにする。

では、現在ではどうなのであろうか。人口および個々の市民の生物学的そして／あるいは遺伝子的な構成へのこのような関心が、国民的・政治的な関心の問題ではなくなってきているなどとのべるのはあまりに単純にすぎるだろう。国家に支えられた公衆衛生の尺度の存在そのものが、現在の政治的合理性のうちでも、市民の生ける生物学的存在が問題でありつづけていることを示している。いまやメディカル・ケアにおいてルーティンになっている特定の実践——超音波診断、羊水穿刺、絨毛生検など——の存在そのものが、市民の身体や能力がもつ特定の特徴にかんする価値判断が避けられなくなってきていることを示しているのだ。たとえいまでは、計算可能となった選択に対して責任をもたなければならないのが、個々の市民とその家族であるとしても。そして、継続的な国庫補助による健康増進事業は、いまや市民の生物学的教育がいかに国民の優先事項でありつづけているかを示している。もっともそれは、いまや市民が自分自身の過去、現在、未来の生物学的身体性を理解する際の反省的な眼差しをかたちづくろうとしているほかの多くの力によって補われているのだが。

別のパースペクティヴからは、国民の遺伝子的な特異性が、生物医学や商業的活用のための重要な資源になってきている。このことには、特定の病気を発病しやすいリネージの調査や、そのような系統の研究が、病気の遺伝学を解明する鍵を提供するという信念が含まれている。フィンランドはその最初の例となるだろう。[13] 長い間、遺伝学者によって、フィンランドの人口のいくらかの部分は、遺伝子ハンティングにとって魅力的だと認識されてきた。それは、地理学的な移動性が低いこと、「同系交配」の割合が相対的に高いこと、系統上好ましい健康な来歴をもっていること、特定の病気の有病率が高いことなど、さまざまな条件がくみあわさっているためである。[14] たとえば、統合失調症や、躁うつ病や、アルコール中毒や、そのほかの障害にむすびついた遺伝子の発見を求める多くの要求は、フィンランドでの遺伝子調査にもとづいていた。これらの病状は、かつては国民の人口や保健事業にとって負担だとみられてきたが、ゲノム科学の時代においては、潜在的に価値のある資源になってきているのである。このようなわけで、これらの病状は、バイオテクノロジーを国民の重要課題とするフィンランドの公式声明のうちに含まれているのである。後に詳細に議論するように、国民の人口は、特定の病理の理解のためだけでなく、意義のある生物医学的活用のための資源にもなってきている。

生物学的市民をつくる——公共の価値から生価値まで

過去一〇年間にわたって、多くの国では、科学とテクノロジーの進歩がひき起こす複雑な倫理的および民主的なジレンマについての議論に、知識をもってよりよく参加できるように市民を教育する試みがなされてきた。「科学の公共的理解」は、普通に生活する素人たちが、科学を統治する調整メカニズムに関与する際の自信や信用を回復するひとつの手段であるとみなされている。それはまた、市民が科学やテクノロジーの未来を形成することに積極的に参加しないときに現れる、ある種の「民主主義の欠損」を埋めあわせる方法のひとつともみなされている。市民による科学の理解を高める必要性をめぐるこうした議論には長い歴史がある。生物学と生物医学にかんするかぎり、私はすでに、一九二〇年代と三〇年代の優生学者やそれと類似した思考をもった教育家がなした、特殊な科学的リテラシー——この場合には優生学の知識をもって生殖や婚姻の選択について考える能力——を教えこもうとする試みについて述べた。だがこれは、シチズンシップのための個人の資質を、各人が「科学の進展」についてもっている理解にむすびつけてきたひとつの仕方にすぎない[15]。

普通の人に科学やテクノロジーの教育をおこなう試みとは、生物学的市民を「つくりあげる」戦略の一部である[16]。「市民をつくりあげること」には、権威——政治的権威であれ、医療職員であれ、法律や刑事の専門家であれ、潜在的な雇用者であれ、保険会社であれ——によって、慢性病の者、身体障害者、盲人、ろう者、児童虐待者、精神病者などといったカテゴリーのもとで人びとが理解される方法を形成しなおすことが含まれていた。これらのカテゴリーは、さまざまな職業的専門家集団の、診断的・法医学的・解釈的な眼差しを組織化する。こうした分類は、分割するものでもあり、統合するものでもある。それは一定の仕方——刑罰、治療、雇用、安全、利益、報酬——によってあつかわれる人びとのあいだの境界を定める。そしてそれは、そのカテゴリーのうちにいる者を、それぞれに固有の差異を超えながら統合する。新たな生物学的で生物医学的な言葉が、専門家や権威による討議、計算、戦略において、新たな仕方で市民を形成しはじめている。たとえば、注意欠陥障害の子供、月経前不快気分障害の女性、発症していないにもかかわらず遺伝子的感受性を理由に病気とされる者、などといったカテゴリーの出現がそれにあたる。

生物学的市民をつくりあげることは、自分自身に対してある種の関係をもつ人びととの創造にも関与している。そのような市民は、自分自身や、あるいは自分のアイデンティティがもついくつかの側面を記述するために、そして自分たちの不幸感、慢性的な病気、苦境を明らかにするために、生物学的な傾向をもった言葉をもちいている。たとえば彼らは、自分自身を、血中コレステロールが高かったり、ストレスに対して脆弱であったり、免疫が損なわれていたり、がんや統合失調症になりやすい遺伝的な素因をもっていたりする者として記述する。彼らは、これら生物学的に傾向づけられたフレーズや、自分たちにかかわるさまざまな計算を、自分たちがいかに行動することができるのか、あるいはすべきなのかについて、自分たちが不安に思うさまざまな物事について、そして自分たちが希望をもつことができるさまざまな人生についての判断をくだすためにもちいるのである。もちろん部分的には、市民の自己理解や自己テクノロジーを形成する言葉は、権威をとおしてばらまかれている。たとえば、健康教育、医者の助言、特定の病状にかんして医者によって著された書物、個人に特定の病状に対処させようとするテレビのドキュメンタリー等々がそれにあたる。たとえば、ヘイスティングス・センターのブルース・ジェニングスは、二〇〇三年のコンセプト・ペーパーにおいて「普通の市民の、とくに文化的マイノリティやエスニック・マイノリティの、社会資本と遺伝学的シチズンシップを支持する」ために活動しているジュネティック・アライアンス社から、小児麻痺救済募金運動、そしてオレゴン・ヘルス・フォーラムにまでわたる各種の団体の働きについて論じている――ジェニングスは、遺伝子リテラシーや遺伝学的シチズンシップが、市民の刷新や民主的な権限付与の運動の一部であるということを保証するためには、この種の運動が不可欠なものだとみなしているのである（Jennings 2003: 4-5）。実際、一般的な水準での科学的リテラシーについて何がいわれようとも、生物医学の活動領域において、個人は、健康のための、そして健康にかんするケアのプロセスにおいて、積極的に生物学的な説明を理解し、科学や医学の権威との新しい関係をつくらなければならない。しかし、現代の生物学的市民《シチズン》は、そうした幾分かは権威的な試みと、そのほかのさまざまな情報の流れや介入とが交差する地点でたちすくんでいる。あるいはおそらく、「たちすくんでいる」というのは誤った表現である。というのも、たちすくんでいながらも、活動的な科学的シチズンシップがますます姿を現してきているからであり、そのなかで個人が、自分自身の科学的リテラシー、とくに生物学的リテラシーの増進に、精力的な役割を担っているからである。科学的な知の活動的な探究は、とりわけ健康と病気についての知や、医学、遺伝学、薬理学の知において――すなわちラビノウが「第三の文化」（Rabinow 1994）と呼んだものにおいて――顕著なのであり、そこでは個々人自身の生や、あるいは彼らがケアする人びとの生が賭けられているのである。こうした問題にとりくむなかで、市民が自分自身を理解し記述する言葉は、ますます生物学的なものになっている。

病気や障害を直接的ないし間接的に被っている者にとって、当人や愛する者が被っている病気についての学術文献を読み、それに没頭することは、ひとつの重要なテクノロジーでありうる。こうした知は、病気のプロセスをよりよく理解するために、病気を被っている人びとによりよい水準のケアを供給するために、そして幅広い治療の可能性を医者と議論し交渉するためにもちいられうる。過去一〇年間インターネットがもたらしてきたのは、自分の健康や病気に興味があり、かつインターネットを利用できる者が、こうした生物医学的な自己形成のプロセスに参与するための新たな有効な方法なのである。しかしインターネットの重要な特徴は、それが、専門家によってばらまかれる情報へのアクセスを可能にするだけでなく、一個人を、ほかの患者やケアする者によって書かれた自己の語りにもむすびつけるという点にある。以上で述べてきたことは、たいていの場合、病気の生についての別の語りを提供し、また、病気の身体を管理する方法、特定の治療体制の効果や弊害を管理する方法、保健システムへとうまくアクセスする方法などを提供する。すなわち、それらの語りは、病気に直面した生を導くためのテクノロジーをもたらすのである。それらの語りにはさらに明確な特徴があり、それは真理そのものに関係する。「上から」生物学的市民をつくりあげる戦略は、科学そのものを問題のないものとして表象する傾向がある。すなわち、そうした戦略は、市民がどのように科学を誤解するのかを問題とするのである。しかし、以上でのべてきたような「下から」のベクトルは、生物学的で生物医学的な真理を多元化し、疑念や論争を導入し、科学を経験や政治や資本主義の領域に位置づけなおすのである[17]。

ここに認められる下からの問題化という力に応じるように、生物医学への投資を資本収益や株主価値から測る者たち――バイオテクノロジー企業、生物医学、製薬会社――が、いまや活動的な生物学的市民の自己教育に積極的に参与している。彼らは、注意欠陥・多動性障害（ＡＤＨＤ）から表皮水疱症（ＥＢ）

にまでわたるさまざまな障害をめぐって生まれてきている消費者支援グループの多くを企画したり、そのスポンサーを務めたりしている。そうすることで、彼らは批判者たちの主張に対抗し、自分たちの製品の現実的ないし潜在的な消費者を教育するために、自分たちの活動や製品を有益なものとして表象しようとする。合衆国では、製薬会社は「消費者向け直接広告」に参与することが認められており、さまざまなブランドの薬物の効能にかんするテレビ広告が広くいきわたっている。とりわけ、現在抑うつ、不安、パニック障害などにコード化されている精神不安の体験を治療する薬にかんするものがそうである。しかしこうした企業は、いまやあらゆる管轄を超えて、この目的のためにインターネットをもちいている。したがって、このような分野からもたらされる一例を、いくらか詳細に考えてみる価値がある。

イーライ・リリー社のプロザックのウェブサイトは、二〇〇一年の時点での、科学的ないし生物学的リテラシーのひとつのかたちを促進するテクノロジーを象徴するものであった[18]。このサイトのホームページは「抑うつの評価と回復へのあなたのためのガイド」と題されていた。プロザック・ドットコム（Prozac.com）は、このようにして、個人が抑うつやその治療法、確かな回復法にかんして、多くのことを学ぶことができる情報源を自ら公開したのである。それは――消費者の実践に直接かかわる者の特徴なのだが――このウェブサイトに供給される情報と知が、健康の専門家の権威にとってかわることを目指すのではなく、むしろ抑うつを被っている個人が、ケアのプログラムを実現するなかで、医療従事者と「積極的な」連携をつくりだすことを目指している。しかしもちろん、この活動は、ブランドにむすびついた特定のかたちをとる必要があった。つまり、プロザックがいかに抑うつからの回復を手助けできるのかについての情報の提供がその中心をなすのである。

このことは、問題をある特殊な仕方で形成することでもある。プロザック・ドットコムのウェブサイトは、抑うつについて、神経伝達物質の作用の観点から表現される生物学的な説明をおこなった。個人が自分の抑うつを科学的な平衡異常や神経伝達物質の作用という観点から、分子レヴェルにおいて理解する方法を供給するために、そして、プロザックがそれらの分子的な平衡異常を直接標的にして矯正する方法を想像するために、テクストと動画がもちいられたのである。抑うつ的な個人にとっては、神経化学レヴェルでプロザックがどのように作用するのかを学ぶことが重要であるようだ。それは、薬を摂取することだけが求められていたからではない。逆に個人が、「回復に向けてとりくんでいるときに何を予期すべきなのか」[19]を知るべきだからである。抑うつからの回復のプロセスは、たんに薬の摂取にかかわる決まりに従うことを求めているわけではない。「あなたは、抑うつからの回復の積極的な参加者になることができるし、なるべきである」[20]。このような回復のプロセスは、ありとあらゆる自己のテクノロジーを要請した。たとえば、自己発見を実践すること、自分自身を好きになること、自分自身に親身になること、ストレスを減らすこと、運動に従事すること、よく食べること、リストを書き日記をつけること、自尊心を築くこと、支援団体に参加すること、プロザック・ドットコムのニューズレターを読むこと等々である。したがってこのウェブサイトは、希望の政治経済における明らかなひとつの結節点なのであった。それは、管理の仕方がわかっていれば抑うつから回復できるという希望に充ちた個人の信念と、プロザックそのもののマーケティングにおいて具現化する商業的な希望とを、つなぎあわせたのである。

ここでの生物医学的権威の役割は、医学的シチズンシップの以前のかたちであった、消極的で従順な患者でいることを命じるものではない。シチズンシップは活動的なものでなければならないのである。現実的ないし潜在的な患者は、自分自身の抑うつを理解し、メディカル・ケアの最良のプログラムを得るために医者と協同し、回復のプロセスを速めるための自己のテクノロジーに従事しなければならない——そしてもちろん、プロザックという言葉をもちいて、自分自身の医者にそれを処方するよう要求しなければならない。実際、毎日服用するタイプのプロザックの特許が切れると、そのウェブサイトは市場のシェアを維持しようとした。ウェブサイトのすべてのページに、バナーでプロザック・ウィークリー（Prozac® Weekly™）の無料試用を広告し――こちらの特許は切れていなかった――新たにこれを処方することを医者に要求できると患者に教えたのである。別のページでは、「プロザック」という名の商品と塩酸フルオキセチンといったジェネリック薬品との間には数多くの違いがありうると示唆し、潜在的な消費者に「ジェネリックのプロザック」などというものはないということ――たとえばそのジェネリック版は、別のパッケージで販売されているということ――そして、もし患者がジェネリック薬品への変更に不安感を覚えるなら、医者に「プロザック」という名の商品を処方するよう要求すべきであるということを示している[21]。ここにおいて、どのような種類の科学的リテラシーが促進されているのだろうか。どのような活動的な生物学的市民が形成されつつあり、それはどのような目的に向かっているのだろうか。これはブランド文化のシチズンシップであり、そこでは、ブランドへの信頼が、ニュートラルな科学的専門知識への信頼にとってかわられつつあるようにみえる。イーライ・リリー社は、教育へのかかわりとブランド・マーケティングとを一緒にして展開しているが、それは本節のタイトル――公共の価値から生価値まで――を示唆している。というのも以上の事例こそがまさに、市民‐消費者の生物学的教育において、いかにして生価値が公共の価値と絡みあい、そしてときにはそれにとってかわるかについてのひとつの典型例だからである。

生社会性——活動的な生物学的市民

おそらくここまでの議論では、以下のような印象を与えてしまったかもしれない。すなわち生物学的市民《シチズン》は、個人化され、自分の特質を理解し、自分の運命に自分独りで対処するか、家族とともに対処するように求められ、専門家の援助と助言だけを、また、情報の孤独な読解だけをおこない、ウェブを検索しながらコンピュータの前に独りで座るようになるのだと。確かに多くの人びとは、このような孤立的な状況にある。しかし、ひとつの孤立したアトムになることが生物学的市民《シチズン》の運命なのではない。少なくとも、生のかたち、倫理的な前提、いくつかのタイプの政治、そしてコミュニケーション・テクノロジーが、集団主義の新たなかたちを可能とする情況を生みだしているのだから。生物学的ないし生物医学的なアクティヴィズムのこうした新たなかたちの初期の範例は、AIDSをめぐって起こったキャンペーン・グループであり、とりわけ英語圏においては顕著であった。AIDSアクティヴィストたちは、自分たちを集団へと組織し、現実的ないし潜在的にその病状を被っている患者である人びとを、「コミュニティ」——彼らがそれのために発言し、それに対して責任をもつコミュニティ——として構成したのである。それらの集団は、いくつもの機能をもっていた。たとえば病状についての情報を広めること、権利のためにキャンペーンをおこなってスティグマと闘うこと、病気に罹っている人びとを支援すること、日々の病状管理のための一連のテクノロジーを開発すること、代替治療を探すこと、医学的専門知識の発展と展開のなかで自分たちの発言権を要求すること等々がそれである。

HIVとAIDSのアクティヴィズムのケースは、別の理由からも範例的である。というのも、最初のうちはアクティヴィストと従来の生物医学のコミュニティとの関係は敵対的であったのだが、しだいに同盟関係がみいだされたからである。HIV／AIDSコミュニティと、それが促進する同化作用は、ウィルスの統治のために、重要な働きをもたらすようになった。すなわち、このコミュニティの成員と同化することによって、「ハイリスクな集団」の人びとは、生物学的市民としての自分たちの責任を積極的に担うようになったのである。そして、健康教育者たちは、AIDSアクティヴィストによって供給される経路によってのみ、彼らの第一のターゲットである活動的なゲイ男性たちの信用を得ることができると考えるようになったのである。AIDSアクティヴィストは、かわりに、もっと安全なセックスをというメッセージを発するなかで健康団体と同盟し、それによって社会資源の組織化や展開における発言権をもつであろうし、実際に、自分たちの活動に必要な資源をえることになる。これをたんにコミュニティへの吸収の問題とみなす者もいる。だが実際にはそうではなく、これは同盟および協同の問題なのである。そして「コミュニティをつうじて統治すること」は、それ固有の問題を生みだしもした。もっとも顕著なのは、前世代と同様の自己規定をおこなわない若い世代のゲイ男性たちの行為をかたちづくるという問題、そして、「男性とセックスをする男性」ではあるが、自分をいかなるゲイコミュニティの一部とも自己規定しない者たちの行為を統治するという問題である。

一九八〇年代以降、ほぼ類似したかたちの生社会コミュニティが激増し、ワールド・ワイド・ウェブの到来以降、それらコミュニティはインターネットをひとつの適切な活動場所にしてきた。たとえば、躁うつについての問題をとりあげてみよう。きわめて最近まで、少なくとも英国で、躁うつと診断された人びとやその家族が（反精神医学運動に積極的に同盟するきわめて少数の者でないならば）アクセスすることのできた整備された情報と支援のソースは、医者や医療従事者以外では、全国精神保健協会（MIND）だけであった。事態は一九八〇年代に変わりはじめた。一九八三年、躁うつ患者の会（MDF）が設立されたが、それは自分たちを「ユーザー主導」の組織ととらえ、そしてその目的を、この組織によって提供されるサービスをつうじて「躁うつ（双極性障害）の人びとが自分自身の生をコントロールできるようになること」としたのである[22]。そのサービスには、MDFのセルフヘルプ・グループ、情報提供、雇用相談、MDF自己管理トレーニング・プログラム、雇用・法・給付金・債務にかんする問題のための二四時間法律相談電話回線、旅行保険事業等々が含まれている。MDFはまた、躁うつの人びとが経験するスティグマや偏見と闘い、病気についての認識を高め、メンタル・ヘルスに関係するほかの組織との提携を発展させようとしている[23]。

一九八〇年代をとおして、MDFにはほかのユーザー主導や遺族主導の組織が加わり、そのなかにはローカルなものもあればナショナルなものもあった。確かに英国に拠点をおく組織の数はきわめて少ないが、英国の外ではそのような生社会コミュニティは激増している。たとえば、包括的な準－医学的情報やそのほかの情報への入り口である「双極性障害ポータル」を自称するウェブサイト、ペンデュラム・リソーシズ（Pendulum Resources）というものがある。これは、双極性障害の人びとが、ワシントン大学医学部にあるNIMHの資金による双極性ゲノム研究に参加したり、「この種の研究によって医学研究者が精神病や脳障害のためのより安全でより効果的な治療を発見することができるだろう[24]」という希望のもとに、ほかの類似したプロジェクトに参加するようながしたりしている。ペンデュラムはまた、双極性障害だと診断された人びと、あるいはその障害とともに生きている人びとの少なくとも二四のホームページへのリンクを貼っており、そうした人びとは、病状とともにある自分たちの生の様態をさまざまに記述している。たとえば、それらのホームページには「居心地のいい場所」というものがあり、そのページには、とりわけ、ウェブサイトの著者の「双極性障害との個人的な闘い」の日記や、読者が質問をすることのできる記事やリンクが含まれている。[25]

これらシチズンシップの新たなかたちは、必ずしも遺伝学を前提にしているわけではない。これら生社会コミュニティの多くは、確かに遺伝学に言及してはいるが、その趣旨はさまざまである。ハンチントン病、PXE、カナバン病といった単一遺伝子障害ないし単一置換障害においては、遺伝学は明らかにおもな役割を演じているのだが、ほかの病状をめぐって形成されている生社会性においては、遺伝学は支配的ではない。「居心地のいい場所」の場合は「私の抑うつの原因」と題されたページで、著者が「深刻な理由」というみだしのもと、「ハーフのフィンランド人であることに由来する遺伝的継承」や「化学的なバランスを崩しやすい私のDNA内のほかの遺伝子」などについて記しており、さらに自分には「仕事の上での満足感や個人的な充実感がない」、「子供の頃からの機能障害があまりよくなっていない」そして「誰も私を愛してくれない」「みんな私を嫌っている」「ことあるごとに否定的な感情を抑うつと決めつける傾向がある」「しかるべき楽しみや必需品を買うための十分な収入がない」といったことも書きこんでおり、これを自分で「めそめそしたいいわけ」と呼んでもいるのである。実際、精神医学との関連において、遺伝学および生物学の妥当性は、生政治上の激しい論争のテーマになってきた。[26] しかしそれにもかかわらず、〔そうした論争とかかわりのない〕これらのウェブサイトは、現代の生社会性のいくつかの重要な特徴を示しているのである。

レイナ・ラップは、羊水穿刺のテクノロジーによってもたらされた生殖にかんする決定の難しさに向きあっている女性たちや男性たちについて書きながら、彼女らや彼らを「道徳的な先駆者」と呼んでいる(Rapp 1999)。彼女の議論——それは何人かのAIDSアクティヴィスト(Epstein 1996, 1997; Martin 1994)を含んでいる——は決定的な何かをとらえている。こうした女性たちや男性たちが先駆者であった理由は、彼女らや彼らが、自分たちの身体との関係、選択との関係、専門家との関係、同様の状況にいるほかの人びととの関係、そして運命との関係において、自分たち自身で理解し、判断し、行為するための新たな方法を形成しなければならなかったからであり、また、彼女らや彼らが責任を負っている人びと——子孫、親族、医療ヘルパー、共同市民、コミュニティ、社会——のある種の再構成にかかわらなければならなかったからである。先駆者となるという言葉は過度に英雄的な含意をもつかもしれないが、そうした問題にかかわる多くの者が先駆者となるのは、日常生活での小規模の達成をとおしてである。それにもかかわらず、ウェブおよびその外でかたちづくられている新たな生社会コミュニティは、新たな種類の活動的な生物医学的シチズンシップの道徳的先駆者——あるいはおそらく「倫理的先駆者」——とみなされうるのである。彼らは、情報にもとづく新たな自己の倫理——病状や専門知識との関係において日々の生を管理する一連のテクノロジー——の先駆者でありつづけている。そうした生物医学的自己を一種のナルシシスティックな自己陶酔として嘲る者もいるが、実際のところは、彼らは称賛に値する倫理的な誠実さを示しているのである。フーコーがギリシャ人のうちにみいだしたテクノロジーのように（Foucault 1978, 1985, 1986）、彼らは人間のある側面を、働きかけうるものとみなし、それを一定の仕方で問題化し管理するための一連のテクノロジーを編みだし、目指すべき何らかの目標ないしは生のかたちを設定するのである。

もちろん、一定の政治的・文化的・道徳的な環境においては、生物医学的病状にかんするアクティヴィズムをめぐるこうした考え方は、ひとつの規範にもなりうる。アクティヴィズムと責任は、いまや、望ましいものであるだけでなく、潜在的に義務づけられたもの——自分自身の生を計算と選択という行為をとおして生きなければならないという、活動的な生物学的市民の義務の一部——になっている。そのような市民は、現在患っている病気についてだけでなく、感受性や素因についても知ることを義務づけられるのである。ひとたびそのような知識をもつようになった活動的な生物学的市民は、病気の最小化と健康の最大化という名のもとに、食事やライフスタイルや習慣を調整するといった、適切なステップを踏むように義務づけられていく。そして彼あるいは彼女は、ほかの人びととの関係において責任をもって生を営み、仕事、結婚、生殖にかんする決定を、自分自身の現在と未来の生物医学的構成についての知の光のもとで、調節するように義務づけられるのである。このように、責任をもって行動することが慣例となり、またそれが期待されて、公衆衛生の尺度へとくみこまれてきた。その結果、新たな種類の問題のある者——このような生物学的市民の責任のコミュニティでもって自らを自己規定することを拒む者——が生みだされている（Callon and Rabeharisoa 1999, 2004）。

これらの義務、そしてそれらがむすびつけられている生社会性のかたちは、一定の時間や空間に固有のものである。インターネットの範囲がひろがるにつれてグローバルなものになったとはいえ、マニュエル・カステルは、インターネット・アクセスの国ごと地域ごとの違いについて詳細に示している。このような事態は、インターネットへのアクセスに必要なコンピュータ・ハードウェアやソフトウェアの普及だけではなく、電話回線やほかの基本的なコミュニケーション・テクノロジーの利用可能性にも依存している（Castells 2000）。世界の若い旅行者たちは、ほとんどどこからでもインターネットにログオンすることができるかもしれないが、生社会性の大部分の潜在的な主体にとってはそうではない。合衆国、ヨーロッパ、オーストラリアでみられるさまざまな生社会性は、たんに特定のテクノロジーをもちいたコミュニケーション手段によって生みだされているのみでなく、シチズンシップや個性についての特定の考え方にむすびついてもいるのである。それらはとりわけ、かつての形態の政治的アクティヴィズムの歴史や、さまざまなアイデンティティ・ポリティクス、そして権利や賠償をめぐる現行の政治的係争とさまざまな仕方で関係している。しかし、ここで描かれたような生社会性のかたちは、地理学的な区分けでは可視化されない。サハラ以南におけるAIDSの生社会性は、パリ、サンフランシスコ、ロンドンのそれとはたいへん異なっている。[27] ウクライナにおける生物学的シチズンシップは、医学的専門知識がもつ権力と争うという問題ではないし、集合的に形成された自己理解が自己実現への経路となるような自律的な生をつくりあげるという問題でもないのである。それは、給付という仕方で、一定の病気に対する国からの補償を要求するかたちをとり、そしてアクティヴィズムは、ある病状を医学的に承認するよう要求し、国から給付を獲得するための根拠として専門家の判断をえることを目的としているのである（Petryna 2002）。

希望を組織化する

シチズンシップは長いあいだ、ローカルな政治的アクティヴィズムのかたちとむすびついてきた。そうしたアクティヴィズムには、地域の教会、学校、コミュニティ・センターを維持するための、チャリティーの手づくりパン菓子即売会や、自動車洗浄や、抽選会形式の慈善事業といった小規模の活動だけでなく、政党の地域活動へのかかわりやチャリティー組織で働くことも含まれている。それは、都心部の貧困を減らし識字率を改善するといった理由からおこなわれているのである。シチズンシップのこうした側面は、新たな理由との関係でたえず形成されなおされており、さまざまな組織化とアクティヴィズムのスタイルにはしばしば工夫がみられる。すでに指摘したように、一九八〇年代以来、健康と病気の問題をめぐる市民のアクティヴィズムや政治的な創意工夫が急増している。しかし、患者組織や支援団体が長年にわたって活躍してきた一方で、今日、ひとつの注目すべき改革がみられる。たとえば、科学者との直接的な連携の形成である。患者組織は、たんに生物医学の研究のために基金を募るだけでは満足しなくなっており、治癒と治療を発展させるプロセスを自分たちが速めることができるという希望へと科学を方向づけるための、活動的な役割を探してもいるのである。こうして、遺伝学と神経科学の領域での最近の発見にむすびつく希望という文脈において、患者団体は政治的アクティヴィズムの新たなかたちに参与し、生物医学の研究によって生みだされる真理とテクノロジーに直接働きかけようとしている。したがって、現代の生物学的シチズンシップは、現在の科学が近い将来に治癒や治療をもたらすことに依拠し、また、それを希望しているのである（Novas 2001, 2003）。希望とは、ここでは、たんに願ったり期待したりすることではない――そうではなく、それはある達成可能で望ましい未来を仮定し、その未来を現実化するために現在において行動することを要求するものである。

ノヴァスは、自身の議論を例証するために、ハンチントン病に言及している。だが、とりわけハントーディスと呼ばれるオンラインの電子メーリングリストでの議論の役割を重視している。[28]彼は、ハントーディスにかかわっている何人かの、いささか常識外れな個人的主張についてのべている。カルメン・リールがその代表者である。彼女の元夫であるデイヴはハンチントン病で、彼女は彼のケアにいまだ積極的にかかわっている。彼女はハンチントン病のためのありとあらゆる活動に従事しており、ハンチントン病の人びとの経験についての物語や詩の作品集（Leal-Pock 1998）を編纂し、ほかの人びとにインスピレーションを与えるために自身の話力と唱力を用い、[29]さまざまなウェブと同時にハンチントン病支援センターというウェブサイトをつづけている。[30]彼女の希望は、ノヴァスが指摘しているように、「これがハンチントン病に苦しまなければならない最後の世代になること」である。「研究者たちのおかげで、いまや、これが間違いなく最後の世代になるだろうというすばらしい希望がある」[31]と彼女はのべている。そしてまた、ハンチントン病の人びとにこうした仕事に積極的に貢献するようしきりにうながす。治癒に貢献するためだけでなく、病気についての認識を高めるためにも、彼らは自分自身を教育したり病気についての本を読んだりすべきであり、病気についてほかの人びとに話すべきであり、お金を節約して研究への寄付をするべきであり、基金を募る活動に参加すべきであるのだと。ここでの生物学的シチズンシップは、財政的・倫理的・公的・活動的なものである。それは、病気で苦しんでいる人びとが参加することのできる新たな公的領域を形成しようとしている。そのような公的領域では、市民の希望と責任は、生物学と緊密にむすびついているのである。

さらに希望はハンチントン病支援センターのウェブサイトのなかでも表明されており、ノヴァスはこの点にも言及する。このウェブサイトは、サイト訪問者に自分自身を教育するようにうながし、ハンチントン病についての科学的な記事へのリンクを貼ってもいる。そうした記事は、ハンチントン病理解における進展を示しているがゆえに、希望を生みだしもするだろう。その進展とは、治癒のための研究への科学者や研究者の従事、活発に研究されているほかの神経変性疾患とハンチントン病がつながっているという根拠の提示、さらなる研究を可能とするマウス・モデルの開発、アメリカ・ハンチントン病協会によって供給される基金の増大等々のことである。そしてこれらすべてが期待にみちた未来をみすえるための理論的根拠を与えている。[32]

生物学的シチズンシップは、生物学に関心をもっている人びとに、政治的になることを要求する。ハンチントン病のウェブサイトはまた、いかにしてこのことを達成するのかについての助言を与えている。それは、選出された役人に圧力をかける方法、代議士と会う準備をする方法、協力体制をつくりあげる方法、コンタクトすべき人物のリストをつくる方法、行政官宛の投書の雛型をつくる方法にかんする助言である。ジョージ・W・ブッシュ大統領による幹細胞研究の禁止に対する組織的キャンペーンが示しているのは、政治は、希望の政治経済のなかで生物学的市民によって実行されるにつれて、生そのものの使用と目的にかんする価値や倫理についての深く規範的な判断を含むようになってきたということである。われわれは、そのような希望のテクノロジーをめぐる政治的アクティヴィズムを、ほかの多くの場面でみることができる。たとえばスイスでは、二〇〇四年一一月、直接民主制といういかにもスイス的なシステムのもと、国民投票において投票者の三分の二が、胚からとられたヒトの幹細胞の実験を科学者がおこなうことを認める法律に賛成した。優勢だった「賛成」キャンペーンは、「希望」というスローガンのもとに展開された。内務大臣パスカル・クーシュパンは、政府のキャンペーンに着手する際、幹細胞の研究が「パーキンソン病、対麻痺、糖尿病、心臓病といった不治の病に対する希望」をもたらしたと論じた。また、この選挙の結果が、それを「医学研究への信頼の投票、そして科学と研究の中心としてのスイスをつくりあげる明確な合図」だとみなす科学者によって、またそれが「患者に新たな治癒への希望を与えた」とする製薬産業によって歓迎されたとも論じた[33]。

生価値を生み出す——倫理、健康、富を物質化する

政治がよりいっそう「生命の」質を担うにつれて、また生物学的な生そのものがよりいっそう個人的で経済的な重要性をもつにつれて、われわれ各人の生命力が価値のひとつの潜在的な源となってきた。個人的および集団的な主体の生物学的な生は、長いあいだ、政治的であると同様に経済的でもあるひとつの価

値をそなえてきたのだ——むしろそれは、経済的かつ政治的なものなのである。十九世紀以来、このような生命力の価値およびその増進の維持が、国家の問題となった。たとえば、政治的権威は、人口という生物学的な資本を維持し、保護し、増進する義務と責任を担ったのである。このような次元に沿って、われわれは、上下水道から、出生や死亡の届け出、児童福祉や妊娠・出産にかんするサービス、学校児童の健康診断にまでわたる発展——まさに国営の保健サービスの発展——を位置づけることができる。もちろん、私企業は食料、サービス、薬の生産において重要な役割を演じていて、それらは私益と公益とを同時に生みだすことになった。健康にかんする市場経済が誕生したのである。二十世紀にわたって、この市場は、「社会」国家の活動——食品衛生の統制や、薬の生産とマーケティング——によって、ますます増大していった。しかし、この健康にかんする統制された政治経済——国家装置、科学的・医学的な知、営利企業の活動、個人による健康関連の消費などの関係によって構成されるそれ——は、生そのものに含まれている潜在性が価値の源泉となるにつれて、形成されなおされつつある。

身体をめぐるさまざまなプロセスは、医者や病院がその患者に対して請求する代金によって、また医療テクノロジーの市場によって、そしてとりわけ薬の商業化によって、長きにわたり経済的価値を生みだすものであった。しかしながら現代の生物医学は、身体を分子レヴェルで見えるもの、理解できるもの、計算できるもの、操作できるものにすることによって、生と商業との新たな関係を生みだし、また、社会的シチズンシップにおけるような古い健康テクノロジーを、新たに資本の循環へとむすびつけることを可能にした。(34) こうした事態の二つの例を、スウェーデンとアイスランドにみいだすことができる。

一九九九年の『サイエンス』誌のある記事は、以下の書きだしではじまっている。「スウェーデンとほかの北欧諸国には、ゲノムの金鉱が眠っている。彼らの長年にわたる公衆衛生システムは、ヒト組織にかんするほかに例をみないコレクションをひそかに蓄積してきており、そのいくらかは数十年前まで遡る……そのサンプルは、もともとは患者自身の治療や診断に使用できるように保管されていたのだが、研究者たちはいまや、人びとをさまざまな病気に罹りやすくするかもしれない遺伝的形質についての価値ある情報が、それらには含まれていることを自覚している」(Nilsson and Rose 1999: 894)。多くの北欧諸国では、過去に保健医療を供給する過程で保持されてきた――教会の司牧統治の遺産や、福祉的に強靱な国家という遺産から、社会国家の遺産にまでわたる――国勢調査、患者記録、ヒト組織のサンプルが、大規模なゲノム分析とむすびつけられてきた。それは、一般市民を富と健康を生みだすためのリソースに変えるためである。おそらくもっとも知られている例はアイスランドである。一九九八年のアイスランド議会制定法によって、デコード・ジェネティクス社に、それらのデータベースをつくり運営する独占的な免許が与えられたのである[35]。デコード・ジェネティクス社はその企業理念のなかで、自分たちは「生の地図……健康のための青写真を作成している[36]」と宣言している。同様に、クラウス・ホイヤーの研究によれば、スウェーデンの企業ウマン・ゲノミクス社は、自分たちが利用可能な「独自のリソース」について述べている。そのリソースには「ウメオのメディカルバイオバンクにおける血液サンプルとデータの独自のコレクション」が含まれている。このコレクションは地域人口の健康調査記録に由来するものである。その調査記録は、国家の支援を受けた医療調査および献血によってえられたサンプルからなる一九八五年になされた人口の疫学的研究と一緒にされている(Høyer 2002, 2003)[37]。公衆衛生におけるそれらサンプルの起源が複数あるにもかかわらず、「ウマン・ゲノミクス社はそれらサンプルに由来する情報を商業化する独占的な権利を保持している[38]」。一九三〇年代、ナチスのプロパガンダは、ドイツ第三帝国に対する遺伝病のコストに焦点をあてていた。しかし今日、人口のなかでの遺伝病という遺産は、国家のリソースの減少と考えられるどころか、富と健康を生みだすための潜在的なリソースとして、また、現代の生価値の循環のなかで姿を現しつつある国家と商業の新たな同盟におおきな経済的機会をもたらす潜在的なリソースとみなされているのである。

高度な遺伝病が生価値の潜在的な源泉となるこうした変化は、上から、すなわち国家や私企業によって駆動される必要はない。それは下から、すなわち患者組織自体からもやってくることがありうる。ノヴァスは、ほかの多くの研究者とともに、ＰＸＥインターナショナルという患者組織の事例にそくして、このことを探究してきた。ＰＸＥインターナショナルは、一九九五年にパトリック・テリーとシャロン・テリーによって、彼らの二人の子供エリザベスとイアンが弾性繊維性偽性黄色腫（ＰＸＥ）と診断されたのをうけて創設されたものである。[39] テリー夫妻は、病気になった家族のあいだでの支援ネットワークの形成に重要な役割を演じ、研究者たちにこの病気の研究に関心をもたせ、科学者と患者のための会議を組織し、合衆国政府にＰＸＥや、それだけでなくより一般的な種々の皮膚病研究のためのさらなる財政的支援を要求した。ＰＸＥインターナショナルはまた、中央貯蔵庫をつくるために、そして病気に苦しむ患者たちが多様なサンプルを提供する必要を避けるために、血液とヒト組織のデータベースを設立した。[40] このデータベースを維持することで、ＰＸＥインターナショナルは、こうした素材〔血液やヒト組織〕の利用に影響力を行使しようとしただけでなく、そこから生じる知的財産権の分配を要求することもできた。

こうした、血液とヒト組織のデータベースがもっている、生価値をつくりだすための生産性は、二〇〇〇年に実証的に提示された。ＰＸＥをひきおこす遺伝子が、ハワイ大学の研究者たちによって発見され、『ネイチャー・ジェネティクス』誌の、いずれもシャロン・テリーを共著者とする二つの連続記事（Bergen et al. 2000, Le Saux et al. 2000）のなかで公表されたのである。[41] この発見は、ＰＸＥの病理学への新たな洞察を生みだしただけでなく、知的財産権の開発にとって重要なポテンシャルをもってもいる。ハワイ大学の技術移転協議会は、最初は特許権をＰＸＥインターナショナルに譲ろうとしなかったが、彼らはそれ以前に、シャロン・テリーを共同考案者とするデータベースにアクセスする条件について交渉しており、巧い具合に特許使用料を分配し、ライセンスの売却を決定することができたのである。

素人によるアドボカシーや研究への活動的な参与のための「ＰＸＥモデル」は、稀少な遺伝病をめぐって、類似した関心をもつほかのグループによって支持されてきた。(42) テリー夫妻が論じるところでは、このような遺伝子配列の特許に対するＰＸＥインターナショナルの関心は、商業化の論理によって駆動されていたのではなかった。むしろ遺伝病に苦しんでいる人びとの価値や利害のために尽力することこそがその関心なのであった。こうしてパトリック・テリーは、患者がコントロールする特許の潜在的能力を擁護し、「われわれは自分たちの私腹を肥やすことなどに関心はない。ただ治癒を求めている」（Coghlan 2001）と断言した。それでもやはり、テリー夫妻は、このかなり稀少な病状についての知が、その病気とは表面的には無関係にみえる障害に苦しむ人びとの健康にとって、より広い含意をもつことを望んだのである。たとえば、第一六染色体にかんする特定の遺伝経路の研究は、高血圧や心臓血管の研究に光をあてるようにみえた。というのも、ＰＸＥにおける中型の動脈の石灰化作用が、動脈の老化一般と類似しているからである（Fleischer 2001）。ＰＸＥはまた、黄斑変性への手がかりを与えるかもしれない。このことは、この障害に苦しむ多くの個人の視力に影響を与えるが、しかし、それ以外の六〇〇〇万ものアメリカ人は通常の老化によってそのような病状になるリスクがあると考えられている。(43) 明らかに、ＰＸＥインターナショナルは、この〔遺伝子〕配列のより幅広い利用がみいだされれば、おおきな財政収入を得るチャンスをもつことになる。しかしながら、ＰＸＥインターナショナルは暴利を貪る誘惑に抵抗するとシャロン・テリーは述べている。彼女は、『アメリカン・ローヤー』誌のある記事で以下のように主張している。「私たちは大儲けすることができると指摘されてきました。なぜなら私たちが心臓血管の治療費を莫大なものにしたとしても、誰も気になどかけないからです。私たちはいつも、自分たちがＰＸＥの人びとだけを代表しているのではなく、それ以外のありとあらゆる人をも代表しているのだとのべています」[44]。

生価値の新たな循環、そしてそれらが住みつく新たな市場は、富の産出の新たな可能性をつくりだすだけではなく、新たな倫理的価値を具現化し産出してもいる[45]。生そのものが市場の関係に貫かれ、富を生みだすものになるにつれて、経済的交換のいくつかのかたちを統治する道徳性が構成されなおされつつある。生物学的プロセスをもつ生命力が売買されうるような経済においては、倫理それ自体が、売買可能な商品にも、サービス産業にもなるのである。たとえば、スウェーデンのウマン・ゲノミクス社は、そのコレクションのなかのすべての血液サンプルが完全なインフォームド・コンセントによって集められてきたという事実にもとづいて、とりひきをおこなっている（Høyer 2002, 2003）。同社は「ヒト組織と医学データの正当な倫理的とりあつかいが必要不可欠である」と宣言し、いかに自分たちが「その倫理的なスタンスと手続きによって国際的に認め」られてきたのかを強調している[46]。この例においては、倫理は価値あるリソースにアクセスする手段であるだけでなく、ある会社が、ほかの企業との商業的な関係において、また公共団体や開業医との関係においてとりひきをおこなうとき、市場で有利に働くものでもある（Rosell 1991）。テリー夫妻の仕事のいくつかの付加的な側面は、これをさらに説明してくれる。ＰＸＥ遺伝子の発見と同時期の二〇〇二年八月に、パトリック・テリーはランディ・スコット――それ以前にバイオテクノロジー企業であるインサイトを創設していた――とともに、ゲノミック・ヘルスというバイオテクノロジー企業（レッドウッドとカリフォルニアにある）の設立に加わった。それは最初には、七〇〇〇万ドルの投資資本で創設され、その後、患者のゲノム解析まで治療を個別化させうる遺伝子テストとターゲット療法の開発およびマーケティングのために、商業銀行や製薬会社からおおきな出資をひきだした[47]。このことは、テリー夫妻の倫理的主張を崩壊させるものではなく、生価値の生産における倫理と生命科学の新たな関係を示している。パトリック・テリーのゲノミック・ヘルス社への参与と、彼の「消費者保護担当」という肩書は、同社の倫理性や患者とのかかわりの重視を外に眼にみえる仕方で示すサインなのであり、そのことは、消費者に利用しやすいゲノム解析を提供するという野心に沿っていた。こうして、ランディ・スコットは、二〇〇一年にCEOとして以下のように主張した。すなわち、ゲノム学産業の未来は「消費者の教育、信頼、支援」にもとづくということ、そしてそれら新たな製品の開発は、「生命倫理にもとづく土台」――「研究であれ、医学的治療であれ、ビジネスであれ……それらに消費者をかかわらせる決定的な」土台――のうえでのみ生じるであろうとしたのである（Scott 2001）。倫理と生価値は解き難く絡まりあっており、健康にかんする生市民的消費者の倫理的価値や、そういった人びとの信頼に配慮を示すことで、製品の商業的価値に貢献するのである。

新たなゲノム学的人工物に埋めこまれた価値にはさまざまなものがある。実際、それらは、生そのものの意味に関係している。この点もまた、ランディ・スコットが明らかにしている。彼が指摘するには、「理解を促進し信頼を築くために、すべての利害関係者との開かれた公共の対話をつくることは、産業にとって」決定的なことである。そして、こうした対話は困難かつ複雑なものになるであろうが、その一方で、「われわれが病気の治癒と寿命の延長を探究することは、最終的にはよりいっそう深遠な問い――人間であるということが意味することの定義そのもの――にいたるだろう」（Scott 2001）。すなわち、さまざまなかたちの生の本質や価値にかんする判断――人間であることのさまざまな仕方――は、今日の生命科学や生物医学研究の状況や結果のなかにだけではなく、それらの産出物のなかにも刻みこまれているのである。生価値を生みだす過程は、人間の生についての思考を具現化して変形させる。そのかぎりで、生物医学的人工物そのものが倫理をもっているのである。(48)

先進自由民主主義社会における生物学的シチズンシップ

シチズンシップは長いあいだ生物学的な次元をもってきたが、新たな種類の生物学的市民が――新たな主体性、新たな政治、新たな倫理とともに――現代の生物医学における発展の周囲に形成されつつある。かつては運命の側に位置づけられていた生の側面が、討議され決定されるべきテーマとなるにつれて、希望と不安の新たな空間が、遺伝子的でソーマ的な個人性の周辺で形成されつつある。西洋の先進自由主義諸国――ヨーロッパ、オーストラリア、合衆国――では、この新たな空間は運命論や受動性というかたちをとっておらず、われわれも遺伝子的ないし生物学的な決定論の復興を眼にすることはない。ポスト・ソヴィエト時代に残存している社会国家においては、生物学的シチズンシップは国家権威から財政的支援を要求することに焦点があてられるかもしれないが、西洋では、生物学的選択の新たな実践が、別種の「自己の体制」のうちで生じつつあるのである。個々人は、分別はあるが意欲的な個人としてこの自己の体制に参与しており、選択行為をつうじて、すなわち、病気の恐れに直面しての健康の探求や、病気のリスク――いまや遺伝子的な感受性――の管理にまで拡張している活動をつうじて、自分自身のライフ・コースを積極的に形成している。『あなたの生は彼らの手のなか』〔放題『治療とは何か』〕というタイトルの、何年か前のイギリスBBCのテレビドキュメンタリー・シリーズをおもいだす読者もいるかもしれない。このシリーズは、患者を救うために働く医者と医療スタッフの英雄的な仕事にかんするものである。おそらく、二〇〇四年のBBCのあるラジオ・シリーズが『私たちの生は私たちの手のなか』というタイトルであったのは、この新たな倫理の出現を象徴するものである。このラジオシリーズは、特定の障害をもつと診断された人びと――たとえば、乳がんの家系に生まれ、BRCA1かBRCA2かどちらのテストをうけるのかを選択しなければならない女性、あるいは陽性のテスト結果を知らされてどのように生きていくのかを選択しなければならない女性――を記録したものである。

治癒不可能な異常性から、管理可能な感受性へというこうした移行は、個々人の統治のための現代的実践がより広範につくり変えられているのと完全に一致している。今日われわれに求められているのは、フレキシブルであること、たえまないトレーニングや生涯学習に身をおくこと、永続的な査定をうけつづけること、継続的に購買意欲をかきたてられつづけること、たえず自分自身を向上させること、自分たちの健康をモニタリングすること、自分たちのリスクを管理すること等々なのである。そしてこのような義務は、われわれの遺伝子的な感受性にまで拡張しているのである。それゆえ、活動的な責任ある生物学的市民は、感受性をもった身体についての変化しつつある要求に応じて、不断の自己評価の作業に、そして行為や食事やライフスタイルや投薬の体制を調整することに従事しなければならない。われわれの生きている身体、苦しんでいる身体、死すべき身体をつらぬく、真理と権力と商業との新たな関係を描きだし、試し、それらに異議を唱えるなかで、そのような活動的な生物学的市民は、今日において人間であるということが何を意味するかを定義しなおしているのである。

註

（1）この章のオリジナル・ヴァージョンは、カルロス・ノヴァスとの共著として、"Biological Citizenship" (in Ong and Collier 2005: 439-463) という題目で出版された。この改訂ヴァージョンの出版を許可してくれたことについてノヴァスに感謝したい。彼の経験的な調査にもとづいた議論の箇所には、適切なクレジットを付与し、そのうえで、オリジナルの論文で提示されていた彼の経験的な素材の多くを削除した。とはいえ、オリジナルの論文におけるさまざまな概念と議論とが共同で展開されたことは確かである。

（2）一九九九年に私の論文「生そのものの政治学」(Rose 2001) を執筆しはじめたとき、当初は生物学的シチズンシップという言葉を念頭においていた。ノヴァスと私とが二〇〇一年にこの概念を生みだし、二〇〇二年四月にプラハで開催された会議のためこのタイトルの論文を著すにつれて、ほかの者たちが別の意味でこの術語をもちいていることを知った。とくにアドリアーナ・ペトリナのチェルノブイリ後のウクライナにかんする著作（現在 Petryna 2002 として出版されている）は重要であった。彼女は寛大にも、草稿段階での原稿をみせてくれたのだが、このことについても感謝したい。われわれはこの術語をもちいるにあたり、彼女のやや特殊な術語をより一般的な文脈のなかにとりいれた。二〇〇一年のウェブ上での検索では、一九九八年三月にシカゴ大学ミッドウェスト・セミナーにて配布されたクリス・ラティオレスによる "The Body Politic: Naturalizing Biological Citizenship and Philosophical Reservation" という論文がみつかり、その著者に問いあわせたところ、著者は電子メールで以下のように返信してくれた。「その術語を深い意味でもちいてはいません。「生物学的シチズンシップ」という術語は、選択可能な義務を意味する明らかな矛盾語法であり、理論的で自然科学的なカテゴリーと、それとはまったく異なる道徳的政治的なカテゴリー——選挙権をもち行使すること等——とを合成したものです。「自然化する」という形容詞は、有機体と政治的アイデンティティとのギャップを架橋するために不可欠な過程を、曖昧にほのめかすものです……こうした分類は、法的地位とはまったく関係がないものです」。

遺伝学的シチズンシップという考えはより広くもちいられ（たとえば、Peterson and Bunton 2002 を参照）、デボラ・ヒース、レイナ・ラップ、カレン＝スー・タウシッグの著作においてとくに展開されており (Heath et al. 2004 を参照)、ノヴァスと私は、彼らの著作のいくつかを草稿段階から読むことで恩恵をうけた。活動的なシチズンシップと受動的なシチズンシップとの区別を医療の供給をめぐる問題に適用しようとする者もいるが（たとえば、

Abraham and Lewis 2002 を参照のこと）、能動と受動との区別を後期資本主義の異なる段階に位置づけることの説得
性は、こうした時代区分をあらかじめうけいれることに依拠している。

これに加えて、トロントのヨーク大学のチェタン・バットとエンジン・アイシンは、シチズンシップの歴史につい
ての最初の導きを与えてくれた。この論文は、最初に提出されたプラハでの会議の参加者、とくにアイファ・オング
とスティーヴン・コリアのコメントから、そしてまた、二〇〇二年一月のブルネル大学でのCRICTセミナーの
参加者のコメントから、恩恵をうけている。アマヤ・カルメン・ノヴァス＝ペニャは、ノヴァスと私とがこの論文の
最初のヴァージョンを書いているあいだに出会ったが、生物学的シチズンシップの多くの現代的な側面の理解を深め
てくれた。

(3) 比較的初期のシチズンシップについての考え方、および市民をつくりあげる計画にかんしては、Isin 2000 を参照
のこと。

(4) 状況は、中国や、おそらくはほかの東南アジア諸国では異なっている。Dikötter 1998 を参照のこと。

(5) 本書の第二章で論じたとおりである。

(6) すでにのべたように、この術語はキャサリン・ウォルドビーから借用している。彼女はこの術語を、ヴィジブル・
ヒューマン・プロジェクトにかんする彼女の著作 (Waldby 2000) で導入している。しかしここでは、もっと緩く広
い仕方でもちいた。

(7) 希望の倫理についての一連の思考を導くものとして、Zournazi 2002 を参照のこと。

(8) これが「希望の政治経済」というフレーズの最初の使用であったようにおもわれる。もちろんこの術語も、多くの
者たちがさまざまな文脈でもちいている。たとえば、Andrews 1999 を参照のこと。メアリー＝ジョー・デルヴェッ
キオ・グッドは、この概念に特別の重要性を与えてはいないが、いくつかのテクストで、彼女自身の分析を展開して
いる（たとえば Good 2001, 2003）。

(9) 彼らはこれを「「遺伝子的な」ではなく）「優生学的な」と呼んでいるが、ほかで論じたように、私は「優生学」と
いう用語を、生殖に働きかけることで国民ないし人種の質を向上させようとする計算された試みに限定した方がよい
と考えている。

(10) このテクストを教えてくれたノヴァスに感謝する。

(11) C. Joppke, "Mobilization of Culture and the Reform of Citizenship Law: Germany and the United States," at http://www.europanet.org/conference2000/papers/a-2_joppke1.doc（二〇〇一年九月二三日確認）

(12) 中国人民を「黄色い人種」と呼ぶことは、西洋ではたいてい軽蔑的で否定的なニュアンスをもつのに対し、中国では、このフレーズは反対の含意をもっている。古代中国において、黄色は「黄帝」〔という王〕の色であり、伝説によると彼は中央平原を支配していた部族の、そしてほかの説では全中国人民の共通の祖先なのであった。彼が「黄帝」と呼ばれたのは、彼が黄土のあらゆる徳をもっていたからである。王、女王、王子、王女、そして王族の親戚のみが、黄色を使ったり身につけたりすることができた。黄色は黄河の名でもあり、中国人のなかには、黄色い肌がネーション・アイデンティティを創造すると考える者もいる。黄色はまた、力強さと繁栄も意味する。ただ、場合によって、英語における青色（すなわちエロティックさ）と同じ意味をもつこともある。これらの問題のいくつかは Su 1991 において論じられている。苏晓康は一九八八年に *Yellow River Elegy* というタイトルの論争的な中国のテレビ・シリーズを制作することにかかわっていた。第六章では、中国で認められている五六の公式のエスニシティが、文化やリネージや遺伝学の観点から統合されたり区別されたりする、錯綜し変化しつつある事態について少し論じている。中国における色の言葉の意味の複雑さや、そしてそれら色の言葉が、中国では合衆国と同じ響きをもっていないことを教えてくれたことについて、中国人の同僚に感謝する。

(13) Eeva Bergelund, "Biotechnology as a Finnish National Imperative"（二〇〇二年二月二八日のゴールドスミス・カレッジにおけるＢＩＯＳ研究グループで発表された論文）を参照のこと。

(14) 定評のある概観としては、オンラインで閲覧できる Wheelright 2005 を参照のこと http://www.discover.com/issues/apr-05/features/finlands-fascinating-genes/?page=1（二〇〇五年七月二三日確認）。

(15) とりわけランスロット・ホグベンの *Science for Citizen*（Hogben 1938）を参照のこと。

(16) ここでは、イアン・ハッキングのすばらしいフレーズである「つくりあげる」（making up）をもちいている。たとえば、Hacking 2002 を参照のこと。

(17) たとえば、Claeson et al. 1996 を参照のこと。

(18) この議論は、二〇〇一年のウェブサイト www.prozac.com にかんする筆者の分析に依拠している。

(19) http://www.prozac.com/HowProzacCanHelp.jsp を参照のこと（二〇〇一年二月一七日確認）。

(20) http://www.prozac.com/DiseaseInformation/recovery.jsp を参照のこと（二〇〇一年二月一七日確認）。
(21) http://www.prozac.com/generic_info.jsp を参照のこと（二〇〇一年二月一七日確認）。
(22) http://www.mdf.org.uk/about/ を参照のこと（二〇〇一年二月一七日確認）。
(23) Ibid.
(24) http://www.pendulum.org/ を参照のこと（二〇〇一年一〇月一七日確認）。
(25) http://www.searchingwithin.com/biplar/ を参照のこと（二〇〇一年一〇月一七日確認）。
(26) これらの論争については第七章で論じている。
(27) アフリカについては、V.-K. Nguyen, “Antiretrovirals, Globalism, Biopolitics and Therapeutic Citizenship,” in Ong and Collier 2005 を参照のこと。
(28) ハントーディスは、ハンチントン病やそのリスクがある者たち、そして看護者が、ハンチントン病にかんするあらゆるトピックについて議論することができる電子メーリングリストのことである。
(29) カルメン・リールはまた、writerspeaker.com というウェブサイトもつづけている。そのサイトの目的は、書き手や話し手が研究のために熱心にインターネットの使い方を学び、また彼らの作品を市場に乗せるのを手助けすることにある（http://www.writerspeaker.com/ を参照のこと）。
(30) このセンターは、二〇〇〇年四月一日に創設され、ハンチントン病の人びとへの一定の情報と応答を提供することに加えて、ハンチントン病家族によるハンチントン病家族のための支援を提供することを目的としている。出典 http://www.hdac.org/about.html（二〇〇一年一〇月一七日確認）。
(31) Carmen Leal, “The Last generation,” Huntington' Disease Advocacy Center, April 8, 2001, http://www.hdac.org/features/article.php?p_articleNumber=13（二〇〇一年一〇月一七日確認）。
(32) M. L. Miller, “Reasons for Hope,” ibid., http://www.hdac.org/features/article.php?p_articleNumber=23.
(33) 以下のURLで閲覧できるレポートを参照のこと。http://www.swissinfo.org/sen/Swissinfo.html.
(34) 生価値については、再び Waldby 2000, 2002 を、それと類似した概念については Franklin 2005 および Nguyen 2005 を参照のこと。
(35) アイスランドにおける展開については、Palsson and Rabinow 1999 を参照のこと。

(36) 出典 http://www.decode.com/。デコード・ジェネティクス社のウェブサイトでは、さらに以下のようにのべられている。「アイスランドは、その人口が遺伝学的にみて相対的に同質的なので、わが社にとって理想的な本拠地となる。アイスランドは洗練された高い質の健康保健制度と大規模な系統的記録をもっている。これらをつうじて、多くの病気と関連づけられる遺伝子を特定するためのリソースを生みだすことができる。このような独特な人口集団にもとづいた研究は、それらの病気の病理発生について、きわだった洞察を与えており、デコード・ジェネティクス社の系統的なデータベースがもつ深さと広さは世界に比類ないものである」(http://decode.com/company/profile/)(二〇〇一年一〇月一七日確認)。

(37) 出典 http://www.umangenomics.com/index2.asp(二〇〇一年一〇月一七日確認). ウメオのメディカルバイオバンクが保持している、生価値を生みだすポテンシャルは、ウメオ大学に設けられたテクノロジー・ブリッジ基金と呼ばれる技術移転協議会によって認められた(Abbot 1999 を参照のこと)。

(38) http://www.umangenomics.com/index2.asp.

(39) PXEインターナショナルは、カレン=スー・タウシッグによっても広範に研究されてきた。彼女の論文 "Genetics and its publics: Crafting genetic literacy and identity in the Early 21st Century" を参照のこと。この論文は、スイスの医療科学と人文・社会科学アカデミーが二〇〇四年一一月にチューリッヒで開催した、「文化としての医療——医療のカルチュラル・スタディーズ」についての会議で配布された。この草稿を参照させてくれたことに感謝する。

(40) 先に参照したタウシッグの論文から引用した。

(41) タウシッグの同書と、M. Fleischer, "Patent Thyself (on-line version)," *The American Lawyer*, June 21, 2001, http://www.americanlawyer.com/newcontents06.html を参照のこと(二〇〇一年一〇月一七日確認)。

(42) タウシッグ(註(39)を参照のこと)は、いくつかの論争について記述している。しかしそれは、このようなゲノム研究へのネイティヴ・アメリカンのとりくみの例にかんするものである。

(43) Ibid.

(44) Ibid.

(45) この文脈では、ジェネティック・アライアンス社の二〇〇五年年次大会が、多くの製薬会社やバイオテクノロジー会社に資金提供をうけていたことを指摘するのは意味があることだろう。そこには、ノヴァルティス社、ミレニアム製薬、グラクソ・スミスクライン社、アフィメトリクス社、ジェンザイム社、ＤＮＡダイレクト社が含まれている。http://www.geneticalliance.org/ を参照のこと（二〇〇五年八月二三日確認）。

（46） 出典 http://www.umangenomics.com/index2.asp. 研究に参与した者たちのインフォームド・コンセントをえることとは別に、ウマン・ゲノミクス社のデータベースにたくわえられているヒトの組織と情報の新たな利用には、スウェーデン医学研究評議会に加え、地域の倫理委員会からも認可を得る必要がある。ウマン・ゲノミクス社の臨時議長であるスーン・ロゼルは、『サイエンス』誌のある記事で、同社が倫理問題のあつかいのために独自のモデルをつくりだしたとのべている。「個人レヴェルではインフォームド・コンセントによって、社会レヴェルではすべての研究計画を審査する地域の倫理委員会によって、人口レヴェルでは、ローカルな政治家たちが、議決権はもたないながら会社とメディカルバンクの両方の委員会に在籍していることによって、コントロールすることが可能になっている」（Abott, "Sweden Sets Ethical Standards" のなかで引用されている）。クラウス・ホイヤーの民族誌的フィールドワークは、ウマン・ゲノミクス社のデータベースに参加したどれだけ多くの者が、実際には、彼らに配られたインフォームド・コンセントの文書を読んでおらずに暗黙のうちにこの研究への参加に同意しており、人類学的なインタビューを受けたときにはじめてインフォームド・コンセントという公的領域に参与しているにすぎないと指摘している（Høyer 2003 を参照のこと）。

（47） タウシッグ、註（39）を参照のこと。

（48） N. Rose, "Do Psychiatric Drugs Have Ethics"（二〇〇二年二月一五日にブルーネル大学で開催された「バイオ・アーティファクトに倫理はあるか」についてのワークショップで発表された論文。

第六章　ゲノム医学の時代における人種

二〇〇四年一一月に出版された『ネイチャー・ジェネティクス』誌特別増刊号のタイトルは、「人類〔人間という種〕のための遺伝学」であった。(1) これは二〇〇三年五月一五日にハワード大学で開催された、「ヒトゲノムのヴァリエーションと「人種」——科学の状況」と題された学会にもとづくものである。そのひと月前の二〇〇三年四月一四日に、国立ヒトゲノム研究所の所長であるフランシス・コリンズは、「本質的に解明された」ヒトゲノム配列のリリースを公表し、「このゲノム・タイプ研究のすべては、人種やエスニシティについてのわれわれの理解に重大な帰結をもたらすだろう」とのべていた。そして科学者たちに次のように言いつけた。すなわち、科学者たちには、人種、エスニシティ、遺伝学について知っていることを、「私たちの社会において争いを生みがちな人種についての対話の一部として貢献するであろう情報」へと翻訳する義務がある、と。(2) こうした事柄の核心には、ある決定的な問いが横たわっている。二十一世紀のゲノム学は、われわれの過去の歴史のなかで重大でさまざまな争いをひきおこしてきた科学的人種主義をよみがえらせるのだろうか、あるいはついに消し去るのだろうかという問いがそれである。

コリンズが言及した人種、ゲノム学、健康にかんする議論は、一九九〇年代はじめのヒューマン・ゲノム・プロジェクトの開始以来、新たな進展をみせてきた。人種、ゲノム学、健康にかんする議論は、人種をめぐっておおきな論点を提示するものなので、合衆国でさまざまな議論を喚起した。また多くの国の遺伝学や生物医学の研究者たちがそれをめぐる論争に巻きこまれもした。その議論は、ゲノムの時代において、人種的ないしエスニシティ的なカテゴリーが、何らかの生物学的な意義をもつのか、それとも「たんに文化的なもの」であるのかを焦点としてきた。ほとんどの「西洋の」社会学者や人類学者は、少なくとも二十世紀半ば以降、まさに人種やエスニシティは社会的で文化的な現象であると考えていたのである。エスニシティや人種という目立った概念が、ある社会的な文脈において、個人や個々の集団にとって何を意味しようとも、それらの概念は生物学的に意義のあるものではなく、ゲノムレヴェルでのさまざまな差異に位置づけられることはけっしてできないのだというように議論は進んでいったのである。もっと過激な批判においては、人種やエスニシティをゲノム医学のなかで考察することは、人種化された医学実践を知らないあいだに変化させ、危険な人種科学が再び提示されることになり、「遺伝子還元主義」やアイデンティティの「遺伝学化」がさらに進展させられるというのである。これらの議論は、黒人やヒスパニック系のアメリカ人に不平等な仕方で不利益を与える、根本的に不公平なヘルスケア・システムなどともあいまって、人種的に多様な合衆国の政治組織のなかで特別な重要性を担っていた。かくして一九九八年に、アメリカ人類学協会は「人種」についての声明を発表し、以下のように結論づけている。

「人種的な」世界観は、いくつかの集団に恒久的な低い身分を割りあてるために発明され、その一方で、ほかの集団は特権や権力や富にアクセスすることができるようになった。合衆国における悲劇は、このような世界観に由来する政策や実践が、ヨーロッパ人、ネイティヴ・アメリカン、アフリカ系の人びとのなかで不公平な人口集団を構成することに、あまりにも見事に成功してきたことにある。われわれは、何らかの文化のなかで目的を達成し、役目を果たす普通の人びととの能力について知っているがゆえに、こう結論づける。すなわち、現在のいわゆる「人種」集団間の不公平は、彼らの生物学的な遺伝の結果ではなく、歴史的および同時代的な、社会、経済、教育、政治的状況の産物なのであると(3)。

このようにのべる多くの者にとって、一九九〇年代の、病気への感受性をめぐる人口集団ごとの差異にかんするゲノム学への注目と、病気への感受性や治療可能性をめぐる人種あるいはエスニシティごとの差異の探究に対する資金投下や研究者の努力は、少なくとも、ヘルスケアにおける不平等のはっきりした原因を覆い隠してしまうものにほかならなかった。さらに厄介なことに、そのことは不平等を社会的状況のなかにではなく、ゲノムそのもののなかに位置づけることで、不平等を正当化するものでさえあった(4)。最悪のケースでは、これはサミュエル・カートライトが一八五一年に放浪癖にかんして作成した、悪名高い診断カテゴリーを支える人種主義と同様の人種主義の復活だととらえる者もいた。カートライトの診断表は、ある病気を黒人に固有なものとして、そして黒人には明白に現れるが白人には現れない行動――奴隷プランテーションから逃亡する傾向性――によって証明されると示すものであった(5)。

それでも多くの人口遺伝学者は、以下のことを確信していた。すなわち、ヒトゲノムのマッピングをつうじて、間違いなく世界の人口集団を「出アフリカ」の日付によって定義される五つの大集団――アフリカ人、コーカサス人、太平洋島民、東アジア人、ネイティヴ・アメリカン――へと分類することができるということである(e.g. Rosenberg et al. 2002)。結果的に、以下のように論じる者もいた。すなわち、それら人口集団のあいだには、ゲノムレヴェルでおおきな差異があり、病気への感受性と、（単一遺伝障害だけでなく）複合疾患の治療可能性との、その双方に関係する医学的に意味をもつゲノムのヴァリエーションが、人口集団ごとにさまざまな異なる頻度で出現するのだと（e.g., Bowcock et al. 1994, Calafell et al. 1998）[6]。いくつかの人口集団にわたるそうしたヴァリエーションを査定し、それらが混血、選別、浮動、ノンランダムな交配、混合をとおして出現し拡大することを説明するため、さまざまな手法がもちいられた（Cavalli-Sforza and Feldman 2003, Cavalli-Sforza et al. 1994）。合衆国で展開しつつあるこうした議論によって、人口移動、移民、人種間結婚をとおして高いレヴェルの混合がみいだされる人口集団についての思考を、遺伝学的に分析するための手法が定式化されたのである。こうして、シュライヴァーと彼の同僚たちは、混合についての分析を、合衆国内のアフリカ系アメリカ人、メキシコ系アメリカ人、キューバ人、プエルトリコ人に、そしてアフリカ系カリブ人や、そのほかの者たちに適用し、「複合疾患をひきおこす遺伝子」を特定するそうした作業のポテンシャルは「はかり知れない」と主張したのである。というのも、彼らは、２型糖尿病、前立腺がん、痴呆、高血圧にかんする特別な希望を抱いていたからである（Hoggart et al. 2004, Holder and Shriver 2003: 60, Shriver et al. 2003）。人種と病気との関係にかんするゲノム研究の支持者には、数多くの重要なアフリカ系アメリカ人組織や研究グループが含まれていたのだが、彼らは以下のように論じた。すなわち、人種を顧みないゲノム医学は、人種についての共通理解のうえに位置づけられる病気と死のヴァリエーションにかんするゲノム学の証拠を無視するだけなく、罹病率と死亡率にかんするナショナルおよびインターナショナルな人種的ないしエスニシティ的な区分を説明できないことになってしまうのではないかと。彼らは、人種的な分類を進めることは、不当なあつかいをうけている人種集団が患っている特定の病気をターゲットにするためには不可欠であり、また、医学研究、薬品開発、効果的なヘルスケアへのアクセスにおいて、彼らが十分に着目されていない事態を矯正するのに不可欠であると強く主張する。だから彼らは、遺伝学にもとづく医学は、多くの公衆衛生プログラムが実施される集合的なレヴェルでもちいられることによって、人種にもとづく健康の不平等を減少させるのにおおきな役割を演じることができるという希望をもったのである。

エスニシティと病気との関係をゲノム学的に研究する必要性、およびエスニシティの観点から規定される集団間での罹病率と死亡率をめぐる差異をゲノム学的に説明する必要性は、ニール・リッシュと彼の同僚たちによって、もっとも説得的に、そしておそらくはもっとも論争的に提起された。彼らは多くの論文で、医学的に重要な遺伝の経路に従って、おおまかな人口集団間での区分をなすときには、自己同一的なエスニシティがその最良の導きとなると論じた（Burchard et al. 2003, Mountain and Risch 2004, Risch et al. 2002, Risch 2000）。最近では集団が分離していたり混合していたりするため状況がより複雑であることを認めながらも、彼らは、人口移動にもかかわらずいくつもの交配パターンがそうした人口集団間の区別の多くを保ってきたと主張した。さらに彼らは、自己同一的な人種性とは、しばしば親族についての偏った不適当な民俗的知識にもとづいていると批判されるが、実際のところ、遺伝学的構成へのとてもよい導きになること、そして個人は自分たちのさまざまな先祖のエスニシティについてよく知っており、自分たち自身を遺伝学的に有意義な仕方で特徴づけることができると論じたのである。彼らによれば、自己規定されたエスニシティが分類の最良のかたちであるのは、まさしくそのようなエスニシティが、遺伝的な標識というよりもむしろ、飲食物、住宅、雇用、収入といったほかの要因と相関する主体的および社会的な帰属意識であったからだ。それゆえ人種的な自己分類が、ゲノム学にもとづいた医学研究にとってきわめて重要だと結論づけられたのである。

ヨーロッパとアメリカの医学的遺伝学者の多くは、これらの論点に批判的でありつづけてきた。中庸の立場をとろうとして、人口集団やエスニシティといくらかの相関関係をもつゲノムの差異を特定することは可能だと主張しつつも、そのような差異の特徴については「人種」や「エスニシティ」という用語をもちいるべきではなく、ゲノムの指標そのものに焦点をあてるべきだと主張する者たちもいた（Wilson et al. 2001）。しかしながらたいていの者は、自己規定されていようが社会的に規定されていようが、人種ないしエスニシティというカテゴリーは、人種集団間の生物学的差異などという、スティグマを生みだす古くさい観念を再び活性化し、人種主義を助長する危険があるので、それは遺伝子的なヴァリエーションを測定するには不十分な尺度であり、もちいられるべきではない、という論点を強く支持した（たとえば Cooper et al. 2003 も参照）。『ニュー・イングランド・ジャーナル・オブ・メディスン』誌のような合衆国の主要な生物医学雑誌の論説は、人口集団間に遺伝子的な区別はあるが、集団内の差異が集団間の差異を上回っているので、たいていの遺伝子的な差異は——肌の色素や人相等々を支配している少数の遺伝子にしか関係していないがゆえに——「皮一重の差にすぎない」と断言している（Schwartz 2001b）。[7] そして多くの遺伝学者たちは、人種ないしエスニシティというカテゴリーにもとづいた病気予防や健康改善の戦略が、誤解を招くもので効果はないと主張したのである（Braun 2002）。

これらの進展は、以下のような、すでに誰もが知っている比較的無意識的な議論の文脈のなかで生じている。すなわち、いくつかの単一遺伝子障害は、人種ないしエスニシティで輪郭づけられる人口集団ごとに、さまざまに異なる頻度で生じるという議論、そして、それらが臨床的に意義のある含意をもつという議論である——よく知られた例としては、囊胞性繊維症（たとえば American College of Obstetricians and Gynecologists 2001 における、コーカサス人、アシュケナージ系ユダヤ人、ヒスパニック、アフリカ系アメリカ人、アジア人の概算を参照）や、鎌状赤血球貧血症や地中海性貧血といった異常へモグロビン症がそこには含まれる(8)。さらに、多くの国では、人種と、エスニシティと、病気への感受性と、薬の反応とのあいだに、ゲノムレヴェルで重要な関係があるという主張はすんなりうけいれられてもいる。たとえば、中国、日本、ベトナム、インド、および「西洋」の外部にあるほかの国々では、生物医学の研究者はむしろ、自分の国の人口集団がもつゲノム的特異性は、自分たちの直面する病気への感受性のさまざまなパターンに関係していると通常考えている(9)。同様に、それらの地域で製薬会社の規制に関与している人びとは、人口集団間には、薬物代謝に関係する多くの酵素の働きのうちに遺伝学的な根拠をもつ差異があり、また、自分たちの国での特定の薬品の認可と使用にいたる過程で、そのような差異が考慮されるべきだと考えている。

いずれにせよ、病気にかんする基礎ゲノム研究はこうした分類をもちいており、研究論文は必ず、人種ないしエスニシティと、病気への感受性と、ゲノムのヴァリエーションとの関連について論じている（いくつかの例として、Aviles-Santa et al. 2004, Criqui et al. 2005, Farrer et al. 1997a, 1997b, Helgadottir et al. 2005, Itakura 2005, Koivukoski et al. 2004, Marsit et al. 2005, Moore et al. 2004, Mori et al. 2005を参照のこと）。また、臨床試験、とりわけ薬理遺伝学的な薬品開発にかんするもの――すなわち、ある薬品が効能をもつであろう人びとを、それが効能をもたないか反対の作用を引き起こすであろう人びとから区別するため、個人間や集団間での薬品反応のヴァリエーションをゲノム学的に根拠づけ特定しようとする研究――でも、このような分類はどこでもみられるものになっている（マイノリティ・アメリカンとの関連でその証拠を調べている調査については、Burroughs et al. 2002を参照のこと）。バイオバンクや、〔遺伝子〕配列情報の電子データベースのように、たいていのナショナルな、あるいはインターナショナルなゲノム学的リソースもまた、DNAサンプルをカテゴリー化し、人種、エスニシティ、人口集団による分類図式をもちいている。アフリカ人、アメリカ人、日本人、コーカサス人などの区別をなすこうした実践は、それが人種、人口、出自、エスニシティなど、どの方向から構成されていようと、現代の生物医学的ゲノム学の思考スタイルや分析の仕方の不可欠な部分をなしているのだ。

それにもかかわらず、二十一世紀のはじめには、合衆国の多くの生物医学研究者たちにとって、エスニック・グループ間での病気プロフィールや薬品反応をめぐる差異をゲノム学的に説明しようとする議論は解決をみないままであった。二〇〇三年、ハワード大学国立ヒトゲノム・センターのリック・キトルスは、人類学者のケネス・ヴァイスとともに、人種についての思考や、人種化された優生学の陰鬱な歴史を概観したのちに、それでもなお、ほかの変数がコントロールされた場合でさえ、現代の研究は人種によって疾病の有病率に差異があるということを示してきたと結論づけている（Kittles and Weiss 2003）。彼らは、「歴史的・地理的祖先に対応するように選ばれたラベルは、何らかの遺伝学的情報を統計的にとらえており、そしてそのことは、人種が生物学的な意味をもった何かを指し示していることを意味している」（Kittles and Weiss 2003: 40）と論じている。「［人種という］概念を、遺伝学的研究で建設的にもちいることは可能であるが、人種〔という概念〕の適切な使用がすべて遺伝学的であるというわけではない」（Kittles and Weiss 2003: 34）。「人口を分類することは、特別の注意の対象になった遺伝子やヴァリアントを特定するための、あるいはより効果的なリスク除去プログラムを設計するための、直接的にではないが潜在的に有効な確認戦略である」（Kittles and Weiss 2003: 49）。しかし、彼らはただちに、ゲノム学的医学における人種をめぐる言葉づかいの、こうした限定的な受容を、以下のように修正している。「人種というカテゴリーは、社会文化的な要因にたいへん影響されるので、遺伝子が関与している場合であっても、環境の変化のほうが健康によりおおきな影響を与えるかもしれない。もし健康の改善がわれわれの目的だとしても、われわれは真に問題が存在するところへ、適切な仕方で努力を向けるべきである」（Kittles and Weiss 2003: 58）。しかしハワード大学は、のちほどわれわれがみるように、アフリカ系アメリカ人についてのゲノム学的データを生物医学やほかの研究のために収集することに重要な役割を演じてきたのである。

この章では、こうした両義性についてより詳細に検討してみたい。これらの問題を論評するほとんどの社会学者や人類学者とは異なり、私は現代のゲノム学的医学における人種やエスニシティへの関心の復活は、「人種科学」の枠組みではうまく理解できないと結論づけるだろう。またそのような復活は、たんに社会的な不平等や差別の生物遺伝学的な正当化を主張する最新の現象ではないのである。実際、合衆国においてさえ、二十世紀をとおして、人種と生物学と医学とのつながりは、時期によって、また状況との関係によってさまざまなかたちをとってきた。メルボルン・タッパーは、鎌状赤血球貧血症と、合衆国の人種政治との複合的な系譜にかんする啓蒙的説明のなかで、「鎌状赤血球症になること」は、ほかの病気と同様に、知、信仰、説明、介入の一定の編成のうちでかたちづくられるほかはなかったと論じている。それらの編成が二十一世紀をとおして再構成されつづけてきたのと同様に、鎌状赤血球症になることと人種との関係に対して付される意義や含意も再構成されてきたのである。たとえば、一九二〇年代から四〇年代には、鎌状赤血球症になることは、「その現象に苦しんでいる白人たちの人種的アイデンティティに異議を唱えるために」もちいられた。一九四〇年代と五〇年代には、植民地の医師や人類学者たちが、「部族とは生物学的に定義される存在者であり、東アフリカ人、ある種の南インド住民、シチリア人、ギリシア人が共通の人種的遺産を共有している」ことを論じるために、鎌状赤血球症になることの地理学的な分布にかんするデータをもちいていた。一九七〇年代には、人種と鎌状赤血球症になることとのむすびつきは、合衆国政府の反差別政策における、そしてアフリカ系アメリカ人アクティヴィスト組織の要求におけるひとつの明白な要素であり、政府とアクティヴィスト組織の双方が、社会的正義と市民権の名のもとに、医学的なリソースは鎌状赤血球貧血症になったアフリカ系アメリカ人の人口集団に向けられるべきだと論じていた（Tapper 1999: 3-4）。実際にタッパーは、一九七〇年代の合衆国で、アフリカ系アメリカ人が自分たち自身の成員の健康を気にかける責任あるコミュニティである、あるいはそうなりうると考えるにいたる場面で、鎌状赤血球症になることが担ったおおきな役割をたどっている。鎌状赤血球症は、人種と遺伝学との関係について明示するための、より一般的な例なのである。人種と遺伝学とのむすびつきには、あらかじめ与えられた、あるいは本来的な政治性などはない。それらのむすびつきは、さまざまな時代や場所において、健康、病気、身体にかんするさまざまな思考のスタイルと絡みあうことで、実にさまざまなかたちをとるのである。そして、鎌状赤血球症になることと同様に、今日の人種と遺伝学との関係は、少なくとも合衆国では、生社会的コミュニティの描写および管理に強くむすびついている。そうした生社会的コミュニティは、ある病気の遺産が共有されるという信念のまわりで形成され、その病気のゲノム学的な根拠を明らかにするかもしれない生物医学的研究のリソースを求め、治癒の希望によって動員されている。そのようなアイデンティティのコミュニティの希望や要求や期待からみた、生物医学において人種がもつ現代的な魅力こそを、病気とその治療をめぐる権力の新たな布置の主題やターゲットとして理解できるかもしれない。

さらにこの議論を、過去の生物学のうちにではなく、現在の生物学——分子ゲノム生物学——のうちに位置づける必要がある。分子ゲノム生物学は、決定論的ではなく確率論的であり、閉じたものではなく開かれたものであり、個人をさまざまな運命へと決定づける人種についての本質的な真理を特定するのではなく、介入と変化の可能性を開示するものである。十八・十九世紀をつうじて姿を現した人種科学においては、そのさまざまなヴァージョンごとにいかなる違いがあろうとも、人種はモル的なレヴェルで理解されていた。それは、それぞれ人種化された個人のあらゆる性質と能力をかたちづくる遺伝的構成として考えられていたのである。こうした遺伝的構成は、眼にみえる特徴をつうじて観察することはできた。そうした特徴には、肌の色だけではなく、人相学や身体形態学やそれに類似したものが含まれている。そして、人種科学が遺伝学と出会ったとき、まさに人種的特殊性と人種的差異にかんする概念そのものが、遺伝子においてコード化され、同様にモル的なものとみなされたのであり、それが個人の物質的で心的で道徳的な特徴を決定するもの、環境や経験による変化への視野を厳しく制限するものとされたのである。しかし、現代ゲノム学の分子的な眼差しは、このようなものの見方を変容させる。

この章で扱われる議論で見るように、人種とはいまや、ゲノムや細胞という分子的なレヴェルと、人口集団や出生地や自己理解からの分類といったモル的なレヴェルとのあいだの、両義的で不安定な空間を意味している。人種や健康や、生の分子的生政治が姿を現しつつあるのは、この新たな両義的空間においてなのである。[10] こうした思考や介入の仕方には、たしかに倫理的・社会政治的な難問が含まれる。特定の系統やエスニシティや宗教集団や人種集団出身の親が、一塩基多型のための遺伝子テストや、自分が属している集団と関連づけられた病気に子どもが高い可能性で反応するマーカーのための遺伝子テストをなすときに感じるプレッシャーがその一例である。しかし、差異のヒエラルキーを構成し正当化するという名のもとに、あるいは人口集団の質を改善する希望のために、そのような難問がひきうけられているわけではない。ポスト・ゲノム学の時代において、人種と、生権力と、健康および医学の生政治とのむすびつきは、どのようなものなのだろうか。

人種と生権力

人種の観点から人間を分類し、それにさまざまな価値を与えることは、西洋の思想のなかで長い歴史を有してきた。ここでは、その歴史を詳細に繰り返し説明するわけではないし、直線的な歴史を現在の人種についての思考の系譜へと変換する困難な作業をひきうけるわけでもない。たいていの歴史家のあいだでは、人種の分類は十七世紀のヨーロッパで旅人が異国の地の人びとと出会うことから生まれたこと、そして、十八世紀までに、はじめは原始的なものを理想化していたのが、原始的なものと黒人との同一視にとってかわり、黒人が「存在の大いなる連鎖」のより低次の発展段階に位置づけられるようになったことについては同意されている。十八世紀中頃までに、人類を四つ、五つ、あるいはそれ以上の人種へと区分すること、そして習慣や知性や美点から、それぞれの人種にさまざまな価値づけをすることが、人類学者や哲学者のなかで、そして政治的な思考において自明なものになった。もちいられるべき正確な分類システムや価値づけのかたちが十分に議論すべき主題であったにもかかわらず、そうであったのである。十八世紀以来の国家建設プロジェクトにおいて、そしていわゆる「諸国民の戦争」において、人種についての思考は「ネーション」を想像するためのプリズムというだけなく、国民の衛生や生命力の政治的管理や国際競争の政治的管理のためのプリズムでもあったのである。ダーウィン自身、一八七一年刊行の『人間の由来』において、こう記している。

人類は、ほかのいかなる動物よりも注意深く研究されてきたが、それでもなお、有能な鑑定人のうちでも最大限の多様性を示している。たとえ人類が、単一の種あるいは人種として分類されようと、それとも二つの（ヴィレイ）、三つの（ジャキノット）、四つの（カント）、五つの（ブルーメンバッハ）、六つの（ビュフォン）、七つの（ハンター）、八つの（アガシー）、一一の（ピカリング）、一五の（ボリィ・セント・ヴィンセント）、一六の（デムーラン）、二二の（モートン）、六〇の（クローファード）、そしてバークによって六三の種あるいは人種として分類されようとも、そうなのである。このような鑑定の多様性は、人種がいくつかの種として分類し並べられるべきではないことを証明しているのではなく、それらがそれぞれへと徐々に変化するということ、そしてそれらのあいだに明確に区別できる特徴を発見することがほぼ不可能であることを示しているのである。（Darwin 1871）

ダーウィンの警告にもかかわらず、十九世紀のヨーロッパでは、人種の生物学化がいっせいにおこなわれた。それはダーウィニズム以前と以後の進化の思考にむすびついて、国家のうちに、そして植民地政府の合理性のなかに配置され、十九世紀末期の退化や民族自滅の強迫観念を支えるものとなった（e.g., Mosse 1978）。

それゆえ多くの者たちが、現代の人種と生物学への関心をこうした歴史のうちに位置づけようとしたこと、そして人種化が近代の国家形成にとって中心的なものであり、それは現代の統治のテクノロジーのうちにも残存していると論じることはよく理解できる（Goldberg 2001）。ミシェル・フーコーは間違いなく、人種と生物学とのむすびつきが、現代の生権力の系譜において中心的なものであるととらえていた。一九七六年の講義においてフーコーは、人種科学にかんするヨーロッパの歴史と、その絶頂期が優生学にみいだされることを重要視しているようにおもわれるが、そこで以下のように述べている。「生権力の出現は……人種主義が近代的〈国家〉において行使されるという理由……［人種主義を］〈国家〉のメカニズムのなかに……権力の基礎的なメカニズムとして、近代〈国家〉において行使されることとして書きこむのである……人種主義は、ひとがある人種ないし人口の成員であるかぎりにおいて、ほかの者たちの死がひとを生物学的にいっそう強力にするという原理に訴えることで、生権力の機構のなかで死の機能を正当化する」（Foucault 2002: 254, 258）。これまでみてきたように、人種としての人口集団を、より下層の人種からの侵入によって外側から掘り崩されうるもの、そして退化の過剰な増殖によって内側から劣化させられうるものとする思考が、優生学の戦略を支えていた。このような生物学化された人種主義は、個人の特徴を、全体としての人口の特徴にむすびつけ、人種的な起源によって定義される集団の権利、生殖、数、権力を抑えるか制限しようとしたのである。個人の構成を人口集団の質にむすびつけるこのような人種についての思考は、人口集団の人種的特徴を移民の制限をつうじてコントロールしようとする、二十世紀初期の多くのネーションによってなされた試みを支えていた。このことは、一八七〇年と八〇年の合衆国国勢調査の監督であったフランシス・アマサ・ウォーカーのような者たちによって報告されている。彼は一八九九年に、アメリカ人が南ヨーロッパあるいは西ヨーロッパからの「劣化した」大量の移民——「くたびれた人種のくたびれた人間たち」（ウォーカーについてはRose 1999: 222–224で論じている。Walker and Dewy 1899も参照）——によって荒廃させられる危機にあると警告した。

植民地化も間違いなく、人種の分類と差異化を刺激した。イアン・ハッキングは、〔人種という〕カテゴリーが、とくに主体を特定し数えあげるための国勢調査やそれと類似した公的実践によって制度化される仕方について描きだし、最初のヨーロッパの国勢調査が、一五四八年のスペインによるペルーの国勢調査から、一八七一—七二年のイギリスによるインドの国勢調査にいたるまで、植民地でなされたことを指摘した（Hacking 1990: 17, 2005: 112）。インドの国勢調査は、数多くの、さまざまに重複する分類システムによって、とりわけ宗教、国籍、言語、カーストによって人口集団を数えあげたのである。そのなかには、人種へのでたらめな言及も数多くある。こうして、イギリス領インドの人口集団には以下のような人びとが含まれていると考えられた。

〔イギリス領インドの人口には〕一億四〇〇五万人の、あるいは全体の七三・五パーセントのヒンドゥー教徒（シク教徒を含む）、四〇七五万人の、あるいは全体の二一・五パーセントのマホメット教徒、九二五万人の、あるいは全体のほぼ五パーセントの他の人びとがおり、この他の人びとには、その宗教が国勢調査されておらず正確な記述も与えられていない、仏教徒およびジャイナ教徒、キリスト教徒、ユダヤ教徒、パールシー教徒、ブラフマサマージ派の人びと、高地の人びと（Hill men）が含まれている……イギリス領インドのほぼ全住民が二つの支配的な宗教のどちらかに分類されうるのだが、国籍あるいは言語に従って整理される場合、彼らがよりいっそうおおきな多様性を示すことが明らかになるだろう。ベンガル地方の人口集団だけにも、多くの人種と部族が含まれている。厳密な意味でのベンガルおよび隣接するいくつかの地域にはベンガル人が住みついており、彼らは河川と低湿地の網状地帯に暮らし、水気の多い米を主食にし、弱々しく発育が悪くみえ、しかしかなりの風雨に曝されるのに耐えることができ、臆病で怠惰で、だが頭が切れ、勤勉で、座業を好んでいる。ベンガル語を話す人びとは、約三七〇〇万を数える。臆病で言語と出自の両方で彼らと緊密にむすびついており、いっそう臆病で、保守的で、頑迷で、宗教的権力者の支配下にあるのがオリヤ人あるいはオリッサの人びとであり、彼らは四〇〇万を数える。また、二〇〇万人以下のアッセム人がおり、彼らはベンガル語ときわめて類似した言語を話しているが、インド人と中国人との大規模な混血である。彼らは、自尊心が強く怠けており、アヘンの使用に依存している。ビハールのヒンドゥスタン人は、いっそう屈強で雄々しく、その気候はそれほど気を滅いらせるようなものではなく、より栄養豊かな食事をとっている。彼らの言語はヒンディー語であり、そして彼らは（ベンガルで）約二〇〇〇万を数える。彼らと並んで、ソンサル族、コレ族、ゴンド族、そしてショータナグプールの他の土着の部族、すなわちジュリポゴリの山岳人種、ガロ人の住民、コサイラ族、ジンテア族、高地のナガ族、そしてティペラーやチッタゴンの高地地帯の人びとがいる。（Waterfield 1875: 16）(11)

植民地主義の歴史家たち、とりわけ監獄やマッドハウス〔精神病院やアサイラムが制度化される以前にみられた、私的営利を目的とした寄宿舎〕や病気の統治にかんする歴史家たちは、こうした「区別の実践」が、十九世紀をとおして、さまざまなカテゴリーに配分される人びとにとって適切だと考えられる統治原理や統治テクノロジーをどのように支えてきたのかを示してきた。人びとがさまざまなカテゴリーに配分されたのは、部分的には、彼らが文明化するために必要な自己コントロール、予見、責任といった任務を担う能力のゆえであった（Arnold 2002, 2005, Vaughan 1998）。これらの分類図式は、ヨーロッパの植民地主義者自身のうちでも、「白人であること」の意味から植民地統治者や軍隊員の義務にいたるまで、自己をアイデンティファイする実践を形成したのである（Osborne 1997, Stoler 1995）。こうした実践は、二十世紀まで存続したのだが、それは優生学や国民社会主義などの人種科学を特徴づける分類への異常な執着においてだけではなかったのである。

ボウカーとスターは、一九五〇年以降のアパルトヘイト下の南アフリカにおける人種分類にかんする議論のなかで、以下のように指摘した。すなわち、「人種の分類と再分類は、非道な人種主義のための官僚的土台を与えた」が、しかしまたこの分類のシステムは、「機能しているインフラのなかに包摂される」ようになり、そのことが政治的なカテゴリーを、官僚の日常的な業務や決定によって強化されるような「自然化」へと導いたのであると（Bowker and Star 1999: 195–196）。彼らが指摘するように、このような人種の分類は「人びとを四つの基本的なグループ――ヨーロッパ人、アジア人、混血ないし有色の人びと、「ネイティヴ」ないし「バントゥー人の純血の個人」――に区別しようとし」、この最後の四つめのグループはさらに八つの主要なグループへと下位区別されたのである（Bowker and Star 1999: 197）。一九五一年の国勢調査回答で確認されたこうしたカテゴリーをもともとのモデルとした分類は、法へとコード化され、非白人の南アフリカ人が携帯するように求められていた通行証に書きこまれた。分類は、移動からセクシュアリティにいたるまで、生のあらゆる側面を規制した。しかし、たとえそうであっても、分類が与える結果が容赦のないものであるにもかかわらず、その根拠はつねに不安定であった。ボウカーとスターは、一九六九年に出版された人種分類にかんするある法的研究からつぎのように引用している。「定義に一様性がないということは、まずもって、人種分類には、一様で科学的な根拠がまったくないということに由来している。人間によって考案されたものではない人種分類の科学的システムなど、いまだかつて存在したためしがないので、人種分類にかんするいかなる試みも、そしてそれゆえに人種の定義についてのいかなる試みも、せいぜい近似的に示すことしかできない。結局のところ、議会は定義しえないものを定義しようとしているのである」（Suzman 1960, Bowker and Star 1999: 202–203 に引用）。人種の分類は統治の実践にとって不可欠だったようにみえるが、そうした統治の根拠を科学的な知によって生みだされる客観性と正当性に探し求めようとする人びとにとって、それはつねにとらえどころのないものだったようにみえるのだ。

われわれには、人種の分類が、合衆国で一九六〇年代まで存続した人種差別や、合衆国における現代の人種政治にとって中心的であった事実を想起する必要はほとんどない。ボウカーとスターは、一九九〇年代の合衆国の国勢調査をめぐる論争に簡単に言及しているが、人種は、十九世紀のはじまり以来、合衆国の人口目録にとって中心的なものでありつづけてきた。だから、奴隷を五分の三人の人間とカウントしたことで悪名高い一八四〇年の国勢調査は、自由な黒人のなかでの精神障害者の割合が、奴隷のなかでのそれより一一倍高いことを示すようにみえたため、黒人は本性上、自由にはふさわしくないと論じるためにもちいられたのだった。一八五〇年の国勢調査は、回答者を「色」および「市民状態」によって分類した――すなわち、自由であるか奴隷であるかは問題としなかった――、ムラートのためのカテゴリーを含みもした[12]。一八九〇年の国勢調査は、中国人、日本人、アメリカン・インディアンをカウントし、ムラートをクワドローンとオクトローンへと下位区別し、移民の出身国を特定していたので、変化しつつあったアメリカの人口の人種的構成にかんする高い関心に直接応えるものになった。すでにのべたように、その結果は、フランシス・アマサ・ウォーカーのような人びとによって、当時のアメリカ国民の「人種的バランス」を保持する移民規制について論じるためにもちいられた[13]。

戦後には、人種分類の正しいあり方をめぐって長い議論がなされたが――そのなかで、とりわけ分類の重点は、国勢調査員による身体的特徴や肌の色の観察から、不明確な根拠にもとづく自己同一化へと移動していった――、そののちの一九七七年に、合衆国行政管理予算局（OMB）が、アメリカの人口集団における人種測定のための公式分類基準を確立した。その基準は、一九八〇年の国勢調査ではじめて導入された。それは、(a) アメリカン・インディアン、(b) アジア人および太平洋島民、(c) 非ヒスパニック黒人、

(d) 非ヒスパニック白人、(e) ヒスパニック、というものであった。OMBは、あらゆる部局、委託業者、補助金受給者に、人種についてデータを集める際にこれらのカテゴリーをもちいるよう命令する通達をだしたが、「この分類は、本質的に科学的ないし人類学的なものとして解釈されるべきではない」(OMB 1977, Snipp 2003: 573 に引用) と説明した。これらのカテゴリーは、ただちに政治化された。一九八〇年代と九〇年代をとおして、いくつものグループが、不平等性を明らかにするために、リソースについての議論をするために、自分たち自身に公的承認を与えるために、いくつかのカテゴリーに異議を唱えたり、ほかのカテゴリーを包摂しようとした (Snipp 2003)。ケネス・プレヴィットがのべているように、二十世紀末の数をめぐる政治において、「「測定される」ことは政治的に認知されることであり、認知されることは国民のリソースに対して権利をもつということである……政治的な可視性が、統計的な可視性につづいて出現する」(Prewitt 1987) のである。

すると当然のように、多くの人びとが、とりわけアメリカでは、ダナ・ハラウェィの以下のような考察に共鳴することになるだろう。すなわち、人種とは「[アメリカ] 国民の統治体において——そしてその国民の死すべき身体において——炸裂するトラウマなのである。人種は、自由にそして不平等に、殺戮をおこなうものである。人種は、極度にそして豊富に、特権をもつものである……人種は、不気味な虚構であるとともに逃れることのできない現前であり、私を恐怖させる。そして恐怖を抱くものは私ひとりではない」(Haraway 1995: 321)。ジョルジョ・アガンベンやアントニオ・ネグリのレンズをとおして現代の生政治を理解した者にとっては、ゲノム学における人種への言及の中心に横たわっているのは、人種がもつ否定的で、排除的で、殺人的な次元である (Agamben 1998, Hardt and Negri 2000, 2004)。社会批評のよく知られた比喩をつうじて生権力を理解した者にとっては、社会的決定の否認や、病気の問題の原因と解決を誤って個人化してしまうことが、生物学的説明に頼ることの一切の基盤にあるということになる。たとえば、ゲノム学のうちで、人種によって区別する試みは、構造的な不平等性と人種主義とを支え、覆い隠し、合法化するのに奉仕する世界観を永続化させてしまう。しかし、より最近の批判的分析家は、合衆国においてでさえ以下のことを認めてきた。すなわち、トロイ・ダスターがのべているように、「人種の科学を一掃することは――人種とエスニシティの分類が、日常的に決まりきった収集と分類（腫瘍学から疫学、血液学から社会人類学、遺伝学から社会学まで）に埋めこまれているとしたら――現実的ではないし、可能でもないし、望ましいものでさえない」（Duster 2003: 258）というのである。社会的な関係や、階層化する実践や、自己同一化において組織化する力としての人種は、とりわけ合衆国のような人種的にバラバラな国家組織においては、消滅することなど想定できない。ダスターは以下のように論じている。すなわち、場合によっては少なくとも「われわれは……人種（あるいはエスニシティあるいは宗教）――しかしながらそれは生物学的に離散的あるいは凝集的な分類のシステムとしては欠陥のあるものだが――と、人体の生物学的機能へのフィードバック・ループとの相互関係の役割については……体系的に調査しなければならないし、そしてついで、医学的実践との関係からも調査しなければならない……人種概念にかんして問題を孕んだままのもの――社会政治学的な過程と、科学的知の要求や生物医学的実践との複雑な相互関係――を理解することは、われわれの生をかたちづくっている自然的‐文化的な諸関係を明確に理解することにとっても根本的なのである」（Duster 2003: 272–73）[14]。

人種は、恣意的な分類でかたちづくられており、政治的に輪郭づけられたり輪郭づけなおされたりしたものとして構築されるかもしれないし、歴史的にそして状況的に変化するものかもしれないし、それ以上のものであるかもしれない。だがそのことは、あまり厳密ではないが、われわれが生きるほかの多くのカテゴリー――劣らず現実的なものであるカテゴリー――にもあてはまる。われわれの生のかたち、他者を統治する方法、自分自身に関係し自分自身を統治する方法を形成している分類図式の本質は、不可避的にこのようなものなのである。[15] これらの問題を明確にするためには、ここで歴史というよりも系譜へと向かっていく必要がある。われわれは、現代の人種、ゲノム学、医学のすべてについて、その本質を何らかの起源や単一の発展上にみいだそうとして、単線的な歴史のうちに位置づけるべきではない。そうではなく、人種やゲノム学をめぐる現在の議論を、二十一世紀の変容する生政治のうちに、厳密に位置づける必要があるのである。これは、個人の生を促進するという原理のまわりで組織化される生政治であって、人口集団の質を脅かすものを排除するという原理のまわりで組織される生政治なのではない。それは、主権国家の合図のもとで機能する生政治なのではない。それは、不平等を正当化しようとするものではなく、その結果に介入しようとする生政治なのである。決定的にいえば、それは、生物学的なものへの言及が、はっきりした運命論ではなく、現代の生物医学を特徴づける希望の経済の一部であるような、そうした生政治なのである。すなわち、人種、医学、ゲノム学のむすびつきは、例外ではなく、おそらく今日の生そのものの政治の不可欠な部分なのである。

差異のゲノム学

第二次世界大戦後、人種の区別の科学的根拠を論じることは、公的には評判の悪いことであった。たとえば、一九六三年までに、「あらゆる人種差別の撤廃にかんする国際連合宣言」は、その前提のひとつとして、「人種の差異についてのいかなる教義も……科学的に誤りであり、道徳的に非難すべきであり、社会的に不正義であり危険である……」[16]と主張した。もちろん、人種主義的な実践はつづいていたし、人種は、社会経済的カテゴリーや、差別のしるしや、同一化のひとつの様態として、きわめて顕著なままに存続した。これがほかのどこよりも目立ったのは、合衆国のアイデンティティ・ポリティクスにおいてである。だが、一九六〇年代と七〇年代にわたって、アフリカ系アメリカ人が彼らの「ルーツ」をアフリカへと辿ろうとした際、彼らがこうした系譜を生物学的基質に関係づけることはめったになかった。

ラディカルな批判の執拗な介入のおかげで、人口集団のなかでの区別にかんする生物学的理解と、そうした理解がそなえている社会政治的な含意とのむすびつきは、部分的には破壊されたようにみえた。それでも、多くの生物学者や生物医学研究者は、遺伝子的な差異がみられると信じていた。とりわけ彼らが、さまざまな地域における特定の疾病の有病率のヴァリエーションや、さまざまな国民人口における薬品の効能について考える場面ではそうであった。しかしこうした説明が、公によい評判をもつことはめったになかった。こうした説明がより定着したのは、人間の質と人種的に差別化された生物学とのあいだに、政治的に重要な相関関係が存在すると主張する、ごくわずかな個人や集団においてであった——しかし、ジェンセンやショクリー等の者たちは、周辺に追いやられ、中傷され、しばしば悪い評判を与えられた（この論争についてのいくつかの例としては、Jensen and Miele 2002, Kamin 1974, Lewontin et al. 1984, Shockley and Pearson 1992を参照のこと）。

ある一点では、ゲノム学そのものが生物学的人種主義の終焉をしるしづけるようにみえた。人間が、その細胞に含まれる染色体の九八パーセントをチンパンジーと共有していただけでなく、ＤＮＡ配列における集団内のヴァリエーションが、集団間のヴァリエーションよりもおおきかったのである。すなわち、人種によって定義される人口集団が遺伝子的に同質であり、遺伝子的に相互に区別されるという思考は、擁護不可能であるようにみえたのである（Marks 2002）[17]。しかしながら、人口の差異についての新たな分子的思考が、ゲノムの思考から急速に姿を現すことになった。ヒューマン・ゲノム・プロジェクトの開始以来、人口遺伝学者たちは多様性に注目する方向に論を展開したのである。ヒューマン・ゲノム・プロジェクトの最初の提案者であるL・ルカ・カヴァッリ＝スフォルツァが論じるには、そのプロジェクトは「人類内のゲノムの多様性の全範囲を探究する」であろうし、「人間の遺伝学にかんする広くいきわたっている懸念や無知と闘うのを手助けし……人種主義を除去するのにおおきな貢献をなす[18]」だろうと期待されていた。このプロジェクトに対しては多くの批判があったが、一九九一年までにそれは、HUGO（ヒトゲノム解析機構）によって「採用」されたのである。HUGOは、このプロジェクトがそなえている技術的・組織的な側面を発展させ、その社会的・倫理的な含意について考え、予備的研究をおこなうワークショップを立ち上げるために、一二〇万ドルを提供した（M'charek 2005, Reardon 2001, 2005）。

ヒトゲノムの塩基配列が、ヒューマン・ゲノム・プロジェクトそのもののうちでマッピングされるにつれて、分子レヴェルでのヴァリエーションが出現し、それがゲノムの差異という問題に新たな重要性を与えるようになった。ゲノムのマッピングは、ランダムに選ばれた二人の個人のDNA配列を組織している一三億の塩基対は九九・一パーセント同一であるが、たとえばひとつのTがひとつのSと変換されるような一塩基多型（SNP）レヴェルでは、多くのヴァリエーションがあることを明らかにした。平均して、二人の個人のあいだでは、一〇〇〇記号中一記号が異なると主張された――これは、二人の個人の間で、総計で何百万単位ものヴァリエーションがあるということである（その数値の見積もりは六〇〇万から一五〇〇万にわたる）。さらに、個人間のこうした一塩基多型の差異は、とりわけ特定の病気に対する感受性と、特定の薬品による治療可能性とのあいだの関係において、きわめて重要であることがわかってきた。

もっとも重要なのは、これらの差異が人口によって異なる頻度で発生し、長いあいだ認知されていた病気への感受性の差異を解き明かす鍵を握っているかもしれないようにみえたことである。

さらに、同一の染色体における互いに近い一連の一塩基多型は、ハプロタイプと呼ばれるブロックにおいて遺伝的に継承され、それらはSNPというタグによって特定されうると考えられた。こうした手法は「ハップマッピング」と呼ばれ、病気と関係するSNPを特定するための、より経済的な手法を示すようにみえた。一九九九年、英国に基盤をおいた慈善団体であるウェルカム財団は、一〇の製薬会社の共同事業体を公表した。その共同事業体の目的は、三〇万の共通のDNA配列のヴァリエーションを発見し、マッピングすることである。また、NIHとウェルカム財団は、日本と中国の研究所とともに、国際的なハップマップ・プロジェクトを協働しておこない、ナイジェリア、日本、中国、合衆国で、血液サンプルからDNAを収集した（合衆国にかんしては、北ヨーロッパおよび西ヨーロッパに祖先をもつ住民からおこなった）。このプロジェクトにははじめから生命倫理部門があった——それが国際ハップマップELSIグループである。[19] このELSIグループは、どのようにサンプルをとるか、どのグループを含めるか、それらをどのように名づけるかといった決定に関与した。その結論は、サンプルは匿名とするが、サンプルが収集された人口集団によって同定されるというものであった。プロジェクトは、そのアプローチを以下のように描いた。

国際ハップマップ・プロジェクトは、五つの国——カナダ、中国、日本、合衆国、英国——の公的および私的な機関の共同事業体によって実施される……そのマップは、地理的に区別される人口の何百もの人びとからえられたDNAサンプルにもとづくだろう。たとえば、ナイジェリア人、ヨルバ人、漢民族、日本人、ヨーロッパ起源の合衆国住民、といった人口集団である。これらの人口集団は、それらが多様な歴史をもつという理由によって選ばれてきており、そのことはハプロタイプの頻度や構造における差異に帰結するかもしれない。またこれらの人口集団は、さまざまなエスニシティ的ないし人種的な集団の代表となるよう意図されている[20]。

それは、人種ないしエスニシティというよりも、むしろ人口集団を強調し、そして比較基準となる集団を、区別される人種の特徴としてではなく、人口集団の健康に、そのすべてであるいはいくらかのゲノムの多様性のなかで影響を与える要因を特定するためのひとつの手段として正当化したのである。人口〔集団〕の名づけ――ヨルバ、漢、日本といった――は、多様性を指標化するための、そして、近年にあまり人種混合がおこっていない地理的に分離され相対的に安定した人口集団から選びだすための、たんなる手段として表現されたのである。ハップマップをなす者は、「特定の人口集団中にみられる、多数者に共通したヴァリアントが、その人口集団全体を特徴づけるために誤ってもちいられてしまう……危険性」に注意した。彼らは、そのような危険に対抗するための公的な教育を提案している[21]。しかし、もちろん、ある一連のサンプルが「日本人」のものであると知ることが、日本を出自とする人びとの病気の頻度や薬品の効能にかんする研究を進展させるために、そのデータをもちいる可能性を開くのは当然である。ハップマップに配属された生命倫理学者たちは、おそらく驚くべきではないのかもしれないが、従来の生命倫理的な関心に焦点をあてることになった。つまり、そうした人口集団に一塩基多型レヴェルでの医学的に有意な差異をマッピングすることが、差別や社会的なスティグマを増強する結果を招くことをおおいに心配しているのである。彼らは、薬品の開発、さまざまな地域における健康政策、集団やコミュニティによって異なった日々の臨床実践、これらのための商業的な投資の結果にかんしては心配していなかったようである。

多くの者が、ハップマップ・プロジェクトの価値と、病気のゲノム学的根拠をつきとめようとするその戦略に対して異議を唱えた。しかしながら、病気と治療可能性に関係している一塩基多型のヴァリエーションについての研究の重要性は、いっそう明確に口にされるようになってきている。ヒトゲノムの最初のマップが公表され、想定されていた一〇万の遺伝子よりもはるかに少ない約三万のコード配列しか存在せず、その配列のうちに差異のゲノム学が位置づけられなければならないことが理解されたのである。[22] いまや、このような比較的少数のコード配列内での一塩基多型レヴェルでのヴァリエーションや、そのようなヴァリエーションの機能的な特性、そして集団によって異なっていく機能的に重要なヴァリエーションの確率が焦点化されるようになったのである。

医学的に重要な一塩基多型のヴァリエーションの研究をつき動かすひとつの鍵は、製薬会社や生物医学産業の野心に由来する。そのような会社や産業は、診断や薬品開発やマーケティングのためのゲノム学的な戦略の機会を探っていた。彼らが望んでいたのは、一般的な複合疾患への感受性の根拠が、このような一塩基多型のレヴェルに位置づけられうるということ、そして多くのさまざまな座からの相互作用の影響が少なく、特定の状態において発現するということである。セレラ・ダイアグノスティックス社やジェネッサンス社といったバイオテクノロジー企業は、診断やゲノムに依拠した薬品開発のためのゲノム学的な戦略を展開する試みに重点的に投資した。彼らの宣伝は、治療上の利点や、医学的に適切なゲノムの差異をターゲットとする試験や薬品がもつ商業的な将来性を強調した。複合疾患の場合、多くの調査が、特定の状態がおおきな有病率を示す「安定した」人口集団へのゲノム学的な研究をおこなった。たとえば、ゲノム学的な感受性の研究において、多くの西洋の生物医学研究者たちが中国へおもむき、特定の病気の高い発病率をもつ孤立した人口集団の遺伝子型を特定しようとした。一九九六年、パリに拠点をおくジェンセット社は、二五の研究機関と中国のすべての病院を運営するチャイニーズ・アカデミー・オブ・メディカル・サイエンスと、同意書にサインを交わした。ジェンセット社は、フランスの貿易会社タン・フレール・インターナショナル社と共同し、病気を調査分析しDNAを収集するための研究者を雇用しようとした。ある説明によると、以下のようにのべられている。

中国は遺伝学者にとって興味深い。というのも、その地方の人口集団は数世紀にわたって変化がなく、そのことが各々の人口集団を、遺伝子や病気のパターンにおいて異なるものにさせたからである。それは、ある病気が高頻度でみられる地域で異常に多い特定の欠陥遺伝子まで、病気の原因を辿ることを容易にする。「あなたは、地域的でローカルな人口集団を、ほとんどひとつの家族のように扱うことができる」と、「ジェンセット社の社長であるパスカル・」ブランディスは説明している。これに加えて、中国の人口集団に影響を与える病気は、西洋において高頻度でみられる病気とは異なっている。このことは、食道がんなどの、新しくて比較的まれな（?）病気を研究する機会をもたらした。食道がんは、中国では西洋におけるよりもはるかに一般的なのである。(23)

しかし、商業的な目論見だけが、特定の人口集団における重要な病気感受性に関係するゲノムの差異の研究をつき動かす唯一の要因なのではなかった。そのような人口集団のための臨床的な実践に関心のある医学的遺伝学者たちはまた、遺伝情報が重要だと考えてもいた。(24)あとで検討するように、患者や支援団体が、その家族やコミュニティが苦しんでいる病気についてのゲノム学的な根拠を特定しうる研究を要求したり、効果的なスクリーニング・テストや治療の開発を要求したりすることも、おおきな影響を与えていたのである。これらのさまざまな影響は、遺伝学と人口集団とのむすびつきがもつ社会的な重要性という論点を具現化している。それは数多くの社会科学者たちが批判するものとは、まったく別のものである。すなわち、病気の生物学的基質を発見することは、健康の名において効果的な介入をおこなう可能性を増すという信念なのである。人口の差異についての新たなゲノム学的考え方が姿を現したのは、こうした確率、予測、予防的介入という領域においてであった。

健康研究におけるエスニシティのカテゴリー

遺伝学の外側では、長いあいだ、健康サービスや医学的研究において人種的およびエスニシティ的なカテゴリー化への批判がなされていた。批判者たちの議論によれば、そのような研究でもちいられるカテゴリーは、集団のうちでの同質性を強調しすぎ、誤解を招くような集団間のコントラストを生みだし、個人が必要なときに自分自身をそうした集団に帰属させる仕方が複雑であるのを解さず、研究者や臨床家による、単純で、整合性に欠けた、誤解を招くカテゴリーへの割りあてを許容し、エスニシティや階級や貧困やライフスタイルの関連づけの混乱を招き、国籍や肌の色や系統や祖先や出自や自己規定などにさまざまな仕方でもとづいている区分を混同させ、一貫した概念的なグループ化をも欠いた比較しがたい差異の次元をとらえそこなわせてしまうのであると（Bhopal 2002, Bhopal and Donaldson 1998b, Bhopal and Rankin 1999, Bradby 1995, 1996, 2003, Dyson 1998, Fullilove 1998, Nazroo 1998, 2003）。合衆国のように、公式データが詳細に調査されていた場所では、研究者たちは人種的およびエスニシティ的な分類にみられるおおきな非整合性を確認した（Hahn 1992, Hahn et al. 1992）。たいていの場合、イギリスでの二〇〇五年の分類のように、「マイノリティのエスニック・コミュニティ」とされるものの分類が問題になった。その一方で、「白人」および「コーカサス人」といったカテゴリー化には特殊性はないと指摘しつつ、ここでもまた、国際的な研究コミュニティのあいだにはそうしたカテゴリーの意味や使用にかんする共通理解がないことを主張する者もいた（Bhopal and Donaldson 1998a）。生物医学の出版物で、そうしたカテゴリーのためのガイドライン作成を提案する者もいた（Kaplan and Bennett 2003）。人種ないしエスニシティからの分類にかんするいかなる試みも、はっきり区別された人種集団が実在するという誤った観念を強化するものであり、政治的・社会的・文化的な歴史や、生物医学研究の外側と内側双方での分類図式の可変性を無視するものであり、健康、病気、治療の結果の差異の理解や改善に貢献することはないと断じる者もいた。

それゆえ、病気への感受性あるいは治療可能性を、人種ないしエスニシティにむすびつける分類のかたちについて、ゲノム医学研究に関与した多くの者たち、とくに合衆国とイギリスの者たちが不安を覚えたことは当然でもある。多くの者たちが以下の点で、社会的な科学批判者たちに同意した。すなわち、人種とは生物学的には意味のない文化的な構築物であるという点、グループ内の差異がグループ間の差異を上回っているという点、人種ないしエスニシティ集団間の遺伝子的な差異は、たんに肌の色素沈着や顔つきの差異に関係しているにすぎないという点、人種ベースの医学的研究と発展は、人種主義を支持しかねないという点について同意したのである（e.g. Cooper 2001, Schwartz 2001b）。エスニシティ的ないし人種的なカテゴリーの使用には整合性がなく、研究者たち自身もそれらの適用にあたって混乱していると論じる者もいた。[25] さらに批判者たちは、そのような分類の使用によって、遺伝子と遺伝子の相互作用や、遺伝子と環境の相互作用を軽視することになり、ゲノム学的な知に過剰なまでの病因学的な意義を与え、セラピーがもたらす潜在的な利益を過大視させると論じた（Ellison and Ress Jones 2002）。二〇〇二年、ゲノム学と世界の健康（Genomics and World Health）にかんするＷＨＯのある報告書は、最貧国の健康向上にとってゲノム学がもつポテンシャルを強調しながらも、「人類の個体的な特有性や多様性について知れば知るほど、「人種」という概念に何らかの意味があるとはおもえなくなる」（World Health Organization 2002: 70）と断じた。しかしそうした批判にもかかわらず、主要なゲノム学専門誌の論文をサーヴェイすることで、遺伝学的研究において人種やエスニシティの使用は増加しつつあると指摘されたのである（Ellison and Rees Jones 2002）。二十一世紀のはじめの生物医学的ゲノム学にとっては、人種ないしエスニシティによる人口集団分類は、逃れがたく、とらえどころがなく、錯綜したものであるようにみえる。

一九七七年の合衆国では、先にとりあげたＯＭＢの通達の結果、連邦政府資金による生物医学的研究には、人口の多様性を考慮にいれることが求められるようになった。このとき以来、合衆国の人口集団のあらゆるセクションにおいて研究を奨励し、公正さをモニタリングするため、ＮＩＨは臨床試験の参加者を人種的に特定することを求めた[26]。研究者たちは、「連邦のほかのデータベース、とくに国勢調査や国立の健康データベースとの比較を可能にするために」、合衆国国勢調査におけるエスニシティと人種の標準的な定義をもちいらなければならなかった。二〇〇〇年の合衆国国勢調査は、一九六〇年以降の先行する国勢調査と同様に、データ収集にあたって固有の定義をもちいていたが、いまやそこではヒスパニックというカテゴリーは分離され、ひとつの人種としてではなくエスニシティとしてあつかわれている。加えて、それは個人にひとつ以上の人種カテゴリーを選ぶ選択肢を与えることで、「混血性（mixed-ness）」の問題に対処した。その図式は、下の四角い欄によって説明されている。

エスニック・カテゴリー

ヒスパニックあるいはラテン系　人種にかかわらず、キューバ系、メキシコ系、プエルトリコ系、南アメリカないし中央アメリカ系の、あるいはほかのスペイン文化ないしスペイン起源をもつ者。「ヒスパニックあるいはラテン系」に加えて、「スペイン起源」という言葉をもちいることもできる。

非ヒスパニックあるいは非ラテン系

人種カテゴリー

アメリカ先住民あるいは**アラスカ原住民**　北米、中央アメリカ、南アメリカにもともと住んでいた民族に起源をもつ者、そして部族への所属かコミュニティへのむすびつきを維持している者。

アジア系　たとえばカンボジア、中国、インド、日本、韓国、マレーシア、パキスタン、フィリピン、タイ、ベトナムを含む、極東、南アジア、インド亜大陸にもともと住んでいた民族に起源をもつ者。（注：以前のデータ収集戦略においては、フィリピン出身の諸個人は、太平洋島民として記録されてきた。）

黒人あるいはアフリカ系アメリカン人　アフリカの黒人人種集団に起源をもつ者。「黒人あるいはアフリカ系アメリカ人」に加えて、「ハイチ系」あるいは「ニグロ」などという言葉をもちいることもできる。

ハワイ原住民あるいは他の太平洋島民　ハワイ、グアム、サモア、あるいはほかの太平諸島にもともと住んでいた民族に起源をもつ者。

白人　ヨーロッパ、中東、あるいは北アフリカにもともと住んでいた民族に起源をもつ者。

これらのカテゴリーにかんする二〇〇〇年の合衆国国勢調査局の声明は、一九七七年のそれと同様に、以下のように注意深く記述された。「これらのカテゴリーが表しているのは、この国の主要な人口集団の人種とエスニシティにかんするデータを収集するために企図されたひとつの社会的・政治的な構築物であり、これらのカテゴリーに人類学的あるいは科学的な根拠はない」[27]。それにもかかわらず、合衆国の外の多くの者たちは、この分類システムの整合性に疑問を感じるだろう――そんなことを考えるのはまったくもって困難だと[28]。そして批判的な精神をもつ者たちは、間違いなく、「もともと住んでいた民族」などといったものへの遡行的な言及に、そしてそれがもっている十八・十九世紀的な人種分類の響きに驚くだろう。これらのカテゴリーには、人類学的あるいは科学的な根拠が一切ないと認められているにもかかわらず、科学の歴史は、たんなるツールとしてつくられた装置がいかに頻繁に即座に理論化されるのかを示している（Gigerenzer 1991）。そして、イアン・ハッキングが科学の歴史の別の領域において示したように、仮説的な存在者は、何か別のものを調査するためにもちいられるときに、実在化されてしまう傾向をもつ（Hacking 1983）。すると国勢調査でのこれらのカテゴリーは、不可避的に、たんにサンプル選択とデータ収集のためのテクノロジーだけでなく、そのテクノロジーをもちいて差異を分析したり調査したりする科学的真理の形成を組織するようになる。その偶然的な性格が認識されるのとまさに同時に、人口集団の差異化がマッピングされ、名づけられ、道具化されるのである。ここでは、ほかの場合と同様に、恣意的で偶然的かもしれない分類――「政治的な構築物」――が、その分類を調査と分析のテクノロジーのうちでもちいられるまさにその過程において、実在的なものにされてしまうのだ。

生社会性

これまでに、人種、ゲノム学、健康についての研究をつき動かすひとつの要因が、患者と支援団体から——すなわち、二十一世紀のゲノム学的医学で重要な役割を担っている、活動的な生物学的市民のさまざまな生社会的コミュニティから——やってくることを指摘しておいた（Rabinow 1996a）。これらの生社会的コミュニティは、より古い集団性のひとつの現代的なかたちである。古い集団性は、その成員によって定義されるか、人種や家族や集団的な遺伝的リネージのような生物学性によって、あるいは、特定の病気をもつ人びとへのケアを長期におよんで改善してきたさまざまな集団におけるように、苦しみを共有することで定義されてきた。現代の「生社会性」も同様に、病気の遺伝の共有をめぐって形成される。現代の生社会性は、多くの場合、治癒の希望によってつき動かされている、自己規定を有したアクティヴィストのコミュニティである。すなわち、生社会性は、ある共有されたアイデンティティの指標にさまざまな仕方で参与する人びとによって、そして、たとえばそれらの病気のゲノム学的根拠を明らかにするかもしれない生物医学的研究のリソースを要求するキャンペーンを勢力的におこなう人びとによって形成されているのである。これらは、イベントや会合を開く現実的な集団であったり、あるいは、より分散した同一化のコミュニティ、電子メールやインターネットでむすびつけられた潜在的なネットワークであったりもする[29]。そして多くの場合、人種あるいはエスニシティが、生社会性のそうしたかたちの中心をなしている。

もっとも顕著な例はハワード大学であり、これについてはすでに言及した。そのウェブサイトによれば、ハワード大学は「包括的で、研究指向をもった、歴史的に黒人のための私立大学であり、高度な学術的ポテンシャルをもつ学生に対して異例ともいえる教育体験を提供し、有望な黒人学生たちに教育機会を与えることをとりわけ重視している」[30]。二〇〇三年五月、ハワード大学は、アフリカン・ディアスポラにおけるゲノム学的研究（GRAD）のためのバイオバンク・プロジェクトのなかで、ある商業企業、すなわちファースト・ジェネティック・トラスト社と提携したことを公表した[31]。「GRADのためのバイオバンクは、二万五〇〇〇人もの個人の遺伝学的情報にかんする高度にセキュリティ化された包括的データベースとなるだろう。そのデータベースには、アフリカ出自の者のさまざまな病気のリスク査定や病気の進行や薬の反応にかんする説明的なゲノム学的・臨床的研究をなすために、個人の医学的な文脈、環境的な文脈、ライフスタイルの文脈、社会的な文脈について、注意深い注釈がなされる」。「各人口集団は、DNAの多形的マーカーにおけるヴァリエーションのパターンが異なり……DNAの多形的マーカーにおける人口集団のヴァリエーションは、病気への感受性や病気の進行や治療上の反応と相関する」という仮説にもとづけば、その目標は以下のものになる。すなわち、「アフリカ出自の者のさまざまな病気のリスクや病気の進行や薬の反応についての遺伝学的・生物医学的・環境的な根拠をよりよく理解するためのリソースを、生物医学研究のコミュニティに提供すること」、そして「ハワード大学が推進する生物医学研究のコミュニティのために、芸術療法へのアクセスを提供し、福祉や生活の質を改善する」ことである。ここでの鍵は、人種ではなく、むしろ、あるコミュニティには、ゲノム学的な根拠があるかもしれないそのコミュニティに特有の健康のニーズがあり、そしてそれらに固有の健康のニーズがみたされるべきであるならば、そのようなゲノム学的な根拠についての研究は不可欠になるという発想にある。

人種ないしエスニシティによって定義される「生社会的」コミュニティがもつ特定の病気のためにDNA配列を活用したいと考えているのは、ハワード大学だけではない。たとえば、合衆国のいくつかの組織は、「ユダヤ遺伝病」——とりわけ、シナイ山病院ユダヤ遺伝病センターや、ユダヤ遺伝障害シカゴ・センターにおいて――を研究している。カナヴァン財団は、「東ヨーロッパ出自のユダヤ人の九人に一人が、九大ユダヤ遺伝病のひとつを保因しており、そのなかにはテイ゠サックス病やカナヴァン病のように致命的なものもあるが、それらは〈予防することができる〉」と助言した。(32) 推奨されている予防法は、将来の両親や将来の結婚相手がこの障害を保因しているかどうかを知るために、彼らのスクリーニングをなすことである。少なくとも、合衆国のある一人のラビは、花嫁と花婿が検査をしたことがない場合、結婚式で司式するのを断っている。ドール・イェショーリーム（Dor Yeshorim）という組織は、個人に、五つの「ユダヤ遺伝病」にかんする保因状態を知るための遺伝子テストを提供している。ドール・イェショーリーム（この名前は「正しきものの世代」を意味する）は、正統派ユダヤ教徒にもちいられている国際的な遺伝子スクリーニング・システムである。そのプログラムは、テイ゠サックス病で四人の子どもを失ったラビのヨーゼフ・エクスタインによって、一九八五年に設計された。エクスタインは、ハラハー法規（ユダヤ法）に抵触しないものも、それに抵触するものもすべて含めた、あらゆる利用可能な選択肢をみいだした。彼の解決は、その遺伝子を、ユダヤの人口集団から完全に除去することであった。このプログラムに参加する正統派ユダヤ教徒の高校生は、以下の五つの障害の保因状態を知るために、採血をして血液を分析してもらう。五つの障害とは、テイ゠サックス病、嚢胞性繊維症、カナヴァン病、ファンコーニ貧血、家族性自律神経障害である。個人は、自分たちの保因状態にかんする直接的な結果をうけとるのではなく、六桁の識別番号を与えられる。彼らは、自分たちが保因者であるかどうかについて直接的に知らされることはない。それはスティグマ化ないし差別のいかなる可能性をも避けるためであり、また、もしそうした情報が公開されれば、保因者はコミュニティの内部で結婚することができなくなることがありうるからである。その代わりに、婚約ないし結婚を考えているカップルはホットラインに電話をかけることができる。

たとえば、もし両者ともに保因者であれば、彼らは「相性が悪い」とされる。批判者たちは、これが優生学プログラムと同然であると論じ、ユダヤの組織が「新たな優生学」の最前線にいるという皮肉をのべるが、それはもっともなことである。

合衆国の外では、特定の人口集団に深く浸透している「遺伝病」の発症率を減らそうとするプログラムが数多く存在する。中国では、二〇〇〇年まで、ある明白に優生学的な人口政策が、遺伝性の病気をもった人びとを生殖させないための法のもとで、精神的な障害をとりわけ重要視しつつ、正式なものとして実行されていた(33)。しかしながら、ほとんどの国では、そうしたプログラムは優生学的な根拠にもとづいてではなく、すなわち人口集団の質からではなく、身体に深刻な障害をうける病気を減らしたり除去したりするために試みられた。たとえばキプロスでは、全国規模での検査という体系的なプログラムが、嚢胞性繊維症を特定し除去するために、そしてここでもまた結婚カウンセリングの手段として、住民、教会、国家の同意のもとに着手されてきた(34)。こうした事例は、以下のことを示唆している。すなわち、人種ないしエスニシティのカテゴリーのなかで、ゲノム学的な知の枠組みをつくることがもつ生権力的な含意は、バイオテクノロジーそのものに本来かかわっているのではなく、ナショナルな文化や政治に由来するということである。そして、西洋の先進自由主義的社会では、エスニシティと医学とのむすびつきのなかで形成されている集団化のかたちは、人種科学のそれではなく、生社会性および活動的な生物学的シチズンシップのそれであると提案したい(35)。

ゲノム学的なアイデンティティとエスニシティ

人種とエスニシティは、長いあいだ自己同一化の実践の中心をなしており、リネージ、〔遺伝学的〕構成、血、生物学にむすびつけられてきた。それゆえ人種とエスニシティは、ゲノム学の発展をつうじた変化に従っている。多くの社会科学者たちは、そのような変化を深く疑っており、それを「アイデンティティの遺伝学化」のさらに有害な事例とみなしている。「遺伝学的なレッテルを貼られた個人は、彼あるいは彼女が病気になる文脈から孤立させられてしまいかねない……社会ではなく個人のほうが変わる必要があるかのようにみられてしまう。社会的な問題が誤って個人の病状になってしまう」(Lippman 1992: 1472–73)。人種とエスニシティという文脈のなかで、批判者たちは、このことが生物学的に固定された前社会的な人種的アイデンティティや人種的差異に対する偏見の復活につながると示唆している。ロバート・シンプソンは以下のようにのべているが、多くの者がそれに同意するだろう。「そのような発想は……選別と排除のソフトな実践を招き寄せるのであって、二十世紀にきわめてひどい傷跡を残し、二十一世紀にも傷跡を残すかもしれない、厳しい優生学の道を整備しかねないのである」(Simpson 2000: 6)。しかし、ひとが自分自身のアイデンティティについて抱く感覚は、細胞組織や血液やDNAといったさまざまな身体部位に対して、錯綜し変化しやすい関係をそなえている(これを明示する議論として、Høyer 2002 を参照のこと)。そして、少なくとも先進自由民主主義諸国において、アイデンティティの生政治は、かつて優生学を特徴づけた生政治とはまったく別のものである。ゲノム学の時代における人間性の書き換えは、個人とその家族にとっての新たな「生の戦略」の転回にむすびついており、その戦略は、人間の遺伝学的な構成との関係においてなされる、選択、企て、自己実現、分別を含んでいる。そして、これら個人化の遺伝学的な実践は、個人が、人種によって描かれる義務と自己同一化のコミュニティに自分自身を位置づける新たな仕方を与えるのである。

二〇〇三年、イギリスでは、BBCが『祖国――遺伝子の旅』というタイトルのドキュメンタリーを放映した。番組制作者たちは、イギリスのアフリカ系カリブ人コミュニティの個人からえたDNAサンプルのゲノム学的分析に着手した。その研究によって、〔そのコミュニティの〕二五パーセント以上がヨーロッパ起源の男性の血筋をうけつぐY染色体をもっていることが示された。それゆえに、いかなる個人の祖先でも平均でその一三パーセントがヨーロッパ人であったことが示されるという主張がなされた[36]。その研究ではまた、女性の血筋で受け継がれているミトコンドリアDNAの配列を分析するために、ハワード大学のデータベースがもちいられた。その研究は、黒人イギリス人たちの祖先が拉致されてきた場所を特定するため、それらのミトコンドリアDNAのマーカーを、アフリカの多数の村の個人からハワード大学が収集したものと比較した。このプロジェクトは特別のものではなく、起源を辿るための指標としてミトコンドリアないしY染色体の配列をもちいる、遺伝学的系譜分野の成長産業からその発想をえたものである。イギリスでは、そのような仕事に着手するために、オックスフォード・アンセスターズが二〇〇一年に設立された[37]。彼らはそれにつづく二年だけで、最初に父方の祖先を、そしてついで母方の祖先を辿りたがっている人びとのために、一万件を超える分析をおこなった。彼らは、「われわれはみな人間であり、われわれはそれを証明できる！」と断言し、DNA配列と人種ないしエスニシティとのあいだにはいかなるつながりもないとしながらも、コミュニティの人びとのマーカーをまさに「ヨーロッパ人」や「ネイティヴ・アメリカン」などといった点から分類しているのである[38]。

合衆国では、リレイティヴ・ジェネティクス™やファミリー・ジェネティクス™といった会社が、アイデンティティの探求にかんして急速に展開している商品化と遺伝学化の一部を占めている。そのようなアイデンティティの探求においては、「テクノサイエンスのグローバル化したレトリックが、個人の系譜やアイデンティティや家族との関係性といった内密な事柄と出会う」(Nash 2004: 2) とのべられる。キャサリン・ナッシュが示したように、祖先とアイデンティティをめぐる通俗的なモデルと科学的なモデルとのむすびつきのなかで「遺伝子的な親族関係」が生みだされるのだが、これは、ハプロタイプの跡を、姓や家系図のように自国や外国の特定の場所へと辿ることによって、不可避的に人種化されることになる。もちろん、真のアイデンティティを決定するためにDNA配列の特定の諸要素を選別する場面では、多くの選択肢がある——女性の血筋を辿るためのミトコンドリアDNA配列や、男性の祖先を辿るY染色体のマーカー等がそれにあたるだろう。そして、ゲノム学的なアイデンティティは、排除をもちいてアイデンティファイすることで、そしてほかの方法でアイデンティファイされた集団的アイデンティティを分裂させることで、アイデンティファイするまさにその瞬間に〔アイデンティティを〕断片化する。出自を辿ることによって、遺伝学的に純粋な白人イギリス人種などというものが存在すると主張することもできるし、あるいは、奴隷と奴隷所有者との交雑や、白人イギリス人家族の黒人の祖先や、アフリカにすべての人間の共通の祖先が存在するということを証明しようとしたりできるのである。すなわち、人種とゲノム学との交雑は、それがなされる社会的関係や文化的価値や政治的言説に依存するのである。ナッシュが論じているように、「純粋かつ別々の「人種」という神話が遺伝学的研究によって一掃されることを繰り返し論じる自称反人種主義的でリベラルな科学者たちは、新たに構築されている遺伝学的な親族関係がもつ含意をあまり認めたがらないようにみえる。その含意とは、遺伝学的な親族関係が現在の社会的関係にとっても つ含意、あるいは、人間であること、ネーションであること、文化的所属、アイデンティティ、コミュニティといったさまざまな観念に遺伝学がどのように関与しているのかを理解する際に遺伝学的な親族関係がもつ含意である」(Nash 2004: 15)[39]。

先進自由民主主義諸国では、一方ではソーマの支えと、他方では献身的なコミュニティの支えという二つの支えをとおして「本当の自己」のアイデンティティを発見する探究がなされているが、それは何も人種にだけ特有のものではない。このことは、コミュニティの「自然な」絆に同一化することが、領土化されたポリスのうちで社会的市民の諸々の権利と義務を主張することにとって代わってきている社会政治的な文脈のなかで、個人性についてのソーマ的な思考が前景化してきているというより広い移行の一側面にすぎないのである。こうした展開は、それゆえ二十世紀の人種ベースの思考とはさほど類似してはいない。しかしこうした展開は、ほかの場所で記録されてきた生物学的シチズンシップのより一般的なかたちと、数多くの共通点をもってもいる[40]。しかしこれらの問題は、社会的および文化的な文脈が異なれば、そのかたちもかなり異なってくるのである。

ここではとりわけ、個人のアイデンティティ——そしてしばしば土地やそのほかの利益に対する個人の権利——が、ある集団の成員であることに強力にむすびついているのであって、そこではゲノム学的なエビデンスが、特定のコミュニティのあいだの関係や差異にかんする長いあいだ保持されていた「伝統的な」見解をくみかえる可能性があるのである。たとえば南アフリカでは、サンとコイコイという二つのきわめて貧しい集団のあいだに、抗争関係が存在してきた。身体および顔つきが類似しているにもかかわらず、それぞれの集団は、自分たちの特殊性と優越性、そして相手側の劣等性にかんする強い感情をもっている。ある遺伝学者が最近、彼らがひとつの共通の祖先をもっているかどうかを知るためにＤＮＡのエビデンスをもちいたいと申し出たところ、彼らがそれに対して敵意をもって対応したと報告されているが、それは理解できることである。[41] ディーナ・デイヴィスは、多くの例をあげ、遺伝学的研究がある集団の「創造の物語」や「共有されているナラティヴ」を解体しもすれば補強しもすることを示している（Davis 2003）。デイヴィスは、ラコタのスー族のある人物についてつぎのように描いている。その人物は、ラコタがウィンドケーヴにあるブラックヒルズで創造され、そしてそれゆえに土地や敬意や資源に対する権利をもつ原住民であったという見方が、遺伝学的研究のせいで解体されかねないという懸念を表明したのである。たとえば、遺伝学的なエビデンスは、ラコタがベーリング海峡を渡ってきた移民に由来し、それゆえに実際にはほかのあらゆる合衆国移民集団と同じだと考えている人びとの議論を強化するかもしれない。また彼女は、南アフリカのレンバの人びとの事例を吟味している。その事例では、ＤＮＡの配列やＤＮＡの比較によって、自分たちがユダヤ教徒としてアイデンティファイされるという彼ら自身の主張が補強され、それに異議を唱える人びとの反論が弱められたのだ。さらに彼女は、サリー・ヘミングスの事例も吟味している。その事例では、ヘミングスの子孫とトーマス・ジェファーソンの子孫にかんするＤＮＡ研究によって、この黒人奴隷と合衆国大統領に性的関係があったという見解に対する何らかの（あいまいな）証拠が与えられた。それは、ジェファーソンのほかの子孫にとってだけでなく、ヘミングスの息子で白人のアイデンティティをひきうけていたエストンの子孫にとっても混乱をもたらすことであった。デイヴィスが示すように、ここで生みだされた欲望および恐怖は、差別や優生学なのではなく、「アイデンティティへの損害」（Davis 2003: 47）なのである。アイデンティティの損害を、個人のインフォームド・コンセントという通常の倫理的方法によって無効にできるのかは明確ではない。というのも、一人あるいは二人の個人が同意して提供したＤＮＡからえられたエビデンスは、集団についての主張をなすためにももちいられるからである。コミュニティの協議も明白な解決策ではない。いずれの場合でも、リネージや相似や差異にかんするさまざまなナラティヴにもとづく、さまざまな属性をもった「コミュニティ」が存在するからである。すなわち、人口集団間の線びきにおいて、ゲノム学的な思考スタイルが生みだされ拡散することによって、個人や集団が自分たちの類似性や区別を理解する仕方そのものに避けがたく異議が唱えられるのであって、ときに変更をうけもするのである。アイデンティティと人種は、ゲノム学的なレヴェルで書き換えられ、分子的なレンズをとおして視覚化され、新たな自己のテクノロジーにむすびつきながら、ともに変更をうけるのである。

薬理ゲノム学と製薬産業の人種化

医学が人種的な分類に向かう別の駆動因として、薬理ゲノム学があげられる。薬理ゲノム学は、生社会性やアイデンティティとゲノム学とのむすびつきをますます強め、そのむすびつきの増大に貢献する駆動因である。薬理ゲノム学において、われわれはすでに、人口集団の治療が人種に従って遺伝学的に分割されるという事態を、また、人種ないしエスニシティの集団間のゲノム学的な差異が健康サービス政策や臨床実践のなかで考慮されるべきだという議論を、目前にしつつある（Burroughs et al. 2002, Cheng 2003, Kim et al. 2004, Munoz and Hilgenberg 2005）。二十世紀の終わりまでに、ほとんどすべての薬品試験が、その被験者を人種的に分類し選別していた。そしてゲノム学的な要素をとりこみ、配列情報を効き目や投薬や反応と相関させるDNAサンプルを収集したのである。薬理ゲノム学的な薬品開発にかかわった多くの者が以下のように論じた。すなわち、ゲノム学的研究は、人口集団間の重大な差異――薬品の代謝に関係する重要な酵素の働きについての、コーカサス人とアジア人との差異のような――にかんする積年の諸発見を裏づけ、さまざまな人口集団における治療の有効性と安全性を暗に示したのであると。たとえば、酵素チトクロムＰ４５０２Ｄ６（ＣＹＰ２Ｄ６）は、臨床的に重要ないくつかの薬品の酸化の代謝を触媒した。それらの多くは、中国人においてはカフカス人よりも代謝クリアランス率が低いとすでに知られており、アジア人患者にはより少ない服用量が定められた。ゲノム学的分析によって、働きの弱い酵素が中国の人口集団により頻繁にみられること、そして、このことは、トリプレットの反復と一塩基多型の置換のレヴェルにおけるゲノムのヴァリエーションから生じていることが示された。ある初期の例では、ヨハンソンと彼の同僚たちは「重要なエスニシティ内の差異はＣＹＰ２Ｄ６の遺伝子座の構造に存在する」と結論づけ、「ＣＹＰ２Ｄ６遺伝子内でのＣ１８８→Ｔという変異が頻繁に分布していることが、抗うつ剤や鎮静剤といったＣＹＰ２Ｄ６の基質である薬品を代謝する能力が中国人においてはより低いということを説明する」（Johansson et al. 1994）と論じたのである[42]。ほかの他の研究者たちも、重要な薬品を代謝する酵素の働きのレヴェルに、「エスニシティごとの」あるいは「エスニシティ内の」ヴァリエーションがあると指摘した（e.g. Kalow 1982, 1989, 1991, Xie et al. 2001）[43]。

二〇〇一年、『ニュー・イングランド・ジャーナル・オブ・メディスン』誌は、心不全の薬に対する反応に人種的な差異（ひとつの事例では、「黒人」患者と「白人」患者との差異）があることを示す二つの論文を掲載した（Exner et al. 2001b, Yancy et al. 2001）。雑誌の多くの紙幅を占めるこれらの論文は、注目に値する論争をひき起こした（Bovet and Paccaud 2001, Exner et al. 2001a, Masoudi and Havranek 2001, Mcleod 2001, Ofili et al. 2001, Schwartz 2001a, 2001b）。ある寄稿者たちは、この種の人種的分類それ自体は問題ないと論じた。記載されたデータが示すのはただ、特定の薬品に対してよく反応したり、あまり反応しなかったり、まったく反応しなかったりする人びとの割合が、人口集団によって高かったり低かったりするということにすぎず、この確率的な情報は個人の反応について予測するものではなかったからである。したがって彼らは、人口集団のレヴェルで人種的な差異があることは、たんに処方前にさらなるゲノム学的なテストが必要だということを示しているのではないかと考えた。だがほかの寄稿者たちは、少なくとも臨床家にとっては、人種それ自体が、最初の治療方針決定において、こうしたゲノム学的な差異を代理するものになるだろうし、差別的なものとなるさまざまな結果をともなうことは避けがたいと論じたのである。実際のところ、製薬会社にとって人種は、二〇〇三年までには、薬品の開発とマーケティングにおけるひとつの代理物になっていたし、合衆国の特定のマイノリティ集団において有病率の高い病状を治療するために、数多くの薬品が市場に出回っていたか、あるいは開発中であった。それらの薬品は、薬理ゲノム学的なテストを根拠としてではなく、エスニシティ的あるいは人種的なアイデンティティを根拠として、あるいはたんに肌の色だけを根拠にしてさえ、市場で売買されていたのである。

ひとつの例はトラヴァタンという薬剤である。これは黒人の患者における眼内圧亢進をコントロールするために、とくにアルコン社によって取引売買されていた[44]。二〇〇三年一二月の公式発表では以下のように書かれている。

アメリカン・レガシー・マガジンとアルコン研究所は、二〇〇四年一月六日火曜日午後六時―八時にニューヨークの五番街六〇のフォーブズ・ギャラリーで、初年度のトラヴァタン®アイドロップス・プロジェクト・フォーカス・アワード・プレゼンテーションを開催します。この賞は、眼科医たちに、緑内障の治療における彼らの働きや、アフリカ系アメリカ人のコミュニティにおける緑内障にかんする認識を啓発し促進してきた努力に対し、栄誉を授けるものです。本年の早期に、トラヴァタン®点眼液のメーカーであるアルコン社は、アフリカ系アメリカ人のコミュニティのリスクをもったメンバーを対象とした、多くの都市や町にまたがる全国規模での新規構想であるトラヴァタン®アイドロップス・プロジェクト・フォーカスに着手しました。このプログラムは、無料の緑内障スクリーニングや、全国規模および地域規模での広告や、教育資材の配布やコミュニティの啓発セミナーをとおして、アフリカ系アメリカ人を眼のケアや眼の健康に対して意識的にさせました。眼の健康と安全を守る、国の代表的なボランティア組織であるプリベント・ブラインドネス・アメリカや、主要な教育研究病院の医者や若手研修医、そして地域の眼科医たちと提携しながら、トラヴァタン®アイドロップス・プロジェクト・フォーカスのスクリーニング・チームは、一二の主要な都市で無料の緑内障スクリーニングをおこなってきました。スクリーニングは、地域の教会やコミュニティ・センターやカルチャー・イベントに加え、大規模な集会や展覧会でもおこなわれました。三〇〇〇人以上の人びとがこれらのスクリーニング活動に参加し、実際に彼らの一五パーセント以上が、緑内障になる高いリスクをもっているものと特定されました。[45]

この賞では、人気のテレビショー『離婚裁判所』のスター、マブリーン・エフリアム判事がホストを務めた。彼女はまた別のキャンペーンでも、トラヴァタン®アイドロップス・プロジェクト・フォーカスに協力した。そのキャンペーンは、アフリカ系アメリカ人のあいだで緑内障のリスクについての認識を高めることを目指すものであり、二〇〇四年に緑内障認知月間とともにはじまり、一年間継続した。「私は、アフリカ系アメリカ人が一般の人びとよりも六倍から八倍も緑内障を発現しやすいことを知りませんでした」と、エフリアム判事はのべた。「緑内障を患っている合衆国の全アフリカ系アメリカ人の半分が、自分たちが緑内障であることを知らないことを知ったとき、私は、人びとが緑内障とそのリスク要因について知るのを手助けすることにとても関心をもつようになりました」[46]。トラヴァタンのマーケティングのためのこうした手法は、「人種ベースの」製薬に特有のものではない。反対に、二十世紀の最後の一〇年間に開発された製薬の商業マーケティング戦略は、生社会的なコミュニティで病気についての認識を高めることの重要性を強調し、そのために病気について認識させるキャンペーンを利用し、病気支援団体を設立したり資金を提供したりし、著名人たちと手をむすび、集会に資金を提供し、またその製品の需要を生むことになる別のさまざまな方法をもちいたのである。すると、ひとがトラヴァタンの事例にみいだせるのは、何らかの点で問題をはらんでいるとしても、人種に特有の一連の実践というよりもたんによく知られた商業マーケティング戦略の実行にすぎないようにもみえる。特定の病状とその治療の「人種化」は、ひとつの結果にすぎないのだ。

心臓疾患との関係においては、別の「人種的な」薬品が、これ以上の論争をひき起こした。合衆国では、黒人は白人の二倍の割合で心臓疾患によって死ぬと広く主張されていた。この主張は、黒人心臓専門医学会が支援したA‐HeFT——アフリカ系アメリカ人の心臓疾患の治療のための試験——にとって重要であった。この試験は、BiDilという商品名の薬剤のプロモーションにむすびついていたが、その薬剤の製造者であるニトロメッド社は、とくに心臓疾患を患ったアフリカ系アメリカ人にとって、この薬剤が生存者の数の改善に貢献すると主張した。多くの者たちが、こうした展開に批判的であった。最初のうちは、この「発見」は、たんにとるにたらない試験データを分析しなおすことから出てきただけだと論じる者もいた。研究者たちは、統計的に有意な差異を探る過程で、試験の母集団を分割する何通りもの仕方を試したのであって、臨床試験の母集団全体においては有効性を示さなかった薬品を「救う」口実になる何かを、何でもよいのでみいだしたいという企ての産物だというのである（Cooper et al. 2003）。人種をターゲットとした医学という思考そのものに懐疑的で、そうした思考が依拠する数字には誤りがあると論じることで、それを解体させようとする者もいた。ジョナサン・カーンは、この誤った数字の使用は、集団間の健康にみいだせる差異が、社会経済的で環境的な原因に由来することを否定してしまうものだとのべた。彼が論じるには、遺伝学を重視することは、社会的なレヴェルから分子的で個人的なレヴェルへと注意を逸らし、知的および物質的なリソースを誤って適用することにつながり、「人種と生物学との新たなむすびつきが認識され実施されなければならないと論じる者への餌」(Kahn 2003: 481) を与えたというのである。彼は、薬品を「エスニシティ的」にする法的・商業的・医学的な複雑な出来事ややりとりを記録し、とりわけこれは、ニトロメッド社が自社を投資家たちにより魅力的に見せるための戦略的な動きであり、ニトロメッド社は、エスニシティ的に特定された消費者たちの遺伝学的プロフィールに対応する個別的なセラピーを主張することで、資本家たちに出資させ、その結果二〇〇〇年にアフリカ系アメリカ人のための薬品の特許を再び取得し、特許の有効期限を延長することができたということを指摘した。彼がのべるところでは、「企業は、薬品のマーケティングにおいて人種に狙いを定めるための表象として生物学をもちいている」(Kahn 2004: 28)。周知の批判のラインに従って、彼は、人種がひとつの自然な生物学的カテゴリーとして理解されるかぎり、個人を特定して特定の形態の雇用や保険から排除しようとするスクリーニング・プログラムの可能性をもった、新たなかたちでの人種ベースの差別への扉が開かれてしまうと指摘するのである。このような視点からは、人種と生物学とのいかなる関係も、たとえ新たな蓋然性の世界のなかであっても、そしてゲノム学的アクティヴィズムや生物学的シチズンシップの新たな空間のなかであっても、否定的で排除的で悪意のある権力のかたちに不可避的にむすびつけられることになってしまう。

しかし、人種化された医学にかんする現代の生政治は、別様に理解することもできる。Ｂｉ Ｄｉｌは、トラヴァタンと同様、ある特定の生社会的な集団の需要と関心にむすびつくことで、そして関連したコミュニティの団体や内科医たちの支援をえることで、そして権利を与えられていないコミュニティが抱える看過された問題へのとりくみを主張することで、自らをプロモーションした。実のところ、ＢｉＤｉｌの その後の何回かの試験は、早期の研究の統計的な不確かさに向けられた。アフリカ系アメリカ人がえる効用が大きく一貫したものである以上、無作為にプラシーボ群に選ばれた治験者たちに薬品を与えないことは非倫理的であるとする評価のために、第三フェーズの試験は二〇〇四年七月に中止された。このような展開は、さらなる論争を生みだした[47]。試験にアフリカ系アメリカ人だけが含まれていたのであれば、ＦＤＡはこの薬品を、このエスニック集団のみに認可するべきなのだろうか。人種はここで、反応を決定する基本的な遺伝子配列が特定されるまでの暫定的な解決にすぎないのだろうか。それとも人種は、臨床家たちにとって、そして薬品の認可をえようとしている人びとにとって、年齢やジェンダーや体重と同じような、最初の妥当な指標なのだろうか。合衆国では、薬品のマーケティングのこうした展開と、非専門家たちの理解との複雑な関係のうえで、実験研究の数が増加しつつある（Bates et al. 2004, Bevan et al. 2003, Condit et al. 2003）。しかしすでに言及したように、薬剤が人口集団によって異なる仕方で作用するという考えは、アジアの多くの国ですでに幅広くうけいれられている。たとえば中国では、コーカサスの人口集団に対して開発され、試験され、認可された薬品のなかで、中国への輸入の認可が求められている薬品はすべて、安全性と有効性を証明するために、中国の人口集団に対してもさらなる試験が科されなければならない。そこではまた、間違いなく、現地の製薬産業にとってそうした輸入がもたらす経済的あるいはそのほかの競争的な結果への注目があつまりもする（China Concept Consulting & the Information Centre of the State Drug Agency 2000)。もちろん、市場ベースの経済のなかで活動している製薬会社は、市場のシェアに関心をもっており、人種ないしエスニシティを参照することを含め、そのシェアを最大化するいくつもの方法をもちいるだろう。しかし、多くの批判者たちによる反射的な疑念が、ゲノム学、アイデンティティ、生社会性、バイオ経済の新たな関係を理解することに役だつようにはおもえない。

結論——人種と現代の生権力

この章のはじめのほうで議論した『ネイチャー・ジェネティクス』誌の特別号へと戻りたい。ここで考察してきたさまざまな論争に直面して、ヒューマン・ゲノム・プロジェクトに資金を提供している合衆国のエネルギー省は、とりわけマイノリティ、人種、ゲノム学に重点をおいたウェブ・リソースを設置した。(48) また二〇〇四年にエネルギー省は、国立衛生研究所とハワード大学とともに『ネイチャー・ジェネティクス』の増刊号「人類のためのゲノム学」のスポンサーを務めた。この増刊号は、二〇〇三年五月に、ワシントンD・Cのハワード大学で、国立ヒトゲノムセンター主催で開かれたワークショップ「ヒトゲノムのヴァリエーションと「人種」」に関連するものである。このワークショップと増刊号を提案したのはハワード大学の研究者たちであった。この章で議論されたアクターの大部分が、このワークショップに参加した。フランシス・コリンズは、ゲノム学的生物医学において人種とエスニシティが重要と考える者たちと、そうは考えない者たちとの論争を直接あつかい、こう結論づけた。

ハワード大学でのワークショップで、これらの議論や討論を聞いたあとでは、両者の主張はともに正当なものと結論づけることができる。自己同一的な人種ないしエスニシティと、病気のリスクとの関係は、一連の表象的関係として描くことができる……。こうした構図のなかで、遺伝学を支持しない側では、人種は社会的・文化的・教育的・経済的な変数をかかえており、そのすべてが病気のリスクに影響を与えているのだと主張される。遺伝学を支持する側では、人種は祖先の地理的起源の不完全な表象物であり、今度はそれが一個人のゲノムにわたる遺伝学的な変数の表象物となる。同様に、ゲノム全域にわたる変数は、たとえ完璧な精度からはほど遠いとしても、病気と関係している特定の遺伝子座と相関している。これらのヴァリアントは、多様な環境的変数と相互作用し、健康か病気にかんして決定的な結果をもたらす……自己同一的な人種ないしエスニシティが、遺伝学的および非遺伝学的な表象的関係をとおして、あるいはそれら二つのくみあわせをとおして、健康のステータスと相関するかもしれないことの理由は明白である。病気についてただしく理解しようとすれば、それら脆弱で不完全な表象的諸関係とは別の側面が求められるのもまた明白である。そして、もしわれわれが、遺伝的にうけつがれる病因を理解する際に、不完全な表象物をもちいることに満足しないなら、そのときには、われわれは環境的因果関係の尺度として、それらの表象物をもちいることにもまた満足すべきではないのだ。

(Collins 2004)

われわれは、ハワード大学の国立ヒトゲノム・センターのシャーメイン・ロイヤルとジョージア・ダンストンのつぎの言葉に同意することができる。「「人種」とは、押しつけられていようが、自己規定によるものであろうが、健康のステータスと相関するさまざまな遺伝学的および非遺伝学的な要因のひとつの脆弱な表象物であるという合意があるようにおもわれる。われわれは分子医学の新たな時代のはじまりにいる。人口集団の遺伝学的ヴァリエーションにかんする増大しつつある知が、いかにして人間の健康とアイデンティティについての広くいき渡ったパラダイムを変えるのかを規定することが残されている」(Royal and Dunston 2004: 57)。人口集団間でのヒトゲノムのヴァリエーションにかんするこれらの議論で問題になっているのは、われわれの現在の知、権力、主体性の布置における人種主義の復活やスティグマ化の亡霊や、生物学還元主義の復興や排除の正当化なのではない。問題になっているのは、ゲノム医学の時代において、個人的および集団的な人間のアイデンティティを理解しようとする仕方が変わりつつあるということであり、また、個人的にであれ集団的にであれ、自分たちの差異を統治する仕方にとってそのことがもつ含意なのである。

十八世紀以来姿を現してきた、生に向かう権力の新たな関係性とテクノロジーは、たしかにそれ自身抑圧的な戦略に身を貸し与えたにしても、みずからの普遍的原理として支配と服従を採用してはこなかった。そして、生に向けられた近代的な権力の形成において人種がひとつの鍵となる要因であったのだとしても、それは数多くの価値をもった作用によってそうしたのだった。というのも、「政治的対象としての生」は、それに向けて行使されるコントロールに反発することができるし、実際に反発してきたからである。生への、その人の身体への、健康への、そしてその人のメディカルケアの必要をみたすことへの「権利」の主張という名のもとで(Foucault 1978: 145)。

したがって、ここでは権力と権威と主体性によって形成される現代的な複合体の内側で、人種化された医学の政治を位置づける必要があるようにおもわれる。ここで概要を描きたいいくつもの論争は、以下のことを明確に例示している。すなわち、現在の生権力がもつ「生きさせる」という側面の中心性、非国家的権威によるそのような権力の動員、そうした権力による「ナショナルな人口」ではないさまざまな集団性の領土化、人間が自分自身に対してなす倫理的な作業のおもなターゲットが健康である時代における、権力と個人のアイデンティティの再形成との関係。人口の差異についてのこの研究で検討してきたように、健康の問いをめぐって集められたさまざまな力は複数化しており、そのなかには国立衛生研究所といった国家内の強力なエージェンシーや、世界保健機関といったトランスナショナルな団体が含まれてもいる。人口集団の差異は、姿を現してきた生経済の新たな循環の内部で、潜在的に重要なものとして特徴づけられ、大規模な生命科学の資本化と、その要素の新たな交換関係への動員のなかで、戦略的に重要なものになってきている。人間の差異についての新たな分子的な知は、ときには国家と提携し、またときには国家からは自立し、一連の商業企業によって描きだされ、展開され、活用され、そうして人間の差異化と生価値との構成的なむすびつきをうちたてつつある。新たな種類の生社会的な連合やコミュニティが、ますます生や健康や治癒への彼らの権利（と義務）という視点から自分たちを定義しだしており、またそうしたアクティヴな生物学的市民《シチズン》は、彼らの病状の特殊性が、ゲノム生物医学的研究と療法の開発において重視されるべきだと要求する。あらゆるレヴェルでのこうした配置をめぐって、そしてその配置の内部で、数多くの生命倫理学者や批判的な社会科学者たち――「生命倫理複合体」の総体――が姿を現し、さまざまに活動し、出版活動をおこない、医者や研究者や会社や政治家や、これまでにはなかったさまざまな権威が有している権力への介入をおこなっている。こうした生社会性や生物学的シチズンシップという領域の内部でこそ、そして蓋然性と不確実性という領域の内部でこそ、そして生物学が運命から離脱し、選択の義務という領域へとはいっていくにつれて個人とコミュニティが直面するようになった困難な倫理的選択の内部でこそ、ゲノム医学とソーマ的アイデンティティの時代における人種の分子的生政治は位置づけられるべきなのである。

註

（1）この章のいくつかのヴァージョンは、ロンドン医療社会学グループ、ケンブリッジ大学での研究セミナー、そしてイェール大学のアフリカ系アメリカ人研究学科における人種、健康、医学にかんするシリーズセミナーにおいて論文として提出されたものである。そこで批判的なコメントをしてくれたすべての人びとに感謝する。LSEのBIOSセンターによって組織され、一部はウェルカム財団の生物医学的倫理プログラムから、そしてLSEから資金提供をえた「ゲノム医学の時代における人種」と題されたシンポジウムでの議論も示唆的であった。そのシンポジウムでは、ゲノム学およびとりわけゲノム医学の時代における「人種」についての新たな生物学的理解の出現の範囲を探求するため、国際的に重要な社会科学者や遺伝学者、また薬品開発とDNAバンキングにかかわっていた人びとが集まった。参加者は、中国、日本、合衆国、イギリスの科学者や、また、南アフリカからの生命倫理学者、北米やヨーロッパの社会科学者や倫理学者を含んでいた。その目的は、人種およびエスニシティのカテゴリーの生物学的地位にかんする、ゲノム学内部での討論の最新の状況を評価し、将来の研究プログラムにおける国際的な協働のための土台を築くことであった。もちろん、記述内容についてはすべて私に責任がある。

（2）http://www.bio-itworld.com/archive/files/043003.html からの引用（二〇〇五年八月二三日確認）。

（3）http://www.aaanet.org/stmts/racepp.htm を参照のこと（二〇〇五年八月二三日確認）。

（4）「人種——幻想の力」と題されたウェブサイト http://www.pbs.org/race/000_General/000-Home.htm（二〇〇五年八月二三日確認）に集められた、ピラー・オサリオ、トロイ・ダスター、リチャード・レウォンティン、エヴリン・ハモンズ、スティーヴン・ジェイ・グールド、ジョセフ・グレイヴス・ジュニア、アラン・グッドマン、ジョナサン・マークスや、そのほかの者たちによる論考を参照のこと。

（5）このような比較は、「人種——幻想の力」と題された二〇〇三年の合衆国のテレビシリーズの製作責任者であるラリー・アデルマンによって明示的になされている。http://www.newsreel.org/guides/race/whatdiff.htm を参照のこと（二〇〇五年八月二三日確認）。

（6）浮動（あるいはランダムな遺伝的浮動）は、精子と卵子のランダムなサンプリングの結果としての、世代から世代への遺伝子頻度のゆらぎに関連している。混合は、二つ以上の祖先集団に由来する集団間での遺伝子交換に関連している。

（7）二〇〇一年の『ネイチャー・ジェネティクス』誌の論説「遺伝子、薬品、人種」（Anon 2001）も参照のこと。

（8）最近のロンドンでのあるワークショップの主題である。http://www.londonideas.org/internet/professionals/ethics_resources/EthnicityWorkshop/EthnicityWorkship.htm を参照のこと（二〇〇五年八月二三日確認）。「鎌状赤血球症になることは黒人の身体に特有の病気――「人種病」――である」などという考え方に対する批判的な評価については、Tapper 1999: 2 を参照のこと。

（9）中国では、「中国のＤＮＡ」という問題は論争を呼ぶものであり、また、五六の公的に認められている中国のエスニシティは遺伝学的に統合されるのかどうか、中華民族（中国の民族）がほかの人口集団から区別されるのか、漢〔民族〕のマジョリティは彼ら自身ひとつの遺伝学的に統合される人口集団なのか、といったことにかんする議論が進行中である。こうした議論は一九九〇年代中頃に活発になった。その頃、ある合衆国のメディアによる報告が、ハーバード大学が人口遺伝学プログラムの中国生まれのディレクターである Xu Xiping をとおして、中国のＤＮＡを手にいれつつあると報じ、警告することになったからである――*China Daily* of July 10. 2003 を参照のこと。これは http://www2.chinadaily.com.cn/english/home/index.html（二〇〇五年八月二三日確認）からアクセスでき、http://www.washingtonpost.com/wp-dyn/world/issues/bodyhunters/. で閲覧できる。これに反応し、多くの中国人科学者のあいだで「中国のゲノム学的なリソースを守る」ための法制定の必要性をめぐって議論がなされた。というのも彼らは、中国の人口の遺伝学的遺産が外国の製薬会社によって不当に使用されることを恐れたからである。「中国の遺伝学的遺産を守る」ため、一九九七年に規制が可決された（Li and Wang 1997 を参照）。中国のＤＮＡの特殊性と、それを国際的なあるいはアメリカによる搾取から保護することについてさらに議論がなされ、そこでは、中国はヒューマン・ゲノム・プロジェクトに参加すべきだと主張する科学者もいた。これらの問題は、現在のところハーバード大学の Wen-Ching Sung によって研究されている（Sung 2005 を参照）。

（10）ダナ・ハラウェイは、およそ同様のことを提示し、三つの時期を区別している。まず、十九世紀中頃から二十世紀前半の優生学をつうじた、血、身体、親族、ネーション、言語、文化としての人種である。ついで、第二次世界大戦直後の、人類の家族という自由主義ヒューマニズムの時期における、一定の遺伝子頻度をもつ人口集団としての人種である。それは、部分的には特定の地理学的な地域における突然変異や自然選択によって形成され、相対的に透過的で、人口移動や人種間繁殖をとおしてほかの人口集団と相互に交わり混合する。最後に、世紀の変わり目におけるゲノムとしての人種である。それは、多様性と多文化主義の政治において、分子的で、情報的で、テクノロジー的で、操作可能で、利用可能なものである。ハラウェイにとって、現代の政治は、有機体論者の考えとはまったく別の人間性の説明によって機能しているのだが、他方で彼女は、十九世紀の人種カテゴリーが、まさに逆説的な結果をともないがちな現代の電子データベースにおいてこそ、実体として再び現れてしまうことに驚いてもいる（Haraway 1995）。

（11）これは現在オンラインで閲覧できる。http://www.chaf.lib.latrobe.edu.au/dsd/census.htm（二〇〇五年八月二三日確認）。綴りはすべて原文のままである。

（12）ここではSnipp 2003を念頭においた。

（13）合衆国の国勢調査の歴史については、Rose 1991、およびRose 1999の第六章で論じておいた。

（14）イアン・ハッキングは、もし統計学についての言葉づかいや理解に注意を払うならば、「人種が、いくつかの文脈ではたんに統計学的に有意なものであるのみでなく、戦略的に有益なクラスでもあるという理由で、人種カテゴリーの観点から発言すること」（Hacking 2005: 108）が役だつケースもあると論じている。彼は、差異が統計学的に有意である場合——そこでは、ある人口集団におけるある特徴の分布は、ほかの人口集団におけるそれとはおおきく異なっている——を、差異が統計学的に意味をもっている場合——そこでは、差異の原因がよく知られている——から区別している。しかし彼は、たとえ原因が知られていなくても、人口の差異の統計学が、ある人口における病気ないし死のリスクといったただちに実践的な関心について知らせる指標としてもちいられうる場合には、われわれは差異が統計学的に有益でもあると考えることができると示唆している。

（15）この文脈ではイアン・ハッキングについて述べておくのが適切である。彼は、「自然種」と「人間という種」の区別を、人間という種がその人間という種に捕らえられている人間をかたちづくったりかたちづくりなおしたりする際の円環過程にそって、循環のなかに置いた。ハッキングは、「部分的には——あくまで部分的にでしかないのだが——、自然種という満足のいくものではない観念をモデルにしてつくられていたという理由で」（Hacking 2005: 114）、二〇〇五年までにはこの用語法を放棄していた。

（16）United Nations Declaration on the Eliminating of All Forms of Racial Discrimination, 1963, Preamble.

（17）チンパンジー・ゲノムについての最初のドラフト段階での配列は、二〇〇五年八月に発表された。それによって、一遺伝子あたりのタンパク質変異の平均値がたったの二であり、人間の遺伝子の二九パーセントが〔チンパンジーと〕まったく同一であることが示され、〔人間とチンパンジーとの〕類似性が確かなものとなった。さらに、人間にある遺伝子でチンパンジーに無かったり欠失したりしているものは、ほんのわずかであった。しかしながら、もちろん、後成説やそのほかのものに言及するまでもなく、「考慮にいれられるべき三五〇〇万の塩基の差異、そして五〇〇万の挿入欠損や多くの染色体の再配列が存在する」(Li and Saunders 2005)。

(18) A. M'charek, 2000, Technologies of Similarity and Difference, University of Amsterdam, pp. 5-6 の引用。この論文は、現在 M'charek 2005 として出版されている。

(19) 国際ハップマップ共同事業体のＥＬＳＩ部門は、合衆国の倫理学の中心的話題とともに、インフォームド・コンセントや守秘義務といった問題を焦点化し、「コミュニティ・コンサルテーション」――サンプルの収集やそれらの描かれ方に、いかなるローカルな対立もないことを確認するもの――や「利益分与」などの領域の規範から、はるかに踏みだした。「利益分与」とは、ハップマップによって想定される直接的な利益にかんするものではなく、サンプルが収集される地域において健康施設を向上させるために、このプロジェクトによって提供される財源にかんするものである。このプロジェクトの詳細については、http://www.wellcome.ac.uk/en/genome.thegenome/hg04f001.html を参照のこと(二〇〇五年八月二三日確認)。

(20) http://www.welcome.ac.uk/en/genome/thegenome/hg04f001.html を参照のこと(二〇〇五年八月二三日確認)。

(21) http://www.welcome.ac.uk/en/genome/thegenome/hg04f002.html を参照のこと(二〇〇八年八月二三日確認)。

(22) 最近では、この数値は二万から二万五千のコード配列へと下方修正されている(本書第二章の議論を参照のこと)。

(23) http://www.netlink.de/gen/Zeiung/1114.htm を参照のこと(二〇〇五年八月二三日確認)。その展開は、一九九六年の『ニュー・サイエンティスト』誌で報告された。http://www.fpeng.peopledaily.com.cn/200112/05/eng20011205_86010.shtml を参照のこと(二〇〇五年八月二三日確認)。一九九〇年代にこの種の議論によって中国で発生した論争のいくつか、およびそれにひきつづいて起こった「中国のＤＮＡ」への外国からのアクセスに対する制限については、上記註(9)を参照のこと。

(24) たとえば南アフリカでは一九六〇年代から、医学遺伝学者たちが、アフリカ南部での人口集団によって異なる多くの病気の頻度を理解するためには遺伝情報が重要だと論じている(Soodyall 2003 における議論を参照のこと)。

(25) 人種と健康のゲノム学的研究にかんする民族誌的研究は、もちいられているカテゴリーの不安定性をめぐる批評家たちの議論を証明しているようにみえる。たとえば、ドゥアナ・フルヴィリーによる、診療所や研究室での実践についての現行の研究は、サンプルの選択から仮説にいたるまで、そして実験の仕方から結果の解釈にいたるまで、あらゆるレヴェルにおいて、研究者たち自身のあいだでかなりの不確実性や相違があることを示している。

(26) http://grants.nih.gov/grants/guide/notice-files/NOT-OD-01-053.html を参照のこと(二〇〇三年八月二三日確認)。

(27) http://www.census.gov/population/www/socdemo/race/racefactcb.html を参照のこと(二〇〇五年八月二三日確認)。

(28) ここで私が言及しているのは、明らかに、『言葉と物』(Foucault 1989)の序文のはじめのミシェル・フーコーによる「ボルヘスの一節」に、そして次に「ある中国の百科事典」に属しているような分類図式である。

(29) これらにかんしては、第四章と第五章で詳細に論じている。

(30) http://www.founders.howard.edu/presidentReports/Mission.htm を参照のこと(二〇〇五年八月二三日確認)。

(31) マイノリティ制度研究センターのウェブサイトから引用した。http://rcmi.rcm.upr.edu/(二〇〇五年八月二三日確認)。プレス発表で公表された提携については、http://howard.edu/newsevents/Capstone/2003/June/news2.htm(二〇〇五年八月二三日確認)。

(32) http://www.canavanfoundation.org/familyfacts.php を参照のこと(二〇〇五年八月二三日確認)。

(33) 中国における優生学の歴史とその拒否については、第二章で論じている。また、Dikötter 1998 も参照のこと。

(34) ベルリンのヨーロッパ民族学協会のステファン・ベック博士によって研究が進められている。イギリスにおける鎌状赤血球症や地中海性貧血のための全国的なスクリーニングのプログラムにかんする議論については、第三章を参照のこと。

(35) 本書の第四章、第五章の議論を参照のこと。

(36) 二〇〇三年二月一四日のBBC2での放送。また、それは以下のウェブページに保存されている。http://www.takeawaymedia.com/motherlandhomepage.htm(二〇〇五年八月二三日確認)。

(37) http://www.oxfordancestors.com/background.html を参照のこと(二〇〇三年八月二三日確認)。

(38) http://www.oxfordancestors.com/index.html を参照のこと(二〇〇三年八月二三日確認)。

(39) 二〇〇四年二月のLSEでのBIOSセミナーで発表された、キャサリン・タイリーの仕事「系譜学的想像力——人種内アイデンティティの継承」が、類似した議論を展開している。

(40) このことは、ハワード大学のチャールズ・ロティミが、彼自身や彼の妻、そして子供たちとの関係において、祖先をたどることで生みだされる魅力と不安について考えていることに例証されているとおもわれる（Rotimi 2003）。

(41) 上記の註（1）で言及している「ゲノム医学の時代における人種」にかんする国際シンポジウムで報告されている。

(42) 同じ研究チームによる最近のさらなる結果にかんしては、Persson et al. 1999, Roh et al. 1996, Yasar et al. 1999 を参照のこと。

(43) 人口集団間での薬品代謝に関係している酵素の働きのレヴェルにおけるそのようなヴァリエーションは、たとえばコーカサス人といった一集団のために開発された薬品が、ほかの集団において効果的に、安全に病気を治療することができるかについての、薬理ゲノム学的な薬品開発にかんする問いを生じさせる。e.g., Nuffield Council on Bioethics 2003.

(44) http://www.travatan.com/professional/africanAmericans.asp を参照のこと（二〇〇四年一二月二九日確認）。

(45) http://www.travatan.com/media/TRAVATANPR121603.pdf を参照のこと（二〇〇四年一二月二九日確認）。

(46) http://www.travatan.com/media/TRAVATANPR121603.pdf を参照のこと（二〇〇四年一二月二九日確認）。

(47) たとえば、二〇〇四年一〇月二九日のロンドン版『タイムズ』誌で、アナジャナ・アフジャが「われわれはあなたの心臓疾患を治療できない……あなたが黒人であるなら」というタイトルをつけた報告を参照のこと。この記事は、『ネイチャー・ジェネティクス』誌特別号での、ロンドン大学のデイヴィッド・ゴールドステインのグループによる発見について記述し、以下のようにのべた。「二九の薬が、エスニシティないし人種の集団間で変化する安全性または有効性のプロフィールをもっている。そのリストには、よく知られた名前が散りばめられている。理想的な投薬がエスニシティによって異なった抗凝固剤ワルファリン。アフリカ系アメリカ人は効き目が劣るインターフェロン。ヒスパニックとアフリカ系アメリカ人がヨーロッパ人よりも低い感度を示すインシュリン」（オンラインで閲覧可能である。http://www.timesonline.co.uk/article/0,8123-1334916,00.html［二〇〇五年八月二三日現在］）。

(48) http://www.ornl.gov/sci/techresources/Human_Genome/elsi/monorities.shtml を参照のこと（二〇〇五年八月二三日確認）。

第七章　神経化学的自己

二〇〇一年、アメリカ精神医学会は、ニューオーリンズでの年次大会のタイトルとして「心が脳に出会う」を選択した。[1] これは一九九〇年七月一七日に、連邦議会およびジョージ・H・ブッシュ大統領によって決議された一〇年計画のプロジェクト「脳の一〇年」の終わりを飾るものであった。しかし、ここで問題となっていたのは脳ではなく——あるいは脳だけではなく——「われわれ自身」、あるいはおそらくわれわれの「自己」なのであった。したがってそのプロジェクトには、一九九九年の「自己を理解すること——認知の科学」や一九九八年の「われわれ自身を発見すること——感情の科学」という催しが含まれていた。[2] 数年前には、コンピュータが心的生活のパラダイムになるだろうと考える者もいた。たとえば、ポピュラー・サイエンスのライターであるマット・リドレーは、そのことをつぎのようにのべている。「脳というハードウェアの内側に心と呼ばれるソフトウェアがひそんでいる」（リタ・カーターの『脳と心の地形図』の裏表紙）。しかし、心と脳の関係についての考え方は、違う仕方で進んできている。それらは脳イメージング、神経科学、精神薬理学、そして行動遺伝学の発展によって形成されはじめている。多くの者が論じてきたのは、生命科学やバイオテクノロジーの進展をつうじて、人間が自分の生のプロセスを変容する能力を増大させる方法についてであった。しかし、まさに自己そのものが、生物医学的テクノロジーによって変容を余儀なくされるときにはどうなるのだろうか。認知、感情、意志、気分、そして欲望が、それ自体介入に開かれたときどうなるのだろうか。

人間は本性上、自分自身を改良し改善しようとする生き物である。歴史上のあらゆる瞬間において、人間は自分たちがどのような種類の生き物であるかについての知識と信念にもとづいて自らを改良せずにはいなかった。二十世紀の最初の六〇年ほどをつうじて、人間は——少なくとも西洋の先進工業的で自由民主主義的な社会において——自分自身を深く内的な心理学的空間をもつものとして理解するようになった。人間はこの信念のもとに自分自身を評価し、行動した。自己を記述する心理学的な言葉の増大を考えてみればよい。すなわち、不安、抑うつ、トラウマ、外向性、そして内向性という言葉。あるいは職業指導から軍隊での登用にいたる知性や人格についての心理テストの使用。あるいは日用品のマーケティングにかんする心理テクノロジーの増大。あるいは心理療法の急増。しかし、過去半世紀にわたり、われわれ人間はソーマ的個人に、すなわち、ますます自分自身を理解し、自分自身について話し、そして生物学によってかたちづくられる人間としての自分自身——や他人——として行動する人びとになりつつある。そしてこのソーマ化が、われわれが自分たちの思考、願望、感情、そして行動のヴァリエーションを理解する方法へと、すなわちわれわれの心へと拡張しつつある。われわれの欲望、気分、そして不満を、以前は心理学的空間に位置づけることができたのに対し、それらはいまや身体それ自体に、あるいは身体の個別の器官——脳——にマッピングされているのだ。そしてこの脳はそれ自体、個別の記録機として理解されている。われわれが「神経化学的自己」になりつつあるということ、そしてそのことが重大な意義をもつということを、ここで提示してみたい。

デカルトを超えて

二十世紀の後半五〇年にわたって、精神医学は次第に、何が人間の心的生活のニューロン的・神経化学的基盤と考えられるべきかを描きだすようになった。[3] もしターニング・ポイントを特定しなければならないとすれば、おそらく一九八〇年代半ばから九〇年代半ばにいたる一〇年になるだろう。ここで私が言わんとすることを説明するための手はじめとして、ひとつのテキストをとりあげよう。それは、一九九六年に出版されたマイケル・R・トリンブルによる『生物学的精神医学』第二版である（Trimble 1996）。そこには一九八七年に書かれた第一版への序文が収録されており、それがこの第二版をとりわけ興味深い読み物にしている。この第一版の序文は、五頁の長さだが、トリンブルはそこで生物学的精神医学の存在そのものとその科学性を正当化する必要があると感じており、その際、それ以前の三〇年間に生じた「知識の爆発」と彼が呼ぶものに言及している。トリンブルが自分の本を、今日の生物学的精神医学に対する「先駆者」をあつかう章からはじめるつもりだというのはそのためである。私は、エドウィン・ボーリングが心理学に実験科学としての資格を与える試みのなかで引用した、ヘルマン・エビングハウスのつぎの表現を想いだす。「心理学には長い過去があるが、短い歴史しかない」（Boring 1929: vii）。生物学的心理学もまたそうであるようにおもわれるのであって、その社会的な敬意を確立するためには十分な長い過去があるが、その科学性を確立するためには短い歴史しかないのである。長い過去は胆汁の障害にかんするヒポクラテスの考えにはじまる。そして、十七世紀におけるトーマス・ウィリスによる神経学の創設を経由する。たとえば、ウィリスは、動物精気が大脳皮質をつうじて末梢神経へと循環しており、その動物精気に影響を与える血液や消化系から問題が生じると考えた。さらには、骨相学、脳局在論、グリージンガーや彼の後継者たちからなるドイツの伝統、そして進行麻痺(GPI)の原因が脳のなかの梅毒スピロータにあることの発見などを経由する。こうしてわれわれは二十世紀半ば、すなわち、短い歴史へと到達するのである。

短い歴史は、理論から、実験によって検証可能な仮説への移行にはじまり、そしてこの移行が「発見」の蓄積を可能にした。進歩が遅れたようにおもわれるのは、二十世紀はじめに精神医学を圧倒し、精神分析運動において最高潮に達していた新ロマン主義的潮流が継続して支配的であったためである。しかし、トリンブルがのべているように、「病理発生についての心理学的理論は、とくに主要な精神病にかんしていえば、豊富な神経化学的・神経病理学的仮説や発見によって圧倒されるようになってきた」(Trimble 1996: x)。生物学的治療をともなう患者への効果的な治療——とりわけ精神病患者へのクロルプロマジンの投与の結果——にかんする臨床的な観察が、一九五〇年代の精神薬理学的発見とともに、「われわれに精神病と連動する脳についてのまったく新たなイメージを与えただけでなく、精神病にともなう脳の基礎的な機能的・構造的変化についてより完全に理解することを可能にした」(Trimble 1996: x)のだ。「機能的」という語は、以前は脳病理学と関係がない状態を記述するために使用される術語であった——それは有機的構造の不調というよりも、むしろ心理学的機能の障害なのであった。しかしいまや、機能的という語は、新たな意味で、すなわち「「心理学的」という形容辞としてではなく」生理学的不調を指示するために使用されるべきだとおもわれる。トリンブルはそっけなくつぎのようにのべている。「われわれの現在の知識では、「有機的」という語と「機能的」という語の区別は消滅し、その結果デカルト的二元論はとりのぞかれている」(Trimble 1996: x)。

一九八七年にトリンブルは、生物学的精神医学という考えそのものが懐疑的とみなされるか、あるいは批判され、無視されるかもしれないと考えていた。なぜならそれが複雑な知識基盤に依存していたからであり、その発見の速度が目が回るほどのものであったためであり、医者による患者の生物学的な治療は患者という人間への関心不足を意味するという古い批判が残っていたためである。しかし一〇年も経たないうちに書かれたトリンブルの第二版への序文には、弁明はまったく含まれていなかったし、そのような関心もまったく表明されていなかった。進歩とは「本当に著しく」、「恐るべき」ものであり、そして「この学問分野にかかわる原理についての問いに答えるための」新たな方法は、「先人たちを息絶え絶えにするかもしれないほどのものであった」(Trimble 1996: xv)。現在が構成されなおされたように、過去も書きなおされた。つまり、「精神医学はその最も広い意味で行動に関心を抱いているし、つねにそうありつづけているし、脳‐行動関係についての知識や、精神病理学のソーマ的土台を継続して探究してきている」(Trimble 1996: 19)というのだ。そして精神病理学のソーマ的基盤にかんするこの主張は、真理の装置全体によって支えられている。たとえば、トリンブルの参考文献は、その数が総計一二〇〇にも達するのだが、Y・H・アブドラとK・ハマダー(1970)の「抑うつとうつ病における3・5環状アデノシン一リン酸」(*Lancet*, I, 378–381)から、R・B・ジプルスキー、K・O・リム、E・V・サリバンら(1992)の「統合失調症における広範囲大脳灰白質体積欠損」(*Archives of General Psychiatry*, 49, 195–205)まで、およそ六〇ページもある。これはまさしく真理の言説であり、それが可能になったのは、さまざまな臨床、調査機関出身の調査者たちからなる、ある重要な真理共同体が成長したおかげである。そこにはいろいろな専門——医療、コンピュータ、DNA——をもつものがおり、多様な公的そして私的団体からの資金提供があった。そしてわれわれ自身についての新たな真理は、哲学からではなく、調査から生じるようにおもわれる。たとえば、いくつもの調査論文が、幅広い空間的ニッチ——通常は実験室、病院、あるいは診療所——でなされた臨床試験、神経学的調査、そして動物実験の結果を報告している。そしてそれらの論文自体に、いくつかの特徴的な存在者が含まれている。

〔まずは〕脳それ自体がある。精神医学的な脳は——前頭前皮質、大脳基底核、側頭葉、大脳辺縁系、そして帯状皮質におけるニューロンといった、それ自身の領域と構成要素をもつことで——ほかの身体器官のように「器官」として想定されているし、また脳脊髄液（CSF）のような身体と連動するシステムや、血小板のように脳に対して似た仕方で振る舞うと考えられるシステムとして想定されている。〔また〕脳内化学物質がある。たとえば、3・5環状アデノシン一リン酸、モノアミン酸化酵素、アセチルコリン、GABA〔ガンマ-アミノ酪酸〕、グリシン、カテコールアミン（ノルアドレナリンやドーパミン）、セロトニンそしてその前駆物質や分解生成物、（エンドルフィン、アンジオテンシン、そしていわゆる放出因子を含む）ペプチドおよびそれらのさまざまな前駆物質や分解生成物などである。これらの大部分は、その化学組成を書きだすことができるか図で描くことができる存在者としてとりあつかわれている。しかしそれらの多くはつい先ごろまで、存在そのものが、あるいは脳内に存在するかどうかが論争の的となっていた仮説的な存在者であった。それらはいまや事実、すなわち、ほかのものの説明に援用されうるものとなっている。しばしば細胞構造と分子レヴェルの出来事とを一体化する脳機能がある。たとえば、受容体部位、膜電位、イオンチャネル、シナプス小胞やその移動、ドッキングと放出、受容体調節、受容体遮断、受容体結合、モノアミンやグルコースの代謝などである。ある時点では、これらもまた仮説的で暫定的な認識対象であった——いまやしかし、それらはうけいれられた存在者でありプロセスである。薬がある。すなわち、その分子構造が知られており、上記のものの一部あるいはすべてに作用したり、それらを模倣したりすると考えられている合成化学物質がある。たとえば、三環系抗うつ剤、カルバマゼピン、フルフェナジン、イミプラミン、ミアンセリン、リチウム、そして現在ある残りすべての精神医学的薬物類などである。

加えて、研究者が仕事をするための実験モデルシステムがある。たとえば、これらはときには人間の脳である。ときにはなんらかの細胞を試験管で培養することである。その細胞は神経細胞でもほかの細胞でもかまわない。たとえば、その特性が受容体メカニズムのように特定の点でニューロンの特性を模倣しているとみなされる血小板などである。そしてときにはマウスのような動物モデルなどであったりする。特殊な調査技法がある。たとえば、血しょう、唾液、CSFや尿のような体液にかんする生化学的分析評価。そして、EEG〔脳波計〕、放射性トレーサーをもちいたさまざまな研究、血流やエネルギーを利用することで脳の活動を示すとされるPETスキャンの画像のようなイメージング技法。さらには患者を抑うつの指標や人格の一覧表のようなさまざまな試験や測定尺度で試験することなどである。診断がある。すなわち、気分、感情、認知、そして意志の障害を特徴づける明らかにカテゴリー的な方法がある。そしてそれらが被験者（subject）の集団の選別や差異化を可能にする。たとえば、抑うつ、慢性統合失調症、アルツハイマー病、パーキンソン病、そして人格障害などである。したがって、それらはまた人間の主体（*subject*）でもある。これらの主体はときには薬を摂取し、脳のスキャンをうけ、死後に自分の細胞組織を提供する参加者とみなされている。これらの主体はときには実験結果や、この先いずれ進展するであろう知識の潜在的受益者としてひきあいにだされる。たとえば、資金を獲得するためにしばしば言及されるので、これらの主体は研究の開始時において重要な位置にいるし、しばしば研究論文を締めくくる節で企画全体の正当化のために再度現れる。苦しみにかんする自身の経験がどんなものであったとしても、これらの主体は一定に保たれる必要がある。そしてこのことは米国精神医学会の『精神疾患の診断・統計マニュアル（ＤＳＭ）』の診断基準に照らしてこれらの主体を特定することによって達成される。主体はこのように個別でバラバラの病状を身体化する、あるいはそれらに苦しんでいる。そしてそれらの病状が、行動の兆候や病理学的行為（気分の落ちこみ、過食、パニック、衝動的行動、自殺念慮や自殺行為）を説明するのである。そして、そのそれぞれが少なくともある独特な病理の候補である。

　最後に、この集合体には、一般的な真理のテクノロジーがある。それは、確認や否認の次元で作動しうる精神医学の発見、すなわち、ひとが真理と誤りを生みだす方法を定義し境界づける。そしてそれが実証性という効果をもたらすのである。ジョン・フォレスターの言葉を借りれば、精神医学が十九世紀に臨床的になるにつれ、「事例で考えること」が決定的に重要になった（Forrester 1996）。戦後すぐの時期、精神治療薬の候補にかんする――たとえばクロルプロマジンやイミプラミンについての――初期の論文では、患者に対する効果の臨床的観察がなされていた。しかしいまや、薬の効能はおもに無作為化二重盲検プラシーボ対照試験――あるいは、いろいろなＲＣＴ〔無作為化対照試験〕――の使用をつうじて確かめられる。ヒーリーが論じているように、「無作為化試験のさまざまな要素――無作為化、プラシーボ対照、そして二重盲検――は、別々に進化してきて、一九五〇年代に一緒になった」のだが、この試験法は、アメリカ食品医薬局がそれを、治療薬を評価し認証を与えるための基準として採用したことで大幅に促進された（Healy 1997: 78）。しかし精神治療薬のためのいろいろなＲＣＴは、ほかに多数ある真理のテクノロジーの、ひとつの潜在的な終着点にすぎない。動物実験にかんする真理のテクノロジーがある。体液の分析評価、細胞組織の培養、脳機能のスキャン画像、ＤＮＡ配列決定と、精神医学の観察や診断とを相関させる臨床研究がある。行動遺伝学の研究——双子研究、関連解析、連鎖解析など——に特徴的な、系譜学的・臨床的・実験的、そして統計的技術のくみあわせがある。それぞれをつうじて生みだされた発見の相対的な真実性をめぐる衝突から、真理をめぐる闘争がしばしばひきおこされる。しかし、事実や観察や説明は、もしその真理性がそのような権威化された方法によって潜在的に確定されうるならば、真偽の候補であるにすぎない。

生物学的精神医学の新たな思考様式は、何を説明とみなすかだけでなく、説明すべきものは何かということも確立する。二十世紀に開かれた深遠な心理学的空間は、平板化されつつある。人間性についてのこの新たな説明においては、精神医学はもはや器質障害と機能障害とを区別していない。精神医学はそれ自身としてもはや心や霊魂に関心がない。心はたんに、脳がしていることである。そして精神の病理は、たんに特定可能で、潜在的には訂正可能な誤りや異常が行動となって現れた結果である。そして、そうした誤りや異常はいまや要素として、器質的な脳の一部に特定される。これが人間の存在論における——われわれが、自分自身がそうであるとみなしている人間性における——移行である。その移行は、人間の正常性や異常性をみること、それらを判断すること、そしてそれらに決定をくだすことについての新たな方法を必然的にともなっている。その移行によって、われわれは新たな方法で統治されることになる。そしてその移行によって、われわれは自分自身を異なるやり方で統治することになる。

心の異常を可視化すること

狂気と正気が存在するとして、どうやってわれわれはそれらを知ることができるのか。これがデイヴィッド・ローゼンハンの古典的論文「正気でない場所に正気でいることについて」(Rosenhan 1973) で提起された問いであった。どうやって精神科医は、自分の出会う人が精神障害に苦しんでいると、ましてやそれがどんな種類の障害であるのかを確信することができるのか。

十九世紀に再編されたアサイラムは、視覚をつうじてこの問いに答えた。アサイラムは収容者を新しいかたちの可視性へと開いたのである。収容者をその外見をつうじて分類しようとした多くの試みがあるし、それらの試みはとくに一八三八年にエスキロールによって出版された『アトラス』(Esquirol 1838) にまとめられている。診断カテゴリーそれぞれに対して、その病気に苦しんでいる個人の容貌とその具体的な振る舞いに焦点をあてた典型事例の記述が付加されている。その記述には実際の事例の説明がついている。そして図版――線画――が添えられている。サンダー・ギルマンが、『心神喪失者をみること』での例証的な分析で示したように、このスタイルの表象が、狂人のイメージをその生いたちにむすびつけ、姿勢、身振り、皮膚の色という観点からさまざまな心身喪失を可視化したのである (Gilman 1982)。狂気に向かいあう新たな医者たちにとって、狂人の視覚的イメージは、事例というかたちでその人の生涯と一体化し、精神医学的認識論と診断的実践の核心に刻みこまれたのだった。

臨床医学は十九世紀に生まれた。医者の眼差しが、身体の内側へとはいりこんだ。この臨床的な眼差しが、身体表面の眼にみえる徴候を器官の位置や内部の病変とむすびつけたのである。病気を診断することは、病気の原因である内部器官の機能不全の点から徴候を解釈することだった。生きているあいだは、臨床医学的な眼差しは聴診器のような道具によって拡大された(4)。死後においては、その眼差しは死体の解剖によって強められた。この新たなみる方法は、解剖学のアトラスに書きこまれた――病気になったのは、まさに身体それ自体であった(5)。ミシェル・フーコーはつぎのようにのべている。「その眼差しは、以前はその表面をなぞるだけであった空間へといまやはいりこむ……解剖－臨床的経験において、医学の眼は、それが身体へ浸透するにつれて、体軀へと進むにつれて、大衆をとり囲んだり解放したりするにつれて、深みへと降りていくにつれて……その眼前に広げられた病気をみなければならない。病気はもはや身体表面のあちこちにちらばっている特徴の束ではないし、統計的に観察可能な随伴現象や継起的な現象によってむすびつけられるのでもない……身体それ自体が病気になったのである」(Foucault 1973: 136)。

十九世紀の精神医学の眼差しは、この深み〔奥行き〕を獲得しようとしたが失敗した。[6] その眼差しは身体表面——姿勢、眼差し、うつ病患者の皮膚の色、躁病患者の身振り、ヒステリー患者の動き——に焦点をあわせたままであった。その眼差しは、一八三八年のエスキロールの『アトラス』の線画から、四〇年後のバックニルとチュークによる『心理学的医学便覧』のなかにでてくる注意深く段階づけられた写真にいたるまで、大差のないイメージで示されていた。したがってバックニルとチュークが一八七四年に出版した本の第三版の口絵では、急性躁病、急性自殺性うつ病、二次性痴呆、一次性痴呆、進行性麻痺、そして自尊心偏執症に苦しむ不幸な人びとの顔の特徴、表情そして服装を図解する七枚の肖像写真（デヴォン州立てん狂院で撮られた写真）が示されている（Bucknill and Tuke 1874）。それぞれの事例では、視覚イメージこそが、その病理学を個人化する臨床的実践の中心であった。

近代精神医学を特徴づける二人の人物、クレペリンとフロイトが、それぞれさまざまなやり方で、その眼からの脱却を特徴づけている。それぞれが、解釈のために観察を格下げすることで、患者の内面を医学的知識へと開いた。十九世紀末のドイツで仕事をしていたクレペリンは、ふんだんに図版を使った教科書を書いたのだが、これらの図版はたんにそれだけのもの——図版——であった。それら図版の診断的役割は、病歴にとって代わられた。病歴とは、徴候学、病因学、そして診断の鍵であった予後、これら三つの時系列的記述である（Kraepelin 1903）。フロイトはよく知られているように、自分の先生であるシャルコーの方法、つまり患者を舞台上でデモンストレーションする方法や、シャルコーが出版した『図像集』における写真をもちいた方法を拒否した（Didi-Huberman 1982, Didi-Huberman and Charcot 2003）。フロイトはシャルコーを視覚型人間——みるひと——としてひきあいにだしたが、フロイトは視覚的ではなかった——二四巻からなる英語のフロイト心理学選集のどこにも患者の写真や像はない。精神分析において、そして精神分析とつながりがある心理療法全体において、眼は耳に道を譲った。すなわち、患者の声こそが無意識への近道であった。狂気は、精神疾患、神経症、そして精神病として、心理学的空間——生いたちや経験の貯蔵庫、そして思考、信念、気分そして欲望の起源——に位置づけられるようになった。デイヴィッド・アームストロングによるつぎの提案のように、ここで作りあげられたものは新たな対象——心——なのであった。

> 心は言葉のうちなる眼差しへと表現された。旧体制のもとでは、患者の身体は内科医が判読できるものでなければならなかったが、新体制のもとでは、患者の身体がそれ自身の真理を生みだすことになった。そしてそれは判読可能性ではなく〔患者を〕励ますことを要求した。患者は話し、告白し、あらわにしなければならなかった、すなわち、病気は眼にみえるものから聴かれるものへと変容させられたのだ（Armstrong 1983: 25）。

ある心理‐空間が開かれ、精神医学的な眼差しの特権的な対象になる。すなわち、それは個人の内的空間である。これは十九世紀におけるのと同じ心——「脳組織と同一の広がりをもつ合理性の空間」（Armstrong 1983: 26）——ではなかった。しかしそれは、一方で器官としての脳と、他方で行為という社会的空間のあいだにある「道徳的」空間なのであった。つまり、家族関係と人間関係の堆積物が、場合によっては社会における集合的存在の堆積物でさえもがその上に積みあげられる、あるいは刻みこまれるような空間であった。この空間はみることはできない空間であり、分析家が解釈することができるにすぎない空間であった。

は詩人や芸術家が想像することができるにすぎない空間なのであった。

二十世紀の前半から一九六〇年代にかけて、患者内部のこの心理－空間にかんする解釈が精神医学の領域を境界づけるようになった。一九五〇年代と六〇年代の精神医学の困難の多くは、その診断に相関する器官を示すことができないことに発していた。この問題は法廷での刑事責任において生じた。つまり精神科医は、しばしば狂気にかんする自分の診断が証拠としての法的基準を満たすことができないことに気づいた。また、この問題は文化的な議論においても生じた。批判者たちはそこで、精神医学的診断がたんに逸脱を医療化し、家父長的な社会秩序という規範を是認しているだけだと論じた。さらにこの問題は政治的な論争でも生じた。西洋の精神科医はそこで、ソ連やそのほかの場所の同業者を精神医学的判断の政治的乱用のかどで非難した。せいぜい、一九七〇年代の反精神医学のなかで、精神医学的診断は、差異、混乱、そして逸脱を病気へと不当に翻訳する「カテゴリー・ミステイク」にすぎなかったのである。ジョルジュ・カンギレム（Canguilhem 1980）は、このジレンマを先見の明をもってソルボンヌ大学自身のように、一九五六年の講義でとりあげた（Canguilhem 1980）。カンギレムが提案したのは、ソルボンヌ大学での一九五六年の講義でとりあげた（Canguilhem 1980）。カンギレムが提案したのは、心理－科学は二つの経路の間にたっているということであった。つまり、上り道は賢人や偉人が讃えられているパンテオンへとつうじている。下り道は、警察署へとつうじている。

もちろん、エスキロールのように十九世紀に道徳的医学を擁護していた者たちは、狂気は脳の病気であると考えた。とくにドイツ、オーストリア、そしてスイスでは、神経学者は精神医学の主体の病理学的内面を可視化しようとした。ブローカ、フレクシッヒ、ヴェルニッケのように、多くの精神科医は顕微鏡にうちこんだ。彼らは精神病患者から採取された脳の断片を精査し、大脳皮質、前頭葉、そしてニューロンのなかに病変をみいだそうとした。しかし、アサイラムで死亡した収容者の脳を数えきれないほど解剖したにもかかわらず、十九世紀の精神科医は、思考、行為、気分あるいは意志の異常性と相関関係にある脳の異常性をみつけだすことができなかった。死んだ患者の脳の病変――抜きだされ、薄く切られ、色付けされ拡大された――によって精神医学的障害を可視化しようとするこれらの試みは、二十世紀初頭の精神分析家たちによってひどくばかにされた。そしてそれらの試みは精神科医にほとんど何も提供しなかった。すなわち、それらの試みは治療とまったく関連がなかったし、患者が死んでしまったあとで使用することができるだけだったのである。

神経解剖学の発展はもっと多くの実りをもたらした。それはたいてい、動物から人間へと実験上の発見が拡張されたことによるものであった。たとえばその過程で、脳は個別的な心的機能に対応する、局在的領域をもつ器官とみなされはじめた。一八九一年には早くも、ブルクハルトが、興奮し幻覚をみている患者を、感覚機能をコントロールすると考えられた脳部位と、運動機能をコントロールすると考えられた脳部位のあいだにある大脳皮質の線状部分を破壊することでおとなしくさせようとした。一九三〇年代には、エガス・モニスがロボトミー手術〔前頭葉切断術〕を発展させた。モニスはヤコブセンの論文――その論文は問題解決に際してサルやチンパンジーの前頭前野の破壊がもつ効果を調査していた――に強い印象をうけた。そこでは、興奮しやすい動物が外科手術を受けると穏やかになったとのべられている。モニスはその手術を人間に試してみようと決心し、一九三六年に二〇人の患者の結果を報告した。モニスは、それらの患者に最初にアルコールを注入してから、神経線維を前頭葉白質切断刀で切断することで、前頭前野を破壊する手術をした（Moniz 1948, 1954, Valenstein 1986）。これらの方法は、アメリカのウォルター・フリーマンやジェームズ・ワッツにひきつがれた。そして、彼らはアイスピックをモデルにした器具を使用することで、眼窩をつうじて脳にはいりこむ技術を発明した（Freeman and Watts 1942, 1950）。一九四八年までに、ロボトミー手術は世界中でおよそ二万人の患者におこなわれた。一九四九年には、モニスはこの仕事でノーベル生理学・医学賞を受賞した。もちろんこの仕事はいまや当然のことながら、多くの異論にさらされている――治療をうけた人の大部分ではないにしても多くの人が、とり返しのつかない心的機能の喪失に苦しむことになった。それにもかかわらず、これらの発展は脳をさまざまに局所化されたひとつの器官として可視化する新たな方法にむすびつけられたのであり、脳は、局所的な介入に敏感に反応する特定の心的機能を有した、局所化された神経経路をはりめぐらすものとみなされたのである。

しかし、生きている脳のなかに狂気をみることはできるのだろうか。電子顕微鏡は一九三〇年代に発明された。最初は透過電子顕微鏡、ついで走査型電子顕微鏡である。脳組織はいまや光学顕微鏡によって千倍以上の解像度で画像化されうるが、それは死後にのみ可能である。頭蓋骨の特性のせいで、脳は、X線やほかの初期の技術ではほとんど可視化できないままであった（Kevles 1997）。しかし、二十世紀後半の一連の発明がこの障壁を克服した。たとえば、一九六〇年代のコンピュータ断層撮影法（CT）、一九八〇年代からの単光子放射型コンピュータ断層撮影法（SPECT）、陽電子放射断層撮影法（PET）、磁気共鳴画像法（MRI）、さらには機能的磁気共鳴画像法（fMRI）などである。これらのテクノロジーを利用している説明はたいてい、まるでわれわれがいまや生きている人間の脳の内部を可視化することができるかのように、そして、脳が考え、知覚し、感情をあらわにし、欲望するといった活動をリアルタイムで観察することができる――われわれが生きている脳の活動のうちに「心」をみることができる――

かのように記している。したがって、われわれはさまざまな部位での脳活動にかんするこれらの画像を、正常な機能と病理的機能とを客観的に区別するために使用することができるようにおもわれる。そのような主張によって、医療施設や研究施設でスキャン装置に巨額の投資がなされ、医療行為や医学研究においてそのようなスキャン装置がますます常用されるようになった。もちろん、現実は世間一般で考えられているよりもずっと複雑である。たとえば、脳スキャンの画像はデジタルなデータを産みだしている。そのデータが脳空間の従来の表象の上にピクセル・バイ・ピクセルで写像され、その結果、これら「リアルな脳」の模像が産みだされている (Beaulieu 2000, Dumit 1997, 2003)。しかし、心を可視化するこの様式が一見もっともらしくみえることの意義は、たんなるレトリック上のものではなく、臨床上のものでさえなかった。その重要性は、認識論的なものである。可視化された、生きている脳は、いまや医者の眼に開かれた、身体のまさにもうひとつの器官のように現れたのだ。二十一世紀の初めにワールド・ワイド・ウェブをちょっと巡ってみるだけで、自分がみていると考えているものが明らかになる。

たとえば、ブレインビューズ社という組織をとりあげよう。その会社は脳と行動の研究にかんする最先端のソフトウェアを提供すると主張しており、ひとはその会社から、五〇ドル未満で「医療、歯科、看護、神経生物学、生物学、心理学、理学療法、作業療法やリハビリテーション療法などの補助医療、薬やほかの医療に関連のある販売活動、そしてそういう訓練をしている人びと」に適切な「アニメ化された脳」のCDを買うことができる。その会社が発表しているPETスキャンの画像は、双極性の病気の兆候である脳活動のサイクルを示しているようにみえる――そのような病気はいまや議論の余地がなく、罹患器官の色で区分けできるようにみえる。「これら脳スキャンの画像は、双極性感情障害の軽躁状態あるいは躁状態にある脳でひき起こされうる代謝活動を示している。赤色は一番高レヴェルの代謝を指示しており、以下、黄色、緑色、そして青色の順である」[7]。そしてこのような画像は、たんに教育のためのものではなく――臨床的有用性もあるようにおもわれる。したがって、アーメン・クリニックで働いている精神科医によれば、「SPECTは、複合型のあるいは治療抵抗性のうつ病をほかの障害から区別することによって診断や治療に役だちうるし、患者が「脳の変化をみること」ができることによって、そしてうつ病を階層化することで、コンプライアンスを高めうるのである」[8]。スキャン画像は、同意しない女性患者に彼女が「本当に」病気だということ――そのことは脳の器官それ自体が異常だということを意味するとおもわれる――を納得させるのにもちいられた。

リー・アンは最初の子供を生んだ一五ヶ月後に私のところを訪れた……彼女を大うつ病と診断したあと、私は彼女にプロザックを出し、その心理療法を始めた。症状はほんの数週間後には和らいだ。数ヵ月後には、リー・アンは治療をやめた。彼女はプロザックを飲むことを、「うつの人」向けの処法だとみなした。彼女は自分自身をそのようにはみたくなかったし、そんな烙印をおされたくもなかった。プロザックを飲むのをやめたあと数ヶ月間は、不都合な副作用はでなかった。それから症状が再発した。……リー・アンが再度私のところを訪れたとき、彼女は自分にどこか「悪い」ところがあるということをまだ信じたくなかったので、薬物療法に戻ることに依然として抵抗していた。私が彼女の辺縁系の深部を評価するための脳の検査を勧めてみたところ、彼女の脳のその部位の活動が著しく増加していることを指摘することができた。それによって私は、もうしばらくの間、彼女にプロザックを服用することを納得させるのに必要な証拠を手にいれた[9]。

欲望もまた、いまや視覚的形式をともなう脳状態のひとつとなった。たとえば、コカイン中毒者の渇望は、脳でみることができる。「アンナ・ローズ・チルドレス博士は、……渇望の生じているコカイン濫用者の脳のシステムをみるために陽電子放射断層撮影法（ＰＥＴ）スキャン画像を使用してきた……彼女は辺縁系という特定の部位――感情や動機とむすびついた視床下部や扁桃体を含む脳の部分――が、スキャン中に「光っている」ことをみつけた。そのことはこれらの部位が活性化されていることを示している」[10]。解釈が、ここでは画像それ自体と一体化している。つまり、そのような画像を産出するという避けがたく人為的な過程が、画像を生みだすコンピュータ・プログラムの構造やアルゴリズムそのものに刻みこまれることでみえなくなっているのである。

これら大衆的なヴァージョンは、単純化された用語でもって、ひとつの見方を語りなおしている[11]。それは、渇望の研究（Brody et al. 2002）、抑うつの研究（Beauregard et al. 1998）、不安の研究やほかの多くの研究において、精神医学的眼差しを再形成し、精神医学における鑑別診断（たとえば、Gupta et al. 2004, Hughes and John 1999, Krausz et al. 1996 を参照[12]）のなかで、ますます臨床的に利用される。『脳と心の地形図』を一〇年ほど前に書いた、科学ジャーナリストのリタ・カーターは、生じつつある変化をおそらくほんのわずかばかり誇張していただけである。

たとえば精神疾患については、生物学的な基礎に原因があることが明らかになりつつある。強迫行為をするからといって、脳の一部に激しい反応が起こっているわけではないし、うつ病患者の脳のどこかが鈍く光っているわけでもない。もちろん、こうした病気は人知の及ばない魂の病ではなく、あくまでも身体に現れた症状である。また昨今では、暴力や激しい怒り、知覚の誤りについても、それが起こる場所を特定し、仕組みを観察することが可能になったし、親切さ、ユーモア、薄情、群れたがる性向、利他主義、母性愛、自意識といった

複雑な性質も、物理的な徴候をみつけられるようになった。（Carter 1998: 6）

心が脳の内側で可視化されるようにおもわれるとき、人と器官のあいだにある空間はフラット化する――心とは、脳がすることなのだ。

精神医学的診断を分子化すること

このような行為とその基盤となる器官との距離のフラット化がまた、精神医学の新たな診断的眼差しを特徴づけている。重要なのはこのことが、精神障害の種類をますます細かく解体してしまうことにある。アメリカでは、精神疾患のタイプの体系的分類は、臨床的なプロジェクトとしてではなく統計的なプロジェクトとしてはじまった。一八四〇年の国勢調査は、「白痴／心神喪失」の割合を記録していた。一八八〇年の国勢調査は七つのカテゴリー――マニア、メランコリー、偏執狂、不全麻痺、痴呆、アルコール中毒、そしててんかん――を区分していた。最初の公式な疾病分類学は一九一八年に採用されたのだが、これは精神病院に閉じこめられていたかなり多くの者を分類する試みであった。最初の『精神疾患の診断・統計マニュアル（DSM）』は一九五二年に出版されたが、それは精神医学が戦争を経験したのちの、米国精神医学会の術語と統計にかんする委員会で準備されたのである。そしてそれは、精神障害を心理学的・社会的・生物学的要因に対する人格の反応であると考えた（American Psychiatric Association 1952）。一九六八年に出版されたDSM‐Ⅱは、実に一三四ページの長さをもち、精神分析の解釈言語で枠づけられた一八〇のカテゴリーを含んでいた（American Psychiatric Association 1968）。一九八〇年に出版されたＤＳＭ－Ⅲは、およそ五〇〇ページに達し、しばしば一九七〇年代をつうじた精神医学の正当性の危機に対する反応として理解されている（American Psychiatric Association 1980）。一九八七年の改訂版には、二九二のカテゴリーがあり、それぞれのカテゴリーがひとそろいの客観的で「眼にみえる」基準によって定義されている（American Psychiatric Association 1987）。理論的には、これらのカテゴリーそれぞれは別個の障害であり、独自の病因と予後をともない、特定の種類の治療をうけるべきものであった。一九九四年に出版されたＤＳＭ－Ⅳは、八八六ページにも達し、急性ストレス障害から窃視症にいたる三五〇もの別個の障害を分類している（American Psychiatric Association 1994）。

ＤＳＭ－Ⅳは、どんな診断集団内の個人も均一ではないと警告している。つまり、ＤＳＭ－Ⅳのカテゴリーはあくまで臨床的判断を補助するものとして意図されているにすぎないのである。しかし、ＤＳＭ－Ⅳは、診断において症状とカテゴリーとが一対一に対応するという考えを促進しているし、そのような考えは、病理学を基礎づける特異性という考え方にむすびつけられている。二十世紀初めの幅広いカテゴリー――抑うつ、統合失調症、神経症――は、もはや適切ではない。気分、認知、意志、あるいは情動にかんする病理は、異なる尺度で分析される。精神医学的眼差しはもはやモル的なのではなく、分子的である。そして障害にかんするこの分子的分類の背後に、脳についての別のイメージ――現代神経科学のイメージ――や、療法的介入についての別のイメージ――精神薬理学のイメージ――が存在する。はじめの頃は、神経それ自体は化学的な方法によって信号を伝達するが、神経間の、つまりシナプスを通る伝達は電気的だと考えられていた。しかし、一九五〇年代、六〇年代と経過するあいだに、そのプロセスは化学的であり、神経伝達物質として知られる小さな分子、初期にはモノアミン、ドーパミン、ノルエピネフリン、エピネフリン、アセチルコリン、そしてセロトニンが含まれるということがわかってきた。神経伝達物質にかんするこの新たなイメージは、精神治療薬にかんする研究と本質的につながっていた。

精神的に病んでいると考えられる人びとに与えられるべき治療薬は、一九五〇年代初頭にいたるまでは、より一般的な作用をもつもの、たとえば鎮静剤や興奮剤と考えられていた。しかし一九五〇年代以降発展しはじめた「近代の」精神治療薬——精神病のためのクロルプロマジン、高血圧のためのレセルピン、不安症のためのベンゾジアゼピン、抑うつのためのイミプラミンなど——はどれも、脳へ特定の作用を生じさせるがゆえに、気分、思考、あるいは行為に対して特定の効果をもつと仮定されたものである（Healy 1997, 2001）。一九五五年までには、分光蛍光光度計の発明のようなテクノロジーの発展によって、「脳内に微量存在することが知られている化学物質のヴァリエーションの探知」が可能になり、スティーブ・ブロディはレセルピンを投与すればウサギの脳内のセロトニンの水準が落ちるという相関関係を示すことができた（Healy 2001: 106）。ヒーリーがのべているように、「はじめて行動と神経化学のあいだに橋が架けられた」（Healy 2001: 106）のである。この橋を渡ることで、診療所、実験室、そして工場の間の往来を加速させることが可能になった。多様な障害それぞれが、ただちに個別的な神経伝達システムにおける異常へと割りあてられ、大学や製薬会社の実験室における集約的な研究が、合成物を分離しようとした。そしてその合成物は、それがもつ特定の分子構造によって、彼らがその異常に目標を定め、修正し、是正することを可能にするものであった。この研究は、分子的特異性という夢を具現化し、支援した。そしてその夢とは、五〇年間にわたって、精神医学的病因学と精神薬理学とを結合させようとするものであり、個々の診断に対する治療になると主張する、近代の精神治療薬すべての製作とその流通とを下支えするものであった。

これらの発見は、はじめにあつかったトリンブルの教科書が例証していた精神医学的真理にかんするテクノロジーの再形成にかかわっていた。治療薬の発展と仮説の検証のために全体的な実験システムが誕生したし、そこには動物モデル、とくに、ラット、試験管内のシステム、そして複雑な新たなタイプの装置が含まれていた。新たな存在者——受容体部位、膜電位、イオンチャネル、シナプス小胞やその移動、ドッキングと放出、受容体調節、受容体遮断、受容体結合——が生みだされた。これらは、最初は仮説的であり、それから実験室のなかで立証され、独立した実験的存在者になり、最後にPETスキャン画像やほかの可視化技術で可視化されるようにおもわれる現実らしきものになった。新たな力がかかわるようになった。そこには、研究チームや、たくさんの新たな専門ジャーナル、あるいはそのようなものだけでなく、おおきな助成機関や、もちろん製薬会社も含まれていた。というのは、これらのプロセスはたんに発見のプロセスではなく、介入のプロセスでもあったからだ——神経化学的脳は、その機能を操作するために介入するのとまさに同じプロセスによって知られるようになる。

一九九〇年代のはじめまでには、これらの分子的脳プロセスは、様式化された視覚シミュレーションで表現されるほど十分にうけいれられるようになっていた。これらのうち最良のもの、たとえばスティーヴン・スタールによる『精神薬理学エセンシャルズ』は、さまざまな病理の基礎にあるニューロン的プロセスをシミュレートしている図で満ちている (Stahl 1996)。スタールの図解において、それぞれの神経伝達物質は、別個のアイコン——ノルエピネフリンは、たとえば三角形である——が割りあてられているし、それぞれの受容器は、錠前にさしこまれる鍵のように神経伝達物質がそこにぴったりはまる相補的なアイコン——この場合、三角形がくり抜かれた長方形——で描かれている。そのような図によって、モノアミン作動性ニューロンの正常な状態を、それが神経伝達物質——ノルエピネフリン——を「正常な」割合で放出している状態が表現できているようにみえる。そのような図は、モノアミン酸化酵素、つまりノルエピネフリンを破壊するものと「ノルエピネフリン再とりこみポンプ」、つまりノルエピネフリンの作用を終わらせるもの、そしてノルエピネフリン受容体、つまりノルエピネフリンの放出に反応するものが機能している正常な状態を示しているようにみえる。その倍率を、たとえばイオンチャネルの働きや、イオンチャネルが作動薬によって開かれたり拮抗薬によって閉じられたりする方法を図解するために、増加させることができる。説得力のある明確なシミュレーションが、事実問題としての物質性、アイコン的特徴、そして明確ではない真理性をむすびあわせる。[13] それらのシミュレーションはまた、さまざまなタイプの障害にかんする分子的特異性を図示している。一度このようにイメージ化されると、そのヴァリエーションが「正常な」状態を形成するような仕方で、病理を視覚的に図解することができる。したがって抑うつは、神経伝達物質の枯渇として可視化されうる――それは、きわめて単純化された「抑うつについてのセロトニン仮説」の視覚ヴァージョンである。その仮説によれば、気分の落ちこみは、脳の特定領域のシナプスにおいて、この神経伝達物質が異常な低濃度になることと理解される。統合失調症は、中脳辺縁系神経経路におけるドーパミン・ニューロンの活動亢進としてイメージ化されうる。そしてその活動亢進を、シナプスとそれを通過するドーパミン分子――「統合失調症的脳」においては明らかに過剰なドーパミン分子――が移動する図によって説明できる。

あるいは、その分析は同じような思考様式でもより複雑になりうる。たとえば、特定の型の精神障害は、N－メチル－D－アスパラギン酸（NMDA）受容体を抑制することができるドーパミンの、ある特定のサブタイプの機能が欠損していることによって説明されるかもしれない。したがって、たとえば、ノースイースタン大学薬学部の教授、リチャード・C・デスは、オンライン上の『サイエンティフィック・アメリカン』誌で、「統合失調症の人の身体と脳で何が起こっているのか」という問いにつぎのように答えている。

われわれの研究からわかったことは、ドーパミンがドーパミンＤ４受容体の活性化をつうじて細胞膜リン脂質のメチル化を刺激できるということである。さらに、われわれは、Ｄ４受容体がＮＭＤＡ受容体に対して複合化されるということ、そしてこのことが、リン脂質のメチル化によってＮＭＤＡ受容体の活動を調整できることを示すという点を明らかにした。人間と霊長類においてのみＤ４受容体は反復構造特徴をもち、Ｄ４受容体とシナプスのＮＭＤＡ受容体との複合体形成を促進する。この発見が示唆しているのは、統合失調症はドーパミンＤ４受容体の機能障害から生じるのかもしれないということである。そしてこのドーパミンＤ４受容体はリン脂質のメチル化をつうじて神経シナプスにおけるＮＭＤＡ受容体を調整することができるものである。この調整が人間の正常な注意と認知能力にとって重要なのかもしれない[14]。

いまやまさにこれらの観点から――特定の再とりこみポンプを遮断する能力、あるいは特定のタイプの受容体を拘束するという観点から――精神治療薬の作用がイメージ化されている。そしてまさにこれらの観点から、精神治療薬は発明され、試験され、製品化され、そして処方される。プロザックは、それが以前の抗うつ剤よりも効果的であるからアイコン的治療薬になったのではない。プロザックがそのような地位をもつことになったのは、その分子構造が単一の神経伝達システムのひとつの側面を、そしてただそのひとつの側面のみを阻害するために的確に考えてつくられた最初の治療薬だという点によるのである。塩酸フルオキセチンによって、シナプスで利用できるセロトニンの水準が増加するといわれていたが、それは塩酸フルオキセチンがセロトニンの再とりこみを阻害するからである。というのは、塩酸フルオキセチンは神経単位膜の的確な場所――受容体――に鍵を掛けるからである。そしてそうしなければ、その場所をつうじて、再とりこみが生じるのである。そこから、プロザックがスマートドラッグだ、クリーンな薬だといった、あらゆる誇大な宣伝文句が生じた。その特異性こそが、おそらく、それ以前は抗精神薬と関連づけられ、偶然と臨床的観察の組みあわせに由来するあらゆる好ましくない副作用をいっさい生みださないという事実を説明すると考えられた。ひきずり歩行、ドライマウス、震えやそれに似た症状は、「ダーティな」抗うつ剤によって生みだされたが、それは抗うつ剤がたくさんのシステムのたくさんの場所に同時にぶつかるからだといわれていた。しかし、そうした時代は終わりをむかえた――分子的障害は、今後は標的を絞った分子治療をうけることになるだろう。

二十一世紀がはじまる頃には、まさにこうした観点から、精神障害と薬の作用が潜在的な患者に対して説明されるようになった。たとえば、二〇〇二年のプロザックのウェブサイトを訪れてみると、つぎのことが記されていた。

抑うつは完全には理解されていないが、抑うつの人は、脳の神経伝達物質、つまりは脳内の神経細胞が互いにやりとりするのを可能にする化学物質のバランスがよくないという見方が、ますます多くの証拠でもって支持されている。多くの科学者が考えているのは、このような神経伝達物質のひとつであるセロトニンのバランスがよくないことが、抑うつの進行や激しさの重要な要素であるかもしれないということである……プロザックは脳自体のセロトニン供給量を増加させることで、この不安定なバランスを正しくする手助けになる……ほかの抗うつ剤はセロトニンに加えていくつかの神経伝達物質に作用を及ぼすようにみえる。プロザックは選択的にセロトニンだけに作用するので、ほかのタイプの薬を服用するよりも副作用をおおくはひき起こさないだろう……プロザックが抑うつを「治癒する」ということはできないが、抑うつの症状をコントロールする助けにはなるし、そのことによって、抑うつに苦しむ多くの人が以前よりよくなったと感じ、正常な活動をとり戻すことができるのだ。(15)

二〇〇二年までに、これはまったく平凡な文書になった——平凡だというのは、これが抑うつとその治療の日常的で一般的な説明になったからである。目をひくものがあるとすれば、それは神経伝達物質のアニメ化されたイラストのおかげにすぎない。そしてそこに描かれているのは、「正常な脳」では、たくさんのセロトニン分子がシナプスを静かにジャンプしているイラストであり、「抑うつ者の脳」では、すこしのセロトニン分子がゆっくり動いて通過しているイラストである。そして「プロザックが投与された脳」には、錠剤が再とりこみの場所を遮断することで適切な数のセロトニン分子をシナプスへと回復させているイラストが付いている。シミュレーションのもっている説得力は、そのようなシミュレーションがまったく想像上のものにすぎないということを偽装しており、こうしたリアルな効果が、説明の図式、診断方法、そして治療方針の全体をイメージそれ自体へと刻みこんでいる。

文章それ自体は、もちろん、同じく真理性の機能をもちうる。ここに、パキシルの作用が、製造業者から提供された情報のなかで、内科医に対してどのように記述されたのかを示す文章がある。

パロキセチンの抗うつ作用……社会不安障害……強迫性神経障害［OCD］、そしてパニック障害［PD］の治療における効果は、セロトニン（5-ヒドロキシトリプタミン、5-HT）のニューロン再とりこみを抑制した結果生じる、中枢神経系におけるセロトニン作動性活動の強化にむすびつくと想定されている。人間の臨床と関連した服用の研究が実証しているのは、パロキセチンが人間の血小板へのセロトニンのとりこみを遮断するということである。動物にかんする試験管での研究が提示しているのは、パロキセチンはニューロンでのセロトニン再とりこみを、強力にそして非常に選択的に抑制するということであり、ノルエピネフリンやドーパミンのニューロン再とりこみにかんしてはほんのわずかな効果しかないということである。試験管での、放射性リガンド結合の研究が示しているのは、パロキセチンがムスカリン受容体、α1受容体、α2受容体、交感神経β受容体、ドーパミン（D2）受容体、5－HTI受容体、5－HT2受容体、そしてヒスタミン（H1）受容体とほとんど親和性がないということである。たとえば、ムスカリン受容体拮抗薬、ヒスタミン受容体拮抗薬、そしてα1受容体拮抗薬は、ほかの向精神薬に対する抗コリン性の、鎮静効果や心血管への効果と関連づけられている。(16)

ここにみられるのは、分子的主張が全般にわたって、診断や薬の作用の様式にかんする神経化学的基盤の特異性を強調するよう企てられているということである。この思考様式は、このように薬理学的であると同時に商業的である。この説明図式は、特異性と選択性というレトリックをもちいることで、一九五〇年代以降、精神治療薬の製造プロセスにくみこまれてきた。そのことは、向精神薬、抗うつ剤、精神安定薬などのようなさまざまな種類の薬があるという考えそのものに現れている。けれども、ジョアンナ・モンクリーフとデイヴィッド・コーエンが論じたように、そのような特異性にかんする証拠は現実にはきわめて不十分である（Moncrieff and Cohen 2005）。薬剤開発の歴史が示しているように、これらの主張は、薬理学的研究、治験、臨床的観察、そして許認可申請が構築されてきた仕方そのものに由来する（Harris et al. 2003, Healy 1997, 2001）。実際、いわゆる「特異な」薬が現実には広範な作用をもつというかなりたくさんの証拠がある。それが特異だと主張されるのは、しばしば使用されている評価形式——たとえば、抑うつや精神病を測定するとされる尺度の点数化に焦点をあてること——や、「副作用」のような現象を考慮にいれないことから生じる（これらの研究の多くは、Moncrieff and Cohen 2005 に引用されている）[17]。気分、思考プロセス、そして行為のヴァリエーションを基礎づけている分子機構についてのこうした説明が、われわれを診断の分子化という問いへとひき戻すことになる。

運命を解読すること

いまやよく知られているように、二〇〇一年二月一一日に発表されたヒトゲノムのドラフト配列は、単一のマスター配列を、つまりは、それに対してあらゆるヴァリエーションが病理学的変異とみなされうるようなゲノム的規範を産みだしはしなかった。その代わりに、ゲノム上に何百万もの遺伝子座があり、そしてそのゲノム上のわずか一塩基分の違い——たとえば、ひとつのAがCで置換されているといったような違い——が個々の人を互いに違う人にした[18]。「遺伝子」として特定されるすべての配列が、いまやそのようなヴァリエーション——たとえば一塩基多型、つまりSNP——によって、特徴づけられるかのようにみえた。ほんの二、三の形質や障害だけが、遺伝子を遺伝の単位とみなす以前の「メンデル的な」考えと一致したのである。そのように考えられた遺伝子は、少数の対立遺伝子に存在する単一の存在者であり、その内のいくつかが正常であり、その内のいくつかが病理的なものなのであった。生物科学の真理言説が、この変容において精神医学に対してもつ帰結は重大である。

十九世紀、精神病理の遺伝にかんする議論はどれも、同じラインに沿って進んでいた。遺伝的な素因や虚弱体質は、何らかの誘因によって、明らかな病理——財産の喪失、アルコールの過剰消費、自慰など——において表現されるとされた。精神障害は、遺伝的に欠陥のある体質が多数発現したものだと考えられた。その世代を超えた継承は、家系図で可視化することができた。その家系図の黒い四角や丸——そのリネージのなかで病気に冒された男性や女性を特徴づけているもの——は、何世代にもわたり伝わっている欠陥のある生殖質を示していた。さまざまな狂気の系図や、それら狂気と精神薄弱、性的不道徳、犯罪性とのつながり、そして発現した堕落の全カタログが、第二次世界大戦勃発までの優生学的見解に共通のものであった。遺伝的な欠陥にかんするそのようなイメージは、結婚を考えている人びと、つまり、結婚を予定している相手の家族史をこれらの欠陥の徴候と照らしあわせるよう助言された人びとの手びきとなった。また、そのような家族史をもつ人びと、つまり、子を産む前にとても注意深く考えようとする人びとの手びきにもなったのである。

しかし、現代の生物学的思考様式においては、単一の遺伝素質、あるいは健全であるかもしくは不健全であるかといった体質などは存在しない。われわれみながさまざまな条件に対してゲノム的脆弱性、つまりわずかな、離散的な、そして分子的な脆弱性を担っているのである。依然として——ハンチントン病のような障害における——疑う余地のない遺伝子的病理にかんする論理はあるだろう。たとえその運命的な論理が運命論の論理ではないにしても、それは確かなことである[19]。しかし一見口を差し挟みようのないそうした遺伝的病理は、むしろ知覚の差異に由来する極端な例にすぎない。これは「感受性」の眼差しによるものである[20]。あるひとが双極性気分障害や統合失調症のような症状になりやすいということは、たんに過去におけるように、家族史をもとにして、あるひとがリスクにさらされているということを意味しないし、人口にかんする疫学的研究が、あるひとをリスク・カテゴリーのなかにいれるからそうだということをも意味しない。あるいは、あるひとがその症状「に対する遺伝子」をもっていることでさえない。それは、いまや感受性の増大と関連した変異を、遺伝子の塩基配列における遺伝子座に正確に特定することができるということを意味するだけである。そしてその遺伝子は、神経伝達物質、受容体、酵素、細胞膜、あるいはニューロンの活動を調整するイオンチャネル、これらすべての産出や輸送に関わるタンパク質の合成をコントロールするものである。

攻撃的な徴候と関連づけられる統合失調症のサブタイプにかんする論文から、ややランダムな仕方でひとつの例をとりあげてみよう（Strous et al. 1997）。その論文では、この症状はカテコール－O－メチル基転移酵素（ＣＯＭＴ）と呼ばれる酵素にかんする遺伝子における、一塩基のヴァリエーションとむすびつけられている。この遺伝子は、染色体22q11に位置づけられている。そのヴァリエーションはＤＮＡ配列におけるＧ（グアニン）→Ａ（アデニン）という塩基転位である。この転位によって、酵素のコドン158でバリンがメチオニンに置換される。この酵素は、ある神経伝達物質の分解をともなうことが示されている。だからその酵素の構成上の誤りが、この分解プロセスを妨害し、その結果、問題となっている神経伝達物質が、脳の特定の領域にあるシナプス中にいくぶん存在することになる。また論文の著者らは、衝動的行動がこれら神経伝達物質の合成や分解における異常と相関関係にあると論じる別の研究に注目している。この議論がどれほど異様で偏向していたとしても、研究者が、単一の遺伝子やひとつの単位としての病理があると考えていないことは明らかである。研究者は、表現型の連続的な分布や、特定の環境下で特定の障害への罹患しやすさをもたらす、多数の遺伝子システム上にある多数の遺伝子座におけるヴァリエーションを発見しようとしているのである。

現代の精神医学や行動遺伝学の思考様式において、われわれはいまや多遺伝子的感受性によって特徴づけられるポストゲノム時代にいる（Mcguffin et al. 2001, Plomin and McGuffin 2003）。したがって、二〇〇一年三月の『サイエンティフィック・アメリカン』誌のヘッドラインは「統合失調症にかんする第一遺伝子の発見」となっていたが、実際の主張はやや別のものであった――WKL1と呼ばれるタンパク質は、神経伝達物質をニューロンへと輸送するイオンチャネルの産出と関連があると想定されているのだが、その遺伝暗号を指定する第二二染色体の塩基配列にある多型性によって、ある個人が統合失調症の特定のサブタイプを進行させる確率を増大させるかもしれないということが記されていたのである。

単一遺伝子の変異で、統合失調症のようなひどい神経精神医学的障害を生じさせる複雑な症状を説明することはけっしてできない。しかし、ドイツのヴュルツブルクにあるユリウス・マクシミリアン大学の科学者たちは、緊張型統合失調症において重要な役割を果たしているようにみえる第二二染色体上の遺伝子のひとつの変異に照準を定めた――精神病からくる発作や運動不全によって特徴づけられる、とくにひどいかたちの病気。彼らは自分たちの発見を、巨大な系図の分析にもとづいて、『分子精神医学』誌の近刊で記述している……それ以前の遺伝子連鎖の研究をうけて、遺伝学者、精神科医、そして神経科学者からなる研究チームは、第二二染色体をもっと詳細に調査するように導かれた――そして、とくに彼らはWKL1と呼ばれるタンパク質をコード化する遺伝子に焦点をあわせた。このタンパク質は、細胞膜にまたがりニューロンに沿って電流を伝えるのを助ける複合物であるイオンチャネルと、多くの特徴を共有しているようにみえる。（あまり関連のないイオンチャネル、カリウムチャネルKCNA1における変異は、発作性運動失調症と呼ばれる珍しい運動障害を引き起こす）。重要なのは、研究者たちがWKL1遺伝子転写物をもっぱら脳組織にのみ発見したということである。同じWKL1変異が、統合失調症の病歴をもつほかの家族にも、あるいはその病歴をもたない家族にも生じるかどうかを決定するために、さらなる研究が必要とされている。いまなお科学者たちは、自分たちの発見が、統合失調症の背後にある生物学的メカニズムのいくつかを解明することを助け、究極的にはいつの日かよりよい治療の選択肢へといたるだろうという希望をもっている。[21]

生物学は、ここでは運命をさし示すものではない。というのもその扉は、治療分子の精密な製作へ向けて開かれているようにみえるからである。その治療分子は、この分子的異常を正確に標的にしている。そしてそれはまさに遺伝子スクリーニングをつうじて、この多型性が存在するとされている人びとにおいてそうなのである。二十一世紀の最初の数年には楽観主義が充ち溢れていた。基礎研究をおこなっている神経科学者たちが主張したのは、「新しい神経伝達物質とそれが活動している場所の発見が治療的介入の多様な機会を与える」ということであった（Snyder and Ferris 2000: 1738）。別の研究者たちが主張したのは、抑うつにかんする新たな神経細胞生物学的理解が、こうした方途で分子を直接標的にする新たな治療因子の開発を可能にしたということである（Manji et al. 2001a, 2001b）。精神医学の研究者たちは、感受性遺伝子の探索や発症前診断検査が患者に対してもつ含意について楽観主義を表明したし（Plomin and McGuffin 2003）、それは精神障害に遺伝学的基盤があるということを長く論じてきた人びとに熱烈に支持された（Cloninger 2002）。しかし多くの研究者たちはいまや遺伝子と環境の相互作用にかんする「複雑な」モデルを構築しようとしていた（Caspi et al. 2002）。バイオテクノロジー企業、たとえばオーストラリアに拠点を置くオートジェン・リミテッド社やケムジェネックス製薬は、抑うつ遺伝子や不安遺伝子の発見計画に着手した。そしてその際、新薬の潜在的な市場を念頭におきつつ、抑うつと不安の進行にかかわる有効なタンパク質標的を発見するために動物モデルを使用していた。[22] このことがわれわれを、治療と分類の相互分子化という問題へとひき戻す。

二〇〇二年に米国精神医学会は、一九九九年に始まった『精神疾患の診断・統計マニュアル』の新訂版であるDSM－Vにかかわる計画の初期段階を締めくくる文書を出版した（Kupfer et al. 2002）。この興味をそそる文書は、疾病、病気そして障害が科学的かつ生物医学的概念であるのか、必然的に価値判断を含む社会政治学的用語であるのかという問題にかんする議論を含んでいる。そしてこの文書は、六つのおもな章から構成されていて、各章が、この改訂版が採用すべき形式についての議論を刺激するための「白書」として書かれていた。これら白書論文の第二章は、デニス・S・チャーニー、デイヴィッド・H・バーロウ、ケリー・ボッテロン、ジョナサン・D・コーエン、デイヴィッド・ゴールドマン、ラクエル・E・ガー、林克明、ファン・F・ロペス、ジェームズ・H・メドー＝ウッドラフ、スティーヴン・O・モルディン、エリック・J・ネスラー、スタンリー・J・ワトソン、そしてスティーヴン・J・ザルクマンたちによる執筆で、「病態生理学にもとづく分類体系のための神経科学研究行動計画」という章題がつけられている（Charney et al. 2002）。これらの著者は先に引用した論文の著者たちよりもずっと注意深くものごとを考えていた。彼らが指摘したのは、精神医学的障害の因果関係にかんする神経生物学的な理論に不足はないが、精神医学はいままでのところ、主要な精神医学的障害を診断するのに有用であるような、あるいは精神薬理学的治療に対する反応を予測するのに有用であるような、単一の神経生物学的表現型マーカーや遺伝子を特定するのには失敗してきたということである。そして、同時に彼らが強調したのは、DSM－Ⅳの定義は事実上生物学的なものではなく、たんにたくさんの症状や臨床経過の特徴にもとづいているということであった。彼らは、現実に論証されてきたことの限界について見事なまでに率直であるが、その可能性については特徴的なまでに楽観的である。

何十年もの努力にもかかわらず、いまだにこれこそ確かに真正の精神疾患の遺伝子だというものはひとつもない。もっともその日は近づきつつあり、新たな遺伝学（そこにはヒトゲノムの塩基配列が全部解読されたことも含まれる）は急速な進歩のときが近づきつつあることを告げている。また、ヒトの脳画像の研究は、精神障害にかかわる脳について、分子レヴェル、細胞レヴェルにおける物質的基盤の具体的かつ詳細な情報をはじめて与えてくれそうである。なるほど現在の画像技術は精神障害、感情障害、あるいは不安障害の診断に役だつ検査をまだ与えてくれてはいないが、画像技術の空間的・時間的分解能と生化学的特異性が、重要な病態生理学的メカニズムを研究可能にするのはもはや時間の問題である。最後に、剖検がもたらす脳試料の研究も、精神障害の病態生理学の具体的で詳細な分子レヴェルの分析をもたらすはずだ（Charney et al. 2002: 34-35）。

〔『DSM－V研究行動計画』、五四—五五頁〕

したがって彼らの希望とは、これから数十年の内に、これら分子レヴェルの脳の状態に直接もとづいた、診断体系と分類体系へとつながる研究指針を生みだすことにある。

われわれの目標は、脳構造と脳機能と行動についての神経科学的な基礎的・臨床的研究を、病因と病態生理にもとづく精神障害の分類に導入することにあった。その結果としての未来の分類が現行のDSM－Ⅳの方法と根本的に相違することはありうるし、そうなりそうですらある。予言するにはリスクのおおきい試みであるが、われわれが推測するところでは、認知、情動、行動の特異な異常を地図的に写像する個別的遺伝子群がいつの日か発見されるとしても、この地図が現在の定義による診断的存在者と符合することはないであろう。発見されるのは、遺伝子の特定のくみあわせと脳を基盤とする機能の異常の布置との関連性であり、それらが寄り集まって現在は認知されていない病気状態の姿をとることであろう。脳を基盤とする機能といったが、もちろん気分、不安、知覚、学習、記憶、攻撃性、摂食、睡眠、性的機能がはいるけれども、それだけにかぎるものではない。また、防御と自然回復とを司る遺伝子も特定され、それと疾病関連遺伝子との相互作用が明らかにされるであろう。遺伝子の発現および表現型発現に対する環境因子の圧力も確定されるであろう。中間表現型をみいだす能力も神経画像法のような技術の進展に伴って向上するであろう。これらすべてがあわさって、新たな治療標的が発見され、それは病気の状態に対して、より特異で効果も向上しているであろう。遺伝子分析と表現型分析による治療効果の予見が可能になるであろう。病気予防が現実の目標になるだろう。(Charney et al. 2002: 70-71)〔『DSM－V研究行動計画』、一〇二－一〇三頁〕

眼にみえる症状や生活の変化、あるいは病状の経過をつうじてというよりむしろ、脳をつうじて診断すること――これが夢である。つまり、彼らが認めるように、現行の分類をまさに根本的に改訂することを帰結しそうな診断様式である。そして、この様式は、表面をあつかう徴候学によって現在分離されているさまざまな障害をむすびつけ、不当にまとめられているさまざまな障害を分割していく。この思考様式では、「脳」が問題になりさえすれば、診断は――治療と同様に、そして病気それ自体と同様に――必ず最善のものと考えられるのである。

営利企業がすでに、実際に診断が直接脳に向かう将来に投資していることは、何も驚くべきことではない。病気予防という名目で、つぎのような希望をもつ者もいる。前駆症状のある個人には、特定の精神医学的病状に対する感受性のテストがおこなわれるし、ある薬に対する反応の可能性もまたテストされるだろう。そして、予防原則にもとづき薬が投与されるだろう。それから脳スキャンが、それらの薬が、実際に、個人の病状を治療するのに適切であるかどうかをみるために使用されることになるだろう[23]。たとえば、アスペクト・メディカル・システム社が二〇〇三年五月におこなった告知をとりあげよう。それは、EEGにもとづく脳モニタリング・テクノロジー――その主張によれば、とても短時間に脳で生じるかすかな変化をとらえる場合、PETやMRIよりも効果的である――が、抑うつ病患者の抗うつ剤への治療反応を予測することを示す研究結果にかんするものであった。そのねらいは、脳モニタリング・テクノロジーを、臨床医が抑うつ病患者に対してよりすばやく最適な治療法を特定するのを手助けするように、使用することである。

「これらの達成目標が、アスペクト社の脳モニタリング・テクノロジーの前途を強調しています。このテクノロジーは、学術研究者、薬や機器の会社、そして臨床医が、生物学的マーカーを、抑うつや痴呆のような神経学にもとづく病気の治療反応を評価するために、よりうまく有用化する手助けとなってくれるのです」と、アスペクト社の神経科学部門のゼネラル・マネージャー、フィリップ・デヴリンはのべた。「この研究の結果として、当社は、治療がさまざまな患者集団にどのように利益をもたらすのかについてのよりよい理解をえることを期待しています。そして、そのことによる新たな、よりうまく的を絞った薬や機器の発展が、抑うつに苦しむ世界規模でおよそ九〇〇万の人びと、そして中枢神経系の障害に苦しむより多くの人びとを治療しうることを期待しているのです[24]」。

直接脳に向かうこと。それにもかかわらず、この告知と、DSMの改訂の際に批判をなした人びととの議論の両方に、別の何かが、つまりはある想定、おそらくはある前提がある。脳スキャンか遺伝子テストかは別にしても、脳を経由するあらゆる道が向精神薬の使用に終わるようにおもわれる。そこで薬に戻ることにしよう。

向精神薬を消費すること

優生学の時代には、精神障害は病理、つまりは国民経済を枯渇させるものであった。今日、それらは私益と国民経済の成長を創出するためのきわめて重要な機会である。実際、前途有望な効果的治療からもたらされる利益は、精神障害にかんするわれわれの知識を生みだす主要な動機になる。この二〇年ほどにわたって、ヨーロッパや北米の先進工業社会において、精神薬理学はとても重要な市場を開拓してきた(Rose 2004)[25]。一九九〇年から二〇〇〇年の一〇年間にわたり、精神医学市場は南アメリカでは二〇〇%以上、パキスタンでは一三七%、日本では五〇%、ヨーロッパでは一二六%、そしてアメリカでは驚くべきことに六三八%、価値が上昇した。アメリカでは、その一〇年の終わりに処方された精神治療薬の売り上げがおよそ一九〇億米ドル——製薬市場全体一〇七〇億米ドルのおよそ一八%——であった。かたや日本の市場は、一三億六〇〇〇万米ドルで、製薬市場全体四九一億米ドルの三%未満であった。一九九〇年から二〇〇〇年に処方された精神医薬の実際の服用量の伸びは、合衆国では七〇・一%、ヨーロッパでは二六・九%、日本では三〇・九%、南アフリカでは一三・一%、そしてパキスタンでは三三・四%の増加であり、それほど著しいわけではない。イギリスと合衆国の双方とも、ひとつの重要な成長分野は新たなSSRI型の抗うつ剤であり、一〇年の間におよそ二〇〇%増加した。それと相関して、わずかではあるが精神安定薬の処方が減少した。さらなる特徴、そしておおいに議論をひきおこしてきた特徴は、精神刺激剤、有名なのは、子供における注意欠陥多動性障害（ＡＤＨＤ）の治療に使われるリタリン（メチルフェニデート）やアデラール（デクスアンフェタミン）の処方の増加である。一九八〇年代半ばから二十世紀の終わりまでに、ＡＤＨＤの診断とこれらの薬の使用が著しく伸びた。このことは合衆国で最も顕著であったし、そして合衆国での処方率は一九九〇年から二〇〇〇年までの一〇年間に八倍まで上昇した。それほど顕著ではないが、類似した上昇を、ほかの多くの国々、とりわけオーストラリア、ニュージーランド、イスラエル、そしてイギリスでみることができる。二〇〇四年に、たとえば、スコットランドの子供の健康にかんする国民保険サービスの会計検査が示したのは、一九九六年から二〇〇三年のあいだに、六歳から一四歳の子供に対するリタリンの処方の数が、一万人あたり六九・一人から六〇三・二人へと増加し、そのことから、スコットランドの子供のおよそ五％が「ＡＤＨＤである」と推定されるということである（National Health Service Quality Improvement Scotland 2004）。イスラエル、カナダやほかの国々でのこれらの薬の使用量の上昇も、別の研究によって示された（たとえば、Fogelman et al. 2003, Miller et al. 2001）。そして、ある人たちにとっては、このことが病気の数の増大という懸念を生じさせる一方で、ほかの人たちにとっては、逆の懸念をひきおこしている。子供に対する投薬こそが増えているという懸念がそれである。

精神治療薬の使用にかんして、多くの初期の批判者たちが主張していたのは、それらの薬が鎮静化や正常化を試みるコントロール戦略のなかで、「化学棍棒」として使用されているということであった。しかし今日では、そのような薬は逸脱者を正常化しようとするよりも、むしろ異常な点を矯正し、その個人を適合させようとするものであると主張したい。それは、その彼あるいは彼女の能力を、日常生活の回路のなかでうまくいくように修復し、維持しようとするものである。最初は、もちろん薬の鎮静効果や規律効果こそが、おもなセールスポイントであった。したがって、一九六二年に『アーカイブス・オブ・ジェネラルサイキアトリ』誌に掲載された、ソラジン（初めての神経弛緩薬、クロルプロマジン）の広告は、小さな患者が巨大で見下しているかのような眼に殴りかかっているものであり、そのうえには「患者が「やつら」に殴りかかるとき、ソラジンはただちに暴力のほとばしりを止める」という説明書きがついていた。そして一年後の同じ雑誌上での、デクサミル・スパンスル——抗うつ治療のための、やや致命的に聞こえるデクスアンフェタミンとアモバルビタールの組みあわせ——の広告には、きちんとしたエプロンを掛けて穏やかでおとなしそうな、自分の家を掃除している主婦が登場した。それはおそらくその薬の投与が進められたあとの様子である。一九八〇年代をすぎ、多くの国々の精神医学的システムは、アサイラムの外側で精神障害を抱える人びとを維持するために、薬の使用に依拠するようになった。それにつれて、薬は、個人がその共同体での生活を乗り切ることを可能にする彼ら自身の能力に依拠することで、大いに市場化されたのである。したがって、ルボックスやラストラルのようなＳＳＲＩ薬の広告の最初のイメージは、患者がそれらの薬の補助によって、抑うつ、強迫観念、侵入的想起、繰り返し行動やそのほかのものとうまくやり、相対的に正常な暮らしを維持する道を強調したのである。しかし、一九九〇年代の半ばになると、プロザックの広告は、笑顔、雲からさしてくる陽光の写真のようなもので充ち溢れた。ここで市場化されたのは、対処法なのではなく、希望なのである。

もちろん精神治療薬は、行為を正常化し、収容者を管理するあらゆる強制的な状況や制度のなかで、以前と同様にいまでも疑いなく使用されている。同様に、それらの薬は疑いなく、「共同体のなかの」患者をコントロールする戦略の一部をなしている。こうした状況で薬を服用している人びとは、しばしば、明示的であるか暗示的であるかにかかわらず、強制のもとでそうしている。[26] 多くの人びとが、同様の批判を子供の障害に対する精神治療薬の使用に向けている。私はすでに注意欠陥多動性障害の治療に対する薬の使用の増加に注目してきた。この状態は、そして多動と注意欠陥障害の前身となっていた状態は、長いあいだ批判を集めてきたのであって、多くの者は、それが個々別々の権威者にとってのみ問題となる行動をラベリングし、医学化する古典的な例であると論じてきた（Conrad 1976, Conrad and Potter 2000）。しかし私は、ＡＤＨＤの増加が明らかにしているのは、障害とその治療とが絡みあいながら産みだしている、より複雑な過程だと考えている。合衆国でのこの成長の駆動要因は多様であった。そこには、精神治療薬が処方された子供たちによるその薬の不正取引はいうまでもなく、ＡＤＨＤを含む心身障害を抱えた子供のために学校に提供される報奨金、病気を認知させるキャンペーン、そして製薬会社の企画する医者向けの販促運動も含まれていた。しかし、それらはわれわれが別の章でみてきたアクティヴィズムのパターンを示してもいる。たとえば、親自身からの圧力、適切に認識されておらず治療されていない障害を特定すること、そのような怠慢はスキャンダルであるという主張、圧力団体の形成、医学の専門家との連携、そして「自分たちの」問題への注意の要求などを示している（S. Rose 2005: 253-263）。これらの薬もまた、希望の政治経済学に関与しているのだ。このことは、子供のための注意欠陥多動性障害の治療薬であるアデラールにかんして、『アメリカン・ジャーナル・オブ・サイキアトリ』誌に載っている一九九七年のある広告でうまく説明されている。その広告では、「自信をもって夏と新学期にはばたけ――アデラールを試してみよう」というタイトルのもとで、にこやかな子供が未来に向けて手を伸ばしている。そしてここにおいてさえ、研究が示してきたように、親、先生、そして子ども自身さえもがしばしばその薬の使用結果について語っているのは、子供に対して外的で疎遠な軛を強いるものとしての薬なのではなくて、逆のもの――子供が自分自身をコントロールすることを可能にし、その子に再び真の自己をとり戻させるもの――としての薬なのである(Singh 2002, 2003, 2004)[27]。権威的な行動管理の実践の外側では、薬の役割についてこのように考えることこそが支配的である。神経化学的自己になりつつある人びとにとって、こうした薬は、個人としての彼あるいは彼女自身が、医者や分子と連携して、つぎのような介入を発見するための援助を約束してくれるのである。その介入とは、再び自己をその生へと復帰させ、自己自身をとり戻すために、当の個人を個人的に悩ませ、彼あるいは彼女の生を妨害しているものの根源にある特異な分子的異常を正確に処理する介入のことである。

たとえば、塩酸フルオキセチンについて考えよう。われわれが先にみたように、プロザックは初期には注意深く形成された分子、つまり塩酸フルオキセチンとして販売が促進された。そしてその分子は、ひとつの特定の病状を標的にする――抑うつを和らげる――ようにとくに設計されていた。しかし、ほんのすぐあとには、幅広い範囲にわたるほかの障害、すなわち、食欲不振、過食症、強迫性障害、パニック障害、そしてさらに多くの障害に対しても販売が促進されはじめた。そしてプロザック自体の特許が切れたとき、その製造業者であるイーライ・リリー社は、同じ化合物、すなわち塩酸フルオキセチンを、月経前不快気分障害のために異なる包装をすることで、市場に流通させはじめた――月経前不快気分障害とは月経時期のひどい気分と身体の不調によって明白に特徴づけられ、アメリカでは月経期の女性の三%から五%に症状が現れるDSM-Ⅳの診断候補のひとつである。

このマーケティングの形式は、啓発的なものである。「われわれの強さを共有しよう」は、二〇〇二年のリリー社のウェブサイトの言葉である。これは数十年間にわたるフェミニストのレトリック――「あなたはひとりではない」――を参考にしている。

月経前不快気分障害、すなわちＰＭＤＤは、何百万人もの女性に症状が現れている明確な医学的病状です。月経前不快気分障害は、毎月、月経の一週間から二週間前に生じます。その多くの症状が、あなたの日々の活動や関係を著しく妨げます。そしてＰＭＤＤは治療しないまま放っておくと、年齢と共に悪化することがあります。しかし、ＰＭＤＤをひき起こしうるのが何かということや、その症状を和らげるのを手助けするのに何ができるのかを理解することで、あなたはより自由に感じるかもしれない……ＰＭＤＤは十分には理解されていないのですが、多くの医者が考えているのは、ＰＭＤＤは、セロトニンと呼ばれる身体中の化学物質のバランスがよくないことによってひき起こされるということです。女性ホルモンの正常な周期的変化は、セロトニンやほかの化学物質と相互に作用するかもしれませんし、その変化はＰＭＤＤの気分的・肉体的な症状とむすびつくかもしれません。ＰＭＤＤは、あなたのように一ヶ月のうち数日苦しむだけのようにおもわれるかもしれませんが、ときが経つにつれ徐々に長くなります。それどころか、あなたはこれらの症状に対処するために出産可能な年月の二五％におよぶ時間を費やすことになるかもしれません。よい知らせがあります。それは、あなたのかかりつけの医者が、サラフェムと呼ばれるＦＤＡ認可の治療薬で、ＰＭＤＤの症状を治療することができるということです。[28]

ジョナサン・メッツルの論によれば、女性のための精神治療薬にかんする広告は、たとえば、一九六〇年代に広くいきわたっていたジェンダーについての社会的・文化的不安を参考にしているということであった。そのとき示されていたのは、精神安定剤に「飼いならされた」、視覚的には自信に満ちたフェミニスト女性のイメージであった（Metzl 2003）。対照的に、サラフェムは、女性が欲している社会的、政治的、そして倫理的な想定を明らかに具現化している一方で、家庭生活やいいなりの状態に戻ることを促してはいない。反対に、サラフェムは自己管理、自分なりのライフスタイルの促進そして自己実現の倫理にむすびついている。そこでは女性自身が、医者や製薬企業と共同して、自分自身の生の責任をとり戻すことができる。

抑うつは一九九〇年代には典型的な診断であったが、おそらくいま最も典型的な例となっているのは不安障害──社会不安障害、パニック障害、そして全般性不安障害──である。はじめSSRI抗うつ剤として市場に流通し、特許権がグラクソ・スミスクライン社に所有されているパキシルをとりあげよう。パキシルは市場にはあとから登場したし、その市場占有率は驚くほどのものではなかった。しかし二〇〇一年にパキシルは、とくに全般性不安障害の治療薬と承認され、最初のSSRIとして再認可された。そして全般性不安障害は、グラクソ・スミスクライン社のアメリカでのテレビDTC広告〔消費者向け直接広告〕によれば、「何百万人ものアメリカ人」に症状が現れている病状である。つい一九八七年まで、DSM-Ⅲ-Rにおけるこの障害の有病率の項（300.02）には、つぎのように書かれていた。「不安症状を説明できるような別の障害を除外した場合〔以前のDSMでは、たとえば気分障害とか精神病的障害とかいった診断のあいだで心配や不安が生じるならば、全般性不安障害とは診断されるべきではないと規定していた〕、この障害は臨床事例のなかで一般的にみられたわけではなかった」（American Psychiatric Association 1987: 252〔『DSM-Ⅲ-R精神疾患の診断・統計マニュアル』〕）。一九九四年にDSM-Ⅳが刊行されると、同じ項は、つぎのように書かれた。「地域調査では、全般性不安障害の一年有病率は三％であり、生涯有病率は五％である。不安障害専門外来では、患者の約一二％に全般性不安障害が認められる」（American Psychiatric Association 1994: 434〔『DSM-Ⅳ精神障害の診断・統計マニュアル』〕）。この流れのなかで、GAD

〔全般性不安障害〕は、その診断が気分障害と共存し、気分障害という一般的なクラスからは区別されるように、同時に再構成された。二〇〇一年四月までに、アメリカ食品医薬品局（FDA）がGADの治療薬としてパキシルを承認したとき、GADの症状が現れているのは、「一千万人以上のアメリカ人、そしてその六〇％は女性である」という主張が広くなされた[29]。

認可によって、認可表示をつけて市場流通させることが可能になり、グラクソ・スミスクライン社は合衆国での販売キャンペーンに即座に着手した。このキャンペーンの特徴は、それが、パキシルという薬剤よりも、むしろ病気自体を市場化したということである。部分的には、このことはDTC広告によるものであった。DTC広告が個人に示していたのは、家や仕事場での心配事や不安があるのは、その人たちが心配性な人たちであるからではなく、ある治療可能な病状を患っているからだということであった。「パキシル®……あなたの人生が待っています」と、テレビ広告とパキシルのウェブサイトは宣伝していた[30]。そしてそこでの語りは、啓発的なものであった。「私はいつもなにか恐ろしいことが起こりそうだと考えていて、それをどうしようもできません」と、最初の女性は語っている。「わかっているでしょう、一番恐れていることが、起こりうる事態が……私はそれをコントロールできない、だから私はいつもあらゆることを心配しているのです」と、二番目の若い女性は語っている。「それは心のなかにあるテープのようなものです、それはまさに何度も何度も繰り返します……私はいつもまったく自分が心配性であると考えていました」と、三番目の人は語っている。「私にはまったくリラックスする機会がないようです。仕事場では家でのことに緊張している。家では仕事場でのことに緊張している」と、心配そうな若い男性が語っている。それから、女性ナレーターの安心させる声が、「あなたが、心配、不安、そしてつぎの症状のいくつかをコントロールできないまま生活している何百万人ものうちのひとりであるなら……（いろいろな症状名が画面上を流れていく……心配……不安……筋緊張……疲労……いらいら……そわそわ……睡眠障害……集中力の欠如……）、あなたは全般性不安障害に苦しんでいるのかもしれないし、化学物質のバランスがよくないせいであるかもしれません。パキシルは、このバランスの悪さを正しくするように働き、不安を軽減するのです」。ここでわれわれは、先に登場した人だとか、いまや幸せそうに子供たちと遊んだり、自動車を洗ったりしているシーンをみる。一方でナレーターは副作用の一覧を大急ぎでしゃべる。「処方薬パキシルはあらゆる人のためのものではありません……あなたが服用しているのがどんな薬なのかを医師に相談しましょう……副作用には、食欲減退、口渇、発汗、吐き気、便秘、ふるえ、性的副作用、眠気が含まれます。パキシルに依存性はありません」。そして、いまやわれわれの目の前には最初の女性が戻ってきており、われわれに直接話しかけている。「私はもはや心配で身動きがとれなくなることはまったくありません、自分らしさをとり戻した気がします、調子がいいです……」。その薬は、このように偽りの自己をつくりだすのではなく、反対に、その薬をつうじてこそ自己はとり戻されるのである。もしこれらの宣伝素材すべてをつらぬくひとつのテーマあるいは期待があるとすれば、それはつぎのものである。この薬を使うことで、私は真の自己へと戻ることができる、私は調子がよくなる、私は自分らしさをとり戻すことができる。

合衆国は、処方薬のそのようなDTC広告を認めている数少ない国のひとつである――薬の広告にかんする法令が一九九七年に緩和されて以来、それは年間二五億米ドルの産業へと成長してきた。しかし、「病気の売りこみ行為」が重要な市場戦略になっているただひとつの国というわけではない。(31) レイ・モイニハンらが指摘したように、このプロセスは、特定の病状向けの製品の市場化を熱望していた製薬会社、そのタイプとみなされる病状に苦しむ人びとによって／のために組織された生社会集団、そして過小診断の問題を診断したい医者たちのあいだの連携をともなうものである（Moynihan et al. 2002）。病気を認知させるキャンペーンには、その治療薬の特許を保持している製薬会社から直接的・間接的に資金が提供されているが、それはこうした診断未確定で治療されざる病状が明らかにひき起こす苦しみを指摘し、有病率を最もおおきな値で考えるように利用可能なデータを解釈する。そうした運動は、一般人や医療従事者の注意を、その病気の存在や治療の利用可能性に向けさせようとしている。そしてまた、彼らの恐怖や心配をもとに臨床型を形成する。これらの運動はしばしば、メディアを利用するために、広告会社を活用する。そして、物語を具体化するための意見をくれる専門家を供給し、その物語を語る被害者たちを提供する。このようにしてロッシュ社は、一九九七年にオーストラリアで対人恐怖症の治療薬である抗うつ剤オーロリックス（モクロベミド）の販売を促進した。その際にロッシュ社は、物語の公開の手はずを整えるために広告会社を活用し、ビクトリア州強迫性障害・不安障害財団と呼ばれる患者団体との連携をもちい、対人恐怖症にかんする大規模会議に資金を提供し、そして有病率を最大限に見積もるようプロモーションしていた。これらは、『医薬品マーケティング』誌のウェブサイトにある「実践ガイド」を一瞥するとわかるように、何の隠しだてもない戦略なのである。[32]

だが、現在の株主価値の時代にあっては、啓発的なやり方で、倫理的な議論をこうした生経済に介入させることもできる。そこではネガティブな評判や不信感が、迅速に、時にはとり返しのつかない仕方で、ある薬のブランド・イメージを損なうことがありうる。二〇〇五年までに、ＤＴＣやほかの広告が商品の恩恵を誇張し、危険性を軽視しているという批判が広くなされたために、多くの会社が市場戦略を移行させた。しかし、この「倫理的な」移行は、現実には潜在的消費者の教育への投資を増加させることになった。したがって、たとえば悪い評判から世間の信頼をとり戻す試みとみなせる動きのなかで、ワイス社

（「より健やかな世界への道をリードする」という社是をもつ）は、電話サポートプログラム、「対談――話し合いの時間」を開始した。そのプログラムでは、看護師がエフェクサーを使用している患者たちと連絡をとり、彼らをプログラムや抑うつにかんする問題をつうじた話し合いへと招き入れ、服薬コンプライアンスを増大させることに努めている。ワイス社の二〇〇五年八月一六日のプレスリリースによれば、

入会した患者さんは、数ヶ月にわたって、エフェクサーXRを服用している患者に共通した治療ニーズに対処するために、内科医と患者との相談をつうじて開発された教材をうけとります。患者さんは電話かインターネットで入会し、「対談――話し合いの時間」の会員カードを含むウェルカム・キットと健康にかんする注意事項をうけとります。また治療に関係のある話題をあつかっている「対談――話し合いの時間」の雑誌、抑うつや薬物療法にかんして起こりうる副作用の問いに答えているパンフレット、そして患者さんが内科医とのつぎの話し合いで抑えておくべき要点についての役にたつチェックリストも含まれています。(33)

同時期の類似した動きとして、ファイザー社は、DTC広告キャンペーンの「根本的変更」を発表した。そこでは、「消費者にやさしい」リスク便益概要を提供することが計画され、またブランド広告に費やすのと同じくらいの額を「[『ザ・ソプラノズ　哀愁のマフィア』の]女優ロレイン・ブラッコを目玉とした最近の「なぜ抑うつとともに生きるのか」キャンペーンのような、商品に言及しない広告による病気の認知」へと投資することが計画された。ファイザー社の副会長兼ヒューマンヘルス部門プレジデントであるカレン・ケイトンは、そこでつぎのようにのべた。「DTC広告は、明らかに患者の役にたちますが、もっと役だつように洗練されるべきです……私どもはわが社のDTC広告をその教育効果を強めるように

——そして患者により早めの行動を取るように働きかけ、医療提供者と協働し、彼らの健康をよりコントロールできるように——変化させるためのアナウンスをしています」[34]。そして、ファイザー社のプレスリリースすべてに掲載されている、つぎのような企業理念に気づくかもしれない。「私たちは、医療用医薬品、コンシューマー製品、アニマルヘルス製品の革新をつうじて、より長く、より健康に、そしてより幸せに生きたいという人類の探究に専念します」。生経済と倫理は、神経化学的自己にかんする医薬品の生政治のなかで、本質的に絡み合っているのである。

神経化学的シチズンシップ

私は別のところで、自己性についての遺伝的・ソーマ的理解をとりまく、生物学的アクティヴィズムの新たなパターンが生まれつつあることを強調してきた[35]。しかし、精神医学や向精神薬との関係では、そのようなアクティヴィズムは別のかたちをとっている。精神科医のなかには、以前には「遺伝子還元主義」に与していた人びとでさえ、「ゲノム学の到来は、スティグマを増大させるどころか、反対の結果をもたらしている」と論じはじめている。そして、自分がアルツハイマー病に苦しんでいるというロナルド・レーガンの公表を、スティグマが減少してきていることのひとつの徴候として指摘している。このスティグマの減少は、「分子レヴェルでその病気の根幹を理解することでなされている進歩」によるものなのだ。「われわれが予測するのは、これがひとつの潮流のはじまりであり、行動障害にかかわる遺伝子を特定することが、公共の認識や寛容さを大幅に改善することになるだろうということである」(McGuffin et al. 2001: 249)。精神疾患の周囲でキャンペーンをおこなっているたくさんの組織——とくに有名なのは合衆国の全国精神障害者連合（the National Alliance for the Mentally Ill〔現在は全米精神疾患同盟 National Alliance on Mental Illness へと名称を変更している〕）（ＮＡＭＩ）とイギリスのＳＡＮＥ――が、精神障害という考えを、遺伝要素をともなう病気としてうけいれている。そしてこの認識が、そのような病状とむすびついたスティグマを減少させ、効果的な治療を導くだろうと論じている。[36] 抑うつにかんする自分の経験についての「教育的な」説明を書きさえした。そこでは、自分の病状が示す疾患モデルへの敵意から、薬物治療をしぶしぶうけいれ、回復し、そして精神障害の起源についての生物医学的で遺伝的な考えへの転換にいたる旅が物語られている（Solomon 2001, Styron 1990）。確かに、なんらかの方法で一度脳のなかに局所化されると、精神障害はときおり、そしてどういうわけか狂気のスティグマから抜けだし、たんにほかと類似した病気になることができるのである。

したがって、おもに子供に症状が現れるいくつかの病状に対する、親による生物学的アクティヴィズムのパターンと、非精神医学的病状に対するそれとに類似点がみられることは、驚くにあたらない。しかしひとつ重要な違いがある。筋ジストロフィー、ハンチントン病、表皮水疱症などのような病状との関係では、ほとんど誰も遺伝的病因に異議を唱えないのに対し、精神障害の生政治学では、まさに遺伝的病因に異議が唱えられるのである。したがってこれらの領域での親によるアクティヴィズムの重要な特徴のひとつは、自分の子供の病状が、社会的条件や親による管理に何か関係があるという見方に異論を唱えることにある。たとえば、注意欠陥多動性障害を取り上げることにしよう。私はすでにＡＤＨＤの認可促進キャンペーンをおこなっているイギリスの親によるアクティヴィスト集団と、この病状に対する精神刺激薬による治療が増大していることに言及した。合衆国で、そのような親による集団がより力強く積極的であるのは、ＡＤＨＤとの関係においてであり、遺伝的原因があるために基礎的なゲノム的生物医学的研究を必要とする病気としてのＡＤＨＤの地位との関係においてなのである。諮問委員会に精神科医、心理学者、そして精神薬理学にたずさわる人びとが参加しているＣＨＡＤＤ（注意欠陥多動性障害をもつ子供と成人の会）は、たとえばつぎのようにのべている。「正確な原因はまだ特定されていないが、遺伝がその集団内での障害の発現にもっとも強く関与していることにほとんど疑問はない……研究結果は、ＡＤ／ＨＤが砂糖の過度の摂取、食品添加物、テレビのみすぎ、親による子供の管理不十分、あるいは貧困や家庭の混乱のような社会的・環境的要因から生じるという、一般に抱かれている見解を支持しない」(37)。彼らのウェブサイトには、研究者がＡＤＨＤにむすびつけてきた脳の異常の詳細や、精神障害の遺伝学を説明し、その病状についての薬による治療にかんしてアドバイスをくれるほかのサイトへのリンクが載っている。

そのようなパターンを目にすることができるもうひとつの領域は、自閉症スペクトラム障害の領域である。クロエ・シルバーマンは、合衆国を拠点とする親によるふたつの支援組織――ＮＡＡＲ（自閉症研究を支援する国民連合）とＣＡＮ（キュア・オーティズム・ナウ）――の遺伝についての方策を調べることで、こうした展開を図示してみせた。このふたつの組織はそれぞれ一九九七年に設立され、自閉症の遺伝学研究プログラムを財政的に支援した。だがそれは、異なる戦略を使用し、異なるやり方で科学者や研究者を加え、さらにはそのような活動に必ずともなう生経済的難局に対して異なるアプローチを採用していた（Silverman 2003, 2004）。しかし、自閉症においてもまた、遺伝子工学的なモデルに異議が唱えられている。確かに自閉症への生物医学的研究を支援するが、遺伝学や神経化学に由来する現行の議論には抵抗するＤＡＮ！（ディフィート・オーティズム・ナウ！）のような団体もあるし、疾病モデルを完全に拒絶する団体もある(38)。さらに一般的には、合衆国を拠点とする遺伝病患者支援団体連合会のメンバーであるほとんどの組織は、精神医学的病状にかんする遺伝的研究を提唱していない(39)。イギリスを拠点とするＭＩＮ

Dやメンタル・ヘルス財団が配布している情報には、ADHDから統合失調症にいたる病状に「人びとがなぜなるのか」という説明に、遺伝的原因が含まれている。しかし、それらの団体は、病状にかんする遺伝的な根拠を特定する研究を捜し求めている積極的な生物学的・遺伝的市民によって動かされているわけではない[40]。抑うつや躁うつ病のような特定の病状の人びとを支援する多くのキャンペーン組織は、その病状にかんする現行の遺伝的研究の最新版を発行し、しばしば研究者からの個人に対する臨床治験への参加要請を載せている[41]。しかし、それらの組織自体はおもに、サービスの向上、雇用や自助にかんするアドバイスを与えること、回復の手助け、そしてスティグマとの戦いのような、より伝統的な問題に焦点をあてている[42]。神経化学的自己との関係で、生物学的シチズンシップはしばしば異なる形式を取るのである。

それは、診断をうけた人びとが病気についての知識をもとうとしないとか、慎重になろうとしないとか、積極的になろうとしないとか、自分たちのメンタル・ヘルスを管理する責任を共有しようとしないとかいったことを意味するのではない。この領域でもまた、人びとは、自分たちがうけさせられている医療行為に対するコントロールをますます要求しているのである。そして、自分たちの生活戦略を考案するときに専門家や専門家ではない人からの多様な形式のアドバイスを求め、医療従事者がこのプロセスの支配者ではなく奉仕者として行為することを要求しているのである。だが精神医学の生政治学のうえには、批判的精神医学、ラディカルな精神医学そして反‐精神医学の長い歴史が重くのしかかっている。そこでは、ほとんどいつもつぎのような発想が前提されていたのだった。すなわち、メンタル・ヘルスの問題を脳障害によって説明したり、そうした問題の病因論において遺伝学に重要な役割を与えたりする説明は、(生物医学的モデルを本質主義的、還元主義的、個人主義的などとする批判のように) 認識論的・存在論的に疑わしいだけでなく、メンタル・ヘルスの問題を抱える人びとを統治する目的で、彼らを非人格化し、彼らにおもいやりをかけず、彼らをおとしめ、そして抑圧する戦略とむすびついてもいるという発想である。[43] 実際、メンタル・ヘルスに問題があるという診断をうけ、薬で治療され、遺伝的関連についての調査をうけた人びとのアクティヴィズムは、普通、生物医学的モデル、その還元主義、その化学的治療への信頼、そして真偽はともかく過剰にその病名に関連づけられることへの声高な弾劾というかたちをとる。[44] 生物医学的研究を支援しつつも、逆に製薬会社に支援されることになるキャンペーンをおこなっているメンタル・ヘルス組織は、中傷の対象となる。批判者たちは、これらの組織がおもに、メンタル・ヘルスに問題を抱えている人びと自身ではなく、その家族から構成されていると論じるのである。そしてその家族は、病状の由来を堂々と生物学に位置づけることで、症状が現れている個人に対し、その由来に自分たちの行為は関係がなかったと考えたがっているのである。また反精神医学の現在の正統な継承者たちは、メンタル・ヘルスの問題にかんする「生物医学的モデル」を支持する研究の妥当性、精神治療薬の効果、そしてそれらを開発し、テストし、市場に流通させる製薬会社の清廉さに対して多様な方法で攻撃をおこなってきた。そのひとつの重要な契機は、ローレン・モシャーが、広くインターネットやほかの場所で回覧されているつぎの手紙をだして、米国精神医学会（American Psychiatric Association）を退会したことであった。モシャーは、メンタル・ヘルスに問題を抱えている人びとのための、コミュニティを基盤にした、薬に頼らない治療を展開してきた主要人物のひとりであり、その当時国立精神衛生研究所で働いていた。

この行動の主な理由は、私の信念にもとづくものです。つまり、実際には米国精神薬理学協会（American Psychopharmacological Association）〔このような協会が実際にあるわけではなく、精神治療薬を製造している製薬会社に加担しているものの協会という皮肉〕から抜けだすということです。幸運にも、組織の真のアイデンティティは、

〔ＡＰＡという〕頭文字の変化を必要としません……歴史のこの時点において、私の見解では、精神医学はほとんど完全に製薬会社に買い占められてしまっています。ＡＰＡは会議、シンポジウム、ワークショップ、雑誌広告、昼食付きの症例検討会、制限のない教育的助成金などに対しての製薬会社からの支援なしには存続できないでしょう。精神科医は製薬会社のプロモーションの手先になりつつあります……もはやわれわれは個々の人間そのものをそのひとの社会的な文脈において理解しようとはしていません――むしろわれわれは、そこで患者の神経伝達物質を再調整することになっているのです。(45)

モシャーがＡＰＡを批判したのは、ＡＰＡが「ＮＡＭＩとの穢れた同盟」に参加していること、つまり、自分の正常ではない《マッド》／よくない《バッド》子孫をコントロールしたい親たちを支援し、毒性をもっと知られている薬の使用を大目にみて、ＤＳＭ‐Ⅳ、すなわち科学的にまったく妥当性をもたないカテゴリーを促進しつつ精神科医が金を稼ぐのに役だつ政治的文書をでっちあげているからであった。(46) ＡＰＡが提携すべきなのは、真の消費者集団、「すなわち元患者、精神病となんとかうまくやっている人びと」だとモシャーは論じたのである。

精神医学的サービスのこのような批判者たちの多くは、デイヴィッド・ヒーリーのつぎのような議論に依拠していた。それは、製薬会社がいくつかの最も重要なＳＳＲＩ群の精神治療薬の認可をえる際に、否定的な治験結果を隠し、さらに、少数ではあるが重要な事例において、そのような薬が自殺や殺人行為の危険を増加させる深刻な副作用を生みだしたことの証拠を無視したり、葬り去ったりしているという議論である。そして、鍵となる事例においては、製薬産業、助成金に依存している大学の部門、そして独立しているとされるが実際には自分たちが評価している化合物に金銭的な利害関係がある精神医学研究者たちとの穢れた同盟がある、という議論である（Healy 2002, 2004 と Healy et al. 1999）[47]。別のアクティヴィストたちが論じたのは、製薬会社がこれらの薬の使用を止めることの困難さを軽視しているということであり、したがって製薬会社には大規模な依存性をつくりだしている罪があるということであった（Medewar 1997）。さらに別の批判者たちが依拠する研究は、それらの会社が、自身の治験ではしばしばプラシーボ効果以上のものではない薬の効能を、ひどくおおげさに誇張しているのを示していた（Moncrieff and Kirsch 2005）。そして、二〇〇四年までに、これらの非難は少なくとも一面では——ＳＳＲＩ向精神薬の効能と安全性についての主張を不安定化させているという点で——いくらかの成功をおさめていた。二〇〇三年一二月に、英国医薬品安全性委員会の委員長であるゴードン・ダフ教授が勧告したのは、これらの抗うつ剤の大部分は、一八歳以下の子どもや若者のうつ病を治療するのに使用されるべきではないということであったし、アメリカ食品医薬局の表明した懸念もそれとよく類似している（Ramchandani 2004）。二〇〇三年一二月に、英国医薬品庁は、子供に大部分のＳＳＲＩとＳＮＲＩ抗うつ剤を使用することを禁止した。ただし、プロザックはその例外にされていた。しかし、二〇〇五年四月に、欧州医薬品庁が推奨したのは、医者がすべてのＳＳＲＩやＳＮＲＩ製品——リリー社のプロザック、シンバルタそしてストラテラ、グラクソ・スミスクライン社のセロザット、ルンドベック社のセレクサやレクサプロ、ファイザー社のゾロフト、ワイス社のエフェクサー、そしてアクゾノーベル社のレメロン——を、それらの薬が自殺関連行動や敵意の頻度を増加させるという根拠にもとづき、子どもに使用することに強い警告をだすべきだということだった。大人がこれらの薬を使用することに対する論争は、定まらないままとなった。しかし、こうした展開は、「大手の製薬会社《ビッグ・ファーマ》」への疑いや批判というより一般的なアクティヴィズムや、そのような薬のレシピエントやその家族による損害賠償請求という成長産業とむすびついているので、神経科

学的自己にかんする現在の生政治学にとくに論争的な特徴を与えているのである。(48)

神経政治学

一九九〇年代までに、精神医学の思考や実践において根本的な移行が生じていた。医療行為をうけていない患者の生きた脳のなかに、神経伝達物質の機能上のヴァリエーションと、うつ病やそれ以外の心的障害の症状とをむすびつける確固たる証拠がほとんどないことは問題ではなくなった。とはいえ、多くの研究者はそのような証拠を捜し求めているし、証拠がみつかったと報告する論文もときおり現れる。また、新たなスマートドラッグの大部分が、ゆるやかなあるいは深刻なうつ病に対し、それ以前に使われていたダーティードラッグとせいぜい同じ効果しかもたないことも、さして問題ではない。それらスマートドラッグが支持されるのは、より安全で、「求められていない効果」がより少ないと主張されているからである。ひとつの考え方がかたちをなしつつあり、ますます多くの精神科医がそれ以外のやり方で考えることは困難になってきている。この考え方によると、精神病理についてのあらゆる説明が、脳やその神経化学――ニューロン、シナプス、膜、受容器、イオンチャネル、神経伝達物質、酵素など――を「通過し」なければならないのである。いまや診断が最も正確だと考えられるのは、症状をこれらの要素のひとつ以上の異常とむすびつけることができるときである。そして、精神治療薬の開発と作用はこれらの用語で考えられている。来歴による効果が除外されるということではなく、来歴――家庭内ストレス、性的虐待――がこの脳に対する影響をつうじて効果をもつということである。環境も自身の役割を演じるが、失業、貧困なども、この脳に対する影響をつうじてのみその効果をもつ。そして経験――たとえば薬物乱用やトラウマ――も自身の役割を果たすが、再度、この神経化学的な脳に対する影響をつうじてそうするのである。二、三〇年前、そのような主張がなされれば極端に大胆だとおもわれただろう。多くの医療精神医学的研究者や実践家にとって、そうした主張は、いまや「常識にすぎない」ようにおもわれる。

そして、同じ動きのなかで、精神医学はその資本化によって姿を変えることになった。公的アサイラムが広まる以前の私的なマッドハウスに向けられた批判のひとつは、それらが「精神異常屋」と名づけられるものを生みだしていることにあった。そして、そこでの利益は監禁によってつくりだされるものであった――そのことが結果としてあらゆる種類の腐敗を導くことになった（Jones 1972）。誰も十九世紀には、あるいは実際には二十世紀半ばにいたるまで、公的精神医学から巨額の金銭を生みだしていなかった。ナチ・ドイツにおける優生学的議論のひとつは、精神の病気をケアすることが国庫の巨額な浪費の原因になっているということにあった（Burleigh 1994）。もちろん、みなが知っているように、二十世紀後半には、心理療法やカウンセリングが大きなビジネスになった。しかし精神医学それ自体――精神病院、診療所、かかりつけの医院、そして私的な精神診療室――もまた、製薬産業にとって巨大な利益をもたらす市場になったのである。大きな製薬会社のみがいまや、新たな精神治療薬の開発、治験、そして認可にともなうリスク資本を提供することができる。また、現在の精神医学はまさに精神薬理学の発展の所産であるので、このことが意味するのは、これらの商業的な決定が現実にきわめて根本的な水準で精神医学的思考のパターンを形成しているということである。製薬会社の工場が精神医学の技術革新にとって鍵となる実験室であり、そして、精神医学の実験室は、まさに文字通り、精神薬理学の工場の一部になっている。これら大規模な多国籍複合企業の多くが、精神治療薬市場から収入のかなりの部分をつくりだしており、市場占有率の獲得の成功、あるいは失敗が、その会社の株主価値を維持するための鍵になっている。新たな生命科学にかんするポール・ラビノウの評価は、とくに精神医学にふさわしい——真理の探究はもはや精神医学的知識の所産を動員するだけでは充分ではない——健康（あるいはむしろ、健康を促進することからつくりだされる利益）が、心的な不調にかんする知識と呼べるものを生みだす際の主要な原動力になっているのである（Rabinow 1996a）。

もちろん、この新たな医療産業複合体を特定しその権力を指摘するだけでは、その複合体を批判することにはならない。大規模な資本投資のみが新たな治療薬を生みだすことができる状況において、健康と収益性とのそのようなむすびつきが、効果的な薬の創出のための条件であるのは避けがたい。そのような薬が発見され使用されはじめた最初の数十年間である、一九五〇年代、六〇年代に製薬会社で働いていた人びとは、自分たちが公衆衛生に関心のある人びとと道徳的な同盟関係にあるように感じていた。そして、共同して、治療されていない精神医学的病状を特定し、効果的な治療を開発し市場に流通させていたのである。[49] しかし、二十一世紀までにその状況はより複雑化されることになった。公衆衛生に関心のある人びとは、診断未確定の精神医学的障害、とくにうつ病と不安障害という重荷や、さらなる認識と治療の必要へと、繰り返し政策立案者の注意をひきつけている（European Commission Health and Consumer Protection Directorate-General 2005, World Health Organization 2004）。同時に、医療および製薬情報会社は、病状の治療にかかわる潜在的市場へと、繰り返し製薬会社の注意をひいている。たとえば、ひとつだけ例をあげるならば、データモニター社によって「不安障害——たんなる併存症以上のもの」と名づけられた、二〇〇四年の「ステークホルダーインサイト」の報告は、つぎのような表現で売りこみをおこなっている。「主要七市場にわたるすべての人びとの五分の一が不安障害に苦しんでいるにもかかわらず、これら個人の四分の一のみが診断を受け、そして治療されているにすぎない。結果として、製薬業者は収入を最大化し損なっている」。そして読者にその報告（たった一万五二〇〇米ドルしかかからない）を購入する三つの理由を与えている。

・不安障害とそれに伴う精神障害の有病率を知ることによって、薬で治療を受けている人口の規模を評価する。
・処方箋の出し方の理解をつうじて、より効果的に医師にねらいを定める。
・現行製品のベンチマーク・テストをおこない、充たされてないニーズと潜在的な将来の市場を評価することで、商機を特定する。(50)

これは精神疾患治療薬市場の未開発部門にかんするたくさんの類似した報告のひとつにすぎない。つまりここでも、公衆衛生と私的株主価値を同時に促進することは、製薬企業とむすびついているのである。

しかし、われわれがここで描いてきた発展の多くの帰結を、まるで病気と治療が互いに独立しているかのように、商業的関心や効能についての議論だけに還元することはできない。一番広く処方されている新世代の精神治療薬が治療する病状は、その境界があいまいで、その一貫性や、病気や障害としての存在そのものが議論の的になっているものである。そして、それらの薬においては、特定の病気を「治癒すること」――病理学的状態へと変化させること――よりもむしろ、患者の人生の変遷が経験され、生きられ、そして理解される方法を修正することが意図されている。それは、今日の精神治療薬が生価値の探索のなかで考えられ、設計され、広められていることの、まさに疑いようのない事例である。しかし、それらには、人間が何であるかあるいは何であるべきかについての考え方――すなわち、こうした薬の考え方そのものに内在化されている特定の規範、価値そして判断――が絡みあっている。ある倫理学がこれらの薬の分子組成のうちにはくみこまれているし、薬それ自体が、特定の生の形式を具体化し、煽りたてている。そしてその形式のなかでは、「本当の私」は「自然」であり、かつまたつくりだされるものでもあるのだ。したがって、心的な不調の治療が出現したことの意義は、その特定の効果のうちにだけあるのではなく、専門家と素人の両者が自分たちの世界を見つめ、解釈し、それについて話し、理解する仕方を形成しなおす仕方のうちにあるのである。

二十世紀をこえて形成されてきた精神医学的な言説――ノイローゼ、トラウマ、無意識の欲望、抑圧、そしてもちろんわれわれの心的な生に対する性の中心性というテーマ――は、自分自身と関係するまったく新たな方法をもたらした。われわれが「神経化学的自己」になったということは、自分自身と関係するこの方法が、いまやほかのすべてを押しのけた、あるいはそれにとって代わったということではない。すなわち、さまざまな実践や場が自己性のさまざまな意味を具体化させ、要求しているのである。文化や時代が、単一な自己理解や単一な自身とのかかわりによって特徴づけられるという考えは、明らかに誤解である。(51) しかし、ここで私が示したいのは、自分自身についての神経化学的意味が、ますますほかのもの、より古い意味での自己のうえに積みかさねられ、重要な帰結をともなう個々の場面や出会いのうちに呼び起こされるということである。個々人が自分自身で、そしてそのような個々人に対して権威をもつ者たち――かかりつけの医者、看護師、教師、親たち――が、気分や感情や欲望や思考のヴァリエーションを脳内の化学物質の機能によってコード化しなおしはじめているし、このような信念を踏まえて自分自身に働きかけはじめている。このように世界を把握することは、障害を個人の脳やそのプロセスの内側に宿るものと考えることであり、精神治療薬を、たんに症状の緩和に対するだけでなく、これら神経化学的異常を調整し管理する方法に対する最前線の介入として理解することである。もちろん、これらの薬をコントロールのための媒介物とみなして、その使用を批判することは重要だし、これらの薬の偽りの約束、副作用、そして生経済の根拠を指摘することも大事である。しかしまた、そのような薬が、われわれの行為が他者によって、そしてわれわれ自身によって統治される方法の中心になりつつあるという、このより広い移行に注意することも重要である。

よく知られているように、ジル・ドゥルーズ（Deleuze 1995）が示したのは、現代社会がもはやフーコーの特定した意味で規律化されているのではないということであった。現代社会はコントロール社会である。規律が、その能力や行為のかたちが消しがたく永久に魂へと書きこまれる個人をつくりあげようとする場において——家で、学校で、あるいは工場で——今日のコントロールは存在にかかわるあらゆる活動や実践とむすびつき、欠くことができないものになっているのである。ドゥルーズ自身は、「途方もない規模に達した薬品の生産や、分子工学や遺伝子操作などが新たなプロセスに介入してくる運命にある」とのべている（Deleuze 1995: 178）。ここでは、ドゥルーズのディストピア・イメージのうちに自分自身の生のかたちの何がしかを認めようとして、そのイメージ全体をうけいれる必要はない。健康の分野で、活動的で責任ある市民は、健康を常時モニタリングし、彼あるいは彼女の日々の生活様式にかかわる実践への要求が変化するのに応じて、常時調整・調節・改善するという仕事に従事しなければならないのである。同様に、魂の統治のための新たな精神医学テクノロジー、製薬テクノロジーは、個人に常時リスク・マネジメントをおこなうこと、より繊細でより連続的な自己精査プロセスに従って気分や感情や認知をモニタリングし、評価することを義務づけていく。病気を認知させるキャンペーンをつうじて教育をうけ、そして少なくとも部分的には神経化学の術語、医療専門家との良心的な協調、ニッチ市場化された薬剤によって自分自身を理解する人は、自分の潜在性の最大化、自己の回復、生をかたちづくる際の自己形成の名において、こうした調整の支配権を握ることができるのである。現代の神経化学的自己性がとっている形式は、治療、回復、操作、エンハンスメントの境界がぼやけてゆく状況は、こうした新たな生のかたちの義務と緊密に絡みあっている。それらは、われわれの能力をモニタリングし、管理し、そして調整するという連続的な課題に内在するものであり、そうした課題こそが、現代の生物学的市民の一生の仕事なのである。

註

（1）この章は、デューク大学出版より出版が検討されている、P. Gardner, J. Metzl and J. Dumit, eds. *Psychiatric Culture: Disordered Mood, Remedies, and Everyday Life* に所収予定の“From the Psychological Self to the Somatic Individual”の拡張・改訂ヴァージョンである。このオリジナル論文のさまざまなヴァージョンはすでに発表ずみである。二〇〇一年三月九日のコペンハーゲン大学人文学部での公開講演においては“Normality and Pathology in a Biological Age”として、そして二〇〇一年五月にブリティッシュ・コロンビア大学で開催されたリスクと道徳性にかんする会議で、さらに二〇〇二年一一月シドニーでのオーストラリア批判的精神医学会議の基調演説として等々。またそこには、Rose 2004 からの資料も含まれている。

（2）「われわれ自身を発見すること――感情の科学」では、脳と身体、生まれと育ち、そして究極的には病気と健康のつながりを示す最先端の調査を記述するため、アメリカの主要な神経科学者が一堂に会した。http://lcweb.loc.gov/loc/brain/activity.html を参照のこと（二〇〇二年四月二七日確認）。

（3）たとえば、E・H・チャドラーのウェブページに載せられている年表“Milestones in Neuroscience research,” http://faculty.washington.edu/chudler/hist.html を参照のこと（二〇〇二年四月二七日確認）。トリンブルにかんする議論は、二〇〇〇年一二月プリンストン大学での科学的思考におけるモデルと事例にかんするシンポジウムのために準備された、“Biological Psychiatry as a Style of Thought”に由来する。

（4）聴診器は太りすぎの女性患者の心音を聴くために、一八一六年にルネ・テオフィル・ヤサント・ラエンネックによって発明された。彼は自分の発見を一八一九年に *De l'Auscultation Médiate*〔『聴診法原理および肺結核論』（抄訳）柴田進訳、創元社、一九五〇年〕として出版した。

（5） 身体を可視化するこれら新たな方法は、二〇〇〇年から〇一年にロンドンのヘイワード・ギャラリーでの見事な Spectacular Bodies 展で解説された（Kemp and Wallace 2000）。

（6） これらの変容については、未公刊論文"The Psychiatric Gaze"において分析している。それは最初、一九九八年に the London History of the Present Research Network に提出された。

（7） ブレインビューズ：http://www.brainviews.com/abFiles/ImgPet.htm（二〇〇二年四月二七日確認）。

（8） Brainplace.com は、アーメンクリニックによって公開されている。http://www.brainplace.com/bp/atlas/ch7.asp を参照のこと（二〇〇二年四月二七日確認）。

（9） http://www.brainplace.com/bp/atlas/ch7.asp を参照のこと（二〇〇二年四月二七日確認）。キラン・ファン・リーンが私に指摘したのは、このような可視化の使用には長い歴史があるということであった。たとえば、X線の発見にかんするレントゲンの発表のわずか数ヶ月後には、以下のような報告がなされた。「The Roentgen Ray as a Moral Agent.——*The Union Médicale*, March 28 という記事は、腕の痛みを説明するためにX線撮影がおこなわれた若い女性の事例を報告している。彼女は自分の骨が異常な状態にあるとおもいこんでいた。その外科医はその事例をささいなトラウマがヒステリー患者に作用しているものと診断し、腕の写真をとることで、彼女に腕にはまったく問題がないことを理解させた。このことに一度納得すると、その患者はすっかり治ってしまった」（"Miscellany," *JAMA*, April 25, 1896, 843-844）。以上の指摘にかんしてキラン・ファン・リーンに感謝する。

（10） http://www.alcoholmd.com/ を参照（二〇〇二年四月二七日確認）。

（11） たとえば、http://www.clinicaltrials.gov/ct/show/nct00018057 で報告されている the Clinical Trial of Fluoxetine in Anxiety and Depression in Children, and Associated Brain Changes を参照（二〇〇五年一一月一日確認）。

（12） 脳スキャン画像はまた、精神障害が身体の病気とみなされるべきだということを論証する試みにおいて、法廷でも使用されている。たとえばジェーン・フィッツは、自分が双極性障害で退職させられたとき、身体に障害がある従業員に払われるのと同じ保険給付をうけることを拒否されたので、脳の異常性を示すスキャン画像を、コロンビア特別区にある連邦裁判所での訴訟へともちこんだ。そして彼女は、スキャン画像に示されている脳の物理的変化が意味するのは、その双極性障害が彼女の給付プランで定義されている「精神障害」ではないということだと主張した。裁判所はほかの多くの鑑定人から証言を聴取した——そこには、躁うつ病にかんする標準的な教科書の著作であり、双極性障害がそのほかの病気と同じように身体の病気だと論じているフレデリック・グッドウィン（第八章で再度出会う精神病の定義〔「あらゆるタイプの心的・神経的・感情的な疾病や障害」といったような）がもつきわめてあいまいでいい加減な言い回しの結果におもわれる。その判決文は、http://www.dcd.uscourts.gov/Opinions/2002/Kennedy/98-617.pdfでみることができる（二〇〇五年一二月一日確認）。精神病者のための全国同盟は、二〇〇二年の二月に判決がくだされた、その事例を、"Federal court strikes down boundary between physical and mental illness," http://www.namiscc.org/newsletters/February02/CourtDecision.htmというタイトルのもとに報告した（二〇〇五年一二月一日確認）。

（13）それらを、たとえば、X線結晶構造解析によって生みだされる塩化物イオンチャネルにかんする、ずっと複雑な三次元的可視化と比較してみよう。この可視化は、ロックフェラー大学の（ハワード・ヒューズ医学研究所の研究者であるロデリック・マッキノンに率いられた）科学者チームのひとつが賞を獲得した仕事であり、『ネイチャー』誌の二〇〇二年一月一七日号で報告された。そこでは、細胞膜を越える塩化物陰イオンの伝導を効率的にするよう設計されている、まったく新たなタイプのタンパク質の構造が明らかにされたと主張されている。

（14）http://www.scientificamerican.com/askexpert/medicine/medicine43/medicine43.htmlを参照のこと（二〇〇二年一一月一日確認）。

（15）http://www.prozac.com/HowProzacCanHelp/HowItWorks.jspを参照のこと（二〇〇二年一一月一日確認）。

（16）http://www.rxlist.com/cgi/generic/parox_cp.htmを参照のこと（二〇〇二年八月一二日確認）。

（17）エリザベス・ウィルソンがおこなっている、消化器官に対するセロトニンの作用様式の説明が強調しているのは、このような思考様式において、脳の外側での薬の作用が無視され、最小化される方法である（Wilson 2004a）。

（18）第二章と第三章の議論を参照のこと。

（19）第四章を参照のこと。

（20）第三章を参照のこと。

（21）http://www.sciam.com/article.cfm?articleID=0004F784-F698-1C5A-B882809ECS88ED9Fを参照のこと（二〇〇四年八

412

月一八日確認)。

(22) 二〇〇四年九月一五日にケムジェネックス製薬は、自社の抑うつと不安の研究グループが発見した、抑うつに関連する新たな五つの遺伝子標的にかんして、特許権保護の申請をおこなったと発表した。そのプレスリリースによれば、

イギリスの一流バイオ医薬品会社であるベルナリス社と、最近提携の調印をしたあとで、その発見がなされた。その提携では、初年度のさしあたりの目標のために二百万豪ドルの契約がなされている……ジーロングのディーキン大学に拠点があるケムジェネックス製薬は、五つの遺伝子を特定した。そして、それらの遺伝子は、その企業独自の動物モデルが同腹仔から分離されたあと、八日間にわたって行動の変化を経験するにつれてさまざまに発現した。その発見によって、ケムジェネックス製薬がCNS疾病の分野で保護した遺伝子の数は一〇に達した……ケムジェネックス製薬の最高経営責任者グレッグ・コリアが語るには、新たな発見が、その企業の抑うつと不安遺伝子の発見計画を強化するということである。「これは時宜を得た発見でした。というのも、われわれがCNS障害の分野で競争力のある国際的な企業との提携に調印した直後であったからです。その発見には、以前にはけっして報告されていなかったいくつかの遺伝子や、それより前には抑うつと関連づけられていなかった既知のある受容体が含まれています。世界には二四〇億豪ドル以上の規模の抗うつ薬市場があるので、新たな手がかりや新たな治療アプローチのための力強い後押しがあります。当社は、われわれの新たな動物モデルが、傑出した検証テクノロジーと堅固なヒト遺伝子解析とむすびつくことで、ベルナリス社にとって非常に魅力的になると確信しています」。

http://www.chemgenex.com/wt/page/pr_1109122078 を参照(二〇〇五年八月二三日確認)。グレッグ・コリアはオートジェン・リミテッド社の最高執行責任者にも指名されている。また、彼によるトンガの全人口の遺伝子プールの「購入」は第一章で論じた。

(23) 遺伝子技術を使用しないにもかかわらず、そのようなスクリーニングが、ジョージ・W・ブッシュ大統領のメンタルヘルス新自由委員会によって、合衆国で提案された(本書の第八章とLenzer 2004を参照のこと)。

(24) http://www.aspectmedical.com/professionals/neuroscience/default.mspx におけるウェブサイトから(二〇〇三年八

月二〇日確認）。

（25）以下の数字は、ロンドン大学ゴールドスミス校での「セロトニンの時代」というＩＭＳヘルス社がおこなった委託研究からのものであり、その資金はウェルカム財団の生物医学倫理にかんするプログラムから提供された。より詳細な分析は Rose 2004 を参照のこと。

（26）二〇〇四年に英国政府が提案したメンタルヘルス法——精神医学の団体やメンタルヘルスの組織、使用者や消費者の集団、そして精神病となんとかうまくやっている人びとがほとんどいつも批判の対象にしているもの——は、「共同体のなかで」治療を受けている「薬に従順」でない精神病の患者を、投薬できる医療施設へと強制的に連れていくことを可能にする条項を含んでいた。

（27）クーパーによって提示されている英国の学童からの引用も参照のこと（Cooper 2004）。しかし、これらはスティーヴン・ローズによって異なる仕方で解釈されている。そして、彼が提案しているのは、その薬が子供たちに何をしようとも、その薬は疲れきった親や先生にとっては生活をずっと快適にしてくれるということである。つまり彼が提案しているのは、ＡＤＨＤの診断とそのＡＤＨＤを治療する薬を使用することの圧力の多くは、医療専門職からというよりもむしろ、親や先生からきているということである。Rose, S. 2005 の第十章の議論を参照のこと。

（28）http://www.sarafem.com を参照（二〇〇三年八月二〇日確認）。

（29）Doctor's Guide というウェブサイト、http://www.pslgroup.com/dg/1f8182.htm を参照（二〇〇二年一二月八日確認）。

（30）これらのテレビ広告の多くのコピーを私（やこの問題に関わる多くの研究者）に提供してくれたことをジョセフ・ダミットに感謝したい。

（31）http://www.policyalternatives.ca/publications/articles/article315.html を参照のこと（二〇〇四年八月一八日確認）。

（32）http://www.pmlive.com/pharm_market/prac_guides.cfm を参照のこと（二〇〇四年八月一八日確認）。

（33）http://www.wyeth.com/news/Pressed_and_Released/pr08_16_2005_07_43_19.asp を参照のこと（二〇〇五年八月二三日確認）。

（34）http://www.pfizer.com/pfizer/are/news_releases/2005pr/mn_2005_0811 jsp を参照のこと（二〇〇五年八月二三日確認）。

（35）第四章と第五章で論じた。

(36) SANEは多くのセレブによって支持されているし、メディアにもよく登場する(http://www.sane.org.uk を参照のこと)。NAMIがもっとも明示的である。NAMIは、精神疾患を「生物学的に脳の障害にもとづく」ものであると宣言し、ウェブサイトで、統合失調症や気分障害にかかわる同義遺伝子を含む遺伝的素因についての強力な証拠があると主張する研究についての梗概を掲載し、全米精神衛生学会によっておこなわれた遺伝子研究を支持している(http://www.nami.org/)。

(37) http://www.help4adhd.org/en/about/causes を参照のこと(二〇〇五年八月二六日確認)。

(38) この領域にかんする情報や、「遺伝子シチズンシップ」といういまやなじみのモデルに従っているCHADDならびに子供の精神障害を支援する親によるそのほかの団体にかんする示唆については、クロエ・シルバーマンに感謝する。

(39) http://www.geneticalliance.org/ を参照のこと(二〇〇四年八月一八日確認)。

(40) MINDにかんしては、http://mind.org.uk を参照。メンタル・ヘルス財団にかんしては、http://www.mentalhealth.org.uk を参照のこと。また、リシンク——その前身は全国統合失調友の会である——にかんしては、http://www.rethink.org.uk も参照のこと。

(41) たとえば、躁うつ病友の会の雑誌である *Pendulum* 誌の二〇〇五年夏号には、双極性障害と診断された人びとと統合失調症と診断された人びととを区別することができる遺伝子発現を、血液検査で検出しようとする研究の説明が掲載された。そこで提案されているのは、そのような検査が早期診断やより時宜にかなった治療を可能にするだろうということであった(そこでは Tsuang et al. 2005 に言及がなされている)。躁うつ病友の会にかんしては、http://www.mdf.org.uk を参照のこと。

(42) うつ病連合会はこれらの典型である(http://www.depressionalliance.org/ を参照のこと)。

(43) ここはこうした批判運動の歴史をたどる場所ではないし、そのことについては Miller and Rose 1986 と Rose 1986 ですでに議論した。よく知られているように、イギリスやヨーロッパの批判的精神医学運動は、レインとサスの著作、ミシェル・フーコーの著作にかんする特定の解釈、そしてイタリアの精神医学者フランコ・バザリアの影響に依拠している。イギリスの歴史で鍵となる組織は、一九七〇年代では精神病者組合であり、八〇年代初めではCAPOであり、精神医学に対するオルタナティブのための英国ネットワークやサバイバーズ・スピーク・アウトである。ヨーロッパでは、キャンペーン活動のいくつかは、ENUSPによっていまなおひきうけられている（http://www.enusp.org/を参照のこと）。

（44）たとえば、マインドフリーダムは、精神障害に対する異議申したてのみならず、「生物医学的モデル」自体や「メンタルヘルス産業」、とくに製薬会社に対する異議申したてにたずさわっている数々の組織を、ひとつの国際的な同盟へとまとめている（http://www.mindfreedom.org/を参照のこと）。

（45）この手紙の全文は、彼のウェブサイト、http://www.moshersoteria.com/で閲覧可能である。一九六八年から八〇年まで、モシャーはNIMHの統合失調症研究センターの所長であった。そこで彼は、*Schizophrenia Bulletin* 誌を創刊し、最初の編集長を務めた。一九八八年から九六年まで、メリーランド州モンゴメリー郡の中毒者・犠牲者・メンタルヘルス・サービス局の局長兼、精神科の臨床教授であった。一九九六年から一九九八年まで、カリフォルニア州サンディエゴのメンタル・ヘルス・サービス局の局長兼、サンディエゴにあるカリフォルニア大学医学部精神科の臨床教授であった。モンゴメリー郡での役職についていたときに、彼は、たくさんの革新的なプログラムの確立を手助けした。そのなかには、〔精神治療薬の〕消費者たちによるコンピュータ会社の自営や、危機的状況にある人びとのための、精神病院への入院に代わる新たな施設が含まれている。一九七〇年から九二年まで、彼はソテリア・プロジェクト——統合失調症の治療のための新たなコミュニティ——の共同研究員であり、そのあとでリサーチ・ディレクターになった。ローレン・モシャーは二〇〇四年に亡くなっている。

（46）こうした議論における毒性の典型は、ラーガクティル／ソラジンのような「伝統的な」抗精神病薬や神経弛緩薬の長期にわたる作用である。これらの薬は、一九五〇年代、六〇年代そして七〇年代に精神病院で使用され、遅発性ジスキネジアという不可逆性の病状を導くことになった。

（47）多くの批判者はまた、これらの議論を支持するために法に訴えている。一九九四年にルイビルの法廷に届いたプロザックに対する最初の訴訟は、ジョセフ・ウェスベッカーにかんするものであった。ジョセフ・ウェスベッカーは、その訴訟の五年前、プロザックが処方されたすぐあとに、自分が働いていた印刷工場で二八人を銃撃し、その内の八人が死亡し、その後自殺した。この事件が、これらの薬の副作用について——興奮（アカシジア）の増加、プロザックを投与された少数ではあるがそれなりの数の人びとの自殺念慮について——の積年の関心を公的領域にもちこむことになった。こうした関心ゆえに、ドイツの許認可機構はすでに、一九八四年、認可発行前に製品警告表示を出すよう要求していたのだった。第一世代の薬が特許を失効するにつれ、製造業者はまた多くのよく似た事例に立ち向かうことになる。二〇〇一年の六月には、シャイアンの法廷が、グラクソ・スミスクライン社に、ドナルド・シュネルの家族に六四〇万ドル（四七〇万ポンド）を支払うよう命じた。ドナルド・シュネルは自分の妻、娘そして孫娘を射殺し、それから自殺した――それは彼のかかりつけの医師がうつ病のためにパキシル（ヨーロッパではセロザットとして知られているパロキセチン）を処方した二日後の出来事だった。陪審団は、薬が死をひき起こしたことに対して八〇パーセントの責任があると決定した。またその二週間前の二〇〇一年五月に、オーストラリアの判事は、セルトラリン（オーストラリアで最も広く使用されている抗うつ薬ゾロフト）を用量以上に多く服用したことによって、デイヴィッド・ホーキンスが自分の妻を殺害し、自殺を試みることになったと裁定した。「私は彼がゾロフトを服用していなければ、自分の妻を絞め殺すことはなかっただろうと確信しています」（裁判官バリー・オキーフ）。http://www.antidepressantsfacts.com/David-John-Hawkins.htm から引用（二〇〇五年八月二四日確認）。

（48）マルシア・エンジェルという高名な *New England Journal of Medicine* 誌の元編集者が、製薬産業へのもっとも有力な攻撃のいくつかをおこなってきた（Angell 2004 と Relman and Angell 2002）。

（49）エミリー・マーティンはこのことを、自分がおこなった抗うつ剤の市場化の研究のなかで明瞭に説明した。そこでは、フランク・エイド――メルク社のアミトリプチリンの臨床試験の中心人物であり、うつ病診断とその薬での治療を増やすのに主要な役割を果たしたと考えられる本の著者でもある――が、この障害が認識され治療されるための苦闘に、いかに福音主義的にとりくんでいたかが示されている（Ayd 1961）。ここでの記述は、ノルウェーのベルゲンで二〇〇五年九月三〇日から一〇月二日まで開催された「生の問題――バイオテクノロジーとその社会的・倫理的含意」〔ベルゲン大学で開催された一連のフォーラム会議のひとつ〕での、彼女の発表 "Pharmaceutical virtue: an ethnographic approach to the meaning of psychotropic drugs for marketers and patients" に依拠している。

（50）こうした報告を促進するたくさんの医療情報会社のウェブサイトのひとつから、この場合、リード・ディスカヴァリー社のウェブサイトをとりあげた。http://www.leaddiscovery.co.uk/reports/Anxiety%20Disorders%20%20More%20Than%20Just%20a%20Comorbidity.html（二〇〇五年一二月一日確認）。

（51）このことは Rose 1996 で充分に論じた。

第八章　コントロールの生物学

知性的自由の寓話。われわれが誰かに責任を負わせるための感覚、つまり道徳的感覚の歴史は、以下の主要段階に分割される。まず人は個々の行為を、その動機をまったく顧慮せずに、ただ有益なあるいは有害な結果のゆえに、よいまたは悪いという。しかしながらまもなく、人はこうした名称の由来を忘れ、行為自体に、それの結果に対する顧慮なしに、「よい」または「悪い」という特質が内在していると妄想する……つまり、結果を原因ととることになるのである。ついで人は善または悪を動機のなかにもちこんで、行為自体は道徳的に曖昧なものと考える。人はさらに進んで、よいまたは悪いの述語を個々の動機にではなく、人間の本質全体に与える。その本質から動機は、草木が土壌から生長するように、生長するのである。こうして順番に人は、自分のした結果に対し、つぎにはその行動に対し、つぎにはその動機に対し、さらには自分の本質に対しても、責任があるとされるのである。さて最後に、この本質もまた、それがまったく必然的な結果であって、過去および現在の事物の要素や影響からの派生物であるかぎり、責任を負うことができないこと、したがって人間は何ものに対しても、自分の本質に対しても、動機に対しても、行為に対しても、さらに結果に対しても、責任を負わされえないということがみいだされる。かくて人は、道徳的感覚の歴史が「責任」にかんする誤謬の歴史であり、かかる誤謬は「意志の自由」にかんする誤謬に基づいているという認識に到達したわけである。

——F. Nietzsche［1878］1944, *Human, All too Human*, Aphorism 39〔『人間的、あまりに人間的（ニーチェ全集5）』池尾健一訳、理想社、六四頁〕

われわれの生物学化された文化においては、人間の病気だけでなく、人格、能力、情熱、そしてそれらを動かす力——人間の「アイデンティティ」それ自身——も、少なくとも潜在的には、生物学の用語で説明可能であるようにおもわれる。[1] 本章では、こうした人間の魂の生物学化——犯罪の生物学化——にとって鍵となるひとつの局面を検討してみたい。二十世紀の終わりの数十年間に、新しい犯罪生物学がかたちをなしはじめた。新聞報道、テレビのドキュメンタリー番組、映画、そして小説が、この犯罪生物学を大衆化した。そしてそれは、犯罪「遺伝子」にかんする主張や、犯罪者の心が脳スキャンの画像によって検査され、薬で管理されうる未来についての仮説に基づくドラマ・ドキュメンタリー番組によって流布されたのである。しかし、これら「新しい」犯罪生物学の大部分は、犯罪を犯すのは特定の欠陥をそなえた生物学的タイプの人びとであるとか「犯罪遺伝子」が存在するとかいった、初期の犯罪学的主張は拒否した。これら「新しい」犯罪生物学の大部分は、「犯罪」一般にではなく、暴力的で攻撃的な、そして反社会的な振る舞いに焦点をあわせていた。そして、家族史や双子研究の証拠《エビデンス》によって、さらにはEEG、CATスキャン、PETスキャン、MRI、DNA配列決定が示す異常性の直接的指標によって支えられた分子遺伝学、神経化学、神経生物学の説明形式をつうじて、そのような行動が説明できることを示したのである。

一九九〇年代に、そのような議論に弾みがつくにつれて、多くの社会学者や文化批評家たちは事態に危機感を表明し、それらが遺伝本質主義や神経遺伝学的決定論を具現するものととらえるようになった。たとえば、ネルキンとリンディーが、遺伝学と犯罪の関係についての大衆的説明の分析に基づいて主張したのは、そうした説明が、「傷や欠陥がひとつの不変のテキスト——DNA——に書きこまれており、その結果、そのテキストはもっとも理想的な社会環境のもとでさえ犯罪をうみだしつづけるだろうという、遺伝子の運命についての発想」を表したものだったということだ。彼らがそこで懸念したのは、アメリカ社会での暴力問題にとりくむ際に、犯罪行動をコントロールするための生物学的技術を優先することで、社会改革、教育、そして更生の必要性から注意がそらされてしまうことであった（Nelkin and Lindee 1995, cf. S. Rose 1995）。別の角度からすれば、新しい犯罪生物学は、社会不安の結節点のひとつであって、その周囲には神経倫理学という新しい言説が、二十一世紀の開始と同時に姿を現している。神経科学の倫理的含意に関心をもつ人びとが示したのは、犯罪行動の生物学的基盤をなすという証拠《エビデンス》が、たいていの法システムの中心にある教義の核心——自由意志と個人的責任——を攻撃するのではないかということであった。そしてまた、脳スキャンの画像や遺伝学からの生物学的証拠によって、犯罪をなすとみこまれる者が特定され、犯罪にかかわる前に彼らを閉じこめることが可能になるかもしれないということであった。さらに懸念されたのは、容疑者や目撃者が証言で嘘をついているかどうかにかんして、脳スキャンの画像から議論の余地のない証拠を提供する「脳指紋」という新たな技術が、個人の「神経のプライバシー」を侵害するということであった（Gazzaniga 2005, Illes 2005. これらの問題にかんする一般的な概要については、Marcus and Charles A. Dana Foundation 2002 を参照のこと）。

本章では、こうした証拠がどの程度、批判的な社会学者や困惑した状態にある神経倫理学者の関心を支えるかを検討したい。ここでは暴力犯罪の生物学的基盤についての議論を分析するが、それは、生物学的犯罪学者たち自身によって展開させられてきた、法廷や刑事司法制度で影響を及ぼしている議論の分析である。こうした主張に対してここで示したいのは、何らかの重要な変化が、コントロールの戦略において生じつつあることである。これらは、自由意志vs決定論という法学的二項〔対立〕によって、あるいは生物学的還元主義vs社会的因果論という社会学的二項〔対立〕をつうじて理解されるものではもはやない。生物学的な思考様式が刑事司法制度や法学的論争に入ってきつつあるが、その仕方は中立的なものではなく、議論の余地がある。そのような生物学的思考様式が、法的推論や刑事司法制度の前提を転倒させたり、根本的に変容させたりすることはないだろうけれども。

こうした説明の復活は、神経倫理学者らが示すような、刑事司法制度のなかで責任を酌量すべき行為の生物学的説明を目指すものではない。それどころか、生物学的、心理学的、あるいは社会的傾向性とは無関係に、犯罪者すべての道徳的過失を、新たなかたちで強調することとともに進行しているのである。また、こうした説明の復活は、先進自由社会での行為の統治における一般的な移行とむすびついた、更正の論理から社会防衛の論理への動きとも関連して進行している(2)。病理学的行為の起源にかんするこうした新しい生物学的考え方は、不道徳な行為や犯罪に導く劣化した気質を保持するメンバーを排除しようとした二十世紀前半の優生学的戦略の復活なのではない。それはむしろ、社会学者たちが示すように、犯罪のコントロールという新しい「公衆衛生」の考え方にこそ深くむすびついているのである。この戦略のなかで、社会政治的介入は、法や権利の言葉においてではなく、何よりもまず「正常な人びと」を彼らの安全をおびやかすリスクから防衛することをつうじて正当化されている。生物学的要素とは、個人に反社会的行為をするようけしかける一群の要素のうちのひとつにすぎないのであり、「治療的介入」は、個人と社会の双方にとっての善として提示されるのである。治療的介入は、「リスクのある個人」、そしてリスクを生みだす環境を予防的に特定し、管理することを要求する。これらの特定や管理は、可能な場合には、潜在的な犯罪者と考えられる個人にかんするリスクを減少させようとするし、そうでない場合でも、公衆安全の名のもとに、それらリスクをもつと考えられる個人を無期限に封じこめようとするのである。

新しい優生学？

十九世紀の終わりの数十年間、ヨーロッパや北米をつうじて盛んになった犯罪学の企ては、犯罪者とは特定のタイプの個人だという信念に基づくものであった。すなわち、犯罪を犯す性向が、特定の分類可能な逸脱や異常性という形式で個人のアイデンティティに書きこまれており、そのような逸脱や異常性は身体的徴候――眼でみることができる犯罪性のしるし――によって特定できるという信念に基づくものであった。[3] 犯罪性が、遺伝の性質をもち、変更不能で劣化した身体気質や道徳的気質というかたちで身体に書きこまれているという思考は、その人種を人種たらしめている特性をおびやかし、隔離や不妊化や除去によるコントロールを要求するものであった。この思考は、二十世紀の最初の四〇年間に激増した優生学の戦略のなかで――中心的な要素ではなかったにしても――ひとつの要素だったのである。優生学のなかで犯罪者は、知的障害者、精神異常者、結核患者、アルコール依存症者、売春婦、ギャンブル常習者とむすびつけられ、劣化した同じひとつの遺伝的アイデンティティにまとめられていた。また多くの国で、国家や法の権力が、人種衛生の名のもとに、つねづねこれらの脅威をコントロールしていたのだった。[4]

ここで歴史についてこうして簡単に想起しておく必要があるのは、新しい犯罪生物学を批判する者たちが、そのような犯罪生物学は新しい優生学を構成するものだと主張しがちだからである（Duster 1990, Horgan 1993）。あるいは、欠陥のあるアイデンティティが肉体としての身体に消しがたく書きこまれており、ともかくそのようなアイデンティティが文化的・社会的あるいは心理学的力をむしばんでいるという確信を新たに示しているからである。批判者たちは、この新しい決定論が、ゲノムそのもの――胎児に対する遺伝子異常検査や、さらには遺伝子配列決定、脳スキャン、脳にかんする生化学的調査などによって可視化されうる遺伝性の病理学的アイデンティティ――の水準で作動していると主張しているのである。[5] それゆえドレイファスとネルキンは、刑事司法制度のなかで「遺伝子本質主義」が増加しており、重要な法律に対して異議を唱えるものになっていると論じている。「個人の形質は予測可能であり、いつまでも変わらず、受胎時に決定され、人間の構成に「物理的に組みこまれて」いる……［そしてもし知られるならば、おそらく］過去のおこないを大体説明し、将来の行動を予測できるだろう」（Dreyfuss and Nelkin 1992: 320–321）と仮定することで、人びとの見方を変更しているというのである。

　犯罪生物学の分野で仕事をしている者は、これとは別の見解を示している。彼らは、そのような過度に単純化された主張は科学的な言説ではなく、扇情的な大衆メディアと、偏執狂的で政治的な動機をもった集団との罪深い相互作用から生みだされているとのべる。素朴な研究者は、ときおりそのような主張の術中にはまってしまうというのだ。たとえば、『サイキアトリック・ジェネティクス』誌の一九九五年の論説は、統合失調症、双極性の病気、アルツハイマー病、パニック障害、トゥレット障害、アルコール依存症、そして自閉症の遺伝的基盤研究における安定した進歩や、それにともなう複雑な分子構造を特定するうえでの進歩について報告したあとで、以下のような懸念を表明した。

科学的政治学の世界において、われわれの分野は内外の悪魔たちとたえず苦闘をつづけている。ときには、精神病遺伝学の分野は、予備的な研究結果に基づく楽観的報告をおこなうという罪を犯したかもしれない。不幸にもこのことが、われわれを中傷する者に対して材料を提供してしまった。時期尚早にも還元主義者の言葉で複雑な社会問題について考察したこともまた、メディアにつけこまれる原因になった。われわれの主張は、いかなるかたちの人間行動遺伝学とも本質的に敵対している科学者やメディアの論客によって、あからさまに冷笑されるのだ……精神病遺伝学や行動遺伝学は優生学と同じ分類へとまとめられ、悪い科学、悪い政策として中傷される。それは素朴な機械論であると非難されるのだ。遺伝子が行動や行動障害に影響するという想定は、ばかげたものとみなされる。われわれの科学について、バランスのとれた見解を与えるために、われわれはこのような風潮のなかで懸命に働かなければならない。(Editorial 1995: 4)

書き手がとりわけ関心を示したのは、一九九三年の『サイエンティフィック・アメリカン』誌に掲載された「米国で流行する〝優生学〟」と名づけられた記事であった(Horgan 1993)。この記事は、行動遺伝学が進めてきた、ホモセクシュアリティ、知性、アルコール依存症、統合失調症、躁うつ病、そして犯罪をテーマとした研究を扱うものであった。そこでは主要な研究すべてに深刻な欠陥があることが示されたのである。たとえば、離れたところで育てられた一卵性双生児についての研究が、知能から服の好みにいたる「形質」に強くかかわる遺伝要素を発見したという、ミネソタのトマス・J・ブーチャードと彼のチームによって喧伝された主張。さまざまな知能テストを利用することで学童を差異化する特定の遺伝子をとらえようとするロバート・プロミンの「証拠漁り」。アルコール依存症の遺伝マーカーを発見したというテキサス大学健康科学センターのケネス・ブラムと彼のチームによる主張(一九九〇年にニューヨーク・

タイムズの一面で報告された）。そしてディーン・ヘイマーらによってホモセクシュアリティの遺伝的基盤が発見されたという主張（Blum et al. 1990, Bouchard et al. 1990, Hamer and Copeland 1994, Thompson et al. 1993）。また、マイアミ大学医学部のジャニス・エジェランドのグループは、あるアーミッシュの集団における躁うつ病と、第一一染色体上の遺伝マーカーをむすびつけた自分たちの広く公表された主張を撤回していた（Kelsoe et al. 1989, Kidd et al. 1987）。コロンビア大学のミロン・バロンとそのグループは、X染色体上のマーカーとイスラエル人の三家族における躁うつ病とがむすびついているという自分たちの主張を撤回していた（Baron 1989, Baron et al. 1987）。ロンドン大学医学部のこの分野の推進に熱心なヒューイ・ガーリングでさえ、アイスランドと英国の家族において、第五染色体上の遺伝マーカーと統合失調症とのむすびつきを発見したという自分の主張が、おそらく偽陽性に基づいていることを認めていた。というのも、後続の研究が、ずっと弱いむすびつきしか示さなかったからである（Gurling 1990, Sherrington et al. 1988）。グレン・ウォルターズがおこなった、一九三〇年代から現在にいたる家族、双子、養子にかんする三八の研究の再分析によって、犯罪にかかわる遺伝的要因が明確になったという主張を支持する統計的証拠は、とても脆弱であることがわかった。研究が改善されればされるほど、その関係はますます小さくなっていった（Walters 1992）。ホーガンは、そのような研究の大半が、科学的には価値がないと結論づけた。なんらかの行動の遺伝的要因を特定することが可能であるとしても、このことはそうした障害や行為のリスクをほんのわずかだけ高めるにすぎず、その発見は、治療上の恩恵よりも差別のほうをより多くもたらすというのである。

アメリカでは、反社会的行為の生物学的基盤にかんする研究をめぐる論争は、一九九二年メリーランド大学で開催が計画されていた、アメリカ国立衛生研究所からの資金提供による「遺伝要因と犯罪」と銘打たれた会議で最盛期を迎えた[7]。アメリカ国立衛生研究所は多くの論争が生じた末に、その趣意書が「犯罪行動に遺伝的基盤があるという明確な印象」を与え、「科学的にはけっして有効性が確かめられていない理論」を示しているということを根拠に、助成金の支出を撤回した（Marshall 1993: 23 より引用）。その助成金は、最終的にはもとに戻された。だがその会議は、多くの抗議や、「プロザックではなく仕事を」「この会議が私を破壊的行動障害に陥りやすくさせる」というプラカードのなかで、一九九五年に九月に開催された[8]。この会議に向けられたおもな非難のひとつは、アフリカ系アメリカ人がアメリカでの有罪宣告のおおきな比率を占めているため、犯罪行為の遺伝要因を探索しようとするいかなる試みも、その原因をアフリカ系アメリカ人の生物学性に求める結果になり、したがって「本質的に人種差別主義的」になるというものであった。

訴訟

科学や文化をめぐる公的言説におけるこうしたテーマは、それらだけでも重要である。しかし、現代的な実践にかんするミクロ政治学を理解するために、真理とアイデンティティをめぐる新しい生物学的なゲームが実行されている仕方を調べる必要があるだろう。そのような調査にかんしてひとつの鍵となる場所は、法廷である[9]。二十世紀をつうじて、心理学、精神医学、そして犯罪学の数々の野心が存在したにもかかわらず、犯罪学的実証主義のプログラムは、法廷や審理のプロセスにはほとんど浸透しなかった。犯罪責任を帰属させるための基準は多様で複雑であり、また、管轄区域ごとに、さらには、さまざまな種類の法的主体に帰属する人格をどう考えるかに相関して多様なのである。たとえば少年犯罪者たちは、二十世紀の前半七〇年にわたって、英語圏やたいていのヨーロッパの国々で、包括的な仕方で心理学的に記述された。同時期の女性犯罪者は、彼女たちを病理学的行為へとさし向ける心理学的な力やそのほかの力に対し、多かれ少なかれ受動的な犠牲者とみなされる傾向にあった[10]。しかし、主として刑事法廷は、罪を確定する際、自由意志、合理性そして責任という教義に対する心理学的・精神医学的な非難には、むしろ敵対的にとどまっていた。審理と評決の後、判決が確定し、保護監察官、ソーシャルワーカーや精神科医が介入し、そして監獄のなかで更生の心理学的テクノロジーが利用されるときになってはじめて、その焦点が「あなたが何をしたのか」から「あなたが誰であるのか、そしてなぜあなたはそのような行為をするのか」へと移行するのである。ならば、新しい犯罪生物学のインパクトとはどのようなものだったのか。二、三の訴訟について考えてみよう。

第一に、一九六〇年代後半および七〇年代に、XYY染色体にかんする訴訟があった(cf. Denno 1988, Denno 1996)。そこでは、著しい染色体異常性——余分なY染色体の所有(X染色体と共にY染色体があることが、男性‐性を決定する)——が、暴力犯罪で告発された個人を擁護するのに使用されたのであった。一九六〇年代の研究結果が主張したのは、アメリカやそのほかの国々にある厳重警戒の教化施設内には、不釣合いな数のXYY染色体をもつ男性がいたということ、そしてそのような個人は、未成熟さ、発育不良、あるいは攻撃本能や感情的反応を十分にはコントロールできないということであった。一九七〇年代中ごろまでに、XYY染色体の人の弁護は、アメリカの法廷で五つの訴訟を生じさせた。しかしどの訴訟においても、弁護は成功しなかった。その推論は通常以下のようなものである。精神異常の弁護がうけいれられるべきであるのは、病因学的関係を被告人の心的能力と遺伝的症候群とのあいだに確立することができるとき、そしてその遺伝的症候群が「実質的に被告人の認知能力、あるいは被告人が自分の所属している社会の基本的な道徳律をきちんと理解する能力を妨害するほどに思考過程に影響を及ぼしている」ときなのであり、「現在のところ利用できる医学的証拠によって、XYY染色体異常と犯罪行為とに合理的な特定の因果的なつながりを確立することはできない」(Denno 1988: 21より引用)からであった。XYY染色体の人の弁護は、それ以後の調査によって、そのような弁護が依拠していた研究に重大な不備が発見されたのちに消滅した(11)。

一九八〇年代イギリスの「月経前症候群〔PMS〕」にかんする訴訟においても、その法的推論は似たものであった(Allen 1984で論じられている)。PMSにかんして首尾よく成功した弁護が要求したのは、PMSと気分障害などとの相関関係にかんする一般的な議論以上のものであった。月経期にある特定の個人の心的状態と、当該の行為とに明瞭なつながりがあることの説得的な証拠がなければならなかった。二つの広く報道された訴訟では、被告人が月経前緊張症の深刻な症状に苦しんでいる期間に犯罪がなされた証拠が提出され、そして受理されたのである。法廷の人びとは、この生物医学的状態がその渦中にある若い女性の犯罪行動の因果的な原因であるというキャサリーナ・ダルトン医師の議論を聴取した。イングリッシュ嬢は、自分の恋人を車で轢き殺した。彼女は殺人の罪ではなく、限定責任能力による過失致死の罪で評決され、条件つきではあるが刑罰をうけることなく釈放された。スミス嬢は有罪と評決され、殺人のおそれありとして保護観察の判決をくだされた。それは、同僚を職場で刺殺したことに対して限定責任能力が認定された、それ以前にうけた有罪判決の一年後のことであった。彼女は、道徳的過失がなかったのだから自分は有罪と評決されるべきではないという理由で、再犯についての有罪判決に対し控訴した。控訴院の判事たちは控訴を棄却した。また、女性たちの刑事責任を免除する月経前緊張にかんする「特別弁護」という考えも退けた。しかし、控訴院の判事たちはその予審判事を称賛した。というのは、その予審判事が陪審団に、スミス嬢には「道徳的に罪がなかった」こと、陪審団が「彼女の行動を、ホルモンが十分ではなかったという事実……自分がしていることがわかってはいたが自分自身をコントロールできなかったという事実……〔そして〕彼女が自分の道徳の安全装置を失っていたという事実に帰すことができるのを前提として、手続きを進めるべきである」と教えていたからである（Allen 1984: 26–27 より引用）。このことは、病理学的アイデンティティを制限つきで生物学化することへと扉を開いているようにみえた。だがその一方で、PMSに基づく弁護は、今やたとえあるとしてもめったに使用されはしない。[12]その議論は別の経路、つまり教育的な経路をたどったのである。それは、あらゆる犯罪行動が生じる前に、PMSに苦しんでいる人びとを早期発見し、治療することが必要だと強調することである（Fishbein 1992）。

生物学的弁護は別の方法でも追及されている。おそらくもっとも重要なのは、生物学的な欠損状態の弁護を支援するために、脳スキャン画像の証拠が法廷へと導入されたアメリカの判例である。[13]アメリカ大統領の暗殺を試みた被告人、ジョン・ヒンクリーの訴訟において、被告側は、コンピュータX線体軸断層撮影（CAT）による脳スキャンの画像が、ヒンクリーが統合失調症であることの器質的な証拠を提供すると主張した。[14]「精神異常による無罪」（NGRI）に基づくヒンクリーの無罪判決は、精神異常と心神耗弱の弁護を新たにつくり変えようというアメリカのキャンペーンにはずみをつけた。[15]こうしたことは三九の州で厳しく制限されているし、八つのほかの州では、「有罪だが精神疾患」（死刑にいたるまでのあらゆる判決を認める評決）へと変形され、そしてイリノイ州とアイダホ州ではすっかり廃止されている（Moran 1991）。それにもかかわらず、脳を可視化する新しいテクノロジーを用いた証拠が、一九八〇年代アメリカの法廷へとはいりこんだ。とくに、陽電子放射断層撮影法（PET）は、量刑判断と関係すると考えられたが、その背後には生物学的証拠こそが一番適正な処分にかかわりうるという想定があった（Anderson

1992）。一九九二年には、アメリカではじめて、被告人が正気であることを決定するのに、専門家がPETスキャンの画像による証拠を利用することを法廷が許可した。にもかかわらず、結局その問題は殺人から過失致死へと減刑され、審理を避けることで解決がはかられることになった[16]。脳スキャンの画像がいくらか詳しくひきあいにだされた、それよりあとのいくつかの訴訟についても考察する価値がある[17]。

キップ・キンケルは、以下の事件で告訴された。彼は、一九九八年に両親を殺害した直後、かつて教室に銃をもちこんだことで自分が放校されたオレゴン州スプリングフィールドの学校へと戻り、カフェテリアで発砲し、一人の生徒を殺害し八人の生徒を負傷させ、そしてその負傷者のひとりはのちに死亡した[18]。キンケルは陪審団の選出間際に精神異常による無罪で抗弁するという選択肢を放棄したが、オレゴン州法のもとで判事は、判決をくだす前に審問を開いた。そしてその審問では、被告と検察の双方が、判決の重さにかかわる証拠を提出した。キンケルが精神疾患であるという主張を支持するために、被告側に呼ばれた専門家の大半は、臨床面接や心理検査に基づいてそのような主張をおこなった。しかし、民間の調査員が示したのは、関連する遺伝要素があるということであり、キンケルの拡大家族に統合失調症を含む多様な事例の精神疾患がみられるという発見が証言された。被告側はまた小児神経科医であるリチャード・J・コンコル博士も召還した。彼は、前頭前野、側頭葉、後頭葉そして頭頂葉において、血流の減少した領域を明瞭にするSPECTスキャンの画像のいくつかを示したのである。博士によれば、これらの画像は、そうした領野の灰白質における血流不足と小児統合失調症の発病との相関関係を示す、別のほかの研究による証拠と整合的だということであった。判事は、刑事罰の焦点を「更生の原則」から「社会の防衛」へと移行させたオレゴン州法に対する一九九六年の変化に言及することで、最終的な裁定をはじめた。そして、社会の防衛が、実際のところ、この訴訟の裁定のなかでもっとも重きをおかれるべきものだと論じた。判事はキンケルに殺人罪で二五年、個々の殺人未遂の罪でさらに四〇ヶ月ずつ、合計で一一一年以上の仮釈放なしの服役を宣告した。キンケルの弁護士であるジェシー・バートンは、州の最高裁判所に再審理の申したてをした。そこで彼は、下級裁判所が、「社会の防衛」の原則に強調を置き、「更生」を無視することで、オレゴン州の量刑指針を間違って解釈していると主張した。ジェシー・バートンは、その判決が残虐な刑罰〔アメリカ合衆国憲法修正第八条〕に対する憲法上の権利を侵害しているのみならず、「証拠が示しているのは、被告が、遺伝的素因のために、そしてそれゆえ自分自身の過失に気づくことなく、自分が有罪判決をうけることになる罪をもたらす精神疾患に苦しんでいる」とも論じた。精神疾患の人びとを犯罪化することに反対する方針説明書をだしていた全国精神障害者連合（NAMI）もまた、キンケルの判決の再審理の申したてをおこなった。[19] しかし、控訴裁判所は、キンケルの犯罪を「オレゴン州の歴史のなかでもっとも恐ろしいもの」のひとつとみなし、「社会の防衛」についての考慮が、その州のほかの三つの量刑指針よりはるかに重みをもつと結論づけた。その訴えは最終的には棄却された。[20]

これはアメリカで注目を集めた多くの殺人事件のひとつにすぎなかった。被告側弁護士は、脳スキャン画像を、精神異常という申したてを支える精神疾患の証拠としてもちこむ許可をえようとした。二〇〇二年の中頃に、ヨセミテ〔国立公園〕で三人の観光客に対して酷い婦女暴行および殺人を犯したケリー・スタイナーの審理では、被告側弁護士はたくさんの精神科医からの証拠を楯に、精神異常による無罪という申したてを二週間にわたっておこなった。その証拠のうちには、脳スキャン画像や、遺伝学への参照が含まれていた。[21] とはいえ専門家のあいだでも、スタイナーの脳スキャン画像の意義をめぐってはさまざまな議論があった。被告側のジョセフ・ウー博士は、被告の暴力的傾向性を説明しうる異常性をその画像のなかにみてとったが、他方で検察側に召喚されたアラン・ワックスマン博士は、その種のものはみいだせないとのべた。二〇〇五年八月二六日に、陪審団がスタイナーを、三つの事件をあわせて第一級殺人の罪であると評決するのには、五時間もかからなかった。

遺伝学もまた、精神異常の申したてや判決の減刑を支持する合衆国の被告側弁護士に援用されている。すでに、キンケルの弁護団が自分たちの議論のなかで遺伝学をもちだしたことをのべた。スタイナーの弁護士たちもまた、ニューヨークにあるマウントサイナイ医科大学の精神医学と人間遺伝学の助教授であるアリソン・マキネス博士を召喚して、遺伝学的な議論をおこなった。マキネス博士はその陪審団に、精神障害に苦しんだと推定される人がさまざまな色でマークされているスタイナーの家系図を示した。『フレズノ・ビー』紙〔カリフォルニア州フレズノで発行されている日刊紙〕の記者であるシンディ・フォンタナはその供述書を以下のように記述している。

ケリー・スタイナーの家系図にかんする話では、白く水平なグラフからさまざまな鮮やかな色が一挙に現れてきた……黄色は精神病。緑色は強迫性神経障害。赤色は薬物濫用。紫色は小児性愛者。スタイナー自身へと下る四世代をつうじて連なっている、より多くの精神疾患のためにさらに多くの色さえある——精神医学的障害によって色づけされた家族の遺伝子プールという成果。マキネス博士は、男性と女性の分岐を示す線や色の点滅をもちいて陪審団を導きながら、つぎのように言った。「非常に多くのさまざまな精神障害」が、一九九九年二月に三人の観光客を殺した罪で、先週有罪判決をうけた男を生みだしたのだと。(22)

陪審団は、これまでみてきたように納得しなかった。家族史に加えて、現在の分子遺伝学からの証拠がひきあいにだされた最初の訴訟のひとつは、スティーヴン・モブリーの訴訟であった(cf. Denno 1996)。

モブリーは一九九一年二月にドミノ・ピザの店長を首のうしろから射殺したことで有罪判決をうけた。犯行時二五歳であったが、モブリーには「自分の衝動をコントロールすることができず、またはあらゆる種類の価値体系を習得することができない」という長い病歴があった。審理のなかで、彼の代理人は、遺伝的証拠を弁護としてではなく、判決への減刑要因として利用しようとした。その遺伝的証拠は、おじ、おば、祖父母の四世代にみられる暴力、攻撃性、行動障害を示しているとされる家族史にもとづいていた。弁護士たちが論じたのは、このことはハン・ブルンナーがおこなったオランダでの暴力についての家族史研究（Brunner et al. 1993）からみて妥当だということであった。この研究は、境界型の精神遅滞が、暴力と攻撃性を含む異常行動とむすびつけられるある症候群を特定するものとみられていた。つまり、遺伝連鎖の研究は、この症候群が、さまざまな神経伝達物質の水準の変化とむすびつけられる酵素――モノアミン酸化酵素Ａ（ＭＡＯＡ）――の産出を調整する遺伝子変異と関連していることを示したのである。[23]〔ジョージア州〕ホール郡の最高裁判所は、モブリーは境界型の精神遅滞ではないのだから彼をオランダの家族と比較することはできないと論じ、ブルンナーと彼の同僚がＭＡＯＡの抑制がかつて成人に攻撃行動を生じさせた報告はないことを認めた点に言及して、その請求を棄却した。陪審団は一九九四年二月にモブリーを有罪と認定し、モブリーには死刑が宣告された。アトランタにある連邦控訴裁判所によって二〇〇二年に認められた死刑執行停止と、さまざまな根拠に基づくいくつかの上訴ののち、モブリーの死刑は、二〇〇五年二月に執行された。

かくして現在の事実が示しているのは、生物学的・遺伝学的弁護が大抵の場合、刑事法の実践のなかで責任というより古い考えにとってかわることができていないということであり、そのような進展がはるかに進んでいると考えられるアメリカでも少なくともそうだということである。[24]判決の減刑に対する申したてにもう少し成功したものもあるが、心理学的・精神医学的・社会的専門知識によって開かれている審理プロセスの一側面とはずっとこのようなものなのである。生物学的な議論が法廷にはいりこんでいるようにみえるのは、法的人格が生物学的になっているからではなく、被告側弁護士が、とくにアメリカでは自分の依頼者の弁護に利用できるものなら何でも利用しようとするからなのである。実際、現在の犯罪生物学の主張を検討している法哲学者たちは、なぜ犯罪性にかかわる神経形成の発見が、自由、責任、あるいは功罪という広くいき渡った法的な考え方を変えるべきであるのかについての理由をみいだせずにいる。「犯罪誘発遺伝子」と行為との関係についての遺伝学的説明が「決定論的」でないのは、背景、環境、あるいは生いたちの効果を指摘する人びとがそうでないのと同じである。遺伝学の議論からすると、うけ継がれた遺伝型のせいで、自分自身をコントロールしたり、違った仕方で行動する能力が減殺されてしまうことになる。心理学と社会学の議論からすると、しつけや環境のせいで、自己コントロール能力は減殺されることになる。判事と陪審団は、後者の無罪弁明に反論してきたのと同じように、前者の無罪弁明にも反論するだろう。

生物学的説明の客観性と論証可能性は、彼らにもっとおおきな衝撃を与えられると考える向きもあるかもしれない。だが、心理学者、精神科医、そしてソーシャルワーカーの議論は、たいてい裁判所を納得させられないし、しばしば弁護士によってくつがえされ、メディアによって嘲笑されることになる。物理的記載――ＰＥＴキャンの画像やＤＮＡ鑑定の結果――を法廷で示すことは、よりおおきなレトリックの力をもってはいる。しかし、先に引用したケリー・スタイナーの訴訟のように議論の紛糾する訴訟で脳スキャン画像が使用されてきたように、ＤＮＡを「指紋鑑定」した場合でも、審理プロセスの効果は、真理についてのそのような楽天的主張の背後に混乱した複雑な背景があることをあらわにするものなのである

（DNA指紋法と関連した議論については、Alldridge 1992, 1994, Lynch 1998, M'charek 2005を参照のこと）[25]。対立する弁護団は、互いの真理主張〔経験による検証がなされていない仮説〕を攻撃するため、生物学の専門家を雇っている。それは科学知識にかんして、現在の社会学者を喜ばせることになるだろう。つまりもっとも堅固な科学的主張でさえ、疑わしい技術的な手続をへた競合可能なものでしかないこと、比較基準となる母集団について議論の余地ある選別がなされていること、因果性について問題ある飛躍をしていること、そして粗雑にコントロールされた自由裁量の判断をしていること、これらのことが明らかになるのである。脳イメージング、そして神経化学的で遺伝学的な議論が、定期的に刑事裁判のプロセスにはいりこむならば、それらも同様の疑念にさらされるはずである。

法的プロセスにおける別の形式の知識の役割にかんする長年の論争——とりわけ心理学からの論争——が明らかにするように、司法が、自由意志、選択の自律性、そして個人的責任についての非遺伝学的・非精神医学的作為物を擁護するとき、法的言説は、それを人間の行為の決定要因にかんする科学的説明ととらえているわけではない。むしろ、法的議論は、道徳的で政治的な秩序について広くいき渡っている観念を巧く機能させるため、あたかも人間が自由意志をもっているかのように議論を進めることが重要だと考えているのである[26]。実際、オレゴン州のキンケルの訴訟での判事の考察が例示しているように、アメリカの法思想の潮流は、責任の軽減にではなく、むしろますます社会の防衛のほうへと流れつつあるようにみえる。この文脈では、生物学からの議論は、被告側弁護士の駆けひきをつうじてというよりも、判決の確定に大変な重要性を与えそうである。というのも、もし反社会的行為が犯罪者の身体に消しがたい仕方で刻みこまれているならば、要求されているのは刑罰の軽減ではなく、公衆防衛の名のもとに、救済し難い個人と長期にわたって共生することでしかないからだ。たとえもしこのことが、犯罪と刑罰の均衡にかんする法の支配についての発想の多くに背くとしても。

ここまで論じてきたのは、精神障害に苦しんでいる人びとに対して、法が正気の人に認めている処罰をすべて認められるように、精神異常や殺人行為にかんする法を改正しようという多くの州における潮流である。[27]テキサス州では、刑事訴訟法のひとつの条文は、陪審団に、とりわけ「被告人が、社会に対する継続的な脅威を構成する暴力という犯罪行為に関与する可能性があるかどうか」を考慮にいれて、死刑の是非を評価するよう要求していた。遺伝的素因を減刑の証拠にもちいることは、このような意味で諸刃の剣でもある。こうした証拠は、犯罪への非難を減じるかもしれないが、それと同時に、その犯罪者が将来も危険であるかもしれず、改善の余地がなく、したがって死刑を正当化する可能性をも示しているからである。[28]このことは、気質的に矯正できず、「公衆」を恒久的に脅かすことになる「精神病者」、「小児性愛者」、そのほかの「怪物的個人」に対する予防拘禁の要請の根拠になりうる。[29]われわれの時代は、政治的合理性が、自分自身の行動や福祉に対する個人の道徳的義務や、自分の家族やコミュニティに対する義務をますます強調する時代なのである。こうした政治的・道徳的な文脈においては、裁判所や立法機関が、疫病のように不気味に流行している暴力犯罪に直面し、また連続殺人犯、精神病質者、そして性的略奪者のような怪物的個人のせいで繰り返されるパニックをみて、ますますつぎのように主張するようになる。すなわち、道徳的過失は、とくに暴力や反社会的行為との関係においては、いかなる社会的、家族的、医学的、あるいは生物学的要素によっても軽減されるべきではないということである。

われわれは、ニーチェが一八七八年に予言したように、「意志の自由は誤謬である」と認識するようになりつつあるのかもしれない。とはいえ、責任という考えを捨て去ることはできないとおもわれる。反対に、個人の説明責任にかんして、現在のさまざまな文化の刑事司法制度内で、われわれは犯罪者を、自分の行動の結果に十分な責任をもつことが不可避的に要求される生き物として概念化しなおすのだし、その〔生物学的な〕材料が何を発生させるにせよ、これらの行動を道徳的選択であるととらえるのである。

専門家たち

二十一世紀はじめの数年間、「神経倫理学者たち」が気をもんでいたのは、刑事責任能力という考えにとって遺伝学と脳スキャン画像が何を意味するかということであった。脳にかんするかぎり、多くの論文がきまってフィネアス・ゲージの事例をひきあいにだしている。彼は明らかに品行方正な人であったが、建設を手伝っていた鉄道線路上の爆発によって、鉄の棒が彼の脳の前頭葉を貫通した一八四八年以降、人格が変わってしまった。その事故のあとで、ゲージは衝動的になり、抑制を欠くようになったのである。ゲージは、以下のような議論を支持するために必要とされた神経心理学の一連の被験者のひとりにほかならない。つまり、脳の損傷、脳の異常、あるいは神経化学的変化が、攻撃行動や犯罪行動をいっそう悪化させるその仕方を知れば知るほど、自由意志という伝統的な理論は攪乱されるだろうというものである。この事例は、多くの仮説に基づく記事や、脳と心、決定論と自由意志との関係についてのかなり複雑な推論を導くことになった。だが、この問題を真剣に考えている者の大部分は、マイケル・ガザニガに同意している。つまり神経科学によれば、「責任の有無を、脳神経科学者が脳のなかからみつけだすことはけっしてないだろう。責任とは人間たち――人びと――がもつ何らかの属性であって、脳がもつ属性ではないからだ。責任は道徳上の価値観であり、ルールに従う同胞に対して私たちが要求するものである」(Gazzaniga 2005: 101)。責任の帰属は、単純にいえば、脳にかんする知識の反映ではなく、われわれの統治の様態にかんする組織化の問題なのである。このことは実際には、さまざまな事例を概観することから現れる。すなわちそれは、スティーヴン・モースが導き出した結論――現行の法のあり方は、少なくとも予見可能な未来においては神経科学からのいかなる議論も証拠も完全にあつかうことができる――を支持するものである（Morse 2004）。[30] そして、数名の偏向した者が、新しい行動生物学の意義について乱暴な見解を熱狂的に示したり、さらに優生学的で人種差別主義的結論をひきだしてきたりする者たちもいるが、[31] 他方でこのことは、犯罪生物学にかんする科学的言説に寄与している人びとの大多数の見解でもある。それらの人びとが遺伝学、神経化学、あるいは脳スキャン画像が意味することを論じているかどうかは別としてであるが。

もちろんすべての生物医学的研究者がこの見解を一九九〇年代はじめに採用していたわけではない。一九九六年の幅広い範囲にわたる概説で、エヴァン・バラバンは、それ以前の一〇年間に刊行された攻撃性の生物学にかんする動物と人間の研究の批判的な説明をおこなった（Balaban et al. 1996）。彼は、マウスモデルで攻撃性の遺伝学的あるいは神経化学的基盤を発見したという主張に対し、一九九〇年代はじめにもたらされたメディアの注目に眼を向けた。そして、幾人かの研究者の見解を考察したあとで、一九八〇年代に攻撃的行動を研究していた人びとのあいだにあった合意はおおきく変化したとのべたのである。八〇年代にその分野の多くの指導的研究者が論じていたのは、攻撃性にかんする生物学的相関項を発見しようとするいかなる試みも、入手可能な証拠についての単純化された、歪んだ、あるいは誤った解釈にもとづいていることであった。だがこの状況は一九九〇年代までにさらに変化した。バラバンは、セロトニン機構の異常性が、衝動的で攻撃的な行動と関連があることを論じるいくつかの論文を引用している。また、人間の攻撃性の理解にとっての意義を論じるために、攻撃性をマウスの特定の遺伝子の対立遺伝子とむすびつける遺伝学的研究成果を使用する者もでてくるだろうとも示唆している（彼が参照するのは、Coccaro 1992, Golden et al. 1991, Tecott and Barondes 1996, Virkkunen et al. 1994である）。だが彼は以下のようにも論じている。メタ分析によれば、そのような議論の証拠としてひきあいにだされているCSFにおけるセロトニン代謝物（５－Ｈ１ＡＡ）の平均水準には違いがないこと、そして、５－Ｈ１ＡＡの水準が低いことと衝動的攻撃性や犯罪性との相関性は証明されていないこと、これらである。またメタ分析によれば、セロトニンの水準のヴァリエーションはとても幅広く多様な行動に関係するので、セロトニンへの特定的な焦点化は、誤りを導きやすいとのべられる。バラバンはそのような主張を特徴づける、結果についての思考や解釈に含まれる驚くほど過度な単純化を批判して、「犯罪遺伝子」（Hen 1996）を特定したいというヘンの願望にとくに異議を唱えている。というのも、ヘンの願望は、とりわけマウスやラットにおける特定の遺伝子の「ノックアウト」と関連がある「多面発現性の」変化――すなわち、ゲノム上の同じ箇所を変更することで生じる多様な変化――を無視しているからである。バラバンの結論によれば、「現在のところ、攻撃性にかんする、犯罪遺伝子や特定の神経化学物質について話すことは、科学的にはまったく不合理である」のである（Balaban et al. 1996: 35）。

バラバンや、彼のように考える者にとって、生物学における攻撃性のさまざまな発展は、明らかに刑事司法制度にほとんど影響を与えるものではない。だがこれはまた、遺伝学と神経化学、攻撃性や衝動性とのあいだのむすびつきを科学が支えていると真面目に考えている者の大多数の立場でもある。攻撃性についての神経化学がもつさまざまな側面を研究していたフィンランドの研究者チームのリーダー、ヘイキ・ヴァルティアイネンが書いた一九九五年の『ジャーナル・オブ・フォレンシック・サイキアトリ』誌の論文を検討してみよう（Vartiainen 1995）[32]。その論文は、「自由意志と５－ヒドロキシトリプタミン」という題名がつけられていた。（５‐ＨＴとして知られている）５‐ヒドロキシトリプタミンは、神経伝達セロトニンである。論文は、自殺をした人びとや暴力犯罪をおかしたことのある犯罪者――そのなかにはアルコールへの過敏性を示すものもいる――の脳脊髄液（ＣＳＦ）中のセロトニンの水準が異常であることを報告している。論文はこの事実を、アルコール依存症で暴力的な犯罪者の遺伝要因についての報告や、神経心理測定で欠陥があるとされた個人の異常性を示す脳スキャン画像とむすびつけている。そしてさらにこのことを、衝動的で攻撃的な個人では内側前頭前皮質におけるセロトニンとりこみ機構の特定のアスペクトが減少していたという議論とむすびつけている。生物学的要因のすべてが遺伝的ではないが、それにもかかわらず、「セロトニンの代謝回転の低さと衝動的・攻撃的行動との関係は、明白であるようにおもわれる……ほんの少し挑発しただけで、コントロール困難な、何に向けられたものでもない怒りが生じることは、生物学的に説明することができる――脳内の５‐ＨＴの減少が攻撃的行動となっているのである」（Vartiainen 1995: 7）。

神経遺伝学的決定論であろうか。おそらくそうだろう。しかし、ヴァルティアイネンは、自分の研究成果に基づいて、刑事裁判での有罪判断の基準を修正することは提案していない。彼が論じているのは、「あらゆる行動は、生物学的に基礎づけられているのであって、原因を生物学的な一定のタイプの行為に帰属させることや、そのタイプの行為をそれゆえ病気と呼ぶことは、行動がもつ社会的・道徳的あるいは法的含意については何も教えてくれない」ということである（Vartiainen 1995: 8）。彼の見解は、判決を宣告する者は生物学的条件が法的責任を弱めるかどうかではなく、社会の防衛や、暴力行為の再発という展望を減少させることに関心をもつべきだということである。こう論じるとき、彼は現在の生犯罪学の典型を提示しているといえる。反社会的行動への性向についての生物学的説明は、生物学的原因という証拠によっては軽減されない道徳的責任や個人の過失という考えを展開するのであって、そこでは病気のような社会的分類は、合法的な妥当性を有さないのである(cf. Dinwiddie 1996)。要請される法学は、公衆衛生についての法学なのである。犯罪者は、遺伝、神経生理学、あるいは神経化学とかかわりなく、彼らの行為の帰結に対して道徳的に説明可能であるべきである。したがって犯罪者は、公衆の防衛の必要に照らしてみて、もっとも適切な判決であれば、いかなるものに対しても責任を負うべきなのである。[33] さまざまなテストが、生物学的な基礎を有した病気や、その帰結に脆弱な者の特定を補助してくれるかもしれない。つまり、われわれが彼らを手助けできる場合には、治療が適切であるかもしれないが、過去の行為からして矯正不可能とみなしうるときや、専門家が治療不可能とのべているときには、公衆の防衛への必要が適切な処置を決めるべきなのである。

本章のあとのほうで、これらのテーマを再度あつかうことにしよう。しかし、もうしばらく研究者がどう考えているかについてつづけたい。二十世紀の終わりにたいていの犯罪生物学者が書いたものは、いくつかの条件をつけることで、自分たちの分析を限定していた。彼らは、犯罪それ自体など存在しないこと、つまり、違法行為は異種混交的であり、犯罪は文化的・歴史的に変わりやすいこと、法律違反は日常茶飯事であること、逮捕され、告発され、有罪になった者たちは法を犯した者の代表なのではなく、あらゆる種類の社会的プロセスをつうじて産出された歪曲された見本であるということなどをただちに認めるのである。[34] この新たな実証主義において、行為は決して、生物学にたんに「ひき起こされる」ものではなかった。そして、重大な生物学的機能不全は、それ自体、環境からの攻撃の結果でもありうるのである。遺伝学にかんするかぎり、デイヴィッド・ワッサーマンは一九九五年に、自信をもって以下のように主張した。

主流の研究者は誰も、暴力的あるいは反社会的行為をひき起こす単一遺伝子が実在することなど信じていない。すべての研究者が、犯罪行動のような行動の表現型を、多くの遺伝子や環境要因の複雑な相互作用の結果生じるものとみなしている。誰も遺伝子の影響によって犯罪行動があまり変化しないとは信じていないし、多くの者が、遺伝子の影響に対抗するもっとも効果的な方法は、社会的・経済的な改良だということを信じている。最後に、これらの研究者のほとんど誰もが、自分たちの研究成果が、強制的なスクリーニング、自発的でない薬物療法、あるいはより厳しい判決を支持するものだとは示していないし、それを望んでもいない（Wasserman 1995: 15）。

実際、モブリーの訴訟で著作がひきあいにだされたハン・ブルンナーでさえ、一九九六年まで、自分の研究は「攻撃遺伝子」という発想をまったく支持しないとのべていた（大衆紙にはずっとそう解釈されてきたのだが）。「「攻撃遺伝子」という発想には意味がない。なぜならば、行動は皮質組織化のもっとも高次のレヴェルで生じるはずだし、まさに生じているという事実を誤って伝えるものだからである。そしてそこでは、個々の遺伝子は、脳のさまざまな神経生理学的で生化学的な機能の場合と同様に、解剖学的構造においても僅かに反映されるにすぎない……多数の遺伝子が脳機能を形成するのにかかわるが、これらの遺伝子はどれも、それだけでは行動をコード化しない」（Brunner 1996: 16）。

あるいはエイドリアン・レインをとりあげよう。殺人の罪で告訴された個人の脳の異常性を示し、精神異常による無罪（ＮＧＲＩ）を申したてる彼の研究は、依頼者の責任を軽減しようとする被告側弁護士たちから引用されてきた。彼はまた定期的に、メディアに露出してもいる。たとえば、二〇〇四年放送の「もしかしたら、われわれは暴力をやめることができるかもしれない」というＢＢＣの思弁的なテレビ・

ドキュメンタリーへの出演のなかで、レインは議論の的になる見解を披瀝した。彼が力説したのは、脳イメージングの研究は以下のことを示しているということであった。殺人者、精神病質者、そして攻撃的な反社会的人格をもつ個人は、前頭皮質――感情や行動を統制し、コントロールするのにかかわっている脳の部分――が〔普通の人ほどには〕機能していない。前頭皮質における灰白質（ニューロン群）の容積に一一％の減少があったことを明らかにすることは、犯罪者の脳が物理的に非犯罪者の脳と異なっている証拠である。さらに彼は、遺伝プロセスが反社会的犯罪行動の五〇％を説明し、子供の反社会的行動を形成する証拠がある、等々とも論じている。そして以下のように結論づける。「われわれが繰り返し犯罪をとめるのに失敗してきた理由のひとつは、犯罪の原因に対する生物学的・遺伝的寄与を体系的に無視してきたからなのです。そうではなく、努力を脳の構造と機能を改善する新しい介入に集中させる必要がありますꓸ」。興味をひくのは、これらがあまりとるにたらない提案――幼少期のよりよい栄養補給、囚人に魚油たっぷりの規定食を与えること、そして胎児や分娩前後の健康管理のような早期の介入――を含んでいることである。とはいえ、ひどい攻撃性を示す子供たちへの薬物療法の使用は支持するだろう[35]。

潜在的な未来の発展を論じるレインの考察は、大衆ジャーナリズムや空想科学小説の仮説と混ざりあっている。つまり彼は、暴力をひき起こす脳の神経伝達物質の異常性を新薬によって治すことができる未来を、そして暴力を生じさせる欠陥のある神経回路を治すため、修復的脳外科手術が囚人に実行されるような未来を想像している。しかし、学術論文でこうした問題を論じる際の、犯罪責任にかんする問いへの彼の見解は、これまでわれわれがすでに引用してきたものの繰り返しにすぎない。たとえば、一九九七年に暴力犯罪者の脳スキャン画像の含意を考察しつつ彼が論じたのは、以下のことであった。「暴力の根底にある神経プロセスは複雑であり、そのような神経プロセスを、直接的かつ因果的なやり方で、暴力を引きおこす単純な脳のメカニズムに単純化して還元することはできない。そのかわり、暴力的な行動はおそらく、ほかの社会的・環境的・心理学的素因があった場合に暴力を喚起するような、多面的に相互作用する脳メカニズムのネットワークの崩壊をともなうのである」（Raine et al. 1997: 503）。レインと彼のチームが強調しているのは、その研究成果が、ほかの暴力犯罪者には一般化されえないということである。「これらのデータは、NGRIだと申したてる殺人犯が自分の行動に責任を負わなくてもいいと言っているのではないし、PETを診断技術として使用することが可能だと言っているのでもない。そして、わたしたちの研究成果は脳の機能障害の（遺伝的あるいは環境的な）原因にかんする問題をあつかうことはできないし、また因果的な方向も確立していないのである」（Raine et al. 1997: 505）。

エヴァン・バラバンは、メリーランドでおこなわれた会議の口頭発表をふり返って、攻撃性の生物学の研究者らによってなされた条件づけは不十分であった、とのべている。つまり、暴力犯罪それ自体の起源にある遺伝子と生物学の重要性をさらに調査したいという要請がくり返されることは、街を安全なものにしてくれる特効薬が発見されるかもしれないという〔ばかげた〕幻想に貢献しているのだという（Balaban 1996）。キャリーとゴッテスマンは、こう述べている。「すべてが遺伝的だということではないし、けっしてすべてが遺伝的であったということでもない」のであり、「「生まれか育ちか」、「攻撃遺伝子」とか「遺伝子が私にそうさせる」とかいった表現は、まじめな行動遺伝学によるものではなく、科学や空想科学小説や社会風刺の歴史に属している」のだと（Carey and Gottesman 1996: 89）。だが、彼らが確信していたのは、現行世代の分子遺伝学的調査が反社会的行動のさまざまな側面に関連する多様な形をみいだすだろうということ——「犯罪遺伝子」ではなく、たくさんの小さな効果の遺伝子座が共に機能することで、気質や動機や認知に影響を与えるということ、そして特定の環境や来歴がそろえば、個人が反社会的行為をおこなう確率はあがるだろうということ――であった。

アメリカ司法省のダイアン・フィッシュバインは、犯罪者のアイデンティティの生物学化が意味することについて、ずっと希望的な観測をもっていた。犯罪と暴力の予防となる遺伝学の研究成果の有意性と意義を評価するために、ある研究プログラムの概要を示したあとで、彼女はこう結論づけた。「さまざまな研究が示しているのは、われわれの人口のある下位集団は、たいていの環境要因を圧倒する遺伝的脆弱性に苦しんでいるということである」(Fishbein 1996: 93) と。しかし、このことは以下のような楽観主義を生みだす原因でもあった。「遺伝形質は変わらないわけではないので、社会環境のなかで変更可能である……個人はその研究からおおいに恩恵をうける立場にあるだけでなく、公衆も自分の行動が完全にいつも自分自身の意志によるのではないことを理解することで、結局は、逸脱した行動をいっそう容認できるようになるかもしれない……現在の戦術が効果的だという証拠はほとんどない。したがってわれわれは、遺伝的研究が推進させうる早期介入と、思いやりのある治療の時代につき進んでいく必要がある」(Fishbein 1996: 93)。われわれはここに、自由意志や責任に対する議論よりはるかに重大な何かがかたちをなしつつあること、つまり、新しい人類――反社会的行為の「遺伝的リスクにさらされている」者――の出現をみているのである。[36] 遺伝的リスクにさらされた個人とは、DNA検査や家族史にもとづくことで、ある病状に感受性をもつと想定されている者である。それゆえ彼らは、まるで将来高い可能性で症状が発現するかのように、介入を許され、たった今治療されることになるかもしれない。それは、彼らが問題になっている病状の徴候を現在のところ示していない場合でさえ、そしてその困難の確実性、性質、タイミング、重要性がまったく予測できない場合でもそうなのである。ここでこそ――多くの管轄区域で、とくにアメリカやイギリス、オーストラリア、そしてニュージーランドで、社会の防衛や公衆の防衛と一致する新たな中心性でこそ――新しい犯罪生物学は、犯罪コントロールの戦略における一般的な変容と交差するのである。

犯罪予防、公衆衛生、そして社会の防衛

ここにはコントロールの戦略がある。だがそれは少なくとも、一般的に理解されるような新たな優生学や遺伝子決定論を意味するものではない。つまり、個人の性質やライフコースが、固定されて変更不可能な遺伝的気質によって前もって決定されているという発想を示してはいないのである。現在の生犯罪学は、生物学が運命であるとは言っていない。生犯罪学は、感受性や予測や予防の論理を含むことで、それ以外の現在の分子生物学や分子神経科学と同様の思考様式のなかで作動している。そして、生犯罪学は、問題のある者を含む家系の生殖率をつうじて国家規模の遺伝子プールに脅威がもたらされるといったことには関心がない。生犯罪学が作動している問題空間はそれとは異なり、自己管理や合理性や成熟や判断や気配りや考えの不足から生じるとみなされる反社会的・攻撃的・暴力的行為の明白な「伝染病」によって形成されているのである。先進自由社会において、市民化された道徳的エージェンシーの核心にある自己統治能力のすべてを欠いた反市民をコントロールするために、二方面に分岐した戦略が姿を現しつつある。第一に、こうした性向をもった個人を特定し、そのような人びとが自分の家族やコミュニティにもたらすリスクを減少させるよう彼らに介入するためにも、反社会的行為を導く病状を理解しなければならない。だが第二にひとは、そのような個人や彼らの行動が表す肉体的・精神的健康に対する脅威に対して、公衆の防衛を優先しなければならないのである。(37)

この問題空間の内部に、犯罪についての生物学、神経学、神経化学、遺伝学にかんする新しいリサーチ・プログラムが姿を現してきているのであって、それは攻撃的で反社会的な行為にとっての生物学的プロセス、遺伝マーカー、リスク要因の位置を突きとめ、リスクのある個人を特定する技術を発展させようとするのである。養子研究、ホルモン研究、神経生理学的研究、そして知的能力、注意欠損障害、微細脳機能障害についての調査を通して研究者たちは、早期の特定、予防的介入、効果的治療のために、特定の生物学的異常性と暴力犯罪に関与する性向とのつながりを探っているのである。まさにこれらの表現によって、新たなコントロールの生政治学が姿を現してきている。

もちろん、昨今の犯罪者が有する背景と特徴の研究をつうじて、気質的に犯罪をなす「素因」をもっているか法を犯す「リスク」があり、それゆえ合法的に予防的介入のターゲットになりうる「前駆症状の犯罪者」を客観的に特定するツールを発展させることができるという発想は、何ら新たなものを含んでいない（たとえば、1930, 1934, Glueck et al. 1943）。社会学的犯罪学は、そのような発想を拒絶するなかで創設されたし、その現代的なかたちについては、犯罪の生物学的説明に対するエドウィン・サザーランドの攻撃にまでさかのぼることができる（Sutherland 1931）。第二次世界大戦の終わりから一九七〇年代をつうじて、こうした議論は犯罪学の真理言説からほとんど追放された――それは科学的人種差別主義と切り離しがたくむすびついているとおもわれたのである。ウィルソンとハーンスタインが、『犯罪と人間性』（Wilson and Herrnstein 1985）を刊行したとき――彼らはそこで、人間の合理性が衝動性や攻撃性や精神遅滞に対する遺伝的素因を含んだ生物学的制約に従っていると論じ、そしてこれらの生物学的制約が犯罪行為と関連するという自分たちの主張を支持する幅広い経験的証拠をまとめていた――、彼らの議論は手厳しく批判され、ほかの生物学的還元主義者の仕事と関連づけられ、また政治的に動機づけられたものとして退けられたのだった（Cohen 1987, Gibbs 1985）。しかしそれにつづく数年のうちに、犯罪行動への「統合的」なアプローチにかんして多様な提案がなされたのであって、そこでは生物学的要因がひとつの鍵となる次元を形成したのである。そうした議論は依然として、多くの社会学者に異論を唱えられているし、社会学者たちはそれらを性差別や人種差別やファシズムにむすびつけている。しかし、この議論は真理の地位をまさに獲得しつつある。それはたとえば、犯罪学の入門書に書かれているし、そこでは生物化学的・遺伝的・神経生理学的要因を含む暴力についての説明が、明確な経験的証拠に基づくものとしてますます多く記述されている（Wright and Miller 1998）。

この議論は、いまや——遺伝子決定論ではなく多遺伝子感受性の場で——現在の遺伝学的思考様式の内部で機能しているものなのである。すなわちそうした調査は、くみあわせによって環境刺激への反応を調節したり、特定の行動特性を発達させる傾向を増加させたりするＳＮＰレヴェルでのヒトゲノムの変異をあつかう。うつ病、不安障害、ＡＤＨＤや行為障害のような子供の障害と関係がある感受性遺伝子座を発見したとのべる大量の論文が、二十世紀の終わりの数年と二十一世紀のはじめの数年に公表された[38]。そしてもちろん、そのような論文の多くが、攻撃性や衝動性やほかの望ましくない形式の行動に焦点をあわせていたのである。たとえば、「モノアミン酸化酵素Ａの調節的多型性は、攻撃性や衝動性や中枢神経系のセロトニン作動性の変動と関連がある」というタイトルで二〇〇〇年に公表された論文を検討しよう（Manuck et al. 2000）。そこでは以下のように書かれている。

> この研究は、モノアミン酸化酵素Ａ（ＭＡＯＡ）にかんする遺伝子の多型ヴァリエーションと攻撃性、衝動性、中枢神経系（ＣＮＳ）のセロトニン作動性反応の個体間変動とのつながりについての予備的な証拠を提示して

いる。X染色体上のMAOA遺伝子のプロモーター領域にある明らかに機能的な30-bp〔bpは塩基対（base-pair）の略〕のVNTR（MAOA-uVNTR）が、イントロン2におけるジヌクレオチドの繰り返し（MAOA-CAn）と同様に、ある一一〇人からなるコミュニティ・サンプルのなかで遺伝子型を特定された。参加者全員が、衝動性、敵意、生涯にわたる攻撃性の経歴についての標準的なインタビューと質問紙による測定を終えていた。被験者（七五人）の大多数において、中枢セロトニン作動性の活性は、神経精神薬理学的課題（フェンフルラミン塩酸塩へのプロラクチン反応）によっても認められた。MAOA-uVNTR多型の四つの繰り返し配列のヴァリアントが、対立遺伝子2と3（中間的な長さの繰り返し）をともなうMAOAプロモーター構築物中の、強化された転写活性の第一の証拠に基づいて、分析のためにグループ化されたのである（対立遺伝子'1+4' vs. '2+3'）。1／4対立遺伝子グループの人びとは、攻撃的性向と衝動的性向を示す複合尺度にかんして著しく低いスコア（P<0.015）をそなえていたし、2／3対立遺伝子グループの人びとよりもはっきりしたCNSセロトニン作動性反応（P<0.02）を示していた。これらのつながりは、より一般的な1と3対立遺伝子だけの者（被験者の九三パーセント）と比較しても著しい。MAOA-uVNTR多型の連鎖不平衡〔ゲノム上の近接した二つ以上のSNPが、独立ではなく連鎖している状態（日本薬学会のホームページより）〕にもかかわらず、MAOA-CAnの繰り返しの長さのヴァリエーションは、このサンプルにおける行動やフェンフルラミンの攻撃について著しくは変わらなかった。われわれは、MAOA-uVNTRの調節性多型が、部分的には、CNSセロトニン作動性反応と、衝動のコントロールや反社会的行動と密接な関係がある人格的形質の両方における個体差を引きおこしうると結論づけた。（Manuck et al. 2000: 9）

このような議論は、依然として遺伝子を、環境からの入力に先だち、また環境から独立した、特定の効果をもつ単位として仮定する因果的論理に従ったものとおもわれるかもしれない。同じことが動物モデルをあつかった多くの研究にもあてはまる。たとえば二〇〇三年に、ケース・ウェスタン・リザーブ大学のエヴァン・デネリスとその同僚がマウスを研究の対象とし、Ｐｅｔ－１遺伝子――セロトニン・ニューロンにおいてのみ活性を示す――を発見したのだが、この遺伝子がノックアウトされた場合、野生型の対照群に比べて、大人の攻撃性や不安が増したことを報告した（Hendricks et al. 2003）。ケース・ウェスタン・プレスの発表では、事態の複雑性を無視することで、「研究者がマウスの不安と攻撃性の遺伝子を発見――人間の気分障害の研究への新たな扉を開く」というタイトルがつけられた。その発表は以下のように断言していた。

セロトニンは、ニューロン同士が脳や脊髄で互いにやりとりすることを可能にするメッセンジャーあるいは神経伝達物質として作用する化学物質である。セロトニンは適切な水準の不安や攻撃性を保つために重要である。欠陥のあるセロトニン・ニューロンが、人間の過度の不安、衝動的暴力、そして抑うつとむすびつけられる……プロザックやゾロフトのような抗うつ剤は、セロトニンの活動を活性化させることで働き、これらの障害の多くの治療にとって非常に効果的である。

デネリス自身は「Ｐｅｔ－１をノックアウトしたマウスの行動は、不安と暴力の高まりという特徴をもつ、人間の精神医学的障害のいくつかをひどく連想させる」とのべた[(39)]。しかし、動物モデルを研究対象としている者を含む、より洗練された研究者たちが示しているのは、遺伝型、たとえば神経伝達物質代謝酵素の活動の水準に影響する遺伝型は、環境による損傷と相互作用するということである。それはたとえば、幼年期の虐待の影響に調子を合わせることもある。[40] ここで人間にかんして参照される論文は、たいてい、カスピと彼の同僚によるものである。この論文は大規模なコホート研究をともなった調査に基づき、以下のように主張した。「セロトニン・トランスポーター（５－ＨＴＴ）遺伝子のプロモーター領域にある機能的多型が、抑うつとの関係でストレスのかかる生活上の出来事の影響を和らげることがわかった。５－ＨＴＴのプロモーターの多型の短対立遺伝子をひとつでも保持している個人は、長対立遺伝子のホモ接合体をもつ個人以上に、ストレスのかかる生活上の出来事に対する抑うつ徴候、診断対象となる抑うつ、そして自殺傾向を示した」（Caspi et al. 2002: 386）。

二〇〇三年に、暴力予防のための行動遺伝学に基づいたこの種の研究の含意を考えるために、オーストラリア犯罪学研究所のキャサリン・モーリーとウェイン・ホールは、「反社会的な行動特性をあらわにする個人の傾向」に潜在的影響を与える、さまざまなグループによって提示された遺伝子変異の候補を、有用な仕方でとりまとめている。すなわち、衝動性とむすびついたセロトニン作動性システム要素の遺伝子変異、ＡＤＨＤとむすびついたドーパミン作動性システム要素の遺伝子変異、ＡＤＨＤ、衝動性、敵意とむすびついたノルアドレナリン作動性システム要素の遺伝子変異、そしてＡＤＨＤ、衝動性、攻撃性、行為障害、さらに罪の自覚にむすびついた神経伝達物質の代謝にともなう酵素の活動に関係する遺伝子変異、といったものである。もっとも、「かなりたくさんの変異体遺伝子を保有するとしても、個人としては反社会的行動に従事するリスクを著しく増大させるにすぎないだろう」と強調してもいる（Morley and Hall 2003: 4）。[41] そしてモーリーたちは以下のように結論づけたのである。「遺伝研究は、反社会的な行動特性をあらわにする個人の傾向に影響を与えうる遺伝的変異を特定することにはじまっている」が、このことは単一遺伝子の問題なのではなく――かわりにその要点は、「感受性」にかんする現代的な思考様式へと場所を移動している、ということである。実際のところ、彼女たちの報告には、「犯罪行為を触発する遺伝的感受性は存在するのか」という表題がつけられていた。そこでは以下のように論じられている。

反社会的行動についての遺伝的研究をめぐる概観は、反社会的行動に遺伝が寄与していることを示す証拠が増大していることを大づかみに示してきたが、暴力的な行動に従事するリスクを著しく増加させる単一遺伝子のヴァリアントがみいだされることはほとんどないことを示してもいる。そのかわり、以下のようなかなりたくさんの遺伝子ヴァリアントが特定される可能性がある。すなわち、必要な環境要因がそろうと、自分をより犯罪活動に従事させうる行動形質をさらに発現させてしまうような遺伝子ヴァリアントのことである。(Morley and Hall 2003: 4-5)

一九九〇年代はじめにはもう、この形式をおよそのところ採用する説明が、コントロールの戦略にはいりこみつつあった。その当時、アメリカ国立衛生研究所が、フレデリック・K・グッドウィン所長のもと、全国暴力予防イニシアチヴ〔NIMH〕を開始した。このイニシアチヴのなかで、精神科医は犯罪行動を現にしそうな子供の特定を試み、介入戦略を進展させようとした。『シカゴ・トリビューン』紙は一九九三年、このプログラムによって、「暴力的な行動は、結局のところ攻撃性への化学的・遺伝的な鍵を操作することで抑制され……反‐暴力のための可能な薬物療法が、おそらく強制的に、異常な水準の人びとになされうる」という希望が増すことになると報道をした(引用は Citizens Commission on Human Rights 1996 より)[42]。このイニシアチヴからの公式な報告書は、一九九三年と九四年に四冊出版されたが、暴力犯罪における生物学的・遺伝学的要因と、暴力的な行動を減少させる新たな薬にかんするいっそうの研究を要求していた（Reiss and Roth 1993, Reiss et al. 1994）。精神医学が関与する暴力に対抗するベテラン運動家ピーター・ブレギンは、多くの計画書の漏洩したコピーを入手した。彼の主張によれば、イニシアチヴを支持する提案書は、「行動の個々の決定因を——生化学や心理学や社会／環境の水準で——特定するために新たに現れた科学的能力」を指し示しており、「さまざまな解決策は、暴力の個々の決定因を対象とする科学的で臨床的な能力の増加を反映させなければならない」としていた。そして彼は、これらの要因をとくに遺伝学的で神経化学的なリスクの要因とむすびつけた。その報告書は、「個人、家族、コミュニティに向けられた多様な介入のテスト」のためのリサーチ・センターを設立することを提案していたし、その提案の概要は、「マイノリティ集団が、不釣合いなほどその影響をうける」ことを示していた（Breggin 1995–96, Breggin and Breggin 1994）。

一九九二年に、ブレギンはイニシアチヴを公のものにして抗議するため、メディアでのキャンペーン——とくにアフリカ系アメリカ人活動家たちの結集を狙ったキャンペーン——を開始した。まさにこのキャンペーンこそが、ブレギンがＮＩＭＨによる暴力予防イニシアチヴの入念に準備された理論的根拠とみなしていた、「遺伝的要因と犯罪」にかんするメリーランドの会議を困難な状況に陥れた。確かに一九九二年まで、アメリカ連邦政府は、マッカーサー基金と共同で、「人間の発達と犯罪生物学にかんするプログラム」と名づけられた巨大な規模の戦略に、年間一二〇〇万米ドルもの資金を援助していた。このプログラムは、「行動遺伝学、神経生物学、分子生物学の分野における進歩が、非行と犯罪行動の生物学的決定因がやがて発見されるかもしれないという希望を新たにしている」という見解にもとづくものであった（Breggin 1995–1996 における Earl 1991 の引用）。それゆえ、その計画は犯罪行動のなかで役割を果たすかもしれない生物学的・心理学的・社会的要因にかんして子供たちをスクリーニングすることを目指していたし、犯罪性を予測するための生物学的・生化学的マーカーを最終的には特定するという目標をもって、八年間を一区切りにしてさまざまな被験者を追跡することを提案していた。この包括的プログラムは、暴力予防イニシアチヴをとり巻く論争の結果として撤回されたが、他方そのプログラムから派生した個別の計画は、連邦政府によって資金援助されつづけている。

ブレギンはこのプログラムを、統治的・社会的コントロールに密接に関連した人種差別主義的プログラムだとみなしている。彼は確かに、自分がかかわっている事例を誇張しすぎている。フランクリン・ジムリングは、「暴力行動の理解とコントロール」にかんする全米科学アカデミー小委員会の一員として働いていたが、「遺伝学がアメリカでの暴力の予防においていつまでも主要な役割を果たしつづけるかどうかは疑わしいと思っている……あらかじめ暴力的だとわかっている大人においてさえ、暴力の予測は間違いの多いものなのだ。大人になると深刻な暴力をふるうリスクの高い子供を選別することなど、純粋な空想科学小説である」(Zimring 1996: 106)。しかし、ダイアン・フィッシュバインは別のことをのべている。「いったん適切な母集団のなかで、遺伝学に影響をうけたかたちでの精神病理学にとっての有病率がわかれば、実質的に遺伝学の研究成果をくみいれている予防戦略は、反社会的行為の問題にどのような影響を与えうるのかを、もっと巧く決定できる」(Fishbein 1996: 91)。控えめに述べても、彼女は、自明の事実《エビデンス》が「早期の特定と介入の必要性を示している」と信じていた(Fishbein 1996: 91)。ダニエル・ワッサーマンが指摘したように、犯罪生物学者たちは、反社会的行動の神経遺伝学的研究が「原因」を発見することはないにしても、その行動と関連したマーカーや遺伝子を特定することはできるかもしれないという希望をもっているのである(Wasserman 1996: 108)。スクリーニングのプログラムが、これらのマーカーを保有している個人を検出するためにつくりだされるだろう。すなわち、予防的な介入が病状を治療するために、あるいは症状が現れている個人が示しているリスクを改善するために計画されうるだろう。そしてこのような根拠に基づくことで、生物学的な専門知識が、社会的コントロールのさまざまなエージェンシーによって着手される、リスク予防戦略の一部になることを信じる者は数多いのである（Fishbein 2000）。

こうした仕方で理解されるならば、これらの遺伝学的・生物学的に触発されたイニシアチヴが、リスク・マネジメントによる犯罪コントロールの問題をあつかうプログラムの複合体の一要素にすぎないことは明らかであり、これらの戦略は公衆衛生の促進のための戦略の内部に位置づけられうる。実際、アメリカ全体で展開されている暴力予防のとりくみのほとんどは、こうした仕方で考えられている。ある種の[43]「伝染病」として理解される犯罪現象にたち向かうため、きわめて多様な戦術が要求される。これらの戦術には、犯罪行動が深刻な水準にいたる以前の予防的介入、リスクのある個人を特定し、治療し、隔離する試み等が含まれる。しかし、それらにはまた、コミュニティや家族へのサポートをつうじて、教会やボランティア組織の活動をつうじて、そして道徳や環境の再生のための、より幅広くなじみのある枠組みをつうじて、「免疫性」や「抵抗力」を強化しようとする試みが含まれる。[44]一九九五年に暴力と心的外傷性ストレスにかんする研究のためのNIMHプログラムが指摘したように、「暴力と心的外傷の影響は、あらゆるアメリカ人にとって主要な公衆衛生問題をなしている……対人暴力は近年、深刻な公衆衛生の問題と広くみなされるようになってきている」[45]。公衆衛生としての暴力予防という考え方の内部で、生物学的要因は、個人内的・家族的・同僚的・コミュニティ的、そして文化的要因と、さらには暴力、アルコール、あるいはクスリの経験のようなほかの心的外傷や毒物と相互に作用することによって、いまや暴力の遂行にかかわる一連のリスク要因だと考えられている。犯罪生物学の早期検出や早期治療の願望は、コントロール・メカニズムのこの広範な再形成過程の内部における、さまざまな戦術のひとつにすぎない。そして

455　第八章　コントロールの生物学

そこでは、遺伝学の研究者から精神科医、警察官、ソーシャルワーカーまでにいたる多くのプロが、リスクの特定、評価、コミュニケーション、そしてマネジメントによって仕事をなしているのである[46]。

ここでの戦術には以下のものが含まれている。全体としての集団のリスクを最小化すること。リスクの高い範囲——それは、特定の地理的空間、あるいは特定のグループ、コミュニティもしくは下位集団であるかもしれない——を規定し、標的にすること。当該の問題行為あるいは病理へと統計的・臨床的にむすびつけられる要因のくみあわせの分析をつうじて、リスクがある発症前の個人を特定すること。そして事後的にではあれ、つぎのようにすることでリスクは減少させられるべきである。つまり、問題のあるもしくは法を犯している個人にリスク評価をうけさせ、彼らをリスクをもつ者の名簿に加え、リスク・レヴェルとの関連でその治療を決定し、自分自身のリスクをモニターしコントロールするために必要な能力と適格性をつくりあげるように設計された介入プログラムをつうじて彼らを更生させること。さらに、もし彼らが矯正できないほどのリスクをもつならば、「三振法（重罪の前科が二回以上ある者が三回目の重罪による有罪判決をうけた場合には、刑の重さにかかわらず終身刑にされるという法律。現在では通常よりは重い刑を科されるように改訂されている）」政策のように、ずっと監禁することで彼らから力を奪うこと、また性犯罪者や、刑期の最後に依然として「リスクがある」と判断された者たち、あるいは特定の「人格障害」と診断された者たちについては予防拘禁すること、である。

新たなコントロールの生物学

二十世紀前半のコントロールの生物学において、個別の人間的特性を遺伝をつうじて説明することは、第一に、それらが特定の下位集団の性質であり、そして第二に、それらが不変なものだと主張することであった。新たなコントロールの生物学は、これら両方の次元において別の意義をもっている。確かに、依然として人口集団グループから思考する行動遺伝学者、とりわけ進化生物学と進化心理学、そしてさらには進化社会学を熱狂的に信じる者がいる。(47) はっきりと人種差別的な組織から資金提供されている特異な者たちはいうまでもないが、チャールズ・マレーやリチャード・ハーンスタインのような当世の優生学者たちも、明らかにこの陣営に分類される。そして、とくにアメリカでは、暴力研究が人種グループに焦点をあてているのは確かである。それは明示的な選択であったり、あるいはその家族のメンバーに刑事司法制度とかかわりがあると知られている被験者が選ばれていることの帰結であったりするが、生物学とほとんど関係ない理由で監獄にいたり、保護観察中であるような個人についての過剰表象があるために、アメリカのあらゆる都市のアフリカ系アメリカ人やラテン系の人びとの大多数を包含するような実践になっているのである。しかしそうしたさまざまな実践には、科学それ自体の内部でも異議がとなえられている。そこでは、たいていの行動遺伝学者らによって、反社会的行為にかんする集団的傾向性の探索は誤りだとみなされている。リスクは、ここでは臨床的な術語として理解されている。つまり、あるグループの個人は――鎌状赤血球貧血の場合のように――特定の病状に対して「上昇したリスク」を保有しうるが、他方でその結果生じる実践的な関心は、そうした人口集団グループをまとめてコントロールすることにはないのである。それはむしろ、生物学的あるいは家族的な傾向性が、ある発達的・社会的環境のなかで特定の個人を暴力や反社会行為へと導く場合に、そうした個人を特定することこそにあるのである。その狙いは――生物学的で心理学的でありうる治療法によって、あるいはこれらの傾向性の発現を刺激し誘発する環境を変化させることをともなう治療法によって――そのような個人を、自分の意志を十分にコントロールさせうる状態に復帰させること、あるいは、さもなければ彼らを隔離することにある。収監という要求は、その気質と生殖ゆえに人類の衛生の脅威となった人びとの隔離というかつての要請の残響を呼び起こすかもしれないし、収監という帰結は、関係者たちにとっては同じくらいうけいれがたいかもしれない。しかし、その理論的根拠は異なっている。現実のあるいは潜在的な犯罪者は、欠陥をもった下位集団のメンバーとか、生殖が制限される劣化した民族といったものとしてではなく、自由についての自由社会の文明化した規範に従って、自分自身を統治できない手に負えない個人として収監されるのである。

二十世紀前半の優生学とは異なり、何かを自然の側におくことは、もはやその何かを変更不能なものの側へとおくことではない。特定のかたちで、反社会的、暴力的、あるいは攻撃的な行動を起こしやすくなる遺伝子が発見されたといった仮想の場合においてさえ、このことは、強制的な隔離、断種、あるいは安楽死を正当化する変更不能な運命の烙印としてはうけとられないだろう。分子生物学や神経遺伝学による現在のおおげさなレトリックのなかでは、いったん望まれない特性にかんする遺伝的な根拠が特定されれば、そしていったん一般的にリスクがあるとされる個人が特定されれば、そのリスクを減少させる介入がはじまるのである。すなわち、精神薬理学、遺伝子治療、環境コントロール、ライフマネジメントの技能、認知的再構築がはじまるのである。公衆衛生としての犯罪コントロールという思考の内側で、新しいコントロールの可能性が、暴力的あるいは反社会的行動の基盤をめぐる生物学的な考え方とむすびつき、そうしたリスクを最小化する技術の利用へと開かれるのである。

スラム街の住人への全面的なスクリーニングは、たいていの管轄区域において、企図するにはあまりにも議論をよぶものとおもわれる。しかし、二〇〇四年に、ジョージ・W・ブッシュ大統領が開いたメンタルヘルス新自由委員会は、テキサス薬物アルゴリズム・プロジェクト〔TMAP〕の採択とともに、診断未確定の精神医学的障害について、幅広いスクリーニングのプログラムを提案した。一九九五年に開始されたTMAPは、反応依存型の向精神薬の使用増加をともなう、さらには電気けいれん療法（ECT）をも含む、ある「アルゴリズム」――現実には最初の診断から治療計画をつうじて開業医たちをガイドするためのフローチャート――の進展をともなっていた。この提案は、それを推進した政治家たちや、部分的に資金援助しそこから利益をえる製薬会社とに露骨にむすびついているとして、広く批判された。だが、大統領の委員会は、この治療プログラムと、未就学年齢の児童を含む「あらゆる年齢の消費者」に包括的な精神衛生的スクリーニングをなすという提案を一体化させようともくろんだ。その委員会は、「毎年、幼児たちが深刻な破壊的行動や感情障害のために、幼稚園や保育施設から追いだされている」と記した。学校は、五二〇〇万人の学生と学校で働く六〇〇〇万人の大人とをふるいにかける（screen）ための、「鍵となる位置」にあるのである（Lenzer 2004: 1458）。

今までのところ、そのようなスクリーニングが、遺伝子プロファイリングや神経化学的評価を利用している証拠はない。とはいうものの、学校の秩序を乱す学童についての遺伝子スクリーニングが、学校教育をつづける条件としての予防的な治療とともに必要であろうとみこまれているのである。実際、少なくともひとつのグループが、自分たちの多重遺伝子検査がそのような診断に応用可能であったと主張している（Comings et al. 2000）。同様に、遺伝子テストをもって、そして保護観察あるいは仮釈放の条件としての治療への承諾をもって、ささいな犯罪の既決囚をスクリーニングすることも予見される。あるいは、遺伝子スクリーニングが雇用の条件であるというシナリオを、もしくは遺伝子治療が秩序を乱す従業員や怠慢な従業員の契約解除に代わる選択肢として示されるシナリオをおもい描くこともできる。(48) 示唆的な前例があある。多くの精神治療薬、たとえばアルコール依存症のためのアンタビュースや、躁うつ病のためのリチウムは、このようにして導入されたのである。以前の時代の否定的な優生学とは異なり、公衆衛生という名の現在のリスク特定の生物学化は、犯罪生物学者に治療のプロとしての役割——個人や社会それ自体への治療——を提供するものなのである。

コントロールの批判的生政治学？

現在の犯罪生物学は、特定の問題の空間内で、その顕著な特徴を獲得している。一方で問題となっているのは、残忍性、攻撃性、衝動性、反社会的行為、あるいは暴力をつうじた自己賞揚をともなう犯罪の明白な「伝染病」である。これらの犯罪は、高度に道徳的な表現で思考されている。つまりそれらは、自由な社会における自由な個人の行為への道徳的制約を理不尽に軽視するような行為だというのである。それらは、人種グループの病理ではなく、道徳コミュニティの結束を拒絶する個人たちの病理であり、「先進」自由社会の道徳的秩序の核心にある自由や自己管理といった規範を犯す個人の病理なのである。極端なモラル・パニックが、いかなる更生の希望をも明白に超えて、また自分たちのよこしまな欲望を抑制する意志の欠如やその不可能性を超えて、これらの「邪悪な」者をとりかこんでいる。このモラル・パニックが、怪物的な個人の特定や、予防拘禁の幅広い要求を導いている。一部の者のうちにある、矯正しえない、反社会的で攻撃的で暴力的な行動への遺伝的で生物学的な性向といった主張を擁護する者たちは、これら特定の提案を支持するだけでなく、以下のようにほのめかす。まさにその〔身体の〕構成によって他人に危険になる人びとすべてを包含するためには、公衆の防衛という名の予防拘禁というクモの巣が、よりおおきく広げられる必要があるというのである。新しい部門が、刑事司法制度という慣習的な装置に加えられなければならないとおもわれる。そしてその装置の役割は、生物学からみていつまでも治療や更生がなしえないままにとどまる人びとを、ずっと隔離しておくことにあるだろう。

他方で犯罪生物学は、現実のあるいは潜在的に反社会的な個人の特定や予防的介入に焦点をあわせ、そのような個人を早期の段階で特定し、彼らを治療できるようにするために、幼年期や青年期に学校や少年裁判所でスクリーニング・プログラムをうけさせることで、犯罪コントロールにかんする公衆衛生戦略の、さらなる全般的な高まりの一要素として、より穏健な役割を果たすだろう。生物学的リスク要因の特定、計算、そして管理が実践されるのは、たくさんの他者の間で、危険で満たされ、予防原則という政治的支配によって特徴づけられる政治的・公共的領域のなかで、とりわけコントロールのプロたちに対して拡張された役割においてであるだろう。そしてその領域では、リスク思考が精神衛生の実践の多くを支配しているし、精神医学のプロたちには、リスクの名のもとで、統治する義務と統治される義務とがすでに与えられているのである。

感受性という思考、スクリーニングという新興テクノロジー、そして薬物との予防医学的な調停の約束というこの三つのくみあわせが、ここでは有力である。とりわけ、精神治療薬の予防的処方が日常化しつつある世界ではそうなのだ。三つのくみあわせが、危険への恐怖で充たされた政治的・公共的領域に埋めこまれている場合には、なおさらそうである。批判的分析は伝統的二分法――自由意志対決定論、社会対生物学――を超える必要がある。というのも、これらの二分法は、新たなコントロールの実践のなかでかたちをなしつつある権力、知識、倫理学、そして主体化の関係を理解する補助にはなりえないからである。かわりに、おそらくコントロールについての批判的生政治学が、その恩恵とは何か、その危険とは何か、収益とは何か、さらにはその収益は誰にとってのものかを調べる必要があるし、さらには公衆の防衛の名のもとで、生物学的にリスクがある個人を特定し統治しようとするコントロール戦略にかかる費用はどのようなものであり、誰に対するものであるのかを問う必要があるのである。

註

（1） 本章は、"The biology of culpability: pathological identities in a biological culture." *Theoretical Criminology*, 2000, 4 (1): 5-34 を大幅に改訂したものである。この論文は、一九九八年四月一六日―一九日に、オーストラリアのヴィクトリア州メルボルンで開催されたオーストラリアおよびニュージーランド精神医学、心理学、法律学協会の第一八回年次総会での基調演説に基づいている。ほかのヴァージョンとして、一九九九年三月にダラム大学の社会学部でなされたものと、一九九九年五月にトロント大学の犯罪学センターでなされたものとがある。デボラ・デノ、ドロシー・ネルキンそしてデイヴィッド・ワッサおよび社会協会の年次会合でなされたものとがある。デボラ・デノ、ドロシー・ネルキンそしてデイヴィッド・ワッサーマンに、このオリジナルの論文のための資料を探す手助けをしてくれたこと、初期の草稿にとても参考になるコメントをくれたことについて感謝する。また、*Theoretical Criminology* の匿名の査読者たちに、参考になる提案をしてくれたことを、パット・オマリーとマリアナ・ヴァルヴェルデに、いつもと変わらぬ適切な助言をしてくれたことを感謝する。もちろんこの議論の責任は自分にある。

（2） 「先進自由」社会におけるコントロールの実践についてのより詳細な説明にかんしては、Rose 2000 を参照のこと。

（3） アメリカに焦点をあわせた、これらの進展についての見事な説明にかんしては、Rafter 1997 を参照のこと。最初に身体の外的形状、身体の比率、そして身体の表面が注目された一方で、よりのちの技術は、みることができない身体の内側に存在する唯一無二のしるしを可視化しようとし、徴候のない「保有者」の問題にとくに関心を向けた（Paul 1998b）。ロンブローゾからベルティヨンを経由してDNA指紋にいたるひとつのラインを追跡することが可能だが、他方で各々が、犯罪者の個体化にかんする、さまざまな問題空間の内部で仕事をしていたことに注意を向ける必要がある。

（4） 第二章で筆者は、優生学についてさらに詳細に論じた。犯罪にかんするかぎり、アメリカでの男性と女性の不妊化

462

はやくも一八九八年にはじまっているし、習慣的あるいは常習的な犯罪者や性犯罪者の断種を許可する法律が一九一七年までには一六の州で可決されていた。『フォーチュン』誌の一九三七年の世論調査が示したのは、アメリカ人の六三%が犯罪常習者の強制的な断種に賛成しているということであった（Kevles 1985: 114）。犯罪遺伝学は一九二〇年代ドイツの専門領域であり、ナチスが政権を握ったあとで栄え、そして一九三九年までには、犯罪容疑者の遺伝学と系譜学を調べることが犯罪調査のお決まりの部分になっていた（Proctor 1988）。イングランドでは、犯罪者は優生学的言説の特権的対象ではなかった。また、優生学的言説は知的障害者の問題に焦点をあわせていたし、生殖の自由に対して強制的な介入をおこなうことには躊躇していた（Garland 1994, Rose 1985）。北欧諸国では、一九三〇年代に、度合はさまざまだが熱狂状態にある精神病者や精神薄弱者に対する優生学的断種が採用されたが、優生学は、ある種の「司牧的」あるいは「福祉的」なかたちをとっていた。断種は「反社会的な」指標に基づいて生じたが、他方で、犯罪的行為にかんするかぎりでは、性犯罪者に焦点をあわせる傾向が強かった。それは疑いなく、去勢とセクシュアリティにかんする混乱した推論によるものである（Broberg and Roll-Hansen 1996）。

（5）これより前の章で、たとえば、Lippman 1992 に示されているリップマンの「遺伝子化」を批判した。スパローンはより複雑な議論を展開している（Spallone 1998）。彼女は、Medewar（1984）が遺伝学の濫用にかんしてかつておこなった批判を利用し、「遺伝子主義〔すべての人間の特徴が遺伝的に決定されているという考え方〕（geneticism）」という術語を使用している。

（6）マーカーのないたくさんの個人に障害が現れたあとで、その主張はとりさげられることになった。このことはアーミッシュの集団にかんする統計的意義を危ういものにした。

（7）この論争は Wasserman 1996 に記述されている。デイヴィッド・ワッサーマンに、この会議やその周辺での催しにかんする文書や情報を提供してくれたことを感謝する。その会議文書の多くは、いまでは Wasserman and Wachbroit 2001 として公刊されている。類似した、しかしそれほど論争にならなかった催しが、同じころヨーロッパで開催された。たとえば Bock and Goode 1996 や Crusio 1996 を参照のこと。

（8）この議論は Wasserman and Wachbroit 2001 で、主催者のひとりによって論じられている。

（9）国による相違は数多いし、アメリカでは、州や連邦管轄区域による相違もある。法的成果は管轄区域ごとで異なっているが、他方で提起される問題は多くの類似性をそなえている――ここでわれわれが関心を抱いているのは、特定の結果というよりむしろ、問題のほうである。ここでは包括的な主張をなすのではなく、アメリカ、イングランドあるいはオーストラリアで生じている典型的な判例を選んだ。アメリカの判例にかんする有効な説明は、Coffey 1993, Denno 1988, 1996 そして Dreyfuss and Nelkin 1992 である。

(10) 少年にかんしては、Freeman 1983 における、それ以前の立場にかんする的確な要約を参照のこと。罪を犯した女性のエージェンシーと責任についての複雑な立場については、Allen 1988 を参照のこと。

(11) 多くの訴訟で、XYY染色体の男性が精神病院あるいは刑務所の収容者であるというたんなる事実が、暴力行為歴の証拠として採用されたのである。だが研究者は暴力犯罪と窃盗罪とを、あるいは心的な不調が理由の収監と刑事犯罪とを区別していなかった。よりよい研究が着手されてみると、XYYの人と犯罪性との相関関係は窃盗罪とわずかに関係があるにすぎないことがわかった。その弁護の増加と減少は Saulitis 1979 に論じられている。

(12) 私が知るかぎり、この弁護がアメリカの法廷で使用されたことはない (Downs 2002, Lewis 1990 を参照のこと)。

(13) 一九四〇年代以降、非行少年や犯罪者の脳波図にかんする研究は、衝突や疑問の余地ある成功をともないながらも、一般住民との比較によって犯罪者に特殊な異常性を発見しようと試みたし、診断や規定のためにそのような技術を発展させようと試みた。Fishbein and Thatcter 1986 や Pollack et al. 1983 の概説を参照のこと。

(14) 脳スキャン画像を使用したヒンクリーの訴訟とそれに続く訴訟は、Denno 1988 で論じられている。

(15) 実際、ヒンクリーの訴訟が含意していることは複雑である。なぜなら、アメリカ連邦法のもとで、検察当局は被告人が犯行時に正気であったかもしれないという合理的な疑いを超えて立証しなければならなかったからである。たいていの州や他の管轄区域では、被告側が、被告人が精神異常であったというかなりの数に及ぶ証拠によって立証しなければならなかった――標準的な州や管轄区域では、おそらくヒンクリーは有罪になっていたであろう。

(16) *People vs. Weinstein*. 591 NYS.2d 715 (Sup. ct. 1992)。法廷は、専門的な証拠や――被告人の脳の嚢胞や代謝が不均衡であることを示すための――PETスキャンの画像や他の心理検査の結果にかんする考察が、精神異常の診断をなすときに合理的な意味をもつと結論づけた。しかし、裁判にかけることなく、殺人罪から過失致死罪への減刑交渉に応じたのだった。一九九八年の初めごろ、コネティカット州ニューヘイブンでのマイケル・パーソンの審理において、検察当局が異議を唱えたのは、被告弁護団が陪審団に脳の異常性を示すPETスキャンの画像を提出しようとしたことに対してであり、殺人罪から過失致死罪への減刑請求のなかで、有罪判決をうけた殺人犯の異常な脳スキャンの画像に相関して有病率が増加しているというエイドリアン・レインの所見を提出しようとしたことに対してであった。レインの仕事は以下のように議論される。脳スキャンの画像の導入を要求することにかかわる別の初期の訴訟のひとつは、一九九二年に自分の恋人を殺した第一級殺人の罪で一九九五年に有罪判決をうけた、ジャック・デンプシー・ファーレルにかんする訴訟であった。二〇〇五年のフロリダ州最高裁判所での上告審でファーレルが主張したのは、第一審での彼の弁護人が、脳スキャンの画像によって彼が神経学的欠損に苦しんでいた事実を証拠採用すべきだったというものであった。その最初の審理と最後の上訴の間の審問において、〔フロリダ〕州はＳＰＥＣＴスキャンがなされるべきという要求に反対した。情状酌量の要素として考慮されていた前頭葉の脳損傷にかんする診断がすでにあったからではなく、どんなスキャン画像も物理的な脳がファーレルの能力にどのように影響を及ぼすのかを示すことができなかったからである。フロリダ州最高裁判所は、二〇〇五年六月一六日の裁定（No. SC03-218）において、「必然性を個別に示すことが、診断テストが認定されるべきかどうかの指針」であり、このことがファーレルの訴訟では証明されなかったという見解を示した。

（17）脳の損傷を証明するためのスキャン画像の使用と、心的障害を証明するためのスキャン画像の使用の間に区別があるということには注意すべきである。ジョナサン・ヒューイ・ローレンスに下された、死刑宣告に対する、二〇〇一年のフロリダ州最高裁判所への失敗した上告のように、脳の損傷にかんするスキャン画像という証拠が、統合失調症の臨床的診断を確定するということははっきり主張されている（二〇〇五年現在、この訴訟にかんするさらなる上告が依然として係争中である）。スキャン画像が、以前「機能」障害と名づけられていたもの、すなわち、脳病変をともなわない心的障害を証明しようとする試みに使用されることはまれである。

（18）その審理の詳細と提出された証拠の写しからの抄録が、http://www.pbs.org/wgbh/pages/frontline/shows/kinkel/trial/ に掲載されている（二〇〇五年八月二九日確認）。

（19）ＮＡＭＩの方針説明書にかんしては、http://www.nami.org/Content/ContentGroups/Policy/WhereWeStand/The_Criminalization_of_People_with_Mental_Illness___WHERE_WE_STAND.htm を参照のこと（二〇〇五年八月二九日確認）。

（20）より最近では、キンケルが、殺人のときに服用していたとのべたプロザックとリタリンの副作用に苦しんでいたと主張し、この主張を、アメリカにおけるほかの数多くの学校での発砲に関与した若者の〔弁護に〕拡張する者もいる。

たとえば、ダン・エドワーズにかんして http://www.geocities.com/StNektarios/BIOPSYCH.html を参照のこと（二〇〇五年八月二九日確認）。

（21）この訴訟にかんして発見することができた最も充実した説明は、http://www.crimelibrary.com/serial_killers/predators/stayner にある、Court TV によって二〇〇五年に提供されたものである（二〇〇五年八月三〇日確認）。ここではこの報告に依拠している。

（22）Update という見出しのもとにある http://www.crimelibrary.com/serial_killers/predators/stayner/ を参照のこと（二〇〇五年八月二九日確認）。マキネス博士は、自分の現行の研究領域を、神経行動学的遺伝学と記述している。

（23）ブルンナーは、後述するように、かなり異なった用語で自分の研究の含意を論じている。

（24）遺伝子本質主義を支持する議論にときおり引用されるほかの訴訟は、懲戒手続きや資格剝奪を余儀なくされるアルコール依存症が、法定代理人の自由意志に与える影響にかかわっている。ネルキンは、一九八〇年代後半の以下の二つの訴訟に言及し、遺伝子本質主義が増加しているという自分の主張を補強している。すなわちエヴァニスジクは、アルコール依存症が原因で横領し、法定代理人の資格を剝奪されたが、バーカーは、類似した行為をなしたにもかかわらず遺伝的素因が原因であると主張したことで、その資格を剝奪されなかった（Dreyfuss and Nelkin 1992）のである。しかし「アルコール依存症」という逆説的な身分——故意であると同時に故意ではなく、生物学的であると同時に自発的である——は、法にかんする特別な問題を生じさせる。カーシーについての類似の訴訟にかんする議論 520 A. 2d 321（D.C. App. 1987）を参照のこと。またより一般的には Valverde 1998 を参照のこと。

（25）神経倫理学者たちの不安をよそに、「脳指紋」——ある個人が嘘をついているかどうか、あるいは彼や彼女が以前に顔、場所、犯罪の場面をみているかどうかを証明するために脳スキャン画像をもちいて、嘘発見器やポリグラフを補助するか、あるいはそれにとってかわることが期待される技術——が法廷で使用されるならば、ほとんど確実に同じことが生じるだろう。この技術は、ある個人が重要な、あるいは注目すべき入力刺激を認識して処理するとき、一秒の何分の一かで脳から発せられる脳波、P300 として知られる特定の電気的な脳波の応答についてのEEGモニタリングにもとづいている。こうした脳指紋はラリー・ファーウェル博士によって開発された。そして彼の組織である Brain Fingerprinting ® Laboratories がその特許をとっている（http://www.brainwavescience.com/ を参照のこと［二〇〇五年八月二三日現在］）。この技術は、一九七八年のアイオワ州での殺人で有罪の判決をうけていたテリー・ハリントンの上訴を含む、二〇〇二年と〇三年の法廷訴訟の多くで展開され、ハリントンの上訴は成功した。このことは合衆国のメディアにおいて相当の注目を浴びている。二〇〇五年までに、この技術からの証拠がアメリカの裁判所でどの程度採用されたか、そしてどんな状況においてかはまだ明確ではない。法学的問題のいくつかは、Keckler 2005 で概説されている。

(26) もちろん、自由意志によって義務を負うことができると考えられる人びとの境界線は、長いあいだ争われてきた。女性や子供が自分の行動について十分責任を負うことができるかについては、刑事司法制度のなかで、そして法哲学者のあいだで長い論争がある。十九世紀中ごろから、女性や子供を、充分に理性的な大人の男性から区別する科学的知識に対する要求が——たとえば、嬰児殺しの訴訟での母親の責任問題との関係で、そして本章の前のほうで検討した月経期との関係で——しばしば展開されてきた。子供にかんしては、その論争の多くは刑事責任能力の年齢をあつかっているが、あらためて裁判所は、実証的な知識に従って推論の形式を調整することには抵抗している。若者を死刑にすることに反対する最近の合衆国のキャンペーンは、青年期の脳が一八歳、二〇歳、あるいは二五歳にいたるまで成熟に達しないことを示す脳研究からの証拠に依拠している（たとえば、Beckman 2004 を参照のこと）。しかしこの点については、科学コミュニティのなかでも論争がある。二〇〇四年五月の *Science News Online* の記事で、数人の研究者、とりわけバーモント大学の精神科医であるデイヴィッド・ファスラーと、ペンシルベニア大学の神経心理学者であるリューベン・グアが論じたのは、法は、青年の脳が大人の脳とは違うように機能する事実を考慮しなければならないということであった。他方で、別の者たちはつぎのように論じた。「青年の脳の特定の特徴を、道徳的判断の欠損や、殺人衝動をコントロールすることの不可能性として、法と関連した状態にむすびつける証拠はない」。ハーバード大学の心理学者ジェローム・ケーガンは、「少年への死刑判決は私を悩ませるが、このことは倫理的な問題である」とのべ、以下のようにつづけている。「脳のデータは、青年になると犯罪に対する法的過失が典型的に減少するといったことは示されていない」（Bruce Bower, Teen Brains on Trial in *Science News Online*, for the week of May 8, 2004, Vol. 156, No. 19 からの引用。http://www.sciencenews.org から［二〇〇五年八月二八日現在］）。

(27) たとえば、Oklahoma Coalition to Abolish the Death penalty が報告している、http://www.ocadp.org/ で閲覧可能なシーン・セラーズとブレント・アレリーの訴訟を参照のこと。

(28) この問題を議論している訴訟にかんしては、*Johnson v. Texas*, 125 L. Ed. 2d 290, 113 S. CT. 2658（1993）と *Penry v. Lynaugh*, 492 U.S. 915（1989）に依拠している *Lucas v. State*, 887 S. W.2d 315（Tex. Crim. App. 1994）を参照のこと。ア

メリカの多くの州は、死刑訴訟に似たような「一定の裁量」条項を導入している。そしてそれらの訴訟では、評決のあとで死刑判決を決定するため、裁判は陪審団の前で別の段階にはいるのである。すなわち、陪審団は、判決の確定において、さまざまな加重要素や減刑要素について考えることが要求されるし、いくつかの州では、そこに更生への展望が含まれる。

(29) これは国際的な現象である。イギリスでは、この書物が書かれている時点で(二〇〇五年七月)、暴力の素因があり、公共の安全に対して高いリスクを与えると考えられ、治療不可能な個人を拘禁することにかかわるさまざまな提案が論じられている。オーストラリアのヴィクトリア州では、一九九〇年の四月に、コミュニティ保護法が、危険とみなされてはいたが刑法と精神衛生法のいずれの範囲にも分類されないひとりの個人ギャリー・デイヴィッドの拘禁を合法化するために可決された。とくに小児性愛のように、関連した精神医学に準ずる領域のなかで、予防拘禁は、多くの国家的な文脈で議論されつつある。すなわち「法の支配」という慣習は、主体性についての法尊重主義的あるいは精神医学的モデルに適合することのない、増加する「略奪者たち」に対し、コミュニティの防衛のためには放棄されなければならないと想定されているのである(Pratt 1998; Simon 2000; Scheingold et al. 1994)。

(30) このことはまた、モースの章が含まれる論集に寄稿した者の大部分の見解である。だが、ジョシュア・グリーンとジョナサン・コーエンは、*Philosophical Transactions on Law and the Brain* 特集号の論文で、それとは別の見解を採用した。そして、神経科学からの証拠が法を直接的に攪乱することはないかもしれないが、自由や責任についての人びとの道徳的直観を変容させることで、間接的に攪乱することはあるだろうとのべ、刑罰の論理としての応報に反対し、相応の罰を与えるよりも、むしろ福祉の促進を目指した結果主義的アプローチに賛成したのである(Greene and Cohen 2004)。のちに検討するように、事実のすべては別の方向に向かっており、むしろ、刑事司法制度が促進しようとしている未来の福祉が個人を更生するのではなく、社会の防衛や社会の防御と同様、ますます「社会」を更生するようになっているというべきである(たとえば、Garland 2001 と Rose 2000 を参照のこと)。

(31) ライナス・ポーリングは、一九五〇年代にはやくも分子遺伝学をつうじて人間の能力を理性的にコントロールするというユートピア的可能性を熱烈に支持していた(Duster 1990: 46 を参照のこと)。カリフォルニア工科大学のジェイムズ・ワトソンとロバート・シンスハイマーの両者は、「われわれの運命は自分の遺伝子のなかにある」というイラスト付きの名文句を提供している(Nelkin and Lindee 1995 を参照のこと)。人種差別主義的見解にかんしては、一九三七年の設立以来ずっと人種差別主義的優生学とむすびついているパイオニア基金〔優生学を支持するアメリカの非営利団体〕の一員であったウィリアム・ショクリーから、あるいは、カナダのウェスタンオンタリオ大学の心理学教授であり、黒人、アジア人、白人のあいだの行動の差異が生殖戦略における進化論的変異によるものであると論じたJ・フィリップ・ラシュトンから引用がなされている。

(32) フィンランドでは、この領域の専門的研究が進んでいる。イアン・ハッキングは、マルク・リノイアとマッティ・ヴィルクネンとその同僚が提出した攻撃性の神経化学にかんする一連の論文について論じている（Hacking 2001）。ハッキングは、後に暴力予防戦略論争の中心になったフレデリック・K・グッドウィンが、これらの論文のいくつかの共著者であったことを指摘している。

(33) このより一般的な戦略内の一要素である「治療的法学」という特定の考えにかんしては、Carson 1995を参照のこと。治療的法学においては、法、そしてより一般的には刑事司法制度は、現実のあるいは潜在的な犯罪者に治療効果をもたらすためにもちいられるべきであり、そこでは治療効果はおもに、個人をコミュニティの道徳的・行動的規範に統合しなおすことと理解される。

(34) ピアース・バーンは、このことが一九一三年にチャールズ・ゴーリングによって論じられたことを指摘している（Beirne 1988）。

(35) この番組にリンクされたBBCのウェブサイトのために彼が書いた記事の要約が、http://news.bbc.co.uk/1/hi/programmes/if/4102371.stm に掲載されている（二〇〇五年八月三一日確認）。

(36) 「種類の制作による世界制作」にかんしては、Hacking 1992を参照のこと。

(37) この戦略はマルコム・フィーリーとジョナソン・シモンが示した、保険計理人の形式のリスク・マネジメントと同じものではない（Feeley and Simon 1992, 1994）。リスクの計算は、階乗的でありうるし、ハイリスクと関連のある要素が集中する特定の下位集団を同定するかもしれないが、その狙いは、依然として特定のリスクのある個人を同定し、そのような個人を無害化することにある。

(38) 第七章でこれらの研究のいくつかを論じている。

(39) http://www.sciencedaily.com/releases/2003/01/030123072840.htm を参照のこと（二〇〇四年一一月二九日確認）。

(40) たとえば、イタリアのローマにある欧州分子生物学研究所のコーネリウス・グロスと彼の同僚は、不安と攻撃性との関連でマウスにおける遺伝子と環境の相互作用を探究しようとする試みで、洗練されたデザイン〔のモデル〕を使用している（たとえばGross and Hen 2004を参照のこと）。

（41）モーリーたちは、反社会的行動と関係のある遺伝子候補の分析と有益な用語集を、http://www.aic.gov.au/publications/tandi2/tandi263.html で提供している（二〇〇四年一二月二九日確認）。

（42）グッドウィンは、以前はアルコール麻薬中毒および精神障害委員会のトップであり、（ケイ・レッドフィールド・ジャミソンとともに）躁うつ病にかんする標準的な教科書の著者であった（Goodwin and Jamison 1990）。一九九二年の春、合衆国精神衛生諮問委員会より以前にそのイニシアチヴについて論じる一方で、グッドウィンは、スラム街での暴力と、あるオスが他のオスを殺し、その後限定的な競争をともないつつ多数のメスと交尾をおこなうサルの集団でみられる出来事との類比を示していた。グッドウィンによれば、これら「過剰に攻撃的な」オスはまた、「過剰に性的」でもあるようにみえる。彼はまたこのサルの行動を、刑事司法制度にかかわることになった若い暴力的な男性——もちろん、その圧倒的多数が黒人である——の行動とむすびつけているようにみえた。『ロサンゼルス・タイムズ』誌が表現したように、グッドウィンは、「スラム街の若者を野生の暴力的で性欲が過剰なサルと比較をした」。彼は、人間を暴力へといざなう遺伝要因と暴力的な傾向性を生物学的につくりだすものを探すことの必要性に言及し、多くの者から非難された。数週間のうちに、暴力予防イニシアチヴは人種差別主義という非難のまっただなかで断念に追い込まれたし、グッドウィンは、国立衛生研究所の所長職をはなれて、一九九四年にジョージ・ワシントン大学医療センターに移った。ただし彼は、数々の賞や称賛を獲得しつづけたし、一九九八年から二〇〇四年まで、*The Infinite Mind*——人間の心についての芸術と科学にかんするアメリカの公的な週刊ラジオ番組——の司会者でもあった。

（43）たとえば、http://www.nimh.nih.gov/publicat/violenceresfact.cfm（二〇〇四年一二月二九日確認）にある、二〇〇〇年に国立衛生研究所が準備した子供と青年の暴力にかんする研究のあらましと、http://consensus.nih.gov/ta/023/023youthviolencepostconfintro.htm（二〇〇四年一二月二九日確認）にある、二〇〇四年のNIH State of the Science Consensus statementを参照のこと。

（44）その程度には、これらのイニシアチヴは、アメリカやイギリスで増加している新しいかたちでの共同体主義と完全に両立可能である（Rose 1999の私の議論を参照のこと）。この点を明確にしてくれたダニエル・ワッサーマンのコメントに感謝している。

(45) このプログラムは、それ以前の研究と、「反社会的で攻撃的な、暴力に関連する行動とその帰結」についてのNIH Resarchにかんする一九九四年の小委員会の提言とを徹底的に追求した。それ以前の研究プログラムにあびせられていた人種差別と性差別という非難を考慮して、研究計画の諮問委員会にコミュニティの代表者が含まれることと、「結果としてサービスと機会がこれらの個人に適切で満足できるものとなるよう、人種的、エスニック・マイノリティ集団のメンバー独自の要求と特別な関心に特別な注意が向けられるべきである」と提言していることには意義がある。

(46) これらの問題にかんする文献は数を増している。とりわけ、Pratt 1995とO'Malley 1998を参照のこと。もちろん、誤解を招くおそれのある一貫性を示すことは避けるべきである。つまり、ガーランドとオマリーの両者ともが指摘するように、犯罪コントロールの戦術は、異種混交的で相互に矛盾しているし、また地域の政策課題に従って迅速に変化するものである(Garland 1996, O'Malley 1999)。とりわけ、ここでのべてきたリスク予防戦略は、罪を犯罪者に適合させることを含むが、定期刑、つまりもっぱら犯罪の性質に応じて計算される罰のほうに向かうという明らかに矛盾した動きをともなっている。

(47) 心理学における進化論的パラダイムの近年の高まりのインパクトを論じるためには、別の論文が必要だろう。

(48) 雇用や保険における遺伝子スクリーニングにかかわるそうしたシナリオについては、犯罪や行動障害よりもむしろ病気を扱っているGostin 1991を参照のこと。

あとがき　ソーマ的倫理と生資本の精神

この本でたどってきたさまざまな出来事は、ただひとつの物語をめぐるいくつかのエピソードなどではない。ただひとつの頂点や変化の点などといったものはないし、これからもないだろう。生と権力との関係に変異が生じているならば、われわれがいるのはそのはじまりでも終わりでもなく、そのただなかなのである。おそらく、そこでの数々の実践に具現化した希望の多くは消滅するだろうし、逆に多くの恐怖は根拠のないものだとわかるだろう。多くの障害や困難が「履行」を妨げて邪魔をするだろうし、いくつかのまったく予期しえない不測の事態が生じるだろう。コンサルティング・ルームやクリニックにまで革新がいきわたるとき、現在では異常なほどにラディカルにみえる手続きや介入はすぐに通常のもの、日常的なものになるだろう。いくつもの名声や成功が生まれては消えるだろう。だが多くの生経済的な予言が、むやみに楽観的であったことも明らかになるだろう。発見や商業化のための多くの戦略が失敗するだろうし、バイオテクノロジーの変化はそのうち革命的ではなく緩やかなものとなり、新時代の到来を告げるものではなく漸進的なものとなるだろう。実際に生じる変化の多くが、実践的および技術的なレヴェルで、臨床とセラピーの手続きの、数多くの小さな変容のうちにしかなくなるだろう。そしてそのような変化はすぐさまわれわれの物の見方、考え方、行動の仕方をかたちづくるものとなるので、その新しさを認識することは困難になるだろう。

それゆえ、この書物に収められた論文を書きながら、息の詰まるような新時代の到来を告げることは避け、われわれが何らかのターニング・ポイントにいるからといって、祝福されているわけでも呪われているわけでもないことを忘れないでいようとした。われわれは単一の歴史の展開のなかの比類なき瞬間にいるのではなく、多様な歴史のまっただなかにいるのである。しかしここでは、われわれの未来が、現在と同様に、数多くの偶然的な経路の交差点で出現しつつあること、そしてその偶然的な経路は、互いに絡みあいながら、われわれの生き方について、そしてわれわれが自分自身をどのような者として考えるかについて、いくつもの変化をひき起こすかもしれないことを示してきた。「ポスト・ヒューマンの未来」に進んでいくわれわれの動きについての考察がおおげさなものであること、そしてそれと関連した心配の多くもまたおおげさなものであることを何とか示すことができていれば幸いである。しかしそれにもかかわらず、細かい点をひとつひとつみれば、物事は以前とは異なっていると考えられるのだ。

そして、「ただなかで」書きながら、ここでは、違いを生みだしつつある変異のなかでも、とりわけ診断可能なものをいくつか描こうとしてきた。われわれの現在の分子的生政治において、われわれ人間の生命力の多くの側面はすでに技術的なものとなり、手術室やクリニックや学校の教室や軍隊や日々の生活のなかで、操作と改変に開かれている。われわれはいまだにしばしば、自分たちの生命力の多くの側面を自分たちの本性によって与えられたものと語り、自分たちの身体と精神のいくつかの側面を自然なものとみなし、自分たち自身をさまざまな、そしてときには健康あるいは不健康な者として、元気な者あるいは病気の者として定義している。それはとりわけわれわれが、そのようにするよう促してくる数多くの実践――学校教育、雇用、保険――のなかで生きているからである。このような理由や別の理由で、いまだ人間の生を本質的な資質――人間本性――として、人間を自然な有機的規範をもつ生物としておもい描くことは、まったくもって可能である。しかし、生と死とのまさにその境界線、いまだ決定的なものである境界線は、交渉や論争に対してかなり開かれたものとなった。実際、組織や卵のようなあらゆる存在者がもつ生命性も、死と生との境界を往復しながら、試験管や水槽のなかの生命力とデータベースやバイオバンクの情報とのあいだを揺れ動きながら、交渉や論争へと開かれている。そして数多くの日々の実践や医学的実践において、人間の身体と心的能力は所与のものとはみなされなくなり、生物学はもはや運命ではなく、判断はもはや正常と病理との明確な二項対立という観点からは組織化されず、病気と健康との馴染み深い区別は曖昧なものになってしまった。病気への感受性や弱さをターゲットにした介入と、能力のエンハンスメントを目指す介入とのあいだに分割線があると主張することはますます困難になってきている。リスク、感受性、分別、洞察力の世界において、われわれは新たな実践や新たなスタイルに直面しているのであって、そこでは生物学的な――遺伝学的・神経学的な等々――リスクの特定が、病気の個人や病気になる可能性のある個人を強制的な治療と抑制の循環に、あるいは排除の循環のなかに移しているのである。そして、卵、精子、胎児の場合、このような診断は、潜在的な生命の道から非生命の領域への不可逆的な転換へといたるかもしれない。しかしわれわれ――医者から遺伝学者、バイオテクノロジー企業、そして「病気を患っている」多くの個人およびその家族にいたるまで――は、別の夢、別の希望をみてもいる。それは、前駆症状の診断につづいて、生物学的レヴェルでの技術的介入によって、ひとつの有機体を、それゆえひとつの生命を修復しその質を向上しさえできるという夢や希望なのである。こういった介入がなければ、生命は痛々しく、苦しく、不完全なものにとどまるのだ。今日の生命科学の政治的責務は以下のような発想とむすびついている。すなわち、いまはそうでなくとも未来においては、多くのそしておそらくはあらゆる場面で、リスクがあったり、傷ついていたり、欠陥があったり、病気を患っていたりする個人は、ひとたび特定され評価されれば、分子レヴェルでの医学的介入によって治療され、変化するかもしれないという発想である。このことは、われわれがいま身体を機械ととらえていることを意味するのではなく、むしろ、人間がよりいっそう生物学的になってきており、同時に、身体の生命力が機械化へとますます開かれてきていることを意味するのである。

このような展開のなかで、そしてそれをとおして、現代の西洋文化における人間は、ますます自分自身をソーマ的な観点から理解するようになってきている。肉体性は、倫理的な判断と技法にとってもっとも重要な場面のひとつになるのである。このような体制では、一回一回の遺伝子カウンセリング、一回一回の羊水穿刺、一回一回の抗うつ薬の処方が、少なくとも、別様に構成された人間の、そして人間であることのさまざまな仕方のもつ相対的で比較可能な生の質についての判断の可能性にもとづくことになる。生物医学の技法が選択可能性を生命的存在のまさにその構造にまで広げるにつれて、われわれはさまざまな人間の生がもつ価値について考察するという避けがたい作業に――そのような決定をめぐる論争に、また誰がそのような決定をなすべきで誰がなすべきでないのかをめぐる葛藤に、そしてそれゆえ生そのものの新たな政治に――直面させられている。このような政治は、われわれの権威が人口の質とか遺伝子プールの健全さの名のもとに、そうした判断をなす権利や権力や義務を要求する――あるいは与えられる――政治なのではない。一方で、われわれの遺伝学および生物学のなかで、あるいはそれらのまわりで形成されつつある新たな形式の司牧権力において、生そのものの価値にかんする問いは、生命力のあらゆる専門家

――医者、遺伝カウンセラー、科学研究者、バイオテクノロジー企業の幹部、薬品会社の従業員、そしてそのほかの者たち――の日々の判断、語彙、技法、行動を活性化させ、それらすべてを倫理学および倫理政治へと巻きこんでいる。そして他方で、生そのものの政治は、われわれ自身の生において、われわれの家族の生において、われわれとその生物学的アイデンティティのいくつかの側面を共有するほかの人びととをむすびつける新たな関係において、われわれ各人にそのような問いを提起するのである。われわれの生物学的な生そのものは、決定と選択の領域へとはいってしまった。判断についてのこうした問いは、避けがたいものになってきた。生物学的シチズンシップの時代、「ソーマ的倫理」の時代、生命力の政治の時代に生きていることとは、まさにこうしたことを意味するのである。

もちろん、生と健康にかんする多くの深刻な不平等が残存するだろう。それには別の仕方でとりくみがなされるだろう。心臓疾患、肥満、脳卒中、糖尿病、そしてほかのよくみられる複合疾患がゲノム学的な説明や介入に抵抗するだろうし、公衆衛生にかんする、常識的ではあるがより効果的な医学的手法への投資を要求するだろう。何百万もの生が、おおげさなゲノム学的医学や神経遺伝学をほぼ必要としないさまざまな要因――貧困、良質の食料や綺麗な水や手厚い衛生設備の欠如、薬の価格、ＡＩＤＳやマラリアやそのほかの病気――によって消耗しつづけるだろう。ここにもまた生の政治があり、それはこの書物では論じなかったもの、すなわちＮＧＯの政治、慈善団体の政治、貧しい者の健康問題にとりくむいくつかの生物医学組織の革新的な企図をもった政治、成長しつつある世界市民意識の政治である。しかしここでもまた、ソーマ的倫理が形成されつつある。それは、この惑星に生きる全人類が結局のところ生物学的な生き物であり、そのような生き物は誰であれ、たんにその種の生き物であるという理由で、互いを必要としあうという意味においてである。おそらくこのような「生物学還元主義」は批判の根拠にはならず、ある種の楽観主義の根拠となるだろう。

＊　＊　＊

マックス・ウェーバーの有名な主張によれば、彼がカルヴィニズムにみいだした世俗の禁欲主義という特定の宗教倫理と、ヨーロッパや北米における資本主義の出現のあいだには、ある「選択的親和性」があったとされる（Weber 1930）。この主題はもちろん、広範囲にわたる議論、解釈、そして経験的反駁の対象になってきた。しかしこの選択的親和性は、ウェーバーのもっと深遠な洞察にもとづいていた。すなわち、人間が異なる時間と空間のなかで生活をする仕方の中心には、彼が「救済論」と名づけた、苦しみに意味を与える方法、そこに理由をみつける方法、そこから救済される手段についての考え方があるというのだ。少なくとも部分的には、人間はこうした救済論の、歴史的・地理的に特異なさまざまなかたちとの関係においてこそ、不安を特定したり解釈したりする。そしてそれをうけいれたり乗り越えたりしながら生活を送るのである。今日では、このことは以下のような問いを提起する。つまり、前章まででその輪郭を描いた「生命力の経済」と、同じく説明してきた現代の「ソーマ的倫理」との間には、特定の親和関係があるのだろうかと。生経済の誕生と生きた生物学的身体が、個人を統治するための主要な場所として、われわれの不安や不満の大部分を占める現代的な中心として、希望と克服の可能性の場所として現れることとのあいだには関係があるのだろうか。生資本の現代的な重要性と、健康、寿命、生命のあり方の名のもとに人間が自らになす倫理的働きかけについてのあらゆる新しいかたちとのあいだには、どんなむすびつきがあるのだろうか。

こうした問いを考察するなかで、われわれは、ここで提起される倫理を、生命倫理学の考え方に含まれる倫理から区別する必要がある。先の章では、なぜ生命倫理学が、今日これほどの重要性を獲得し、なんらかの予備的で暫定的な答えを提供したのかを考察した。生命倫理学は、生やその管理にかかわる高度に論争的な問題をあつかうことによって、確かに統治にかかわる調整テクノロジーのなかで法的装置として作動することができた（Salter and Jones 2002, 2005）。生命倫理学は、組織、細胞、卵子、精子、胚、身体部品といった要素が、生資本の回路を合法的に動きまわれるようにする基本的な倫理的保証を与えており、その結果として、そうした要素は研究室から臨床にいたるさまざまな環境にくみこまれることになった（Franklin 2003）。生命倫理学は、研究者が、自らのふるまいに「倫理的認可」を与えてもらえるよう、ルーティン的で官僚的なプロセスを導入することで、批判から、すなわち彼らの活動の性質と帰結についての詳細な調査から研究者を守ることに奉仕しうる。生命倫理学は、商業活動や科学研究にかんする倫理的保証を欲したり必要としたりする人たち――製薬会社であれ、人間を主題とした研究を職業とする人たちであれ――と、それを研究助成や認可のための潜在的な場所、専門的職業、また公的役割とみなす人たち――哲学者、神学者、倫理学者など――とのあいだのむすびつき、おそらくは不健全なむすびつきから生じたようにしばしばおもわれる。そして、何人かの批評家たちが主張するように、生命倫理学や、それが与える認可が「売りにだされた」時期が確かにあった。そのとき、生命倫理学者は、教育活動のための助成金をうけたり、研究助成をうけたり、バイオテクノロジー企業や製薬会社でコンサルタントとして活躍したりしたが、その際に、人間の生という代償を払って、うけいれがたい事柄を正当化することで、自らの信用を台無しにしてしまったのかもしれない（Elliott 2004）。

生命倫理学の社会政治的役割にかんするこうした批判的な分析は示唆的である。もっとも、そうした批判的な分析は、生命倫理学の言説、実践、専門知識の形式、戦略的な関与のさまざまな側面が、さまざまな場所や実践で現実に果たした役割を経験的に研究したうえでなされるべきである（Lopez 2004）。しかし、たんに批判をするだけでなく、おそらくわれわれは、この生命倫理学の需要がいったい何を表現しているのかという点に留意する必要がある。端的にいえば、おそらくわれわれは、生物学と倫理学が絡みあっていることがもつ一般的な意味を、二つに区別する必要があるだろう。

第一の意味としては、より正確にいえば「生道徳」と呼ぶことのできるような実践や考え方がある。ここでは原理を明らかにし、生物医学の研究や臨床をどのようにおこなったらよいかについての行動規範やルールを普及させることが目的となる。ソーマ、身体、「ビオス」がわれわれの生の形式にとって中心的な問題になるならば、実際に、これらの困難を規律化し、それらを解決するためになんらかのアルゴリズムを探しだし、そうした問題について潜在的な対立を含んだ決定をくだすための手続きを標準化しようとする動きが生じるのは当然のことである。こうして問題のある事柄は、適切な手続きがとられているか、適切な許可をえているか、機密性は守られているか、インフォームド・コンセントをおこなったかといった、技術的な問いに変換される。ここでは生命倫理学は、会計、法的規制、監査などと同様、生経済を統治し、生資本を生みだすのに必要な生物学的資材の循環を促進し、生そのものが対象、標的、賭金となるようなあらゆる実践を統治する機構の主要部分となっている。

しかしわれわれは、別の意味で生命倫理学を考えられることも考慮する必要がある。この第二の意味は、関係者たち——患者やその家族だけでなく、研究者、医者、規制機関、あるいは商業の世界で働く人たちでさえも——が、自分たちが直面するジレンマや、くださなければならない判断や決断をする際に、実際のふるまいや生活のなかで関係してくるとおもわれる倫理的考察にかかわるものである。この倫理については、前章までで引用してきた、生社会コミュニティにかんする詳細な民族誌のいずれからも多くを学ぶことができるだろう。これらの民族誌では、私が「生物学的市民」と呼んだ人たちが、生そのものの分子的な生政治の時代において、カントの有名な三つの問い——私は何を知ることができるか、何をすべきか、何を望むのがよいか——に対し、独自に解答を規定しなおさなければならないことがはっきり示されている。しかし、われわれはまた、現代の生命の政治にまきこまれた権威や専門家たちのエートスにかんする研究のなかにも、商業的なバイオテクノロジーや製薬会社で働く人びと、そしておそらくは純粋に金融面での関心しかないような株式市場の関係者や投資家といった人びとと同様の関心をみることができる。おそらく彼らには独自のシニシズム、プラグマティズム、野心、貪欲さ、競争があるのだろう。しかし彼らもまた、人間の生命が賭けられている場合には、自らの決定を評価し、判定し、倫理的に正当化する方法を、否が応にも探したり、くみたてたり、発案したりしているのである。

この意味こそが、この本で展開してきたソーマ的倫理の考え方にもっとも近いものである。倫理はここでは、われわれの生にかかわる日々の行為のなかで、われわれ自身を理解し、形成し、管理する方法として理解される。[1] もしわれわれの倫理が、重要な点でソーマ的になったのだとすれば、それは部分的には、顕著になり問題化されるようになったのがわれわれの「ソーマ」——肉体的な存在——だからであり、少なくともある程度まで、われわれのゲノム、われわれの神経伝達物質、すなわち、われわれの「生物学」だからである。第二にそれはまた、いまや生きるための規則を明瞭に表現する権威には——そしてその者たちの命令がわれわれの自分自身との関係を形成するのだが——たんに医者や健康の促進者だけでなく、きわめて多くのほかの「ソーマの」専門家、遺伝カウンセラー、助言支援グループ、遺伝学の公的認知のためのプロジェクト、そしてもちろん生命倫理学者が含まれるからである。第三に、自分自身についての理解を形成する知識のかたちが、それ自体ますます「生物学的」——もちろん医学的——になっているからであり、遺伝学や神経科学からより直接的に由来しながらも、むしろ大衆的な紹介や科学的な成果として、普通の人びとが日常的に口にするような雑多なかたちで現れているからである。そして第四に、われわれの期待――われわれが救済のために、自分自身の未来のために希望を形成している方法――はそれ自身、健康の維持や現世での生活を延長することにかんする考察、そして現世の生活を超えた未来にかんする考察によって形成されるからである。このような未来はいまや、ある約束の地で不死性を達成する未来とはみなされず、むしろわれわれが自分の子孫をつうじて永遠に生きる未来とみなされている。したがってわれわれは、自身のエネルギーを、われわれを未来へと前進させる人びとの未来の生物学的健康へと――われわれの子供たちや彼ら自身の健康的な生活へと――ゆだねるように要求されているようにおもわれる。健康と生命力の管理は、かつては強迫的あるいはナルシスティックな自己陶酔として嘲笑されたが、いまや非常に多くの者の生のふるまいのなかで、前例のない倫理的重要性を獲得したのである。

これこそが、おそらくある種のかたちの資本や生資本、そして生そのものの資本化との選択的親和性をそなえたソーマ的な倫理的エコノミーなのである。もちろん、これらの進展にかんして唯物論的解釈と唯心論的解釈のいずれかを決定的に選択する必要はない[2]。ソーマ的倫理学と生資本は、誕生以来緊密にくみあわされている。というのも、生そのものがそのような倫理的重要さを達成するような場合にのみ、そして生そのものを維持し改善するためのテクノロジーが、自身をたんに利益や個人的な利得の不正な追求以上のものとして表現し、健康と生活の奉仕に尽くすことができる場合にのみ、生資本は希望のエコノミー、想像のエコノミー、利益のエコノミーといったものを達成できるからである。この意味で、ここで示したように、ソーマ的倫理は内在的に「生資本の精神」とむすびつくのである。

肉のこの精神化、倫理のこの肉化は、疑いもなく、前世紀の転換期に批判的な書物を著した知識人たちからは、ある蔑みをもって応じられることになるだろう。彼らはわれわれ人間に、あまり俗世的でも動物的でもない、より高められた精神的な倫理を発明する任務を割りあてたかったのである。しかし、ウェーバーが彼の有名な論文の最後を締めくくるのにもちいた表現のなかには以下のようなものがある。「ここまでくると、われわれは価値判断や信仰判断の領域にはいりこむことになる。が、それをこの純粋に歴史的な叙述に求めるべきではあるまい。むしろ、われわれのなすべき仕事は、［この進展の］意義を、さらに社会‐政治的倫理の内容をめぐって、すなわち、私的集会［統一もなく集まった信奉者たち］から国家にいたるまでの社会的諸集団の組織と機能のあり方をめぐって、明らかにしていくことだろう」（Weber 1930: 182）。

本書の論文は、たんにこの仕事を開始しようとしているだけである。論文に対してなされるかもしれない多くの批判は、疑いなく、そこに社会批評におなじみの語り口がみいだされないという点だろう。というのも、こうした生権力にかんする話はすべて、誰が権力をもち、その権力を誰がどんな目的に対して行使し、誰が勝ち、誰が負けるのかというものだったからだ。こうした生政治の話はすべて、隠された利害関係の分析、つまり階級の役割や、生じつつある不平等性と搾取の新たなかたちについての分析がどこにあるのか、というものだったからだ。本書は、あまりに記述に溢れすぎ、分析や批判が少ないといわれるかもしれない。しかし、判断ばかりがなされている場面で判断を避け、たんに現れつつある生のかたちやそのようなかたちが具現化する可能な未来についての予備的な地図作成をなすことこそが、まずは重要とおもわれたのである。そうすることで、判断をするのではなく、判断を可能にする手助けをしようとしてきたし、本書はそのように読まれることを望んでいる。ここでは部分的には思考それ自体をつうじて、われわれが現在に介入しうる可能性を開こうとしてきたし、またわれわれがそこに住むことになるかもしれない未来についての何かを形成しようとしてきたのである。

批判についてのこうした態度の理由は、社会科学や人間科学が、生命科学のなかでかたちをなしつつある生についてのさまざまな新たな認識論から、何かを学ぶかもしれないからである。社会学と生物学は、十九世紀の同じ歴史的・地理的空間において、学問分野として誕生した。それらは深さの認識論を共有していた。社会科学にかんする歴史家たちは長いあいだ、十九世紀の後半と二十世紀の前半にかたちをなした説明体系における生物学的モデルやメタファー――生物学的な思考様式――の意義を強調してきた。すなわち、有機体、機能、システム等々である。おそらく、生物学の思考様式が変異するにつれて、社会の組織化や帰結を理解しようとする学問分野の思考様式も変異すべきだということを、くり返し提起しなければならないだろう。批判的社会科学も、もっとも深遠な思考は表層にとどまるということを理解するべきなのである。

註

（1）ここでは明らかに、ミシェル・フーコーとジル・ドゥルーズによって展開された倫理の理解――筆者が以前の著作で広く論じてきた、倫理と自己のテクノロジーについて考えるひとつの方法――を参照している（とりわけ Deleuze 1988, Foucault 1985, Rose 1996b の枠組みに依拠している）。

（2）ウェーバー自身が『プロテスタンティズムの倫理と資本主義の精神』（Weber 1930: 183）の最後のパラグラフでこ

う論じている。

監訳者あとがき

本書は、ニコラス・ローズ著『生そのものの政治学——二十一世紀の生物医学、権力、主体性』（Nikolas Rose, *The Politics of Life Itself: Biomedicine, Power, and Subjectivity in the Twenty-First Century*, Princeton University Press, 2006）の全訳である。あわせて、ニコラス・ローズ本人からいただいた「日本語版への序文」の訳を加えている。

以下にニコラス・ローズの紹介等を記すが、その一部は、本訳書の共訳者でもある山崎吾郎が『思想』（岩波書店、二〇一三年二月号）で本書第三章を訳出した際に付された檜垣の「解題」と重複することをお断りしておく。とはいえ前出の訳も、このあとがきも、訳語や形式の統一などにしたがって、おおきく書きなおされている。また本書の第一章は、近畿大学国際人文科学研究所紀要『述』第二号（明石書店、二〇〇八年）において、吉川浩満氏、山本貴光氏、篠原雅武氏による翻訳（宮澤正顯氏監修）が掲載されており、大変に参考にさせていただいた。感謝もうしあげます。

ニコラス・ローズは一九四七年生まれで、二〇一一年までロンドン・スクール・オブ・エコノミクス

（ＬＳＥ）の教授をつとめ、また同校に設置されたＢＩＯＳ研究所（Centre for the Study of Bioscience, Biomedicine, Biotechnology and Society）の所長の職にあった。現在は、ロンドン大学キングスカレッジの、医学・健康社会科学部（Department of Social Science, Health & Medicine）という新設学部の学部長を務めている。

本書の謝辞にも詳しく記されているが、ローズはもともと生物学が専門であり、メイナード・スミスのもとで研究をおこなったのちに、社会科学と心理や生命というフィールドに探究の方向を切り替えたという、いささか異色の、しかし彼の仕事をみれば十分に理解できる経歴をもっている。九〇年代以降、ローズは、心理学や生物学と社会学との境界領域においてめざましい活躍をおこなってきた。おもな著作としては、『魂を統治する――個人的自己の形成』（*Governing the Soul: The Shaping of the Private Self*, Routledge, 1989, Second edition: Free Association Books, 1999）、『われわれの自己を発明する――心理学、権力、人格性』（*Inventing Our Selves: Psychology, Power and Personhood*, Cambridge University Press, 1996）、『自由の権力――政治的思考の再構成』（*Powers of Freedom: Reframing Political Thought*, Cambridge University Press, 1999）、ピーター・ミラーとの共著として、『現在を統治する――経済的、社会的、個人的な生の管理』（*Governing the Present: Administering Economic, Social and Personal Life*, Polity, 2008）などがあり、近刊としては共著で『ニューロ――新しい脳科学と心の統御』（Nikolas Rose, Joelle M. Abi-Rached: *Neuro, The New Brain Sciences and the Management of the Mind*, Princeton University Press, 2013）がある。なお、翻訳が予定されているものはあるが、現在のところ全訳されている著作は、本書以外にはない。

ローズの業績については、その著作や、あるいは現在までの職歴からも容易に推測できるように、一方には心理学や生物学的な探究を、他方には社会学や権力論的な考察をおき、両者を社会体全体のなかでとらえなおしていくことにその特徴がある。ローズ自身もはっきり記しているように、そこでは、ミシェル・フーコーの生権力論および生政治学からの影響がきわめて顕著である。とりわけ、一九八〇年代から一九九〇年代にかけての著述は、心理学的な自己の成立をめぐるものに集中しており、フーコーの『監視と処罰』など、初期の生権力論の議論を応用したものといえるだろう。こうした著作においては、すでに周知のものとなったフーコーの権力論的な個人化を探りなおすという仕方で、心理的な個人の成立と、社会的な権力との関係を論じる手堅い研究がなされている。

だがローズにとって、二十一世紀以降、著述のうえでおおきな変化が現れてくる。そこで彼は、生政治学として規定されながらも、その内容がいまひとつ明確には描けなかったフーコーの議論を、生命科学の進展によって補完し、遺伝子の探究を軸とした社会的編成の変容を鮮やかに示していくのである。さらに共著の近刊が、脳をめぐる社会学的研究であることをみても、ローズが、フーコーの生政治学をリニューアルするかたちで、生命科学と社会の関係に踏みこんでいることには間違いがないだろう。こうした一連の試みは、われわれの時代の生を考えるときに、たんなるフーコー研究の後追いであることを超えて、その可能性を別種の方向にひきたてる意義をもっているようにおもわれる。

もう少し詳しくのべてみよう。ローズの研究は、一九九〇年代からすでに「統治」という言葉が多用されていたように、生権力期以降のフーコーの議論を積極的に視野にくみこみながら進められていた。フーコーの権力論における「統治」の問題系は、最終的に「自己の統治」がテーマとなるように、特定の権力体がある種の力（暴力）によって上から個人を抑圧することを指し示してはいない。統治とは、生権力を論じだしたフーコーが「牧人司祭型権力」というかたちで想定していたように（フーコー自身がこの言葉を使ったのは一九七〇年代の一時期にすぎなかったとはいえ）、集団としての人間の「善導」を旨とする行為のことであり、なおかつこのあり方は「個人化」という、ヨーロッパ的な個体の成立に関与するものでもあった。『性の歴史　第一巻』においては、権力は上からくるのではなく、下からくるという言明をはっきりとなし、権力の作用は、本質的に集団が自己をつくりあげ、その自己を規範に従属させるものにほかならないととらえていたのである。そこでは権力に対する「抵抗」も、想定される「敵」も単純に描くことはできなくなる。個人が個人でありうるのはむしろ自己統御的な権力によるのであり、権力的な規範とはいわば自己規範化なのである（それが心理学的な自己の成立である）。フーコー自身は、よく知られているように、パノプティコン・システムなどの建築的な事例（監獄、教室、精神病院、それが広域的に拡大化する社会）に、あるいは「告白」という「自らを何者であるかをのべる」キリスト教的な試みに着目し、一連のことを論じていた。

ローズは、一九九〇年代には、こうした権力と自己の問題系をめぐり、心理学的な側面に焦点をあてながら研究を進めていた。そこでは、フーコーがキリスト教的な「告白」のシステムを現代のカウンセリングにむすびつけることを踏まえつつ、心理的自己が成立する際に、ある種の社会的な規範性を自己にもたらすことを示し、一種の心理学的社会への批判をおこなっていたといえる。

だがフーコー自身が、『監獄の誕生』から『性の歴史　第一巻』へ、そして長い年月を経て『性の歴史　第二巻』『性の歴史　第三巻』へと移行する過程で（そのあいだの思考の展開は、『コレージュ・ド・フランス講義録』に詳しい）、フーコー自身も微妙にその立場を変更してしまう。『性の歴史　第一巻』で論じられていた生権力と生政治との差異は、前者が規範化される個人をつくりあげるのに対し、後者はすでに個人という位相そのものが解体された「人口」やその統計性に焦点をあて、もはや個人化が問題にならなくなる位相をひきだしている。それゆえ、統治の問題は個人の統治ではなく、人口全体、あるいは経済や地政的な地理性、それらを包括する環境性のなかでとらえられていくことになる。そしてさらに、この段階においてもなお現存する個人については、近代ヨーロッパ的な自己によってではなく、ギリシア・ローマに範をとった、まったく別のかたちでの「自己への配慮」「自己のテクネー」を事例として論じられるのである。

ただ、こうしたフーコーの議論のたてかたには、さまざまな疑念もある。

第一に、フーコーがあつかっている時代性の問題である。フーコーは膨大な資料収集のもとに自身の議論を築きあげていくが、少なくとも最後期にいたるまでのフーコーの関心は、十八世紀以降のヨーロッパ社会にしかなかったといえる。それは近代そのものを思考する先鋭的なものではあるが、同時にきわめて狭い射程しか視野にいれえないだろう。そして、こうした近代的自己の構成の批判的なあぶりだしのあとでは、遠くギリシア・ローマにおける身体のあつかいに、つまりは近代の端的な「外部」に、その素材を求めていくのである。

第二に、フーコーが生権力、生政治とのべるときの、「生」そのものの含意である。『講義録』をみるかぎり、フーコー自身も生および生命をめぐって、さまざまな事例（人口・環境・風土等々）を念頭においていたことはわかる。だが、フーコーの議論のポイントは、刊行された著作が『性の歴史』と名指されていることからも推測できるように、性＝セクシュアリティにまつわるものであった。性とは、いってみれば自然的生殖的な身体と、血族性・家族性・民族性とをつなぐ位相であり、まさにフーコーが論じた生の権力を考えるモデルではある。しかしながら、それでも性は、社会性や権力と生や生命性との関係を考えなおすための、ひとつの問題系にすぎないといえる。端的にいえば、フーコーが生権力あるいは生政治学とのべるときの、生命というものの内容は実際にはとらえがたく、なおかつそれについて、フーコーが多くを論じていたわけではないのである。

ニコラス・ローズは、この点におけるフーコーの欠落を、ある意味できわめて的確に掘りさげているといえる。それは、ローズの手柄というよりは、まずは一九九〇年代以降に、つまりフーコー自身がＨＩＶというきわめて現代的な病で倒れてしまったのちに、生命科学が驚くべきスピードで進展し、ゲノム学、免疫系、脳ニューロン分析などによって、そのあり方を具体的に明らかにしたことがおおきい。これは先のフーコーの議論での、「生」に含まれる内容を、そのまま補いうるものでもあるのだから。

生権力論が、個人化させる規範権力をあつかうものであったのに対し、生政治学は、すでに個人の水準にはない、統計的に把捉されるだけの人口や経済の流れという事象をとりあげるものであった。生命科学は、生政治のフーコーと同様に、個人を構成しはするが、個人にはけっして収斂しない事例（ゲノムは個人の構成を規定するものではない。むしろその生物学的な多層性やさまざまな交流の重層性を示すものである）をとりだしていく。この具体性のうえにこそ、フーコーが想定していた生政治の実質的な姿がみいだされるのではないだろうか。

まさに生命を主題とすることで、最後期のフーコーが、ギリシア・ローマの古典に依拠してしか論じられなかった自己というテーマも、生の具体性に即してとらえなおしうるのである。フーコーが論じた、古代における身体と性を軸とする「自己への配慮」や「自己の美学」は、食事、運動、性行為の回数や仕方、その自己統御などを問題としていた。もちろん二十一世紀において、こうした主題系が意味をもたないわけではない。だがわれわれにとって、いっそう危急になる課題とは、われわれの遺伝子が、あるいはわれわれの遺伝子から来る病が、さらにはそれと連携する治療や経済や文化をとりまく社会環境がどうなるのかということであり、まさにそこで自己をどうするかということではないだろうか。脳にかんしても、ニユーロンやシナプスの働きが明確なものとなるとき、それを「どうするか」こそが問題になるだろう（カトリーヌ・マラブーが、まさに『わたしたちの脳をどうするか』〔邦訳春秋社、二〇〇五年〕を著したように）。遺伝子社会や脳神経系をテーマに議論をおこなうローズは、こうしたフーコーの問いの展開という課題に、きわめて鋭敏に呼応しているとおもわれる。それは、フーコーのキャッチーな主題を借用しただけのものではない。むしろフーコーが、現代にみとおそうとしていた事態を、フーコー自身の時代を超えて、経験科学的に依拠しつつ、くみかえていくものとおもわれる。

ローズの議論は、フーコーに即しつつその向こう側を描くという、上記の作業を見事になし遂げているものととらえられる。ローズが提示するように、遺伝子社会において問われているのは遺伝子的資源としてのソーマである。私を形成するが、いわゆる自己性にはかかわりはないタンパク質としての自己自身。だがむしろ、そうした遺伝子的実質のまわりにさまざまな社会的体制、つまりは病気やクスリをめぐる、医師、薬剤師、カウンセラー、製薬企業、大学、それを許可する役所、その是非を判断する倫理学者等々が形成され、そこで自己が自己であることが問われることが重要なのである。生社会が形成され（遺伝子疾患の概念を拡張するならば、潜在的に病気を保持しない個人など誰もいない）、インターネットや社会的ツールによって、否応なく新しいむすびつきが築かれてしまう。身体である自己は、ソーマとして、バイオ経済やバイオ資本のなかに絡みとられてしまうことになる。

本書であつかわれる事例は、確かに生殖医療であり、遺伝子治療であり、薬物であり、特定の人物以外にはあまり関心がない企業や大学や役所の動きであるのかもしれない。おそらく「薬害訴訟」などの場面をのぞいて、こうした事例を耳にすることも少ないかもしれない。だがローズは、本書において、このように示される「生の政治学」こそが、まさにわれわれの人間性を変容させ、われわれが政治としてとりあつかうべきことの核心でもあるとのべているのである。

本書の各章に付されたタイトルをみるだけで、こうした事情は容易に推し量れるだろう。第一章の「二十一世紀における生政治」、第二章の「政治と生」、第四章の「遺伝学的リスク」、第八章の「コントロールの生物学」は、まだ耳慣れたものだろう。だが第五章の「生物学的市民」、第六章の「ゲノム医学の時代における人種」、第七章の「神経化学的自己」、終章の「ソーマ的倫理と生資本の精神」（いうまでもなくウェーバーの『プロテスタンティズムの倫理と資本主義の精神』のパロディである）ともなると、フーコーの権力論の展開という域を超えて、ローズ自身が、生命の時代における社会と自己の新たな概念を創出しだしたことがはっきりみてとれる。バイオサイエンスの時代において、市民性（シチズンシップ）はどのように変貌するのか、ある種の社会的差別や優生学的発想の基盤にあった民族というカテゴリーは、ゲノム生物学の進展にともなってどう変容しうるのか、製薬やＭＲＩの技術により、自己の座が脳にあるどころか、よりミクロな神経細胞という物質の化学反応に解体されてしまうなら、そもそも自己とは何でありうるのか、また生命的身体自身が「資源」としてとらえられる現状において、身体の所有やとりひき、自己と社会という概念はどう描きなおせるのか。ローズは生物学的、社会学的、権力論的視点の総体から、これらの問いを論じていく。

近代の彼方を照らすバイオテクノロジーと、それに即応して変容せざるをえない社会的な概念を網羅的に論じた本書は、世界的にみてもまだ稀な試みである。ローズ自身がのべているように、生命科学の進展に人類のあり方を一気に変貌させる希望をみいだすだけでも、テクノロジー全般にまつわる恐怖感をあおりたてるだけでも、この時代には即応できないはずである。生政治の問題系全体についてのべうることだが、この種類の議論の根幹には、現在の生と政治を論じるための「条件」として生命科学がはいりこんできている。その条件を「みない」ことは、より悪い帰結を導くようにしかおもわれない。もちろん新しいテクノロジーは新しい害悪や災禍をひきおこすだろうし、それについて看過することはできない。だが、知というものは、それこそ権力なのである。そして知が特定の者に独占されるのではなく、大学・社会・会社・NPO・社会体そのものに開かれ、その「使用法」が模索されている現況において、社会におけるそのあり方を探ることはますます重要になっているはずである。それは倫理の問題というよりも、まさにグローバルシステムの問題、未来構想そのものの問題、テクノロジーによって持続可能性を求める社会そのものの問題でもある。そのなかで人間や個人というものの規定も、いわばその条件に呼応するように変容せざるをえない。繰り返すがこれは条件なのであり、それ自身は善でも悪でもない。

フーコーが『言葉と物』でのべていたように、「人間」は「砂のうえの形象」のように消滅していくだろう。しかし、それが意味するのは、人間をつくりあげる「配置」が変貌するということである。生けるものは残るだろう。またヨーロッパはひとつの「他の岬」（デリダ）として、その世界史的優位性をなくしていくだろう。だが、グローバルに飛び交う異形の生き物たちは残るのである。

それはヨーロッパ近代が「人間」として指し示していたものではない。だが、それが何であるかは、誰にもいえることではない。生命科学やそのテクノロジーがいまだ黎明期であった場面で生を終えたフーコーが、そこに何の出現を想定していたのかはわからない。しかし二十一世紀において、その「ひとつの」候補が、生命科学的に解体された人間であり、そこでみいだされる、これまでにはない権力・倫理・社会の体制であることは確かである。ニコラス・ローズが、脳にかんする書物も含め、かなり意識的にこうしたポストヒューマン社会の姿を具体的に浮かびあがらせようとしていることは、少なくみつもっても現在

大阪大学・超域イノベーション博士課程での特別講義

必要な試みであることは間違いがないだろう。

監訳者檜垣は、大阪大学における研究プロジェクト「バイオサイエンスの時代における人間の未来」の企画の一端として、ロンドン大学スクール・オブ・エコノミクスのBIOS研究所を二〇一一年二月に、そして大阪大学の「超域イノベーション博士課程」の業務の一環で、ロンドン大学キングスカレッジのローズの研究室を二〇一三年一月に訪問した。また上記に関連して、同年二月に氏を招聘し、大阪大学・東京大学などで講演をおこなっていただいた。

檜垣が訪問した際には、いずれもローズは、けっして広くはない自分の研究室に日本からきた客をにこやかに迎え、『生そのものの政治学』の翻訳に大変な謝意を示してくれた。二〇一一年には、私はフランス哲学が専門で、今回もフランスでの発表の前にロンドンにきた旨をのべたところ、ローズは、自分はあくまでも生物学、心理学、社会学の実証主義的研究者であり、哲学の方面はどうも……、とおっしゃっていた。これは半ば謙遜であろうが、他方で自分の学問スタイルにかんする本音でもあるだろう。その機会に、本書にみられる、ドゥルーズ＝ガタリをおもわせる数々の造語について質問しても、いやいやと、ただ苦笑されるのみであった。

二年後にキングスカレッジに伺ったときは、新学部の創設をなしとげたからか、心持ち以前よりお元気なようにおもわれた。そのときはしきりに脳について言及され、脳地図やシナプスにかんする表などをみせていただき、新刊についての期待を語っておられた。その直後に来日されたのだが、その際に、自分はもともと生物学研究者で最初の社会学とのかかわりはロンドン大学のゴールドスミス・カレッジだと口にしたので、わたしは率直に、左翼系のカルチュラル・スタディーズの本場であるゴールドスミスではなかなか居づらかったのではないですかと質問をしたところ、彼自身、多くの左派の仲間たちは私のことを批判したし、離れていった人もいるが、自分は現在の権力論研究のなかで、対抗権力のあり方をあぶりだすためにも、生命論や脳の研究は不可避だとおもうと力説されていた（同じ趣旨のことは本書のなかにも記されている）。

こうした状況は日本でも同じであろう。生命科学技術による人間の変容を「肯定する」ことは、たんにグローバル資本主義による新たな第三世界搾取に賛同し、個人情報監視社会の時流にのるだけのものではないか、という批判はありうるし、その主張自身にも頷ける部分はある。だがこの点については、監訳者もほぼローズの姿勢と同じである。生命科学テクノロジーはわれわれの生の条件であり、このことを「思考しないこと」はたんなる悪を蔓延させるにすぎない。また生命テクノロジーをいたずらに批判することは、こうした条件を利用した新たなデモクラシー社会の可能性を消してしまう恐れもある。

もちろん未来がそんなに明るいはずはない（率直にいうと過去も未来も明るくもなかったし暗くもなかっただろう）。だが逆にいえば、可能なかぎり、新しさがもつさまざまな側面を思考しないと、今世紀に生けるものの倫理も道徳もえられないのは確かではないだろうか。

翻訳書は、檜垣立哉が監訳者となり、佐古仁志、山崎吾郎、小倉拓也との共訳でなされたものである。途中、大阪大学大学院人間科学研究科修士課程に以前に在籍していた斎藤悠士と、現在同博士課程に在籍中の吉上博子が部分的に下訳作業に加わったが、さまざまな事情で、最終的には上記四名が責任をもち、ほぼ全員で全体を統一的にみなおした訳稿を作成した。最初の訳稿は、法政大学出版局の郷間雅俊氏が丹念に検討され、単純な誤訳や見落としも含め、日本語として読みやすくするための提案を少なからずしていただいた。翻訳は当初想定されたより難渋をきわめ、約束の期間をはるかに過ぎてしまい、ともあれローズ本人に、そして郷間氏に本当に申し訳なく、また同時にいただいたさまざまなご配慮には感謝するしかない。それでもようやくこのかたちで出版できることに訳者一同、安堵している次第である。

本書が日本の生権力論研究、さらに広く、生命社会論から未来社会の構想研究に、少しでも貢献できることを願っている。

学会で訪れたイスタンブールにて

二〇一四年七月一六日

檜垣立哉

叢書・ウニベルシタスより

(表示価格は税別です)

1001 なぜ哲学するのか?
J.-F. リオタール/松葉祥一訳 2000円

1004 世界リスク社会
B. ベック/山本啓訳 3600円

1006 加入礼・儀式・秘密結社
M. エリアーデ/前野佳彦訳 4800円

1007 悪についての試論
J. ナベール/杉村靖彦訳 3200円

1008 規則の力 ウィトゲンシュタインと必然性の発明
J. ブーヴレス/中川大・村上友一訳 3000円

1009 中世の戦争と修道院文化の形成
C. A. スミス/井本晌二・山下陽子訳 5000円

1010 承認をめぐる闘争〈増補版〉
A. ホネット/山本啓・直江清隆訳 3600円

1011 グローバルな複雑性
J. アーリ/吉原直樹監訳, 伊藤嘉高・板倉有紀訳 3400円

1012 ゴヤ 啓蒙の光の影で
T. トドロフ/小野潮訳 3800円

1013 無神論の歴史 上・下
G. ミノワ/石川光一訳 13000円

1015 創造と狂気 精神病理学的判断の歴史
F. グロ/澤田直・黒川学訳 3600円

1016 世界内政のニュース
U. ベック/川端健嗣, S. メルテンス訳 2800円

1018 自然主義と宗教の間 哲学論集
J. ハーバーマス/庄司・日暮・池田・福山訳 4800円

1019 われわれが生きている現実 技術・芸術・修辞学
H. ブルーメンベルク/村井則夫訳 2900円

叢書・ウニベルシタスより

(表示価格は税別です)

926　人間とは何か　その誕生からネット化社会まで
N. ボルツ, A. ミュンケル編／壽福眞美訳　3800円

936　自然界における両性　雌雄の進化と男女の教育論
A. B. ブラックウェル／小川眞里子・飯島亜衣訳　2500円

949　ダーウィンの珊瑚　進化論のダイアグラムと博物学
H. ブレーデカンプ／濱中春訳　2900円

966　動物論
E. B. ド・コンディヤック／古茂田宏訳　3000円

969　自律の創成　近代道徳哲学史
J. B. シュナイウィンド／田中秀夫監訳, 逸見修二訳　13000円

977　弱い思考
G. ヴァッティモ編／上村・山田・金山・土肥訳　4000円

987　根源悪の系譜　カントからアーレントまで
R. J. バーンスタイン／阿部・後藤・齋藤・菅原・田口訳　4500円

988　安全の原理
W. ソフスキー／佐藤公紀, S. マスロー訳　2800円

989　散種
J. デリダ／藤本一勇・立花史・郷原佳以訳　5800円

992　倫理学と対話　道徳的判断をめぐるカントと討議倫理学
A. ヴェルマー／加藤泰史監訳　3600円

993　哲学の犯罪計画　ヘーゲル『精神現象学』を読む
J.-C. マルタン／信友建志訳　3600円

995　道徳から応用倫理へ　公正の探求２
P. リクール／久米博・越門勝彦訳　3500円

998　複数的人間　行為のさまざまな原動力
B. ライール／鈴木智之訳　4600円

1000　エクリチュールと差異〈新訳〉
J. デリダ／合田正人・谷口博史訳　5600円

著　者

ニコラス・ローズ（Nikolas Rose）

1947年生。イギリスの社会学者。ロンドン・スクール・オブ・エコノミクスBIOS研究所所長をへて，現在ロンドン大学キングスカレッジ教授。生物学研究から精神医学およびリスク研究に向かい，生物学や心理学，社会学との境界領域で，フーコーの生権力理論を軸に多産な研究をおこなう。現代社会における自己の統治と先端医療技術の関わり，生命科学・生命倫理の問題を，社会全体の権力論的構造のなかで探究する議論は，現代の生政治論への大きな貢献として注目を集めている。著書に『魂を統治する』（1989），『われわれの自己を発明する』（1996），『自由の権力』（1999），共著に『現在を統治する』（2008），『ニューロ――新しい脳科学と心の統御』（2013）ほか多数。

監訳者

檜垣立哉（ひがき・たつや）

1964年生。東京大学大学院人文科学研究科博士課程中途退学。大阪大学人間科学研究科教授。哲学・現代思想。著書に『瞬間と永遠』（岩波書店），『ヴィータ・テクニカ』（青土社），『生と権力の哲学』（ちくま新書），『子供の哲学』（講談社），『賭博／偶然の哲学』（河出書房新社）ほか。

訳　者（五十音順）

小倉拓也（おぐら・たくや）

1985年生。秋田大学教育文化学部准教授。哲学・思想史。著書に『カオスに抗する闘い』（人文書院），共著に『ドゥルーズの21世紀』（河出書房新社），『発達障害の時代とラカン派精神分析』（晃洋書房）ほか。

佐古仁志（さこ・さとし）

1978年生。大阪大学大学院人間科学研究科単位取得退学。博士（人間科学）。立教大学兼任講師。生態記号論。共著に『知の生態学的転回3　倫理』（東京大学出版会），論文に「「自己制御」とその極としての「希望」あるいは「偏見」」（叢書セミオトポス14）ほか。

山崎吾郎（やまざき・ごろう）

1978年生。大阪大学COデザインセンター准教授。文化人類学。著書に『臓器移植の人類学――身体の贈与と情動の経済』（世界思想社），共著に『文化人類学の思考法』（世界思想社），共訳書にヴィヴェイロス・デ・カストロ『食人の形而上学』（洛北出版）ほか。

《叢書・ウニベルシタス　1017》
生そのものの政治学
二十一世紀の生物医学，権力，主体性

2014年 10月 28日　初版第 1 刷発行
2019年 11月 20日　新装版第 1 刷発行

ニコラス・ローズ
檜垣立哉 監訳
小倉拓也・佐古仁志・山崎吾郎 訳
発行所　一般財団法人　法政大学出版局
〒102-0071 東京都千代田区富士見 2-17-1
電話 03(5214)5540 振替 00160-6-95814
組版：HUP　印刷：平文社　製本：誠製本

Printed in Japan

ISBN978-4-588-14053-2

人名索引

ア 行

アームストロング　David Armstrong　25, 211, 213, 361
アガンベン　Giorgio Agamben　111-13, 131, 310
ヴァイスマン　August Weismann　95
ヴィトゲンシュタイン　Ludwig Wittgenstein　157
ウィリス　Thomas Willis　352-53
ウィルソン　Elizabeth Wilson　186, 412
ウィルマット　Ian Wilmut　34
ウー博士　Dr. Joseph Wu　431
ウェーバー　Max Weber　477, 482-83
ウォーカー　Francis Amasa Walker　305, 309
ウォルターズ　Glenn Walters　425
ウォルドビー　Catherine Waldby　59, 287
ウォルプ　Paul Wolpe　194-95
エヴァルド　François Ewald　149-50
エクスタイン　Rabbi Joseph Eckstein　326
エジェランド　Janice Egeland　425
エディ　Sean Eddy　95
エフリアム判事　Ephriam, Judge Mablean　336
エリオット　Carl Elliott　40, 78, 189-90, 214, 478
エルカース　André Hellgers　77
オルドニェス　Kathy Ordoñez　172

カ 行

カーター　Rita Carter　350, 367
ガードナー　Howard Gardner　194
カートライト　Samuel Cartwright　294
ガーリング　Hugh Gurling　425
カーン　Jonathan Kahn　338
カヴァッリ＝スフォルツァ　L. Luca Cavalli-Sforza　314
ガザニガ　Michael Gazzaniga　420, 437
カス　Leon Kass　11-12, 152, 159, 182, 186
カステル　Manuel Castells　273
カスピ　A. Caspi　243, 381, 451
ガルトン　Francis Galton　108-09, 115
カロン　Michel Callon　179-80, 212, 239, 273
カンギレム　Georges Canguilhem　87-88, 91, 140-42, 163-65, 195, 362
カンデル　Eric Kandel　192-93
キトルズ　Rick Kittles　299-300
キャリー　G. Carey　444
邱仁宗　Qiu Renzong　149
ギルバート　Walter Gilbert　93, 193
ギルマン　Sander Gilman　38, 359
ギルロイ　Paul Gilroy　6, 38, 257, 359
キンケル　Kip Kinkel　430-32, 435, 465
クーシュパン　Pascal Couchepin　277
グッド　Byron Good　254
グッドウィン　Frederick K. Goodwin　412, 452, 469-70
クネヒト　Michi Knecht　5, 22, 157, 198
クラーク　Adele Clarke　25, 40
グリーンハル　Susan Greenhalgh　126
クリントン　Bill Clinton　174, 221-22
クレーマー　Peter Kramer　186, 214
グレコ　Monica Greco　3
クレペリン　Emil Kraepelin　360
ケイトン　Karen Katen　396

ゲージ　Phineas Gage　437
ケラー　Evelyn Fox Keller　96, 142-43
コーヘン　David Cohen　376-77
コッホ　Lene Koch　5, 107, 147
コディ　Jannine Cody　48
コリンズ　Francis Collins　94, 292-93, 340-41
コンコル博士　Dr. Richard J. Konkol　430

サ 行

サザーランド　Edwin Sutherland　447
ジェニングス　Bruce Jennings　256, 263
ジェンセン　Arthur R. Jensen　313
ジェンセン　Uffe Juul Jensen　5, 74
ジムリング　Franklin Zimring　454
ジャコブ　François Jacob　109, 142-43
シャルコー　René Charcot　361
シュライヴァー　M. D. Shriver　295
ショックリー　William Shockley　313, 469
シン　Ilina Singh　187, 203, 390
シンプソン　Robert Simpson　328
スコット　Randy Scott　282-83
スター　Susan Leigh Star　307-09
スタール　Stephen Stahl　371
スタイナー　Cary Stayner　431-32, 434
スミス　H. O. Smith　145
スン　Wen-Ching Sung　345

タ 行

ダーウィン　Charles Darwin　109, 303-04
タウシッグ　Karen-Sue Taussig　69, 129-30, 212, 255-56, 286, 290-91
ダスター　Troy Duster　311, 344
タッパー　Melbourne Tapper　300-01
ダフ　Gordon Duff　403
ダルトン医師　Dr. Katharina Dalton　428
タンクレディ　Laurence Tancredi　100, 139, 226
ダンストン　Georgia Dunston　341
チットウッド　Martin D. Chitwood　173, 199
チャドウィック　Edwin Chadwick　133
チューク　Daniel Hack Tuke　360
デイヴィス　Dena Davis　332
ディケーター　Frank Dikötter　125-28, 149, 259, 287, 348
デス　Richard C. Deth　372
デネリス　Evan Deneris　450
テムキン　Owsei Temkin　162
テュリー　Tim Tully　77, 191
テリー　Patrick Terry　280-83
テリー　Sharon Terry　244, 280-81
ドゥルーズ　Gilles Deleuze　99, 241, 409, 483
ドーキンス　Richard Dawkins　241
トリンブル　Michael R. Trimble　352-54, 370, 410
トレイシー　Harry Tracy　191
ドレイファス　Rochelle Cooper Dreyfuss　100, 210, 423, 464, 466

ナ 行

ナイチンゲール　Paul Nightingale　155
ナッシュ　Catherine Nash　330-31
ネグリ　Antonio Negri　310
ネルキン　Dorothy Nelkin　70, 85, 100, 139, 210, 226, 420, 423, 462, 464, 466, 468
ノヴァス　Carlos Novas　4, 6, 46, 51, 60, 150-51, 209-10, 216-20, 234-37, 239-40, 242-43, 246, 252, 255, 275-76, 280, 286-87
ノヴァス゠ペニャ　Amaya Carmen Novas-Peña　287

ハ 行

パーソン　Michel Person　464
ハーバーマス　Jürgen Habermas　11, 153, 185
ハーンスタイン　Richard Herrnstein　447, 457
バウマン　Zygmunt Bauman　111, 113, 131
バシュラール　Gaston Bachelard　146,

156, 241
ハッキング　Ian Hacking　27, 42, 76, 132, 146, 208, 288, 305-06, 323, 346, 469
バックニル　John Charles Bucknill　360
ハラウェイ　Donna Haraway　74, 157, 310, 345, 346
バラバン　Evan Balaban　438-39, 444
ハロウェル　Nina Hallowell　220
バロン　Miron Baron　42, 425
ヒース　Deborah Heath　37, 46, 129, 212, 239, 255-56, 286
ヒーリー　David Healy　76, 357, 370, 376, 402-03
ヒムラー　Heinrich Himmler　116
ビリングス　Paul Billings　222
ヒンクリー　John Hinckley　429, 464
ファー　William Farr　133
ファーレル　Jack Dempsey Ferrell　465
フィッシャー　Michael Fischer　22, 198
フィッシュバイン　Diane Fishbein　429, 445, 454-55, 464
フィッツ　Jane Fitts　411
フーコー　Michel Foucault　iii-iv, vi, 22, 24, 53, 75, 79, 87-90, 104-06, 110, 113, 118, 136, 147, 160, 180, 234, 272, 304-05, 342, 348, 359-60, 483
ブーチャード　Thomas Bouchard　424-25
フェアシュアー　Ottmar von Verschuer　111
フォレスター　John Forrester　357
フォンタナ　Cyndee Fontana　432
フクヤマ　Francis Fukuyama　11-12, 153, 182, 193
フッド　Leroy Hood　168
プライアー　Lindsey Prior　199, 202
ブラウニング　Nichole T. Browning　173
ブラウン　Nik Brown　35, 254-55
フランクリン　Sarah Franklin　3, 22, 32, 34-35, 41, 51, 60, 76, 79-80, 85, 87, 98, 142, 146, 214, 253, 289, 478
フリーマン　Walter Freeman　364
フルヴィリー　Duana Fullwiley　348
ブルセ　F. J. V. Broussais　89
ブルム　Kenneth Blum　425
ブルンナー　Han Brunner　433, 442, 466
ブレア　Tony Blair　64
プレウィット　Kenneth Prewitt　310
ブレギン　Peter Breggin　453-54
フレック　Ludwik Fleck　27, 55
ブレナー　Sydney Brenner　94
フロイト　Sigmund Freud　360-61
プロクター　Robert Proctor　113, 117
ブロディー　Steve Brodie　370
プロミン　Robert Plomin　226, 380-81, 424
ヘイマー　Dean Hamer　425
ベック　Stefan Beck　5, 22, 157, 198, 348
ペトリナ　Adriana Petryna　47-48, 77, 82, 84, 251, 274, 286
ヘミングス　Sally Hemmings　332
ホイヤー　Klaus Høyer　64, 242, 279, 282, 291, 328
ボウカー　Geoffrey C. Bowker　307-09
ホーガン　John Horgan　425
ポーター　Roy Porter　89-90, 140
ボーリング　Edwin Boring　352
ホール　Wayne Hall　451
ポコルスキ　Robert J. Pokorski　228, 231
ポッター　Van Renselaer Potter　77

マ 行

マーシャル　Thomas H. Marshall　247
マーティン　Emily Martin　203, 417
マーティン　Paul Martin　155
マキネス　Dr. Allison McInnes　432, 466
マティック　John Mattick　143-44, 146
マヌック　Stephan B. Manuck　448-49
マレー　Charles Marray　457
マン　Steve Mann　41, 75
マン　Thomas Mann　183
ミラー　Peter Miller　13, 61, 415
ムーア　John Moore　85
メッツル　Jonathan Metzl　391, 410

モイニハン　Ray Moynihan　394-95
毛沢東　126
モース　Stephen Morse　438, 468
モーリー　Katherine Morley　451-52, 470
モシャー　Lauren Moscher　401-02, 416
モニス　Egas Moniz　363-64
モブリー　Stephen Mobley　432-33, 442
モンクリーフ　Joanna Moncrieff　376-77, 403

ヤ 行

ヨクセン　Edward Yoxen　60
ヨハンソン　I. Johansson　334

ラ 行

ラインベルガー　Hans-Jörg Rheinberger　161-62
ラップ　Rayna Rapp　35, 46, 55, 129, 212, 255-56, 271, 286
ラッフルズ　Hugh Raffles　116, 147
ラビノウ　Paul Rabinow　4, 6-7, 45, 48, 64, 75, 147, 212, 234, 239, 242, 252, 263, 289, 324, 406
ラベアリソア　Vololona Rabeharisoa　179, 212, 239, 273
ランデッカー　Hannah Landecker　36
リード　John Reid　245
リード　Sheldon Reed　148
リール　Carmen Leal　289
リチャーズ　Martin Richards　220
リッシュ　Neill Risch　296
リドレー　Matt Ridley　350
レイン　Adrian Raine　442-44, 465
レヴィット　K. Levit　63
レリッシュ　René Leriche　164, 199
ローゼンバーグ　Charles Rosenberg　162-63, 167, 199
ローゼンハン　David Rosenhan　359
ローレンス　Jonathan Huey Lawrence　465
ロック　Margaret Lock　54, 79-80, 145
ロビー　B. Robey　124
ロワイヤル　Charmaine Royal　342

ワ 行

ワーウィック　Kevin Warwick　41, 75
ワイス　Kenneth Weiss　299-300
ワッサーマン　Daniel Wasserman　454, 470
ワッサーマン　David Wasserman　441, 462-63
ワッツ　James Watts　364
ワトソン　James Watson　91, 95, 468

文献一覧

Abbott, Alison（1999）Sweden Sets Ethical Standards for the Use of Genetic "Biobanks."*Nature*, 400 July 1, 1999: 3.

Abraham, J., & Lewis, G.（2002）Citizenship, Medical Expertise and the Capitalist Regulatory State in Europe. *Sociology*, 36（1）: 67–88.

Adams, M. D., et al.（2000）The Genome Sequence of Drosophila Melanogaster. *Science*, 287（5461）: 2185–2195.

Agamben, Giorgio（1998）*Homo Sacer: Sovereign Power and Bare Life*. Stanford, Calif.: Stanford University Press.〔アガンベン『ホモ・サケル――主権権力と剝き出しの生』高桑和巳訳，以文社，2003 年〕

Alldridge, P.（1992）Recognising Novel Scientific Techniques: DNA as a Test Case. *Criminal Law Review*, 687–698.

――（1994）Forensic-Science and Expert Evidence. *Journal of Law and Society*, 21（1）: 136–150.

Allen, Hilary（1984）At the Mercy of Her Hormones: Premenstrual Tension and the Law. *m/f*, 9 19–44.

――（1988）*Justice Unbalanced* Milton Keynes: Open University Press.

American College of Obstetricians and Gynecologists, Cystic Fibrosis Steering Committee（2001）Preconception and Prenatal Carrier Screening for Cystic Fibrosis: Clinical and Laboratory Guidelines. Washington: American College of Obstetricians and Gynecologists.

American Psychiatric Association（1952）*Diagnostic and Statistical Manual of Mental Disorders*. Washington, D.C.: American Psychiatric Association.

――（1968）*Diagnostic and Statistical Manual of Mental Disorders*: DSM II. Washington, D.C.: American Psychiatric Association.

――（1980）*Diagnostic and Statistical Manual of Mental Disorders*: DSM III. Washington, D.C.: American Psychiatric Association.

――（1987）*Diagnostic and Statistical Manual of Mental Disorders*: DSM III-R. Washington, D.C.: American Psychiatric Association.〔The American Psychiatric Association 編『DSM-III-R 精神障害の診断・統計マニュアル』高橋三郎訳，医学書院，1988 年〕

――（1994）*Diagnostic and Statistical Manual of Mental Disorders*: DSM IV. Washington, D.C.: American Psychiatric Association.〔American Psychiatric Association

編『DSM-IV 精神疾患の診断・統計マニュアル』高橋三郎・大野裕・染矢俊幸訳，医学書院，1996 年〕
Anderson, C.（1992）Brain Scans Deemed Admissible at Trial. *New York Law Journal*, 210（1）.
Andrews, Lori B., & Nelkin, Dorothy（2001）*Body Bazaar: The Market for Human Tissue in the Biotechnology Age*. New York: Crown Publishers.〔アンドルーズ／ネルキン『人体市場——商品化される臓器・細胞・DNA』野田亮・野田洋子訳，岩波書店，2002 年〕
Andrews, Marcellus（1999）*Political Economy of Hope and Fear: Capitalism and the Black Condition in America*. New York: New York University Press.
Angell, Marcia（2004）*The Truth About the Drug Companies: How They Deceive Us and What to Do About It*. New York: Random House.〔エンジェル『ビッグ・ファーマ——製薬会社の真実』栗原千絵子・斉尾武郎共監訳，篠原出版新社，2005 年〕
Anon（1919）Training Course for Field Workers in Eugenics. *Eugenical News*, 4（5）: 40.
Anon（1998）Genome Sequence of the Nematode C-Elegans: A Platform for Investigating Biology. *Science*, 282（5396）: 2012–2018.
Anon（2001）Genes, Drugs and Race. *Nature Genetics*, 29（3）: 239–240.
Armstrong, David（1983）*Political Anatomy of the Body: Medical Knowledge in Britain in the Twentieth Century*. Cambridge: Cambridge University Press.
——（1984）The Patient's View. *Social Science and Medicine*, 18, 737–744.
——（1995）The Rise of Surveillance Medicine. *Sociology of Health & illness*, 17（3）: 393–404.
Armstrong, David, Michie, Susan & Marteau, Theresa（1998）Revealed Identity: A Study of the Process of Genetic Counselling. *Social Science and Medicine*, 47（11）: 1653–1658.
Arney William Ray, & Bergen, Bernard J.（1984）*Medicine and the Management of Living: Taming the Last Great Beast*. Chicago: University of Chicago Press.
Arnold, David（2002）Madness, Cannabis and Colonialism: The 'Native-Only' Lunatic Asylums of British India, 1857–1900. *Social History of Medicine*, 15（3）: 519–520.
——（2005）Legible Bodies: Race, Criminality and Colonialism in South Asia. *English Historical Review*, 120（486）: 555–556.
Association of British Insurers（1997）*Genetic Testing: ABI Code of Practice*. London.
Aviles-Santa, L, Maclaren, N., & Raskin, P.（2004）The Relationship between Immune-Mediated Type. 1 Diabetes Mellitus and Ethnicity. *Journal of Diabetes and its Complicationts*, 18（1）: 1–9.

Ayd, Frank J.（1961）*Recognizing the Depressed Patient; with Essentials of Mandgement and Treatment*. New York: Grune & Stratton.

Bachelard, Gaston（1984）*The New Scientific Spirit. Boston*, Mass.: Beacon Press.〔バシュラール『新しい科学的精神』関根克彦訳，筑摩書房，2002 年〕

Baker, Robert B., et al.（Eds.）（1999）*The American Medical Ethics Revolution. How the AMA's Code of Ethics Has Transformed Physicians' Relationships to Patients, Professionals, and Society*. Baltimore, MD: Johns Hopkins University Press.

Baker, Tom, & Simon, Jonathan（2002）*Embracing Risk: The Changing Culture of Insurance and Responsibility*. Chicago; London: University of Chicago Press.

Balaban, E.（1996）Reflections on Wye Woods: Crime, Biology, and Self-Interest. *Politics and the Life Science*, 15（1）: 86–88.

Balaban, E., Alper, J. S., & Kasamon, Y. L（1996）Mean Genes and the Biology of Aggression: A Critical Review of Recent Animal and Human Research. *Journal of Neurogenetics*, 11（1–2）: 1, 43.

Balick, Michael J., & Cox, Paul Allan（1996）*Plants, People and Culture: Science of Ethnobotany*. New York: Scientific American Library.

Baron, M.（1989）The Genetics of Manic-Depressive Illness. *Journal of Nervous and Mental Disease*, 177（10）: 645–645.

Baron, M., et al.（1987）Genetic-Linkage between X-Chromosome Markers and Bipolar Affective-Illness. *Nature*, 326（6110）: 289–292.

Barry, Andrew, Osborne, Thomas & Rose, Nikolas（1996）*Foucault and Political Reason: Liberalism, Neo-Liberalism and Rationalities of Government*. Chicago: University of Chicago Press.

Bates, B. R., et al.（2004）Evaluating Direct-to-Consumer Marketing of Race-Based Pharmacogenomics: A Focus Group Study of Public Understandings of Applied Genomic Medication. *Journal of Health Communication*, 9（6）: 541–559.

Bateson, Patrick, & Martin, Paul R.（1999）*Design for a Life: How Behaviour Develops*. London: Jonathan Cape.

Bauman, Zygmunt（1989）*Modernity and the Holocaust*. Cambridge: Polity.〔バウマン『近代とホロコースト』森田典正訳，大月書店，2006 年〕

Beaulieu, Anne（2000）The Space inside the Skull: Digital Representations, Brain Mapping and Cognitive Neuroscience in the Decade of the Brain. Ph. D. Dissertation, University of Amsterdam.

Beauregard, M., et al（1998）The Functional Neuroanatomy of Major Depression: An FMRI Study Using an Emotional Activation Paradigm. *Neuroreport*, 9（14）: 3253–3258.

Beck, Ulrich, Giddens, Anthony & Lash, Scott（1994）*Reflexive Modernization: Poli-*

tics, Tradition and Aesthetics in the Modern Social Order. Cambridge: Polity Press.〔ベック／ギデンズ／ラッシュ『再帰的近代化——近現代における政治，伝統，美的原理』松尾精文・小幡正敏・叶堂隆三訳，而立書房，1997 年〕
Becker, Howard Saul (1963) *Outsiders. Studies in the Sociology of Deviance*. New York: Free Press of Glencoe; London: Collier-Macmillan.〔ベッカー『完訳アウトサイダーズ——ラベリング理論再考』村上直之訳，現代人文社，2011 年〕
Beckman, M. (2004) Neuroscience — Crime, Cuipability, and the Adolescent Brain. *Science*, 305 (5684): 596–599.
Beirne, P. (1988) Heredity Versus Environment — a Reconsideration of Goring, Charles-the English Convict (191, 3). *British Journal of Criminology*, 28 (3): 315–339.
Bergen, A. A. B., et al. (2000) Mutations in ABCC6 Cause Pseudoxanthoma Elasticum. *Nature Genetics*, 25 (2): 228–231.
Berlinguer, G. (2004) Bioethics, Health, and Inequality. *Lancet*, 364 (9439): 1086–1091.
Bevan, J. L. et al. (2003) Informed Lay Preferences for Delivery of Racially Varied Pharmacogenomics. *Genetics in Medicine*, 5 (5): 393–399.
Bhopal, R. (2002) Revisiting Race/Ethnicity as a Variable in Health Research. *American Journal of Public Health*, 92 (2): 156–157.
Bhopal, R., & Donaldson, L. (1998) White, European, Western, Caucasian, or What? Inappropriate Labeling in Research on Race, Ethnicity, and Health. *American Journal of Public Health*, 88 (9): 1303–1307.
Bhopal, R., & Rankin, J. (1999) Concepts and Terminology in Ethnicity, Race and Health: Be Aware of the Ongoing Debate. *British Dental Journal*, 186 (10): 483–484.
Bibby, Cyril (1939) *Heredity, Eugenics and Social Progress*. London: Gollancz.
Biesecker, Barbara Bowles & Marteau, Theresa M. (1999) The Future of Genetic Counselling: An International Perspective. *Nature Genetics*, 22 (2): 133–137.
Billings, Paul R., et al. (1992) Discrimination as a Consequence of Genetic Testing. *American Journal of Human Genetics*, 50 (3): 476–482.
Bishop, W. H. (1909) *Education & Heredity; or, Eugenics: A Mental, Moral and Social Force*. London.
Bloch, M. et al. (1993) Diagnosis of Huntington Disease: A Model for the Stages of Psychological Response Based on the Experience of a Predictive Testing Program. *American Journal of Medical Genetics*, 47, 368–374.
Blum, K., et al. (1990) Allelic Association of Human Dopamine-D2 Receptor Gene in Alcoholism. *Journal of the American Medical Association*, 263 (15): 2055–2060.
Bock, Gregory &, Goode, Jamie (1996) *Genetics of Criminal and Antisocial Behav-*

ior. Chichester/New York: Wiley.

Boring, Edwin Garrigues (1929) *A History of Experimental Psychology*. New York/London: Century Co.

Boston Women Health Book Collective, Phillips, Angela & Rakusen, Jill (1978) *Our Bodies Ourselves: A Health Book by and for Women*. Harmondsworth: Penguin.

Bouchard, T. J., et al. (1990) Sources of Human Psychological Differences-the Minnesota Study of Twins Reared Apart. *Science*, 250 (4978): 223–228.

Bovet, P., & Paccaud, F. (2001) Race and Responsiveness to Drugs for Heart Failure. *New England Journal of Medicine*, 345 (10): 765–766.

Bowcock, A. M., et al. (1991) Drift, Admixture, and Selection in Human Evolution: A Study with DNA Polymorphisms. *Proceedings of the National Academy of Sciences of the United States of America*, 88 (3): 839–843.

Bowcock, A. M., et al. (1994) High Resolution of Human Evolutionary Trees with Polymorphic Microsatellites. *Nature*, 368 (6470): 455–457.

Bowker, Geoffrey C., & Star, Susan Leigh (1999) *Sorting Things Out: Classification and its Consequences*. Cambridge, Mass. /London : MIT Press.

Bradby, Hannah (1995) Ethnicity — Not a Black-and-White Issue — a Research Note. *Sociology of Health & illness*, 17 (3): 405–417.

—— (1996) Genetics and Racism. In Marteau, T. & Richards, M. (Eds.) *The Troubled Helix: Social and Psychologicals Apects of the New Human Genetics*. Cambridge: Cambridge University Press.

—— (2003) Describing Ethnicity in Health Research. *Ethnicity & Health*, 8 (1): 5–13.

Braidotti, Rosi (1994) *Nomadic Subjects: Embodiment and Sexual Difference in Contemporary Feminist Theory*. New York: Columbia University Press.

—— (2002) *Metamorphoses: Towards a Materialist Theory of Becoming*. Cambridge, UK/Malden, Mass.: Published by Polity Press in association with Blackwell Publishers.

Braun, L. (2002) Race, Ethnicity, and Health: Can Genetics Explain Disparities ? *Perspectives in Biological Medicine*, 45 (2): 159–174.

Breggin, Peter (1995–96) Campaigns against Racist Federal Programs by the Centre for The Study of Psychiatry and Psychology. *Journal of African American Men*, 1 (3): 3–22

Breggin, Peter, & Breggin, Ginger Ross (1994) *The War against Children*. New York: St. Martin's Press.

Brenner, Sydney (2000) Genomics — the End of the Beginning. *Science*, 287 (5461): 2173–2174.

Brescia, Bonnie (2002) Better Budgeting for Patient Recruitment. *Pharmaceutical*

Executive, 1 May 2002.

Broberg, Gunnar & Roll-Hansen, Nils (1996) *Eugenics and the Welfare State: Sterilization Policy in Denmark, Sweden, Norway, and Finland*. East Lansing: Michigan State University Press.

Brody, A. L, et al. (2002) Brain Metabolic Changes During Cigarerte Craving. *Archives of General Psychiatry*, 59 (1–2): 1162–1172.

Brown, Nik (1998) Ordering Hope: Representations of Xenotransplantation: An Actor-Network Account. Ph. D. thesis. Lancaster: University of Lancaster.

—— (2003) Hope against Hype — Accountability in Biopasts, Presents and Futures. *Science Studies*, 1–6 (2): 3–21.

Brown, Nik, Rappert, Brian, & Webster, Andrew (2000) *Contested Futures: A Sociology of Prospective Techno-Science*. Aldershot: Ashgate.

Brown, Nik, & Webster, Andrew (2004) *New Medical Technologies and Society: Reordering Life*. Cambridge: Polity.

Brown, Wendy (1995) *States of Injury: Power and Freedom in Late Modernity*. Princeton, N. J.: Princeton University Press.

Brunner, . HG. (1996) MAOA Deficiency and Abnormal Behavior: Perspctive on an Association. *Genetics of Criminal and Antisocial Behavior*, CIBA Foundation Symposium 194: 155–164.

Brunner, . HG, et al. (1993) Abnormal Behavior Associated with a Point Mutation in the Structural Gene for Monoamine Oxidase-A. *Science*, 262 (5133): 578–580.

Bucknill, John Charles, & Tuke, Daniel Hack (1874) *A Manual of Psychological Medicine, by John Charles Bucknill and Daniel*. London: X. J. & A. Churchill.

Burchard, E. G, et al. (2003) The Importance of Race and Ethnic Background in Biomedical Research and Clinical Practice. [See Comment]. *New England Journal of Medicine*. 348 (12) 1170–1175.

Burleigh, Michael (1994) *Death and Deliverance: "Euthanasia" in Germany. C.1900–1945*. Cambridge: Cambridge University Press.

Burroughs, V. J., Maxey, R. W. & Levy, R. A. (2002) Racial and Ethnic Differences in Response to Medicines: Towards Individualized Pharmaceutical Treatment. *Journal of The National Medical Association*, 94 (10 Suppl): 1–26.

Burwick, Frederick, & Douglass, Paul (1992) *The Crisis in Modernism: Bergson and the Vitalist Controversy*. Cambridge/New York: Cambridge University Press.

Business Communications Company (2005) *Emotional and Behavioral Disorders in Children and Adolescents*. Business Communication Company Inc.

Butcher, James (2003) Cognitive Enhancement Raises Ethical Concerns: Academics Urge Pre-Emptive Debate on Neurotechnologies. *The Lancet*, 362 (9378): 132–133.

Calafell, F., et al. (1998) Short Tandem Repeat Polymorphism Evolution in Humans. *European Journal of Human Genetics*, 6, 38–49.

Callahan, L. A., et al. (1995) The Hidden Effects of Montana's "Abolition" of the Insanity Defense. *Psychiatric Quarterly*, 66 (2): 103–117.

Callon, Michel, & Rabeharisoa, vololona (1999) Gino's Lesson on Humanity. *Third WTMC-CSI Worksbop: Producing taste, configuring use, performing citizenship*. Maastricht.

—— (2004) Gino's Lesson on Humanity: Genetics, Mutual Entanglement and the Sociologist's Role. *Economy and Society*, 33 (1): 1–27.

Canguilhem, Georges (1966) Le Concept et la vie. *Revue philosophique de Louvain*, 64, 193–233.

—— (1968) La Concept et la Vie. *Etudes d'histoire de Philosophie des Sciences*. Paris: Vrin.

—— (1978) *On the Normal and the Pathological*, Dordrecht: Reidel.〔カンギレム『正常と病理』滝沢武久訳，法政大学出版局，1987 年〕

—— (1980) What Is Psychology ? Lecture Delivered in the College Philosophique on 18 December 1956. *I&C*, 7, 37–50.

—— (1994) *A Vital Rationalist: Selected Writings from George Canguilbem, Edited by François Delaporte with an Introduction by Paul Rabinow*. New York: Zone Books.

Caplan, Arthur. L., and Farah, Martha J. (2003) Emerging Ethical Issues in Neurology, Psychiatry and the Neurosciences, in. R. N. Rosenberg, S. Prusiner, S. DiMauro, R. L. Barchi and. E. J. Nesler (Eds). *Molecular and Genetic Basis of Neurology and Psychiatric Disease*. 3rd. ed., Philadelphia, PA: Butterworth-Heinemann.

Carey G, & Gonesman, II (1996) Genetics and Antisocial Behavior: Substance Versus Sound Bytes. *Politics and the Life Science*s, 15 (1): 88–90.

Carmalt, William H., & Connecticut State Medical Society (1909) *Heredity and Crime: A Study in Eugenics*. Hartford: Connecticut State Medical Society.

Carol, Anne (1995) *Histoire De L'eugenisme En France: Les Medecins et La Procreation, XIXe-XXe Siecle*. Paris: Seuil.

Carr-Saunders, A. M. (1926) *Eugenics*. London: Butterworth.

Carson, D. (1995) Therapeutic Jurisprudence for the United Kingdom? *Journal of Forensic Psychiatry*, 6 (3): 463–466.

Carter, C. O., et al. (1971) Genetic Clinic: A Follow-Up. *The Lancet*, 281–285.

Carter, Rita (1998) *Mapping the Mind*. London: Weidenfeld & Nicholson.〔カーター『新・脳と心の地形図——思考・感情・意識の深淵に向かって　ビジュアル版』藤井留美訳，原書房，2012 年〕

Carrwright, Lisa (1995a) An Etiology of the Neurological Gaze. *Screening the Body: Tracing Medicine's Visual Culture*. Minneapolis: University of Minnesota Press.

—— (1995b) *Screening the Body: Tracing Medicine's Visual Culture*. Minneapolis: University of Minnesota Press.

Caspi, A., et al. (2002) Role of Genorype in the Cycle of Violence in Maltreated Children. *Science*, 297 (5582): 851–854.

Castel, Robert (1991) From Dangerousness to Risk. In Burchell, G, Gordon, C., & Miller, P. (Eds.) *The Foucault Effect: Studies in Governmentality*. London: Harvester Wheatsheaf.

Castells, Manuel (2000) *The Rise of the Network Society*. Oxford: Blackwell Publishers.

Castle, William Ernest (1916) *Genetics and Eugenics. A Text-Book for Students of Biology and a Reference Book for Animal and Plant Breeders. (Third Impression.) [with a Bibliography and Plates.]*. Cambridge, Mass.: Harvard University Press.

Cavalli-Sforza, L. L, & Feldman, M. W. (2003) The Application of Molecular Genetic Approaches to the Study of Human Evolution. *Nature Genetics*, 33 (Suppl) 266–275.

Cavalli-Sforza, L. L, Menozzi, Paolo, & Piazza, Alberto (1994) *The History and Geography of Human Genes*. Princeton, N. J.: Princeton University Press.

Cello, J., Paul, A. V., & Wimmer. E (2002) Chemical Synthesis of Poliovirus cDNA: Generation of Infectious Virus in the Absence of Natural Template. *Science*, 297 (5583): 1016–1018.

Centers for Disease Control and Prevention Office of Genomics and Disease Prevention (2005) Genomics and Population Health 2005. Atlanta: Centers for Disease Control and Prevention.

Chadarevian, Soraya, de, & Kamminga, Harmke (1998) *Molecularizing Biology and Medicine: New Practices and Alliances*. Australia/United Kingdom: Harwood Academic.

Chamberlin, J. Edward, & Gilman, Sander, L. (1985) *Degeneration: The Dark Side of Progress*. New York: Columbia University Press.

Charney Dennis S., et al. (2002) Neuroscience Research Agenda to Guide Development of a Pathophysiologically Based Classification System. In Kupfer, D. J., First, M. B. & Regier, D. A. (Eds.) *A Research Agenda for DSM V*. Washington, D.C.: American Psychiatric Association.〔クッファー／ファースト／レジエ編「病態生理学にもとづく分類体系のための神経科学研究行動計画」『DSM-V 研究行動計画』黒木俊秀・松尾信一郎・中井久夫訳，みすず書房，2008 年〕

Cheng, T. O. (2003) Ethnic Differences in Incidence of Diseases and Response to Medicines. *Journal of The National Medical Association*, 95 (5): 404–405.

China Concept Consulting & The Information Centre of the State Drug Agency (2000) *China Pharmaceuticals Guide: New Policy and Regulation*. Beijing.

Citizens Commission on Human Rights (1996) *The Violence Initiative*. Los Angeles: Citizens Commission on Human Rights.

Claeson, Bjorn, et al. (1996) Scientific Literacy, What It Is, Why It's Important, and Why Scientists Think We Don't Have It ? The Case o{ Immunology and the Immune System. In Nader, L. (Ed.) *Naked Science: Anthropological Inquiry into Boundaries, Power, and Knowledge*. New York; Routledge.

Clarke, A. E., et al. (2003) Biomedicalization: Technoscientific Transformations of Health, Illness, and U S Biomedicine. *American Sociological Review*, 68 (2): 161–194.

Cloninger, C. Robert (2002) The Discovery of Susceptibility Genes for Mental Disorders. *Proceedings of the National Academy of Science*, 99 (21): 13365–13367.

Coccaro, E. F. (1992) Impulsive Aggression and Central Serotonergic System Function in Humans-an Example of a Dimensional Brain-Behavior Relationship. *International Clinical Psychopharmacology*, 7 (1): 3–12.

Coffey, Maureen P. (1993) The Genetic Defense: Excuse or Explanation ? *William and Mary Law Review*, 35: 353–399.

Coghlan, Andy (1998) Perfect People's Republic. *New Scientist*, October 24, 1998.

—— (2001) Patient Power. *New Scientist*, February 21,, 2001.

Cohen, L. E. (1987) Review Essay of J. Q. Wilson and. R. J. Herrnstein's *Crime and Human Nature. Contemporary Sociology*, 16 (2): 202–205.

Collins, F. S. (2004) What We Do and Don't Know About "Race," "Ethnicity," Genetics and Health at the Dawn of the Genome Era. *Nature Genetics*, 36 (11): S13–S15.

Collins, F. S., Lander, E. S., Rogers, J. & Waterston, R. H. (2004) Finishing the Euchromatic Sequence of the Human Genome. *Nature*, 431 (7011): 931–945.

Comings, D. E., et al. (2000) Multivariate Analysis of Associations of 42 Genes in ADHD, ODD and Conduct Disorder. *Clinical Genetics*, 58 (1): 31–40.

Condit, C., et al. (2003) Attitudinal Barriers to Delivery of Race-Targeted Pharmacogenomicsm among Informed Lay Persons. *Genetics in Medicine*, 5 (5): 385–392.

Conrad, Peter (1976) *Identifying Hyperactive Children: The Medicalization of Deviant Behavior*. Lexington, Mass./London: Heath.

Conrad, Peter, & Potter, D. (2000) From Hyperactive Children to ADHD Adults: Observations on the Expansion of Medical Categories. *Social Problems*, 47 (4): 559–582.

Cooper, Paul (2004) Education in the Age of Ritalin. In Rees, D., & Rose, S. P. R.

(Eds.) *The New Brain Sciences: Prospects and Perils*. Cambridge: Cambridge University Press.
Cooper, R. S., & Freeman, V. L. (1999) Limitations in the Use of Race in the Study of Disease Causation. *Journal of The National Medical Association*, 91 (7): 379–383.
Cooper, R. S., Kaufman, J. S., & Ward, R. (2003) Race and Genomics. *New England Journal of Medicine*, 348 (12): 1166–1170.
Cooter, Roger (2004) Historical Keynvords: Bioethics. *The Lancet*, 364 (9447): 1749.
Corrigan, Oonagh, & Tutton, Richard (Eds.) (2004) *Donating, Collecting and Exploiting Human Tissue*. London: Routledge.
Cox, Susan M., & Mckellin, William (1999) 'There's This Thing in Our Family': Predictive Testing and the Construction of Risk for Huntington Disease. *Sociology of Health & illness*, 21 (5): 622–646.
Criqui, M. H., et al. (2005) Ethnicity and Peripheraal Arterial Disease — the San Diego Population Study. *Circulation*, 112 (17): 2703–2707.
Crookshank, F. G. (1924) *The Mongol in Our Midst: A Study of Man and His Three Faces*. London: K. Paul Trench Trubner & Co.; New York: . E. P. Dutton & Co.
Crusio, W. E. (1996) The Neurobehavioral Genetics of Aggression. *Behavior Genetics*, 26 (5): 459–461.
Daily Telegraph (2000) Insurers to DNA Test for Genetic Illnesses. *Daily Telegraph* (March 20, 2000)
Damasio, Antonio. R (1994) *Descartes' Error: Emotion, Reason, and the Human Brain*. New York: Putnam.〔ダマシオ『デカルトの誤り——情動，理性，人間の脳』田中三彦訳，筑摩書房，2010 年〕
—— (1999) *The Feeling of What Happens: Body and Emotion in the Making of Consciousness*. New York: Harcourt Brace.〔ダマシオ『無意識の脳自己意識の脳——身体と情動と感情の神秘』田中三彦訳，講談社，2003 年〕
—— (2003) *Looking for Spinoza: Joy, Sorrow, and the Feeling Brain*. Orlando, Fla.: Harcourt.〔ダマシオ『感じる脳——情動と感情の脳科学　よみがえるスピノザ』田中三彦訳，ダイヤモンド社，2005 年〕
Dampier, William Cecil Dampier, & Whetham, Catherine Durning (1909) *The Family and the Nation: A Study in Natural Inheritance and Social Responsibility*. London: Longmans Green and Co.
Darwin, Charles Robert (1871) *The Descent of Man, and Selection in Relation to Sex. With Illustrations*: 2 vols. John Murray: London.〔ダーウィン『人間の進化と性淘汰（I・II）』長谷川眞理子訳，文一総合出版，1999 年〕
Darwin, Leonard (1928) *What Is Eugenics ?* London: Watts.

Davis, Dena S.（2003）Genetic Research and Communal Narratives. *Hastings Center Report*, 34, 40–49.

Decruyenaere, Marleen, et al.（1999）Psychological Functioning before Predictive Testing for Huntington's Disease: The Role of the Parental Disease, Risk Perception, and Subjective Proximity of the Disease. *Journal of Medical Genetics*, 33（12）: 897–905.

Decruyenaere, Marleen, et al.（1996）Prediction of Psychological Functioning One Year after the Predictive Test for Huntington's Disease and the Impact of the Test Result on Reproductive Decision Making. *Journal of Medical Genetics*, 33（9）: 737–743.

Deleuze, Gilles（1988a）*Bergsonism*. New York: Zone Books.〔ドゥルーズ『ベルクソンの哲学』宇波彰訳，法政大学出版局，1974 年〕

——（1988b）*Foucault*. Minneapolis: University of Minnesota Press.〔ドゥルーズ『フーコー』宇野邦一訳，河出文庫，2007 年〕

——（1995）Postscript on Control Societies. *Negotiations*. New York: Columbia University Press.〔ドゥルーズ「追伸——管理社会について」『記号と事件 1972–1990 年の対話』宮林寛訳，河出文庫，2007 年〕

Denis, Carina（2002）Gene Regulation: The Brave New World of RNA. *Nature*, 418, 122–124.

Denno, D. W.（1988）Human-Biology and Criminal Responsibility — Free Will or Free Ride. *University of Pennsylvania Law Review*, 137（2）: 615–671.

——（1996）Legal Implications of Genetics and Crime Research. *Genetics of Criminal and Antisocial Behavior*, CIBA Foundation Symposium 194, 258–296.

Department of Health and Human Services Office of Inspector General（2001）The Globalization of Clinical Trials: A Growing Challenge in Protecting Human Subjects. Boston: Department of Health and Human Services Office of Inspector General.

Dice, Lee. R（1952）Heredity Clinics: Their Value for Public Service and for Research. *American Journal of Human Genetics*, 4（1）: 1–13.

Dickinson, Robert, & Gamble, Clarence（1950）*Human Sterilization*. np.

Dickson, D.（1998）Congress Grabs Eugenics Common Ground. *Nature*, 394（6695）: 711.

Didi-Huberman, Georges（1982）*Invention De L'hystérie: Charcot et L'iconographie Photographique de la Salpêtrière*. Paris Macula.〔ジョルジュ・ディディ＝ユベルマン『ヒステリーの発明——シャルコーとサルペトリエール写真図像集』谷川多佳子・和田ゆりえ訳，みすず書房，2014 年〕

Didi-Huberman, Georges, & Charcot, J. M.（2003）*The Invention of Hysteria: Charcot and the Photograhiic lconography Of the Salpétrière*. Cambridge, Mass. Lon-

don: MIT.
Dikötter, Frank (1998) *Imperfect Conceptions: Medical Knowledge, Birth Defects, and Eugenics in China*. New York: Columbia University Press.
Diller, Lawrence H. (1998) *Running on Ritalin: A Physician Reflects on Children, Society, and Performance in a Pill*. New York: Bantam Books.
Dinwiddie, S. H. (1996) Genetics, Antisocial Personality, and Criminal Responsibllity. *Bulletin of The American Academy of Psychiatry and The Law*, 24 (1): 95–108.
Diprose, Rosalyn (1998) Sexuality and the Clinical Encounter. In Shildrick, M., & Price, J. (Eds.) *Vital Signs: Feminist Reconfigurations of the Bio/Logical Body*. Edinburgh: Edinburgh University Press.
Donzelot, Jacques (1979) *The Policing of Families*. New York: Pantheon Books. 〔ドンズロ『家族に介入する社会――近代家族と国家の管理装置』宇波彰訳，新曜社，1991 年〕
Dowbiggin, Ian Robert (1997) *Keeping America Sane: Psychiatry and Eugenics in the United States and Canada, 1880–1940*. Ithaca, N. Y. /London: Cornell University Press.
Downs, L. L. (2002) PMS, Psychosis and Culpability: Sound or Misguided Defense *Journal of Forensic Sciences*, 47 (5): 1083–1089.
Doyle, Richard (1997) *On Beyond Living: Rhetorical Transformations of the Life Sciences*. Stanford, Calif.: Stanford University Press.
Dreyfuss, Rochelle Cooper, & Nelkin, Dorothy (1992) The Jurisprudence of Genetics. *Vanderbilt Law Review*, 45 (2): 313–348.
Drouard, Alain (1999) Eugenics and Bioethics in Today's France. *Tartu University History Museum Annual Report 1998*. Tartu: History Museum of Tartu University.
Dumit, Joseph (1997) A Digital Image of the Category of the Person: Pet Scanning and Objective Self-Fashioning. In Downey, G. L, & Dumit, J. (Eds.) *Cyborgs and Citadels: Anthropological Interventions in Emerging Sciences*. Sante Fe, N. M.: School of American Research Press.
—— (2003) *Picturing Personhood: Brain Scans and Biomedical Identity*. Princeton NJ: Princeton University Press.
Duster, Troy (1990) *Backdoor to Eugenics*. New York: Routledge,
—— (2003) Buried Alie: The Concept of Race in Science. In Goodman, A. . HHeath, D. & Lindee, M. S. (Eds.) *Genetic Nature/Culture*. Berkeley: University of California Press.
Dyson, S. M. (1998) "Race," Ethnicity and Haemoglobin Disorders. *Social Science and Medicine*, 47 (1): 121–131.

Ebstein, Richard P., et al. (1996) Dopamine D4 Receptor (D4dr) Exon Iii Polymorphism Associated with the Human Personality Trait of Novelty Seeking. *Nature Genetics*, 12 (1): 78.

Eddy, Sean. R. (2001) Non-Coding RNA Genes and the Modern RNA World. *Nature Reviews Genetics*, 2, 919–929.

Editorial (1995) News from the Field. *Psychiatric Genetics*, 5, 3–4.

Elliot, Carl (1999) *A Philosophical Disease: Bioethics, Culture and Identity*. New York: Routledge.

—— (2001) Pharma Buys a Conscience. *The American Prospect*, 12 (17): 16–20.

—— (2003) *Better Than Well: American Medicine Meets the American Dream*. New York: W. W. Norton.

—— (2004) When Pharma Goes to the Laundry: Public Relations and the Business of Medical Education. *Hastings Center Report*, 34 (5): 18–23.

Elliott, R. et al. (1997) Effects of Methylphenidate on Spatial Working Memory and Planning in Healthy Young Adults. *Psychopharmacology*, 131 (2), 196–202.

Ellison, George T. H., & Rees Jones, Ian (2002) Social Identities and the "New Genetics": Scientific and Social Consequences. *Critical Public Health*, 12 (3): 265–282.

Elwyn, Glyn, Gray, Jonathon &, Clarke, Angus (2000) Shared Decision Making and Non-Directiveness in Genetic Counselling. *Journal of Medical Genetics*, 37 (2): 135–138.

Engelhardt, . HTristram, & Towers, Bernard (Eds.) (1979) *Clinical Judgment: A Critical Appraisal: Proceedings of the Fifth Trans-Disciplinary Symposium on Philosophy and Medicine Held at Los Angeles, California, April 14–16, 1977*, Dordrecht/London: Reidel.

Epstein, Steven (1996) *Impure Science: Aids, Activism, and the Politics of Knowledge*. Berkeley: University of California Press.

—— (1997) Activism, Drug Regulation, and the Politics of Therapeutic Evaluation in the Aids Era: A Case Study of ddC and the "surrogate Markers" Debate. *Social Studies of Science*, 27 691–726.

Ericson, Richard, Barry, Dean, & Doyle, Aaron (2000) The Moral Hazards of Neoliberalism: Lessons from the Private Insurance Industry. *Economy and Society*, 29 (4): 532–558.

Ernst & Young (2003a) *Beyond Borders: The Global Biotechnology Report*. Ernst & Young.

—— (2003b) *Resilience: America's Biotechnology Report*. Ernst & Young.

—— (2005) *Beyond Borders: Global Biotechnology Report 2005*. Ernst & Young.

Esquirol, Jean Etienne Dominique (1838) *Des Maladies Mentales, considerées sous*

les Rapports Medical, Hygienique et Medico-Legal. Accompagnees de 27 Planches Gravées. Paris: Baillière.
European Commission Health and Consumer Protection Directorate-General (2005) *Improving the Mental Health of the Population: Towards a Strategy on Mental Health for the European Union (Green Paper)*. Brussels: European Commission.
Ewald, François (1986) *L'état Providence*. Paris: Grasset.
—— (1991) Insurance and Risk. In Burchell, G., Gordon, C., & Miller, P. (Eds.) *The Foucault Effect: Studies in Governmentality*. London: Harvester Wheatsheaf.
—— (2001) The Return of Descartes'Malicious Demon: An Outline of a Philosophy of Precaution. In Baker, T., & simon, J. (Eds.) *Embracing Rlsk*. Chicago: Chicago University Press.
Exner, D. V., Domanski, M. J., & Cohn, J. N. (2001a) Race and Responsiveness to Drugs for Heart Failure. Reply. *New England Journal of Medicine*, 345 (10): 767–768.
Exner, D. V., et al. (2001b) Lesser Response to Angiotensin-Converting-Enzyme Inhibitor Therapy in Black as Compared with White Patients with Left Ventricular Dysfunction. *New England Journal of Medicine*, 344 (18): 1351–1357.
Falek, Arthur, & Glanville, Edward V. (1962) Investigation of Genetic Carriers. In Kallmann, F. J. (Ed.) *Expanding Goals of Genetics in Psychiatry*. New York: Grune & Stratton.
Farah, Martha J. (2002) Emerging Ethical Issues in Neuroscience. *Nature Neuroscience*, 5, 1123–1129.
Farah, Martha J., et al. (2004) Neurocognitive Enhancement: What Can We Do and What Should We Do ? *Nature Reviews Neuroscience*, 5 (5): 421, 425.
Faravelli, C., et al. (2003) A Self-Controlled, Naturalistic Study of Selective Serotonin Reuptake Inhibitors Versus Tricyclic Antidepressants. *Psychotherapy and Psychosomatics*, 72 (2): 95–101.
Farrer, L. A., et a. l. (1997a). Effects of Age, Gender and Ethnicity on the Association between APOe Genotype and Alzheimer Disease. *American Journal of Human Genetics*, 61 (4): A45–A45.
—— (1997b) Effects of Age, Sex, and Ethnicity on the Association between Apolipoprotein E Genorype and Alzheimer Disease. A Meta-Analysis. APOe and Alzheimer Disease Meta Analysis Consortium. *Journal of the American Medical Association*, 278 (16): 1349–1356.
Feeley, Malcolm, & Simon, Jonathan (1992) The New Penology: Notes on the Emerging Strategy of Correction and Its Implications. *Criminology*, 30 (4): 449–474.

—— (1994) Actuarial Justice: Power/Knowledge in Contemporary Criminal Justice. In Nelken, D. (Ed.) *The Futures of Criminology*. London: Sage.
Feinstein, Alvan R. (1967) *Clinical Judgment*. Baltimore: Williams & Wilkins.
Fine, Beth A. (1993) The Evolution of Nondirectiveness in Genetic Counseling and Implications of the Human Genome Project. In Bartels, D. M., Leroy, B. S. & Caplan, A. L. (Eds.) *Prescribing Our Future: Ethical Challenges in Genetic Counseling*. New York: Aldine de Gruyter.
Fischer, Michael M. J. (2003) *Emergent Forms of Life and the Anthropological Voice*. Durham, N. C.: Duke University Press.
Fishbein, Diane H. (1992) The Psychobiology of Female Aggression. *Criminal Justice and Bebavior*, 19 (2): 99–126.
—— (1996) Prospects for the Application of Genetic Findings to Crime and Violence Prevention. *Politics and the Life Sciences*, 15 (1): 91–94.
—— (2000) *The Science, Treatment, and Prevention of Antisocial Behaviors: Application to the Criminal Justice System*, Kingston, N. J.: Civic Research Institute.
Fishbein, Diane H., & Thatcher, R. W. (1986) New Diagnostic Methods in Criminology-Assessing Organic Sources of Behavioral-Disorders. *Journal of Research in Crime and Delinquency*, 23 (3): 240–267.
Fleck, Ludwik (1979) *Genesis and Development of a Scientific Fact*. Chicago: Chicago University Press.
Fleischer, Matt (2001) Patent Thyself (Online Version). *The American Lawyer* (http : //www. americanlawyer. com/newcontents06.html), (June 21).
Flower, Michael J., & Heath, Deborah (1993) Micro-Anatomo Politics: Mapping the Human Genome Project. *Culture, Medicine and Psychiatry*, 17 (1): 27–41.
Fogelman, Y., et al. (2003) Prevalence of and Change in the Prescription of Methylphenidate in Israel over a 2–Year Period. *CNS Drugs*, 17 (12): 915–919.
Forrester, John (1996) If P, Then What ? Thinking in Cases. *History of the Human Sciences*, 9 (3): 1–25.
Foucault, Michel (1970) *The Order of Things: An Archaeology of the Human Sciences*. London: Tavistock Publications.〔フーコー『言葉と物——人文科学の考古学』渡辺一民・佐々木明訳，新潮社，1974 年〕
—— (1973) *The Birth of the Clinic: An Archaeology of Medical Perception*. London: Tavistock Publications.〔フーコー『臨床医学の誕生』神谷美恵子訳，みすず書房，1969 年〕
—— (1978) *The History of Sexuality, Vol. 1. The Will to Knowledge*. London: Penguin.〔フーコー『知への意志』渡辺守章訳，新潮社，1986 年〕
—— (1985) *The History of Sexuality, Vol. 2. The Use of Pleasure*. London: Penguin.〔フーコー『快楽の活用』田村俶訳，新潮社，1986 年〕

—— (1986) *The History of Sexuality, Vol. 3. The Care of the Self*. London: Penguin.〔フーコー『自己への配慮』田村俶訳，新潮社，1987 年〕
—— (1999) The Politics of Health in the Eighteenth Century. In Faubion, J. D. (Ed.) *Michel Foucault: The Essential Works, Volume 3: Power*. New York: New Press.〔桑田禮彰・福井憲彦・山本哲士編「健康が語る権力」『ミシェル・フーコー 1926-1984 ——権力・知・歴史』新評論，1997 年〕
—— (2001) "Omnes Et Singulatim": Towards a Critique of Political Reason. In Rabinow, P. (Ed.) *Power: The Essential Works*. London: Allen Lane.〔フーコー「全体的なものと個的なもの——政治的理性批判に向けて」，小林康夫・石田英敬・松浦寿輝編『フーコー・コレクション〈6〉生政治・統治』筑摩書房，2006 年〕
—— (2002) *Society Must Be Defended: Lectures at the Collège De France, 1975–76*. New York: Picador.〔フーコー『ミシェル・フーコー講義集成〈6〉社会は防衛しなければならない——コレージュ・ド・フランス講義 1975–1976 年度』石田英敬・小野正嗣訳，筑摩書房，2007 年〕
Frank, Arthur (2004) Emily's Scars: Surgical Shapings, Technoluxe, and Bioethics. *Hastings Center Report*, 34 (2): 18–29.
Franklin, Sarah (1995) Life. In Reich, W. T. (Ed.) *The Encyclopedia of Bioethics*, Revised Edition. New York: Simon and Schuster.
—— (1997) *Embodied Progress: A Cultural Account of Assisted Conception*. London: Routledge.
—— (2000) Life Itself: Global Nature and the Genetic Imaginary. In Franklin, S. Lury, C. & Stacey J. (Eds.) *Global Nature, Global Culture*. London: Sage.
—— (2003) Ethical Biocapital. In Franklin, S. & Lock, M. (Eds.) *Remaking Life and Death: Toward and Anthropology of the BioSciences*. Santa Fe, N. M.: School of American Research Press.
—— (2005) Stem Cells R Us: Emergent Life Forms and the Global Biological. In Ong, A. & Collier, S. J. (Eds.) *Global Assemblages: Technology, Politics, and Ethics as Anthropological Problems*. Malden, Mass.: Blackwell Publishing.
—— (2006) *Dolly Mixtures*. Durham, N. C.: Duke University Press.
Franklin, Sarah, & Lock, Margaret (2003a) Animation and Cessation: The Remaking of Life and Death. In Franklin, S. & Lock, M. (Eds.) *Remaking Life and Death: Toward an Anthropology of the BioSciences*. Santa Fe: Society of American Research Press.
Franklin, Sarah, & Lock, Margaret (Eds.) (2003b) *Remaking Life and Death: Toward an Anthropology of the BioSciences*. Santa Fe, N. M.: School of American Research Press.
Fraser, Mariam (2001) The Nature of Prozac. *History of the Human Sciences*, 14 (3): 56–84.

—— (1999) Prozac: A Story of Chemical Femininity. Keele University.
Freeman, Michael, D. A. (1983) *The Rights and Wrongs of Children*. London: Pinter.
Freeman, Walter Jackson, & Watts, James Winston (1942) *Psychosurgery*, Springfield, Ill.: . C. C. Thomas.
—— (1950) *Psychosurgery in the Treatment of Mental Disorders and Intractable Pain*. Oxford. /Fort Worth printed: Blackwell Scientific Publications.
Frost & Sullivan (2001) *US Pharmacogenomic Markets*. New York: Frost & Sullivan.
Fukuyama, Francis (2002) *Our Posthuman Future: Consequences of the Biotechnology Revolution*. London: Profile.〔フクヤマ『人間の終わり——バイオテクノロジーはなぜ危険か』鈴木淑美訳，ダイヤモンド社，2002 年〕
Fullilove, M. T. (1998) Comment: Abandoning "Race" as a Variable in Public Health Research — an Idea Whose Time Has Come. *American Journal of Public Health*, 88 (9): 1297–1298.
Galton, Francis (1883) *Inquiries into Human Faculty and lts Development*. London: Macmillan.
—— (1889) *Natural Inheritance*. London: Macmillan.
Galton, Francis, & Eugenics Education Society (Great Britain) (1909) *Essays in Eugenics*. London: Eugenics Education Society.
Garland, David (1994) Of Crime and Criminals: The Development of Criminology in Britain. In Maguire, M., Morgan, R., & Reiner, R. (Eds.) *The Oxford Handbook of Criminology*. Oxford: Oxford University Press.
—— (1996) The Limits of the Sovereign State — Strategies of Crime Control in Contemporary Society. *British Journal of Criminology*, 36 (4): 445–471.
—— (2001) *The Culture of Control: Crime and Social Order in Contemporary Society*. Oxford: Oxford University Press.
Gazzaniga, Michael S. (2005) *The Ethical Brain*. New York: Dana Press.〔ガザニガ『脳のなかの倫理——脳倫理学序説』梶山あゆみ訳，紀伊國屋書店，2006 年〕
Gelman, Sheldon (1999) *Medicating Schizophrenia: A History*. New Brunswick, N. J.: Rutgers University Press.
Gibbs, J. P. (1985) Review Essay of J. Q. Wilson and. R. J. Herrnstein's Crime and Human Nature. *Criminology*, 23 (3): 381–388.
Gibbs, W. Wayt (2003) The Unseen Genome: Gems among the Junk. *Scientific American*, 289 (5): 46–53.〔日経サイエンス編集部編「ジャンクに隠れていた真実」『崩れるゲノムの常識——生命科学の新展開』日経サイエンス，2004 年〕
Gigerenzer, Gerd (1991) From Tools to Theories: A Heuristic of Discovery in Cognitive Psychology. *Psychological Review*, 98, 254–257.
Gilbert, Walter (1993) A Vision of the Grail. In Kevles, D. J., & Hood, L. (Eds.) *The Code of Codes: Scientific and Social Issues in the Human Genome Project*.

Cambridge, Mass.: Harvard University Press.〔ケブルス／フード編「聖杯の力」『ヒト遺伝子の聖杯――ゲノム計画の政治学と社会学』石浦章一・丸山敬訳，アグネ承風社，1997 年〕
Gilman, Sander（1982）*Seeing the Insane*. New York: Wiley.
Gilroy, Paul（2000）*Between Camps: Race, Identity and Nationalism at the End of the Colour Line*. London: Allen Lane.
Glass, Bentley（1971）Science: Endless Horizons or Golden Age. *Science*, 171, 23–29.
Glueck, Sheldon, & Glueck, Eleanor Touroff（1930）*500 Criminal Careers*. New York: Knopf.
――（1934）*One Thousand Juvenile Delinquents: Their Treatment by Court and Clinic*. Cambridge, Mass.: Harvard University Press.
Glueck, Sheldon, Glueck, Eleanor Touroff, & Commonwealth Fund.（1943）*Criminal Careers in Retrospect*. New York: The Commonwealth Fund.
Goffman, Erving（1968）*Stigma: Notes on the Management of Spoiled Identity*. Harmondsworth: Penguin.〔ゴッフマン『スティグマの社会学――烙印を押されたアイデンティティ』石黒毅訳，せりか書房，2001 年〕
Goldberg, David Theo（2001）*The Racial State*. Malden, Mass.: Blackwell Publishers.
Golden, R. N., et al.（1991）Serotonin, Suicide, and Aggression-Clinical-Studies. *Journal of Clinical Psychiatry*, 52, 61–69.
Good, Mary-Jo Delvecchio（2001）The Biotechnical Embrace. *Culture, Medicine and Psychiatry*, 25, 395–410.
――（2003）The Medical Imaginary and the Biotechnical Embrace: Subjective Experience of Clinical Scientists and Patients. *Russell Sage Working Papers*. Russell Sage Foundation.
Good, Mary-Jo Delvecchio, et al.（1990）American Oncology and the Discourse on Hope. *Culture, Medicine and Psychiatry*, 14（1）: 59–79.
Goodwin, Frederick K., & Jamison, Kay R.（1990）*Manic-Depressive. Illness*. New York: Oxford University Press.
Gostin, Larry（1991）Genetic Discrimination: The Use of Genetically Based Diagnostic Tests by Employers and Insurers. *American Journal of Law and Medicine*, 17（1–2）: 109–144.
Gottweis, Herbert（2002a）Governance and Bioethics. *Conference on Biomedicalization, Social Conflicts and the New Politics of Bioethics*. Vienna.
――（2002b）Stem Cell Policies in the United States and in Germany: Between Bioethics and Regulation. *Policy Studies Journal*, 30（4）: 444–469.
Gray, Chris Hables（2000）*Cyborg Citizen: Politics in the Posthuman Age*. New York:

Routledge.
Gray, Chris Hables, Mentor, Steven & Figueroa-Sarriera, Heidi J. (1995) *The Cyborg Handbook*. New York; London: Routledge.
Greco, Monica (1993) Psychosomatic Subjects and "the Duty to Be Well" — Personal Agency within Medical Rationality. *Economy and Society*, 22 (3): 357–372.
Greene, J., & Cohen, J. (2004) For the Law, Neuroscience Changes Nothing and Everything. *Philosophical Transactions of the Royal Society of London Series B-Biological Sciences, 359* (1451): 1775–1785.
Greenhalgh, Susan (1986) Shifts in China Population-Policy, 1984–86 — Views from the Central, Provincial, and Local-Levels. *Population and Development Review*, 12 (3): 491–515.
—— (2003) Science, Modernity, and the Making of China's One-Child Policy. *Population and Development Review*, 29 (2): 163–196.
—— (2005) Giobalization and Population Governance in China. In Ong, A., & Collier, S. (Eds.) *Global Assemblages: Technology, Governmentality, Ethics*. Malden, Mass.: Blackwell.
Gross, Cornelius, & Hen, Rene (2004) The Developmental Origins of Anxiety. *Nature Reviews Neuroscience*, 5, 545–552.
Gupta, A., Elheis, M. & Pansari, K. (2004) Imaging in Psychiatric Illnesses. *International Journal of Clinical Practice*, 58 (9): 850–858.
Gurling, H. (1990) Genetic-Linkage and Psychiatric Disease. *Nature*, 344 (6264): 298–298.
Habermas, Jürgen (2003) *The Future of Human Nature*. Cambridge: Polity.〔ハーバーマス『人間の将来とバイオエシックス』三島憲一訳，法政大学出版局，2012年，および「信仰と知識」『引き裂かれた西洋』大貫敦子ほか訳，法政大学出版局，2009年〕
Hacking, Ian (1983) *Representing and Intervening: Introductory Topics in the Philosophy of Science*. Cambridge: Cambridge University Press.〔ハッキング『表現と介入——ボルヘス的幻想と新ベーコン主義』渡辺博訳，産業図書，1986年〕
—— (1986) Making up People. In Heller, T. C., Sosna, M., & Wellbery, D. E. (Eds.) *Reconstructing Individualism: Autonomy, Individuality and the Self in Western Thought*. Stanford, Calif.: Stanford University Press.〔ハッキング「人々を作り上げる」『知の歴史学』出口康夫・大西琢朗・渡辺一弘訳，岩波書店，2012年〕
—— (1990) *The Taming of Chance*. Cambridge: Cambridge University Press.〔ハッキング『偶然を飼いならす——統計学と第二次科学革命』石原英樹・重田園江訳，木鐸社，1999年〕
—— (1992a) "Style" for Historians and Philosophers. *Studies in the History and Philosophy of Science*, 23 (1): 1–20.〔ハッキング「歴史家にとっての「スタイル」,

哲学者にとっての「スタイル」」『知の歴史学』出口康夫・大西琢朗・渡辺一弘訳，岩波書店，2012 年〕
—— (1992b) World-Making by Kind-Making: Child Abuse for Example. In Douglas, M., & Hull, D (Eds.) *How Classification Works: Nelson Goodman among the Social Sciences*. Edinburgh: Edinburgh University Press.
—— (1995) Self-Improvement. In Smart, B. (Ed.) *Michel Foucault: Critical Assessments*. London: Routledge.〔ハッキング「自己を改善すること」『知の歴史学』出口康夫・大西琢朗・渡辺一弘訳，岩波書店，2012 年〕
—— (2001) Degeneracy, Criminal Behavior, and Looping. In Wasserman D. A., & Wachbroit, R. (Eds.) *Genetics and Criminal Behavior*. Cambridge: Cambridge University Press.
—— (2002) *Historical Ontology*. Cambridge, Mass. /London: Harvard University Press.〔ハッキング『知の歴史学』出口康夫・大西琢朗・渡辺一弘訳，岩波書店，2012 年〕
—— (2005) Why Race Still Matters. *Daedalus*, Winter 2005, 102–116.
—— (1998) Canguilhem Amid the Cyborgs. *Economy and Society*, 27 (2/3): 202–216.
Hahn, R. A. (1992) The State of Federal Health-Statistics on Racial and Ethnic-Groups. *Journal of the American Medical Association*, 267 (2): 268–271.
Hahn, R. A., Mulinare, J., & Teutsch, S. M. (1992) Inconsistencie in Coding of Race and Ethnicity berween Birth and Death in United-States Infants-a New Look at Infant-Mortality, 1983 through 1985. *Journal of the American Medical Association*, 267 (2): 259–263.
Haigh, Elizabeth (1984) *Xavier Bichat and the Medical Theory of the Eighteenth Century*. London: Wellcome Institute for the History of Medicine.
Hall, M. A. (2000) The Impact of Genetic Discrimination on Law Restricting Health Insurer's Use of Genetic Information. *American Journal of Human Genetics*, 66, 293–307.
Hallowell, Nina, & Richards, Martin P. M. (1997) Understanding Life's Lottery: An Evaluation of Studies of Genetic Risk Awareness. *Journal of Health Psychology*, 2 (1): 31–43.
Hamer, Dean H., & Copeland, Peter (1994) *The Science of Desire: The Search for the Gay Gene and the Biology of Behavior*. New York: Simon & Schuster.
Haraway, Donna, J. (1991a) A Cyborg Manifesto: Science, Technology, and Socialist-Feminism in the Late Twentieth Century. *Simians, Cyborgs and Women: The Reinvention of Nature*. New York: Routledge.〔ハラウェイ「サイボーグ宣言——二〇世紀後半の科学，技術，社会主義フェミニズム」『猿と女とサイボーグ——自然の再発明』高橋さきの訳，青土社，2000 年〕

—— (1991b) *Simians, Cyborgs, and Women: The Re-Invention of Nature*. London: Free Association. 〔ハラウェイ『猿と女とサイボーグ——自然の再発明』高橋さきの訳，青土社，2000 年〕

—— (1995) Universal Donors in a Vampire Culture: It's All in the Family: Biological Kinship Categories in the Twentieth-Century United States. In Cronon, W. (Ed.) *Uncommon Ground: Toward Reinventing Nature*. New York: W.W. Norton and Company.

Hardt, Michael, & Negri, Antonio (2000) *Empire*. Cambridge, Mass.: Harvard University Press. 〔ネグリ／ハート『帝国——グローバル化の世界秩序とマルチチュードの可能性』水嶋一憲ほか訳，以文社，2003 年〕

—— (2004) *Multitude: War and Democracy in the Age of Emplre*. New York: Penguin. 〔ネグリ／ハート『マルチチュード（上・下）——「帝国」時代の戦争と民主主義』幾島幸子訳，日本放送出版協会，2005 年〕

Harris, M., et al. (2003) Mood-Stabilizers: The Archeology of the Concept. *Bipolar Disorder*, 5 (6): 446–452.

Hayden, Michael R., et al. (1987) Ethical Issues in Preclinical Testing in Huntington Disease: Response to Margery Shaw's Invited Editorial Comment (Letter). *American Journal of Medical Genetics*, 28 (3): 761–763.

Hayles, N. Katherine (1999) *How We Became Posthuman: Virtual Bodies in Cybernetics, Literature, and Informatics*. Chtcago, Ill./London: University of Chicago Press.

Healy, David (1997) *The Antidepressant Era*. Cambridge, Mass.: Harvard University Press. 〔ヒーリー『抗うつ薬の時代——うつ病治療薬の光と影』林建郎・田島治訳，星和書店，2004 年〕

—— (2001) *The Creation of Psychopharmacology*. Cambridge, Mass.: Harvard University Press.

—— (2002) SSRIs and Deliberate Self-Harm. *British Journal of Psychiatry*, 180, 547–548.

—— (2004) *Let Them Eat Prozac: The Unhealthy Relationship between The Pharmaceutical Industry and Depression*. New York: New York University Press. 〔ヒーリー『抗うつ薬の功罪—— SSRI 論争と訴訟』谷垣暁美訳，みすず書房，2005 年〕

Healy, David, Langmaak, C., & Savage, M. (1999) Suicide in the Course of the Treatment of Depression. *Journal of Psychopharmacology*, 13 (1): 94–99.

Heath, Deborah Rupp, Rayna, & Taussig, Karen-Su (2004) Genetic Citizenship. In Nugent, D., & Vincent J. (Eds.) *Companion to the Anthropology of Politics*. Oxford: Blackwell.

Hedgecoe, Adam M. (1999) Reconstructing Geneticization: A Research Manifesto *Health Law Journal*, 7, 5–18.

—— (2005) *The Politics of Personalised Medicine*. Cambridge: Cambridge University Press.

Helgadottir, Anna, et al. (2005) A Variant of the Gene Encoding Leukotriene A4 Hydrolase Confers Ethnicity-Specific Risk of Myocardial Infarction. *Nature Genetics*, Nov 10: EPub ahead of print.

Helmreich, Stefan (2000) *Silicon Second Nature: Culturing Artificial Life in a Digital World*. Berkeley/London: University of California Press.

Hen, Rene (1996) Mean Genes. *Neuron*, 16 (1): 17–21.

Hendricks, T. J., et al. (2003) Pet-1 Ets Gene Playsa Critical Role in 5–Ht Neuron Development and Is Required for Normal Anxiety-Like and Aggressive Behavior. *Neuron*, 37 (2): 233–247.

Herndon, C. Nash (1955) Heredity Counseling. *Eugenics Quarterly*, 2 (2): 83–89.

Hickey, Sonja Sherry (1986) Enabling Hope. *Cancer Nursing*, 9 (3): 133–137.

Hinds, Pamela S. (1984) Inducing a Definition of "Hope" through the Use of Grounded Theory Methodology. *Journal of Aduanced Nursing*, 9 357–362.

Hinds, Pamela S., & Martin, Janni (1988) Hopefulness and the Self-Sustaining Process in Adolescents with Cancer. *Nursing Research*, 37 (6), 336–340.

Ho, Mae Wan, Meyer, Harmut, & Cummins, Joe (2003) The Biotech Bubble. *The Ecologist*, 28 (3): 146–153.

Hogben, Lancelot Thomas (1938) *Science for the Citizen*. London: Allen & Unwin. 〔ホグベン『市民の科学（上・下）』久世寛信編，河出書房，1955年〕

Hoggart, C. J., et al. (2004) Design and Analysis of Admixture Mapping Studies. *American Journal of Human Genetics*, 74 (5): 965–978.

Holder, Indrani, & Shriver, Mark. D. (2003) Measuring and Using Admixture to Study the Genetics of Complex Diseases. *Human Genomics*, 1 (1): 52–62.

Horgan, John (1993) Eugenics Revisited. *Scientific American*, 268 (6): 122–131. 〔「米国で流行する"優生学"」『日経サイエンス 1993年8月号—— Scientific American 日本版』日経サイエンス社，1990年〕

Horsburgh, Beverley (1996) Schrödinger's Cat: Eugenics and the Compulsory Sterilization of Welfare Mothers. *Cardozo Law Review*, 17, 531–582.

Horton, Richard (2004) *Health Wars: On the Global Front Lines of Modern Medicine*. New York: New York Review of Books.

Høyer, Klaus (2002) Conflicting Notions of Personhood in Genetic Research. *Anthropology Today*, 18 (5): 9–13.

—— (2003) 'Sciences Really Needed That's All I Know.' Informed Consent and the Non-Verbal Practices of Collecting Blood for Genetic Research in Northern Sweden. *New Genetics and Society*, 22 (3): 229–244.

Hubbard, Ruth, & Ward, Elijah (1999) *Exploding the Gene Myth*. New York: Beacon.

〔ハッバード／ウォールド『遺伝子万能神話をぶっとばせ――科学者・医者・雇用主・保険会社・教育者および警察や検察は，遺伝がらみの情報をどのように生産し，操作しているか』佐藤雅彦訳，東京書籍，2000 年〕

Hughes, J. R., & John, E. R.（1999）Conventional and Quantitative Electroencephalography in Psychiatry *Journal of Neuropsychiatry and Clinical Neurosciences*, 11 (2): 190–208.

Human Genetics Advisory Committee（1997）*The Implications of Genetic Testing for Insurance*. London: Human Genetics Advisory Committee.

Illes, Judy（2005）*Neuroethics: Defining the Issues in Theory, Practice, and Policy*. New York: Oxford University Press.〔イレス編『脳神経倫理学』田口周平・片岡宜子・加藤佐和訳，篠原出版新社，2008 年〕

Isin, Engin F.（2002）*Being Political: Genealogies of Citizenship*. Minneapolis: University of Minnesota Press.

Itakura, H.（2005）Racial Disparities in fusk Factors for Thrombosis. *Current Opinion in Hematology*, 12 (5): 364–369.

Jacob, François（1974）*The Logic of Living Systems. A History of Heredity. [La Logique Du Vivant.]* Trans. by Betty. E. Spillmann. London: Allen Lane.〔ジャコブ『生命の論理』島原武・松井喜三訳，みすず書房，1977 年〕

Jacob, François, & Monod, Jacques（1961）Genetic Regulatory Mechanisms in the Synthesis of Proteins. *Journal of Molecular Biology*, 3, 318–356.

Jennings, Bruce（2003）*Knowledge and Empowerment in Personal and Civic Health*. A Concept Paper Prepared for the March of Dimes/Health Resources and Services Administration/Genetic Services Branch Project on Genetic Literacy. New York: Hastings Center.

Jensen, Arthur Robert, & Miele, Frank（2002）*Intelligence, Race, and Genetics: Conversations with Arthur. R. Jensen*. Boulder, Colo.: Westview Press.

Jensen, Uffe Juul（1987）*Practice & Progress: A Theory for the Modern Health-Care System*. Oxford: Blackwell Scientific.

Joad, C.E.M.（1928）*The Future of Life, a Theory of Vitalism*. London/New York: . G. P. Putnam's Sons.

Johansson. I., et al.（1994）Genetic Analysis of the Chinese Cytochrome P4502D Locus: Characterization of Variant CYP2D6 Genes Present in Subjects with Diminished Capacity for Debrisoquine Hydroxylation. *Molecular Pharmacology*, 46 (3): 452–459.

Jones, William Llewellyn Parry（1972）*The Trade in Lunacy: A Study of Private Madhouses in England in the Eighteenth and Nineteenth Centuries*. London: Routledge and Kegan Paul.

Jonsen, Albert. R（1998）*The Birth of Bioethics*. New York: Oxford University Press.

〔ジョンセン『生命倫理学の誕生』細見博志訳，勁草書房，2009 年〕
Kahn, Jonathan (2003) Getting the Numbers Right-Statistical Mischief and Racial Profiling in Heart Failure Research. *Perspectives in Biology and Medicine*, 46 (4): 473–483.
—— (2004) How a Drug Becomes "Ethnic": Law, Commerce, and the Production of Racial Categories in Medicine. *Yale Journal of Health Policy, Law, and Ethics*, 4, 1–46.
Kallmann, Franz J. (1956) Psychiatric Aspects of Genetic Counseling. *American Journal of Human Genetics*, 8 (2): 97–101.
—— (1961) New Goals and Perspectives in Human Genetics. *Acta Geneticae et Gemellogiae*, 10, 377–388.
—— (1962) Genetic Research and Counseling in the Mental Health Field, Present and Future. In Kallmann, F. J. (Ed.) *Expanding Goals of Genetics in Psychiatry*. New York: Grune & Stratton.
Kalow, W. (1982) Ethnic-Differences in Drug-Metabolism. *Clinical Pharmacokinetics*, 7 (5): 373–400.
—— (1989) Race and Therapeutic Drug Response. *New England Journal of Medicine*, 320 (9): 588–590.
—— (1991) Interethnic Variation of Drug-Metabolism. *Trends in PharmacoIogical Sciences*, 12 (3): 102–107.
Kamin, Leon J. (1974) *The Science and Politics of I.Q.*, Potomac, Md.: L. Erlbaum Associates; distributed by Halsted Press, New York.〔カミン『IQ の科学と政治』岩井勇児訳，黎明書房，1977 年〕
Kaplan, J. B., & Bennett, T. (2003) Use of Race and Ethnicity in Biomedical Publication. *Journal of the American Medical Association*, 289 (20): 2709–2716.
Karp, David Allen (1996) *Speaking of Sadness: Depression, disconnection, and the Meanings of Illness*. Oxford: Oxford University Press.
Kass, Leon (2002) *Life, Liberty, and the Defense of Dignity: The Challenge for Bioethics*. San Francisco: Encounter Books.〔カス『生命操作は人を幸せにするのか——蝕まれる人間の未来』堤理華訳，日本教文社，2005 年〕
Kass, Leon. R. (1997) The Wisdom of Repugnance. *New Republic*, 216 (22): 17–26.
Kaufman, J. S., & Cooper, R. S. (2001) Commentary: Considerations for Use of Racial/Ethnic Classification in Etiologic Research. *American Journal of Epidemiology*, 154 (4): 291–298.
Kay, Lily. E. (1993) *The Molecular Vision of Life: Caltech, the Rockefeller Foundation, and the Rise of the New Biology*. New York/Oxford: Oxford University Press.
—— (2000). *Who Wrote the Book of Life ? A History of the Genetic Code*. Stanford, Calif.: Stanford University Press.

Keckler, Charles N. (2005) Cross-Examining the Brain: A Legal Analysis of Neural Imaging for Credibility Impeachment. *George Mason University School of Law-Working Paper Series*. George Mason University School of Law.

Kelleher, F. (2004) The Pharmaceutical Industry's Responsibility for Protecting Human Subjects of Clinical Trials in Developing Nations. *Columbia Journal of Law and Social Problems*, 38 (1): 67–106.

Keller, Evelyn Fox (2000) *The Century of the Gene*. Cambridge, Mass.: Harvard University Press.〔ケラー『遺伝子の新世紀』長野敬・赤松眞紀訳，青土社，2001年〕

—— (2002) *Making Sense of Life: Explaining Biological Development with Models, Metaphors, and Machines*. Cambridge, Mass.: Harvard University Press.

Kelsoe, et al. (1989) Re-Evaluation of the Linkage Relationship berween Chromosome- 11p Loci and the Gene for Bipolar Affective-Disorder in the Old Order Amish. *Nature*, 342 (6247): 238–243.

Kemp, Martin, & Wallace, Marina (2000) *Spectacular Bodies: The Art and Science of the Human Body from Leonardo to Now*. London: Hayward Gallery.

Kenen, Regina H. (1984) Genetic Counseling: The Development of a New Interdisciplinary Occupational Field. *Social Science and Medicine*, 18 (7): 541–549.

—— (1994) The Human Genome Project: Creator of the Potentially Sick, Potentially Vulnerable and Potentially Stigmatized ? In Robinson, I. (Ed.) *Life and Death under High Technology Medicine*. Manchester: Manchester University Press.

Kennedy, Ian (1981) *The Unmasking of Medicine*. London: George Allen & Unwin.

Kevles, Bettyann (1997) *Naked to the Bone: Medical Imaging in the Twentieth Century*. New Brunswick, N. J.: Rutgers University Press.

Kevles, Daniel J. (1985) *In the Name of Eugenics: Genetics and the Uses of Human Heredity*. New York: Knopf.〔ケヴルズ『優生学の名のもとに——「人類改良」の悪夢の百年』西俣総平訳，朝日新聞社，1993年〕

Kidd, J. R., et al. (1987) Searching for a Major Genetic-Locus for Affective-Disorder in the Old Order Amish. *Journal of Psychiatric Research*, 21 (4): 577–580.

Kim, K., Johnson, J. A., & Derendorf, H. (2004) Differences in Drug Pharmacokinetics between East Asians and Caucasians and the Role of Genetic Polymorphisms. *Journal of Clinical Pharmacology*, 44 (10): 1083–1105.

Kittles, Rick A., & Weiss, Kenneth M. (2003) Race, Ancestry, and Genes: Implications for Defining Disease Risk. *Annual Review of Genomics and Human Genetics*, 4, 33–67.

Koch, Lene (2000) Eugenics and Genetics. *Conference on Ethos of Welfare*. Helsinki.

—— (2004) The Meaning of Eugenics: Reflections on the Government of Genetic

Knowledge in the Past and Present. *Science in Context*, 17 (3): 315–331.

Kohler, Robert E. (1994) *Lords of the Fly: Drosophila Genetics and the Experimental Life*. Chicago London: University of Chicago Press.

Koivukoski, L., et al. (2004) Meta-Analysis of Genome-Wide Scans for Hypertension and Blood Pressure in Caucasians Shows Evidence of Susceptibility Regions on Chromosomes 2 and 3. *Human Molecular Genetics*, 13 (19): 2325–2332.

Konrad, Monica (2005) *Narrating the New Predictive Genetics*. Cambridge: Cambridge University Press.

Kraepelin, Emil (1903) *Psychiatrie: Ein Lehrbuch Für Studierende Und Arzte*. Leipzig: Verlag Von Johann Ambrosius Barth.〔クレペリン『精神医学総論』西丸四方・遠藤みどり訳，みすず書房，1994 年〕

Kramer, Peter D. (1994) *Listening to Prozac*. London: Fourth Estate.〔クレイマー『驚異の脳内薬品――鬱に勝つ「超」特効薬』堀たほ子訳，同朋舎，1997 年〕

Krausz, Y., et al. (1996) Brain Spect Imaging of Neuropsychiatric Disorders. *European Journal of Radiology*, 21 (3): 183–187.

Kühl, Stefan (1994) *The Nazi Connection: Eugenics, American Racism, and German National Socialism*. New York/Oxford: Oxford University Press.〔キュール『ナチ・コネクション――アメリカの優生学とナチ優生思想』麻生九美訳，明石書店，1999 年〕

Kumar, Sanjay (2004) Victims of Gas Leak in Bhopal Seek Redress on Compensation. *British Medical Journal*, 329 (7462): 366.

Kupfer, David J., First, Michael B., & Regier, Darell A. (Eds.) (2002) *A Research Agenda for DSM V*. Washington, D.C.: American Psychiatric Association.〔クッファー／ファースト／レジエ編『DSM-V 研究行動計画』黒木俊秀・松尾信一郎・中井久夫訳，みすず書房，2008 年〕

Lancet (Anon) (1996) Have You Had a Gene Test ? *The Lancet*, 347, 133.

Lander, E. S., et al. (2001) Initial Sequencing and Analysis of the Human Genome. *Nature*, 409 (6822): 860–921.

Lapham, E. V., Kozma, C., & Weiss, J. O. (1996) Genetic Discrimination: Perspectives of Consumers. *Science*, 274 (5287): 621–624.

Larson, Edward J. (1995) *Sex, Race, and Science: Eugenics in the Deep South*. Baltimore/London: Johns Hopkins University Press.

Le Saux, O., et al. (2000) Mutations in a Gene Encoding an Abc Transporter Cause Pseudoxanthoma Elasticum. *Nature Genetics*, 25 (2): 223–227.

Leal-Pock, Carmen (Ed.) (1998) *Faces of Huntington's*, Belleville, Ontario: Essence Publishing.

Lee, L. (1990) The National Sampling of Disability in China. *American Journal of Epidemiology*, 134, 757.

Lemmens, Trudo, & Poupak, Bahamin (1998) Genetics in Life, Disability and Additional Health Insurance in Canada: A Comparative Legal and Ethical Analysis. In Knoppers, B. M. (Ed.) *Socio-Legal Issues in Human Genetics*. Cowansville, Quebec: Les editions Yvon Blais.

Lenoir, N. (2000) Europe Confronts the Embryonic Stem Cell Research Challenge. *Science*, 287 (5457): 1425–1427.

Lenzer, Jeanne (2004) Bush Plans to Screen Whole US Population for Mental Illness. *British Medical Journal*, 328 (7454): 1458.

Levit, K., et al. (2004) Trends — Health Spending Rebound Continues in 2002. *Health Affairs*, 23 (1): 147–159.

Lewis, J. W. (1990) Premenstrual Syndrome as a Criminal Defense. *Archives of Sexual Behavior*, 19 (5): 425–441.

Lewontin, Richard C., et al. (1984) *Not in Our Human Nature. New York*: Pantheon Books.

Li, Hui, & Wang, Jue (1997) Backlash Disrupts China Exchanges. *Science*, 278 (5337): 376–377.

Li, Wen-Hsiung, & Saunders, Matthew A. (2005) News and Views: The Chimpanzee and Us. *Nature*, 437 (7055): 50

Lidbetter, Ernest James (1933) *Heredity and the Social Problem Group*. London: E. Arnold.

Lippman, Abby (1991) Prenatal Genetic Testing and Screening: Constructing Needs and Reinforcing Inequities. *American Journal of Law and Medicine*, 17 (1–2): 15–50.

—— (1992) Led (Astray) by Genetic Maps: The Cartography of the Human Genome and Health Care. *Social Science and Medicine*, 35 (12): 1469–1476.

Lock, Margaret (2005) The Eclipse of the Gene and the Return of Divination. *Current Anthropology*, 46: 547–570.

Lock, Margaret M. (2002) *Twice Dead: Organ Transplants and the Reinvention of Death*. Berkeley: University of California Press.〔ロック『脳死と臓器移植の医療人類学』坂川雅子訳，みすず書房，2004 年〕

Lopez, J. (2004) How Sociology Can Save Bioethics. Maybe. *Sociology of Health & illness*, 26 (7): 875–896.

Low, Lawrence, King, Suzanne, & Wilkie, Tom (1998) Genetic Discrimination in Life Insurance: Empirical Evidence from a Cross Sectional Survey of Genetic Support Groups in the United Kingdom. *British Medical Journal*, 317, 1632–1635.

Ludmerer, Kenneth M. (1972) *Genetics and American Society: A Historical Appraisal*. Baltimore, Md./London: Johns Hopkins University Press.

Lynch, Michael (1998) The Discursive Construction of Uncertainty: The O. J.

Simpson "Dream Team" and the Sociology of Knowledge Machine. *Social Studies of Science*, 28 (5/6): 829–868.
Lyon, David (1994) *The Electronic Eye: The Rise of Surveillance Society*, Minneapolis: University of Minnesota Press.
M'Charek, Amade (2005) *The Human Genome Diversity Project: An Ethnography of Scientific Practice*. Cambridge: Cambridge University Press.
Manji, H. K., Drevets, W. C., & Charney, D. S. (2001a) The Cellular Neurobiology of Depression. *Nature Medicine*, 7 (5): 541–547
Manji, H. K., Moore, G. J., & Chen, G. (2001b) Bipolar Disorder: Leads from the Molecular and Cellular Mechanisms of Action of Mood Stabilisers. *British Journal of Psychiatry*, 178, S107–S119.
Mann, Thomas (1960) *The Magic Mountain*. Harmondsworth: Penguin. 〔マン『魔の山』高橋義孝訳，新潮社，1969 年〕
Manuck, Stephen B., et al. (2000) A Regulatory Polymorphism of the Monoamine Oxidase-a Gene May Be Associated with Variability in Aggression, Impulsivity, and Central Nervous System Serotonergic Responsivity. *Psychiatry Research*, 95 (1): 9–23.
Marcus, Steven, & Charles A. Dana Foundation (2002) *Neuroethics: Mapping the Field: Conference Proceedings, May 13–14, 2002, San Francisco, California*. New York: Dana Press.
Marks, John (1998) *Gilles Deleuze: Vitalism and Multiplicity*. London/Sterling, Va.: Pluto Press.
Marks, Jonathan (2002) *What It Means to Be 98% Chimpanzee: Apes, People, and Their Genes*. Berkeley: University of California Press. 〔マークス『98% チンパンジー――分子人類学から見た現代遺伝学』長野敬・赤松眞紀訳，青土社，2004 年〕
Marshall, Elliot (1993) NIH Told to Reconsider Crime Meeting. *Science*, 262, 23–24.
Marshall, Thomas H. (1950) *Citizenship and Social Class: and Other Essays*. Cambridge: Cambridge University Press. 〔マーシャル／ボットモア『シティズンシップと社会的階級――近現代を総括するマニフェスト』(部分訳) 岩崎信彦・中村健吾訳，法律文化社，1993 年〕
Marsit, C. J., et al. (2005) The Race Associated l Allele of Semaphorin 3b (Sema3b) T415i and Its Role in Lung Cancer in African-Americans and Latino-Americans. *Carcinogenesis*, 26 (8): 1446–1449.
Martin, Emily (1994) *Flexible Bodies: Tracking Immunity in American Culture from the Days of Polio to the Age of Aids*. Boston: Beacon Press. 〔マーチン『免疫複合――流動化する身体と社会』菅靖彦訳，青土社，1996 年〕
—— (Forthcoming) *Bipolar Explorations: Toward an Anthropology of Moods*.
Masoudi, F. A., & Havranek, E. P. (2001) Race and Responsiveness to Drugs for

Heart Failure. *New England Journal of Medicine*, 345 (10): 767–767.

Mattick, J. S. (2004) The Hidden Genetic Program of Complex Organisms. *Scientific American*, 291 (4): 60–67.

McGuffin, Peter, Riley, B., & Plomin, R (2001) Toward Behavioral Genomics. *Science* 16, 1232–1249.

McKibben, Bill (2003) *Enough: Staying Human in an Engineered Age*. London: Times Books. 〔マッキベン『人間の終焉——テクノロジーは，もう十分だ！』山下篤子訳，河出書房新社，2005 年〕

Mcleod, H. L. (2001) Race and Responsiveness to Drugs for Heart Failure. *New England Journal of Medicine*, 345 (10): 766–767.

Meadows, Donella H. (1972) *The Limits to Growth: A Report for the Club of Rome's Project on the Predicament of Mankind*. London: Earth Island Ltd. 〔メドウズほか『成長の限界——ローマ・クラブ「人類の危機」レポート』大来佐武郎監訳，ダイヤモンド社，1999 年〕

Medawar, Peter (1984) A View from the Left. *Nature*, 310: 255–256.

Medewar, Charles (1997) The Antidepressant Web-Marketing Depression and Making Medicine Work. *International Journal of Risk and Safety in Medicine*, 10, 75–126.

Mehta, M. A., et al. (2000) Methylphenidate Enhances Working Memory by Modulating Discrete Frontal and Parietal Lobe Regions in the Human Brain. *Journal of Neuroscience*, 20 (6): RC65 1–6.

Meskus, Mianna (2003) Eugenics and the New Genetics as Technologies of Governing Reproduction: The Finnish Case. *Conference on Vital Politics: Health, Medicine and Bioeconomic in to the 21st Century*. London School of Economics and Political Science.

Metzl, Jonathan (2003) *Prozac on the Couch: Prescribing Gender in the Era of Wonder Drugs*. Durham, N. C.: Duke University Press.

Mikluscak-Copper, Cindy, & Miller, Emmett. E. (1991) *Living in Hope: A12 Step Approach for Persons at Risk or Infected with HIV*. Berkeley Calif.: Celestial Arts.

Miller, Anton R., et al. (2001) Prescription of Methylphenidateto Children and Youth, 1990–1996. *Cmaj*, 165 (11): 1489–1494.

Miller, Peter B., & Rose, Nikolas (1985) *The Power of Psychiatry*. Cambridge: Polity.

—— (1990) Governing Economic Life. *Economy and Society*, 19 (1): 1–31.

Moncrieff, Joanna, & Cohen, David (2005) Rethinking Models of Psychotropic Drug Action. *Psychotherapy and Psychosomatics* 74 (3): 145–153.

Moncrieff, Joanna, & Kirsch, Irving (2005) Efficacy of Antidepressants in Adults. *British Medical Journal*, 331 (7509): 155–157.

Moniz, Egas António (1948) *How I Came to Perform Prefrontal Leucotomy. Congress*

of Psychosurgery. Lisboa: Ediçoes Atica.
—— (1954) *A Leucotomia Está Em Causa. Liçao, Etc*: Lisboa: Ediçoes Atica.
Moore, R. J., Chamberlain, R. M., & Khuri, F. R. (2004) Apolipoprotein E and the Risk of Breast Cancer in African-American and Non-Hispanic White Women-a Review. *Oncology*, 66 (2): 79–93.
Moran, Richard (1991) The Insanity Defense: Five Years after Hinckley. In Kelley, R. J., & Macnamara, D. E. (Eds.) *Perspectives on Deviance: Domination, Degradation and Denigration*. Cincinatti, Ohio: Anderson.
Mori, M., et al. (2005) Ethnic Differences in Allele Frequency of Autoimmune-Disease-Associated SNPs. *Journal of Human Genetics*, 50 (5): 264–266.
Morley, Katharine I., & Hall, Wayne D (2003) Is There a Genetic Susceptibility to Engage in Criminal Acts. *Trends and Issues in Crime and Criminal Justice*. Canberra: Australian Institute of Criminology.
Morse, Stephen J. (2004) New Neuroscience, Old Problems. In Garland, B. (Ed.) *Neuroscience and the Law: Brain, Mind and the Scales of Justice*. New York: Dana Press.〔「新しい神経科学，旧知の問題」，ガーランド編，ガザニガほか『脳科学と倫理と法――神経倫理学入門』古谷和仁・久村典子共訳，みすず書房，2007 年〕
Mosse, George. L (1978) *Toward the Final Solution: A History of European Racism*. London: Dent.
Mountain, J. L. & Risch, N. (2004) Assessing Genetic Contributions to Phenorypic Differences among "Racial" and "Ethnic" Groups. *Nature Genetics*, 36 (11): S48–S53.
Moynihan, R., Heath, L. & Henry, D. (2002) Selling Sickness: The Pharmaceutical Industry and Disease Mongering. *British Medical Journal*, 324 (7342) 886–891.
Munoz, C., & Hilgenberg, C. (2005) Ethnopharmacology. *American Journal of Nursing*, 105 (8): 40–48.
Nash, Catherine (2004) Genetic Kinship. *Cultural Studies*, 18 (1): 1–33.
National Center for Human Genome Research (1993) *Genetic Information and Health Insurance: Report of the Task Force*. Bethesda Md: National Institute of Health.
National Health Service Quality Improvement Scotland (2004) *Health Indicators Report — December 2004: A Focus on Children*. NHS Quality Improvement Scotland.
Nazroo, J. Y. (1998) Genetic, Cultural or Socio-Economic Vulnerability ? Explaining Ethnic Inequalities in Health. *Sociology of Health & Illness*, 20 (5): 710–730.
—— (2003) The Structuring of Ethnic Inequalities in Health: Economic Position, Racial Discrimination, and Racism. *American Journal of Public Health*, 93 (2): 277–284.

Nelkin, Dorothy, & Lindee, M. Susan (1995) *The DNA Mystique: The Gene as Cultural Icon*. New York: Freeman.〔ネルキン／リンディー『DNA伝説——文化のイコンとしての遺伝子』工藤政司訳，紀伊國屋書店，1997年〕

Nelkin, Dorothy & Tancredi, Laurence. R (1989) *Dangerous Diagnostics: The Social Power of Biological Information*. New York: Basic Books.

Nguyen, Vhin-kim (2005) Therapeutic Citizenship. In Ong, A., & Collier, S. (Eds.) *Global Assemblages: Technology, Politics, and Ethics as Anthropological Problems*. Malden, Mass.: Blackwell Publishing.

Nightingale, Paul, & Martin, Paul A. (2004) The Myth of the Biotech Revolution. *Trends in Biotechnology*, 22 (11): 564–569.

Nilsson, Annika, & Rose, Joanna (1999) Sweden Takes Steps to Protect Tissue Banks. *Science*, 286, 894.

Novas, Carlos (2001) The Political Economy of Hope: Patients' Organisations, Science and Biovalue. *Paper presented at the Postgraduate Forum on Genetics and Society, University of Nottingham, June 21–22, 2001.*

—— (2003) Governing Risky Genes. PhD Thesis. London: University of London.

Novas, Carlos, & Rose, Nikolas (2000) Genetic Risk and thc Birth of the Sormatic Individual. *Economy and Society*, 29 (4): 485–513.

Nuffield Council on Bioethics (2003) *Parmacogenetics: The Ethical Context*. London: Nuffeld council on Bioethics.

O'Malley, Pat (1996) Risk and Rcsponsibility. In Barry, A. Osborne, T., & Rose, N. (Eds.) *Foucault and Political Reason*. London: UCL Press.

—— (1998) *Crime and the Risk Society*. Aldershot: Dartmaouth.

—— (1999) Volatile and Contradictory Punishments. *Theoretical Criminology*, 3 (2) : 175–196.

O'Neill, Onora (1998) Insurance and Genetics: The Current State of Play. *Modern Law Review*, 61 (5): 716–723.

Ofili, E., Flack, J., & Gibbons, G. (2001) Race and Responsiveness to Drugs for Heart Failure. *New England Journal of Medicine*, 345 (10): 767–767.

Ogden, Jane (1995) Psychosocial Theory and the Creation of the Risky Self. *Social Science & Medicine*, 40 (3): 409–415.

Ong, Aihwa, & Collier, Stephen J. (2005) *Global Assenblages: Tecnology, Politics, and Ethics as Anthoropological Problems*, Malden, Mass.: Blackwell Publishing.

Organisation for Economic Co-operation and Development (1996) *The Knowledge Based Economy*. Paris: Organisation for Economic Co-operation and Development.

—— (2004) *Biothechnology for Sustainable Growth and Development*. Organisation for Economic Co-operation and Developement.

Osborne, Thomas (1996) Security and Vitality: Drains, Liberalism and Power in the Nineteenth Century in Barry A., Osborne, T, & Rose, N. (Eds.) *Foucault and Political Reason*. London: UCL Press.
—— (1997) Of Health and Statecraft. In Petersen, A., & Bunton, R. (Eds.) *Foucault, Health and Medicine*. London: Routledge.
Palsson, Gisli, & Rabinow Paul (1999) Iceland: The Case of a National Human Genome Project. *Anthropology Today*, 15 (5): 14.
Parens, Erik (Ed.) (1998) *Enhancing Human Traits: Ethical and Social Implications*. Washington, D.C.: Georgetown University Press.
Parton, Nigel (1991) *Governing the Family: Child Care, Child Protection and the State*. London: Macmillan Education.
Paul, Diane B. (1998a) Genetic Services, Economics and Eugenics. *Science in Context*, 11 (3–4): 481–491.
—— (1998b) *The Politics of Heredity: Essays on Eugenics, Biomedicine and the Nature-Nurture Debate*. Albany: State University of New York Press.
Pearson, Karl (1911) *The Academic Aspect of the Science of National Eugenics: A Lecture Delivered to Undergraduates*. London: Dulau & Co. Ltd.
—— (1912) *Darwinism, Medical Progress and Eugenics: The Cavendish Lecture, 1912, an Address to the Medical Profession*. London: Dulau & Co. Ltd.
Peräkyla, Anssi (1991) Hope Work in the Care of Seriously Ill Petients. *Qualitative Health Research*, 1 (4): 407–433.
Persson, I., et al. (1999) Genetic Polymorphism of Xenobiotic Metabolizing Enzymes among Chinese Lung Cancer Patients. *International Journal of Cancer*, 81 (3): 325–329.
Peterson, Alan, & Bunton, Robin (2002) *The New Genetics and the Public's Health*. London: Routledge.
Petryna, Adriana (2002) *Life Exposed: Biological Citizens after Chernobyl*. Princeton, N. J.: Princeton University Press.
—— (2005) Ethical Variability: Drug Development and Globalizing Clinical Trials. *American Ethnologist*, 32 (2): 183–197.
Pick, Daniel (1989) *Faces of Degeneration: A European Disorder. C.1848–C.1918*. Cambridge: Cambridge University Press.
Plomin, Robert, & McGuffin, Peter (2003) Psychopathology in the Postgenomic Era. *Annual Review of Psychology*, 54, 205–228.
Pokorski, Robert J. (1997) Insurance Underwriting in the Genetic Era. *Cancer* (Supplement) 80 (3): 587–599.
Pollock, Vikki, Mednick, Sarnoff A., & Gabrielli, Wllliam F. (1983) Crime Causation: Biologica; Theories. In Kadish, S. H. (Ed.) *Encyclopedia of Crime and Jus-*

tice, Vol. 1. New York: Free Press.

Portor, Roy（1997）*The Greatest Benefit to Mankind: A Medical History of Humanity From*. London: HarperCollins.

Porter, Theodore, M.（1995）*Trust in Numbers: The Pursuit of Objectivity in Science and Public Life*. Princeton, N. J.: Princeton University Press.〔ポーター『数値と客観性――科学と社会における信頼の獲得』藤垣裕子訳，みすず書房，2013 年〕

Potter, V. R.（1970）Bioethics, Science of Survival. *Perspectives in Biology and Medicine*, 14（1）: 127–153.

Pratt, John（1995）Dangerousness, Risk and Technologies of Power. *Australian and New Zealand Journal of Criminology*, 28（1）: 3–31.

――（1998）The Rise and Fall of Homophobia and Sexual Psychopath Legislation in Postwar Society. *Psychology, Public Policy, and Law*, 4（1–2）: 25–49.

――（2000）Dangerousness, Risk and Technologies of Power. *Australian and New Zealand Journal of Criminology*, 28（1）: 3–31.

President's Council on Bioethics（U.S.）& Kass, Leon（2003）*Beyond Therapy: Biotechnology and the Pursuit of Happiness*. New York: Regan Books.〔カス編『治療を超えて――バイオテクノロジーと幸福の追求――大統領生命倫理評議会報告書』倉持武監訳，青木書店，2005 年〕

Prewitt, Kenneth（1987）Public Statistics and Democratic Politics. In Alonso, W., & Starr, P.（Eds.）*The Politics of Numbers*. New York: Russell Sage Foundation.

Prior, Lindsay, et al.（2002）Making Risk Visible: The Role of Images in the Assessment of（Cancer）Genetic Risk. *Health Risk & Society*, 4（3）: 241–258.

Proctor Robert（1988）*Racial Hygiene: Medicine under the Nazis*. Cambridge, Mass. /London: Harvard University Press.

――（1999）*The Nazi War on Cancer*. Princeton, N. J.: Princeton University Press.〔プロクター『健康帝国ナチス』宮崎尊訳，草思社，2003 年〕

Rabeharisoa, Vololona, & Callon, Michel（1998a）L'implication des Malades dans les Activités De Recherche Soutenues par L'Association Française Contre Les Myopathies. *Sciences sociales et santé*, 16（3）: 41–65.

Rabeharisoa, Vololona, & Callon, Michel（1998b）The Participation of Patients in the Process of Production of Knowledge: The Case of the French Muscular Dystrophie Asssociation. *Sciences sociales et santé*, 16（3）: 41–66.

Rabinow, Paul（1994）The Third Culture. *History of the Human Sciences*, 7（2）: 53–64.

――（1996a）Artificiality and Enlightenment: From Sociobiology to Biosociality. *Essays on the Anthropology of Reason*. Princeton, N. J., Princeton University Press.

――（1996b）*Making PCR: A Story of Biotechnology*. Chicago: University of Chicago Press.〔ラビノウ『PCR の誕生――バイオテクノロジーのエスノグラフィー』渡

辺政隆訳，みすず書房，1998 年〕
—— (1999) *French DNA: Trouble in Purgatory*. Chicago: University of Chicago Press.
Rabinow, Paul, & Rose, Nikolas (2006) Biopower Today. *BioSocieties: An Interdisciplinary Journal for the Social Study of the Life Sciences*, 1 (2): 195–218.
Rafter, Nicole Hahn (1997) *Creating Born Criminals*. Urbana: University of Illinois Press.
Raine, A., Buchsbaum, M., & LaCasse, L (1997) Brain Abnormalities in Murderers Indicated by Positron Emission Tomography. *Biological Psychiatry*, 42 (6): 495–508.
Ramchandani, Paul (2004) Treatment of Major Depressive Disorder in Children and Adolescents. *British Medical Journal*, 328 (7430): 3–4.
Rapp, Rayna (1999) *Testing Women, Testing the Fetus: The Social Impact of Amniocentesis in America*. New York: Routledge.
Reardon, Jennifer (2001) The Human Genome Diversity Project: A Case Study in Coproduction. *Social Studies of Science*, 31 (3): 357–388.
—— (2005) *Race to the Finish: Identity and Governance in an Age of Genomics*. Princeton, N. J.: Princeton University Press.
Reed, Sheldon C. (1974) A Short History of Genetic Counseling. *Social biology*, 21 (4): 332–339.
Reilly, Phillip R. (1991) *The Surgical Solution: A History of Involuntary Sterilization in the United States*. Baltimore, Md.: Johns Hopkins University Press.
Reiss, Albert J., Roth, Jeffrey A., & Miczek, Klaus A. (1993–94) *Understanding and Preventing Violence: Report of the National Research Council Panel on the Understanding and Control of Violent Behavior*. Washington, D.C.: National Academy Press.
Relman, A. S., & Angell, M. (2002) Americas' Other Drug Problem. *New Republic*, 227 (25): 27–41.
Rheinberger, Hans-Jorg (2000) Beyond Nature and Culture: Modes of Reasoning in the Age of Molecular Biology and Medicine. In Lock, M., Young, Allan and Cambrosio, Alberto (Ed.) *Living and Working with the New Medical Technologies*. Cambridge: Cambridge University Press.
Rifkin, Jeremy (1998) *The Biotech Century: Harnessing the Gene and Remaking the World*. New York: Jeremy P. Tarcher/Putnam.〔リフキン『バイテク・センチュリー——遺伝子が人類，そして世界を改造する』鈴木主税訳，集英社，1999 年〕
Risch, Neil J. (2000) Searching for Genetic Determinants in the New Millennium. *Nature*, 405, 847–856.
Risch, N., et al. (2002) Categorization of Humans in Biomedical Research: Genes,

Race and Disease. *Genome Biology*. 3 (7): 2007.
Roberton, John (1812) *Medical Police: Or the Causes of Diseases with the Means of Prevention*. London: Routledge.
Roberts, J. A. Fraser (1961) Genetic Advice to Patients. In Jones, F. A. (Ed.) *Clinical Aspects of Genetics*. London: Pitman Medical Publishing.
Robertson, Ann (2000) Embodying Risk, Embodying Political Rationality: Women's Accounts of Risks for Breast Cancer. *Health Risk & Society*, 2 (2): 219–235.
Robertson, John A. (1993) Procreative Liberty and the Control of Conception, Pregnancy and Childbirth. *Virginia Law Review*, 69: 405–464.
Robey, B., Rutstein S. O., Morris. Land Blackburn, R. (1992) *The Reproductive Revolution: New Survey Findings*. Baltimore, Md.: Population Information Program.
Roh, H. K., et al. (1996) Debrisoquine and S-Mephenytoin Hydroxylation Phenotypes and Genotypes in a Korean Population. *Pharmacogenetics*, 6 (5): 441–447.
Rose, Hilary (2003) *The Commodification of Bioinformation: The Icelandic Health Sector Database*. London: Wellcome Trust.
Rose, Nikolas (1985) *The Psychological Complex: Psychology, Politics and Society in England, 1869–1939*. London/Boston: Routledge & Kegan Paul.
—— (1986) Psychiatry: The Discipline of Mental Health. In Miller, P., & Rose, N. (Eds.) *The Power of Psychiatry*. Cambridge: Polity Press.
—— (1989) *Governing the Soul: The Shaping of the Private Self*. London/New York: Routledge.〔ローズ「自己の生産」(部分訳)『現代思想』2000 年 8 月号，青土社，2000 年〕
—— (1991) Governing by Numbers. *Accounting Organizations and Society*, 16 (7): 673–692.
—— (1992) Governing the Enterprising Self. In Heelas, P., & Morris, P. (Eds.) *The Values of the Enterprise Culture*: The Moral Debate. London: Routledge.
—— (1994) Medicine, History and the Present. In Jones, C. & Porter, R. (Eds.) *Reassessing Foucault: Power, Medicine and the Body*. London: Routledge.
—— (1996a) The Death of the Social ? Re-Figuring the Territory of Government. *Economy and Society*, 25 (3): 327–356.
—— (1996b) *Inventing Our Selves: Psychology, Power, and Personhood*. New York: Cambridge University Press.
—— (1996c) Psychiatry as a Political Science: Advanced Liberalism and the Administration of Risk. *History of the Human Sciences* (92): 1–23.
—— (1998) Governing Risky Individuals: The Role of Psychiatry in New Regimes of Control. *Psychiatry, Psychology & Law*, 5 (2): 177–195.
—— (1999) *Powers of Freedom: Reframing Political Thought*. Cambridge/New York: Cambridge University Press.

—— (2000a) Biological Psychiatry as a Sryle of Thought. Unpublished manuscript.
—— (2000b) The Biology of Culpability: Pathological Identity and Crime Control in a Biological Culture. *Theoretical Criminology*, 4 (1): 5–43.
(2000c) Government and Control. *British Journal of Criminology*, 40 (2): 321–339.
—— (2001) The Politics of Life ltself. Theory, *Culture & Society*, 18 (6): 1–30.
(2002) The Politics of Bioethics Today. Conference on Biomedicalization, Social Conflicts and the New Politics of Bioethics. Vienna.
—— (2003) Neurochemical Selves. *Society*, 41 (1): 46–59.
—— (2004) Becoming Neurochemical Selves. In Stehr, N. (Ed.) *Biotechnology, Commerce and Civil Society*. New York: Transaction Press.
Rose, Nikolas, & Miller, Peter (1992) Political Power Beyond the State-Problematics of Government. *British Journal of Sociology*, 43 (2): 173–205.
Rose, Nikolas, & Novas, Carlos (2004) Biological Citizenship. In Ong, A., & Collier, S. (Eds.) *Blackwell Companion to Global Anthropology*. Oxford: Blackwell.
Rose, Nikolas, & Singh, Ilina (2006) Neuroforum. *BioSocieties: An Interdisciplinary Journal for the Social Study of the Life Sciences*, 1 (1): 97–102.
Rose, Steven P. R. (1995) The Rise of Neurogenetic Determinism. *Nature*, 373 (6513): 380–382.
—— (1998b) *Lifelines: Biology Beyond Determinis*. Oxford/New York: Oxford University Press.
—— (2005) *The 21st Century Brain: Explaining, Mending and Manipulating the Mind*. London: Jonathan Cape.
Rosell, Sune (1991) Sweden's Answer to Genomics Ethics (Letter). *Nature*, 401 (September 16).
Rosen, George (1958) *A History of Public Health. Foreword by Félix Martí-Ibánez*. New York: MD Publications.〔ローゼン『公衆衛生の歴史』小栗史朗訳，第一出版，1974 年〕
Rosenberg, Charles (2003). What Is Disease ? in Memory of Owsei Temkin. *Bulletin of the History of Medicine*, 77 491–505.
Rosenberg, N. A., et al. (2002) Genetic Structure of Human Populations. *Science*, 298 (5602): 2381–2385.
Rosenhan, David. L. (1973) On Being Sane in Insane Places. *Science*, 179, 250–258.
Roses, Allen. D. (2002a) Genome-Based Pharmacogenetics and the Pharmaceutical Industry. *Nature Reviews Drug Discovery*, 1 (7): 541–549.
—— (2002b) Pharmacogenetics' Place in Modern Medical Science and Practice. *Life Sciences*, 70 (13): 1471–1480.
—— (2004) Pharmacogenetics and Drug Development: The Path to Safer and More Effective Drugs. *Nature Reviews Genetics*, 5 (9): 645–656.

Rotimi, Charles. N (2003) Genetic Ancestry Tracing and the African Identity: A Doubie Edged Sword ? *Developing World Bioethics*, 3 (2): 151–158.
Royal, Charmaine. D. M. & Dunston, Georgia M. (2004) Changing the Paradigm from "Race" to Human Genome Variation. *Nature Genetics*, 36 (Supplement): S5–S7.
Rubinsztein, D.C., et al. (1996) Phenorypic Characterization of Individuals with 30–40 Cag Repeats in the Huntington Disease (Hd) Gene Reveals Hd Cases with 36 Repeats and Apparently Normal Elderly Individuals with 36–39 Repeats. *American Journal of Human Genetics*, 59 (1): 15–22.
Ruddick, William (1999) Hope and Deception. *Bioethics*, 13 (3–4): 343–357.
Saleeby, Caleb William (1914) *The Progress of Eugenics*. London.
Salter, Brian, & Jones, Mavis (2002) Human Genetic Technologies, European Governance and the Politics of Bioethics. *Nature Reviews Genetics*, 3 (10): 808–814.
—— (2005) Biobanks and Bioethics: The Politics of Legitimation. *Journal of European Public Policy*, 12 (4): 710–732.
Sanders, T., et al. (2003) Risk Constructions among People Who Have a First-Degree Relative with Cancer. *Health Risky & Society*, 5 (1): 53–69.
Santos, S., & Bizzo, N. (2005) From "New Genetics" to Everyday Knowledge: Ideas About How Genetic Diseases Are Transmitted in Two Large Brazilian Families. *Science Education*, 89 (4): 564–576.
Saulitis, Andrew (1979) Chromosomes and Criminality: The Legal Implications of Xyy Syndrome. *Journal of Legal Medicine*, 1 (3): 269–291.
Scheingold, Stuart A., Olson, T., & Pershing, J. (1994) Sexual Violence, Victim Advocacy, and Republican Criminology-Washington States Community Protection Act. *Law & Society Review*, 28 (4): 729–763.
Scheper-Hughes, Nancy (2000) The Global Traffic in Human organs. *Current Anthropology*, 41 (2): 191–224.
—— (2003a) Review of "The Twice Dead: Organ Transplants and the Reinvention of Death" by Margaret Lock. *American Anthropologist*, 105 (1): 172–174.
—— (2003b) Scarce Goods: Justice, Fairness, and Organ Transplantation. *American Anthropologist*, 105 (1): 172–174.
Scheper Hughes, Nancy, & Waquants, Loic (Eds.) (2002) *Commodifying Bodies*. London: Sage.
Schwartz, R. S. (2001a) Race and Responsiveness to Drugs for Heart Failure. Reply. *New England Journal of Medicine*, 345 (10): 768–768.
—— (2001b) Racial Profiling in Medical Research. [Comment]. *New England Journal of Medicine*, 344 (18): 1392–1393.
Scott, Randy (2001) Genomics: The Forces of Acceleration Are Upon Us. In Ernst

& Young, *Focus on Fundamentals: The Biotechnology Report*. Ernst & Young.
Scott, Russel（1981）*The Body as Property*. London: Allen Lane.
Scott, Susie et al.（2005）Repositioning the Patient: The Implications of Being "at Risk." *Social Science & Medicine*, 60（8）: 1869–1879.
Shaw, Margery W.（1987）Testing for the Huntington Gene: A Right to Know, a Right Not to Know, or a Dury to Know. *American Journal of Medical Genetics*, 26（2）: 243–246.
Sherrington, R., et al.（1988）Localization of a Susceptibility Locus for Schizophrenia on Chromosome-S. *Nature*, 336（6195）: 164–167.
Shockley, William, & Pearson, Roger（1992）*Shockley on Eugenics and Race: The Application of Science to the Solution of Human Problems*. Washington, D.C.: Scott-Townsend Publishers.
Shriver, M. D., et al.（2003）Skin Pigmentation, Biogeographical Ancestry and Admixture Mapping. *Human Genetics*, 112（4）: 387–399.
Silver, Lee M.（1998）*Remaking Eden: Cloning and Beyond in a Braue New World*. London: Weidenfeld and Nicholson.〔シルヴァー『複製されるヒト』東江一紀・真喜志順子・渡会圭子訳，翔泳社，1998年〕
Silverman, Chloe（2003）Brains, Pedigrees, and Promises: The Material Politics of Autism Research. *Conference on Vital Politics: Health, Medicine and Bioeconomics into the Twenty First Century*. London School of Economics and Political Science.
――（2004）A Disorder of Affect: Love, Tragedy, Biomedicine and Citizenship in American Autism Research, 1943–2003. Ph.D. Thesis, University of Pennsylvania.
Simon, Jonathan（2000）Megan's Law: Crime and Democracy in Late Modern America. *Law and Social Inquiry*, 25（4）: 1111–1150.
Simpson, Robert（2000）Imagined Genetic Communities: Ethnicity and Essentialism in the Twenty-First Century. *Anthropology Today*, 16（3）: 3–5.
Singh, Ilina（2002）Bad Boys, Good Mothers, and the "Miracle" of Ritalin. *Science in Context*, 15（4）: 577–603.
――（2003）Boys Will Be Boys: Fathers' Perspectives on ADHD Symptoms, Diagnosis, and Drug Treatment. *Harvard Review of Psychiatry*, 11（6）, 308–316.
――（2004）Doing Their Jobs: Mothering with Ritalin in a Culture of Mother-Blame. *Social Science & Medicine*, 59（6）: 1193–1205.
Slater, Lauren（1999）*Prozac Diary*. London: Hamish Hamilton.
Sleeboom, Margaret（2005）The Harvard Case of Xu Xiping: Exploitation of the People, Scientific Advance, or Genetic Theft ? *New Genetics and Society*, 24（1）: 57–78.
Smith, H.O., et al.（2003）Generating a Synthetic Genome by Whole Genome Assembly: Phi X174 Bacteriophage from Synthetic Oligonucleotides. *Proceedings*

of the National Academy of Sciences of the United States of America, 100 (26): 15440–15445.

Snipp, Matthew C. (2003) Racial Measurement in the American Census: Past Practices and Implications for the Future. *Annual Review of Sociology*, 29: 563–588.

Snyder, S. H., & Ferris, C. D. (2000) Novel Neurotransmitters and Their Neuropsychiatric Relevance. *American Journal of Psychiatry*, 157 (11): 1738–1751.

Solomon, Andrew (2001) *The Noonday Demon: An Anatomy of Depression*. London: Chatto & Windus.〔ソロモン『真昼の悪魔――うつの解剖学』堤理華訳，原書房，2003 年〕

Soodyall, Himla (2003) Reflections and Prospects for Anthropological Genetics in South Africa. In Goodman, A. H., Heath D., & Lindee, M. S. (Eds.) *Genetic Nature/Culture*. Berkeley: University of California Press.

Spallone, Pat (1998) The New Biology of Violence: New Geneticisms for the Old ? *Body and Society*, 4 (4): 47–65.

Speybroeck, Linda van, Vijver, Gertrudis van de, & Waele, Dani de (Eds.) (2002) *From Epigenesis to Epigenetics: The Genome in Context*. New York: New York Academy of Sciences.

Stahl, Steven M. (1996) *Essential Psychopharmacology: Neuroscientific Basis and Practical Applications*. Cambridge: Cambridge University Press.〔スタール『精神薬理学エセンシャルズ――神経科学的基礎と応用』仙波純一訳，メディカル・サイエンス・インターナショナル，1999 年〕

Staley, L. W., et al. (1995) Identification of Cytogenetic Abnormalities as a Consequence of FMRI Testing in Schools. *Developmental Brain Dysfunction*, 8 (4–6): 310–318.

Starr, Douglas (2002) *Blood: An Epic History of Medicine and Commerce*. New York: HarperCollins.〔スター『血液の歴史』山下篤子訳，河出書房新社，2009 年〕

Starr, Paul (1982) *The Social Transformation of American Medicine*. New York: Basic Books.

Stepan, Nancy (1991) *"The Hour of Eugenics": Race, Gender and Nation in Latin America*, Ithaca, N.Y./London: Cornell University Press.

Stephens, Joe, et al. (2000) The Body Hunters. *The Washington Post* (Six Part Series: December 17–22, 2000).

Stock, Gregory (2003) *Redesigning Humans: Choosing Our Children's Genes*. London: Profile.〔ストック『それでもヒトは人体を改変する――遺伝子工学の最前線から』垂水雄二訳，早川書房，2003 年〕

Stoler, Ann Laura (1995) *Race and the Education of Desire: Foucault's History of Sexuality and the Colonial Order of Things*. Durham, N. C./London: Duke University Press.

Stone, Emma（1996）A Law to Protect, a Law to Prevent: Contextualising Disability Legislation in *China. Disability & Society*, 11（4）: 469–483.
Strathern, Marilyn（1992）*Reproducing the Future: Essays on Anthropology, Kinship and the New Reproductive Technologles*. Manchester: Manchester University Press.
——（1999）*Property, Substance and Effect*. London: Athlone.
Strous. Rael D., et al.（1997）Analysis of a Functiona; Catechol-O-Methyltransferase Gene Polymorphism in Schizophrenia: Evidence for Association with Aggressive and Antisocial Behavior. *Psychiatry Research*, 69, 71–77.
Styron, William（1990）*Darkness Visible: A Memoir of Madness*. New York: Random House.〔スタイロン『見える暗闇——狂気についての回想』大浦暁生訳，新潮社，1992 年〕
Su, Xiaokang（1991）River Elegy. *Chinese Sociology and Anthropology*, 24（2）: 9.
Sung, Wen-Ching（2005）Chinese DNA: How China Uses Genome Projects to Construct Chineseness Paper delivered to the April 2005 meeting of the 2005 Meeting of the American Ethnologica; Society on "Anxious Borders: Traversing Anthropological Divides".
Sutherland, Edwin H.（1931）Mental Deficiency and Crime. In Young, K.（Ed.）*Social Attitudes*. New York: Holt.
Suzman, A.（1960）Race Classification and Definition in the Legislation of the Union of South Africa. *Acta Juridica*, 339–367.
Tapper, Melbourne（1999）*In the Blood: Sickle Cell Anemia and the Politics of Race*. Philadelphia: Pennsylvania University Press.
Taussig, Karen-Sue（2005）The Molecular Revolution in Medicine: Promise, Reality and Social Organization. In McKinnon, S., & Silverman, S.（Eds.）*Complexities: Beyond Nature & Nurture*. Chicago: Chicago University Press.
Taussig, Karen-Sue, Heath, Deborah & Rapp, Rayna（2003）Flexible Eugenics: Technologies of the Self. in the Age of Genetics. In Goodman, A. H., Heath, D., & Lindee, M. S.（Eds.）*Genetic Nature/Culture*. Berkeley University of California Press.
Tecott, L. H., & Barondess, H.（1996）Behavioral Genetics: Genes and Aggressiveness. *Current Biology*, 6（3）: 238–240.
Thapar, A., et al.（1999）Genetic Basis of Attention Deficit and Hyperactivity. *British Medical Journal*, 174: 105–111.
Thompson, Charis（2005）*Making Parents: The Ontological Choreography of Reproductive Technologies*. Cambridge, Mass/London: MIT.
Thompson, L. A., Detterman, D. K., & Plomin, R.（1993）Difference in Heritability across Groups Differing in Ability Revisited. *Behavior Genetics*, 23（4）: 331–336.

Trimble, Michael. R (1996) *Biological Psychiatry*. Chichester: Wiley.

Trouiller, P., et al. (2002) Drug Developmenft or Neglected Diseases: A Deficient Market and a Public-Health Policy Failure. *The Lancet*, 359 (9324): 2188–2194.

Tsuang, M. T., et al. (2005) Assessing the Validity of Blood-Based Gene Expression Profiles for the Classification of Schizophrenia and Bipolar Disorder: A Preliminary Report. *American Journal of Medical Genetics Part B-Neuropsychiatric Genetics*, 133B (1): 1–5.

Valenstein, Elliot, S. (1986) *Great and Desperate Cures: The Rise and Decline of Psychosurgery*. New York: Basic Books.

Valverde, Mariana (1991) *The Age of Light, Soap, and Water: Moral Reform in English Canada, 1885–1925*, Toronto: McClelland & Stewart.

—— (1998) *Diseases of the Will: Alcohol and the Dilemmas of Freedom*. Cambridge: Cambridge University Press.

van Dijk, S., et al. (2004) Feeling at Risk: How Women Interpret Their Familial Breast Cancer Risk. *American Journal of Medical Genetics* Part A, 131A (1): 42–49.

Vartiainen H. (1995) Free Will and S-Hydroxytryptamrne. *Journal of Forensic Psychiatry*, 6 (1): 6–9.

Vaughan, Megan (1998) Slavery and Colonial Identity in Eighteenth-Century Mauritius. *Transactions of the Royal Historical Society, Sixth Series*, 8: 189–214.

Venter, J. C., et al. (2001) The Sequence of the Human Genome. *Science*, 291 (5507): 1304–1351.

Virkkunen, M., et al. (1994) Csf Biochemistries Glucose-Metabolism, and Diurnal Activity Rhythms in Alcoholic, Violent Offenders, Fire Setters, and Healthy-Volunteers. *Archives of General Psychiatry*, 51 (1): 20–27.

Waldby, Catherine (2000) *The Visible Human Project: Informatic Bodies and Posthuman Medicine*. London, New York: Routledge.

—— (2002) Stem Cells, Tissue Cultures and the Production of Biovalue. *Health*, 6 (3): 305–323.

Waldby, Catherine & Mitchell Robert (2006) *Tissue Economies: Gifts, Commodities, and Bio-Value in Late Capitalism*. Durham, N. C.: Duke University Press.

Walker, Francis Amasa, & Dewy, Davis Rich (1899) *Discussion in Economics and Statistics*. New York: H. Holt and Company.

Walker, Gladstone (1924) *Practical Eugenics: A Study of Eugenic Principles in Their Application to Social Conditions*. London: Poor-Law Publications.

Walters, G. D. (1992) A Metaanalysis of the Gene-Crime Relationship. *Criminology*, 30 (4): 595–613.

Wang, Jiye, & Hull, Terence H. (1991) *Population and Development Planning in*

China, North Sydney, NSW: Allen & Unwin.

Wasserman, David (1995) Science and Social Harm: Genetic Research into Crime and Violence. *Report from the Institute of Philosophy and Public Policy*, 15 (1): 14–19.

—— (1996) Research into Genetics and Crime: Consensus and Controversy. *Politics and the Life Sciences*, 15 (1): 107–109.

Wasserman, David, &. Wachbroit, Robert (Eds.) (2001) *Genetics and Criminal Behavior*. Cambridge: Cambridge University Press.

Waterfield, Henry (1875) *Memorandum on the Census of British India of 1871–72: Presented to Both Houses of Parliament by Command of Her Majesty*. London: HMSO.

Weber, Max (1930) *The Protestant Ethic and the Spirit of Capitalism*. London: Allen & Unwin.〔ウェーバー『プロテスタンティズムの倫理と資本主義の精神』中山元訳, 日経 BP 社, 2010 年〕

Weindling, Paul (1999) *Epidemics and Genocide in Eastern Europe, 1890–1945*. Oxford/New York: Oxford University Press.

Weir, Lorna (1996) Recent Developments in the Government of Pregnancy. *Economy and Society*, 25 (3): 372–392.

Weismann, August (1893 [1982]) *The Germ-Plasm: A Theory of Heredity*. Translated by W. N. Parker and Harriet Ronnfeldt. London: Walter Scott.

Wexler, Alice (1996) *Mapping Fate: A Memoir of Family, Risk and Genetic Research*. Berkeley, Calif.: University of California Press.〔ウェクスラー『ウェクスラー家の選択——遺伝子診断と向きあった家族』武藤香織・額賀淑郎訳, 新潮社, 2003 年〕

Wheeler, Leonard Richmond (1939) *Vitalism: Its History and Validity*. London: H. F. &. G. Witherby Ltd.

Wheelwright, Jett (2005) Finland's Fascinating Genes. *Discover*, 26 (4): April 2005.

White House (2000) President Clinton Takes Historic Action to Ban Genetic Discrimination in the Federal Workplace. February 8: *http: //clinton4.nara.gov/WH/New/html/20000208. html.*

Wilson, Elizabeth A. (2004a) The Brain in the Gut. In Wilson, E. A. (Ed.) *Psychosomatic*. Durham, N. C.: Duke University Press.

—— (2004b) *Psychosomatic: Feminism and the Neurological Body*. Durham, N. C.: Duke University Press.

Wilson, J. F., et al. (2001) Population Genetic Structure of Variable Drug Response. *Nature Genetics*. 29 (3): 265–259.

Wilson, James Q., & Herrnstein, Richard J. (1985) *Crime and Human Nature*. New York: Simon and Schuster.

Wittgenstein, Ludwig (1958) *Philosophical Investigations*. Oxford: Basil Blackwell.〔ウィトゲンシュタイン『哲学探究（ウィトゲンシュタイン全集 8)』藤本隆志訳, 大修館書店, 1976 年〕

Wolpe, Paul Root (2003) Neuroethics of Enhancement. *Brain and Cognition*, 50, 387–395.

—— (2002) Treatment, Enhancement, and the Ethics of Neurotherapeutics. *Brain and Cognition*, 50 (3): 387–395.

Wolpert, Louis (1999) *Malignant Sadness: The Anatomy of Depression*. London: Faber and Faber.

World Health Organization (2002) *Genomics and World Health*. Geneva: World Health Organization.

—— (2004) *Mental Health of Children and Adolescents: Briefing Paper for Who European Ministerial Conference on Mental Health*. Finland (January 12–15, 2005). Geneva: World Health Organization.

Wright, R. A., & Miller, J. M. (1998) Taboo until Today ? The Coverage of Biological Arguments in Criminology Textbooks, 1961 to 1970 and 1987 to 1996. *Journal of Criminal Justice*, 26 (1): 1–19.

Wurtzel, Elizabeth (1995) *Prozac Nation: Young and Depressed in America*. New York: Riverhead.〔ワーツェル『私は「うつ依存症」の女——プロザック・コンプレックス』滝沢千陽訳, 講談社, 2001 年〕

Xie, H. G. et al. (2001) Molecular Basis of Ethnic Difference in Drug Disposition and Response. *Annual Review of Pharmacology and Toxicology*, 41, 815–850.

Yancy, C. W., et al. (2001) Race and the Response to Adrenergic Blockade with Carvedilol in Patients with Chronic Heart Failure. *New England Journal of Medicine*, 344 (18): 1358–1365.

Yasar, U., et al. (1999) Validation of Methods for Cyp2c9 Genotyping: Frequencies of Mutant Alleles in a Swedish Population [Erratum Appears in *Biochemical & Biophysical Research Communications*, 1999, 258 (1): 227]. *Biochemical & Biophysical Research Communications*, 254 (3): 628–631.

Yoxen, Edward (1981) Life as a Productive Force: Capitalising the Science and Technology of Molecular Biology. In Levidow, L., & Young, B. (Eds.) *Science, Technology and the Labour Process: Marxist Studies*. London: Blackrose Press.

Zimring, F. E. (1996) The Genetics of Crime: A Skeptic's Vision of the Future. *Politics and the Life Sciences*, 15 (1): 105–106.

Zournazi, Mary (Ed.) (2002) *Hope: New Philosophies for Change*. London: Lawrence and Wishart.